史记论丛

史记与华夏文明学术研讨会暨中国史记研究会第十八届年会论文
——《史记论丛》第十六集

主 编 张大可 马世年 陈曦

中国文史出版社

图书在版编目（CIP）数据

史记论丛. 第 16 集 / 张大可，马世年，陈曦主编
. —北京：中国文史出版社，2019.7
ISBN 978 - 7 - 5205 - 1155 - 1

Ⅰ. ①史…　Ⅱ. ①张…　②马…③陈…　Ⅲ. ①《史记
》—学术会议—文集　Ⅳ. ①K204.2 - 53
中国版本图书馆 CIP 数据核字（2019）第 135974 号

责任编辑：王文运

出版发行：中国文史出版社
社　　址：北京市海淀区西八里庄路 69 号　邮编：100142
电　　话：010 - 81136606　81136602　81136603（发行部）
传　　真：010 - 81136655
印　　装：北京洲际印刷有限责任公司　邮编：101119
经　　销：全国新华书店
开　　本：880mm×1230mm　1/32
字　　数：510 千字
印　　张：17
版　　次：2019 年 7 月北京第 1 版
印　　次：2019 年 7 月第 1 次印刷
定　　价：140.00 元

题　　记

　　本集为"《史记》与华夏文明学术研讨会暨中国史记研究会第十八届年会"论文，结集为《史记论丛》第十六集。本届年会定于 2019 年 8 月 16 日至 19 日在兰州西北师范大学召开，会议由中国史记研究会与西北师范大学联合主办，西北师范大学承办。本集收录的研讨论文共 50 篇，出自 56 位学者之手。研讨论文在会前即出版，而且份量厚重，表现了全会学者的精神高涨与团结、学会工作的高效与高产，在国内学术团体中应属少见。今年的学会工作，再次充分展示了这些特性。往年年会一般都是在金秋十月以后召开，然而今年却提前到盛夏时分的八月。这不仅意味着研究会同仁们为《史记论丛》写稿的时间，也意味着学会秘书处的编辑时间，均缩短了数月，紧张程度可想而知。人们难免担心学会同仁能否按时投稿，担心秘书处能否按时编好稿件。然而最终我们欣喜地看到这些担心都已克服。在司马迁精神的感召下，在东道主西北师范大学大力支持下，我们一如既往地做到了高效、高产，如期为今年年会献上了《史记论丛》第十六集这份学术大礼。中国史记研究会秘书处诚挚地向全会会员学者、向东道主西北师范大学致以衷心感谢！

　　本集一共设置了六大栏目，即司马迁生年疑案研讨百年论争总结续篇、《史记》文本与注释研究、《史记》思想文化研究、《史记》传记人物研究、《史记》文学艺术研究、史事研讨及其他。概略而言，有如下三大亮点值得评说。

　　第一，是司马迁生年疑案百年论争的终结研讨。

　　司马迁生年疑案研讨历经一百年，全国性的大讨论有三次。北京史记研究会与北京师范大学历史文化学院在今年 5 月 26 日联合举办"司马迁生年十年之差百年论争梳理学术研讨会"。这次会议是在 2016 年至 2018 年期间所展开的第三次大讨论的基础上召开的，持"前 145 年说"与"前 135 年说"的学者由隔空喊话到面对面赤诚相见，梳理了百年论争双方总成果，对百年论争做出阶段性总结，定案司马迁生年。朱枝富先生与沈燕女士受大会委托为此次会议专门撰写的《司马迁生年十年之差百年论争梳理学术研讨会综述》，位列本论文集的首篇以示重点推出。

该文共分九节，详述了会上各位专家的发言内容，引导人们清晰把握双方学者的论点。文章特别详述了张大可先生在会议主旨演讲中阐述的"'前135年说'论者循环论证，其源无一考据，其流无一实证"，以及陈曦教授在会议主旨演讲中阐述的"'前145年说'排比司马迁行年考证的十四条证据"。本集还推出了丁波先生的《司马迁生年十年之差百年论争回顾》、朱承玲女士的《〈玉海〉引用的〈正义〉佚文，是怎样被包装成了司马迁生年'确证'的?》、崔凡芝教授的《从三晋地域文化与司马迁的关联看其出生时间应在前145年》，介绍了百年论争的时代背景以及所谓《玉海》"铁证"真相等问题。这组文章是《史记论丛》第十四集所收司马迁生年研究文章的续篇，也是第三次大讨论的终结。

第二，是对《史记》文本的高质量研究。

这方面的论文可以张兴吉教授的《〈史记〉修订本之我见》与王华宝先生的《〈史记·十二本纪〉点校本与修订本之校改差异考》为代表。张教授的文章以《史记·五帝本纪》为例，认真研究了《史记》新修订本的校勘记，切实指出了其中存在的若干疏漏。王教授的文章则围绕《史记》的十二本纪，研究了修订本与点校本的文字异同，指出对两本异同情况的研究，特别是差异情况的研究，当为《史记》文献学和古籍整理研究的重要内容。文章从明改与暗改入手，列出校改有差异的条目，对校改有不同的意见则附以时贤之说或作者个人所见，以供进一步研讨。以上文章均展示了作者深厚的学术功底，他们的研究成果定能促进《史记》版本更加完善。

第三，是青年学子的迎难而上，脱颖而出。

本期推出了一批在校攻读硕、博学位的青年学子的文章。他们选定的研究题目多有难度，均表现出了"攻城不怕坚"的可贵勇气。其中突出者如孙利政的《修订本〈史记〉标点献疑》、王璐的《〈史记索隐〉研究回顾与展望》、李月辰的《〈史记评林〉研究综述》等。这些青年学子的文章论点扎实，论证有力，表现出了良好的学术研究能力。他们的迎难而上，脱颖而出，预示着《史记》研究的美好前景。期待他们继续为《史记论丛》投稿，期待他们青出于蓝而胜于蓝，在《史记》研究领域做出他们新一代人应有的贡献。

习近平总书记在《在哲学社会科学工作座谈会上的讲话》中指出："要加强对中华优秀传统文化的挖掘和阐发，使中华民族最基本的文化基因与当代文化相适应、与当代社会相协调，把跨越时空、超越国界、富有永恒魅力、具有当代价值的文化精神弘扬起来。"中国史记研究会的全体会员学者一定会牢记领袖指示，不断深入挖掘和阐发《史记》的思想文化魅力，为建设新时代社会主义文化强国而不懈奋斗！

　　本集主编：张大可　马世年　陈曦。公元 2019 年 7 月付印。

目　录

司马迁生年疑案研讨百年论争总结续篇

《史记》文本与注释研究

《史记》思想文化研究

《史记》传记人物研究

《史记》文学艺术研究

史事研讨及其他

司马迁生年疑案研讨百年论争总结续篇

【编者按】司马迁生年十年之差疑案研讨，自王国维于1917年开启以来，迄2015年学术界纪念司马迁诞辰2160周年，前145年与前135年两说展开论争，历经一百年，全国性的大讨论有三次：第一次，20世纪50年代中；第二次，20世纪80年代初；第三次，21世纪10年代中。百年论争参与的学者约80人，发表学术论文140余篇。一百年来，双方论争的学者均在报纸杂志上隔空喊话，公说公有理，婆说婆有理，双方实质性的交锋并未深入。"司马迁生年十年之差百年论争梳理学术研讨会"于2019年5月26日在北京师范大学历史学院召开。本次专题研讨为北京史记研究会第四届年会主题，特邀全国各界近40位专家学者与会，虽然研讨只有一天，但别开生面，会议组织严谨，意义重大，成果丰硕。本次专题研讨是在2016年至2018年三年双方学者论争基础上召开，双方学者由隔空喊话到面对面赤诚相见，论争亮剑，直指核心，自然别开生面。此次研讨，不要求发表新观点、新论据，各说各的理，而是回头看，梳理百年论争双方总成果，对百年论争作出阶段性总结，定案司马迁生年，这是最大的特点与亮点。会前由主办方推出了百年论争总结的两本学术论著。

一本是前145年说论者张大可新著的《司马迁生年研究》，从方法论与具体考证两个方面梳理了百年论争，做出定案总结；一本是精选百年论争各个历史时期双方的核心论文，共42篇，题名为《司马迁生年研讨论文集——十年之差百年论争梳理》，为研讨会提供充分的文献依据以及生动的逻辑论证。在某种意义上，本项专题研讨是对司马迁生年疑案的百年论争的终结研讨，是学术界的一件大事，值得专题报道。中国史记研究会将于 2019 年 8 月在兰州西北师大举办第十八届年会，会前出版年会论文集《史记论丛》第十六集。于是特设本栏目："司马迁生年疑案研讨百年论争总结续篇"，列于论文集首栏，给予特别报道。大会研讨情况，以及全国性第三次论争概况，百年论争历经背景，还有所谓"铁证"真相等问题，本栏目的报道与评析将给读者释疑解惑。司马迁生年疑案研讨，《史记论丛》第十四集设立栏目报道，本集是为续篇，也是第三次论争的终结。报道与论文四篇，依次展开。

"司马迁生年十年之差百年论争梳理学术研讨会"综述

本文作者朱枝富、沈燕。朱枝富，江苏省海协会常务副秘书长；沈燕，海协会办公室秘书。

2019 年 5 月 26 日，"司马迁生年十年之差百年论争梳理学术研讨会暨北京史记研究会第四届年会"在北京师范大学京师学堂召开。研讨会邀请了全国各界近 40 名专家学者参加，为期一天。现将关于司马迁生年研讨的主要内容予以综述，分为九节，第一节为研讨会概况，第二至第七节为司马迁生年研究的主体内容，第八节为出席嘉宾的研讨交流。文末"附记"为第九节，是简略追述 2016 至 2018 年三年间第三次全国学术界关于司马迁生年十年之差论争的综述，此为本次专题研讨的背景。

一、百年论争梳理研讨会大会概况

2019 年 5 月 26 日上午的研讨会，为开幕式与主题研讨，参会嘉宾学者与北京史记研究会部分会员学者共约 60 人。开幕式由北京史记研究会会长丁波先生主持。他首先介绍了邀请到会的嘉宾，主要是：中国史记研究会会长、北京师范大学历史学院特聘教授张大可先生；中国史记研究会名誉会长、北京师范大学资深教授韩兆琦先生；北京师范大学历史学院院长、教授、博士生导师杨共乐先生；中国道教协会副会长、北京史记研究会副会长袁志鸿道长；陕西省科协副主席丁德科先生；中外传记文学研究会会长、北京大学教授赵白生先生；中国社会科学院历史所研究员孙晓先生；北京两岸东方文化中心主任曾念先生；中国史记研究会副会长、浙江师范大学教授俞樟华先生；中国史记研究会副会长兼常务副秘书长、国防大学军事文化学院教授陈曦女士；原陕西韩城市司马迁学会会长薛引生先生；陕西渭南师院学报总编高敏芳女士；河南许昌学院教授马宝记先生；山西大学教授杨永康先生；中国社会科学院大学副教授袁宝龙先生；北京师范大学副教授王志刚先生；中国社会科学院历史研究所教授、秦汉史研究室主任邬文玲女士等约 40 位嘉宾，不一一介绍。

开幕式上，共安排了 4 位学者致辞。

首先由袁志鸿道长代表北京史记研究会致欢迎词。他说，《史记》作为中华优秀传统文化的经典代表，对中华民族精神的塑造起了重要的作用，其中所蕴含的历史价值和当代价值，需要我们进一步去挖掘。"人事有代谢，往来成古今。"我们这些历史文化的研究者承担着"究天人之际，通古今之变"的历史使命。真诚地感谢各位嘉宾的到来，希望在今天的研讨活动中，大家一同挖掘真相，推进研究。

接着，由杨共乐教授代表北京师范大学历史学院致开幕词。他对长期以来在《史记》研究方面作出贡献的张大可先生等专家学者，致以崇高的谢意。他说，北京师范大学历史悠久，学术积累深厚；北京师范大学历史学院也是《史记》研究的中心，对推进《史记》研究的深入、培养《史记》研究人才作出了一定的贡献。当前，培养年轻人的《史记》研读已经成为当务之急，要为《史记》研究注入新生力量。祝愿会议圆满成功。

然后，由张大可先生代表中国史记研究会致辞。他首先介绍了为什么要召开这次司马迁生年研讨会，阐述了开展司马迁生年十年之差百年论争的重大意义；接着介绍了在北京师范大学召开这次百年论争梳理研讨会的特殊意义。他说，召开本次司马迁生年疑案研讨会，最合适的地点是北京师范大学，因为"前 135 年说"的两位代表人物，一个是李长之先生，一个是赵光贤先生，都是北京师范大学的教授。所以，这次在北京师范大学召开司马迁生年研讨会具有特殊的意义，这体现了北京师范大学的开放包容和宽广胸怀。我们这次研讨会不要"公说公有理，婆说婆有理"，要提出明确的百年论争阶段性结论。张大可先生还介绍了为这次研讨会准备的文献资料，两本学术论著。一是商务印书馆出版了他的专著《司马迁生年研究》，其中"司马迁生年八讲"，是对司马迁生年研究百年论争的系统梳理，还附录了七篇论文以及百年论争的主要论文索引；二是商务印书馆印发了《司马迁生年研讨论文集》，筛选、编辑了百年论争的 42 篇论文，其中"前 145 年说"25 篇，"前 135 年说"17 篇，分为五辑，还附录了王应麟《玉海》"太史令""汉史记"两词条书影，以及《史记》《太史公自序》前半篇，约 50 万字。北京史记研究会为这次研讨会的召开，做了充分的准备工作。

再后，由丁德科先生代表出席嘉宾致辞。他认为，这次司马迁生年百年论争梳理研讨会在北京师范大学郑重召开，是一件很重要也是很有必要的事情。司马迁生年，是一个千年疑案。对这个问题是不能回避的，我们必须予以面对，予以解决。我们作为现代的学者，不解决这个百年论争、千年疑案，不解决司马迁的生年问题，是不应该的。张大可先生作为一个有威望的学者，有着强烈的历史使命感和现实责任感，非常重视研究司马迁的生年问题，发表了一系列观点，给了大家一个比较明确的结论。作为一名权威专家，他尽到了学者的职责，也体现了研究的情怀，对我们很有感召力、引领力，值得我们学习。司马迁的生年问题，对我们每个人来说，也是值得研究的。因为只有百家争鸣，才有百花齐放。我们的研究要体现严谨的学风；我们进行交流、探讨，必有巨大的收获，使我们对司马迁与《史记》有更深的认识；我们在研究中会发现问题，据理力争，通过争辩，可以纠正研究的偏颇，使司马迁与《史记》的研究更加正确，这是我们应有的文化责任；通过这次论争，可以繁荣我们的学术交流。关于司马迁的生年问题，我的观点是以主流为上。他还介绍了《渭南师院学报》的司马迁与《史记》名栏，开展了"2000 年《史记》研究"，着重强调三件事：一是"史记学"历史悠久，绵延兴旺；二是"史记学"在中国，在中华；三是"史记学"影响中国乃至影响世界。

开幕式结束后，与会代表合影留念。

上午的下半场活动，是主题研讨，参会学者以圆桌会议形式自由发言。首先由张大可先生、陈曦教授共作主旨演讲，主要从五个方面展开：1. 司马迁生年十年之差源于《史记》"三家注"；2. 推理论证，"数字讹误说"有五种可能；3. "前 145 年说"排比司马迁行年考证的 14 条证据；4. "前 135 年说"的循环论证，其源无一考据，其流无一实证，不能成立；5. 结论。

然后是研讨交流。韩兆琦先生、杨永康先生、张建安先生、俞樟华先生、薛引生先生、马宝记先生、邬文玲女士、袁宝龙先生、赵白生先生等专家学者作交流发言。

下午继续研讨交流，就司马迁生年的有关问题展开热烈讨论，由张大可先生主持，杨永康先生、王志刚先生、赵明正女士、袁宝龙先生、朱枝富先生、高敏芳女士、张杰先生、詹歆睿先生、朱正平先生等专家学者作交流发言。

最后是北京史记研究会讨论会务工作，由北京史记研究会副会长兼秘书长刘春梅教授主持，商务印书馆贺子钰作会务发言；增补北京师范大学历史学院副院长姜海军先生为副会长，北京师范大学史学史教授王志刚先生、中国社会科学院大学教授袁宝龙先生、北京工商大学教授赵明正女士、三希堂藏书出版社集团资深出版人黄道京先生为理事，商务印书馆贺子钰为常务副秘书长；丁波先生讲话并致闭幕词。

二、司马迁生年十年之差、百年论争梗概

对于司马迁生年的十年之差、百年论争，张大可先生在致辞和主旨演讲中认为，是源于《史记》"三家注"。司马迁在《史记》中没有写明自己的生年，班固在《汉书·司马迁传》中也没有写出司马迁的生年，于是形成了一个千年疑案。学术界凭推论和猜测，司马迁生年有 6 种说法，卒年有 8 种说法，前后相差 73 年。王国维先生在 1917 年对司马迁生年进行考证，作《太史公系年考略》，依据《正义》及司马迁行年分析，推定司马迁生年为前 145 年。1922 年，日本学者桑原骘藏第一个提出新说，以"早失二亲"论证司马迁生于前 135 年；1944 年，李长之发文《司马迁生年为建元六年辨》，依据《索隐》立说，举证十条论证司马迁生年为前 135 年；1955 年，郭沫若在《历史研究》发表《〈太史公行年考〉有问题》，从三个方面批评王国维，断定司马迁生于前 135 年。于是，王、郭两人各持一端，形成了司马迁生年十年之差百年论争的"两说"，即"前 145 年说"或"王说"、"前 135 年说"或"郭说"。

说到郭沫若的主张，还有一段情事。张大可先生说，1954 年，联合国教科文组织列司马迁为世界名人。当时中、苏两国关系十分友好，双方准备在 1955 年隆重纪念司马迁诞生 2100 年。这个 100 年一次的纪念活动，所有人一生只可能碰到一次。而郭沫若却提出异论，他匆忙写就并发表《〈太史公行年考〉有问题》，目的就是为了终止这次纪念活动，

结果如愿以偿。苏联原来打算以国家级由科学院来举办这次纪念活动。后来中国没有举办，他们就降格为莫斯科市委宣传部来举办。

张大可先生说，郭沫若之说，阻止了 1955 年学术界纪念司马迁诞辰 2100 周年的学术研讨会，也引发了 20 世纪 50 年代中期的大讨论，史学家郑鹤声先生、程金造先生纷纷发文与郭沫若商榷。这是第一次。第二次，是 20 世纪 80 年代初，兰州大学中文系教授李伯勋发表了《司马迁生卒年考辨》，副题《驳王国维太史公系年考略》，列举五条驳斥王国维的研究。中文系韦民安教授揭发李伯勋是剽窃，说他的五条没有超出郭沫若李长之的内容，校党委就组织了一个 6 人小组的学术团队，调查到底是剽窃还是诬告？于是引发了全国范围的大讨论。第三次就是这一次，赵生群先生在 2000 年，根据《玉海》的词条发表文章，说司马迁生于前 135 年已经定论；袁传璋先生在 2005 年和 2013 年写了附议文章。到了 2013 年，中华书局出版《史记》修订本，把这一观点写进了"前言"，说是定案了。中国史记研究会在 2015 年隆重纪念司马迁诞辰 2160 周年，从 2011 年就开始筹备，推出了 2000 万字的论著，邀请了 100 多名专家学者参加。"前 135 年说"论者反对举办这次 2160 周年的纪念活动。要改为纪念 2150 周年，于是引发了本次的学术研讨。2015 中国史记研究会专心一意开好研讨会，在研讨会上，提出从 2016 年到 2018 年，用三年时间开展专题研讨。中国史记研究会、北京史记研究会成立了联合编辑部，以《史记论丛》《史记研究》《渭南师院学报》为阵地，双方进行论争。《管子学刊》《史学月刊》也参与提供了争鸣阵地。整个百年论争，双方学者都是在报纸杂志上隔空喊话，三次大争论，均是前 135 年说挑战前 145 年说，举办一次双方学者面对面的研讨活动是十分有意义的。"司马迁生年十年之差百年论争梳理学术研讨会"就是在这一背景下召开的。

三、司马迁生年十年之差的数字讹误具有五种可能

陈曦教授介绍了司马迁生年十年之差数字讹误有五种可能发生。她说，司马迁生年的十年之差的数字讹误，无论是"前 135 年说"还是"前 145 年说"，都是两派学者重要的研究方向。那么，这个数字讹误到底是谁讹误了？又是在什么时候讹误的？经过百年的论争梳理，两派学

者提出了三种讹误的可能，此外，还有两种潜在的讹误可能。

　　第一种讹误的可能，是王国维先生提出来的。他认为是《博物志》讹误了。因为司马迁生年的两个重要出处，《索隐》和《正义》，依据的都是《博物志》，是《博物志》在唐代以前的流传，可能发生了讹误，司马贞和张守节可能依据的是两个不同的版本，一个作"年三十八"，是张守节所依据的版本，另一个作"年二十八"，是司马贞所依据的版本，于是出现了所谓的十年之差。那么，到底是谁错了呢？王国维先生就依据了一个数字分书的"鲁鱼豕亥"常理，认为"二"和"三"之间只是多一横少一横，比较容易出错；"三"和"四"不容易出错。他认为是《索隐》所依据的《博物志》的版本有讹误，应该作"年三十八"，而误作为"年二十八"。

　　第二种讹误的可能，是程金造先生提出来的。他沿着王国维先生的思路发展，觉得司马贞和张守节都是唐代人，又同为《史记》作注，怎么可能两个人所依据的不是同一个版本呢？他觉得这个事情发生的概率不是很高，并不合乎情理。于是，他通过研究，发现晚出的《正义》对先出的《索隐》有修正的内容。既然是《正义》对《索隐》有所修正，那么，张守节并没有对司马贞关于司马迁生年的注释进行驳正，由此可以得出结论，《正义》和《索隐》在唐代是依据同样的《博物志》，应该都是"年三十八"。也就是说，一开始是不存在十年之差的，可能是司马贞的《索隐》在唐代之后的流传发生了讹误。

　　第三种讹误的可能，是袁传璋先生提出来的。他按照郭沫若先生的提法进行了拓展研究。郭沫若认为汉承殷周以来的老例，两位数字是采用的合体书写，就是"二十""三十""四十"各合并为一个字，即"廿""卅""卌"。袁先生认为如果采用合体的话，"卅"与"卌"的合体书写相较于"廿"与"卅"更容易产生讹误。所以，他认为很有可能是《正义》错了，《正义》所写的"迁年卌二"，原本应该是"迁年卅二"，是唐以后的《正义》在流传中发生了讹误。

　　张大可先生沿着程金造先生的理论，觉得还有其他两种可能。程先生的观点是在唐朝无论是司马贞还是张守节，都是用的同一个版本的《博物志》，那么，就有可能，《博物志》作"年三十八"，司马贞在作《索隐》时误作为"年二十八"；另一种可能是《博物志》原作"年二十八"，张守节在作《正义》时，误看作"年三十八"。

　　那么，我们应该如何来评价这种研究的方向和成果呢？其实，到目前为止，关于"数字讹误说"，都没有确切的证据，证明到底哪一种"数字讹误说"是准确的，目前看到的所有"三家注"的版本，也没有任何《索隐》《正义》关于司马迁生年"数字讹误说"的例证。也就是说，五种数字讹误说，都只是停留在推测上。如今，我们没有办法确定哪种可能是对的，哪种可能是错的。用张大可先生的话来说，这五种数字讹误说，"既不能推倒，也不能落实"。尽管如此，这样的研究仍然是很有价值的，其价值在于，从"数字讹误说"这样的一个研究方向出发，无论是"前135年说"，还是"前145年说"，只能是"两说"并存，不能说明哪种说法是正确的。但是，司马迁的生年只能有一个，所以，《索隐》和《正义》必定只有一个是正确的。因此，我们接下来的研究，必定不能止步于"数字讹误说"，而应该另辟蹊径。那么应该往哪个方向发展呢？其实就是王国维所说的方向，回归到司马迁一生的行年当中，通过行年排比的方法，通过扎实的行年考证，建立司马迁行年的有效坐标点，排列成司马迁行年证据链，进而推导出司马迁的生年。

四、司马迁生年为前145年，有14条证据

　　陈曦教授在主旨演讲中，从三个层面阐述了"前145年说"排比司马迁行年考证的14条证据。

　　第一个层面，是司马迁自述文献的六大证据。司马迁的自述文献，有两篇是最重要的，一篇是《太史公自序》，一篇是《报任安书》，得到了学者的高度重视。

　　第一条证据：司马迁十九岁前，"耕牧河山之阳"。《太史公自序》云："迁生龙门，耕牧河山之阳。年十岁则诵古文。二十而南游江、淮。"这四句话中"年十岁则诵古文"是一句插入语，没有中断"耕牧河山之阳"的时间段。《报任安书》说"长无乡曲之誉"，就是指司马迁少年时段耕读于故里而未在京师生活的有力旁证。

　　第二条证据：司马迁元朔二年"家徙茂陵"，年十九岁。汉武帝元朔二年，主父偃建言迁移家资三百万以上的豪富到茂陵，司马谈六百石，也是在此背景下迁徙茂陵的。此年，司马迁十九岁。按照"前145年说"，司马迁十九岁以前"耕牧河山之阳"，合情合理。

第三条证据：司马迁元朔三年"二十南游"。二十南游，是司马迁少年与青年两个年龄段的分界点，晚生十年，等于砍掉了司马迁十年的青年时段。"二十南游""年十九家徙茂陵"相结合，司马迁行年基准点呼之欲出，此为第三证。

第四条证据：司马迁元狩五年"仕为郎中"，年二十八岁。钱穆先生依据《封禅书》汉武帝置"寿宫"，司马迁"入寿宫侍祠神语，究观方士祠官之意"，考证司马迁"仕为郎中"在元狩五年。

第五条证据：司马迁元鼎六年春正月"奉使西征"，元封元年夏四月"还报命"。据《汉书·武帝纪》，司马迁于元鼎六年正月从河南获嘉县出发，在元封元年四月赶到洛阳，受父遗命后上泰山参加封禅大典。其时，司马迁是三十五岁至三十六岁。

第六条证据：《报任安书》作于"太始四年"，验证了司马迁"仕为郎中"之年。王国维考证，太始四年，司马迁扈从汉武帝春季东巡、冬季西巡，接信在年初，回信在年尾，《报任安书》作于此年冬十一月无疑。由此年上溯，司马迁元狩五年仕为郎中，共 26 年，与"待罪辇毂下二十余年"完全吻合。

第二个层面，司马迁师事孔安国、董仲舒两大证据。司马迁何时问故孔安国，又什么时候向董仲舒学习？应该说是关乎司马迁行年的重要问题。据考证，在整个元狩年间，孔安国和董仲舒两人都是在京师活动，而这一时期如果按照"前 145 年说"，司马迁应该是在二十三四岁至二十七八岁。而按照"前 135 年说"，此时司马迁应该是在十三四岁至十七八岁。那么，司马迁向这两位大师学习，显然是"前 145 年说"所支持的发生在青年时期二十三四岁至二十七八岁比较合理。

第三个层面，是司马迁交游的 6 条证据。《史记》有关列传篇末的"太史公曰"，提到了太史公见到公孙季公、樊他广、平原君子、李广、郭解、冯遂。太史公，到底是司马谈还是司马迁？"前 135 年说"的学者认为是司马谈，司马迁见不到上面所说的这些人。但是，经过精细考证，司马迁生于前 145 年与这些人的年差在 45 岁至 55 岁，所以，二十南游的司马迁是很可能认识到这些六七十岁的人的。反而是司马迁如果晚生 10 年，就没有可能认识这些人了。因此，《史记》里面所写的司马迁与这些人有交游，就构成了"前 145 年说"的 6 条证据。需要强调的是，张大可先生对此有明确的结论，就是《史记》中但凡提到的太史公，都应该是司马迁，而不是司马谈。可以说，以上14条证据，依司马迁行年排列成贯穿的证据链，足以定案司马迁生于前145年。

五、"前135年说"论者循环论证，其源无一考据，其流无一实证，不能成立

对于"前135年说"所提出的观点，张大可先生在主旨演讲中作了具体分析，其源，指郭沫若的三条和李长之的十条，无一考据，一条也不能成立。

郭说第一条，是指数字的写法，郭沫若用汉简记录数字连体书写的殷周老例，驳难王国维的"常理说"，说数字写法的推论动摇了王国维的推论。但是，实际上经过考证，数字的写法从汉代起就是合写和分写两种写法并存，而不是只有合写的一种方法。郭沫若所说的汉人是沿用殷周的老例使用合写，袁传璋推论，从汉至唐，依然是使用合写，完全排除了分写的可能。施丁从汉简中找出了200多条数字分书的例证，从魏晋至唐的碑刻中也找出了20多条数字分书的例证，足以证明郭沫若、袁传璋所说是片面的。王国维只讲分书，袁传璋只讲合体，两个人都是只研究了其中的一个方向，但其实是两种情况并存。只要分书，就有可能"三"和"四"不容易搞混；而合体，就容易"卅"和"卌"相混，此说不能驳倒王国维的"常理说"。

郭说第二条，是关于司马迁"年十岁则诵古文"。王国维认为司马迁有可能十岁左右就能诵读古文，十八九岁的时候向孔安国问故。郭沫若借王国维的说法以立其说。但是，王国维的这个说法是错误的，所以郭沫若的说法则是错上加错，郭沫若改王国维的"十岁诵古文"为"十岁问故孔安国"，也是未做考证的主观论定。

郭说第三条，是说董仲舒在元朔、元狩年间已家居广川，司马迁向董仲舒学习，很有可能是司马迁在年幼时见到董仲舒，以此驳难王国维"司马迁十七八岁向董仲舒学习"。《汉书·董仲舒传》说董仲舒："家徙茂陵"，郭沫若说"家居广州"，说明郭文匆忙草就，连《董仲舒传》都没有查考。郭文没有任何考证，仍然是承袭了王国维的错误而提出了错误的观点。

李长之的十条，最主要的，是"早失二亲说"，是作为第一条论据。

司马迁在《报任安书》中说"早失二亲",可以解释为早早地就失去了父母,或者是年纪轻轻就失去了父母。这两个解释是不相容的。李长之的理解是,如果是"前145年说",司马谈死时,司马迁已经36岁,说不上早,他绝不可能把父母去世的时间也搞不清楚。如果按照"前135年说",司马迁那时是26岁,那才说得过去。所以,司马迁26岁的说法比36岁的说法更成立。但这样的解读,并不是正解。这句话的确切解法,是指父母离世得早,是司马迁很早就失去了父母,而与司马迁在什么年岁上失去父母无关。早在20世纪80年代初,黄瑞云先生就明确指出了这一点,点出了李长之先生的曲解。李先生是把两种不可能并存的说法混为一谈,看起来头头是道,其实一分析,则是很荒唐。其他的就不必细说了。李长之的基他九条无一考据,一条也不成立。

我们再来看"其流",即"前135年说"的后继论者,他们根据司马迁"年十岁诵古文""二十南游"来推导司马迁生年,尽管长篇大论,但都是没有根据的,可将其称为"考证烟幕"。其中特别是袁传璋先生的考证,是不可信的。其中有一篇他非常得意的文章,即是《司马迁生于武帝建元六年新证》,五步推演,每到关键的地方就含糊其辞。在寻找元鼎元年时,他使用循环推演,进行因果推论,就是用因推果,反过来果推因,即用待证的前135年往前推20年是元鼎元年,司马迁二十南游;然后再用元鼎元年回推20年,是前135年。这就是循环论证,这等于在原地画了个圈,什么问题也不能说明。如果前135年说论者考证出司马迁在元鼎元年二十南游,再以此回推二十年,这样的话就对了。但前135年说论者无法考证司马迁元鼎元年二十南游,因为根本就没有这回事,只能编造。说司马迁是博士弟子,跟随褚大巡风,意思是说司马迁是在元鼎元年跟随中央巡视团队南游的。博士就是太学老师,司马迁就是他的学生,说得有鼻子有眼的,根本就没这回事,捕风捉影,东扯西拉。此外,《太史公自序》中的"二十南游"是非常重要的。这句话就是"前135年说"的紧箍咒。按照"前135年说",司马迁是24岁奉使;按照"前145年说",司马迁是34岁奉使。如果没有"二十南游"这句话,就很难判断,哪种说法是正确的。有了"二十南游",说明司马迁并没有少年得志,"二十"才走入社会,南游数年出仕,根本就不可能二十四岁奉使。"二十南游"还是司马迁青少年时代的分界点,晚生十年,等于砍了司马迁的十年青年时代,且不说司马迁少了十年大时代的社会阅历，"二十"加"南游数年"，差不多司马迁没有了青年时代，逼得前135年说编造，司马迁二十南游时间很短，南游归来即入仕，说什么"二十南游"与"仕为郎中"在"于是"的连接下没有"时间间隔"，两者为无缝连接。不这样就是"人生空白""人生大漏洞"。其实这是在"字缝"中作考证，编故事，实为荒诞，根本不成立。

六、王应麟《玉海》提供的所谓"铁证"，也是一条伪证

在司马迁生年研讨中，"前135年说"论者找到了一条所谓的"铁证"，即王应麟《玉海》记载了《正义》引用《博物志》作"迁年二十八"的材料，和《索隐》的引用相一致，并且认为其材料来源于南宋皇家藏本，王应麟曾亲见被删节的古注本所引《博物志》都作"年二十八"；后又说成是唐写本或其抄本，并且按照唐写本复原，写了《正义》按语。

在研讨交流中，杨永康先生作了"如何解读《玉海》记载《正义》《索隐》所引《博物志》"的发言。他认为，王应麟见到的《正义》《索隐》所引《博物志》均为"年二十八"，不可能是"年三十八"，他们对司马迁生年没有提出异议或怀疑，可以间接证明，《正义》和《索隐》的说法是一致的，两者的依据都是《博物志》"年二十八"，这意味着《正义》与《索隐》对司马迁生年的看法是一致的。可以推论，王应麟见到的张守节的按语"迁年四十二"，应该是"迁年三十二"；《博物志》"年三十八"讹误为"年二十八"的可能性极小，唯一的可能就是后世在翻刻过程中出现了问题。因此，可以断定司马迁应该是生于前135年。

对于这一问题如何看待呢？在下午的研讨交流中，专门安排时间予以讨论。大家在发言中认为，杨先生的推论，是非常精致的，但问题是，王应麟《玉海》的记载，是否是准确无误的？如果这个问题不解决，所有的推论则是"无根之木""无源之水"，不能说明任何问题。

张大可先生认为，王应麟《玉海》不具有真实性、可靠性，是一条被目为"铁证"的伪证。他在讨论中说，对于《玉海》的材料，我一直怀疑它的真实性。前年我们开始展开讨论的时候，我在国家图书馆找来

了《玉海》的材料，和袁传璋在他书里引用的是一致的。袁传璋引用的第一个版本是日本的版本，第二个版本是清朝嘉庆年间的版本。我们复印的这个版本是《玉海》的第一次刻印，元朝至正年间的版本。上述三个版本的行文款式是一模一样的。日本的那个版本，就是国家图书馆所藏的元朝的版本，流传到了日本的。所以说，《玉海》的版本是真实的。那么我的怀疑点在哪里呢？我把王应麟所写的内容和《史记》逐字对照，发现不但不是《史记》的版本，而是改造《汉书》的《司马迁传》，是王应麟重新写成的词条。"太史令"那一条写的是元封三年，司马迁年二十八。他用的是《索隐》；然后到了《汉史记》条，在应该放《索隐》的地方即元封三年下换成《正义》，只能代表王应麟的个人观点。所以，作为引证材料、版本材料，什么都不是。《汉史记》这一条，是王应麟对《汉书》的改编，《玉海》的版本价值是元代产品。单纯从版本角度来看，这条材料根本不是什么"铁证"，不具有讨论《史记》三家的任何版本价值。

再说，施丁先生 1984 年在《司马迁生年考》中指出，《史记会注考证校补》中有日藏南化本《索隐》引《博物志》正作"年三十八"，也找到了文献依据。而袁先生认为这条《正义》是日藏中国南宋黄善夫本栏外批注，只代表批注者的观点，若做证据，就是伪证。《会注考证》所存一千多条《正义》佚文，皆来源于栏外批注，难道单单就这一条是伪证？我们再问一问袁先生，如果用他的标准来衡量，把《玉海》的词条说成是"铁证"，这是不是伪证？以子之矛，攻子之盾，还有什么可说的呢？这种用双重标准来看待事物，是戴着有色眼镜，为我所需，具有相当的随意性，显然是不科学的。《正义》单刻本在北京已不存，而南宋末年的王应麟却在皇家藏本中看到了古传本、古抄本，还模拟出行文款式。如此编造，欺蒙读者，可以说是不道德的。

七、排比行年，科学论证，对司马迁生年作出阶段性结论

《索隐》《正义》并存司马迁的生年两说，历经百年研究，无法找到直接的证据来证明哪个是正确的，哪个是讹误的，只能说是"两说"并存。也就是说，单纯靠考证"三家注"来推论司马迁的生年，在数字

上推来算去，在字缝中咬文嚼字，这条路是行不通的，只能是另辟蹊径。张大可先生经过长期的研究和求证，通过排比司马迁的行年，列出司马迁行年表，将司马迁的行年事迹与时代背景相融合，从而得出司马迁的正确生年为前145年，完全可以作为百年论争的阶段性结论。

对此，张大可先生在研讨会上说，司马迁生年的结论，就体现在《司马迁行年表》上。这张表，就是把时代背景放上去，然后把"前135年说""前145年说"分别列上去，与历史事实进行对照。如董仲舒，是什么年代的人，什么时候在京城，司马迁什么时段能够见到董仲舒？究竟是"前135年说"的说法准确，还是"前145年说"的说法妥当，就一目了然。有的"前135年说"的学者说《司马迁行年表》是一个迷宫，很荒唐，那是他们没有看懂，或者是不愿意接受正确的结论。通过司马迁的行年考证，列表推演，我们得出了正确的结论，就是：司马迁生年两说，只存在于《史记》三家注；百年论争，王真郭伪不并存，前145年说可以作为定论。当然，对于《索隐》，还有其他的一些说法，"司马"后面的缺字，前145年说论者王重九认为缺的字是"谈"而不是"迁"，即《索隐》所说的是指司马谈。这种说法单从推理是说得通的。如此一来，就不存在数字讹误的问题了。而且直接排斥前135年说，对于这个，还缺乏实证，我们暂且不讨论。

百年论争，前145年说，可以作为阶段性定论，即司马迁生于前145年。为什么这么说？我们把百年论争两种说法的论文都汇编出来了，可以发现，"前135年说"的论文其源无考据，其流无实证，关键地方是循环论证加编造事实，简单来说就是这样，双方论点、论据与方法，白纸黑字，对照鲜明。见仁见智，读者自己去评判吧！

最后，还要说一下，如果司马迁晚生十年，则是缺失了十年伟大时代的熏陶，影响了司马迁的人生修养。"前135年说"砍掉司马迁的十年青年时代，是从二十壮游的元朔三年至元狩六年，这十年恰好是汉武帝大规模征伐匈奴的十年，是西汉迅速崛起的十年，是汉朝民众艰苦奋斗的十年，是一个举国上下积极奋发的伟大时代。如果司马迁没有这十年的人生修养和修史见习，二十六岁的司马迁就遭遇父亲辞世，很难想象，他能把《史记》写得如此深刻。至于李长之认为《史记》是一部青壮年"血气方刚"时所写的史诗，其实是把"浪漫情怀"与假说当成了历史事实，这里不作细说。

与会学者认为，司马迁生年为前 145 年，完全可以作百年论争阶段性结论，尽管此说以前没有明确的结论，但也是主流的说法，相信主流，顺从主流，是比较正确的做法；再说，就司马迁生年研究到现在，所能找到的证据都找了，该说的话都说了，"两说"双方都穷尽其力地进行了思考，可以说，是到了研究的终结，再研究下去，也不会有什么新的思维、新的结果，也不要指望有什么新的发现，现在是到了作出定案结论的时候了，是水到渠成，顺势而为。如此，对于司马迁以及《史记》研究，是一件大好事，将告慰先贤，惠及后人，也是一件具有大功德的事情，将载入司马迁与《史记》研究的历史功德簿。

八、与会学者的主要看法和观点

张大可先生和陈曦教授主旨演讲结束后，是研讨交流，到会嘉宾畅所欲言，各抒己见，各自介绍了自己的看法和观点，大多倾向于主流说法，即司马迁生于前 145 年，不少建议也是具有建设性的。

韩兆琦先生：我是赞成"前 145 年说"的。"前 135 年说"也有相当一部分的道理。但是，我觉得袁传璋对司马谈和司马迁的官职的判断是有问题的，太史令根本不是什么二千石的高官。司马迁父子两人的官位是很小的。司马迁受了宫刑之后，更不可能得到汉武帝的重用。司马迁奉使西南夷，也不是什么"建节"，而是朝廷的一般官员到地方去了解实际情况，如此而已。

张建安先生：司马迁的生年研究对《史记》研究非常重要。张大可先生制作《司马迁行年表》，是一种严谨的治学方法。对于学术来说，要强调第一手资料的重要，要抓住重点，用好工具，不能以论代史，而要以史得论，那种以文学来评价史学的做法，是不妥当的，要文献与史实合参，不能止步于"数字讹误说"，而要通过排比行年进行研究，要有大无畏的探索精神，拿出证据链。

俞樟华先生：对司马迁生年这个问题研究不多，但是倾向于"前 145 年说"。张大可先生对王国维理论分析的方法是对的，结论也是对的。认同的人以后就用这个观点，不认同的人也可以不用这个观点，因为现在还没有绝对的证据来证明司马迁的生年，就相对而言，"前 145 年说"是正确的，是可行的。

薛引生先生：我在文章中是用"前145年说"的。"前135年说"学者用"早失二亲"来推断司马迁生年，是不确切的，是不可行的。早失二亲，是指司马迁很早就失去了双亲，并非如他们所说的司马迁年轻的时候就失去了双亲。我们研究司马迁生年，一定要尊重历史事实，一定要有科学的态度。

马宝记先生：学术研究最基本的就是资料，还有就是证据链。这两个完善了就可以得出结论。张大可先生的论证就有证据链的感觉，但是有些部分还不够扎实。他对"前135年说"的很多批评是正确的。"前135年说"对很多事情的分析，是感情的分析，而不是实证的分析。他们对司马迁撰史的年龄分析，就是这种感情分析，还是要靠实物证据来证明。等待"前135年说"的进一步梳理论证。

邬文玲女士：从方法上来看，张大可老师将司马迁生年放入时空分析的做法，我是认同的，但是推论性还是比较多，再加强细节的研究会更好。我觉得，还有一些作为参考的数据可以分析，比如"二十南游"，可以从秦汉时期的交通运输来推断这个活动到底需要多长时间，可以提供更多的材料和论据，以增强说服力。

袁宝龙先生：《史记》究竟是司马迁血气方刚时期的作品，还是成年之作？我赞同后者。《史记》历经时间很长，历时十几年，从司马迁的经历来看，他对汉武帝应该是予以抨击的，但是从司马迁的文章来看，他对汉朝有着强烈的自豪感，这也是对汉武帝的认可。批评与赞扬相结合，是比较公正的，也是更成熟的心态，更符合成年人的状态。根据张先生梳理的时空坐标，我认为"前145年说"更合理一些。我支持"前145年说"，也期待更多的证据，也期待前135年说的反驳。

赵白生：从论证的科学性角度来看，大家给出的证据大多数推论色彩比较重，主观性比较强。大家都是"倾向"于"前145说"的，重点是在于"倾向"，定案还缺乏铁证。另一方面要说的，"前135年说"学者的主将临阵缺席，具有一定的趣味性。在出现铁证之前，我们的这次论争可能更适合形容为伟大的"智力游戏"。

王志刚先生：就证据链这个问题，建议建立史学数据库，将相关人物、事件等都放进去梳理，将数据导入后得到的结果，可能是一个比较准确的结论，有可能是"前135年说"有百分之多少的可能，"前145

年说"有百分之多少的可能。数据库一旦完成，没被我们关注的一些问题，就可能会呈现出来，引起我们的重视。

赵明正女士：《史记》是一部百科全书，是一部非常有激情的作品，最受中国人欢迎。学习《史记》，研究《史记》，传播《史记》，是我们的职责所在，任重道远。这二十多年，我从事这方面的研究和教学工作。《史记》的情怀对于理解中国文化十分有帮助。

朱枝富先生：我本人对司马迁生年的百年论争进行了系统梳理，将100多篇文章进行收集、阅读、理解，形成了《司马迁生年百年论争综述》《司马迁生年研究几个问题》的文章。单纯靠"数字讹误说"的研究，不能得出正确的结论，而开展司马迁行年研究，将行年研究与时代背景相融合，才是正确的研究方法。相比较而言，司马迁生于前145年，比较吻合历史实际，可以作为百年论争阶段性结论。真理有两种，即相对真理与绝对真理，这可以说是相对真理。

詹歆睿先生：司马迁生年的十年之差论争，具有重要的意义。这次讨论是对司马迁生年问题的百年论争阶段性总结，尽管司马迁生年还得不到绝对的结论，但相对而言，是比较正确的结论。历史研究是无限地接近真相，但是又无法达到历史的真相。论争的意义不在于当下，而是在于对历史的交代和总结，将问题推到新的高度，得到更高的重视和解决。

张杰先生：司马迁为什么没有在《太史公自序》中写出自己的生年？从中西方文化对比的角度来看，我认为《太史公自序》体现了司马迁对家族、家庭、社会身份的认同，却忽视了对个体自身的身份的认同，这也是他没有对自己生年做明确交代的原因。

高敏芳女士：《渭南师院学报》的《史记》专栏被国家教育部评为"名栏"，是全国65个国家级"名栏"之一，是司马迁与《史记》研究的重要阵地，从1989年到现在已经刊发了171期，发表了将近800篇文章。有不少文章被《新华文摘》等国家级刊物转载和摘登，充分体现了其学术性和时代性。我们旨在为大家提供一个高效的《史记》研究交流平台，依靠大家把《学报》办成一流学术刊物。

朱正平先生：关于司马迁生年的研究，张大可先生等进行了充分的研究，提出了百年论争阶段性的结论，是比较科学的，也是符合历史事实的，为司马迁与《史记》研究做出了贡献，功不可没。我觉得，司马迁的生年研究，还可以与秦汉史的研究结合起来，一起攻关，可能会更有效果。《渭南师院学报》为各位专家学者在《史记》研究方面做好服务，为大家提供交流阵地。

九、附记：2016 至 2018 年重启司马迁生年疑案论争综述

　　2015 年 10 月，中国史记研究会于陕西渭南师范学院召开纪念司马迁诞辰 2160 周年研讨会，会长张大可先生在大会上回应前 135 年说论者反对纪念司马迁诞辰 2160 周年，要改为 2150 周年，提出纪念大会正常举行，会后用三年时间重启对司马迁生年疑案的研讨。张大可会长提出，本轮研讨，不求新证新论，要回头看，梳理百年论争的是与非，力争在梳理中作出百年论争阶段性的结论。

　　重启司马迁生年疑案研究从 2016 至 2018 年三年间，双方共发表了 18 篇文章，其中"前 145 年说"论者发表 12 篇，"前 135 年说"论者发表 6 篇。"前 145 年说"的代表者是张大可先生，主要从方法论的角度研究，形成《司马迁生年十年之差百年论争述评》《评司马迁生年"前 135 年说"后继论者的"新证"》《司马迁生年十年之差论争的意义》，高度概括总结了司马迁生年十年之差百年论争的内容、实质和意义，提出了百年论争阶段性结论；还针对袁传璋先生的观点，发表了《解读袁传璋"虚妄论"提出的一些问题》，而后系统研究，形成《司马迁生年研究》专著。"前 145 年说"论者陈曦，主要是针对"前 135 年说"的几个重点人物进行解剖研究，形成了《李长之"司马迁生于前 135 年说"举证十条无一考据》《评赵生群"司马迁生于前 135 年说"之新证》《评袁传璋"司马迁生于前 135 年说"之新证》。"前 145 年说"论者朱枝富，主要进行综述研究，形成了《新一轮司马迁生年疑案研究综论》《评司马迁生年"前 135 年说"论者的三大"曲说"》《司马迁生年十年之差百年论争梳理与综论》。"前 135 年说"的代表者是袁传璋，发表了《王国维之〈太史公行年考〉发覆》《司马迁生年"前 145 年论者"的考据虚妄无征论》，继续坚持认为司马迁生于公元前 135 年。这一时期的研究以"前 145 年说"论者为主体，具有综合性、综述性，将前几次论争中的所有观点都拎出来进行系统评说，几

乎无遗漏，无死角，既有立论，也有驳正，以期形成百年论争阶段性结论。

1. "前145年说"论者张大可着重从方法论上进行研究，形成三篇力作，高度概括总结，高屋建瓴，大气磅礴

在重启司马迁生年疑案研究中，张大可先生对司马迁生年的十年之差百年论争疑案，着重从方法论的角度进行梳理研究，形成了3篇论文，高度概括总结了百年论争的由来、内容、实质和意义，提出了百年论争阶段性结论。

张先生的第一篇论文《司马迁生年十年之差百年论争述评》认为："百年论争画一个句号，已经是水到渠成。"他回顾司马迁生年百年论争的由来，认为王国维考证司马迁生年为公元前145年，论点坚实，方法正确，逻辑严密；郭沫若、李长之主张司马迁生年为公元前135年，无一考据，不能成立；主张依据现有文献资料，排比行年，是考证司马迁生年唯一正确的方法，只有深入地研究司马迁的行年，才能从中得出真知灼见的结论。

张先生的这一观点，乃是金玉之言。只有深入地研究司马迁的行年，从中得出真知灼见的结论，才是正道，一味地咬文嚼字，一味地在字缝中钻牛角尖，一味地沉溺于旁征博引、牵强附会，制造考证烟幕是得不出真正的结论来的。

张先生还通过深入研究，形成了王、郭"两说"对照的"司马迁行年表"，从中比较其合理性、可行性、科学性，可见其用力甚多，开掘其深，功力甚厚，结论甚确。

张先生的第二篇论文《评"司马迁生年前135年说"后继论者的"新证"》，系统研究"前135年说"后继论者的观点，从四个方面展开：一是《索隐》《正义》两说并存，皆为待证之假说，不能作为推导生年的基准点；二是"前135年说"后继论者误读史文，搞循环论证，得不出真正的结论；三是"前135年说"后继论者认为司马迁"句句"按时间先后叙事，是在字缝里作考证，于事无补；四是司马迁生于公元前145年论争百年，可作阶段性定论。其具体内容在前面的论述中已有所引用，这里不再展开。

张先生的第三篇论文《司马迁生年十年之差论争的意义》，进一步深化研究，系统地阐述了论争的重大意义，具有五大价值：一是求历史之真，排比司马迁行年，是考证司马迁生年唯一正确的方法；二是厘正了"前135年说"论者对《史记》的误读，认为"前135年说"论者为了编织司马迁晚生十年的论据，有意误读《自序》和《报任安书》，主要是对"有子曰迁""年十岁则诵古文""耕牧河山之阳"连词"于是""早失二亲"的误读，从而得出了错误的结论；三是透视了"空白说"或"大漏洞说"的无据，不能成立，认为赵光贤排列"司马迁行年新旧对照表"，以解读李长之"空白说"，是煞费苦心编制的伪证伪考表；四是认为司马迁晚生十年，砍掉了司马迁十年的青年时代，使司马迁缺失了十年伟大时代的熏陶，影响了司马迁的人生修养；五是司马迁生年"两说"，只并存于"三家注"，王、郭"两说"王真郭伪，不能并存，应去伪存真，确定司马迁生年。

张大可的三篇论文，功力深厚，可谓论说精当，持之有据，结论准确，大气磅礴，令人一赞三叹。

在此基础上，张大可先生形成了"司马迁生年研究八讲"，作为司马迁生年十年之差百年论争的系统梳理和"总盘点"，证实了王国维所说的"十年之差由数字讹误造成"，但纠缠于数字讹误本身，既不能推倒，也不能落实。而考证司马迁生年，排比行年是唯一正确的方法。张先生运用文献和史实考证，总结百年论争几代学者的成果，合于"前145年说"的行年关节点有六大证据，有问故孔安国、师事董仲舒两大旁证，有交友六条证据，共有14条证据，足可定案司马迁生于前145年。而李长之、郭沫若主张的"前135年说"无一考据，后继论者的"新证"无一实证，以辩代考，精制伪证伪考和循环论证，甚至剑走偏锋，用伪命题在字缝中作考证，不能成立。

2. "前145年说"论者陈曦对"前135年说"代表者李长之、袁传璋、赵生群的主要观点逐一评说，各个击破

"前145年说"论者陈曦，对"前135年说"几位代表人物的观点进行了剖析和评论，用力颇深，有些论证可以说是力透纸背。

《李长之"司马迁生于前135年说"驳论》（即《李长之关于司马迁生于前135年说举证十条无一考证》）一文，对李长之的十条证据，先是分论，一条一条予以剖解，鞭辟入里，然后是综论，总体论说，结论是无一考据，不能成立，这无疑是釜底抽薪，"前 135 年说"论者证据不立，所形成的结论自然就是无源之水、无本之木、无基之厦，如果"前 135 年说"论者认真读过此文，还能再坚持李长之的观点吗？李长之自己本人也曾坦言有误，放弃了啊！我倒是非常佩服李长之的勇气，不固执己见，勇于修正错误，如果连这一点都做不到，还遑论搞什么研究？

《评袁传璋"司马迁生于前 135 年说"之新证》一文，认为袁传璋关于司马迁生年的两大核心论点，即一是《报任安书》作于征和二年，作为推算司马迁行年的基准点；二是"于是迁仕为郎中"的"于是"二字为无缝连接词，说明"司马迁的入仕为郎与壮游在时间上前后相承"，中间没有间隔，认为在这至关紧要的地方，无考无据，完全是一厢情愿的主观推测，并强加于司马迁，说成是"司马迁亲自告诉人们的"，有诬妄之嫌。两大核心论点既已推翻，其认为司马迁必定生于公元前 135 年的说法，已失去了立论的基石，是不成立的。

《评赵生群"司马迁生于前 135 年说"之新证》一文，认为赵生群提出"新证"，多方考察，试图为《史记》研究的这一重大疑案画上句号，非常遗憾的是，他"在司马迁生年问题上的'新证'，新意不多，在论证过程中，有鉴别史料不客观、以假说为依据、考证缺乏、倒因为果等偏差，延续了李长之的错误理念和方法"，故此，尽管他将司马迁生于公元前 135 年写上了《史记》（修订本）前言，但是，这个句号是画不得的，画不圆的。

3. "前 135 年说"论者袁传璋等进一步申明观点，极力主张司马迁生于公元前 135 年，张大可先生等予以驳正

袁传璋针对张大可等学者进行的述评、综论，对司马迁生年问题再进行研究思考，形成了两篇文章，即《王国维之〈太史公行年考〉立论基石发覆》《司马迁生年"前 145 年说论者"的考据虚妄无征论》，回应"前 145 年说"论者的研究评论。上篇系统分析王国维对司马迁生年研究的贡献与缺陷，重申原来的研究观点，认为宋刻以来的《史记》注本中"二十"与"三十"罕见互讹，而"三十"与"四十"频繁互讹，结论是"王国维的司马迁生于汉景帝中元五年说不能成立"，并且探究了《索隐》与《正义》十年之差的成因，继续坚持司马迁生于武帝建元六年的观点。下篇对"前 145 年论者"的考据逐项检验，认为："'前 145 年说'论者'十九岁之前耕牧河山之阳'与对'家徙茂陵'之考证纯属想当然；对'仕为郎中'之考证荒诞无稽；'《报任安书》作于太始四年说'及'任安死于征和二年七月说'皆属伪证伪考"，认为"前 145 年说"，是"一份不及格的司马迁生年考证答卷。"

作为回应，张大可先生发表了《解读袁传璋〈虚妄论〉提出的几个问题》，陈曦发表了《〈报任安书〉作年为基准点不能成立》等，进一步论证司马迁生于汉景帝中元五年。

张大可先生系统地论述并评说了袁传璋提出的一些问题，从五个方面说明：一是认为袁传璋的两位数字合写之说，无法驳倒王国维的立论基石，即"'三'讹为'二'，乃事之常"的常理之说，认为袁传璋放大自我，自相矛盾，巧设标靶，自娱自乐，在没有新的材料发现之前，还应回到王国维指引的方向上去；二是认为排比司马迁行年是考证司马迁生年唯一正确的方法，《自序》和《报任安书》留下了最直接的司马迁行年资料，所列的《司马迁行年表》是百年论争"两说"双方共同的研究成果；三是认为袁传璋对已正确认识到的"唯一出路"（指从《自序》《报书》和"太史公曰"中寻找"本证"）不用正解，而是标新立异扭曲，只能是南辕北辙；四是袁传璋精心编织伪证伪考，暗渡陈仓，循环推演，以证成其说；五是司马迁元狩五年仕为郎中，并非是施丁考证荒诞无稽，而是驳难者在"胡柴"，无限放大自我，夸张一条材料的发现是"唯一证据"，浮躁而虚妄。

陈曦在回应文中认为，《报任安书》作年为司马迁生年的基准点不能成立，具有三点理由：一是认为《报任安书》的作年不具有直接推导司马迁生年的功能，无论哪一种说法（如太始元年说、太始四年说、征和二年说），均不是基准点，以《报任安书》作年为推导司马迁生年的基准点，是一个伪命题；二是用历史事实证明《报任安书》不作于征和二年，袁传璋的说法于史无据，全为主观臆测；三是袁传璋没有依据任何史实与文献，费心费力，认为《报任安书》作于征和二年，掩盖不了伪证伪考，即没有考据的推论，以辨代考，无一实证，因此不能成立。

在此期间，还有不少学者发表了申说自己观点的文章：张韩荣发表了《从〈太史公自序〉考证司马迁生年》，还是沿袭了以往的说法，进行了新的包装，强调《自序》"太史公既掌天官，不治民，有子曰迁"

就是"铁证",其实,这是误读误解,"既"字是针对"不治民"而言,"既掌天官"与"有子曰迁"为并列句,分说两件事情,并不绝对是先做官、后生儿子;所谓"铁证",也是无根之说,充其量,只是他个人的理解而已,司马迁自己并没有这样认为。

吴名岗发表了《"二十南游江淮"证明司马迁生于建元年间》,用了三重证据:排比行年法、数学求解法、原文解读法,三重解法证实司马迁生于公元前135年。张大可先生认为:"只看包装的三重标题,像似在考证,实际的文章内容、伪证手法、肤浅浮躁。他把排比行年法、数学求解法、原文解读法称为三条路,如果三种方法中均有考证,仍是一条路,只是多样的考证,如果三种方法中全无考证,那就是一条路都不会走。排比行年法,巧借《司马迁行年表》说事,但没有看懂,将'王说'和'郭说'直接比较的归谬方法根本就是错误的,是毫无讨论价值的文字游戏;数学求解法,乃是演示循环论证,是一个没有依据的伪证公式;原文解读法,是按时间前135年说论者的司马迁句句依时间先后叙事这一谬说的弯弯绕。"①

4. "前145年说"论者朱枝富系统研究司马迁生年疑案的百年论辩史,予以梳理和综论,重点剖解三大"曲说"

朱枝富在《新一轮"司马迁生年疑案研讨"综论》中认为,2015年重启司马迁生年疑案研究成效显著;王国维"前145年说"吻合司马迁行年,立论无误;李长之、郭沫若"前135年说"是为推论,无法取代"王说";《索隐》与《正义》的十年之差,是导致司马迁生年纷争的主要根源;王应麟《玉海》关于司马迁生年史料的可靠性值得推敲,不能视为考订司马迁生年的直接证据;《自序》没有表明司马迁生于建元年间,从字缝里找证据是徒劳的;司马迁《报任安书》"早失二亲"不容曲解。王国维提出的司马迁生于汉景帝中元五年,即公元前145年,经过百年论争是完全成立的。

在《评司马迁生年"前135年说"论者的三大"曲说"》中,认为"前135年说"论者形成的关键性观点,大致上是三个方面,即三大

---

① 张大可:《解读袁传璋"虚妄论"提出的一些问题》,《渭南师院学报》2018年第13期。

"曲说"："'书体演变说'推倒王国维'数字讹误说'""《玉海》之《正义》佚文确证郭沫若说""司马迁自叙生于建元年间说"，逐一进行解剖与评说：一是"前135年说"论者从"书体演变"角度，用"'三十''四十'经常相讹"来论定《正义》按语有误，借以推倒王国维立论，实乃"大言欺人"；二是"前135年说"论者发现《玉海》"汉史记"条《正义》佚文，宣称是"直接证据"与"确证"，以此定案司马迁生于前135年，乃是伪证、伪考；三是"前135年说"论者误读、曲解《自序》，认为司马迁自叙生于建元年间，把自己的观点强加于司马迁是在玩弄文字游戏。

司马迁生年十年之差百年论争回顾

本文作者丁波，北京史记研究会会长，商务印书馆编审。

　　"司马迁生年十年之差百年论争梳理学术研讨会"于 2019 年 5 月 26 日在北京师范大学历史学院召开，全国各界学者与北京史记研究会部分会员学者约 60 人参与研讨。会上，商务印书馆推出《司马迁生年研讨论文集》《司马迁生年研究》两书供与会学者研讨。研讨内容另有专文纪要综述。本文从学术史的角度对这一百年论争学术公案做一回顾。

　　司马迁的生年，《史记》的《索隐》和《正义》提供了两个版本。《史记·太史公自序》在"卒三岁而迁为太史令"下，司马贞《索隐》引《博物志》："太史令茂陵显武里大夫司马〔迁〕，年二十八，〔元封〕三年六月乙卯除六百石。"元封三年，即公元前 108 年，按此推算，司马迁生于汉武帝建元六年，即公元前 135 年。而在"五年而当太初元年"下，张守节《正义》："案：迁年四十二岁。"汉武帝太初元年，即公元前 104 年，这一年司马迁四十二岁，据此推算，司马迁生年为汉景帝中元五年，即公元前 145 年。张守节与司马贞同是唐玄宗时人，两人的记载存在十年之差，为司马迁提供了"公元前 145 年"和"公元前 135 年"两个生年。

　　1917 年（值得注意的是，学术界把王国维考证司马迁生年文章发表时间误认为是 1916 年），王国维编制《太史公年谱》，开始系统考证司马迁的行年。据《王国维年谱长编（1877—1927）》，1917 年 2 月中旬起，王国维即着手草拟《太史公年谱》。2 月 16 日，王国维致信罗振玉："《太史公年谱》已得大略，明日当着手写定，约可得二十纸。"19 日信又说："《史公年谱文录》一稿，今日可毕，惟其卒年终不可考，大约与武帝相终始耳。"23 日信又说："《史公年谱》昨已写定，得二十三页，其中颇有发明。"（袁英光、刘寅生：《王国维年谱长编（1877—1927）》，天津人民出版社 1996 年版，第 196 页）从王国维和罗振玉的通信看，

《太史公年谱》从构思到完成，大约花费了十多天时间，而信中提到的《太史公年谱》《史公年谱文录》《史公年谱》这三个文章名，在文章最终发表时，都未被采用。当时的王国维受雇于犹太人哈同，主持编辑《学术丛编》，《太史公年谱》就登载在《学术丛编》第十三卷上，正式发表的名称是《太史公系年考略》。而到1923年收入《观堂集林》时，王国维又将这篇文章的名字改为《太史公行年考》，正文一仍其旧，并未改动。

王国维《太史公行年考》认为，司马贞《索隐》和张守节《正义》所引材料相同，之所以有十年之差，是文献在流传过程中出现了数字讹误。王国维运用数字分书写法的"鲁鱼亥豕"常理："三讹为二，乃事之常；三讹为四，则于理为远。"推论《索隐》"年二十八"为"年三十八"之误。王国维还从司马迁的行年、师从与交游三个方面，为公元前145年说找到了许多有力证据，系统论证了司马迁生于公元前145年，为之后司马迁生年研究指引了方向，在学术界产生了广泛影响。由于王国维考证筚路蓝缕，如前文所述，在十余天时间里草就，论据多有疏失，也成为"公元前135年说"论者攻击的靶标。

王国维"公元前145年说"发表之后，日本学者桑原骘藏《关于司马迁生年之一新说》（该文最早于1922年刊于日本《东洋文明史论丛》，1929年重发表于日本《史学研究》第1卷第1号，后由韩悦翻译为中文发表于《大公报文学副刊》1930年1月29日）。李长之《司马迁生年为建元六年辨》（《中国文学》1944年第1卷第2期，后作为附录收入《司马迁人格与风格》）、施之勉《〈太史公行年考〉辨疑》（《东方杂志》1944年第40卷第16期），相继对王国维的"公元前145年说"展开批驳，力主"公元前135年说"，但在当时都未产生较大影响。李长之《司马迁生年为建元六年辨》发表之后，又收入其专著《司马迁之人格与风格》（开明书店1948年版），陈垣曾评价《司马迁生年为建元六年辨》是该书"最有价值的部分"，"好在你言之成理，尤难能可贵的是，如果司马迁晚生了十年，生于建元六年的话，其时所作《史记》的年龄，恰恰更符合你所论的浪漫精神诸因素"。（李长之：《司马迁之人格与风格 道教徒的诗人李白及其痛苦》，商务印书馆2017年版，第499页）1953年9月，施之勉将《〈太史公行年考〉辨疑》经过两次修正，更名为《〈太史公行年考〉辨误》，在台湾《大陆杂志》发表。施之勉在《大陆杂志》刊发该文之前，曾和其老友钱穆就司马迁生年问题通信讨论，钱穆回信坚持"公元前145年说"，不赞成施之勉"公元前135年说"，并专门撰文《司马迁生年考》（《学术季刊》1953年第1卷第4期）阐述自己的观点。钱穆的文章发表于1953年6月，施之勉的文章发表于1953年9月，就发表时间看，施之勉旧文修正重发，则是对老友钱穆文章的回应。

根据王国维"公元前145年说"，1955年，正好是司马迁诞生二千一百周年。学术界对此表现出了特别的关注，相继发表的相关文章有：郑鹤声《司马迁生平及其在历史学上的伟大贡献》（《山东大学学报》1955年第1期）、季镇淮《司马迁和他的史记——为纪念司马迁诞生二千一百周年而作》（《文艺报》1955年第18期）、卢南乔《论司马迁及其历史编纂学——纪念司马迁诞生2100周年》（《文史哲》1955年11月号）、侯外庐《司马迁著作中思想性和人民性——为纪念司马迁诞生二千一百周年而作》（《人民日报》1955年12月30日）等，这些文章都接受"公元前145年说"。

与上述学者支持"公元前145年说"形成鲜明对比，时任中国科学院院长的郭沫若则发表了《〈太史公行年考〉有问题》（《历史研究》1955年第6期），对王国维的"公元前145年说"进行反驳，力主"公元前135年说"。郭文曰："王国维有《太史公行年考》，对于司马迁的生平事迹，考证颇详。他考定司马迁生于汉景帝中元五年丙申，公元前一四五年，因而到了今年便当为诞生二千一百周年。史学界曾经拟议，在今年举行纪念。有的朋友更已写了纪念文章。但经仔细推考，王国维所定的生年是有问题的。司马迁的生年应该还要推迟十年，即汉武帝建元六年丙午，公元前一三五年，到今年只能是诞生二千零九十年。"不难看出，郭沫若是注意到一些学者以"公元前145年说"为依据，准备在1955年纪念司马迁诞生二千一百周年，所以选择"公元前145年说"最具代表性的王国维为批驳对象，意在提醒持"公元前145年说"论者，1955年是司马迁诞生二千零九十年，而非二千一百周年。因为郭沫若在当时学界的独特地位，他对"公元前135年说"的支持，有力地阻击了国内学者"公元前145年说"论者筹划的"纪念司马迁诞生二千一百周年"纪念活动。

郭沫若自认为《〈太史公行年考〉有问题》是篇小文章，写定于

1955 年 10 月 28 日，他致信尹达："太史公行年问题，我写了一点稿子，送你看看，看后可转《新建设》之类的刊物。本来想写一篇大东西，小稿是开头一小节，但目前来不及写了。"（黄淳浩编：《郭沫若书信集》（下），中国社会科学出版社 1992 年版，第 187 页）尹达接到郭沫若的稿件后，认为该文应在《历史研究》刊发，就以《历史研究》编辑部约稿为由，建议郭沫若在《历史研究》发表。郭沫若在 31 日给尹达的回信中对此回应说："关于太史公生年一文，《历史研究》要用，勉强可以，似乎问题太小了一点。"（黄淳浩编：《郭沫若书信集》（下），中国社会科学出版社 1992 年版，第 188 页）于是，《历史研究》编辑部在发表郭沫若文章的同时，在同期又刊发了李长之旧文《司马迁生年为建元六年辨》。《历史研究》编辑部在刊发这篇文章时，没有用李长之本人的名字，而用了"刘际铨"这个名字。《历史研究》编辑部此举引发了李长之本人的不满，李长之本人致信《历史研究》，指责"刘际铨"抄袭他的旧作，《历史研究》编辑部为此专门在 1956 年第 1 期刊发了致歉声明："本刊去年第六期刊载了刘际铨的《司马迁生年为建元六年辨》一文，经李长之先生来信揭发，该文全系抄自他的旧作《司马迁之人格与风格》一书的附录。刘际铨这种抄袭他人旧作的行为是极其恶劣的，由于我们编辑工作上的疏忽，致事先未能发现，除了已采取一定的措施，加强审稿，以防止今后再发生类似现象外，并向李长之先生和读者致歉。"据中国社会科学院历史研究所谢保成研究员回忆，施丁是从《历史研究》编辑部调入历史研究所的，施丁曾向他说过，在 20 世纪 50 年代《历史研究》有不经作者同意变换作者名发表该作者旧作的事情，如果此说可信，那《历史研究》编辑部在 1955 年第 6 期以"刘际铨"名刊发李长之旧文的动机也就十分清楚了。他们是担心郭沫若文章过短，怕引不起足够的重视，援引李长之的文章为之张目，所谓审稿不严之说不成立。就笔者目前掌握的材料看，《历史研究》以"刘际铨"名刊发李长之的旧文，郭沫若是否知情，不能妄下评断，但《历史研究》编辑部在 1955 年第 6 期同期刊发两篇"公元前 135 年说"的文章，态度是十分鲜明的。

　　郭沫若和《历史研究》对"公元前 135 年说"力挺，夭折了国内"司马迁诞生二千一百周年纪念活动"，而当时与中国正处于蜜月期的苏联学术界似乎并没有接受郭沫若力主的"公元前 135 年说"，他们用实

际行动支持了"公元前145年说"。1955年12月22日，苏联对外文化
协会东方部会同苏联科学院东方学研究所在莫斯科联合举办庆祝晚会，
纪念司马迁诞生二千一百周年，依据就是"公元前145年说"。《光明日
报》12月24日报道了莫斯科的纪念活动，并于12月27日又刊登了
雅·沃斯科波依尼科夫的《纪念司马迁诞生二千一百周年》，详细介绍
了莫斯科纪念活动的盛况。二十多天后，《光明日报》又刊发了齐思和
《〈史记〉产生的历史条件和它在世界史学上的地位》（《光明日报》1956
年1月19日史学版），赞扬苏联学术界伟大的国际主义精神："1955年
12月22日苏联学术界在莫斯科举行集会，纪念司马迁诞生两千一百年，
这表现出苏联学术界对于中国文化遗产的重视，和他们伟大的国际主义
精神。"可以看出，1955年末到1956年初，《光明日报》对司马迁诞生
二千一百周年表现出了极大的关注，连续刊发文章予以报道。

　　有趣的是，围绕司马迁生年十年之差而展开的要不要在1955年纪
念司马迁诞生二千一百周年的争论中，《历史研究》作为"公元前135
年说"的阵地，而《光明日报》则集中报道"公元前145年说"的相关
活动，这两家极具影响力的媒体，在1955年末、1956年初掀起了一场
并没有火药味的鲜明对立的学术讨论，除郭沫若外，这一时期参与讨论
的学者关注的是"司马迁诞生二千一百周年纪念"，并未具体就"公元
前145年说"或"公元前135年说"提供新的论据支持。而且，司马迁
生年十年之差论争最终并未因"司马迁诞生二千一百周年纪念活动"的
夭折而终止，因为郭沫若这样有影响的作者的加入，王国维开启的司马
迁生年研究，更得到了学术界的广泛关注。

　　从1955年到2018年，围绕司马迁生年十年之差，学术界在20世
纪50年代中、80年代初，以及21世纪10年代中进行了三次全国性学
术大讨论。三次均为前135年说向前145年说发起挑战和驳难。第一
次，20世纪50年代中为郭沫若发表《〈太史公行年考〉有问题》，批判
王国维而引发，已如前述。第二次，20世纪80年代初由李伯勋发表
《司马迁生卒年考辨》，副题为《驳王国维〈太史公系年考略〉》而引发。
第三次，即20世纪10年代中，由前135年说论者袁传璋、赵生群于
2013年提出因《玉海》记载《正义》佚文铁证，司马迁生于前135年已
定案，反对中国史记研究会筹备2015年纪念司马迁诞生2160周年而引
发。三次大讨论累计发表论文百余篇，参与论争的学者近80人，出版

专题研讨生年的著作两部（施丁《司马迁行年新考》，陕西人民教育出版社 1995 年版；张大可《司马迁生年研究》，商务印书馆 2019 年版）。在这场旷日持久的学术论争中，支持"公元前 145 年说"的张大可，和支持"公元前 135 年说"的袁传璋，是论辩双方的代表人物。而就学术影响看，"公元前 145 年说"明显占据上风。中华书局标点本 1959 年版的《史记》"出版说明"中关于司马迁的生年是这样介绍的："生于汉景帝中元五年（公元前 145 年）或者更后一些"，虽然持存疑态度，但明显以"公元前 145 年说"为主说。1985 年，中国历史文献研究会在南京召开年会，以"公元前 145 年说"为据，隆重纪念司马迁诞生 2130 周年；1995 年，陕西省司马迁研究会在西安召开纪念司马迁诞生 2140 周年国际学术研讨会；2005 年，中国史记研究会在韩城市召开纪念司马迁诞生 2150 周年学术研讨会。三次研讨会的召开，特别是中国史记研究会以学会声音为"公元前 145 年说"的加持，使持"公元前 145 年说"论者在论战中明显占据上风。

2013 年，中华书局标点本《史记》（修订版）的"出版说明"中，主持修订工作的赵生群则直接断司马迁生年为汉武帝建元六年（公元前 135 年），放弃了该书自出版以来将司马迁生年以"公元前 145 年"为主说、两存其说的态度。赵生群的主要依据是，《玉海》卷四十六"《汉史记》条引《史记正义》：《博物志》云"迁年二十八，三年六月乙卯除，六百石"。赵生群著文《从〈正义〉佚文考定司马迁生年》刊于《光明日报》2000 年 3 月 3 日。袁传璋撰文《〈玉海〉所录〈正义〉佚文为考定司马迁生年提供确证》，刊于《司马迁与〈史记〉研究年鉴》（2011 年卷，商务印书馆 2013 年版）。袁传璋称《玉海》所录系王应麟所见南宋皇家藏本，系唐写本，还复原唐写本原貌行文款式。尽管如此，并未引起学术界重视。中华书局标点本《史记》是目前最通行的《史记》版本，其学术影响力自然非同一般，修订版《史记》将司马迁生年定为公元前 135 年、放弃两存其说的做法，毫无疑问是依据赵生群、袁传璋两人的定调。从 2013 年起，袁、赵两人反对中国史记研究会筹备在 2015 年纪念司马迁诞生 2160 周年，要改为纪念司马迁诞生 2150 周年。

张大可教授作为中国史记研究会会长，他从 2011 年起就推动中国史记研究会与渭南师范学院共同召开纪念司马迁诞生 2160 周年学术研讨会，组织出版《史记论著》二十卷、《史记论丛》专辑六卷、《史记通解》全九册，以及《中国史记研究会十五年》专集，总字数两千余万字，可以说是对 1955 年缺失的纪念司马迁诞生 2100 周年的补课。正是在这一背景下，前 135 年说论者，近年来不断发声，连续有五六篇"新证"说《太史公自序》写有司马迁生年。对此，中国史记研究会回应，2015 年纪念司马迁诞生 2160 周年学术研讨会正常举办，会后专题研讨司马迁生年。在 2016—2018 三年中双方论难文章有 18 篇，在《渭南师院学报》《史学月刊》《管子学刊》，以及中国史记研究会、北京史记研究会两会年会论文集《史记论丛》《史记研究》发表。本次论争，规模虽然不及前两次宏大，但质量更高，用《司马迁生年研究》《引言》的话来说："本次论争的特点不是寻求新证据来立论与驳论，而是回头看，系统梳理司马迁生年十年之差两说百年论争的论点与论据，做一个阶段性总结，力图在百年论争梳理的基础上做出对司马迁生年的定案。"

经过充分准备，"司马迁生年十年之差百年论争梳理学术研讨会"顺利举办。大会研讨用书两本论著。其一，《司马迁生年研讨论文集》系精选百年论争双方主要学者论文共 42 篇，按论争时期分为五辑，前 145 年说与前 135 年说对照鲜明，为司马迁生年定案提供充分的文献依据以及生动的逻辑论证。其二，《司马迁生年研究》，系张大可先生提出的关于司马迁生年研究的专著，全书八讲系统梳理百年论争两说的论点论据。要点有三：一是梳理王国维筚路蓝缕的考证。张先生评价是："王国维考证司马迁生年为公元前 145 年，论点坚实，方法正确，逻辑严密"，但"其中的推论论据多有瑕疵，必须修正"。二是梳理前 145 年说排比司马迁行年与师承、交游三个方面，考证司马迁生于前 145 年有十四条证据，形成不可辩驳的证据链。三是梳理前 135 年说之源，郭沫若举证三条，李长之举证十条，皆为辩说，无一考证，无一条成立；前135 年说后继论者的考证，无一实据。其考辩方法为循环论证，系伪证伪考，所谓《玉海》提供的《正义》佚文铁证，来自皇家藏本、古注本、古抄本，皆为编造。《玉海》成书在南宋末，王应麟所写《汉史记》条主要材料依据《汉书·司马迁传》。《史记正义》单刻本在北宋已不存世，王应麟在哪儿看到皇家藏本，毫无证据。事实是王应麟在《史记索隐》的地方写成《史记正义》，只代表他个人的观点，毫无版本依据和考证价值。总上三个方面，《司马迁生年研究》的结论是：

司马迁生年两说，只并存于三家注，王郭两说王真郭伪不并存，司马迁生于公元前145年可以为定论。

综上所述，从1917年王国维系统考证司马迁生年，到2019年张大可《司马迁生年研究》出版，时间跨越整百年。"公元前145年说"和"公元前135年说"，哪一个会成为定论，势必还要等待时间来验证。本文只简略地考察司马迁生年十年之差百年论争过程，特别是20世纪50年代中第一次论争的背景，供学术界关注这一公案的学者发微探讨。百年论争双方的论文论著俱在，智仁之见，由读者去评判。本文限于篇幅，未做详尽的摘引评说。

《玉海》引用的《正义》佚文，是怎样被包装成司马迁生年"确证"的？

本文作者朱承玲，江苏省海协会办公室副主任。

司马迁生年前135年说论者赵生群在2000年3月3日《光明日报》理论周刊上发表《从〈正义〉佚文考定司马迁生年》的文章，声称"发现了有关司马迁生平的新资料，为考定其生平提供了直接的证据"。所谓"新资料"，是王应麟《玉海》第46卷"汉史记"条中的《正义》佚文，为：

> 《史记正义》："《博物志》云：'迁年二十八，三年六月乙卯除，六百石。'"

对此，赵先生认为：

> （《玉海》"汉史记"）所载司马迁年岁，与今本《史记》中司马贞引《博物志》之文完全一致，这说明《索隐》引文准确无误，同时也证实，张守节推算司马迁生年的根据，也是《博物志》。这说明《博物志》确实是考订司马迁生年唯一的，也是最为可靠的原始资料。张守节云太初元年"迁年四十二岁"，比司马迁实际年龄多出十岁，肯定有误。

赵先生以此定案司马迁生年在前135年。后来，他主持点校本《史记》修订，于2013年7月以"修订组"的名义将"司马迁生于汉武帝建元六年（公元前135年）"写入"修订前言"，并作了说明，直接用《玉海》"汉史记"条的《正义》佚文作为论据，未加注明据郭沫若说，更未介绍王国维的"前145年说"，断言《正义》按语"四十二"当为"三十二"之误。

袁传璋对《玉海》所征引的《正义》佚文，也是如获至宝，在2005

年出版《太史公生平著作考论》，写作《司马迁与中华文明》导论，引用《玉海》"汉史记"条作为证据，认为"司马迁的生年应该是建元六年"；在 2011 年为《司马迁与〈史记〉研究年鉴》撰写卷首语，认为是"提供了可信的文献根据，同时也否定了王国维疑今本《索隐》'年二十八'乃'三十八'之讹的臆测"。①

赵生群、袁传璋视《玉海》"汉史记"条《正义》佚文为"直接证据"与"确证"，并以此定案司马迁生于前 135 年，一些学者予以信从，乃至盲从，故在一段时期内，很少有学者论述司马迁生于前 145 年，几乎是一边倒，甚至在 2015 年召开纪念司马迁诞辰 2160 周年纪念活动，也认为应该是纪念司马迁诞辰 2150 周年。

为了弄清这一问题，张大可先生专门到国家图书馆复印了《玉海》的相关资料，用来对照"前 135 年说"论者的研究，再作深入细致的思考，发现其中疑点多多，问题多多，折射出其瞒天过海的手段，其真实性、可靠性值得怀疑，可以说，乃是典型的伪证、伪考。本文详解如下。

（一）《玉海》是王应麟的"私撰"笔记，根据自己的心意来选择内容，"汉史记"条的正文，摘自《汉书·司马迁传》，而非《史记·太史公自序》，根本不具有版本价值。

我们看到复印件《玉海》的"汉史记"条，首先跳入眼帘的，是带长条框的"司马迁传"，非常明白地注明所根据的是《汉书》，而不是《史记》，再结合"汉史记"的条目，是王应麟用《汉书》来说明"汉史记"。而"前 135 年说"论者闭口不提此事，让读者觉得王应麟就是将《正义》注说在《太史公自序》上，还堂而皇之地称为是"直接的证据"，是"确证"，不知道"证"在哪里？还有，正因为是将其引用在《汉书·司马迁传》上，故标明是《史记正义》，说明不是《汉书》原文的注释，而不知是从哪里移植过来的。请问，这所谓的证据是"直接"吗？是不知转了多少弯啊！

我们再看《玉海》正文的引录，也是非常主观的摘抄，而不是严谨的引用原文。将"汉史记"条与《汉书·司马迁传》对照，就能很明显

① 袁传璋：《〈玉海〉所录〈正义〉佚文为考订司马迁生年提供确证》，收入《司马迁与〈史记〉研究年鉴》，2011 年卷，商务印书馆 2013 年版。

地看出这一点:

> 司马氏世典周史。[……] 谈为太史公。[……] 有子曰迁(云
> 云)。[……] 迁俯首流涕曰:"小子不敏,请悉论先人所次旧闻,
> 不敢(缺) [阙]。"卒三岁,而迁为太史令,紬史记(金鐀石室)
> [石室金鐀] 之书。五年而当太初元年,十一月甲子朔旦冬至,天
> 历始改,建于明堂,诸神受记。太史公曰:"先人有言:'[自]周
> 公卒五百岁而有孔子,孔子(卒) 至 [于] 今五百岁,有能绍而明
> 之,正《易传》,继《春秋》,本 (《书》《诗》) [《诗》《书》]《礼》
> 《乐》之际。'意在斯乎!(意在斯乎!)小子何敢(让) [攘] 焉!"
> [……] 于是论次其文。(七) [十] 年而遭李陵之祸,[幽于累
> 绁],(卒述陶唐以来,至于麟止,自黄帝始)①。

不再往下对核了。文中加"()"的,是《玉海》的增字或改字;加
"[]"的,是《玉海》删削的《汉书》原文;"……",表示《玉海》所
作的删节。"卒述"陶唐以来"三句",抄自《太史公自序》。由此可见,
此处王应麟的正文,是根据己意而对所引的原文有所取舍,很显然,其
中有删减,有更改。王应麟如此做,当然无可厚非,但这只能代表是王
应麟个人的作品,或者说是王应麟笔下的《汉书·司马迁传》,而不能
说,《汉书·司马迁传》就是如此。我们假设,如果《汉书》失传,后
人依据《玉海》,认为《汉书》就是如此,这种说法妥当吗? 这不是大
笑话吗? 如果再用《玉海》的《汉书》来证明某种事项,这样做有道理
吗? 能够成立吗? 更有甚者,前 135 年说论者袁、赵二人为了证成己
说,故意隐去《汉书》,而让读者误以为《玉海》所根据的就是《史
记·太史公自序》,这样做道德吗? 这难道不是有意欺瞒而瞒天过海吗?
要知道,这其中引用的《正义》佚文,就是如此啊! 你能说这《正义》
佚文来源可靠,引录正确吗? 因为无论是《正义》原文,还是《正义》
所引的《博物志》都已经失传,无法证明它的正确性啊! 这样的内容,
还能用来做证据吗? 而且还煞有介事,言之凿凿,说得有鼻子有眼儿,
说是皇家藏本、唐写本、古注本,似乎是在有意欺蒙读者,混淆视听
啊! 说白了,"汉史记"条,就是王应麟自写的词条,是根据自己的心
意来选择内容,根本不具有版本价值,与《史记》风马牛不相及。

---

① 王应麟:《玉海》"汉史记"条所摘引的《汉书·司马迁传》。

此外《汉书·司马迁传》根本就没有推断司马迁生年的《索隐》《正义》两条注，王应麟突兀增入的《正义》佚文，没有放在"五年而当太初元年"下，而是放在"卒三岁"之后《太史公自序》《索隐》注的地方，却又跨了一句置于"紬史记石室金馈之书"句后，仿佛在布迷魂阵。《正义》佚文所引《博物志》与《索隐》完全一致，焉知不是王应麟的改编。因为这与《史记·太史公自序》是完全不搭界的啊！

（二）《玉海》《正义》佚文，究竟出自何处？仍然是一个谜，并非就是出自《正义》单行原本、唐人写本、南宋皇家藏书，"前135年说"论者如此论说，乃是作伪行为。

这里，我们再来研究《玉海》"汉史记"条《正义》佚文的出处。"前135年说"论者把它的出处说得非常"高贵"，似乎让人肃然起敬。赵生群在2000年发表《从〈正义〉佚文考定司马迁生年》一文中说：

> 从《玉海》引用《史记正义》的具体情况看，王氏编书时所依据的当是单行本《正义》。……正因为王应麟所用的是《史记正义》单行本，所以能征引更多的《正义》注文。

袁传璋在2005年出版的《太史公生平著作考论》一书中说：

> 王应麟撰《玉海》，其资料来源于南宋皇家藏书，他曾亲见未被删节的《史记正义》的唐人写本。

到了2011年，袁先生的口气软了下来了，在《〈玉海〉所录〈正义〉佚文为考订司马迁生年提供确证》中说：

> 王应麟纂辑《玉海》，他所征引的《史记正义》，为南宋馆阁所藏的单行唐写本。

袁先生将"南宋皇家藏书"改为"南宋馆阁所藏"了，在2018年撰写的《王国维之〈太史公行年考〉立论基石发覆》中说：

> 王应麟所征引的《正义》，为南宋馆阁所藏单行唐写本或其抄本。

在口气上又有所变化，将原来坚持认为的"单行唐写本"增加了"或其抄本"四个字，说明是"无定"。我们不禁要问，袁先生如此说法，有根据吗？如果坚持认为是"单行唐写本"，为什么又要加上"或其抄本"四字？是不是心虚了，底气不足？或者是否就是根本没有依凭，而是想当然凭空脱口而出？

经赵先生和袁先生这么一说，又是"唐人写本"，又是"皇家藏书"，说明王应麟征引的这条《正义》佚文来源可靠，无话可说。我们不禁要问，说这话的根据是什么？难道是王应麟自己说的，还是二位先生的杜撰？

对此，我们翻看了大量资料，就是没有资料证明是如此。不知道二位先生有没有史料证明？如果有，不妨"晒"出来我们看看？当然，袁先生可能会说《玉海》中存有非常可观的《正义》佚文，这就是从单行唐写本中引用过来的。这能说得清吗？单行唐写本是什么时候存世，什么时候失佚？有这方面的根据吗？我们倒是找到清人王鸣盛在《十七史商榷》中提供的一条旁证。该书开篇卷一《史记》第二条"《索隐》《正义》皆单行"条中曰：

> 《索隐》三十卷，张守节《正义》三十卷，见《唐志》，皆别自单行，不与正文相附，今本皆散入。惟常熟毛晋既专刻《集解》外，又别得北宋刻《索隐》单行本而重翻刻之，是小司马本来面目。自识云："倘有问张守节《正义》者，有王震泽行本在。"震泽本亦非唐本三十卷之旧，亦是将司马迁、张氏注散入裴本中者，但必出自宋人，故毛氏云然，张氏三十卷本，今不可得而见矣。

王鸣盛指出，《正义》单行原本早已失传，明人王震泽刊刻时，已经找不到唐写本了，最早的版本，也是"宋本"。是北宋本还是南宋本，王鸣盛没有说。王应麟是南宋末元初之间人，是否那时还有存世的《正义》宋刻原本？则不得而知。如果说有，拿出证据来，让我们也开开眼界？清初毛晋翻刻三家注，只有北宋时的《集解》《索隐》有单刻本，《正义》北宋单刻本已不存世，哪来"唐写本或其抄本？"

至于袁先生所说的"皇家藏本"，也是不实之词、虚妄之言，好为"大言"，以欺蒙读者。

我们先看看王应麟的身世。据《宋史·王应麟传》及有关资料，王应麟出生于 1223 年，1241 年中进士，担任地方一般官员，1254 年复中博学宏词科，历官太常寺主簿、通判台州，召为秘书监、权中书舍人，知徽州、礼部尚书兼给事中等职，因屡次冒犯权臣丁大全、贾似道而屡遭罢斥，后来辞官回乡，专意著述 20 多年。王应麟生活于国家危亡之际。宋朝灭亡是 1279 年，权臣贾似道被杀是 1275 年，而王应麟去世于 1296 年，之前辞官回乡 20 多年，当是在 1275 年左右离开朝廷。王应麟的一生可分为三个阶段，复中"宏词科"前为第一个阶段，从中进士到中宏词科，为 14 年；而后在地方和朝廷做官，到被排挤去职，为第二个阶段，大约是 20 年；第三阶段是退归乡里专心述著，一直到去世，也大约是 20 多年。

王应麟一生著作丰富，有 23 部著作，695 卷，那么，《玉海》究竟是他哪一个时期的作品？据王应麟的子孙王厚、王伯所撰写的《词学指南•后序》说："《玉海》者，公习博学宏词科编类之书也。"《四库全书总目》称："其作此书，即为词科应用而设。"我们有理由认为，王应麟作《玉海》这种百科全书式的著作，是为其准备博学宏词科考试时所整理的资料，也就是我们现在所说的"考试复习笔记"，而后经过整理和刻印，形成了名为《玉海》的大型类书。

我们再看看袁先生的说法：王应麟"尽读馆阁秘府所藏天下未见之书"，"所撰《玉海》二百卷，专精力积三十余年而后成。"① 这话也是好为大言欺人的杜撰，是没有根据的。

王应麟先考中进士，后考中宏词科，两者之间为十四年，就说是从中进士后就着手准备，撰著《玉海》也只是有十多年啊！而袁先生说"专精力积三十余年而后成"，也是想当然的夸张之辞。虽然前人也有说王应麟读馆阁书，一生致力于撰著，但并不是撰著《玉海》就钻研了三十多年啊！如果此话成立，那王应麟一生 70 多岁，而官场沉浮耗费了他大量的心血，专心撰注，充其量也就三十四年，如果撰著《玉海》就用了三十多年，那就无法撰著其他书籍啊！而王先生一生撰著 700 卷，怎么可能耗费 30 多年来撰著《玉海》200 卷呢？可见，袁先生考证从好的方面说是考证不细，考虑不周，从不好的方面说则是欺蒙读者的杜撰，至少是学风不正，把王应麟后来在朝廷工作，就是在撰著《玉海》，这其实是想当然，因为撰著《玉海》，王应麟并没有在朝廷啊！

确实有资料显示，王应麟撰写《玉海》，是借助了政府馆阁的图书。据《宋史•王应麟传》，他考中进士后，有感于时弊风气，闭门发愤学

---

① 袁传璋：《王国维之〈太史公行年考〉立论基石发覆》，《渭南师范学院学报》2018 年第 1 期。

习，发誓要以博学宏词科来表现自己，家里的图书不够，就借政府馆阁的图书来阅读。至于这"馆阁"的理解，当指"馆"和"阁"，指各级政府的藏书馆，当然也有国家图书馆，这些都是对外开放的，王应麟当然可以借阅。至于说王应麟"尽读馆阁秘府所藏天下未见之书"，又是袁先生的夸张不实之词。

那么，馆阁图书是否就是皇家藏书？当然不是。皇家藏书是什么？就是专供皇帝及皇族使用的特制的图书。皇家藏书的版本极不寻常，是只供皇室使用的珍稀本、孤本、秘本。即使是普通的书籍，也要进行特制，非民间一般书籍可比。其特点，具有秘惜性，包括珍秘和爱惜两层含义：一是为了私遗子孙，恩泽后代，二是为了独享独用，防止别人得到。历代帝王无不重视藏书建设，广购秘集，博采遗书。无论奇书、怪书、异书、秘书、趣书、伪书，不管野史传奇、术数奇谋、房内养生、神魔志怪等，都统统秘藏独用，对一些威胁其统治地位或十分珍奇的书，往往外禁内用。虽然王应麟所生活的南宋时代皇家藏书极多，南宋建都临安后，颁布献书赏格，在南方各地广求图书，在秘书省特设"补写所"从事抄书，到了宋孝宗淳熙四年（1177），秘书省图书完成编目计 44486 卷；到宁宗嘉定十三年（1220），又新增 14943 卷。但是，请问，王应麟有什么资格能够看到这些"皇家藏书"？他是皇帝的老子还是皇帝的儿子，而能够享有如此殊荣？

我们退一万步来说，王应麟撰写《玉海》就是参阅了南宋皇家藏书，但是不是所写的全部内容都是依据皇家藏书？皇家藏书中有没有《正义》单行藏本？而皇家藏书就不可能出错？即使如此，难道王应麟所写，其中就没有讹误吗？由于《正义》单行原本早已失传，无法用《正义》单行原本做比对，怎么能证明王应麟所写的没有讹误呢？

袁先生可能也意识到自己原来所说王应麟阅读的是"南宋皇家藏书"不够准确，后来改为"馆阁藏书"，但仍然坚持说是单行唐写本或其抄本，虽然口气软下来了，不像以前专指"唐人写本"，但不知是否能说出根据。如果没有，我们有理由认为，在《正义》佚文的底本问题上，袁先生也是师从"祖师爷"李长之、郭沫若，采用"文学想象考证法"来研究严肃的史学问题，故作"大言欺人"。对此，张大可曰：

　　经过核查，《玉海》的这条《正义》佚文，根本不是什么皇家所藏唐写本，乃是王应麟自己撰写的"汉史记"条目转引的资料，而且删去了张守节的按语，与日藏南化本那条栏外的《索隐》差不多，甚至还要等而下之，正确性值得怀疑，同样也是一条伪证。"①

（三）袁先生将作伪进行到底，别出心裁地复原《正义》原文，而《正义》原本究竟是何模样？根本没有弄得清楚，只是凭空想象，做法酷似逼真，实则虚妄无根，误导读者。

袁先生在 2011 年的《确证》一文中说："试遵张氏注例，为《史记》文自'卒三岁'至'太初元年'的《正义》复原。"其复原之文如下：

卒三岁而迁为太史令《博物志》云：迁年廿八，三年六月乙卯除六百石。按迁年卅二岁。　紬史记徐广曰：紬音抽。

五年而当太初元年李奇曰：迁为太史后五年，适当于武帝太初元年，此时述《史记》。

并且还说："鉴于王氏征引时的不准确性，是否还是将这段话就放在《玉海》中让它存佚更好？"

到了 2017 年，袁先生作《发覆》一文，又改变了说法，增加了"原格式为：《史》文大字，注文小字双行夹注"，复原为：

卒三岁而迁为太史令《博物志》云："迁年廿八，三年六月乙卯除，六百石。"

五年而当太初元年《集解》李奇曰："迁为太史后五年，迁当于武帝太初元年，此时述《史记》。"按：迁年卅二岁。

我们先从袁先生的两处复原的本身来看，有这样几个问题请推敲：

1. 复原的《正义》原文格式，完全是"子虚乌有"，凭空虚构。

袁先生第一次是复原在《史记》原文中，第二次则是将原文分开，复原在两句话后，并且作文字说明是"《史》文大字，注文小字双行夹注"。如果是第一次正确，那就不存在第二次的复原情况了；如果是第二次复原正确，那第一次的复原又是从何而来？难道是自己猜想的两个版本？按照常规考虑，应当是前文服从后文，那

---

① 张大可：《评"司马迁生年前 135 年说"后继论者的新证》，《渭南师范学院学报》2017 年第 9 期。

么，第二次的复原格式果真正确吗？我们再看看前人的研究，则是大错特错。

前文所引，清人王鸣盛曰："张守节《正义》三十卷，见《唐志》，皆别自单行，不与正文相附，今本皆散入。"就是说，《正义》原本的行文，是以注释为主体，"不与正文相附"，根本不是"双行小注"。到了王鸣盛时候，"张氏三十卷本，今不可得而见"，说明已经失传了。王鸣盛还非常感慨，认为明末毛晋翻刻三家注，只能找到《集解》《索隐》的北宋单刻本，就是找不到《正义》的北宋单刻本。连北宋单刻本都没有，又何来唐写本？《正义》原本在北宋时就失佚了，而南宋的王应麟能看到《正义》原本吗？那么，《正义》原文究竟是什么模样？袁先生煞有介事地说是"双行小注"，而"双行小注"，只是到了北宋翻刻时，将三家注散于正文之后才有的。时至今日，袁先生把《正义》原本说得天花乱坠，果真如此吗？恐怕连他自己也弄不清楚。如果能够弄得清楚，为什么两次复原的格式完全不一样？这也是在妄自猜测啊！既然是连自己都弄不清楚，还要做所谓的复原，用以自欺欺人，让读者误以为《正义》原文就是这个样子！再说，《正义》原本是单行本，只是张守节注说的内容，怎么还有《集解》的"徐广曰""李奇曰"，怎么《集解》又穿越到《正义》中去了？也真是离奇八怪！

2. 复原的《正义》原文内容，是为我所需，妄加删改。

这里首先要说的，是王应麟的《正义》佚文与《索隐》所引《博物志》的内容相去甚远，是"缺胳膊少腿"，断章取义，甚至凭着自己的猜测，如"迁"字，在当时的绝大部分版本中，都是作"司马"，后面脱一字，而王应麟直接就写"迁"字，有何版本依据？这在后面将有具体的分析，这里不展开。还有更重要的，是袁先生复原的《正文）佚文将"二十八"改作"廿八"，将"四十二"改作"卅二"，更是无根之说，根本没有版本依据。文字的书写演变自是一个渐进的过程，没有任何文献证明，张守节在当时就是将"二十"写作"廿"，将"四十"写作合体的"卅"，这无异是异想天开，做了一个"黄粱美梦"，真的以为"二十八"就是"廿八"，"四十二"就是"卅二"了

（四）《玉海》"汉史记"条《正义》佚文，与今本《史记索隐》相比，内容上有较大差异，既没有《正义》单行本为根据，也没有《博物志》原本作参照，真实性究竟有几何？

如上所说，王应麟所征引的《正义》佚文，根本不是南宋皇家藏书，也没有证据证明就是单行唐写本，而是根据了二手、三手的资料摘编而成，而所转抄的《博物志》之文，更不是原始的《博物志》原文，这其中转了几转，拐了几道弯。既然是摘抄转录，难道就没有自己的自由裁量而予以删改吗？而研究者转摘资料，其中或有删减，或有讹误，都是难免的。

还有，《玉海》的这一条资料，是否就是指《史记正义》？或许就是王应麟有意改《索隐》为《正义》，表明自己的观点。因为这也是孤证，和南化本的《索隐》作"年三十八"是一模一样，甚至还要次之，毕竟南化本直接是"二十八"作"三十八"，而《玉海》"汉史记"条所引录，没有发现除王应麟《玉海》以外的任何地方、任何学者、任何版本有相同的记载，也就是说，记载《正义》引录《博物志》内容，只此一处，别无所见，所谓孤证不立，我们有理由怀疑他的准确性！

再说《玉海》所安置的地方也不对，《玉海》是将《正义》引文放在《汉书·司马迁传》的"卒三岁而迁为太史令，绅史记石室金匮之书"一句后，而今本《史记》中的《正义》按语是放在"五年而当太初元年"后，这根本就是两码事啊！

由此可见，《玉海》"汉史记"条《正义》佚文，只是王应麟的私人著述，是非常的随心所欲，心之所想，信手拈来，以阐明自己的观点，并不能说明就是《正义》的原文，且是写入王氏改编的《汉书·司马迁传》中，与注说《史记》沾不上边。今本《史记》所存的《正义》之文只是'按迁年四十二岁'七个字，而《玉海》所征引的《正义》之文，根本就没有这七个字。故此，也根本就不能说明《玉海》所录《正义》就是准确的，因为无从说起啊！两者是否相及，是否其中还有其他内容，都是不得而知啊！这种掐头去尾、断章取义，根本不能说明什么问题！与《索隐》引文两相对照，也存有相讹之处，其中必有讹误，其真实性当然值得怀疑，说得准确些，根本就是一条伪证。

　　我们再看看《玉海》所征引的《正义》的具体内容，对照今本《史记》（修订本）所引《索隐》，其中"太史令、茂陵显武里大夫司马"，这十二个字怎么都没有了？是王应麟认为不重要，都删去了？还是他所依据的版本就是没有这十二个字？"司马迁"三字，王国维引用时作"司马"，修订本《史记·校勘记》说明有六个版本作"司马"，夺"迁"字，曰："司马迁：耿本、黄本、彭本、柯本、凌本、殿本作'司马'。"那么，有哪些版本是作"司马迁"呢？《校勘记》没有说。按照修订本《史记》所校勘，既然有六个版本都在"司马"后脱字，至于究竟脱什么字？目前还有争议。有说脱"迁"字，也有说脱"谈"字，即指司马迁的父亲司马谈。当然，如果是司马谈，当是指建元三年，如王重九、施丁就坚持这样的观点，那就不是注说在这个地方。那么，王应麟径直写"迁"字，又略去"司马"等十二个字，究竟是依据的哪一种版本？是改写，还是臆测？不知袁先生十分肯定《玉海》所说，是否有根有据？

　　袁先生还进一步说：

　　　　根据从《玉海》中发现的《正义》佚文、《索隐》与今本《史记》三家注中的《索隐》所征引的《博物志》，皆作元封三年"迁年二十八"。[①]

　　《史记》原文作"卒三岁而迁为太史令"，司马谈是元封元年去世，以此推算，此为元封三年，而《玉海》说征引的《正义》佚文，则是"三年六月"云云，根本就没有"元封"二字，怎么到了袁先生的笔下，就有了"元封"二字呢？是《正义》的遗忘，还是袁先生别有用心的代笔？明眼人一看就知道啊！

　　又，明代贝琼《清江集》有所作"应麟孙王原墓志"称："应麟著《玉海》未脱稿而失，后复得之，中多阙误。"焉知此条所记载的内容是否属于其中的"阙误"？故此，《玉海》所录《正义》佚文，并不能证明所引《博物志》的内容就是准确无误。因为王应麟所引的《正义》之文具有不可靠性，缺少了关键性的内容。当然，也不能证明今本《史记》

---

　　①　袁传璋：《〈玉海〉所录〈正义〉佚文为考订司马迁生年提供确证》，收入《司马迁与〈史记〉研究年鉴》，2011年卷，商务印书馆2013年版。

中《索隐》所引《博物志》内容的准确性，故而也就不能作为"确证"来证明司马迁生于武帝建元六年。

再说，张守节摘引《博物志》的内容，到目前为止，能够查找到的只有王应麟的这么一条。为什么不见于《史记》的各种版本，为什么今本《史记》只有"按迁年四十二岁"七个字？那么，就此种情况，究竟相信谁呢？是相信流传至今的各种《史记》版本，还是相信王应麟的一条孤零零的"私书"呢？2000年，易平针对赵生群文，随即在《光明日报》发文，也怀疑《玉海》引文的真实性，曰：

> 我提出两条相反的证据：一是《博物志》记司马迁官名为"太史令"，而张守节坚持"（司马）迁官太史公"。二是《博物志》记司马迁官秩"六百石"，而张氏则主"太史公秩两千石"。……此皆不争之事实。那条记载所谓司马迁"官籍"的《博物志》，居然连官名、官秩这等至关重要之事，在张守节看来都是错的，能说他会"认同"《博物志》并据以推算司马迁的年龄吗？[①]

综上所述，《玉海》"汉史记"条《正义》佚文存在如此之多的瑕疵，根本无法否定《正义》按语"迁年四十二岁"是错误的，根本无法动摇王国维的立论。

---

① 易平：《司马迁生年考证中的史料鉴别问题》，《光明日报》2000年4月28日。

从三晋地域文化与司马迁的关联 看其出生时间应在前 145 年

本文作者崔凡芝。山西大学历史系教授。

本文从司马迁青少年的成长经历,关联三晋地域文化,提出其出生时间应在公元前 145 年。下面从三个方面来说。

一、司马迁的出生地与初期学习

《太史公自序》云:"迁生龙门,耕牧河山之阳。年十岁则诵古文。二十而南游江淮。"此处之"龙门"指地区。司马迁故籍韩城就在龙门地区。此地区的标志物,一为黄河水,一为龙门山。龙门山横跨晋陕两界,黄河水由晋陕峡谷奔流向南,两岸断山绝壁,相对如门,传说为大禹治水所凿,故称禹门,又传说有神龙在此升天,便称作龙门。这里景致奇特,充满神秘,司马迁以之为桑梓之地,当有自豪的情感在内。

古称山之南,水之北为阳;又山之东,水之西亦为阳。龙门山为梁山之余脉,跨黄河两岸。黄河水蜿蜒曲折出禹门口,折而由北向南,把龙门地区分为河东、河西。梁山在黄河之西,韩城正处在龙门山之南 60 里之地,在黄河之西,梁山之东,韩城南边是一马平川的一个小平原,称韩原,这就是"迁生龙门"的故里,统称为河山之阳,是一块风水宝地。司马迁祠墓就坐落在韩城南二十里芝川镇司马坡上,靠近黄河。司马迁的出生地,在韩原的华池、高门,在芝川镇西,相距约四公里。现今韩城市在司马坡下建设司马迁文史公园,司马迁广场落成,太史公巍巍铜像矗立,铜像正前方广场中央于 2016 年立有巨石《史圣颂》碑。碑文盛赞韩城之奇,其文曰:

> 韩城者,天下之奇地也。西枕梁山,东临长河,北倚禹门,南

襟韩原，群山环抱而茂树生，众水汇流而膏壤厚，斯山川之奇也。当秦晋之咽喉，据东西之要津，霸者必图，兵家必争，鼓鸣震于八荒，烽火烛于天际，斯形胜之奇也。地本夏后之墟，民资椒梁之利，承周秦之遗风，薰三晋之殊俗，秉子夏之教，传洙泗之学，诗礼风行，俊彦辈出，斯风教之奇也。今观夫韩城，雄豪之气弥漫乎山川，雅尚之风充盈乎士庶，史圣化成于斯，必也。

地灵人杰，司马家族人才辈出。司马迁生于圣地，长于圣地，耕读于故里河山之阳，厚重的河西文化养育着青少年司马迁的成长，当是一种美好的感受，而庄肃地书于《太史公自序》中。

"耕牧"指家业活动。不一定专指司马迁从事耕作放牧，而是指居于乡间生活与成长，家庭从事耕牧生业，未必指亲身耕牧为生。古代占有乡间土地者，及其佃户统称耕牧良民，并非专指依赖土地生存的贫民顾农为耕牧之民。韩城处黄土高原丘陵地区，古来就是农业畜牧长足发展的地区。

"诵古文"是童蒙从学的一个阶段：五六岁开始学习，先认读今文写的书籍；稍大后认读古文写的书籍。今文指当时通行的小篆、隶书等，笔划简直，好认；古文指秦以前六国通行的大篆，即籀文，笔画繁复，不易认读。司马迁十岁开始读古文，一个"则"字，可能说明是比较早地进入了对先秦典籍的研读，有几分自得。亦可推测，其家庭对他的培养是很注重的。

这里需要探究的是他在哪里开始自己的学习的？

首先，要确定一下他父亲的行迹，因为他的人生和事业是在父亲司马谈的言传身教下发展的。

司马谈生在何年？已无资料可考。只知其于武帝建元元年（公元前140年），举贤良对策，出仕为太史丞，被派往茂陵督建武帝陵寝。如司马迁出生于景帝中元五年（前145年），则父亲去茂陵时，他已五岁了。司马谈于建元三年（前138元）至建元六年（前135年）间升为太史令，去京师任职，但家眷仍在韩城，已是十岁的司马迁只能随家人在韩城诵古文和进行深入的学习以投入到父亲指导的著史工作中。直到元朔二年（前127年），他家才入籍茂陵，此时司马迁已将近十九岁，之后便是二十壮游，进入游学阶段。所以，他的初期学历，应该是在韩城故籍完成的。而他的家庭和当地的文化底蕴也完全可以提供他学习的一切条件。

二、故乡与家庭条件

1. 故乡情况

韩城在晋、豫、陕的三角地带，这是中华民族的直根之地。

三晋文化区是直根文化区的重要组成部分。

晋南地区又是三晋文化区的核心部分。

考古学家苏秉琦曾说："小小的晋南一块地方，曾保留远至 7000 年前到距今 2000 余年的文化传统，可见这个'直根'在中华民族总根系中的重要地位。"[①] 又说："大致在距今 4500 年左右，最先进的历史舞台转移到晋南，在中原、北方、河套地区文化以及东方、南方文化的交汇撞击下，晋南兴起了陶寺文化，它不仅达到了比红山文化后期社会更高一阶段的'方国'时代，而且确立了在当时诸方国群中的中心地位，它相当于古史中的尧舜时代，亦即先秦史籍中发现的最早的'中国'，奠定了华夏的根基。"[②]

从司马迁所撰《史记·五帝本纪》来看，五帝的活动多在运城地区。炎帝、黄帝、蚩尤大战的阪泉、涿鹿之地，一说在河北，一说在运城。从考古发现来看，河北缺乏充分的证据，但晋南运城地区则有较多的传说和考古遗迹。今运城下辖的解州镇，古时曾被作解梁，据《解州县志》记载，解梁古时曾称作涿鹿。宋代罗泌所著《路史》就肯定解梁是涿鹿，"解"字，有解杀之意，起因就是黄帝在这里解杀了蚩尤，民间俚俗亦谓解州盐池有时呈赤色，即蚩尤血所染。俚俗之言仅作备闻而已。而汾西陶寺的发现，考古界认为正是尧舜时代进入父系氏族方国时代的有力证据。更重要的是这里的自然环境优越，当平原地区被大水所淹成为泽国的情况下，运城地区是最适于人类居住的丘陵地带，山清水秀，土地肥沃，盛产铜矿，又有生活所需的池盐，是当时最富庶的地方。不只炎黄二部族挺进于此，连东南方的蚩尤部族也前来竞争。大战之后，便是中华民族的第一次大融合。

之后，进入五帝后期相对稳定的发展生产时期。"尧治平阳（山西

---

① 《华人·龙的传人·中国人》，《中国建设》1987 年第 9 期。

② 《华人·龙的传人·中国人——考古寻根记》，辽宁大学出版社 1994 年版，第 243 页。

临汾)、舜治蒲阪(山西运城)、禹治安邑(山西夏县)，三都相去各二百余里，俱在冀州(以运城为中心的晋、冀、豫等地区)，统天下四方。"① 显然，历尧舜禹三代，运城地区都是各方国的中心地带。

进入商代，据考古专家王克文研究，商朝的先人，也是起源于晋南的(待查?)。辗转定都安阳后，其重要力量依然驻守于晋南，众多的考古发现足以说明这点。

周之先人从晋南兴起，迁徙到陕西后历经磨难，终于灭商。灭商时，其祖根之地由重兵把守，大大助力了武王的成功。国学大师钱穆曾经撰文详细论述了这一历史过程(见《燕京学报·周初地理考》，1934年第10期)。而周人晋源说的观点在近20年来的考古发现中，也提供了坚实有力的证据。

春秋时，晋为五霸之一，而到了战国时，韩、赵、魏又成为七雄之三。这里演义了争霸称雄最为震撼人心的剧目。而其高度的经济繁荣，灿烂的文明硕果，以及频繁的战争场面，促成了人才辈出的结果。从帝王将相、公卿大夫到平民百姓中，涌现了无数的政治家、思想家、军事家，以及史学家、文学家等等。尤其由三晋兴起的法家思想和法家人物，荀子、韩非子、商鞅、范雎等提出了治乱兴衰的思想体系，在法家人物纷纷西进秦国后，帮助秦国统一了六国，促进了中华民族再一次的大融合，三晋文化对中华民族的发展贡献是不言而喻的。

韩城运城隔河而居。此段黄河古称西河。从风陵渡折向东去的黄河古称东河。运城在西河之东，故作河东；韩城在西河之西，称作河西。俗语有"三十年河东，三十年河西"的说法，即指韩城在一段时间内所属河东治理，另一段时间内属河西治理的拉锯状态。实际上，秦汉之前，更多时间是由晋与三晋之魏治理的，此地的文化习俗有更多的运城特色，二者几近相同。现今进行的探源工程和探源游中，韩城与运城便视为一体，遗迹与景点并列其中。

黄河水并未阻隔民间的交往，水大湾多，可以摆渡过河，冬天结冰，便成通途。通商贸易不断，语言习俗相近，世代通婚联姻，清明扫墓祭祖，社火看戏观灯，平时走亲访友，人们熙熙攘攘，来来往往，早已形成一种水乳交融、不可分割的整体。故司马迁浓厚的乡情中，也满

---

① 《左传》哀公六年孔颖达疏。

含了对三晋文化的深厚情结。

这一地区的文化积淀，包括了藏于民间的各种文化典籍，也体现在遍布乡镇的私塾乡学中，更有许多乡贤饱学之士。司马迁所处之汉初，遗风犹存，故其十九岁之前在故乡学今文，诵古文、钻研文献，考察史迹，起步著史，是完全有条件的。更何况，作为史官家族的后代，其学习条件更会优越于一般家庭的子弟。让我们看看他的家庭条件。

2. 家庭条件

司马迁的远祖世为史官。西周时，其先人程伯休甫曾任官司马，以战功而改姓司马，但仍世典史职。后因政局大乱，王官失守，史官们抱典载籍流落民间。司马氏于周乱时迁入晋，晋乱时又各奔前程，或入卫国，或入赵国，或入秦国。司马迁这一支便定居到了秦国的少梁，即韩城。

韩城在战国后期，逐渐为秦掌控，司马迁的近祖们先后当了秦的将军、铁官等，入汉后其高祖做过长安市长，但他们的家眷依然居住在韩城，死后还是要归葬于此地。其祖父司马喜未能任职，用四千石粟捐了个五大夫的爵位，可以享受一些特权，但其家业仍以耕牧为主，是个殷实之家。

农业社会重农抑商，视农耕为根本。"敦厚传家久，诗书继世长"是治家的格言。农耕传的是敦厚家风，诗书传的是文化积淀。

司马迁正是在这种氛围中成长起来的。而其世典史业的家世，又赋予了他献身修史的历史责任感，这种责任感是从其先人，尤其是其父亲司马谈的培养和教育中传承下来的。

三、司马谈培养儿子立志著史

司马谈早有著史之志，他曾说："幽厉之后，王道缺，礼乐废，孔子修旧起废，论《诗》《书》，作《春秋》，则学者至今则之。自获麟以来，四百有余岁，而诸侯相兼，史记放绝，今汉兴，海内一统，明主贤君忠诚死义之士，余为太史而弗论载，废天下之史文，余甚惧焉。"[①] 因

① 《史记》卷一三〇《太史公自序》。

此，他自幼向学，成地方饱学之士；还曾设帐讲学，培养地方人才。由于他的学识和人品，再加上史学家世，被举为贤良，授作太史丞。升为太史令后，入京师供职，得以更好地全力以赴地进行著史工作。

著史工作是艰巨的，司马谈深知其任重道远，故非常注重对儿子的培养。认今文，诵古文，研读文献，考察史迹，收集民间传说等工作，从青少年时已经开始。青少年时期有着最强的吸收能力，受父亲影响，他笃定了著史的志向，当父亲临终嘱托他要完成自己未竟的著史工作时，他泣泪表示："小子不敏，请悉论先人所次旧闻，弗敢阙！"① 当触犯龙颜，作生死选择时，他宁肯蒙受耻辱而争取活下来，才得以完成著史的重任。司马迁的生命重于泰山，是从父亲笃定的著史之志中传承下来的。

司马迁 20 岁以后，其学业开始了大转换，即受命父亲，开始大规模的游学活动，第一次游历江淮等东南一带考察史迹，搜集史料，以补充秦汉以来近现代史料的不足。二三年后回来，又多次陪侍汉武帝巡视西北地区。还奉使巴蜀以南之云贵川地区，搜取更多边远地区的史料。

值得注意的是，在他的全部游历中，很少提到去三晋地方，尤其是缺少到运城地区活动的记载。但苏辙曾说其"与燕赵豪俊交游，故其文疏荡，颇有奇气"（《栾城集》卷 22《上枢密韩太尉书》）。他自己也说"燕赵多慷慨悲壮之士"。《货殖列传》中，对三晋地区的民情风俗也有很多精彩的描写。如说："赵女郑姬，设形容，揳鸣琴，揄长袂，蹑利屣，目挑心招，出不远千里，不择老少者，奔富厚也。"没有对世俗民情做深入体察，是不会有此深入描摹的。

可以推测，其在青少年时期，在立志著史思想的指导下，是会对祖根之地的历史和社会风貌做出考察与探访的。其对此地史事如数家珍似的稔熟，对英雄人物的由衷钦佩，流露的正是深厚的故乡情结。

故乡情结是一种人之常情。与司马迁同姓同为龙门地区河东夏县的史家司马光，亦有同样的表述："吾家陕之北，陕事吾能说。"② "能说"是一种稔熟，如数家珍。又说："太行横拥巨川回，三晋由来产异才。"③

---

① 《史记》卷一三〇《太史公自序》。

② 《司马文正公传集》卷二《和张仲通追赋陪资政侍郎吴公临虚亭燕集寄呈陕府祖择之学士》。

③ 上书卷十三《送仲更归泽州》。

"产异才"是对故乡人才辈出的赞美，是满满的自豪。

　　史家之乡情流露在笔下，则其文更能感人至深。《史记》中所写三晋地区的史事与人物，往往是长篇巨著，浓墨重彩。

　　所以司马迁父子在故乡的生活、学习、著史，与三晋文化对他们的濡染，是密切关联的。既培养了他们美好的情操，又从多方面成就了他们的著史事业。现在我们回到本文开笔所引《太史公自序》的四句话："迁生龙门，耕牧河山之阳。年十岁则诵古文。二十而南游江、淮。"字面意义无疑是说司马迁十九之前"耕牧河山之阳，二十南游江、淮"，步入社会按父母指引行万里路，做文史考察。"年十岁则诵古文"是一句插入语，指司马迁年十岁时的学识状态。所以中华书局点校本对"年十岁则诵古文"前后均施用句号，表示是一个独立的句子单元。"迁生龙门"四句话导入司马迁两个生年假说，前 135 年与前 145 年。导入前 135 年，则司马迁九岁以前耕牧河山之阳，"年十岁则诵古文"，只能解决为十岁的司马迁在京师诵古文，"诵"也只能解读为"开始学习古文"，与"则"字意义不吻合。"则诵"，即为学习古文，更含有能诵读古文。再说，"九岁孩童"怎么"耕牧河山之阳"？"迁生龙门"四句话导入前 145 年说，则司马迁十九岁以前"耕牧河山之阳"，才合于情理，合于字面意义的解决。更有两条文献支撑。其一，元朔二年汉武帝大移民十万口置朔方郡，迁家资三百万豪富实茂陵，游侠郭解、司马迁于是年家徙茂陵，司马迁正年十九，在茂陵见郭解。其二，《报任安书》云："仆少负不羁之才，长无乡曲之誉。"这"长无乡曲之誉"明白无误说司马迁在故里已经成人，没有得到地方官的荐举入仕，亦当指年十九。本文着重挖掘三晋文化对司马迁的熏陶，则有助于对"年十岁则诵古文"的正当理解，即司马迁年十岁诵古文在故里而非京师，可为司马迁生于前 145 年之旁证。对此，我们还应做更多探讨，因为这是十分有意义的。本文权作抛砖引玉罢。

《史记》文本与注释研究

《史记》修订本校记之我见

本文作者张兴吉。海南师范大学文学院教授，文学博士。

《史记》在历代形成了众多的版本，在一定程度上说，历代学者都在校勘的基础上，推出了新的《史记》版本。这些新版本既是《记》校勘的成果，同时也是《史记》校勘的推动力发展。批评与被批评之间，使得《史记》版本更加完善。

近年《史记》新修订本[①]的出现，可以认为是力求集历代《史记》校勘的大成，再造《史记》善本的努力，在其完成过程中，大有毕其功于一役的气势。然校书不易，同时校书又是历代学者最苦的学问，雄心之大，亦难掩校勘之疏。笔者在使用了修订本之后，既有感想，再见辛德勇、王华宝等先生之说，于是多少较真研究了一下此本的校勘记，仅以《史记·五帝本纪》为例，于是有了如下的看法，在此提出来，请教于方家指正，并向修订本的作者讨教。

1. 校史文"幼而徇齐"（一、1）。[②] 立意出自张文虎的《札记》，

---

① 这里是指中华书局 2014 年 8 月第 1 版。

② 见中华书局 1982 年版，括号内大写为册数，阿拉伯数字为页码；下同。

指：徇，当为侚。而引"敦煌本"证之。兴吉按：古书流传中，多有变异字型，此类作为研究文章可以，然以附书的《校勘记》，多嫌庸赘。即使张文虎的《札记》，也是单行耳。

2. 校《正义》："母曰任姒有蟜氏女登为少典妃"（一、4）。引《初学记》中的《帝王世纪》两条，两条内容几乎一致。且第一条与《正义》所引相同。此等校记之出，令人费解。

3. 校《正义》"山东有石穴曰神农生于历山"（一、4）。校记云"疑文有讹误"，指"曰"字当为"昔"讹误。此亦出自张文虎《札记》的考证。但行文中，不著张氏名号，未当矣。

4. 校《索隐》"卢山"（一、4），"疑当作葛卢山"。汲古阁本《史记索隐》"注割卢山"，当小司马所见本《集解》如此。但其注也"葛卢山"，故一山或多名，似不必多说明耳。

5. 校《集解》"登熊山"（一、6），引《正义》认为当为"熊耳山"，意在指《集解》此处脱"耳"字。又引《封禅书》中《索隐》引《荆州记》云：熊耳山在荆州。都是牵强之说。《封禅书》史文云：齐桓公："南伐至召陵，登熊耳山以望江汉"，此熊耳山还在今河南境内，"以望江汉"不过是极言之语，未必是史实。此处的"登熊、湘"，向来有争议，强解"熊山"，为熊耳山，未当。

6. 校《索隐》文"一作豸"（一、9），引张文虎《札记》云："此下失音"，指"豸"字下当有音注。修订者云："按：张说是。"又引他处《索隐》有此字的音注。此处张氏只是推测而已，《史记索隐》体例原本不是很严谨，首次出现，并不一定都出注。修订本正式出注，失当。

7. 校《索隐》"无烦破四为三"（一、9）。修订本注"黄本……此下有《正义》"，说见张氏《札记》，可不注。

8. 校《集解》"而娶於西陵之女"（一、10），出注，失当。说见王华宝氏文章。

9. 校《索隐》"降居江水"（一、11），引张文虎《札记》云："下当有'若水'二字"，指当作"降居江水、若水"。查黄本、蔡本、耿本、彭本皆无，独汲古阁本《史记索隐》有之。可见张氏之据来源于此，然修订本，仅引张氏此句。失校勘之意，也令读者不明白张氏所据。

10. 校《索隐》（一、11）"请问黄帝何人也"，引（一、9）《正义》云："请问黄帝者人也"。修订本引《大戴礼·五帝德》认为："何"字当为"者"。然司马贞、张守节皆引《大戴礼》文，却不同。小司马作"请问黄帝何人也，抑非人也"；而张守节仅作"请问黄帝者人也"，无"抑非人也"四字。古书所载不同，比比皆是，且作"何"，作"者"，皆可通。修订本强自为证，失校勘本意。

11. 校《正义》"《地理志》云上郡阳周县桥山南有黄帝冢"（一、11），修订本云："'南'上《汉书》卷二八'地理志下'有'在'字"。则上句为"上郡阳周县桥山在南有黄帝冢"。然今本《汉书》作"阳周：桥山在南，有黄帝冢"。又《汉书》此句在此《正义》上的《索隐》作"桥山在上郡阳周县，山上有黄帝冢也"。修订本不注《索隐》，而注《正义》，校勘之意安在？

12. 校史文"大小之神"（一、11）云：黄本、彭本、柯本、凌本、殿本皆作"小大之神"。然仁寿本、杭州本①同今本。修订本不列后者所载，至令读者生疑，以为今本是后人妄改也。

13. 校《正义》"居延海"（一、12）说："居延海南甘州张掖县东北千六十四里是"。修订本云："南"疑作"在"。又据李将军列传《正义》引《括地志》说：居延海在甘州张掖县东北六十四里。这里的"六十四里"，显然是错的。修订本按语对引文中的这一错误完全不加说明，会误导读者。张文虎也引《郡县制》称：在张掖东北一千六百里。兴吉按：此处的"南"与此句最后"是"相配，文意可通，不必出校记的。

14. 校《正义》"自言其名曰发"（一、14），修订本云"疑当作'夋'"，引《索隐》及他文证之。然此《正义》中"有圣德"三字中，黄本、彭本脱"圣"字，今本有之，是张氏据吴氏说补。兴吉按：此字可不补。修订本不辨此，却拘泥于"发"与"夋"之辩。

15. 校史文"崩"（一、14），引张氏说：认为是"后人妄增"。修订本引孔颖达等注《经书》云：孔颖达等所见《史记》有此字。全不知杭州本、仁寿本、黄本都有此字。修订本如此迂回，是校勘不力乎？

16. 校《集解》"说云尾交接也"（一、18），修订本用段玉裁之说，认为：说云，旧作"说文云"误。其辩证不力，段氏说引《集解》作"说云"，不知《史记》旧本中何本为据，修订本据此为证，立论不实。

---

① 仁寿本，指据傅增湘旧藏中央研究院史语所宋景祐本影印仁寿二十五史中的《史记集解》；杭州本是指 1955 年古籍刊行社影印宋刊本《史记集解》。

若证此"文"字为衍文，不如径引《尚书·尧典》注"尾，交接也"为直接，即此处的"说"，是"注"意，更为明了。杭州、仁寿、黄本、耿本、蔡本、彭本皆作"说文云"。而修订本以为"大误"，据此改动旧注，未必是严肃的做法也。

17. 校《集解》"以正中夏之节"（一、18），此注得自张文虎札记。

18. 校《集解》"毛更生整理"（一、19），仁本、杭本、黄本、耿本、蔡本皆作"毛更生曰整理"。其中的"曰"字，张文虎以为衍文。修订本据此删之，武断。各古本皆如此，其由来已久，但据《书传》删改，未必是正解。

19. 注《正义》"夏曰祀周曰年唐虞曰载"（一、21），以为"祀"上脱"岁商曰"三字，引《尔雅·释天》云"夏曰岁，商曰祀，周曰年，唐、虞曰载"。此下《正义》引孙炎说也用岁、祀、年、载四种称呼来区分年岁的方法。修订本辩证为正。

20. 注《正义》"年取禾谷一熟也"（一、21），修订本云："黄本、彭本、柯本、凌本、殿本作'年谷'，疑是。"兴吉按：今本作"禾谷"，乃系张文虎据吴氏说改旧本，修订本似可据旧本回改，不然此处有小心过头之嫌。盖修订本以为改旧本可随意，改张文虎说宜慎重乎？

21. 校《正义》"妫水源出蒲州河东南山"（一、22），云"'河东'下疑脱'县'字"。此校记，可不出。

22. 校记云："'注五府'，此三字无，据《索隐》本补"（一、23）。此《索隐》本，即毛晋刊汲古阁本《史记索隐》也。此注"五府"，实系"索隐"注"集解"，在《史记》二家注、三家注中，因为是夹注，凡《索隐》《正义》注《集解》，都是夹在文中，并不引出原文而注。如"注××"的形式，乃毛本《索隐》所独有。此处疑问在于，如按此处皆加"注××"，那么修订本中，但凡有此"索隐""正义"注"集解"情况，皆当如此，奈何仅据毛本《索隐》加之？其他皆忽略之？

23. 校《正义》"璚赤玉也"（一、24），修订本云："'赤玉'，殿本作'美玉'。"又云："《说文·玉部》：'璚，美玉也''琼，赤玉也'。"按：此处在指《正义》引《说文》有误，而以殿本为正。

24. 校《正义》"并悬玑以象天"（一、24），修订本云："'并'，殿本作'盖'。"又云"《尚书·舜典》孔颖达疏合"。然殿本卷一的"考证"中，对修改此字并没有出注，说明理由。修订本云"《尚书·舜典》

孔颖达疏合"实际上是修订本作者的自注，并非殿本的说明。

25. 校《正义》"亥地"（一、25）云："疑文有脱误"，指当为"戌亥之地"，引《后汉书·祭祀志》证之。查今本《后汉书》，其中虽有"戌亥之地"之句，但整段文字却与《正义》所引《续汉书》大不相同。何者为正，似可商榷。

26. 校《集解》"律音律"（一、26），黄本、蔡本、耿本、彭本皆作"同阴律"，张文虎未改之。然旧中华本作此，何人改之？

27. 校《正义》"皆曰鲧也"（一、30）云："'曰'字下原有'云'字"。修订本删之，说据张文虎。

28. 校《索隐》"不似言不如父也"（一、31），修订本云："父"，耿、黄、彭、柯、凌、殿本作"人"。按：修订本，引各本作"人"，不改，令人不解，又不能说明旧中华本为何作"父"，不可解。查汲古阁本《史记索隐》，亦作"人"。

29. 校《正义》（一、31）"郦元注水经云幹桥东北有虞城"，或是。然起引"四库本"作"軯桥"，不标明此"四库本"，是何书，是四库本中的《史记正义》否？辩疑生疑矣。

30. 校《正义》云："瞽叟姓妫"（一、31），以"叟"作"瞍"，说见张文虎。

31. 校《正义》"蒲州河东县雷首山一名中条山一名历山……"（一、33），又引卷二八《正义》引《括地志》记载，指上条与后条"山名、次、数字多异"。而此《正义》中的问题在于"雷首山……此山西起雷首山，东至吴坂……"的话，是有问题的。此山既名"雷首山"，又何由"西起雷首山"？后条中作"雷山"，或正。修订本不言《正义》之误，只是说前后《正义》的差异，不解其校勘的意图何在？

32. 校《正义》"何必定陶方得为陶也舜之为陶也"，说见张文虎（一、33）。张文虎云：依《史记考证》据《水经注》改。修订本又出各旧本与此差异的原貌，意在说明张氏之改乎？然此条中，修订本并未指出此据张氏说。

33. 校《正义》"韩子"，说见张文虎（一、33）。旧中华本作"韩非子"，此说是源于张文虎，张氏自云据《史记考证》，但查之，《考证》也作"韩子"也。修订本以各本有《正义》者，皆作"韩子"，改之。然不言旧本之源，多引他书以证"韩子"之正，未为正解。

34. 校《正义》"历山之农相侵略"（一、34），修订本云：殿本作"侵畔"。并引《韩非子》作"侵畔"。

35. 校《正义》"皆置邑"（一、44），又引卷二《正义》"皆置邑"（一、60）作"皆邑落"。此出注之意不明，在于说明《正义》前后之误乎？此非校勘也。

36. 张氏改《正义》（一、45）位置，为正，而修订本出注，亦无语也。

37. 校《索隐》"右述赞之体……"，修订本云："此一百零五字原无。据……本补。按：此节文字《索隐》本在书末，黄本等合刻本置此，今从之"。兴吉按："原无"二字，指向不明，当是指旧本也；又其所列版本不全，旧本中大凡有《索隐》的本子，都有此段文字，仅耿本无也；再说到此段文字的位置，也不明确，其实不全在书末或卷末，而在汲古阁《史记索隐》本卷三十中的《三皇本纪》之前，当云末卷为当。

纵观此本的校勘记，笔者有几个体会：

其一，修订本卷一校勘记的源头主要是以张文虎的《札记》为线索，37 条目中，有 14 条是张氏有明确考证的，且为张氏没有直接改动史文或三家注，而写入校勘札记存疑而已。以此笔者以为：校勘的本意在于存旧本，考核其误，未有铁证，当存其旧。张文虎《札记》虽有三卷，但直接径改原本的，并不多，有疑问，或不甘心失记者，保存在《札记》中。修订本不知此种道理，以一己之见，用张文虎之说，径改旧本或再出张文虎旧说，即张文虎见之，亦当羞愧矣。

其二，张氏与其前后时的清人校勘，有一通病，以存世本经典各书，校旧本经典，《史记》亦在其中。如此者并不在意存世本的经典在流传千百年后，有多少的变异。以存世本校勘旧本《史记》，既是以可能的讹误，来证千百年前的《史记》讹误，有多少的胜算。以校勘而言，以旧本校旧本虽有迂阔之嫌，但犹胜于以今本校旧本，再以今本证旧本讹误也。

其三，修订本校记作者，还需在《史记》版本系统方面下功夫，修订本中校勘记的引用颇多的《史记》各古本，令人相信，古本作此，当无错误。但殊不知，如果各古本属于同一版本系统的《史记》，其所谓异文会自然相同，是不足以作为证据的。版本的校勘当以不同系统的版本校勘，方可显现存世古本之间的差异，并从中寻找可能的经典的原貌。

其四，校勘的本意在于指出底本的讹误，有则改之；有疑问者存疑，不必过于纠缠疑点的解明。非如此，则校勘记难以做到行文简洁，使读者受校勘之益。若是缠绕辩证，则当如张文虎单出札记。《史记》各本中，每卷末都几乎没有校勘记，有之者，即清武英殿本《史记》，每卷末出《考证》，似校勘，似辩证，内容庞杂。然此本的《考证》，后也以单行本传世，笔者以为，此为校勘札记的正体。

《史记·十二本纪》点校本与
修订本之校改差异考

本文作者王华宝。东南大学人文学院教授。

最新出版的《史记》中华书局修订本①，共列出校勘记 3946 条，涉及改动文字的有 1250 余条，与点校本出校改符号近 800 处相比②，有了较大的变化。修订本与点校本文字的异同研究，将成为《史记》文献学和古籍整理研究的重要内容。据统计分析，点校本《史记》有校改符号的改动，多与张文虎《校勘史记集解索隐正义札记》③ 相关，但也有不少佚出之处。修订本扩大参考范围，吸收新成果，将文本研究引向深入。笔者将点校本与修订本的改动全部找出，并探讨相关理据；针对两本校改之差异，附以前修时贤的不同意见或个人所见，以供进一步研讨。引文一以点校本为次，后标页行。修订本的情况，主要依据校勘记来讨论，不见于校勘记的条目则列出正文页码。因篇幅原因，本文从明改与暗改入手，仅列出《十二本纪》部分，以供研讨。点校本明显的排印错误不在少数，修订本已改正的这里就不涉及了。

一、点校本明改之处，修订本做不同处理

点校本明改 117 条，修订本有 79 条做了相同的处理，即文中改动，篇后出校勘记；有 29 条做了后退，即文中不改，篇后出校勘记做说明；另外做了以下不同处理，即 4 条出校而改动不同，4 条不出校且不改，1

---

① 引文依据 2014 年 8 月平装本。

② 引文依据 1982 年 11 月第 2 版 1999 年 11 月第 16 次印刷本。

③ 引文依据中华书局 1977 年版。

条不出校而径改。以下分别说明。

1. 出校而改动不同

《夏本纪第二》《索隐》：涔，亦作"潜"。沱出蜀郡郫县西，东入江。潜出汉中安阳县（直）西〔南〕，北入汉。故《尔雅》云"水自江出为沱，汉出为潜"。（61/12）按：《札记》："案：《汉志》汉中郡安阳晉谷水出西南，北入汉，此'直'字疑'南'之误，而又错在'西'上。"据此删"直"补"南"。修订本校勘记【一四】补证黄本等无"直"字，未删。出《汉书》"西南"例，而未论及"南"字是否当有。

《周本纪第四》《集解》：徐广曰："一作'何'。应劭（曰）《氏姓注》云以何姓为韩后。"（162/14）《札记》："警云'《姓氏（当作氏姓）注》即应氏所撰《风俗通》之一篇，''曰'字衍。"据钱泰吉说删。修订本校勘记【四三】增高山寺本为证，删同；并进一步删"以"上"云"字。

《秦本纪第五》《正义》：《括地志》云："栎阳故城一名万年城，在雍州东北百二十里。（栎阳）汉七年，分栎阳城内为万年县，隋文帝开皇三年，迁都于龙首川，今京城也。改万年为大兴县。至唐武德元年，又改曰万年，置在州东七里。"（201/6）《札记》："警云'栎阳'二字衍。"据钱泰吉说删二字。修订本校勘记【三六】，据《项羽本纪》《正义》引《括地志》，将"栎阳"改乙至上句"东北"前。将点校本的衍文当作错乙来处理。

《吕太后本纪第九》：大臣皆曰："吕氏以外家恶而几危宗庙，乱功臣今齐王母家驷（钧），驷钧，恶人也。即立齐王，则复为吕氏。"（411/3）《札记》："'钧'字涉下而衍，南宋本、中统本并无。"据此删。修订本校勘记【一四】，据毛利本、本书《齐悼惠王世家》例，删"驷钧"二字。

2. 不出校且不改

《夏本纪第二》《索隐》：按：《左传》中南山，杜预以为终南山。《地理志》云"太一山古文以为终南，（华）〔垂〕山古文以为敦物"，皆在扶风武功县东。（66/10）按：《札记》："《汉志》作'垂山'，盖小司马所见本误。"据此改。修订本无校记，仍作"华"。

《周本纪第四》武王弟叔振铎奉陈常车，周公旦把大钺，毕公把小钺，以夹武王。散宜生、太颠、闳夭皆执剑以卫武王。既入，立于社南大卒之左，〔左〕右毕从。(125/15)《札记》："《志疑》云《周书》'王入即位于社大卒之左，群臣毕从'，此误增'右'字，脱'群臣'字。或曰'之'下脱一'左'字。"点校本未取梁玉绳说而取"或曰"之说，似当续证之。修订本 162 页不改动，也未出校说明。

《孝武本纪第十二》：有识其手书，问之人，果（为）〔伪〕书。(458/15)《札记》："北宋、中统、游、柯、毛并作'为'，此亦古字之仅存者。凌本改'伪'，非。"按《札记》整理本增加："案：中华本为便利读者，改'为'为'伪'。"正与《札记》相反。此为点校本处理不当之显例也。修订本（584 页）未改，近是。

《孝武本纪第十二》《集解》：徐广曰："上言从行荐之，或曰祭鼎（乎）〔也〕。"(466/3)《札记》："《封禅书》《集解》作'或者祭鼎也'。"按："者"与"曰"字之异未改，审慎。校点本据异文改虚字，不妥。修订本（592 页）未出校，保留"也"字，审慎可从。

3. 不出校而径改

《秦始皇本纪第六》《正义》：《括地志》云："俗名望宫山，在雍州好畤县西十二里，北去梁山九里。《秦始皇（起）〔纪〕》'从山上见丞相车骑众，弗善'，即此山也。"(257/14)《札记》："疑'纪'之讹。"据此改。修订本（328 页）径自改正，不出校。似不合体例。

4. 出校而不改

《五帝本纪第一》《正义》：《括地志》云："厉山在随州随县北百里，山东有石穴。（曰）〔昔〕神农生于厉乡，所谓列山氏也。春秋时为厉国。"(4/4)按：张文虎《札记》："疑有脱误。"整理本新增按语："《太平御览》七十八引《荆州图记》云：'永阳县西北二百三十里厉乡，山东有石穴。昔神农生于厉乡，《礼》所谓烈山氏也。……'《括地地》所本。《荆州记》前数语，亦微有省脱。而'曰'字当作'昔'，则信而有征，今据改。"施之勉认为："盖昔字脱去上半，祇剩下半日字，而日又误为曰字耳。"①。修订本校勘记【三】出《水经注》与《御览》卷七八引《荆州图记》异文，未改字。

《五帝本纪第一》《索隐》：为一句。蛾音牛绮反。一作"豸"。（豸）言淳化广被及之。（9/1）《札记》："此下失音，合刻本以为复衍而删下'豸'字，误。"整理本加按："点校本下'豸'字加圆括号，以此下失音也。"点校本据此删下"豸"字，修订本校勘记【六】出校未改。

《五帝本纪第一》《索隐》：降，下也。言帝子为诸侯，降居江水、〔若水〕。江水、若水皆在蜀，即所封国也。《水经》曰"水出旄牛徼外，东南至故关为若水，南过邛都，又东北至朱提县为卢江水"，是蜀有此二水也。（11/2）《札记》："下当有'若水'二字。"据此补二字。修订本校勘记【九】出校不补。

《五帝本纪第一》帝喾娶陈锋氏女，生放勋。娶娵訾氏女，生挚。帝喾崩，而挚代立。帝挚立，不善（崩），而弟放勋立，是为帝尧。（14/12）按：《札记》："《索隐》本无'崩'字，据《注》及《正义》，盖后人妄增。"据此删。修订本校勘记【一五】据《尚书正义》称"唐初孔颖达等所见《史记》亦有'崩'字"，正文不删，明确认定删字不当。

《五帝本纪第一》《集解》：孔安国曰："永，长也，谓夏至之日。火，苍龙之中星，举中则七星见可知也，以正中夏之〔气〕节。"（18/14）按：《札记》："《书传》'节'上有'气'字，仲春引有。"据此补。修订本校勘记【一七】出校未补。

《夏本纪第二》《集解》：郑玄曰："鸟夷，东（北）〔方〕之民（赋）〔搏〕食鸟兽者。"（54/3）按：《札记》："《书疏》引郑《注》'北'作'方'，'赋'作'搏'，疑此误。"据此改两处。修订本校勘记【五】出校未改。

《夏本纪第二》《集解》：孔安国曰："织，细缯也。贝，水物也。"郑玄曰："贝，锦名也。诗云'成是贝锦'。凡织者，先染其丝，织之即成〔文〕矣。"（60/11）按：《札记》："《书疏》引郑《注》，'成'下有'文'字。"据此补。修订本校勘记【一〇】出校未补。

《夏本纪第二》《正义》：《十三州（地理）志》云"万年县南有泾、

① 施之勉：《史记会注考证订补》，台北华岗出版有限公司 1976 年版，第 2 页。

渭，北有小河，即沮水也"。（65/16）按：《札记》："'地理'二字当衍。"据此删。修订本校勘记【二二】出校未删。

《夏本纪第二》《正义》：《括地志》云："终南山一名中南山，一名太一山，一名南山，一名橘山，一名楚山，一名（泰）〔秦〕山，一名周南山，一名地肺山，在雍州万年县南五十里。"（66/11）按：《札记》："'泰'疑'秦'字之讹。杜子美《慈恩寺塔诗》'秦山忽破碎'，盖即此。"据此改。修订本校勘记【二三】出校未改。

《殷本纪第三》《正义》：《〔括〕地（理）志》云："傅险即傅说版筑之处，所隐之处窟名圣人窟，在今陕州河北县北七里，即虞国虢国之界。又有傅说祠。《注水经》云沙涧水北出虞山，东南迳傅岩，历傅说隐室前，俗名圣人窟。"（103/2）按：《札记》："警云《汉志》无此文，疑'括地志'之误。"据钱泰吉说删改。修订本校勘记【一二】出校未改。

《周本纪第四》《正义》：皇甫谧云："黄帝生于寿丘，在鲁城东门之北。居轩辕之丘，（于）《山海经》云'此地穷桑之际，西射之南'是也。"（128/8）《札记》："'于'字衍。警云疑当在'居'下。"点校本取衍字说。修订本校勘记【一六】出校未删。

《秦本纪第五》（四年）王齕攻上党。（219/14）《札记》："《志疑》云庄襄无四年，乃三年之误。案：王齕攻上党，《六国表》书在三年，不误。此'四年'二字，涉上四月而衍，观下文五月即接上文四月，其证也。三年上已书，何必复出。"不取梁玉绳误字说，而用衍字说，近是。修订本校勘记【五八】，出校未改。

《秦始皇本纪第六》：（四）〔是〕月寒冻，有死者。（227/9）《札记》："《志疑》云'四月'重出。《史诠》云当更曰'是月'。案：疑本作'是月'，后人因《正义》'四月建巳'之文而妄改之。"按：前文有"四月"，此处作"是月"，符合文例，《史诠》说可取。修订本校勘记【三】认为："此书'四月寒冻'，谓寒冻非时，与上'四月'叙事笔法不同。"主张"四月"不误，出校说明之。

《秦始皇本纪第六》《索隐》：怠，协旗、疑韵，音铜綦反。故国语范蠡曰"得时不怠，时不再来"，亦以怠与（台）〔来〕为韵。（250/14）《札记》："《越语》范蠡语以怠、来、灾、之为韵，无'台'字，此'台'乃'来'字之误。凌作'时'，亦误。"据此改。修订本校勘记

【二七】，出"台，疑当作'来'"。出校未改。

《秦始皇本纪第六》：自榆中并河以东，属之阴山，以为（三）〔四〕十四县，城河上为塞。（253/4）《札记》："《志疑》云表作'四十四'，《匈奴传》同，此误。"据梁玉绳说改。修订本校勘记【二九】，列异文而未改。

《秦始皇本纪第六》：又使蒙恬渡河取高阙、（陶）〔阳〕山、北假中，筑亭障以逐戎人。（253/5）《札记》据《河水注》引文及《蒙恬传》《匈奴传》认为"陶"当作"阳"，并论证说："然则此文当作'阳山'，因旧本上文'阴山'误作'陶'，而此此'阳'字亦误为'陶'矣。"据此而改。修订本校勘记【三〇】，列王念孙"陶"当为"阴"说而未改。辛德勇据赵一清、王念孙等说加以考证，认为应将"陶山"订正为"阴山"，并认为宜读作"取高阙、阴山北假中"，详见《史记新本校勘》第106—107页。

《秦始皇本纪第六》：更为书赐公子扶苏、蒙恬，数以罪，（其）赐死。语具在《李斯传》中。（264/10）《札记》："《杂志》云'其'字后人据《李斯传》增，《御览》引无。"据王念孙说删。修订本校勘记【三七】，列王念孙说而未删。

《秦始皇本纪第六》《正义》：《关中记》云："始皇陵在骊山。泉本北流，障使东西流。有土无石，取大石于渭（山）〔南〕诸山。"（266/9）《札记》整理本增："'渭山'疑当作'渭南'。殿本《考证》云：'渭山"山"字疑有误，或是"城"字或是"水"字。'"点校本取"南"字说，未知所本。修订本校勘记【四一】，"'渭山'，疑当作'渭北'"。出校未改。

《秦始皇本纪第六》惠公享国十年。葬车里（康景）。生悼公。（287/5）《札记》："凌云：'"康景"疑衍，或下有阙文。'案：上文康公葬询社，景公葬丘里南，疑车里在康、景二墓间，脱'间'字。"按：凌氏是二说存疑，张文虎主张脱"间"字，今点校本却取衍二字说，与《札记》正相反。修订本校勘记【四九】，倾向衍字说，出校不删。

《项羽本纪第七》《索隐》：按：逮训及。谓有罪相连及，为栎阳县所逮录也。故汉（史）〔世〕每制狱皆有逮捕也。（296/7）《札记》："疑'世'。"据此改。修订本校勘记【二】，出校未改。

《高祖本纪第八》：沛公还军亢父，至方与，（周市来攻方与）未战。

（352/1）《札记》：“六字疑衍。”据此删。修订本校勘记【一二】，出校不删。

《高祖本纪第八》：乃道砀至成阳，与杠里秦军夹壁，破（魏）〔秦〕二军。（357/3）《札记》：“‘魏’字误。《史诠》云当作‘秦’。《汉书》作‘其’。”据程一枝说改。李人鉴认为“点校本从《史诠》说以‘与杠里’三字下属为句，并改‘魏’字为‘秦’字，皆非也。”① 修订本校勘记【二一】，列张氏误字说及沈家本针对张氏的反对观点，不改正文。辛德勇参考众说，认为“沈家本所说完全符合当时军事态势，信而可从”。②

《孝文本纪第十》：春，上曰：“朕获执牺牲珪币以事上帝宗庙，十四年于今，历日（县）〔绵〕长，以不敏不明而久抚临天下，朕甚自愧。“（429/5）《札记》：“《杂志》云‘县’当为‘绵’。《汉书》作‘弥’，弥亦绵也。”据王念孙说改。修订本校勘记【三四】，列王念孙说而据东北本作“悬”等，认为作“县”义通，故出校不改。

《孝文本纪第十》：除（肉）〔宫〕刑，出美人，重绝人之世。（436/5）《札记》：“上文云‘去肉刑’，此不当复出，当依《汉书》作‘除宫刑’，与下‘出美人’为类，所谓重绝人之世也。《志疑》以其复出，疑上去肉刑为去田租。案：《汉书》亦作‘去肉刑’，不误。”点校本不取梁玉绳说，而依张文虎说改。修订本校勘记【三八】，“张校疑误”“《史记》全书无除宫刑之文，而去（除）肉刑之记载非止一处”。

《孝景本纪第十一》：四年夏，立太子。立皇子彻为胶东王。六月甲戌，赦天下。后九月，更以（弋）〔易〕阳为阳陵。（442/10）《札记》：“《志疑》云‘易阳’之误，《地理志》可证。”据梁玉绳说改。修订本校勘记【八】，认为“梁说误。各本皆作‘弋阳’《汉书》卷二八上《左冯翊》：‘阳陵，故弋阳，景帝更名。’”

《孝景本纪第十一》：中元年，封故御史大夫周苛孙平为绳侯，故御史大夫周昌（子）〔孙〕左车为安阳侯。（444/6）《札记》：“‘子’当作‘孙’。”按：施之勉《史记会注考证订补》第 338 页以“孙”字为是。修订本校勘记【一四】，出《史记》《汉书》封“周昌孙”例，出校

① 李人鉴：《太史公书校读记》，甘肃人民出版社 1998 年版，第 183 页。
② 辛德勇：《史记新本校勘》，广西师范大学出版社 2017 年版，第 110-114 页。

未改。

《孝武本纪第十二》：黄帝得宝鼎宛（侯）〔朐〕，问于鬼臾区。（467/9）《札记》："《考异》云《封禅书》作'宛朐'，盖地名，济阴冤句县也。《汉志》作'冕侯'，冕即冤之讹，侯句音相近。"据钱大昕说改。修订本校勘记【三五】，出校未改。

《孝武本纪第十二》：卿有札书曰："黄帝得宝鼎宛（侯）〔朐〕，问于鬼臾区。区对曰：'（黄）帝得宝鼎神筴，是岁己酉朔旦冬至，得天之纪，终而复始。'于是黄帝迎日推筴，后率二十岁得朔旦冬至，凡二十推，三百八十年。黄帝仙登于天。"（467/9）《札记》："此'黄'字似衍，《封禅书》《郊祀志》并同。"据此删。修订本校勘记【三六】，出校未删。

《孝武本纪第十二》《索隐》：《关中记》"宫北有井干台，高五十丈，积木为楼"。言筑累万木，转相交架，如井干。司马彪注庄子云"井干，井阑也"。又崔撰云"井以四边为干，犹筑墙之有桢干"。又诸本多作"干"，一本作"榦"，音〔韩〕。《说文》云"干，井桥"。（483/10）《札记》："疑'音'下有脱字，不然则衍。"《札记》整理本增："案：'音'下疑脱'韩'字。'榦'古作'韩'，《说文》'韩，井垣也。'"据此补。修订本校勘记【六七】，出校未补。

修订本对点校本的原改动，尽管做了出校不改的处理，但具体条目还是有不小的差异。有的是明确说明原改动有错误，不可改动原文；有的是列出《札记》，增加书证与理据，说明原来的校改有一定的道理，但因没有版本根据，不应改动原文；有的则有倾向性的校改意见，但不改动原文。

小计点校本 117 条明改，修订本作相同的处理共 79 条，作不同的处理达 38 条，变化似不能算小，总体来说，修订本的处理应当说有进步。

二、两本相同改动，或可进一步讨论

两本出校改动相同的，也并非无讨论的空间，这里列出数条。

《五帝本纪第一》《正义》：《神异经》云："东方有人焉，人形而身多毛，自解水土，知通塞，为人自用，欲为欲息，皆（曰）云是鲧也。"

（30/4）按：曰云，《札记》："二字当衍其一。"点校本据此删"曰"字。修订本校勘记【二七】删同。然"曰云"可连用，未必衍字。

《秦本纪第五》《正义》：《括地志》云："洛州泛水县古（之）〔东〕虢国，亦郑之制邑，又名虎牢，汉之成皋。"（220/3）《札记》："'东'误'之'，孙辑《括地志》改，与《郡县志》合。"按：点校本以"东"字为是。然笔者所见局本已改定为"东"字，点校本却以不误为误，出校改符号。核检《史记会注考证》本，作"之"字，与点校本误同。修订本校勘记【五九】，出校改动，似不合体例。

《秦始皇本纪第六》：二十一年，王贲攻（蓟）〔荆〕。（233/12）《札记》："《志疑》云年表及《王翦传》王贲击楚，此'蓟'明是'荆'之讹。"按：局本作"蓟"，未改。点校本校改，章培桓作详细考证，以为校改不当。① 今检《册府元龟》216卷所引作"蓟"。可参。修订本校勘记【一〇】，据梁玉绳说改，未有新例证。

《孝武本纪第十二》：神君最贵者（大夫）〔太一〕，其佐曰大禁、司命之属，皆从之。（459/15）《札记》："《封禅书》《郊祀志》并作'太一'，疑此误。"按：点校本据之删改，修订本校勘记【一八】，改同。李人鉴以为未必准确，引俞樾《湖楼笔谈》卷三云："此'太一'当作'大夫'，盖巫神之贵者曰'大夫'耳。"并称："就书、志及此篇论，此处作'大夫'，如俞氏说，则全篇可通。"② 李氏之说，可参。

三、点校本暗改，修订本的处理方式

点校本有过百处暗改，时与排版之误相混。如果不与点校本的底本金陵书局本做非常仔细的比对，那么这一类情况很难发现。修订本对这类情况，似有多种处理方式，一是出校勘记说明，做明改处理；二是不出校而回改为局本；三是沿袭点校本的做法，继续作为暗改。修订本对点校者的做法，多数做了规范化处理，符合古籍整理原则。少量条目或可继续讨论。以下分别举例说明。

---

① 章培桓：《关于古籍整理工作的规范化问题》，《中国典籍与文化论丛》（第七辑），北京大学出版社2002年版。

② 李人鉴：《太史公书校读记》，第266页。

1. 出校说明而做明改处理

《周本纪》《集解》："《列女传》曰：太姜，有邰氏之女。"（115/6）
按：局本原作"吕"，据《札记》可知是张文虎误校，点校本径改。修
订本校勘记【二】，据凌本、殿本改为"邰"。"吕"与"台"形近，
"台""邰"通。改之为是。

《周本纪》《正义》："《括地志》云：'燕山在幽州渔阳县东南六十
里。徐才《宗国都城记》云周武王封召公奭于燕，地在燕山之野，故国
取名焉。'"（128/11）按：此条有疑问者二：一是检局本，原无"徐才"
二字，点校本依张文虎《札记》径补二字，应加校改符号；二是检《札
记》，有云"据《五帝纪》《夏纪》《正义》引作'徐才宗国都城记'，余
只作'国都城记'似即徐才宗所著，而'宗'上脱'徐才'二字"。（41
页）依《札记》所言，"徐才宗"为人名，"国都城记"为书名，显与点
校本标点不一致。而据《隋志》《国都城记》二卷云云，则可知点校本
标点不当。本书 1942 页《孔子世家》《正义》引《国都城记》云云，亦
可证。① 修订本出校勘记【一八】，据黄本等删"宗"字，亦可。

《秦本纪》《正义》："韩安国云'秦穆公都地方三百里，并国十四，
辟地千里'，陇西、北地郡是也。"（195/4）按：此段 30 字，局本原在
"问伐戎之形"（点校本为 193 页 8 行）下，点校本据《札记》（第 59 页）
所疑而径移于"开地千里"下。点校本将张氏所疑作定说处理，又不出
校改符号，则易混淆底本情况。修订本校勘记【二四】做了说明。

《秦始皇本纪》《正义》："《括地志》云：'密州诸城县东南百七十里
有琅邪台，越王勾践观台也。台西北十里有琅邪故城。'"（244/14）按：
"故城"之"城"字，局本原无。点校本据《札记》（见第 71 页）疑脱
之辞而径补"城"字。不出补字符号，欠妥。修订本出校勘记【二一】
做了补字说明。

《孝武本纪》《正义》："畤音止。《括地志》云：'汉五帝畤在岐州雍
县南。孟康云畤者神灵之所止。'案：五畤者……"（453/2）按："所
止"下，局本有"或曰，以雍州雍县南，孟康云，畤者，神灵上帝也"

① 《史记三家注引书索引》则《国都城记》（78 页）与《宗国都城记》（25 页）二书
并列，显有不妥。三家注引该书共八处，一处在第 1942 页为《国都城记》，不误；二处在
第 183 页、185 页作《都城记》；五处在第 15 页、73 页、128 页、1636 页、1773 页作"徐
才《宗国都城记》"，均宜作"徐才宗《国都城记》"。

18 字。黄本、《史记会注考证》本亦有此 18 字。彭本、殿本无，疑点校本据之而删。修订本校勘记【四】，说明据彭本、殿本删。

2. 出校列异文而不做改动

《夏本纪》《集解》："孔安国曰'敷浅原一名傅阳山，在豫章'。"（69/15）按：傅，局本原作"博"，点校本依《札记》改。检《十三经注疏》本《尚书正义》第 151 页作"博"。姑不论校改当否，此处应出校改符号，作"（傅）［博］"。修订本作"博"，而列出《汉志》为"傅"字。出校列异文而不做改动。可参。吴金华先生指出："早期的殿本、百衲本作'博'，中华本两版也作'博'，从版本系统看，中华本确实优于局本。这里不出校勘符号，可能认为局本的错误太明显了。其实，局本作'傅'，有《汉书·地理志》的根据，此志'豫章郡历陵'下面的解说是：'傅易山、傅易川在南，古文以为傅浅原。'而百衲本作'博'，也有有力的文献支持，例如《尚书·禹贡》'过九江至于敷浅原'，旧题孔安国传：'敷浅原，一名博阳山。'在作'博'、作'傅'均无碍的情况下，《史记》的新整理本只能以现存的《史记》版本系统为依据。因此，从百衲本、殿本等早期版本作'博'来看，如果没有更早的版本作'傅'，那么局本之字就不足取了。我们对后出版本抱有戒心，就是因为后人往往意改古本。"

3. 不出校而回改为局本

《周本纪》《集解》："孔安国曰：'癸亥夜陈，甲子朝誓之。'"（123/5）按：之，局本原作"也"。参《札记》知点校本径改。修订本 159 页回改为局本的"也"字，不出校。显出二本处理之差异。

《周本纪》《索隐》："讯，依《尚书》音貌也。"（139/16）按："讯"字前，局本原有"惟讯"二字，不知点校本是无意脱漏还是有意删除，没有校改符号。此释史文"惟讯有稽"句，依局本，可标点为"惟讯，讯依《尚书》音貌也"。蒋礼鸿以为"讯音貌殊为无理"，"谓讯貌二字为异文则可，为同音则不可也"。① 参《札记》云："又疑裴时'讯'亦本作'貌'，故亦但引《传》文。"蒋说近是。修订本 177 页回补局本的

---

① 见《蒋礼鸿集》第六卷《集外集》，第 11 页。

"惟讯"二字，近是。

4. 不出校而仍作暗改

《周本纪》《正义》：谥作"毋凉"也。（151/14）按：谥，局本原作
"谧"。检张文虎《札记》第49页，有"子厘王《正义》谥作毋凉也"
条，云："'谧'疑'谥'，上脱'皇甫'字。此注当在'惠王阆'下。"
校本据之径移、径改，然不补"皇甫"二字，又不出校改符号，似不
妥。修订本191页同改，未出校。

《周本纪》《正义》："按王城，则所作在践土，城内东北隅有践土
台，东去衡雍三十余里也。"（155/7）按：王，局本原作"在"。点校本
《札记》"践土《正义》在城"条云："柯、凌作'王城'。（案：中华本
亦作'王城'。）警云以下文推之，当有脱误。"（50页）点校本径改，不
出校改符号，易使读者误以为局本即作"王城"，故表而出之。修订本
195页作"王城"，未出校。

《秦始皇本纪》："二十七年，始皇巡陇西、北地，过回中。〔三〕焉
作信宫渭南，已更命信宫为极庙，象天极。"（241/9）《集解》云云
（241/15）按：《集解》云云一段，局本原在"焉"字前。点校本从王念
孙说，断于"焉"字下（见《点校后记》第7页）；无论断句当否，注
码〔三〕仍应置于"焉"字下，点校本径作移动，则掩盖了底本三家注
的历史状况。①　修订本310页沿袭之而未出校说明。

《孝文本纪》《索隐》："应劭云：'……即示不相袭，其作乐之始，
先奏《文始》，以羽籥衣文绣居先；次即奏《五行》，《五行》即《武
舞》，执干戚而衣有五行之色也。'"（437/6）按："即示不相袭"的
"即"，局本原作"既"。属点校本暗改还是误排，难定。修订本552页
承袭为"即"。"即"字似涉下而误，宜作"既"。

点校本未改动，修订本出校改动的还有50处左右，属于新增，其

---

① 姚之若：《〈史记〉标点商榷一则》一文以为断于"焉"下，其文刊于《史学月
刊》1986年第6期。

学术性还需要学术界的进一步论证，以使《史记》文本整理趋于完善，^①
这是暂不讨论。总的来说，修订本增加校勘记无疑是学术的进步。笔者
感到，正如倪其心先生以《诗经》为例，说明重要典籍的多层次构成时
所说："一种重要古籍问世以后，在流传过程中不免产生文字语句的错
误和不同理解的纷歧……经过历史的反复解释和来回校勘，最后可能产
生一种多数公认的接近原稿的定本。实质上，这样的定本是历史改定的
定本，与原著必然有一定的差别，不可能完全符合这一古籍产生时代的
知识内容和语言文字形式。也就是说，它的基本构成实际上是多层次的
复杂重叠构成。"^② 当代《史记》文本，特别是晚出而最通行的局本、以
局本为底本的中华书局《史记》整理本，可以认为就是"多层次的复杂
重叠构成"的文本。读史求真，既有原书之真，亦有史实之真，而《史
记》撰著之初、传布之际、释读之时，难免有未得其真、"伪失其真"
"讹失其真""晦失其真"^③ 等各种状况，所以对《史记》文本真实性的
研讨，有赖于研究者能力、研究方向、研究水准、投入程度等诸多因
素，《史记》研究永无止境。

————————

　　① 参见拙稿《〈史记〉修订本平议》(《渭南师院学报》2014 年第 18 期)、《〈史记·
八书〉校改理据研究》(《南京师大学报》2015 年第 3 期)、《〈史记·八书〉点校本与修订
本校改理据考》(《周秉钧先生诞辰一百周年纪念文集》，江苏人民出版社 2015 年版)、《前
修或未密　后当转精——〈史记〉点校本与修订本述评》(《史记论丛》第十二辑，中国
文史出版社 2015 年版)、《应教青史留英名——点校本〈史记〉原点校者考述》(《史记论
丛》第十四辑，中国文史出版社 2017 年版)、《〈史记〉修订本志疑十则》(《中国训诂学
报》第三辑，商务印书馆 2018 年版) 等。

　　② 见《校勘学大纲》，北京大学出版社 1987 年版，第 80 页。

　　③ 后三个表述，本自苏杰教授《龙门功臣　考证渊海——读梁玉绳〈史记志疑〉》，
原刊于《天人古人》1997 年第 5 期，收入《中西古典语文论衡》，浙江大学出版社 2014 年
版，第 299 页。

修订本《史记》标点献疑

本文作者孙利政。南京大学文学院博士研究生。

修订本《史记》自 2013 年问世以来，广受赞誉。就标点而言，修订本改动标点 6000 多处，重要的改动修订组已撰成长文《〈史记〉标点刍议》分为四期刊载于《文史》上，大大提升了《史记》标点的质量。但古书标点似易实难，毋庸讳言，修订本《史记》有些标点仍值得商榷。本文以中华书局 2016 年版《史记》（修订本）为底本，对其中 42 处标点提出讨论。非敢必是，聊以为引玉之资。每条按语援引内证均标注相应的册数和页码，以便按核。

1. 《殷本纪》"西伯出而献洛西之地"《正义》："洛水一名漆沮水，在同州洛西之地，谓洛西之丹、坊等州也。"（1/138）

标点可改作：洛水一名漆沮水，在同州。洛西之地，谓洛西之丹、坊等州也。

按："在同州""洛西之地"间宜施句号。"洛西之地"为被释词，"谓洛西之丹、坊等州也"即释"洛西之地"四字。

2. 《秦始皇本纪》"制曰：'可'。"《集解》引蔡邕曰："群臣有所奏，请尚书令奏之，下有司曰'制'，天子答之曰'可'。"（1/305）

标点可改作：蔡邕曰："群臣有所奏请，尚书令奏之，下有司曰'制'，天子答之曰'可'。"

按："奏请"为成词，谓上奏请示，不可点断。《史记》正文及注文中多有此例。如本篇"上至以衡石量书，日夜有呈，不中呈不得休息"《正义》："言表笺奏请，秤取一石，日夜有程期，不满不休息。"（1/330）《儒林列传》"丞相御史言"《正义》："自此以下，皆弘奏请之辞。"（10/3790）正文如《张丞相列传》："嘉闻之，欲因此以法错擅穿宗庙垣为门，奏请诛错。"（8/3253）《酷吏列传》："使吏捕案汤左田信等，曰汤且欲奏请，信辄先知之，居物致富，与汤分之，及他奸事。"（10/

3816)

3.《吕太后本纪》"乃令永巷囚戚夫人"《集解》："如淳曰：'《列女传》云周宣王姜后脱簪珥待罪永巷'，后改为掖庭。"（2/506）

标点可改作：如淳曰："《列女传》云周宣王姜后脱簪珥，待罪永巷，后改为掖庭。"

按：《汉书·高后纪》"皇太后幽之永巷"如淳注："《列女传》周宣姜后脱簪珥，待罪永巷，后改为掖庭。"① 据此"后改为掖庭"五字亦是如淳注语。

4.《历书》"故畴人子弟分散"《集解》引如淳曰："家业世世相传为畴。律，年二十三傅之畴官，各从其父学。"（4/1504）

标点可改作：《律》年二十三傅之，畴官各从其父学。

按：《项羽本纪》"萧何亦发关中老弱未傅悉诣荥阳"《集解》："如淳曰：'律，年二十三傅之，畴官各从其父畴内学之。'"（1/412）《〈史记〉标点刍议（一）》谓标点改作"《律》年二十三傅之，畴官各从其父畴内学之"，"此文'律'字，实非泛指"②。《历书》注与《项羽本纪》注标点当统一。

5.《晋世家》"太子帅师，公衣之偏衣"《集解》引服虔曰："偏裻之衣，偏异色，驳不纯，裻在中，左右异，故曰偏衣。"（5/1987）

标点可改作：服虔曰："偏裻之衣。偏，异色，驳不纯。裻在中，左右异，故曰偏衣。"

按："偏异色"之"偏"下宜施逗号，被释词。《赵世家》"王梦衣偏裻之衣"《正义》："杜预云：'偏，左右异色。'裻在中，左右异，故曰偏。"（6/2197）

6.《晋世家》："重耳爱齐女，毋去心。赵衰、咎犯乃于桑下谋行。齐女侍者在桑上闻之，以告其主。其主乃杀侍者，劝重耳趣行。重耳曰：'人生安乐，孰知其他！必死于此，不能去。'"（5/2002）

标点可改作：重耳曰："人生安乐，孰知其他，必死于此！"不能去。

按："不能去"非重耳语，表结果。即重耳"毋去心"，齐女虽劝他

---

① 班固：《汉书》，卷3，中华书局1962年版，第98页。
② 吴新江：赵生群《〈史记〉标点刍议（一）》，《文史》2015年第3期，第286页。

"趣行",但重耳表示了"必死于此"的决心,齐女没能劝服重耳离开齐国。

7.《赵世家》"齐安平君田单将赵师而攻燕中阳"《正义》:"《括地志》云:'中山故城一名中人亭,在定州唐县东北四十一里,尔时属燕国也。'"(6/2196—2197)

标点可改作:《括地志》云:"中山故城一名中人亭,在定州唐县东北四十一里。"尔时属燕国也。

按:"尔时属燕国也"为张守节注语,非《括地志》文,宜在引号外。上文"又战于中人"《正义》引《括地志》:"中山故城一名中人亭,在定州唐县东北四十一里,春秋时鲜虞国之中人邑也。"(6/2168)"尔时"即其时、彼时,乃张守节随文而释之证。

8.《陈涉世家》"阳城人邓说"《正义》:"邓悦是阳城人,阳城 河南府县。"(6/2374)

标点可改作:邓悦是阳城人,阳城,河南府县。

按:"阳城"下宜施逗号,阳城县隶属河南府。如旧读,则二者领属关系不确。传首"陈胜者,阳城人也"《正义》:"即河南阳城县也。"(6/2365)《秦本纪》"取阳城负黍"《正义》:"今河南府县也。"(1/274)《韩信卢绾列传》"沛公引兵击阳城"《正义》:"河南县也。"(8/3192)

9.《外戚世家》"行诏门著引籍"《正义》:"武帝道上诏令通名状于门使,引入至太后所。"(6/2403)

标点可改作:武帝道上诏令通名状于门,使引入至太后所。

按:"使"字当属下读,"门"指"宫门""门籍"。汉代入宫需要在宫门的门籍上记录姓名(即"著引籍"),门籍上如果没有其姓名,则不能入宫。如《梁孝王世家》:"梁之侍中、郎、谒者著籍引出入天子殿门。"《正义》:"籍谓名簿也,若今通引出入门也。"(6/2535)又《魏其武安侯列传》:"太后除窦婴门籍,不得入朝请。"(9/3435)此文述汉武帝迎自己流落民间的姐姐回宫,其姐是宫外人,不得入宫,所以汉武帝提前下诏将其姓名登录在门籍上,等于下了"通行证",使得("使")他们可以尽快抵达太后府邸。旧读盖以"门使"为人,似通而实非。

10.《齐悼惠王世家》:"于是舍人见勃曹参,因以为舍人。"(6/2432)

标点可改作:于是舍人见勃,曹参因以为舍人。

按："曹参"二字当属下读。此处"见"为"使呈现""使显现"之义，引申为"介绍""荐举"。这是一种"使事主语＋见＋使动宾语"的结构，主语往往也可省略。如《商君列传》"复求见鞅"（7/2708）即其比。此"见"后不当接双宾语，若要表达"舍人向曹参引荐魏勃"或"舍人介绍魏勃给曹参"这样的意思，则需在"魏"与"曹参"间加介词"于"。如《越王勾践世家》"乃见大夫种于吴王"（5/2101）、《孟子荀卿列传》"客有见髡于梁惠王"（7/2851）、《范雎蔡泽列传》"睢请为见君于张君"（7/2928）等。则此"曹参"宜属下。《汉书·高五王传》标点不误①。

11.《管晏列传》"子孙世禄于齐，有封邑者十馀世"《索隐》："按：《系本》云'庄仲山产敬仲夷吾，夷吾产武子鸣，鸣产桓子启方，启方产成子孺，孺产庄子卢，卢产悼子其夷，其夷产襄子武，武产景子耐涉，耐涉产微，凡十代'。《系谱》同。"

标点可改作：《系本》云"庄仲山产敬仲夷吾……耐涉产微"，凡十代。《系谱》同。

按："凡十代"三字疑为小司马注语，非《世本》文。观诸《索隐》引《世本》之文，无总括其世代者。《元和姓纂·二十四缓》引《世本》："管氏自庄仲山生敬仲夷吾，夷吾生武子鸣，鸣生桓子启方，启方生成子孺，孺生庄子卢，庐生悼子其夷，其夷生襄子武，武生景子耐步，耐步生微"②，无"凡十代"三字。

12.《管晏列传》"晏子荐以为大夫"《正义》："乃葬故宅后，人名曰清节里。"（7/2598-2599）

标点可改作：乃葬故宅，后人名曰清节里。

按："后"字当属下，后人称晏子故宅作"清节里"。王应麟《玉海·宫室》"齐晏子宅"引《括地志》作"晏子故宅，后人名曰清节里"③可证。

13.《孙子吴起列传》："孙子谓田忌曰：'彼三晋之兵素悍勇而轻齐，齐号为怯，善战者因其势而利导之。兵法，百里而趣利者蹶上将，

① 班固：《汉书》，卷38，第1995页。
② 林宝撰，岑仲勉校记，郁贤皓、陶敏整理：《元和姓纂》，卷7，中华书局1994年版，第988页。
③ 王应麟：《玉海》，卷175，江苏古籍出版社1987年版，第3209页。

五十里而趋利者军半至。使齐军入魏地为十万灶，明日为五万灶，又明日为三万灶。'庞涓行三日，大喜，曰：'我固知齐军怯，入吾地三日，士卒亡者过半矣。'"（7/2634-2635）

标点可改作：孙子谓田忌曰："彼三晋之兵素悍勇而轻齐……五十里而趋利者军半至。"使齐军入魏地为十万灶，明日为五万灶，又明日为三万灶。庞涓行三日，大喜……

按："使齐军入魏地为十万灶，明日为五万灶，又明日为三万灶"疑非孙膑语，而是齐军示怯的具体行动。正是庞涓误信了"齐军减灶"的假象，故有"行三日，大喜"云云。若全是孙膑语，则"庞涓行三日，大喜"云云突兀，与上文不接。《通鉴·周纪》此句作"乃使齐军入魏地为十万灶，明日为五万灶，又明日为二万灶"①，句首增"乃"字，语义尤明！

14.《仲尼弟子列传》："孔子谓'子贱君子哉！鲁无君子，斯焉取斯？'"（7/2681）

标点可改作：孔子谓子贱，"君子哉！鲁无君子，斯焉取斯？"

按："子贱"二字当在引号外，作"谓"之宾语，"谓"为"评论"义。《论语·公冶长》："子谓子贱，'君子哉若人！鲁无君子者，斯焉取斯？'"② 此即《史记》所本。

15.《商君列传》"卒受恶名于秦"《集解》引《新序》："藉使孝公遇齐桓、晋文，得诸侯之统将，合诸侯之君，驱天下之兵以伐秦，秦则亡矣。"（7/2719）

标点可改作：得诸侯之统，将合诸侯之君，驱天下之兵以伐秦，秦则亡矣。

按："统将"不辞，"将"字当属下，副词，为"能够"的意思。"之统""之君""之兵"语义递进。《汉书·贾谊传》："假设陛下居齐桓之处，将不合诸侯而匡天下乎？"③ 与此可参。

16.《孟子荀卿列传》"于天下乃八十一分居其一分耳"《索隐》："桓宽、王充并以衍之所言迂怪虚妄，干惑六国之君，因纳其异说，所谓'匹夫而营惑诸侯'者是也。"（7/2849）

---

①　司马光撰，胡三省注《资治通鉴》，卷2，中华书局1956年版，第59页。
②　刘宝楠：《论语正义》，卷6，中华书局1990年版，第166页。
③　班固：《汉书》，卷48，第2233页。

标点可改作：因纳其异说，所谓"匹夫而营惑诸侯者"是也。

按："者"字当在引号内。《孔子世家》："孔子趋而进，历阶而登，不尽一等，曰：'匹夫而营惑诸侯者罪当诛！请命有司！'"（6/2321）《索隐》即本此。

17.《乐毅列传》："臣闻古之君子，交绝不出恶声；忠臣去国，不洁其名。"（7/2951）

标点可改作：臣闻古之君子交绝，不出恶声；忠臣去国，不洁其名。

按："交绝"二字当属上。"君子交绝"与"忠臣去国"相对，"不出恶声"与"不洁其名"相对。此以"交绝不出恶声"作一句读，盖受了《正义》"言君子之人，交绝不说己长而谈彼短"（7/2952）的影响，实误。

18.《鲁仲连邹阳列传》"徐衍负石入海"《索隐》引张晏曰："负石欲沈。"（8/2998）

标点可改作：张晏曰："负石，欲沈。"

按："负石"为被释词，下当施逗号。"欲沈"解释"负石"的原因。《汉书·邹阳传》"徐衍负石入海"颜师古注："负石者，欲速沈也。"①

19.《屈原贾生列传》"细故慸葪兮，何足以疑"《索隐》："葪音介。《汉书》作'介'。张揖云：'遰介，鲠刺也。以言细微事故不足遰介我心，故云"何足以疑"也。'"（8/3033）

标点可改作：张揖云："遰介，鲠刺也。"以言细微事故不足遰介我心，故云"何足以疑"也。

按："以言细微事故不足遰介我心"云云为小司马注语，非张揖注，宜在引号外。《司马相如列传》"其于胸中曾不蒂芥"《索隐》："张揖曰：'（蒂芥）刺鲠也。'"（9/3657）《汉书·司马相如传》颜师古注引张揖同②。《索隐》此本张揖《子虚赋》注文，故当止于"鲠刺也"三字。

20.《淮阴侯列传》："且三秦王为秦将。"（8/3150）

标点可改作：且三秦王为秦将。

---

① 班固：《汉书》，卷51，第2347页。
② 班固：《汉书》，卷57上，第2546页。

按："三秦"为专有名词，当连标。三秦是指潼关以西的秦朝故地关中地区，项羽灭秦后将此地封给秦降将章邯、司马欣和董翳三人，故得名。本篇下文"三秦可传檄而定也"（8/3151）、"定三秦"（8/3169）均连标，不误。

21.《韩信卢绾列传》："乃诏徙韩王信王太原以北，备御胡，都晋阳。"（8/3193）

标点可改作：乃诏徙韩王信王太原，以北备御胡，都晋阳。

按："以北"二字当属下。韩王信王太原，《高祖本纪》亦云："徙韩王信太原。"（1/483）"以北备御胡"谓"来防备北边的胡人"。《汉书·韩王信传》："乃更以太原郡为韩国，徙信以备胡，都晋阳。"① 可为旁证。

22.《韩信卢绾列传》："护军中尉陈平言上曰：'胡者全兵，请令强弩傅两矢外向，徐行出围。'入平城，汉救兵亦到，胡骑遂解去。"（8/3194）

标点可改作：护军中尉陈平言上曰："胡者全兵，请令强弩傅两矢外向。"徐行出围，入平城。汉救兵亦到，胡骑遂解去。

按："徐行出围"四字非陈平语，而是汉军具体行动及结果。时汉军被困白登，离平城尚有七里。汉高祖采纳陈平"强弩傅两矢外向"的建议，故得"徐行出围"，故接以"入平城"一句。若"徐行出围"为陈平语，则"入平城"三字突兀，与上文不接。《通鉴·汉纪》："陈平请令强弩傅两矢，外乡，从解角直出。帝出围，欲驱；太仆滕公固徐行。至平城，汉大军亦到，胡骑遂解去。"② 可为旁证。《汉书·韩王信传》亦以"徐行出围"为陈平语③，亦误。

23.《郦生陆贾列传》"秦任刑法不变，卒灭赵氏"《索隐》引韦昭云："秦伯益后，与赵同出非廉。"（8/3270）

标点可改作：秦，伯益后，与赵同出非廉。

按："秦"为被释字，下当施逗号。"伯益后"云云释"秦"字。伯益又作"伯翳"，秦之先祖。《郑世家》"秦，嬴姓，伯翳之后也"（5/2122）、《秦始皇本纪》"秦之先伯翳"（1/348）等可证。

① 班固：《汉书》，卷33，第1853页。
② 司马光撰，胡三省注：《资治通鉴》，卷11，第378页。
③ 班固：《汉书》，卷33，第1855页。

24.《刘敬叔孙通列传》"绵蕝"《索隐》引《纂文》云："蕝，今之'纂'字。包恺音即悦反。又音纂。"（8/3297）

标点可改作：《纂文》云："蕝，今之'纂'字。"包恺音即悦反。又音纂。

按："包恺"云云非《纂文》引文，当在引号外。《纂文》为南朝何承天（370—447）所撰。包恺为隋人，字和乐，"大业（605—618）中，为国子助教"①，《隋书·经籍志》著录"《汉书音》十二卷"，原注："废太子勇命包恺等撰。"②《纂文》无由引包恺之说。

25.《万石张叔列传》"不疑卒，子相如代。孙望，坐酎金失侯"《索隐》："《汉书》作'彭祖'，坐酎金，国除。"（9/3353）

标点可改作：《汉书》作"彭祖，坐酎金，国除"。

按：《汉书·直不疑传》："（不疑）传子至孙彭祖，坐酎金，国除。"③ 据此"坐酎金，国除"五字为《索隐》引《汉书》之文，宜在引号内。

26.《扁鹊仓公列传》"此岁中亦除肉刑法"《正义》："上书诣阙下，思古歌《鸡鸣》。忧心摧折裂，晨风扬激声。"（9/3381）

标点可改作：忧心摧折裂，《晨风》扬激声。

按："晨风"当加书名号，指《诗·秦风·晨风》。《文选·永明九年策秀才文》"歌鸡鸣于阙下，称仁汉牍"李善注"《列女传》曰：'缇萦歌《鸡鸣》《晨风》之诗。'然《鸡鸣》，齐诗，冀夫人及君早起而视朝。《晨风》，秦诗，言未见君而心忧也"④ 可证。

27.《扁鹊仓公列传》"即窜以药"《索隐》："谓以熏熏之，故云。窜音七乱反。"（9/3395）

标点可改作：谓以熏熏之，故云"窜"。音七乱反。

按："故名"下当有宾语，当以"故名窜"三字为句，"以熏熏之"释其义，"音七乱反"注其音。

28.《匈奴列传》"自代并阴山下"《索隐》引徐广云："五原西安阳县北有阴山。阴山在河南，阳山在河北。并音傍，白浪反。"（9/3491）

① 魏徵，令狐德棻：《隋书》，卷 75，中华书局 1982 年版，第 1716 页。
② 同上，第 953 页。
③ 班固：《汉书》，卷 46，第 2203 页。
④ 萧统编，李善注：《文选》，卷 36，中华书局 1977 年版，第 509 页。

标点可改作：徐广云："五原西安阳县北有阴山。阴山在河南，阳山在河北。"并音傍，白浪反。

按："并音傍，白浪反"非徐广注，乃小司马注"并"字。《集解》"（并）音傍，白浪反"（9/3491），与《索隐》合。《蒙恬列传》"于是渡河，据阳山"《集解》引徐广注："五原西安阳县北有阴山。阴山在河南，阳山在河北。"（8/3114）此盖小司马所本，故徐广注当止于"阳山在河北"。

29.《卫将军骠骑列传》"为冢象祁连山"《索隐》引姚氏案："冢在茂陵东北，与卫青冢并。西者是青，东者是去病冢。上有竖石，前有石马相对，又有石人也。"（9/3557）

标点可改作：西者是青，东者是去病。冢上有竖石，前有石马相对，又有石人也。

按："西者是青，东者是去病"语义已足，"冢"当与下"上有竖石"云云连读，表主语。《汉书·卫青霍去病传》颜师古注："在茂陵旁，冢上有竖石，冢前有石人马者是也。"① 可为旁证。

30.《南越列传》"佗，秦时用为南海龙川令"《正义》："颜师古云：'龙川，南海县也，即今之循州也。'裴氏《广州记》云：'本博罗县之东乡，有龙穿地而出，即穴流泉，因以为号也。'"（9/3594）

标点可改作：颜师古云："龙川，南海县也，即今之循州也。""裴氏《广州记》云：'本博罗县之东乡，有龙穿地而出，即穴流泉，因以为号也。'"

按："裴氏《广州记》"云云亦《正义》引颜注，然非连文。《汉书·西南夷两粤朝鲜传》"召龙川令赵佗"颜师古注："龙川，南海之县也，即今之循州。"② 又《汉书·地理志》南海郡"龙川"颜师古注："裴氏《广州记》云本博罗县之东乡也，有龙穿地而出，即穴流泉，因以为号。"③《正义》即援引颜氏两注，由"裴氏"可证。细绎《正义》引书之例，或直引书名，或冠作者，而作者无称某氏者。

31.《司马相如列传》"杭绝浮渚而涉流沙"《集解》引《汉书音义》曰："杭，船也。绝，渡也。浮渚，流沙中渚也。"（9/3708）

① 班固：《汉书》，卷 55，第 2489 页。
② 班固：《汉书》，卷 95，第 3847 页。
③ 班固：《汉书》，卷 28 下，第 1628 页。

标点可改作：浮渚，流沙中渚也。

按：《汉书·司马相如传》"杭绝浮渚涉流沙"张揖注："杭，船也。绝，度也。浮渚，流沙中渚也。流沙，沙与水流行也。"① 则流沙非专名，不当标专名号。

32.《司马相如列传》"名山显位"《集解》引韦昭曰："名山，大山也。"（9/3719）

标点可改作：名山，大山也。

按：大山即太（泰）山，当标专名号。《文选·封禅文》"名山显位"李善注引韦昭注作"名山，泰山也"② 可证。

33.《司马相如列传》"正阳显见"《索隐》："文颖曰：'阳，明也。谓南面受朝也。'"（9/3720）

标点可改作：文颖曰："阳，明也。"谓南面受朝也。

按：文颖注当止于"阳，明也"，"谓南面受朝也"乃司马贞注语，宜在引号外。《汉书·司马相如传》"正阳显见"文颖注："阳，明也。"③《文选·封禅文》李善注引同④。

34.《循吏列传》"孙叔敖者"《正义》引《说苑》云："孙叔敖为令尹，一国吏民皆来贺。有一老父衣粗衣，冠白冠，后来，吊曰：'有身贵而骄人者，民亡之；位已高而擅权者，君恶之；禄已厚而不知足者，患处之。'叔敖再拜，敬受命，愿闻馀教。父曰：'位已高而意益下，官益大而心益小，禄已厚而慎不取。君谨守此三者，足以治楚。'"（10/3767—3768）

标点可改作：叔敖再拜，"敬受命，愿闻馀教。"

按："敬受命，愿闻馀教"乃孙叔敖拜谢时答语。《说苑·敬慎》"叔敖再拜"下有一"曰"字⑤，语义尤明。

35.《汲郑列传》"吾今召君矣"《索隐》："今即今也。"（10/3779）

标点可改作：今，即今也。

---

① 班固：《汉书》，卷 57 下，第 2597 页。

② 萧统编，李善注：《文选》，卷 48，第 678 页。

③ 班固：《汉书》，卷 57 下，第 2608 页。

④ 萧统编，李善注：《文选》，卷 48，第 678 页。

⑤ 刘向编，赵善诒疏证：《说苑疏证》，卷 10，华东师范大学出版社 1985 年版，第 282 页。

按："今"为被释字，下当施逗号。"即今也"释"今"字。即、今同义，《经传释词》有说①。故或以"即今"同义连文，表示"现在""当下"，唐人习用此语②。黄善夫本、彭寅翁本、凌稚隆《史记评林》、武英殿本《史记》作"今犹即今也"五字，语义尤明。

36.《酷吏列传》"极知禹无害"《索隐》："苏林云：'言若无比也，盖云其公平也。'"（10/3809）

标点可改作：苏林云："言若无比也。"盖云其公平也。

按："盖云其公平也"为小司马按语，非苏林注文，当在引号外。《汉书·萧何曹参传》"以文毋害为沛主吏掾"苏林注："毋害，若言无比也。一曰，害，胜也，无能胜害之者。"③ 又《索隐》"言若"疑"若言"之倒。

37.《大宛列传》"其北方闭氏、筰"《索隐》："韦昭云：'筰县在越嶲，音昨。'"（10/3845）

标点可改作：韦昭云："筰县在越嶲。"音昨。

按："音昨"二字非韦昭注语，当在引号外。《西南夷列传》"徙、筰都"《集解》引徐广注："徙在汉嘉。筰音昨，在越嶲。"《索隐》："韦昭云：'徙县属蜀。筰县在越嶲。'徐广云：'筰音昨。'"（9/3626）据此则韦昭注实止于"筰县在越嶲"五字。

38.《大宛列传》"而发天下七科适"《正义》："张晏云：'吏有罪一，亡命二，赘婿三，贾人四，故有市籍五，父母有市籍六，大父母有籍七：凡七科。武帝天汉四年，发天下七科谪出朔方也。'"（10/3854）

标点可改作：张晏云："吏有罪一，亡命二，赘婿三，贾人四，故有市籍五，父母有市籍六，大父母有籍七：凡七科。"武帝天汉四年，发天下七科谪出朔方也。

按："武帝天汉四年"云云为张守节补充史实注语，非张晏注，当在引号外。《汉书·武帝纪》武帝天汉四年"发天下七科谪及勇敢士"张晏注："吏有罪一，亡命二，赘婿三，贾人四，故有市籍五，父母有

① 王引之：《经传释词》，卷5，上海古籍出版社2016年版，第95-96页。
② 如卢照邻《长安古意》"昔时金阶白玉堂，即今惟见青松在。"高适《送桂阳孝廉》："即今江海一归客，他日金霄万里人。"杜甫《忆弟》："即今千种恨，惟共水东流。"
③ 班固：《汉书》，卷39，第2005页。

市籍六，大父母有市籍七，凡七科也。"① 此盖《正义》所本，故张晏注
当止于"凡七科也"四字。

39.《货殖列传》"及秦文、德、缪居雍，隙陇蜀之货物而多贾"
《索隐》："隙者，陇雍之间闲隙之地，故云'雍隙'也。"（10/3959）

标点可改作：隙者，陇雍之间闲隙之地，故云"雍隙"也。

按："陇""雍"二地，不当连标。"陇"指陇山，即"陇蜀之货物
而多贾"之"陇"。雍，《正义》："雍，县。岐州雍县也。"（10/3959）

40.《货殖列传》"盐豉千答"《索隐》："盐豉千荅。下音贻。孙炎
说云'瓵，瓦器，受斗六合'，以解此，盖非也。"（10/3974）

标点可改作：孙炎说云"瓵，瓦器，受斗六合"，以解此"盖"，
非也。

按："盖"字当属上，小司马所见本"盐豉千答"作"盐豉千盖"，
故援引孙炎说释此"盖"字。《〈史记〉标点刍议（四）》谓"'盖非也'
为判断句，'盖'表测度语气"②，恐非。中华书局 1959 年版点校本
不误③。

41.《货殖列传》"洒削"《索隐》："上音先礼反，削刀者名。"（10/
3982）

标点可改作：削，刀者名。

按："削"下当施逗号，"刀者名"释"削"字。削刀即刀之一种。
《尚书·顾命》"赤刀"孔颖达疏："刀一名削。……然赤刃为赤削，白
刃为白削，是削为刀之别名明矣。"④《左传·桓公二年》"鞞鞛"杜预注
"鞞，佩刀削上饰"孔颖达疏："削是刀之类。"⑤

42.《太史公自序》"在赵者，以传剑论显"《集解》引苏林曰："传
手搏论而释之。"（10/3991）

① 班固：《汉书》，卷6，第205页。
② 赵生群，吴新江：《〈史记〉标点刍议（四）》，《文史》2016年第2期，第268页。
③ 司马迁：《史记》，卷129，中华书局1959年版，第3276页。
④ 孔颖达：《尚书正义》，卷18，阮刻《十三经注疏》本，台湾艺文印书馆2001年
版，第279页。
⑤ 孔颖达：《春秋左传正义》，卷5，阮刻《十三经注疏》本，台湾艺文印书馆2001
年版，第94页。

标点可改作：苏林曰："传，手搏论而释之。"

　　按："传"为被释词，下宜施逗号。《索隐》"服虔云：'代善剑也。'按：解所以称传也。苏林云传作'搏'，言手搏论而释之，所以知名也"（10/3991）可证。《集解》随文改"搏"作"传"。

《史记索隐》研究回顾与展望

本文作者王璐。陕西师范大学文学院中国古典文献学博士研究生。

近现代是"史记学"研究的转折期，随着西学思想的传入，"史记学"研究也在传统思想与西学东渐的碰撞下，在进一步深化考证的同时，也开拓了新的研究领域，从而取得了更为广泛的成绩。然而，相较于"史记学"的其他论题，关于《史记索隐》的专题性研究，似乎一直未能成为"史记学"研究的学术热点，有关研究成果，虽不算寥寥无几，但在数量上也表现出了明显的不足。

一、相关研究专著

真正意义上以《史记索隐》作为主要研究对象的学术专著，仅有程金造《史记索隐引书考实》一部。① 此书将《史记索隐》中所有引文的出处一一加以考证叙录，并对比原书原文与《史记索隐》中引文的差异进行说明。程金造以为"毛氏所刻，虽标字列注、规制存小司马之旧，而实非重刊北宋秘省大字本之书"，因此《考实》一书所引《史记索隐》文字，乃是从现存最早的三家注《史记》即黄善夫本中所辑出者。② 作者先是考证出《史记索隐》中引文的所有出处，然后将这些书的作者与书名按照经史子集分类一一排列，其下则先列《史记索隐》中的篇名，篇名之下列本篇中司马贞所引此书之文句，文句之后有括号，内书此文

---

① 程金造编著：《史记索隐引书考实》中华书局1998年版。

② 程金造称说本书所用《史记索隐》之底本乃是"影黄善夫本"，因为其"以校毛晋单本《索隐》，殊见完善"之故。然就此"影"字而言，此"黄善夫本"当是张元济百衲本《二十四史》中所收入影宋庆元黄善夫本《史记》，然此百衲本中文字，因经过张元济之校改，已非黄善夫本原貌，张元济另有《校勘记》说明其所有改动。因而此"影黄善夫本"大约不能径称"黄本"。

句在影黄善夫本中的位置以及此文句在所列书中的篇名，文字上如若有所差异，则在此处以案语指明。每书引文全部列完后，另起一段，是作者对此书所作的提要。提要中通过对各种文献资料的爬梳与考证，尽可能全面地介绍了本书的作者、成书及传播、接受等情况。尽管中华书局编辑部在《考实》一书《出版说明》中指出因为这部书稿乃是程金造生前遗著，未能来得及好好修订，致使书中还是存在不少问题，但作为第一部系统研究司马贞《史记索隐》引文的学术专著，《史记索隐引书考实》一书无疑有着十分重要的开创性价值，同时作者辑录考订工作的细致，也很值得人们钦佩。

除过此书，便是一些学者在其有关专著中对《史记索隐》所做的专题性论述。

首先是顾颉刚先生，在其《读书笔记》中多有关于《史记索隐》的论述。如《读书笔记》卷七有《宋忠补〈世本〉系据〈史记〉》①《宋忠、谯周、司马贞所见〈史记〉皆不同》②，通过《史记索隐》中的有关论述，指出《世本》与《史记》在流传过程中多有更改，以致不同时代的人看到的内容会多有差别；有《〈荆州记〉与〈史记索隐〉言齐桓所登熊耳之谬》③，认为《史记索隐》及其所引《荆州记》言齐桓公登熊耳山之事实属谬误；有《白石地，〈索隐〉、〈正义〉异解》④，对《索隐》《正义》解释《齐悼惠王世家》中"白石侯"之"白石"的不同进行了质疑；有《"文章尔雅"，〈索隐〉误解》⑤，指出《索隐》在解释"文章尔雅"一句时，以为"尔雅"乃《尔雅》之书，可谓"脑筋不清"；《张守节见〈索隐〉》，⑥ 指出《留侯世家》中《正义》有专门解释《索隐》注文的注解，由此可以判断张守节在写作《史记正义》时，乃是已读过《史记索隐》的。卷八有《〈索隐〉释"庸职"异想天开》⑦，批判了司马贞对《齐世家》中"庸职"一词的解释；《〈索隐〉误释"子晰"》⑧，指

---

① 顾颉刚：《读书笔记》，卷七，中华书局 2011 年版，第 212 页。
② 同上，第 213 页。
③ 同上，第 227 页。
④ 同上，第 264 页。
⑤ 同上，第 282 页。
⑥ 同上，第 287 页。
⑦ 顾颉刚：《读书笔记》，卷八，中华书局 2011 年版，第 286 页。
⑧ 同上，第 288 页。

出《赵世家》中简子言曰"吾有所见子晰也"，意思乃是"我是认识你的"，"晰"实为"晰"，是分明的意思，但是《索隐》以为"子晰"为人名，实在误人；《"欧代"即"瓯脱"〈索隐〉误释》①，指出《赵世家》中的"欧代"实际上就是《匈奴列传》中的"瓯脱"，《索隐》以"欧"为动词，"代"为代郡，又是一误，并感慨"《史记》非有一新注不可，然何易也"；《〈索隐〉引〈纪年〉证〈史〉，不如王劭》②，认为司马贞在《孟尝君传》中引《纪年》仅列异同，毫无自己的决断，实在不如王劭；《〈孟尝君传〉"过市朝者""朝"为衍文，〈索隐〉强解》，指出《孟尝君传》中"过市朝者掉臂而不顾"之"朝"字实是衍文，《索隐》却强作解释何为"市朝"；③ 卷九有《〈史记索隐〉与〈正义〉之关系》④《司马贞与张守节》⑤《唐弘文、崇文两馆之〈史记〉学》⑥《古人著述用前人说而没其名》⑦ 四篇，乃是对程金造《史记正义、索隐关系证》一文中观点的引述、评论与补充解释，顾颉刚对程金造认为的张守节在作《史记正义》时乃是看过并参考了司马贞《史记索隐》的观点，持认同态度，并进一步解释说明张守节不提司马贞名姓，乃是古人著书之通例。

其后，时哲有两类著作，对《史记索隐》的有关问题有所阐释与探讨。其一是《史记》研究的各类专著，其二是隋唐学术思想史类著作。

在众多的《史记》研究专著中，为《史记索隐》设立专章进行讨论的共有七部。朱东润《史记考索》一书，有《司马贞〈史记索隐〉说例》一篇。⑧ 这篇文章先考证介绍了司马贞的生平，后对《史记索隐》一书中的内容进行了详细的介绍与评价。朱东润指出，《史记索隐》首先多指出司马贞所见之《史记》与今本之异文；其次，因司马贞"惮于立言"之故，在《史记索隐》中有《补史记条例》与《三皇本纪》之作，然而朱东润认为前者"其言多未能得史公编次之本意"，后者"殊

① 顾颉刚：《读书笔记》，卷八，中华书局 2011 年版，第 290 页。
② 同上，第 298 页。
③ 同上，第 299 页。
④ 顾颉刚：《读书笔记》，卷九，中华书局 2011 年版，第 359 页。
⑤ 同上，第 361 页。
⑥ 同上，第 362 页。
⑦ 同上，第 364 页。
⑧ 朱东润：《史记考索》，武汉大学出版社 2009 年版，第 93 页。此书早先由开明书店于 1943 年出版。

失古人多闻阙疑之意"。尽管如此,《史记索隐》对太史公的不少论断,还是"多得其要核""自有卓见"的,对于司马迁之谬失多有考索,且"大体皆有条理可据",基于此,在《史记索隐》中司马贞也有意识地在"校订《史记》,或据他书改正或增补之"。除此之外,司马贞在《史记索隐》中对于裴骃《集解》、徐广《音义》等旧注有所考订。尤其是裴氏《集解》,司马贞既有攻讦,又有疏解,因此朱东润认为不可理解的是,《史记索隐》与《集解》中何以多有相似雷同的语句,很值得进行更进一步的研究。而对于徐广"不敢妄下一字"的"专谨"态度,司马贞并不怎么欣赏,因此对徐广的保守观点多有攻击,朱东润亦举出例证,有所说明。裴、徐之外,《史记索隐》对其他各家的批驳,朱东润也举例有所说明。而对司马贞《史记索隐》的整体评价,朱东润所持态度较为客观,认为司马贞持论确多有极精处,然其中亦不乏讹谬,而种种讹谬,究竟是司马贞下笔之讹抑或是后人传写之讹,则难以确知了。程金造《史记管窥》一书,有《史记正义与索隐关系证》①《汲古阁单本史记索隐之来源和价值》② 两篇文章。张玉春《〈史记〉版本研究》一书,有《〈史记索隐〉与〈史记〉唐写本》一文。③ 后来《史记研究集成》第12卷收入张玉春、应三玉合著《史记版本及三家注研究》一书,除过再次收入《〈史记索隐〉与〈史记〉唐写本研究》一文外,④ 还有一章专门对《史记索隐》的考释,⑤ 包括概述、特点介绍与所引各家说例三个部分。杨海峥《汉唐〈史记〉研究论稿》中以专节对司马贞《史记索隐》的注释成就及其对《史记》的评论进行了详细的介绍。⑥ 袁传璋《太史公生平著作考论》一书,在考论司马迁生年时,对《史记索隐》在此问题上的有关论述进行了辨证,如"《索隐》注引《博物志》《正义》按语在证明自身准确无讹前不能作为推算司马迁生年的'直接证

① 程金造:《史记管窥》,陕西人民出版社1985年版,第169页。
② 程金造:《史记管窥》,第218页。
③ 张玉春:《〈史记〉版本研究》,商务印书馆2001年版,第90页。
④ 张玉春、应三玉:《史记版本及三家注研究》,张大可、安平秋、俞樟华主编《史记研究集成》第12卷,华文出版社2005年版,第61页。
⑤ 同上,428页。
⑥ 杨海峥:《汉唐〈史记〉研究论稿》,齐鲁书社2003年版,第136页。

据'"①"所谓日本'南化本'《索隐》作'年三十八'的'铁证'实为伪
证"②"从由唐至宋'三十'、'四十'及'世'字书体演变考察《索隐》
《正义》十年之差的成因"③；在"太史公书专题研究"一章中，又有对
"《索隐》注'臣安'为'任安'搅起的大波"的论述。④ 王涛《元前
〈史记〉诠释文献研究》，有专节对"注释类《史记》诠释文献——《史
记索隐》《史记正义》"从作者生平、文献征引、训释内容及方法、考辨
正误、校勘、目录、辨伪、辑佚等多个角度进行了研究。⑤

　　《史记索隐》作为唐代司马贞注解诠释《史记》的代表性著作，也
得到了少数学术思想史研究者的关注。张岂之、刘学智编著《中国学术
思想史编年·隋唐五代卷》以年代为序，介绍隋唐五代学术思想史的重
要事件，其中"玄宗开元二十年　壬申（公元 732 年）"部分有"司马
贞《史记索隐》约撰于此一时期"条。⑥ 孔德凌、张巍、俞林波著《隋
唐五代经学学术编年》一书中"玄宗开元二十年　壬申（732）"部分亦
有"司马贞撰《史记索隐》"条。⑦ 由此可知，此二部思想史编年著作，
皆认为司马贞《史记索隐》作于唐玄宗开元二十年（732）。

二、专题研究论文

　　20 世纪 60 年代以来，有关《史记索隐》的专题研究论文渐次发
表；而 21 世纪以来，则有数篇以《史记索隐》研究为选题的学位论文
发布。

1. 单篇专题研究论文

有关《史记索隐》的专题研究论文，主要从以下几个角度对《史记

---

① 袁传璋：《太史公生平著作考论》，安徽人民出版社 2005 年版，第 38 页。

② 同上，第 60 页。

③ 同上，第 68 页。

④ 同上，第 204 页。

⑤ 王涛：《元前〈史记〉诠释文献研究》，线装书局 2014 年版，第 105 页。

⑥ 张岂之、刘学智编：《中国学术思想史编年 隋唐五代卷》，陕西师范大学出版社
2006 年版，第 365 页。

⑦ 孔德凌、张巍、俞林波著：《隋唐五代经学学术编年》，凤凰出版社 2015 年版，
下册，第 508 页。

索隐》展开研究。

其一是对单行本《史记索隐》版本问题进行探讨。如程金造《汲古阁单本〈史记索隐〉的一些问题》一文，①"认为毛本《史记索隐》一书，实在不足推重。并且毛晋所谓北宋刊版之言，也是欺人之谈，不足凭信"。② 何以言此，乃是因为程金造通过比对毛晋单行本《史记索隐》与现存最早三家注合刻本南宋黄善夫本《史记》，发现：一者单行本《史记索隐》较之黄善夫本中的《索隐》条目，少了百数十条；二者较之黄善夫本中的《索隐》注文，单行本《史记索隐》中的讹误"为数不下几百条"；三者单行本《史记索隐》中有专门解释《集解》中文字的大字条目，其体例是于被解释的《集解》中文字前标一"注"字，以区别被注解的《史记》正文文字，"但毛本往往脱去注字，有似注文为《史记》正文，致使人误认小司马所据之本，殊多异字，或有据以改易《史记》者，迷误读者，为害甚大"。③ 此外，程金造还指出，毛晋称其所刻单行本《史记索隐》所依据的是"北宋秘省大字三十卷本"，然而这个本子在书目著录中鲜见踪迹，他认为毛晋所据以刊刻的当是经过辗转流传下来的一个抄本，尽管声称北宋秘省刊本，有高其声价之嫌，但是其卷帙规模却保留了小司马之旧面目，因此也有其价值所在。张玉春《论单行本〈史记索隐〉的唐写本特点》一文，④ 通过比对单行本《史记索隐》与传世唐写本的卷次，与传世唐写本、《汉书》以及类书中所引《史记》的文字，认为"此本无论在体例、篇次上，还是在文字内容上，均可证其非毛晋所伪造，其同于唐本的特点是明显的，而其多异于诸宋本，即可证毛晋所说据北宋秘本并不可信。此本完全可能同于现存的唐

---

① 程金造：《汲古阁单本〈史记索隐〉的一些问题》，《文史》1965 年第 4 辑，第 151-160 页。

② 同上，第 152 页。

③ 同上，第 155-156 页。

④ 张玉春：《论单行本〈史记索隐〉的唐写本特点》，《史学集刊》2002 年第 2 期，第 35-40 页。案此文与张玉春《〈史记〉版本研究》一书中的《〈史记索隐〉与〈史记〉唐写本》一文，张玉春、应三玉《史记版本及三家注研究》中的《〈史记索隐〉与〈史记〉唐写本研究》一文，内容略有小异。

抄本，毛晋正是以流传下来的唐抄本，或以唐抄本为底本的宋抄本上版的"。① 同时，张氏虽称程氏所论"毛氏所说据北宋秘本为'欺人狂语'"之言实属过激，但在对于毛晋单行本《史记索隐》来源问题上，张氏与程氏的观点基本一致，都认为此本所据底本乃是唐代流传下来的抄本。

其二是对《史记索隐》及其所引文献的考证与探讨。苏兴《李斯〈上书秦始皇〉的李善注和司马贞索隐的问题》一文，② 指出《史记索隐》对《李斯列传》中所收入的李斯《上书秦始皇》即《谏逐客书》一文的注解，多与李善在《昭明文选》中的注解相类，且在《司马相如列传》中亦有直接征引李善之注，"因而可证《索隐》在后，参考、抄掇了李善注"。吴汝煜《司马贞〈史记索隐〉与〈竹书纪年〉》一文，③ 认为司马贞著《史记索隐》时大量引述《竹书纪年》中的材料，一则在时间、人物、事件等许多方面充实了《史记》的记载，在人名谥号上对《史记》中的记录作了补录；二则在很多具体的历史问题上纠正了《史记》中记载的错误，也对《史记》中记载的历史事实进行了补充；此外，司马贞对于无法确定的问题，也没有盲从《竹书纪年》，而是采取了审慎的态度。同时，大量引述《竹书纪年》材料的《史记索隐》也为《竹书纪年》佚文的留存做出了贡献。李步嘉《〈史记索隐〉引韦昭〈汉书音义〉考实辨证》一文，④ 是在作者全面整理唐前《汉书》旧注的过程中，因辑得韦昭《汉书音义》七百八十余条，于是和程金造《史记索隐引书考实》中所考韦昭诸语，两相比对，详加考辨，对《考实》书中对韦昭《汉书音义》诸条目的论述进行了补充和修正。文中以《史记索隐》的篇目为序，共计考察出《考实》中 17 处疏漏，并以作者所辑到的韦昭原文及他书之外证加以论证。牛巧红《〈史记索隐〉引书体例考

① 张玉春：《论单行本〈史记索隐〉的唐写本特点》，《史学集刊》2002 年第 2 期，第 40 页。案此文与张玉春《〈史记〉版本研究》一书中的《〈史记索隐〉与〈史记〉唐写本》一文，张玉春、应三玉《史记版本及三家注研究》中的《〈史记索隐〉与〈史记〉唐写本研究》一文，内容略有小异。

② 苏兴：《李斯〈上书秦始皇〉的李善注和司马贞索隐的问题》，《东北师大学报（哲学社会科学版）》1981 年第 4 期，第 47 页。

③ 吴汝煜：《司马贞〈史记索隐〉与〈竹书纪年〉》，《文献》1983 年第 2 期，第 73-81 页。

④ 李步嘉：《〈史记索隐〉引韦昭〈汉书音义〉考实辨证》，《华学》2000 年第 4 辑，第 247 页。

辩、述补》一文，① 乃是在程金造《史记索隐引书考实》研究基础上，"考察《史记索隐》具体的引书体式，探究其取舍规律，并据此为《史记索隐》续补引书凡例，正其'规律未严'之名"。② 文章先分类列举《史记索隐》的 4 种 11 小类引书体式，后总结补述了《史记索隐》的引书凡例四条，明确了司马贞作《索隐》时的引书体例。

其三是对《史记索隐》中的一些观点提出质疑、加以辨证。丁忠义《〈史记索隐〉"贱之征贵"条质疑》一文，③ 对《史记索隐》在注解《货殖列传》"贱之征贵"句时称"征者，求也。谓此处物贱，求彼贵卖之"者，提出了疑义。作者认为若释"征"为"求"，不但无所本，也讲不通，当"释作征兆、预示比较妥当"。施丁《〈史记索隐〉注"太史令"有问题》一文，④ 对《史记索隐》引《博物志》注《太史公自序》中"卒三岁而迁为太史令"条颇有疑义，作者首先指出南宋黄善夫三家注合刻本《史记》、南宋耿秉两家注合刻本《史记》、元中统二年三家注合刻本《史记》等《史记》的早期版本，此条《索隐》注文"《博物志》：'太史令茂陵显武里大夫司马迁，年二十八，三年六月乙卯除，六百石'"中"司马"二字下皆无"迁"字，因而不能断定《索隐》所补"迁"字就一定正确。其后，又举例证明此条注解中的"三年"乃是指汉武帝三年，因而推测"司马"后所夺之字并非司马贞所补之"迁"字，而应当为"谈"字。从而得出结论，"司马贞《索隐》引《博物志》注处有误"，此条注解"写的是汉武帝三年除司马谈为太史令之事"，"而且既可由此推知司马谈的生卒年（汉文帝十五年至汉武帝元封元年，即前 165—前 110），也可旁证《正义》太初元年'迁年四十二岁'之注本来无误，肯定司马迁生于汉景帝中五年（前 145）毫无问题"。⑤ 萧文《〈史记索隐〉辨误》乃是一篇读书札记，⑥ 其文指出《史记索隐》在注

---

① 牛巧红：《〈史记索隐〉引书体例考辩、述补》，《古籍整理研究学刊》2017 年第 5 期，第 46-50 页。

② 同上，第 46 页。

③ 丁忠义：《〈史记索隐〉"贱之征贵"条质疑》，《中国社会经济史研究》1987 年第 3 期，第 107 页。

④ 施丁：《〈史记索隐〉注"太史令"有问题》，《中国社会科学院研究生学报》1996 年第 2 期，第 42-49 页。

⑤ 同上，第 49 页。

⑥ 萧文：《〈史记索隐〉辨误》，《文学遗产》2004 年第 2 期，第 76 页。

释《十二诸侯年表》"荀卿、孟子、公孙固、韩非"条时,所言"宋有公孙固,无所述。此固,齐人韩固,传《诗》者",误也。作者以《汉书·艺文志》中有关著录与注解,辅以梁启超《诸子略考释》中言,指出"此非韩固,而是公孙固",《索隐》之注有失。王永吉《〈史记索隐〉"郮县"地名校议》一文,[1] 指出《史记索隐》注解《黥布列传》"兹乡"条时所谓"鄱阳郮县之乡"者颇误,首先"郮"的正字当作"鄡",其次此处"鄱阳郮"三字当为"鄡阳"二字之讹。苏芃《司马贞〈史记索隐〉"王师叔"正讹》一文,[2] 探究论证了《史记索隐》中所征引的旧注称曰出自"王师叔"者,乃是"王叔师"即王逸之讹误。其理据有二:其一是《史记索隐》中5处"王师叔"的旧注除1处外,其他皆能在王逸《楚辞章句》中找到相同的文字;其二是这5处"王师叔"的旧注,有2处在《史记集解》中也被引述,《集解》指其出处为"王逸"。最后作者还举例证明王逸之字为"叔师"无疑,故而《史记索隐》中的"王师叔"必为王逸之字"叔师"之讹误。孙利政《〈史记索隐〉"淖盖"是人名吗?》一文,[3] 认为司马贞《史记索隐》对《货殖列传》中"蜀卓氏之先"句的注解"淖亦音泥,淖亦是姓,故齐有淖齿,汉有淖盖,与卓氏同出,或以同音淖也",其中"淖盖"并非如中华本《史记》专名线所标与"淖齿"俱为人名,而是在"淖"下脱一"姬"字,此句当作:"故齐有淖齿,汉有淖姬,盖与卓氏同出,或以同音淖也。"

其四是游尚功对《史记索隐》中所涉及的音韵问题的探讨。其论文主要有两篇,一是《司马贞〈史记索隐〉声类》,[4] 二是《〈史记索隐〉中的"浊上变去"》。[5] 其中第一篇文章通过摘录出《史记索隐》中的所有2244条音切,去其重复者得1854条,从而整理出《史记索隐》的声类,共得三十六类,并且指出"它所反映的声类系统非常接近《广韵》,

① 王永吉:《〈史记索隐〉"郮县"地名校议》,《中国历史地理论丛》2007年第2期,第121-124页。

② 苏芃:《司马贞〈史记索隐〉"王师叔"正讹》,《图书馆理论与实践》2011年第2期,第68-69页。

③ 孙利政:《〈史记索隐〉"淖盖"是人名吗?》,《读书》2017年第10期,第70页。

④ 游尚功:《司马贞〈史记索隐〉声类》,《贵州大学学报(社会科学版)》1988年第1期,第63-68页。

⑤ 游尚功:《〈史记索隐〉中的"浊上变去"》,《遵义师专学报》1991年第2期,第14-15页。

所不同的只是唇音分化出非奉两组，神禅合并，云以独立"。① 第二篇文章通过对司马贞《史记索隐》中注音资料的分析，指出在司马贞作《史记索隐》时，已出现了"浊上变去"的音变现象，这比其时所发现的反映"浊上变去"现象的最早文献韩愈的《讳变》要早出近 100 年。

其五是对《史记索隐》作者司马贞个人有关情况的考证与论述。李梅训《司马贞生平著述考》一文，② 通过对各种文献史料的爬梳考证，认为司马贞"生年在高宗仪凤间，武后后期为求学期，仕宦于中、睿、玄宗之世，历国子博士、弘文馆学士等职，官终润州别驾"，而"《史记索隐》成书时间约为开元二十年左右，他也在成书不久后去世，年约五十余岁"。③ 牛巧红《司马贞籍里考辨》一文，④ 以毛晋单行本《史记索隐》、南宋黄善夫刻本《史记》中《索隐》注文"藩离既有其地，句吴何总不知？贞实吴人，不闻别有城邑曾名句吴，则系本之文或难依信"者中"贞实吴人"一句，加之《浙江通志》有关于司马贞女许配董思述，未嫁而董思述亡，司马贞女得知亦绝食而亡，于是两家便将他们合葬在珠湖山这样的记载，可知司马贞女居于浙江，因未嫁之女一般会居于父母之家，因此佐证司马贞亦居吴地为吴人。而《史记索隐》中署名"河内司马贞"者，乃是唐人常以郡望代籍里之故。又牛巧红《司马贞生平考辨》一文，⑤ 在前贤时哲对司马贞生平的考订基础上，深入挖掘发现新的文献资料，"考证出司马贞出生于唐高宗显庆六年与咸亨二年之间（661—671），睿宗景云二年（711）为国子博士，开元七年（719）为弘文馆学士，开元八年（720）出任润州别驾，不久后辞世。《史记索隐》成书应在开元之初，不晚于开元八年"。⑥

其六是对司马贞补《史记》思想及《史记索隐》批判精神的探讨。王裕秋、张兴吉《论司马贞中止〈补史记〉写作的原因——以司马贞笔

---

① 游尚功：《司马贞〈史记索隐〉声类》，《贵州大学学报（社会科学版）》1988 年第 1 期，第 68 页。

② 李梅训：《司马贞生平著述考》，《安徽师范大学学报（人文社会科学版）》2000 年第 1 期，第 109-111 页。

③ 同上，第 109 页。

④ 牛巧红：《司马贞籍里考辨》，《大家》2012 年第 20 期，第 6-7 页。

⑤ 牛巧红：《司马贞生平考辨》，《殷都学刊》2016 年第 1 期，第 117-120 页。

⑥ 牛巧红：《司马贞生平考辨》，《殷都学刊》2016 年第 1 期，第 117 页。

下的炎帝为例》一文，① 通过对司马贞所补《三皇本纪》中涉及炎帝内容的分析，认为"司马贞虽然多方收罗炎帝的史料，但是他所收集到的史料还是无法超越前人，因之他无法缝合自战国至唐千余年来关于炎帝的各种传说中的矛盾"，因此"最终知难而退，最终放弃了《补史记》的想法，最后改为补注《史记》，即只完成了《史记索隐》"。② 王涛《司马贞补〈史记〉及其对〈史记〉版本的影响》一文，③ 先提出司马贞"补《史记》和写作《史记索隐》是关系密切却又应该清醒地辨别开的两件不同的工作"，但是学界对司马贞补《史记》工作的关注度尚且不够，因此作者便通过对有关资料的梳理，详细交代了司马贞补《史记》工作的来龙去脉；接着，作者在比对了殿本系统与中华本系统《史记》对于《史记索隐》原书中《补史记序》《三皇本纪》及诸条关于改定篇目注文的收录情况后，得出结论：由于刊刻者对司马贞补《史记》工作认识的不同，使得不同版本系统的《史记》在刊刻时，对于《史记索隐》中带有补《史记》意味的篇章与注文，在取舍上产生了很大的差异。刘璐《论司马贞补〈史记〉意识在〈史记索隐〉中的体现》一文，④ 通过举出具体例证，来说明司马贞"补《史记》虽然'未遂'，但在《索隐》中却经常体现着'补史'意识与残迹"。范景斌《略论司马贞〈史记索隐〉的批判精神》，⑤ 则从另一个角度——司马贞的批判精神出发阐释其补史精神。文章指出司马贞《史记索隐》一书，"直接指出司马迁之疏略错误、与他书之不同者，达五六百处。其中明确提出攻驳者，达一百五十多条"，包括指出所记史实疏略、质疑所记之史实、指出司马迁之引史错误、指出司马迁叙史错乱、指出司马迁评议失当、指出记史前后矛盾、指出司马迁所见史料未备、指出《史记》文字错误等八个方面。

---

①　王裕秋、张兴吉：《论司马贞中止〈补史记〉写作的原因——以司马贞笔下的炎帝为例》，霍彦儒主编《炎帝·姜炎文化与和谐社会》，三秦出版社 2007 年版，第 63-66 页。

②　同上，第 63 页。

③　王涛：《司马贞补〈史记〉及其对〈史记〉版本的影响》，《山东教育学院学报》2007 年第 1 期，第 35-37 页。

④　刘璐：《论司马贞补〈史记〉意识在〈史记索隐〉中的体现》，《鸡西大学学报》2014 年第 5 期，第 91-93 页。

⑤　范景斌：《略论司马贞〈史记索隐〉的批判精神》，《华北水利水电学院学报（社科版）》2005 年第 4 期，第 84-85 页。

其七，还有一些文章或是类比《史记索隐》与其他著作；或是以《史记索隐》为主要研究材料，来探究其他著作的有关问题。前者如程金造《〈史记正义〉〈索隐〉关系证》，①通过比对《史记索隐》与《史记正义》二书内容，发现《史记正义》中的注解不单有针对《史记》正文与裴骃《集解》者，更有针对司马贞《史记索隐》中语词的解释，因而推断张守节作《史记正义》一书之时，不但见过司马贞之《史记索隐》，还对其中的内容有所阐释，而正因为《集解》《索隐》《正义》这三部书——裴氏《集解》解释正文，而《索隐》在解释正文之外，还有时疏通裴氏《集解》；《正义》在解释正文之外，又有时疏通裴氏《集解》和小司马《索隐》"——有着这样的承继关系，可能也是后人将此三注与《史记》合刻的原因之一。后者如牛巧红《刘伯庄〈史记音义〉考评：以〈史记索隐〉、〈正义〉所存佚文为例》，②在朱东润《刘伯庄〈史记音义〉辑佚》的基础之上，再对《索隐》《正义》进行翻检，比朱氏多辑出佚文23条，共计256条，再针对这256条《史记音义》之佚文加以考察，从而对刘伯庄之《史记音义》的成书、内容与价值进行了详细地介绍与研究。石风、马志林《牛运震〈史记评注〉纠驳旧注辨析——以司马贞〈史记索隐〉为主》一文，③详细考察分析了牛运震《史记评注》一书针对《史记索隐》的有关论述，发现其对旧注的批驳态度十分明显，而从其批驳的具体内容来看，牛氏十分反感旧注对《史记》权威性的质疑，其评注方法多样并以文学手法为主，但在考证方面并不擅长。

2. 专题研究学位论文

新世纪以来，以《史记索隐》为核心内容进行研究的学位论文共有7篇，另有2篇以《史记索隐》与《史记正义》为共同研究对象的学位论文。下面先逐一介绍。

首先是以《史记索隐》为核心内容进行研究的7篇学位论文。

2004年，安徽大学硕士学位论文，蔡先锋《关于〈史记索隐〉的几

---

① 程金造：《〈史记正义〉〈索隐〉关系证》，《文史哲》1962年第6期，第28-36页。

② 牛巧红：《刘伯庄〈史记音义〉考评：以〈史记索隐〉、〈正义〉所存佚文为例》，《古籍整理研究学刊》2013年第2期，第27-30页。

③ 石风、马志林：《牛运震〈史记评注〉纠驳旧注辨析——以司马贞〈史记索隐〉为主》，《渭南师范学院学报》2014年第18期，第16-19页。

个问题》。这篇论文乃是从历史文献学的角度对《史记索隐》进行研究。文章先对司马贞其人、《史记索隐》的创作与流传、刊刻及后人的研究情况进行了简单的考证与介绍,其后则分别从训诂、校勘与文献考证三个方面详细阐述《史记索隐》的成就。在训诂方面,《史记索隐》的训释包括音训、训释词语、按断词语、诠释句子、训释名物与典制等多个方面;在校勘方面,《史记索隐》不但对《史记》及《集解》注文中的衍文、倒字、异文、脱文、讹文等进行了校勘,还对其他注疏《史记》的文字进行了校勘,并对后人窜补《史记》的情况进行了考校,凡此种种,不但对《史记》的校勘工作,对校勘学本身而言,也作出了很大贡献;在文献考证方面,《史记索隐》对《史记》正文及《集解》注文中的有关地名、典制、史实、书目等多个方面进行了考证,同时对《集解》中的引文及司马迁的生平也有所考论,取得了丰硕的成果。

2006 年,南京师范大学博士学位论文,王勇《明毛晋刻〈史记索隐〉研究》。此文分为上下两编,上编为研究部分,下编为校读札记部分。上编以毛晋汲古阁刻单行本《史记索隐》为研究对象,先介绍毛晋其人及《史记索隐》的刊刻、流布与翻刻,然后探讨了毛晋刻《史记索隐》在版本、校勘以及研究合刻本《史记》中《索隐》注文删改情况时的重要价值,并且详细梳理了司马贞关于《史记》体例的论述。其后,作者对毛晋刻《史记索隐》的研究历史与现状进行了详细地介绍,并阐述了对毛晋刻《史记索隐》进行重新整理的几点设想。下编为毛晋刻《史记索隐》校读札记,以中华书局 1982 年版《史记》作为底本,校以清华大学图书馆藏明毛晋汲古阁刻《史记索隐》、四库全书本《史记》,指出同异,加以考证。

2007 年,郑州大学硕士学位论文,范景斌《略论司马贞〈史记索隐〉对〈史记〉的驳正》。这篇论文是对司马贞《史记索隐》具体内容的研究,作者选取《史记索隐》中对《史记》进行驳正的部分,加以分类,具体讨论。首先,作者探究了司马贞对《史记》加以驳正的原因,乃是为使《史记》更加完善。其后,作者从内容与方法两个方面,对《史记索隐》中对《史记》驳正的有关文字进行分类与归纳,认为在内容方面,司马贞主要对《史记》的体例、原文与旧解三个方面进行驳正;而在方法上,司马贞主要通过实地考察、《史记》本书之内证、其他文献之外证及合理推理等方法对《史记》进行驳正。然后,作者又举例指出，司马贞对《史记》驳正的不当之处。最后，则总结了司马贞以《史记索隐》驳正《史记》的重要作用，包括校勘文字、考证史实、补充史料与疏解史文四个方面。

2013 年，郑州大学博士学位论文，牛巧红《司马贞〈史记索隐〉研究》。这篇论文诚如作者所言，乃是目前为止"对《史记索隐》较为系统的专门的研究"。① 其主要研究内容包括八个方面。其一为司马贞其人与《史记索隐》的成书，其中考辨了司马贞的籍里与生平，论述了《史记索隐》成书的时代背景与个人动因。其二为《史记索隐》的版本研究，这一部分不单介绍了单行本《史记索隐》的著录与刊刻流传情况，还介绍了包含《史记索隐》注文的《史记》几家注合刻本的有关情况。其三为《史记索隐》引书研究，这一部分在程金造《史记索隐引书考实》研究的基础上，对《史记索隐》的引书体式与规律进行了详细地探讨，并补充了《史记索隐》的引书凡例。其四为《史记索隐》注释体例及注释成就的介绍，作者先归纳出"更改舛错、裨补疏遗""意有未通、兼重注述""探求异文、采撷典故""释文演注、重为述赞""解其所未解、申其所未申"五方面注释体例，其后又指出《史记索隐》在版本与校勘、音义训释、惩妄补阙等方面的成就。其五为《史记索隐》的注释特点，作者认为《史记索隐》的注释特点有四，分别是"精于校勘、详于训诂""勇于立言、长于辩驳""引书广博""以裴注为本"。其六为《史记索隐》对《史记集解》的继承和发展，主要对二书之关系进行了讨论，认为《史记索隐》对《史记集解》有所继承、有所疏解、有所增补也有所不从。其七为《史记索隐》对后世《史记》考释类著作的影响，主要分析了《史记志疑》《史记会注考证》《史记笺证》三部书对《史记索隐》的继承与接受。

2013 年，西南大学硕士学位论文，龙向平《〈史记索隐〉训诂内容研究》与韦琳《〈史记索隐〉词义训释方法研究》。龙文以现代语言学的视角，采用例举、比较互证、义素分析、同源系联、图表展示与数据统计等各种方法，对《史记索隐》中校勘、文字、注音、词语与训释、语法与修辞等多个方面的训诂内容进行了十分全面地整理与分析，从而对

---

① 牛巧红：《司马贞〈史记索隐〉研究》，郑州大学博士学位论文，2013 年，《摘要》部分。

司马贞在《史记索隐》中所表现出来的训诂成就有了一个更为公允的认识。韦文同样是以训诂学的角度来研究《史记索隐》，但与龙文全面研究有所不同，韦文主要是通过整理与总结《史记索隐》中的训诂材料，归纳出其中的十种词义训释方法，重点探究与论述。最后总结出《史记索隐》在词义训释方面的特点与成就。

其次是以《史记索隐》与《史记正义》为共同研究对象的 2 篇学位论文。

1988 年，四川大学硕士学位论文，龙异腾《〈史记〉索隐正义反切考》。这篇论文通过系联《史记索隐》与《史记正义》中的注音材料（主要是反切材料），得到《索隐》有声类 38 个，《正义》有声类 39 个，并将结果与《切韵》音系的代表著作《广韵》进行比对，得出结论：《索隐》《正义》的声类，"唇音除明母外轻重唇分立；舌音分为端知两组，泥娘分立；齿音分为精庄章三组，其中索隐从邪不分，船禅不分，正义船禅不分；喉牙音匣云、云以都各自分立"。但由于材料较少且分布不均，无法得到完整的韵类系统，通过考察，作者发现在韵类方面《索隐》《正义》与《广韵》存在一定差异，即"索隐正义真谆、寒桓，又索隐歌戈都各为同一韵系的开合口。索隐脂之微三韵开口已混并为一；殷韵并入了真韵开口；尤幽两韵混并；覃谈两韵入声已混并，咸衔两韵舒入声都已混并；严凡两韵不分。正义东一等与冬、东三等与钟有混并迹象；脂之两韵开口已混并，歌韵开口与脂之开口界限不清；有相当数量的宵韵字并入了萧韵；庚韵三等开口舒声并入了清韵，严凡两韵不分"。①

2017 年，宁夏大学硕士学位论文，陈亚茹《〈史记索隐〉与〈史记正义〉的训诂比较研究》。这篇论文先从训诂体例与术语、训诂内容和方法几个方面系统总结归纳了《史记索隐》《史记正义》中的训诂文句，然后则比较分析了《史记索隐》《史记正义》的关系与二者词义训释方面的不同。其中，在对《史记索隐》与《史记正义》关系的探讨中，作者举出大量具体的例证，包括《正义》直接解释《索隐》者、《正义》直接用《索隐》中解释者、《正义》补充《索隐》内容者，用以证明张守节作《史记正义》极有可能是见过司马贞《史记索隐》的，承继了早

---

① 龙异腾：《〈史记〉索隐正义反切考》，第 1 页。

年程金造先生所持观点。

三、《史记索隐》研究展望

综上所述，近现代以来对《史记索隐》研究，尽管也可以说是多视角、多维度，既有针对《史记索隐》本身内容及其中所体现的司马贞思想的研究，还有以《史记索隐》中的材料进行音韵学或训诂学的研究，更有《史记索隐》与其他《史记》注文的比较研究。然而，在考察这些研究成果时会发现，学者们在研究《史记索隐》时所称说的"《史记索隐》"乃是作为《史记》三家注中的《史记索隐》，而只有极少数专门性的论文，是在对单行本的《史记索隐》展开探讨。例如现今唯一一部研究《史记索隐》引书情况的专著——程金造《史记索隐引书考实》，亦是从所谓黄善夫本中辑出《史记索隐》的内容进行研究的。《史记索隐》作为《史记》三家注中唯一一部有单行本存世的作品，尽管后世对汲古阁所刻此单行本颇有微词，不甚满意，甚至怀疑毛晋所称说的版本来源并不真实，然而就其问世后被众多的藏书家收集，被多个学者所批校，并又被翻刻来看，单行本《史记索隐》亦有其独特的学术价值，很值得我们关注与探讨。而就此单行本《史记索隐》而言，尚有许多论题尚未被学人所深入讨论。

其一，汲古阁单行本《史记索隐》的刻印与流传。汲古阁单行本《史记索隐》在刻印之后，无论是其时还是现今，收藏者或者收藏单位都甚富。考察各家书目，仅称说"明末毛晋汲古阁本"。而民国一些鬻卖书目却常常有"初印本""原刻原印"的标识。而通过目验国家图书馆、上海图书馆、上海复旦大学图书馆、浙江图书馆与南京图书馆中所藏汲古阁单行本《史记索隐》，则可以发现这部书的所谓不同副本，在大小、纸张与印刷质量上都多有差别，尤其是从其中的书板断裂情况来看，这部书绝对不止刷印过一次。而所谓初印后印的信息，不见任何一家图书馆著录。因此，很需要对汲古阁单行本《史记索隐》的刻印与流传情况详加研究，厘清初印本与后印本的区别，使现存的初印本不至于淹没于后世。

其二，汲古阁单行本《史记索隐》之后，以此汲古阁本为底本，又先后有了四库各阁本《史记索隐》、广雅书局本《史记索隐》与丛书集成本《史记索隐》。将后面产生的各本与汲古阁原本《史记索隐》进行通校之后，发现其中差异颇为不小。尤其是四库各阁本，目前得见的乃是文渊阁、文津阁与文澜阁，首先三者之间就优劣不侔，其次馆臣对据以清抄的汲古阁底本进行了大量的改动。而对于此数种汲古阁本之后的单行本《史记索隐》，除过在介绍版本时简单提及外，尚未有人进行系统地校勘与研究。

其三，留存至今的汲古阁《史记索隐》，在《中国古籍总目》里著录有五个批校本，北京国图 3 部，上海图书馆 1 部，复旦 1 部。这五个批校本如今都被收藏单位作为善本珍藏。观过之后，也发现不少问题，很值得进一步探究，同时对后世学者对《史记索隐》批校内容的研究，也可以辅助研究此学者的学术思想与学术经历。

其四，上述诸学者在研究《史记索隐》内容时，大都忽略了其中的一个重要部分，即司马贞为《史记》每一篇所创作的《述赞》。司马贞以四言诗的形式为《史记》每一篇作赞，将其从史书中抽离，其实可以看做是一组针对《史记》而作的咏史组诗。然而仔细阅读司马贞之《述赞》则会发现，司马贞在作此《述赞》时的取材并不局限于《史记》本身，《史记索隐》在为《史记》作注时，常常会有史事的补充，而《述赞》当中就有对司马贞自己所补内容的吟咏，从而也可以体现出其补史之思想。通过对司马贞《述赞》的研究，可以从史学与文学等多方面对司马贞其人有更深入地理解，因此也很值得学界关注。

《史记索隐》一书，承载着司马贞补史的思想的同时，彰显着唐代恢宏历史背景下自由的学术气息。解读《史记索隐》，不仅可以体味太史公的微言大义，更重要的是能体会后人在《史记》上留下的强烈的主观色彩与时代印记。期待有更多的学者能够关注《史记索隐》，更深入地研究《史记索隐》，从而进一步完善《史记》的研究工作。

《史记评林》研究综述①

本文作者李月辰。陕西师范大学文学院博士。

　　《史记评林》亦称《百五十家评史记》，是明万历时期凌稚隆以《史记》三家注本为底本，搜辑近一百五十家对《史记》的评论所成之书，被视为《史记》评点的集大成之作。明末学者李光缙对其进行增补，使所收评语更加完备。《史记评林》以宋本与金台汪谅本字字详对，不合者又以其他善本参校，校勘十分精审。其中辑录的评语内容丰富，既有对人物事件的评论，又有对作文之法的阐释，还有对《史记》深层意蕴的探析，如此种种，可谓面面俱到。《史记评林》（以下简称《评林》）的问世，不仅为学界提供了一个准确可靠的《史记》新版本，而且引起一股辑评的浪潮，使各种《史记》评点之作层出不穷，对晚明及清代的《史记》研究产生了重要影响。另外，此书的出现促进了《史记》文学经典化，对我国文学评点与叙事学研究的发展也起到不可忽视的作用。

　　《评林》不仅在我国《史记》研究史中地位重要，而且在邻邦日本也备受关注。该书在江户时期流传至日本，并迅速出现多种合刻本，行成了"八尾""红屋"两个版本系统。据日本学者水泽利忠统计，从1636年至1883年，合刻本《评林》就有十四种之多。② 《文求堂书目》《尊经阁文库汉籍分类目录》《汉籍采集目录》《史记研究书目解题》等日本目录书对《评林》做了详略不同的著录，借此可窥见此书在日本刊刻与传播的盛况。《评林》被日本学者视为研究《史记》的开端，有井范平等人对它进行了补标或增补，很多日本《史记》研究著作也深受《评林》的影响，如重野葆光《史记集解》、皆川愿《迁史夹柁》、中井

---

　　① 本文为国家社科基金重大招标项目"中外《史记》文学研究资料整理与研究"阶段性成果。

　　② ［日］水泽利忠：《史记正义の研究》，日本汲古书院1995年版，第35页。

积德《史记雕题》、池田泸州《史记补注》以及加藤繁、公田连太郎合著的《译注史记列传》皆以和刻《评林》为底本。另外，还有诸多著作的注解也受到《评林》的影响。

《评林》同样引起了现当代学者的关注，有关《评林》的研究成果不断涌现，主要集中在以下几个方面：

第一是全面性的研究，主要有：1. 张新科、俞樟华等著《史记研究史及史记研究家》（《史记研究集成》第十三卷），华文出版社 2005 年版。本书上编第五章"明人评点《史记》的杰出成就"中对《评林》的内容体例作了研究，并对之后受到《评林》影响的各种辑评之书进行简单介绍。下编介绍历代《史记》研究家时，对凌稚隆生平进行了考证梳理。2. 张大可《〈史记评林〉叙例》，发表于《司马迁与《史记》研究年鉴 2007（总第 4 辑）》。这篇文章将《评林》的学术成就和内容归纳为五个方面：其一，选录历代名家对《史记》的评论；其二，广泛摘取《史记》专门论著和非专门论著中能发明《史记》要旨的精言警句；其三，摘抄《史记》依据的原始资料，探本求源；其四，广泛采录子书、史部的有关论著，与《史记》相互发明；其五，对《史记》文义、字义、段义做出诠释，间或刊误，纠正三家注之失。3. 朱志先《凌稚隆〈史记评林〉探析》，发表于《古籍整理研究学刊》，2009 年 7 月第 4 期。此文从《评林》内容及撰写方法、凌稚隆与《史记》研究、《评林》的总体评价三个方面展开论述，认为《评林》不仅收录历代《史记》研究的精华，而且其间亦渗透着凌氏的真知灼见，为后世研究提供内容、体例、版本方面的借鉴。

第二是文学方面研究，这方面的研究成果最集中，大多是分析《评林》中评语的内容，阐释《评林》的文学价值，探索其对文学评点、文学叙事观发展的促进作用。主要有：1. 黄世锦《凌稚隆〈史记评林〉按语析论》，发表于《兴大中文学报》第 17 期（2005 年）。此文先概述了凌稚隆家世及《评林》的体例，又通过对凌稚隆个人的按语进行分析，归纳出凌氏对《史记》的研究有几点特色：（1）对史记的史事进行考证笺注。（2）分析《史记》篇章的文法与结构。（3）对《史记》的文字与评语进行校勘与校注。（4）对《史记》篇章的史事内容加以评论评点。作者认为凌氏个人的评点简洁中肯又铿锵有力，思维缜密，见解深刻，发前人之所未发，在《史记》研究史上有不可磨灭的价值。2. 周录祥

《〈史记评林〉上栏》，发表于《渭南师范学院学报》2010 年 1 月第 1 期。文章将《评林》上栏内容分为两大类，一类是辑录古人评论者，称"史评"；另一类是凌稚隆个人见解，称为"史按"。之后又分别探讨"史评"与"史按"的内容与价值，认为"史评"与"史按"虽不免有考证失当、评析杂芜之处，但保存了历代《史记》研究者及凌约言、凌稚隆父子两代的点滴心得，内容丰富，精义纷陈，对理解《史记》文意、体会太史公深意有津筏之作用，俱有较高的文献价值。3. 周建渝《从〈史记评林〉看明代文人的叙事观》，发表于《复旦学报》2010 年第 3 期。开篇先介绍《评林》出现的时代背景，凌稚隆生平与家学渊源以及《评林》所辑录的内容。之后分为两部分，第一部分讲"文章之法"与"叙事之法"，认为《评林》评语"文章之法"与"叙事之法"两种批评视点并行使用，体现了从叙事文学史上传统的"文章之法"向"叙事之法"转变的过渡特征。对《史记》叙事之法的评点，体现了对《史记》作为叙事文学的价值与意义的肯定。《评林》随纪逐传的评点方式，虽没有后世金圣叹、毛宗岗父子、张竹坡等人随章逐回的评点那样成熟完善，但其性质已有很多相似之处。第二部分讲"正体""变体"之辨与典范的确立，叙事的"正体"指前叙事后议论的形式，"变体"即在叙述某些事件时会插入议论或者将评语插入两段叙事之间。作者认为《评林》评语将《史记》视为中国早期叙事文学的代表作品，对太史公叙事的"正体"和"变体"进行了讨论，这种文体特征不仅为后世正史的写作提供了范本，而且对小说叙述的构建产生了很大的影响。这两点论述彰显了《史记》的文学性，丰富了对中国叙事文学的理解。4. 朱志先《从凌稚隆〈史记评林〉看明代史记评点》，发表于《湖州师范学院学报》2011 年 6 月第 3 期。本文是从点评编纂体例与文学手法这两种评语入手，从《史记》撰写之精神、太史公的"史法""文法""书法"、《史记》之寓论于叙、《史记》文章之变体、对《史记》合传的理解五个方面来分析《史记》著作风格，肯定了凌稚隆对历代评语的搜辑之功，又认为历代评语只是指出《史记》的"形"，而没有很好地发掘《史记》的"神"，明中叶兴起的复古运动对《史记》的点评也有此种缺陷。5. 范文静《〈史记评林〉文学价值研究》，安庆师范学院 2011 年硕士学位论文。此文先概述凌稚隆生平与《评林》成书背景、《评林》的体例、《评林》中凌氏本人的评点与对前人观点的采择，之后从评点内容的总体特点、评《史记》的字法句法、评《史记》的篇章结构、评《史记》的叙事艺术等四个方面，试图从不同评者对相同文本做出的点评中探求司马迁的创作深意，完成从评点内容到《史记》文本的完整解析。本文的亮点在于，作者在研究叙事艺术时，引入了西方叙事学的观点，试图证明中国叙事学在明清时已较为成熟，并不落后于西方。6. 贺诗菁《〈史记〉文学评点研究——从〈史记评林〉到金圣叹〈史记〉评点》，复旦大学 2012 年硕士学位论文。这篇文章分为五章，先总结了《评林》问世前对《史记》文学性的发现过程，其后又从对《史记》写作技巧、篇章结构、叙事艺术的评点三个方面来分析《评林》的文学研究，从批评视角、批评方式两个方面对金圣叹的《史记》评点进行研究，之后又将《评林》的评点与金圣叹的评语做出对比，以求揭示《史记》经典化的过程，最后分别总结了《评林》和金圣叹《史记》评点的流传及影响。作者认为《评林》与金氏评《史记》在《史记》文学价值的发现与《史记》作为文章典范来阅读的过程中起到了相当大的作用，从凌稚隆到金圣叹，《史记》的文学经典地位逐步形成。

　　第三是文献学方面的研究。主要有：1. 贺次君《史记书录》，商务印书馆 1958 年出版。该书在"《史记评林》"条下详细介绍了《评林》万历四年（1576）刊本，着重从《评林》的体例及校勘情况分析其价值及不足，是近现代有关《评林》较早的研究。2. 周录祥《凌稚隆〈史记评林〉研究》，2008 年南京师范大学博士学位论文。作者认为前人对《评林》的研究只重视其汇辑的大量评语，而未对其文字和版本进行深入探讨。因此作者在上编中除了对编纂者凌稚隆的家世、著述，《评林》版本及搜辑资料的特色进行研究之外，着力于通过校勘来研究《评林》本校正底本之误、沿袭底本讹误之处以及误刻之处，总结其在校勘方面的成就与存在不足，同时也分析了《评林》本的影响与后人对它的利用。下编是校勘札记，作者将《评林》作为《史记》的一个版本与中华书局本《史记》对校，并参考前人的校勘记和其他材料，考证《评林》本的异文，同时校改中华书局本的相关讹误。3. 徐淑华《两宋〈史记〉评点研究》，花木兰文化出版社 2009 年出版。本书先介绍两宋《史记》评家的生平，以弥补历来古籍中各种批点评论皆不附评家生平的遗憾。之后以《评林》为底本，选其中两宋评点之作，与两宋评家之著作进行比对，校勘《评林》中的讹误，补两宋评点之缺，又对诸家史评的分类原则与内容进行了分析。最后从评家人数之壮大、注选集评本之多、评点合刻本纷纷问世三个方面说明两宋《史记》评点对后世的影响。此书中包含大量表格，作者通过文字比对与数据分析的方式来进行研究，资料翔实，条理清晰。

第四是单篇研究。主要有：1. ［美］王靖宇《从〈李将军列传〉看〈史记评林〉中的〈史记〉评点》，于 2007 年发表于《中国文学研究》第十辑。作者试图通过研究长短适当的名篇《李将军列传》中的评语，来分析《评林》中评语的特色。他认为凌稚隆对评语的搜辑相当广泛全面，涉及有关李广的诸多事件，且评语的态度有褒有贬，可以看出凌氏是一个平实客观、不偏不颇的辑评者。而且各位评者对《史记》中对比、前后呼应等叙事手法的关注尤其多，对司马迁如何斟酌用字也十分感兴趣。2. 李黎《〈史记评林〉之〈项羽本纪〉评点探析》，发表于《阜阳师范学院学报（社会科学版）》2009 年第 1 期。作者认为对《评林》中每篇文章进行细读都会通往《评林》及小说研究的门径，因此她以《项羽本纪》一篇中的评点为研究对象，认为这些评点俱有注重篇章结构、点出叙事技巧、讲究字法、追求"如目在前"的审美效果等特色，而这些特色，正是《史记》作为一部文学作品所需要的特质。

第五是与《评林》相关的研究，又可分为对凌稚隆辑著其他书目的研究与有关凌稚隆家世与凌氏刻书的研究。前者主要有周录祥《明湖州出版家凌稚隆辑注文献考》，发表于《湖州师范学院学报》2009 年 12 月第 6 期；朱志先《〈汉书评林〉探微》，发表于《史学史研究》2011 年第 3 期；华海燕《重师藏明凌稚隆〈春秋左传评林测义〉版本考》，发表于《图书馆杂志》2015 年第 2 期；李伟《〈吕氏春秋〉贺、凌批考》，发表于《文艺评论》2015 年第 8 期。这些文章对凌稚隆辑著的《史记评林》《汉书评林》《春秋左传注评测议》《五车韵瑞》《史记纂》《皇明名臣言行录》《三才统志》《史记短长说》《道德经注》《吕氏春秋》等书进行考证并撰写提要，说明其馆藏地、内容、版本、学术价值等信息。后者主要有赵芹《浅述明末浙江闵凌二氏刻书情况》，发表于《西北大学学报》1996 年第 1 期；周兴陆《吴兴闵凌套印与诗歌评点的传播》《明代吴兴刻书家闵凌二姓世系考》，分别发表于《中国古代文学理论研究（第二十七辑）》（2007 年）、《浙江社会科学》2008 年 7 月第 7 期。这些文章梳理了凌氏家族的世系，介绍了凌氏家族的刻书情况，且论及闵凌套印

本对文学批评与文学传播的影响，并修正之前关于套印本论述中的
错误。

　　以上所提及的，是针对国内《评林》刻本或《评林》在国内流传与
影响的相关科研成果，另外还有一些论文或专著对和刻本《评林》或
《评林》在日本的情况做了研究，比如：〔日〕池田四郎次郎、池田英雄
《史记研究书目解题》（长年堂 1981 年出版）对日本藏万历本与朝鲜本
《评林》撰写了提要，概述了《评林》在日本刊刻的经过与"八尾""红
屋"两个版本系统的产生和演变，为鹤牧版、修文馆版、修道馆版、同
盟书楼版、印刷会社版、报告社版、凤文馆版《评林》与东京同盟出版
书房版、富山房版《评林史记列传》撰写提要。〔日〕池田英雄著，张
新科、朱晓琳译《从著作看日本先哲的〈史记〉研究》（收录于《史记
学概论》，2003 年商务印书馆出版）在分析和刻本《史记》诸版本时将
《评林》作为其中一个版本系统进行论述，介绍了《评林》内容和版式、
受到日本读者欢迎的原因，继而概述江户、明治两时期各种版本的和刻
本《评林》的辑校者、出版者、出版年份等信息。张新科、俞樟华等著
《史记研究史及史记研究家》（华文出版社 2005 年版）在中编"《史记》
在海外的流传"谈到了日本江户时期《史记》的吸纳和研究，也对"八
尾""红屋"两个版本系统有所论述。杨海峥论文《从〈史记评林〉到
〈史记读本〉——作为教材的〈史记〉与日本汉学读本》（《文学遗产》
2015 年第 4 期）与著作《日本〈史记〉研究论稿》（中华书局 2017 年
版）可以说是关于日本《评林》最新的研究成果。前者将《评林》放在
日本教育史中进行审视，揭示《评林》在日本汉学教育中产生的影响，
以及日本《史记》刊刻与研究所具有的时代特色。后者虽不是研究《评
林》的专门性著作，但在行文中对《评林》在日本的传播与接受情况有
一定程度的关照，并用少量篇幅对日本学者有井范平所补标的内容做了
概述

　　综上所述，现有对《评林》的研究取得了较多成就：首先，对《评
林》的研究涉及了诸多方面，既对《评林》做出全面介绍与整体研究，
又从各家评点或是某篇中的评语来分析其文学价值，还从文献学角度进
行校勘或是文学比对，可谓视角众多。其次，在诸多研究中，对评语的
体例、内容、特色、文学价值的分析尤其全面细致。统计以上所列各项
可知，对评语做全面论述的有论文六篇，研究单篇评语的有论文两篇，

其数量远远高出其他方面的研究。多位学者在《评林》与文学评点以及叙事学发展之间紧密的联系取得突破性成果，并引入了西方文学理论来说明《评林》所体现的中国叙事学研究水平并不次于同时期的西方。可以说，在这方面的研究既具有相当的广度，也具有一定的深度。再次，学者们并未把目光局限于国内，对域外尤其是日本的《评林》情况有了一定程度的研究。

虽然之前的研究已经取得了可观的成果，但很明显，对于此书的研究还有很大的空间。尤其是有井范平的《补标史记评林》，增加了许多有价值的评语，并且体现了日本学者对《史记》有异于中国评家的见解，并反映他所处的时代日本读者的需求与汉籍研究的趋势。但遗憾的是，现有成果对其关注少之又少，研究并不充分。因此，今后的研究可以从《补标史记评林》入手，并注意以下几点：首先，关于《评林》编者的研究，可以增加对增补者李光缙以及补标者有井范平的关注，以求知人论事，为研究他们增补或补标的内容做前期准备。其次，《评林》成书是多种原因促成的结果，不能仅限于对凌稚隆家学渊源和《史记》研究史的考量，需要综合考虑时代背景、社会环境、文化氛围、文学思潮以及印刷术的发展的影响，并且需要注意它是如何流传海外，为何获得日本学者的青睐，有井范平为何选择它进行补标等问题。再次，对评语的研究应该具有宏观视角，除了讨论评语的体例和内容之外，应该思考这些评语如何体现《评林》在《史记》研究史上承前启后的地位，即它对之前的《史记》研究做出了什么样的总结，又在哪些方面影响了之后的学术趋向。另外，经过李光缙与有井范平的增补而形成的《补标史记评林》，其中评语并不仅仅体现凌稚隆的观点，也能体现晚明与日本学者的学术思想。若将三人所辑评语进行比对，或许可以了解不同时期、不同国度学术思想的差异。

论穆文熙批点《史记》对《史记评林》的承袭①

本文作者殷陆陆。陕西师范大学文学院博士。

穆文熙（1528—1591），字敬甫，号少春，明大名府东明县人。嘉靖四十一年进士。穆文熙为官清正，崇尚名节，曾两度为正义辞官，而且天资颖悟，精通史略，晚年退隐逍遥园里，更是手不释卷，无所不览，著作颇丰。"酷嗜书史，自坟典而下，诸子百家言，无所不窥。积卷帙至十余万，朱墨点窜，尽为重复。所删书数十种，所著有《逍遥园集》。"②《七雄策纂》《春秋左传评苑》等书也是多次刊刻，可见流传之广。《中国文学家词典》为其立传，评价颇高。穆文熙生活的明中后期，正是文坛复古思潮涌起、文人推崇《史记》之时，又逢文学评点在明兴盛，"评点队伍的空前壮大；汇评和集评本的层见迭出；评点合刻本的纷纷问世；小说评点的空前崛起。"③诸多学者将评点此种阅读方式带入对《史记》文本的剖析解读中，通过圈点符号或短小精悍的评语对原文中字句进行解析，有的更进一步点明眼目关键并分析其在文本结构或表情达意上的作用，为他人再读文本提供线索，帮助疏通文意，使理解文本方便快捷，受到了寻求科举考试捷径的学子们广泛欢迎。同时，商品经济的发展印刷技术进步，成为明代习《史》之热的有力支撑，特别是套版印刷技术的成熟，使不同笔墨的圈点标识成为可能。诸多因素影响下，《史记》文学评点在明代形成兴盛局面。万历时凌稚

① 本文为中央高校基本科研业务费专项资金资助（Supported by the Fundamental Reasearch Funds For the Central Universities）陕西师范大学博士研究生自由探索项目（2018TS023）阶段性成果。

② ［明］李廷机：《李文节集》，文海出版社 1930 年版，第 1770 页。

③ 孙琴安：《中国评点文学史》，上海社会科学院出版社 1999 年版，第 107 页。

隆集万历四年之前近一百五十家关于《史记》的评论，荟萃成《史记评林》，具其《凡例》所列，正德至隆庆时，明代《史记》评点本多达六十多家。

穆文熙自幼好古，喜读史书，在当时文坛潮流影响下应时而作，节抄选录《史记》精华部分并各加评语编撰而成批点《史记》十二卷。此十二卷初刻时名《批点史记节略》，书前有石星《刻史记节略引》详述穆文熙创作缘起："吾友敬甫穆君，自为诸生时即崇尚古文词。嗣登仕籍十余岁，所至得暇即手一编，今归来复数岁，益于载籍靡所不究而尤耽意于子长《史记》。历廿年来，既已淹贯全书，而又取世家本纪列传八书，掇其精华，分为款段，各加评语，与诸家评并载之。其有字句繁复，篇章汗漫，原出史迁之所不及修整者，则为之隳括成文，如东莱详节之法。"① 万历十七年，朱朝聘将此书与穆文熙其他三本史评之作合刻为一，总其名曰《四史鸿裁》，次年刊行。后笔者抽取《四史鸿裁》中的《史记》十二卷对其点校整理，冠以《史记鸿裁》之名，2015 年由陕西师范大学出版社出版刊行。也正是在此整理十二卷文本的过程中，笔者发现穆文熙的批点与凌稚隆《史记评林》关系匪浅。

对穆文熙批点本的点校以《四库全书存目丛书》所辑万历十八年朱朝聘本的影印本为底本，《史记》文本部分（包含三家注文）参校中华书局 2013 年修订本《史记》，同时依据底本的前后文进行了本校。因底本保存不善，影印又缩小了文字，有些字迹模糊不清，难以辨认，对此，又以陕西省图书馆所藏善本《四史鸿裁》进行了确认。笔者发现穆文熙批点的《史记》文本与中华书局 2013 年修订本《史记》（以下简称今本《史记》）有诸多文字相异。这些相异的文字排除穆文熙撰写或刊刻造成的字形之讹后，余下的均与《史记评林》（明万历吴兴凌氏自刊本）相同。

现将之列表如下：

---

① ［明］穆文熙：《批点史记节略》，明万历十年刘怀恕刻本。

	穆文熙之作	今本《史记》	《史记评林》	备注
1	《晋世家》"蒲人之宦者勃鞮伐楚，寺人勃之字。命重耳促自杀"之"寺人勃"①	寺人披	寺人勃	
2	《晋世家》"过五鹿，今卫县西北有地名五鹿，平阳元城县东亦有五鹿。"之"平阳"②	阳平	平阳	
3	《楚世家》"若君不忘厉、宣、桓、武，周厉王、宣王，郑之所自出也。郑武公、桓公，始封之贤君也。不绝其社稷，使改事君，孤之愿也，非所敢望也。"之"郑武公、桓公"③	郑桓公、武公	郑武公、桓公	
4	《田敬仲完世家》淳于髡曰："豨膏棘轴，所以为滑也，然而不能运方穿。"豨膏，猪脂也。棘轴，以棘木为车轮，至滑而坚也。之"车轮"④	车轴	车轮	
5	《律书》"兵书云：夫战，太师吹律，合商则战胜，军事张强；角则军扰多变，失志；宫则军和，主卒同心；征则将急数怒，军士劳；羽则兵弱少威焉。"之"失志"⑤	失士心	失志	

续表

	穆文熙之作	今本《史记》	《史记评林》	备注
6	《律书》"不权轻重，猥云德化，不当用兵，大至窘辱失守。"之"窘"①	君	窘	此处三家注："徐广云：'如宋襄公是也。'"故当是君。
7	《律书》"四月也，律中仲吕。中吕者，言万物尽旅而西行也。"之"仲吕"②	中吕	仲吕	此处三家注称："《白虎通》云：'言阳气将极中充大也'。中音仲。"另穆文熙眉批亦称"四月中吕"。再依据原文后句"中吕者"很容易判断"仲吕"为误。
8	《韩非列传》"大忠无所拂辞，悟言无所击排"③	大忠无所拂悟，辞言无所击排	大忠无所拂辞，悟言无所击排	《韩非子》卷四《说难》为"大意无所拂悟，辞言无所系縻。"
9	《萧相国世家》"上已挠功臣，多封萧何。挠，屈也。女教反。"之"挠"④	挠	桡	此处"桡"作"冤屈"之意，"挠"在此意义不通，所以当是"挠"误。
10	《陈平世家》"孝文帝立，陈平欲让勃尊位，乃病谢。"之"乃病谢"⑤	乃谢病	乃病谢	

---

① ［明］穆文熙：《史记鸿裁》，殷陆陆整理，陕西师范大学出版社 2015 年版，第 78 页。

② 同上，第 81 页。

③ 同上，第 112 页。

④ 同上，第 153 页。

⑤ 同上，第 166 页。

续表

	穆文熙之作	今本《史记》	《史记评林》	备注
11	《聂政列传》"故进百金者，将用为夫人粗粝之费"之"夫人"①	大人	夫人	按韦昭云："古者多名男子为丈夫，尊妇妪为大人。"
12	《韩长孺列传》"安国为人多大略，智足以当世取舍"之"取舍"②	取合	取舍	
13	《韩长孺列传》"太史公曰：余与壶遂定律历，观韩长孺之义，壶遂之深中隐厚。"之"律历"③	律曆	律歷	此处"律歷"为误。
14	《李将军传》"广遂引刀自颈。"之"自颈"④	自刭	自颈	此处"自颈"为误。

　　《史记评林凡例》云："《史记》刻本自宋元迄今不下数十家，但近时见行者，杭本无《索隐述赞》，白鹿本无《正义》，陕西本缺《封禅》《河渠》《平准》三书，惟金台汪本、蒲田柯氏所校，颇少差谬，兹刻以宋本与汪本字字详对，间有不合者，又以他善本参之，反复雠校，庶免亥豕鱼鲁之弊云。"⑤ 凌稚隆最终选择的底本金台汪本，指的是嘉靖四年金台汪谅刻、柯维熊校本。柯本出于黄善夫本，黄善夫又与南宋孝宗乾道七年（1171）建安蔡梦弼东塾刻本相近，是以蔡本为底本。而据今本《史记》点校前言，它是以清同治年间金陵书局本《史记集解索隐正义》合刻本一百三十卷为底本，局本的正文不主一本，以毛氏汲古阁《史记

　　① ［明］穆文熙：《史记鸿裁》，殷陆陆整理，陕西师范大学出版社 2015 年版，第223 页。

　　② 同上，第 242 页。

　　③ 同上，第 242 页。

　　④ 同上，第 244 页。

　　⑤ ［明］凌稚隆：《史记评林凡例》，明万历年间吴兴凌氏自刊本。

集解》一百三十卷为底本，"集解"用毛氏汲古阁本，"索隐"用的毛氏汲古阁复北宋大字本的"索隐"单行本，"正义"用明刻王廷喆本。《史记评林》虽是其参校本之一，但局本所用的"评林本"是万历年间李光缙的增补本，并非万历四年凌氏自刊本。增补本虽然影刻自凌氏自刊本，但校勘较为粗略，误刻较多，不能等同于万历四年的凌氏刊本。①所以今本《史记》与《史记评林》分属两个版本系统，存在有异文实属正常。穆文熙评点本的《史记》内容中与今本《史记》相异的全部都与《史记评林》一致。因此，笔者初步判断，穆文熙批点时所用的《史记》版本应该与《史记评林》所用是一个版本系统。

　　再仔细分析上表罗列的诸条异文，有一部分可以明确断定《史记评林》为非，如第 13 条的"律厤"一词，第 14 条的"自到"一词均是显而易见的错误，但查阅底本，这些失误柯本并没有。既非承袭底本，这一部分当归属凌稚隆自己刊印时的失误，穆文熙的批点本能与《史记评林》的失误一模一样，难免令人怀疑二者有因袭关系。

　　后来梳理穆文熙批点本的双行小注、眉批又发现注文、评语有的与《史记评林》类似。所以笔者进一步对二者进行了细致的比勘，结果证明穆文熙正文中的双行小注除了源自三家注文及少数穆文熙自己的注解外，其他的全部来自《史记评林》的眉批或按语。实例很多，现略举二三。

　　比如有的小注是引述《史记评林》眉批所辑的他家之言，或因袭或化用。转引作注的条例中仅有《平准书略》篇末一处标明了引言出处，"古者尝竭天下之资财以奉其上，犹自以为不足也。无异故云，事势之流，相激使然，曷足怪焉。杨慎曰：'以富者不佐县官，故兴告缗以民巧法，故用酷吏，皆事势相激使然也。既曰无异又曰何足，怪焉？不平之意可见。'"②《楚世家》"灵王死于乾溪弃疾即位为平王"篇，"初，灵王会兵于申，杀蔡大夫观起。起子从亡在吴，乃劝吴王伐楚，矫公子弃疾命召公子比于晋，盟于邓。"穆文熙注曰："按《传》，观起楚共王杀之，子从事蔡大夫，朝吴，非亡在吴也，亦无劝吴伐楚事。"③《史记评

---

① 此部分参考安平秋《〈史记〉版本述要》及张玉春《〈史记〉版本研究》。

② ［明］穆文熙：《史记鸿裁》，殷陆陆整理，陕西师范大学出版社 2015 年版，第 88 页。

③ 同上，第 48 页。

林》相应位置上栏辑余有丁一则评论，与穆文熙注一字不差。

有的是引自《史记评林》上栏处的凌稚隆按语。《乐书略》中"君子听笙竽箫管之声则思畜聚之臣。畜聚之臣谓容民畜众者。"①"畜聚之臣谓容民畜众者"一句与《评林》相同位置眉批按语"按：陈灏云：'畜聚之臣谓容民畜众者。'"② 比对，仅删去了人名出处。同样，《韩长孺列传》中的"太后知帝不善，乃怒梁使者，弗见，案责王所为。案责，言令使者籍记王过也。"③ "案责言令使者籍记王过也"与《评林》眉批中的"按：言案责，言令使者籍记王过也。"④ 无差。

有的是《史记评林》的旁批。《秦本纪》的"缪公获晋惠公复归之"篇中"支曰：'饥穰更事耳，按：一饥一穰彼此代有。不可不与。'"⑤ "一饥一穰彼此代有"在《史记评林》中是旁批。⑥《律书》中"吴用孙武，申明军约，赏罚必信，卒伯诸侯，兼列邦土一作士。虽不及三代之诰誓，然身宠君尊，当世显扬，可不谓荣焉？"⑦《史记评林》此处旁批亦有"一作士"⑧。

还有的是杂糅三家注文与《史记评林》眉批中的按语。《礼书略》中的"故天子大路越席，所以养体也；侧载臭茝，所以养鼻也；臭，香也。载，置也。言天子之侧常置芳香于左右。按：臭、茝，荀作泽、芷。"⑨ 按语之前化用《索隐》的注解，按语之后是《史记评林》眉批中的凌稚隆按语。

此外穆文熙注释中还有对《史记评林》的校正。《赵世家》中"武

---

① ［明］穆文熙：《史记鸿裁》，殷陆陆整理，陕西师范大学出版社 2015 年版，第 76 页。

② ［明］凌稚隆：《史记评林》卷二四，明万历年间吴兴凌氏自刊本。

③ ［明］穆文熙：《史记鸿裁》，殷陆陆整理，陕西师范大学出版社 2015 年版，第 240 页。

④ ［明］凌稚隆：《史记评林》卷一〇八，明万历年间吴兴凌氏自刊本。

⑤ ［明］穆文熙：《史记鸿裁》，殷陆陆整理，西安：陕西师范大学出版社 2015 年版，第 8 页。

⑥ ［明］凌稚隆：《史记评林》卷五，明万历年间吴兴凌氏自刊本。

⑦ ［明］穆文熙：《史记鸿裁》，殷陆陆整理，陕西师范大学出版社 2015 年版，第 77 页。

⑧ ［明］凌稚隆：《史记评林》卷二五，明万历年间吴兴凌氏自刊本。

⑨ ［明］穆文熙：《史记鸿裁》，殷陆陆整理，陕西师范大学出版社 2015 年版，第 72 页。

灵王胡服骑射"篇的"子不反亲，臣不逆君，兄弟之通义也。兄弟，《国策》作先王，似是。"① 小注中的"兄弟，《国策》作先王"是《史记评林》相应位置上栏中凌稚隆按语。不仅是《史记》各种版本的异文，某些篇章与相近的其他典籍中的异文，凌稚隆也是一并保留，不做窜改。"似是"即是穆文熙对异文的一个判断。《宋微子世家》中"八年，齐桓公卒，宋欲为盟会。十二年春，宋襄公为鹿上之盟，鹿上，宋地。以求诸侯于楚，楚人许之。公子目夷谏曰：'小国争盟，祸也。'不听。秋，诸侯会宋公盟于盂。目夷曰：'祸其在此乎？君欲已甚，何以堪之！'于是楚执宋襄公以伐宋。冬，会于亳，以释宋公。子鱼曰：'祸犹未也。'十三年夏，宋伐郑。子鱼曰：'祸在此矣。'秋，楚伐宋以救郑。襄公将战，子鱼谏曰：'天之弃商久矣，不可。'冬，十一月，襄公与楚成王战于泓。楚人未济，目夷曰：'彼众我寡，及其未济击之。'公不听。已济未陈，又曰：'可击。'公曰：'待其已陈。'陈成，宋人击之。宋师大败，襄公伤股。国人皆怨公。公曰：'君子不困人于阨，不鼓不成列。'子鱼曰：'兵以胜为功，何常言与！一云'尚何言与'必如公言，即奴事之耳，又何战为？'"② 《史记评林》对应位置眉批有凌稚隆按语曰"按目夷知祸于盟会之时，子鱼知祸于伐郑之时，二子其先见哉？"③ 对此穆文熙称"目夷即子鱼，《评林》分二人，非是。"目夷即宋桓公庶长子，宋襄公异母兄，本名目夷，字子鱼。《史记评林》将目夷、子鱼认为二人确实有误。

从具体的版本形式看，穆文熙的批点本与晚明时期流行的杂剧戏文相似，分上下双栏，上栏即对所选文本的评论之言，有的多达百字，有的仅三五字。这些评语主要有两类，一是穆文熙的真知灼见，一是借用前人观点表明自己态度即先引述他人言论再就此阐述发挥。所集评语中穆文熙标注姓名某某曰者共一百七十条，除一条语出其同乡好友石星的评论没有找到文献依据外，其余一百六十九条评语均能在《史记评林》中找到源头，或为《史记评林》上栏的集评，或为凌稚隆按语、夹批。此一百六十九条与《史记评林》相校，有的稍有出入，如《田文列传》

① ［明］穆文熙：《史记鸿裁》，殷陆陆整理，陕西师范大学出版社 2015 年版，第 57 页。

② 同上，第 34 页。

③ ［明］凌稚隆：《史记评林》卷三八，明万历年间吴兴凌氏自刊本。

的 "孟尝君养士" 篇，"孟尝君曾待客夜食，有一人蔽火光。客怒，以饭不等，辍食辞去。孟尝君起，自持其饭比之。客惭，自刭。士以此多归孟尝君。【眉批】王维祯曰：'辍食客亦鄙哉，一饭以为去留，及于田文废毁何有哉？'"① 与《史记评林》所辑的王维祯之言有几字之差。有的是一字不差，如《项羽纪》"项籍学万人敌" 篇中 "项梁乃教籍兵法，籍大喜，略知其意，又不肯竟学。【眉批】何孟春曰：'项籍喜兵法略知其意而不肯竟学，是真能学兵法者，陶渊明好读书不求甚解，每有会意便欣然忘食，是真能解书者。'"② 与《史记评林》中的记载一模一样。

其他诸条评论虽冠以【穆文熙曰】，但有一部分仍能在《史记评林》中找到原语或者是几字之差的相似言论。如《张耳陈余列传》中，陈涉就是否为王咨询张、陈两人的意见，二人皆劝陈涉勿王，对此穆文熙评论称 "两人之见诚高，惜陈涉不能用。"③ 实际上此之前王维祯即做过相同评论集入《史记评林》，与穆文熙之观点仅一字之差。《陈平世家》"陈平归汉" 篇，"（陈平）渡河，船人见其美丈夫独行，疑其亡将，要中当有金玉宝器要与腰同，目之，欲杀平。平恐，乃解衣裸而佐刺船。船人知其无有，乃止。" 对陈平此计，穆文熙评曰 "观平裸体刺船，即此便是一奇计也。"④ 如不认真辨认，可能以为此是穆文熙自己的观点，再读《史记评林》会发现，相应位置有凌约言曰 "解衣裸身以释船人疑，此平未遇汉时一奇计也。"两者类似。

所列多条注文及评语均表明穆文熙的评点本中有《史记评林》的痕迹。《史记评林》作为集评之作，穆文熙也可能是读阅过所涉评点本的原典，但是从注文、评语有出自凌稚隆按语，有对《史记评林》的考辨这两点看，穆文熙评点时至少是参阅了《史记评林》。关键是，穆文熙文本有多处袭自《史记评林》的讹误，除表一所列外，《韩信列传》中的一条眉批："卢【罗】大经曰：'圮上老人、淮阴漂母，一翁一媪皆异人也。'"⑤ 凌稚隆《史记评林》相应位置的眉批亦作 "卢大经曰"。史料

---

① ［明］穆文熙：《史记鸿裁》，殷陆陆整理，陕西师范大学出版社 2015 年版，第 192 页。

② 同上，第 94 页。

③ 同上，第 146 页。

④ 同上，第 164 页。

⑤ 同上，第 172 页。

记载并无卢大经此人。此处应是罗大经，字景纶，号儒林，又号鹤林，南宋吉水（今江西吉水）人，宝庆二年（1226）进士。《史记评林》凡例记录有此人，《李斯列传》也集有他的史评。可见，此讹误属于《史记评林》自己的刊刻之误，但穆文熙的评点也作"卢大经"，明显是袭自《史记评林》。

通过以上的比对统计，笔者认为穆文熙批点《史记》时所用底本其实就是凌稚隆的《史记评林》，他借鉴前人成就对《史记评林》的本子删减整合，得出了自己的读《史》之谈。安平秋先生《〈史记〉版本述要》中将"评林本"列为《史记》版本的一种，凌氏评林本作为集大成者对后世《史记》评点影响非常大，从穆文熙可见一斑。但论析二者关系，并不意味着就此否定穆文熙批点本的价值，书中评语更多的是穆文熙读史有感而发的创造性言论，内容丰富，涉及广泛，既有对历史事件、历史人物的史学评论，也有对太史公遣词用句、篇章结构、文体等方面的文学评论，还对《史记》涉及的史实进行辨正。虽说是穆文熙在前人基础上承袭而来的一家之言，一些观点也是颇有见地，值得更进一步探究。书中分析文章的眼目关键，指示太史公的隐微之旨也对研读《史记》者有积极的引导作用，与明代的众多评点本一道为《史记》文学价值在明代的更深入发掘与传播提供助力，为推动《史记》文学经典化的树立添砖加瓦。

论《管锥编·史记会注考证》之修辞学阐释

本文作者许恺容。台湾大学中文所博士。

一、前　言

　　钱钟书（1910—1998）自言《管锥编》系历时多年来"识小积多""锥指管窥"的读书笔记。① 虽为札记体，既包含中、西方文艺理论于一炉，更以"阐释之循环"为其论证的方法学。

　　"阐释之循环"见于《管锥编·左传正义·隐公元年》，以清代朴学为底蕴，在借鉴威廉·狄尔泰（W. Dilthey，1833—1911）、帕雷松（Luigi Pareyson，1918—1991）的阐释学理论后，循字义、句意、篇意的解释进路，厘清文旨后，再来为字、句、篇的意义定调。在文旨的判读处，尤须结合"立言之宗尚、当时流行之文风，以及修词异宜之著述体裁"，方能得其指归。钱钟书据《左传》以及《公羊》《谷梁》的美刺"微言"，以为《春秋》之书法，实即文章之修辞。张高评进一步指出，《春秋》书法意即"属辞比事"之道，② 即连属文辞、比集事类以知意。此与钱氏以字辞训诂为基础，透过连模拟较、纵横联系、缜密分析与打

---

　　① 本文引录的《管锥编》版本为钱钟书：《管锥编》，书林出版有限公司 1990 年版，以下不再另作附注。

　　② 张高评：《〈春秋〉曲笔直书与〈左传〉属辞比事——以〈春秋〉书薨、不手弑而书弑为例》，《高雄师大国文学报》第 19 期，第 36 页。

通归纳来"解难""析义"的模式，实同工异曲。① 故知钱氏的阐释进路实以修辞为权舆。

《史记》书法渊源于《春秋》，意旨幽微，若非领略书法要义，实难窥得精思，甚至迷茫于纷繁的叙事行文。缘此，若依钱氏的阐释进路，宜助于司马迁（前145—前90）旨趣之廓清。故本文以《管锥编·史记会注考证》为核心，循字辞、叙事、体例脉络，依钱钟书之提挈，作为研读《史记》的南针。②

二、巧置微辞：以重言、疑词为例

高攀龙（1562—1626）于《春秋孔义》云："《春秋》属辞比事而义见。"③ 芑田氏（？—？）云："古人比事属辞，事奇则文亦奇。"④肖锋（1976—）："属辞"是文辞的连缀，辞、事、义是《春秋》文本的基本层面，意味着对文辞史事的剪裁、排比，在叙述历史时选择准确词语表达其价值判断。⑤ 肖氏所言，良然。在文辞修饰上，司马迁运用"微言""重言"抑或"疑词"，作为叙事之"文眼"，此等处既是精巧安置，也是历来评家疑惑、议论者。钱钟书便针对司马迁在《项羽本纪》累迭"无不"的原因，进行分析。

《项羽本纪》："诸将皆从壁上观，楚战士无不一以当十，楚兵呼声动天，诸侯军无不人人惴恐。于是已破秦军。项羽召见诸侯将，入辕门，无不膝行而前。"王若虚（1174—1243）《滹南遗老集》卷一五援引此例，苛诋《史记》文法最疏、虚字不妥，以为"字句冗复"。钱钟书

---

① 钱钟书的文艺批评的相关讨论，可参吕嘉健：《〈管锥编〉：中国文化史元素的阐释巨著》，收入冯芝祥编：《钱钟书研究集刊》，上海三联书店 2002 年版，第 105-106 页；陈子谦：《试论〈管锥编〉文艺批评中的"一与不一"哲学》，收入田蕙兰等编：《钱钟书杨绛研究数据集》，华中师范大学出版社 1997 年版，第 396 页。

② 本文聚焦在《管锥编·史记会注考证》的修辞学阐释部分，若为全面性研究者，可参高祯霙：《钱钟书〈管锥编〉对〈史记〉评述之析论》，收入《发皇华语，涵咏文学——第三届中国文学暨华语文教学国际学术研讨会论文集》，中国文化大学华冈出版部 2013 年版，第 315-338 页。

③ ［明］高攀龙：《春秋孔义》，台湾商务书局 1983 年版，第 179-67 页。

④ ［清］芑田氏：《史记菁华录·题辞》，联经出版社 2002 年版，第 1 页。

⑤ 肖锋：《属辞比事与〈春秋〉笔法》，《江海学刊》2013 年第 6 期。

首先参考刘祁（1202—1250）《归潜志》，针对王若虚其人加以批评，语云："王氏谭艺，识力甚锐而见界不广，当时友生已病其'好平淡'而不'尚奇峭'，以'经艺科举法绳文'"。复就王若虚的批评内容，进行辨析：

> 诚如王氏所讥。倘病其冗复而削去"无不"，则三迭减一，声势随杀；苟删"人人"而存"无不"，以保三迭，则它两句皆六字，此句仅余四字，失其平衡，如鼎折足而将覆餗，别须拆补之词，仍着涂附之迹。宁留小眚，以全大体。经籍不避"重言"，《尚书》之"不遑暇食"，《左传》之"尚犹有臭"，孔颖达《正义》已道之。《汉书·项籍传》作"诸侯军人人惴恐""膝行而前"；盖知删一"无不"，即坏却累迭之势，何若径删两"无不"，勿复示此形之为愈矣。

钱氏的反驳，就声势、句法着眼，辅以见载于《尚书》《左传》等古籍中，不避重言之例。复就《考证》引述的陈仁锡（1581—1636）话语，展开《史》《汉》比较的衍伸性探究。陈仁锡："迭用三无不字，有精神；《汉书》去其二，遂乏气魄。"《汉书》为求文法谨严，删去两"无不"字，只可惜，相较之下，反而弄巧成拙，欠缺气势。钱氏同意陈仁锡的看法，辅以《水浒传》之例，以为"殆得法于此而踵事增华欤"。并云："马迁行文，深得累迭之妙，如本篇末写项羽'自度不能脱'，一则曰：'此天之亡我，非战之罪也'，再则曰：'令诸君知天亡我，非战之罪也'，三则曰：'天之亡我，我何渡为！'心已死而意犹未平，认输而不服气，故言之不足，再三言之也。"凡此云云，俱见钱氏通过正例、反例、本证、旁证，交互相形、反复斟酌过后，再申以己见的审慎。

值得一提的是，前此固然得见钱钟书以《项羽本纪》证得司马迁不避重言的效用，惟钱氏亦云："《史记》确多'字语冗复'而难为辨解者。"并以为《汉书》删减《史记》原文，未肯尽非。可见就事论事、客观持平的态度。

关于"疑词"的部分，以《封禅书》为例，钱钟书引录洪迈语，载道：

> 予观《史》《汉》所记事，或曰'若'，或曰'云'，或曰

'焉'，或曰'盖'，其语舒缓有深意。姑以《封禅书》《郊祀志》考之，漫记于此。

钱氏并以为《封禅书》用"云"字为多，并谓："'云'之为言，信其事之有而疑其说之非尔。常谈所谓'语出有因，查无实据'也"。一则本于司马迁信以传信，疑以传疑之原则，体现实录精神的面貌；一则从疑词的安排、位置，联系《封禅书》全篇，目的在表达对武帝行封禅"其效可睹"，[①] 怀疑不定的况味。

其余疑词的运用，如《淮阴侯列传》萧何曰："王必欲长王汉中，无所事信；必欲争天下，非信无所与计事者。"按"必"乃疑词"如果"之"果"，非决词"必果"之"果"。《廉颇蔺相如列传》："王必无人，臣愿奉璧往使"、《郦生陆贾列传》："必聚徒合义兵诛无道秦，不宜倨见长者"；"必"均训"如""若""倘""脱"。则见疑词于特定情境，作为叙事语气的判读用。至于故布疑阵的巧置疑词，如前后七子之筹，"胥作存疑腔吻，以为风神摇曳，令人笑来"，甚而"视古修词，宁失之理"，"不惜以词害意"者，则为钱钟书所批评处。

三、叙事传神：记言、代言、拟言

《史记》叙事如画，摹写逼真、传神之处，为后世评家所褒美。在记言的部分，尤为其刻画人物的点睛之笔。如《淮阴侯列传》，钱氏载道：

> "信度：'何等以数言上，上不我用。'即亡。"按《田儋列传》："高帝闻之，乃大惊。'以田横之客皆贤，吾闻其余向五百人在海中。'使使召之。"一忖度，一惊思，径以"吾""我"字述意中事。《萧相国世家》："乃益封何二千户，以帝常繇咸阳，'何送我独赢，奉钱二也'"；亦如闻其心口自语。

此为通过人物独白，刻写心迹之例。钱氏以下，复举《三国志・魏书・武帝纪》裴松之（372—451）注引《魏略》、嵇康（223—262）《家

---

① ［汉］司马迁：《史记》二十五史点校本，中华书局 1982 年版，卷 28，第 1404 页。

诚》；叙事诗歌如《木兰诗》；小说如《水浒传》《红楼梦》《西游记》等，藉由不同文体为例证，阐发"代述角色之隐衷""传角色之心声"于后世的广泛运用。若追溯此项笔法的源头，则莫过于司马迁的发凡起例："似江海之于潢污，然草创之功，不可不录焉。"藉由人物语言的纪录，更助于体察人情世故。《郦生陆贾列传》引周振甫（1911—2000）的评论道：

> 陆贾有五子，"十日而更"，则每子一岁当番七次，而贾乃曰："不过再三过"；贾之"过"，必"安车驷马"，携侍者十人，命子"给人马酒食极欲"，一子每岁如是供养贾者七十日，而贾乃曰："无久圂"。在上者不自觉其责望之奢，而言之轻易，一若体恤下情、所求无多，陆贾之"约"，足以示例。史迁直书其语，亦有助于洞明人情世故。

此中藉由人物话语，务在阐明"数见""久溷"，势必造成礼衰敬杀的后果。父子之间尚且不能避免，何况是君臣之间呢！透过言语载录，晓以大义，表达婉转规箴之效。言语非惟直书意旨的正面表达，亦有运用反语，似褒实贬者，如《李斯列传》《滑稽列传》及于《陈情书》之例：

> "李斯乃从狱中上书：'臣为丞相，治民三十余年矣。……卒兼六国，虏其王，立秦为天子，罪一矣'"云云；《考证》："凌稚隆曰：'案李斯所谓七罪，乃侈其极忠，反言以讥二世耳'。"《滑稽列传》褚先生补舍人为汉武帝大乳母缓颊，"疾言骂之曰：'咄！老女子！何不疾行！陛下已壮矣，宁尚须汝乳而活耶？尚何还顾？'"亦"反言以激"也。《全唐文》卷四三二载仆固怀恩《陈情书》："臣实不欺天地，不负神明，夙夜三思，臣罪有六"云云，全师李斯此书，假认罪以表功，所谓"反言"也。

除了上举诸例以外，《史记》亦有引用俗语、惯用语者，有助于读者得知当时的风俗用语，进能遥体人情，抑且为司马迁代言手法的运用。凡此可见，司马迁藉言叙事手法之多元及其影响幅员之广袤。《史记》于藉言叙事书法之高明，实有启自《左传》。钱氏于《左传正义·杜预序》提到："吾国史籍工于记言者，莫先乎《左传》"，又言：

> 史家追叙真人实事，每须遥体人情，悬想事势，设身局中，潜

心腔内，忖之度之，以揣以摩，庶几入情合理。盖与小说、院本之臆造人物、虚构境地，不尽同而可相通；记言特其一端。……《左传》记言而实乃拟言、代言，谓是后世小说、院本中对话、宾白之椎轮草创，未遽过也。

此见，钱氏阐明《左传》在藉言叙事的发凡起例，以为记言实乃"拟言""代言"，破除史传与小说文体上的扞格，指出两者在书法上的通同处。《成公十六年》，载道：

"楚子登巢车以望晋军，子重使太宰伯州犁侍于王后。王曰：'骋而左右，何也？'曰：'召军吏也。''皆聚于中军矣。'曰：'合谋也。''张幕矣。'曰：'虔卜于先君也。''彻幕矣。'曰：'将发命也。''甚嚣且尘上矣。'曰：'将塞井夷灶而为行也。''皆乘矣。左右执兵而下矣。'曰：'听誓也。''战乎？'曰：'未可知也。''乘而左右皆下矣。'曰：'战祷也。'"按不直书甲之运为，而假乙眼中舌端出之，纯乎小说笔法矣。

藉由乙之眼、口侧写甲之行动，亦为藉言叙事之例。而从钱氏的评价"纯乎小说笔法矣"，可见藉言叙事系《左传》肇端、《史记》发皇之，在历史叙事层面，广泛的使用，就其情实往往为历史虚构、历史想象。由于历史长河不可能逆流，更难以追溯。史家记史时，对于史料阙漏处，抑或某些关键环节，往往适当的辅以历史想象为黏合剂，使历史有了连贯性，代言便是其中之一。盖史家秉持恕道，为所记载的人物作设身处地的联想，而代宣之言也。或藉口语使形象鲜明，或作为历史进程的黏着剂，或藉言以叙事、以叙为议者。如同"见象骨而想生象"，大抵因司马迁"善设身处地、代作喉舌而已"。无论是《项羽本纪》的"垓下歌"，抑或是《魏其武安列传》的"东朝廷辩"事，均可能为司马迁在不违背历史真实下，"笔补造化"而"代为传神"者。

四、体例结构：详略、破格、变例

司马迁为有意识的撰史，五体间架因着有所寓托，往往有破格、变例之处。以最具争议的《货殖列传》言，班彪（3—54）讥刺道："序货殖，则轻仁义而羞贫穷"（《后汉书·班彪传》）；班固（32—92）亦云此篇："崇势利而羞贱贫"(《汉书·司马迁传·赞》)。后世学者,多有回护司马迁的言论。钱钟书以为"大指不外《考证》所引诸家之意",遂在前人的基础上申说己见,载道:

> 马迁传《游侠》,已属破格,然尚以传人为主,此篇则全非"大事记""人物志",于新史学不啻手辟鸿蒙矣。

据载,无异于将司马迁放在历史洪流中,以其为新史学的拓荒者,着眼于超出众人、具有鉴往知来的历史眼光上。钱氏并于《扁鹊仓公列传》,标举其"断言'信巫'为'不治'之由,识卓空前"。在当时帝王好长生、信巫觋,举国充满着迷信风尚的时代背景下,尤能相信医药科学,反对巫术治病,以为司马迁的确具备不同凡响的宏观视野。在史识的统领下,对于卷帙纷繁的材料之中,司马迁每能作出适当的取舍;于源远流长的历史中,每能梳理重点,分判轻重。因之,于司马迁书写详略处,为观察其重点所在。以《伯夷列传》为例,钱钟书曰:

> 此篇记夷、齐行事甚少,感慨议论居其泰半,反论赞之宾,为传记之主。马迁牢愁孤愤,如喉鲠之快于一吐,有欲罢不能者;纪传之体,自彼作古,本无所谓破例也。陶潜《饮酒》诗之二:"积善云有报,夷叔在西山,善恶苟不应,何事立空言!"正此传命意。

由详(论赞)、略(行事),可见司马迁通过《伯夷列传》,宣泄自己的郁郁苦闷,特别是对于天人之际的探讨、对天道的质疑。故,后世学者如李长之,或有视此传,为第二篇《太史公自序》者。

司马迁记载详略,并非万无一失。汉高祖(前256—前195)以来狱事之烦、吏人之酷,由《汉书·贾邹枚路传》中,路温舒(?—?)的上书,可窥管豹。然而,司马迁于《绛侯周勃世家》叙周勃(?—前169)系狱事,仅曰"吏稍侵辱";记周亚夫(前199—前143)下吏事,仅曰"侵之益急";《韩长孺列传》仅曰"蒙狱吏田甲辱安国"。钱钟书以为:

> 古人编年、纪传之史,大多偏详本事,忽略衬境,匹似剧台之上,只见角色,尽缺布景。……小说家言摹叙人物情事,为之安排场面,衬托背景,于是挥毫洒墨,涉及者广,寻常琐屑,每供采风论世之资。

由此道出，历史叙事与小说记事之别。钱氏并进一步推敲载述的原因：

> 举世众所周知，可归省略；则同时著述亦必类其默尔而息，及乎星移物换，文献岁难征矣。

详人之所略，略人之所同，重人之所轻而忽人之所谨，于详、略、轻、重有所斟酌，方得以为良史。据钱氏的看法，司马迁以部分概全体的记载，可能是略去时人所熟知的部分。但是，星移斗换，时移至今，对于今人而言，那些汉人所熟烂的部分，自然变得模糊。只能依据考证的方式，试图还原历史真相，而落得"作者之心未必然，读者之心何必不然"的景况。

五、结论：史蕴诗心的修辞学阐释

本文以《管锥编·史记会注考证》为核心，依钱钟书特重于修辞的阐释模式展开析论。

司马迁为有意识的撰史，除了在体例结构上，通过详略、破格、变例，寄托旨趣外；对《春秋》的大义微言有所继承，因而透过"微言""重言""疑词"等字词的巧妙布置，形成叙事针线，用来寄托意义。如在《项羽本纪》里，透过三迭"无不"，将战士的义无反顾、战争的如火如荼做了强效的渲染，带出了巨鹿之战的场面。而这种种的背后，是项羽破釜沉舟的坚决，是以寡击众力克强秦的关键。而在垓下之围，重言项羽独白的"天亡我"，是认输而不服气的表征。从巨鹿之战到垓下之围，见证项羽这位霸主的崛起与没落，透过重言的安置，进行渲染与增强。《封禅书》里，经由疑词的安排及所调动的语境，既是信信疑疑的实录笔法，亦是对帝王一味施行封禅，劳民伤财的不置可否。

叙事传人，尤为传神，藉言叙事的广泛使用便为要因。钱氏以征实的立场核考情实，以为"记言"这项笔法不仅其来有自，可追溯到《左传》，且有更大的成分是"拟言""代言"。而此种带有历史想象与历史虚构的文字，钱氏或直接道出"纯乎小说笔法"，或从接受的脉络，指出与小说笔法的通同性。助于从更多元的面向，领会《史记》叙事的独到与不凡之伟大处。从修辞（文），进入历史书写，史蕴诗（文）心，启示出一个从修辞角度诠释，打通文体疆界的可能。

美国华兹生的《史记》翻译与接受

本文作者魏泓。北京外国语大学博士，淮北师范大学副教授。

一、引　言

美国汉学家华兹生（Burton Watson）是世界知名译者，有学者在对其访谈中说："华兹生真的不需要介绍。他是中国古典历史、哲学和诗歌的杰出译者。他通过自己的著作和译本，把中国历史和古典文学介绍给英语世界，这方面他可能做得最多。任何修过有关亚洲研究或中国方面课程的人，可能都读过他的翻译"（Balcom，2005：7）。华译《史记》颇具特色，久富盛名。《史记》既是体大思精的历史著作，又是璀璨夺目的文学名著，"吸引了中国、日本与西方许多杰出学者的关注，从 1828 年开始，其许多篇章被翻译成欧洲语言"（Bodde，1995：138）。《史记》有着近 200 年的西传翻译史，华译在其中至关重要。本文集中探讨华兹生的《史记》翻译、接受与影响，以资参考与借鉴。

二、华兹生的《史记》翻译

华兹生 1958 年的专著《司马迁：中国伟大的历史学家》是西方第一部专门研究《史记》的专著，书后附上了《史记》部分内容的翻译（Watson，1958：183—198）。他 1961 年的《史记》译著由美国哥伦比亚大学出版社分上、下两卷出版，译出了《史记》文学性强的 65 篇。他第二个版本是哥伦比亚大学出版社 1969 年出版的《〈史记〉选篇》，译有《史记》19 篇内容。1993 年，华兹生修订 1961 年版 2 卷本的《史记·汉朝》译作而再次出版，同年又选译了《史记》秦朝部分 13 篇内容而出版《史记·秦朝》译本，都由香港中文大学出版社和哥伦比亚大学出版社联合出版。华兹生曾在几个《史记》译本的"前言"、相关论作与访谈中介绍过自己的翻译策略,明确谈到所侧重翻译的《史记》内容、目标读者与翻译方法等。

华兹生对《史记》价值,尤其文学价值认识深刻。他推崇《史记》的文学效果,介绍其形式与结构,认为其内容和文体对中国文学有着不可估量的影响,并把司马迁比作西方的希罗多德(Watson,1958:VII)。华兹生力求译出《史记》的文学叙事魅力,他本人多次申明这种翻译取向:"我从来没有认真考虑过翻译整个《史记》,我对《史记》文本的兴趣主要在于文学方面,我认为我已经翻译了非常有文学趣味与影响的大部分历史章节"(Watson,1995:204)。华兹生1961年的译作选译了《史记》65篇,6篇选自"本纪",5篇选自"年表",3篇选自"书",12篇选自"世家",39篇选自"列传";他的这些选择和安排表明他卓越的判断力;这些篇章是《史记》最充分最精彩的部分,也是展示司马迁作为著者最有才华的部分(Mote,1962:199—200)。华译目的是为了一般读者(general reader)。狄百瑞(William Theodore de Bary)在华译《史记》"前言"中说:"这个《史记》翻译是作为'哥伦比亚大学东方经典系列'而翻译,希望司马迁里程碑式的著作《史记》不仅作为历史而且作为文学阅读,不仅被中国专家阅读,而且被受过教育的广大读者阅读"(Watson,1961:Foreword)。华兹生定位明确,强调不是针对专家而译:"我意识到这些翻译可能会引发那些对《史记》历史内容而不是对整体文学作品感兴趣的专家的不满。可是,试图让所有的读者、专家与非专家都满意的话,结果肯定是都不满意"(同上:8)。后来,华兹生在回应知名汉学家顾传习(C. S. Goodrich)的批评中说:"我们在介绍中已经清楚地申明了我们的目的与目标。这是哥伦比亚大学东方研究委员会想要的翻译,也是我乐意去做的翻译,这种翻译是为了一般大众读者与非中国历史专业的学生"(Watson,1963:114)。华兹生在1969年版本的"前言"中继续强调其目标读者:"司马迁的《史记》是作为思想与文学上的主要亚洲经典作品代表而由东方研究委员会寻求传递给西方读者的,我们目的是提供基于学术研究而为了一般读者而作的翻译,但不是主要为了特别的专家"(Watson,1969:Foreword)。

华兹生在翻译中采用系列宜于可读性的方法来达到让一般读者接受的目的。华译《史记》(1961)打乱了本纪、世家、列传的体例与顺序,把所译篇章按照一般历史叙事文学的时间顺序与人物塑造情节推进的结构来重新编排，以汉朝缘起、发展为线索将《史记》内容串联起来，如第一章是陈涉世家、第二章是项羽、第三章是汉高祖，等。华译汉朝部分第一卷整体上由"汉朝立国初期"和"巩固统治阶段"两大组构成，所译的相关《史记》篇章都置于这两大组之内，从而组建出特定历史时间框架内具有持续性与统一性的叙事故事。而且，在每一章译文的开头，华兹生都把《太史公自序》中相关说明性材料作为引言予以翻译呈现，使得故事情节更加趋于完整。华兹生为了广大读者能阅读顺畅，少用注释与直译方法，因为："理想的翻译应是满足于各种读者，但满足专家所需的注释数量很可能失去只想获得整体意思的读者；对于经典文本的翻译，一些学者认为严格的直译是合适的，但对许多读者来说却是痛苦的"（Watson，1961：36）。他避免使用汉语的专业术语与称呼，尽可能少用中国的度量衡单位；他牺牲了严谨的忠实性，为了取得可读性（同上：6-7）。他尽量选择一个名字来指代一个人，并且一用到底；他试图改变原文的一些常用表达模式，如无所不在的"他说"或"他问道"；他在翻译中把一些隐喻与讽喻术语中的历史信息显化，尽可能避免脚注。

华兹生的翻译策略孕育于当时的社会文化语境之中。第二次世界大战后，西方开启了大规模的中国研究。"自从第二次世界大战以来，中国研究方面有了相当大的发展，因为不仅在欧洲，而且在美国，中国研究专业人员数量的大幅增长带来了前所未有的更高的专业化程度"（Dawson，1964：xiii）。美国对中国特别关注，"从朝鲜战争爆发直到70年代早期是中美之间处于敌对状态的时期"（Barnds，1977：199），美国积极号召研习中国文化，加强对中国的专业化研究。"二战"后世界汉学中心移至美国。余英石指出："20世纪下半叶，主要由于美国所投注的惊人的物力和人力，'汉学'发展的重心已明显地从欧洲转移到北美"（刘正，2002：3）。鲍格洛（Timoteus Pokora）曾特别提到："最近几年，《史记》在美国得到了特别的研究"（Pokora，1962：155）。华兹生于1956年获得哥伦比亚大学"卡廷研究基金"（Cutting Fellowship）资助后，便全心投入到《史记》的翻译与研究中去（Watson，1995：201）。20世纪50年代的美国政府推行以美国文化为主导的战略方案，对待外来文化比较专断而随意。50年代的美国读者对中国文化普遍不了解，甚至还存在着误解。在这种接受环境中，华兹生把所译篇章组织成西方读者所习惯的"头、身、尾"一以贯之的 novel 时间叙事结构，使译本成为浑然一体的有机整体，而不是一个有着片段式结构的"剪贴式"史料来源。华从选材、结构与语言表达上都注意归化，从而"符合美国人所期待的流畅、自然"（Baker，2004：310-312）。华兹生采取系列调适手法，尽力消除文化隔阂，顺应西方人的期待规范。华译关注文学吸引力，把注释降到最低、尽力翻译出更多的内容（Watson 1982：36）。华兹生个人喜爱文学、追求文学效果的"惯习"和当时的意识形态与主流诗学是契合的，个人选择与时代选择相一致，从而使译作达到让更广的读者接受的效果。

三、华兹生《史记》翻译的接受

华译《史记》读者群比较大，呈现出"广而深"的接受特点，在很大程度上拓宽与拓深了《史记》在西方的接受。

1. 大众读者接受

华译《史记》被广泛选用与引用，易于被大众读者接触。西方学界对中国文学、历史等方面研究的许多选集与著作都会参考与选用华译《史记》。这些选集与著作涉及面广，具有权威性，极大地拓宽了读者接受。由狄百瑞所主编的《中国传统渊源》选集被选入联合国教科文组织"中国作品代表系列"，在 1963 年时已是第四次印刷，其中《史记》部分由华兹生介绍与翻译。此选集在西方具有非凡的接受度与影响力，可谓是西方研究中国文化的必读书目。1965 年，美国学者白芝（Cyril Birch）所编著的《中国文学选集》选入了 4 篇华译篇章（Birch 1965：95-133），此书也被选入联合国教科文中国作品代表系列。2000 年，英国学者闵福德（John Minford）和刘绍铭（Joseph S. M. Lau）合编的《经典的中国文学：一部翻译选集》一书中只选用了华译《史记》（Minford & Lau，2000：331-351）。英国学者李约瑟（Joseph Needham）在其著作《中国的科学技术史（卷 4）》中列出华译《史记》文献（1971：826）。2017 年，英国学者 Michael Dillon 在其所编著的《中国百科全书》中推荐了华译《史记》为进一步阅读书目（2017：609）。

　　读者们阅读华译是既快乐又受益。华译让《史记》复活，"华兹生的《史记》翻译巨作不仅是研究司马迁，也是研究中国历史的里程碑，给大众提供了中国辉煌文化遗产的部分客观画面。二千年之后，司马迁丰碑性作品不再是座死的丰碑，而是知识与愉悦的鲜活源泉"（Pokora，1963：322）。华译让大众读者乐于阅读，"华译读起来流畅愉悦"（Mote，1962：200）。华译文学效果斐然，"华兹生通过自己的分析与雄辩的文风把《史记》的文学方面成功地介绍给了西方读者"（Nienhauser，1996：9），"更多的公众也许对《史记》的文学而不是历史方面更感兴趣"（Bodde，1995：138）。华译可谓文学杰作，"从文学视角来看，作为愉悦和悠闲阅读，华兹生生动的译本无法超越"（Hardy，1996：151）。虽然华译注释少，在重新编排中有损原著的统一性与艺术构思，但它更适应读者口味，可读性很强。美国汉学家张磊夫（Rafe de Crespigny）看来：华译以最少注释的文学方法让西方大众了解、欣赏中国古代文化做出了很大贡献（1996：597）。优美的华译易于吸引读者阅读，尤其是吸引渴望大致了解中国文学与文化的读者阅读。

2. 译者接受

　　华译《史记》诞生后，后来的英译者都会参考他的译本，并给予高度评价。杜为廉与司考特在其《史记》译本的"介绍"中最为感谢华兹生。在翻译与解读司马迁时，他们感激所有研究过司马迁的人，其中，首先要感激华兹生，感谢他关于《史记》的种种研究，特别感谢他1958年的著作《司马迁：中国伟大的历史学家》，认为这是司马迁与其《史记》的最全面画卷（Dolby & Scott，1974：35）。道森在其《史记》译作的"介绍"中高度称颂华译《史记》，他说：把司马迁《史记》带进英语读者视野而做出最大贡献的学者是华兹生，他于1961年出版了两大卷《史记》翻译……（Dawson，1994：xxiii）。倪豪士对华兹生亦是推崇备至：华兹生译本的影响巨大，他的专著《司马迁：中国伟大的历史学家》和1961年的《史记》译本在将近40年来一直是最重要的西语资源（Nienhauser，1996：6）。倪译团队翻译时参考了华兹生的所有译本。倪译《史记》第二卷开篇扉页上赫然写明："此卷是献给华兹生的，感谢他传递出《史记》的乐音"（Nienhauser，2002：vii）。倪豪士在其《隐含的读者与翻译》一文中称颂华兹生的翻译成就："华兹生是位翻译大师，是自从阿瑟·韦利以来把中国文学译给英语读者的最富有成果、最成功的译者"（Nienhauser，1995：19）。

3. 学者接受：肯定接受与否定批评

学者对华译《史记》的接受主要呈现出肯定与否定两方面态势，有的学者欢呼华译《史记》、认为华译对学术研究起到了重要作用，有的学者认为华译不够严谨、对学者的学术研究使用有限，也有的学者是既肯定又否定。

（1）肯定接受。鲍格洛曾概括总结道：大多数学者对华兹生具有缺陷的研究表示欢迎；华译《史记》有相当多的书评，其中大多数都是好评（Pokora，1963：295）。华译本出版后备受关注与好评，反响甚大，这既因为他译本的文学效果，也因其学术影响。美国汉学家侯格睿（Grant Hardy）评价道："华译力图再现《史记》的文学性质，……总体上华兹生取得了令人钦佩的成功，其译本既可靠又可读"（1996：145）。华译拥有相当高的学术价值，"这是中国最早的通史著作翻译成西方语言的最充分的译本……我们必须感谢华兹生教授完成了这样一部可靠的巨作"（Cole，1962：145）。

华译影响了广大的学生与学者的研究。侯格睿是美国《史记》研究的杰出人物，他在自己的知名专著《青铜与竹简的世界——司马迁对历史的征服》（1999）中特别鸣谢华兹生："读者会明显的感知到我对从未谋面过的华兹生是多么的感谢"（Hardy，1999：Acknowledgement）。侯格睿教授正是通过华兹生的翻译而开始喜欢《史记》、走上了《史记》研究之路。倪豪士教授深有感触："毫不夸张地说，许多后来的美国学生就是通过华兹生的翻译而开始接触《史记》文本的；当然我也不例外"（Nienhauser，1996：9）。斯坦福大学李乃萃（Vivian-Lee Nyitray）在其博士论文《美德的写照：司马迁〈史记〉中四位君子的生平》中强调：华兹生给予她许多启发性解释（1990：181）。华译本能引导着读者在快乐阅读中去学习《史记》、了解中国文化。华译在精确性与可读性上都很杰出；译本不仅应该推荐给一般读者，也应推荐给认真学习中国文明的初学者（Yang，1958：221）。

华译极大地推动了西方汉学界对《史记》的关注。华译诞生之前，美国的《史记》研究文章寥寥无几，之后却增长快速、成果频出。华译促进了美国全方位多角度的《史记》研究，不仅促进了对《史记》的史学、哲学角度的研究，更是开启与激发了《史记》的文学、叙事学角度的研究。美国汉学界真正从文学角度研究《史记》始于艾伦（Joseph R. Allen），他追随华兹生的论断，甚至比华兹生走得远（Klein，2010：10）。艾伦长达35页的论文《〈史记〉：叙事结构初探》（1981）探讨了《史记》的叙事机制及其对中国文学的影响。像华兹生和艾伦，杜润德（Stephen Durrant）趋向于把司马迁作为文学作者而研究，他的《史记》研究专著《雾镜——司马迁著作中的紧张与冲突》（1995）理解与欣赏司马迁的文学和历史的艺术（同上：12）。1999年，侯格睿出版专著《青铜与竹简的世界》，这是继华兹生之后最有雄心的对待司马迁的作品，他的研究视角明确：《史记》既是历史又是文学（同上：17）。

　　华译《史记》促进了西方对中国文化的研究与西方汉学的发展。西方很多关系到中国话题的选集或著作都会参考或引用华译。英国学者Witold Rodzinski在其专著《中国历史》中参考了华兹生的所有《史记》译本（1979：447）。美国学者摩顿（W. Scott Morton）在其专著《中国的历史与文化》中有对华兹生所译《报任安书》的一大段翻译引用（1980：67）。英国学者杜希德（Denis Twitchett）和鲁惟一（Michael Loewe）在其编著的《中国历史（卷一）：秦朝与汉朝》一书中列有华译《史记》文献（1986：916）。英国学者 J. R. Foster 和蔡涵墨（Charles Hartman）所翻译的法国汉学家谢和耐（Jacques Gernet）的著作《中国文明史》中参考了华译《史记》（1996：754）。美国学者赖大卫（David Curtis Wright）在其《中国历史》著作中有对华兹生所翻译的匈奴内容的一大段引用（2001：55），书后附有华译1993年译本文献（2001：228）。美国学者伍安祖（On-cho Ng）和王晴佳（Q. Edward Wang）合撰的著作《映照过去》介绍了司马迁与其《史记》（2005：55-66），主要参考了华译《史记》，书后列有华译《史记》文献（2005：292）。美国学者陆威仪（Mark Edward Lewis）在其专著《中华帝国——秦朝与汉朝》中引用了华译《史记》中《上林赋》的部分翻译内容（2007：153）。英国历史学家 John Man 在其著作《兵马俑：秦始皇和国家的诞生》中有对华兹生《史记》译文的引用（2008：23）。美国学者普契纳（Martin Puchner）在其主编的《诺顿世界文学作品选》中选入了华兹生的《史记》翻译（2012：1410—1415）。西方对华译《史记》的引用与参考可谓数不胜数。

（2）否定批评。华译本因侧重读者接受与文学效果、缺乏精确性与学术性而日益受到学者与专家的批评。华译未能传达出《史记》真正的学术意义与价值。阿巴克尔（Gary Arbuckle）评论道：华兹生英译《史记》保持了一贯的可接受性标准，但华译轻视学术性，注重可读性（Arbuckle，1996：263）。美国汉学家牟复礼（Frederick W. Mote）认为：华译《史记》被当作一部关于中国战争与和平的小说对待，为了读者而削减节略，以一种让读者最感兴趣、最易于阅读的方式而被翻译出来；《史记》未被作为学术项目被构想与翻译，它的学术性得不到公正的评价（Mote，1962：200）。华译不够严谨，使用有限。华译是个辉煌工程，引人注目，但令人失望的是，却不能作为《史记》学术译本而讨论（同上：199）。华兹生译本拥有可读性强的优点，但有时牺牲了原文的忠实性。德效骞（Homer H. Dubs）评价道：华兹生对原文进行意译，这通常能传达原文的意思，但并不能精确传递中文的意义；读者需要警惕，虽然华译正确表明了原文的主要意思，但并未能确切表达原文的语句内容（Dubs，1963：206）。有学者认为缺乏注释的华译不能让《史记》及其中文化得到真正的理解。顾传习认为：华兹生几乎完全避免翻译注释的方法并不可取，会导致严重的后果（Goodrich，1962：191）。华译基于对原著的同情式理解，并不能使一般读者对公元前100年中国文明有更透彻的理解，虚假的现代表达的每一次出现，所带来的是对原著更难以理解或是对原著真实表述更为陌生（同上：198）。

华译《史记》引人入胜，被作为文学译作而接受，但甚至有学者认为华译在文学效果的再现上亦有不足，因为它改变了原文的安排，歪曲了司马迁的原本构想，让读者意识不到《史记》原有结构的意义。华兹生把《史记》作为文学而不是作为历史来翻译，把《史记》作为统一的文学作品，但忽视了它在删减与重新编排中的统一性与作者的艺术构思；译者不应去除诸多意思而呈现出可读性的却具有误导性的翻译（Mote，1962：200）。华译导致了原著整体文学质量与文学风格的缺失，未能反映出《史记》真正的文学价值。"不管是作为文学还是历史作品阅读，华译都是不够的。它的意思不完整，风味弱化，人物形象模糊，人物行为经常不明确或神秘化，结尾让人怀疑"（同上：201）。顾传习在肯定华译的同时也深感遗憾：专业汉学家可能对华兹生的翻译感到失望；没有严谨地利用汉学知识，也没有对其做出贡献；翻译的风格和措辞方面似乎与原文并不相符；不多的注释还经常不能传达出真正的价值（Goodrich，1962：202）。

有些学者对华译的态度是既谴责批评而又赞赏有加：华译有时"牺牲忠实性以达到可读性"，专家学者可能对这种自由持保留意见，但不管怎样，他们一定会欣赏译者的毅力、勤奋与勇气；华译带给西方读者一个巨作，处理了翻译中数不清的问题（Goodrich，1962：190）。尽管批评不少，但华译的学术接受还是相当可观的，毕晓普总结道："华兹生尽量减少文本争议性问题，为寻求愉悦与信息的西方读者提供了一个流畅而口语化的英语译本。不管怎样，这个领域的学者无疑会从译本中受益匪浅"（Bishop，1962：336）。

四、结　语

为了去除接受屏幕、促进读者接受，华兹生对《史记》文本进行"操纵"与"改写"，用生动流畅的英语重构了一个叙事故事。华译虽不太严谨，注释较少，但内容整体上比较忠实、确切，是个匠心独运的艺术品。华译可谓是划时代的巨作。华兹生教授承担了翻译《史记》的艰巨任务，成功地产出了忠实而可读的英译本，虽然译者翻译有意在文字忠实性上做出了一些微小的牺牲（Cole，1962：144）。华译本让普通读者与专家学者都颇为受益，起着重要的普及性作用，引导着西方读者去进一步研究《史记》、学习中国文明。华译真正让中国《史记》走进了西方、走向了世界。不过，随着跨文化交流与全球化的快速发展，华译因不能适应西方学术研究的深入需要而日益受到批评，但华译会作为独树一帜的个性化经典译本而具有永恒存在的价值。华兹生本人曾说："多数翻译书评对我非学术的翻译方式，特别是缺乏注释，表示不满"（Watson，1995：203），不过，他深信自己译作的文学效果与艺术魅力，并坚信会一直拥有自我的知音读者，他说："我最关注的《史记》叙事诗似的内容被我翻译出来。熟悉《史记》原著强音的评论者认为我未能传达出原作的壮美和力度。但我希望，我译本的另一些读者不仅能欣赏到原著叙事的事实流动，而且能感知到其中我所致力于传递的乐音"（Watson，1995：205—206）。华译《史记》自然、优美、传神，堪称文学杰作，它会作为经典化的文学性译本而在《史记》翻译史上占有重要的地位。华译本兼具文学与历史价值，颇具特色与功能，它在特定时期发挥了重要作用，并会继续发挥作用。华译本在《史记》与中国文化西传中功绩卓著，其巨大的影响无需赘言。

司马迁经济思想与和谐社会的构建

本文作者马宝记。河南许昌学院文学与传媒学院教授。

《史记》的《货殖列传》和《平准书》体现了司马迁深刻的经济思想，在这两篇文章中，司马迁提出了具有鲜明时代特色和远见卓识的经济观点。这种经济观点既与大一统的汉代社会发展相一致，又在很多方面超出了时代的局限，是司马迁作为历史学家的重要体现。

从司马迁的经济思想看，和谐社会的建构是其重要的思想内容，在《货殖列传》和《平准书》中，司马迁完整地表达出了建构和谐社会的基本条件，认为一个和谐社会的建立，必须满足人正常的生理的、心理的需求，必须顺应自然世界的客观规律，必须做到物有所值、人有所用，最大限度地挖掘物的价值、发挥人的作用。

一、实现人的合理欲望，满足人的正常需求，是构建和谐社会的基础

司马迁认为，社会中的人都有其正常的自身需要，如吃穿享乐，这是人与生俱来的本来欲望，只有满足了这种需要，社会才能和谐发展。

他在《货殖列传》中说：

> 人各任其能，竭其力，以得所欲。故物贱之征贵，贵之征贱，各劝其业，乐其事，若水之趋下，日夜无休时，不召而自来，不求而民出之。岂非道之所符，而自然之验邪？

认为人能够"各任其能，竭其力，以得所欲"才是正常的社会状态，司马迁用了"任""竭"和"得"表示力量的发挥和欲望的实现，说明二者具有先后、因果关系，也就是说，只要一个人在社会活动中能够充分发挥自己的价值，就应该实现自己的生活理想，满足生活愿望，这是再自然不过的事情。所谓"道""自然"就是指人正常的需求。只要这种需求得到满足，社会就能够正常向前发展，这样，和谐社会的基础就有了。

但是，社会的发展状态是复杂的，很难按照人们美好的设想前进，必然会有各种各样的矛盾、斗争出现。这也是正常的社会现象，关键是，作为统治者如何处理这些矛盾、斗争。司马迁认为，要因势利导。他说："至若诗书所述虞夏以来，耳目欲极声色之好，口欲穷刍豢之味，身安逸乐，而心夸矜势能之荣使，俗之渐民久矣，虽户说以眇论，终不能化。故善者因之，其次利道之，其次教诲之，其次整齐之，最下者与之争。"

所谓"因之""利导之"等，就是要统治者看到并尊重人的合理愿望，满足人的正常需求，要因势利导，而不是拂违民意。只有这样，才能够"各劝其业，乐其事"，亦即积极地参与社会活动，为和谐社会的构建，贡献一己之力。

司马迁的这种认识，与 1900 年后，英国著名经济学家亚当·斯密提出的经济观点大体相同，亚当·斯密说："每个人对改善自身处境的自然努力——追求个人利益是政治经济学的基本心理动机。在每个人的内心深处都潜伏着这种人类生命和社会进步的主要源泉。"①

---

① ［英］亚当·斯密：《国民财富的性质和原因的研究》，郭大力、王亚南译，商务印书馆 1972 年版，第 314 页。

二、鼓励人们创造财富、拥有财富，
是构建和谐社会的关键

财富是社会文明的标志，也是社会发展的动力，人的本性是追求利益、追求享乐，只有顺应这种欲望，才能促进社会的和谐发展。

首先，司马迁把追求财富看作是天经地义，这种与生俱来的本性谁也改变不了，所谓"天下熙熙，皆为利来；天下攘攘，皆为利往。夫千乘之王，万家之侯，百室之君，尚犹患贫，而况匹夫编户之民乎！""富者，人之情性，所不学而俱欲者也。"为了达到富裕，人们会不避危险、不惜性命、不顾脸面，甚至不辨是非：

> 故壮士在军，攻城先登，陷阵却敌，斩将搴旗，前蒙矢石，不避汤火之难者，为重赏使也。其在闾巷少年，攻剽椎埋，劫人作奸，掘冢铸币，任侠并兼，借交报仇，篡逐幽隐，不避法禁，走死地如鹜者，其实皆为财用耳。今夫赵女郑姬，设形容，揳鸣琴，揄长袂，蹑利屣，目挑心招，出不远千里，不择老少者，奔富厚也。游闲公子，饰冠剑，连车骑，亦为富贵容也。

这一切，都是为了利益。在利益驱动下，各种行为都有了最为合理的解释。

其次，司马迁认为，创造财富，可以有各种手段，各行各业都可以让人达到富裕，关键的问题是要有智慧，要有毅力，要有恒心：

> 夫纤啬筋力，治生之正道也，而富者必用奇胜。田农，掘业，而秦扬以盖一州。掘冢，奸事也，而田叔以起。博戏，恶业也，而桓发用富。行贾，丈夫贱行也，而雍乐成以饶。贩脂，辱处也，而雍伯千金。卖浆，小业也，而张氏千万。洒削，薄技也，而郅氏鼎食。胃脯，简微耳，浊氏连骑。马医，浅方，张里击钟。此皆诚壹之所致。

在这里，司马迁谈到了用"奇胜"致富的各行各业，而且都有致富者，可谓活生生的例证。

再次，司马迁认为，财富的多少，决定着实力的大小和社会地位的高低。

大到一个国家，小到一个人，都与财富有着极为密切的关系。一个国家积累的财富多了，就会成为占有天下主动权的国家，甚至成为霸主；而一个人财富多了，就会拥有别人所无法企及的尊严与地位。司马迁说：

> 贫富之道，莫之夺予，而巧者有余，拙者不足。故太公望封于营丘，地潟卤，人民寡，于是太公劝其女功，极技巧，通鱼盐，则人物归之，繈至而辐凑。故齐冠带衣履天下，海岱之间敛袂而往朝焉。

面对贫瘠的土地、恶劣的自然环境，太公望不是望而却步，而是勇于面对，独辟蹊径，找到适合发展的条件，发挥优势，挖掘潜能，"劝女功，极技巧，通鱼盐"，最终达到财富的巨大积累，完成富裕社会的构建，"人物归之，繈至而辐凑"，甚至"冠带衣履天下，海岱之间敛袂而往朝"，成为天下的主宰。因此，作为统治者，应该鼓励人们利用各自的智慧和能力去积极创造财富、占有财富。司马贞在"海岱之间敛袂而往朝焉"句"索隐"说："言齐既富饶，能冠带天下，丰厚被于他邦，故海岱之间敛衽而朝齐，言趋利者也。"① 可谓一语中的。

国家如此，一个人也不例外，富商巨贾，可以拥有社会最高的生活标准，而一贫如洗者，只能蜷缩在社会的角落里生存。司马迁以大量生动的例子证明了这一说法：

> 乌氏倮畜牧，及众，斥卖，求奇缯物，间献遗戎王。戎王什倍其偿，与之畜，畜至用谷量马牛。秦始皇帝令倮比封君，以时与列臣朝请。而巴寡妇清，其先得丹穴，而擅其利数世，家亦不訾。清，寡妇也，能守其业，用财自卫，不见侵犯。秦皇帝以为贞妇而客之，为筑女怀清台。夫倮鄙人牧长，清穷乡寡妇，礼抗万乘，名显天下，岂非以富邪？

乌氏倮、巴寡妇清身处穷乡僻壤，地位低下，但是却赢得了极高的尊敬，"礼抗万乘，名显天下"，有了地位，有了名胜，原因无他，都是因为财富。

有了财富，就可以改变人与人之间的关系：

---

① ［汉］司马迁：《史记》卷一百二十九《货殖列传》，中华书局 1959 年版，第 3255 页。

"凡编户之民，富相什则卑下之，伯则畏惮之，千则役，万则仆，物之理也。"

"千金之家比一都之君，巨万者乃与王者同乐。岂所谓'素封'者邪？非也?"

财富的杠杆作用，放大到了极限。

司马迁的这种思想也是对传统认识的否定。司马迁之前，无论是儒家、道家，都毫无例外地否定对财富的追求。老子提出的"绝圣弃智"①"罪莫大于可欲"② 等思想，是要抛弃一切智慧，一切欲望，其中也包括财富。《礼记·乐记》所谓"君子乐得其道，小人乐得其欲"③，孔子的"君子喻于义，小人喻于利"④、孟子的"养心莫善于寡欲"⑤ 等，虽然出发点不同，但殊途同归，都是从人的内心欲望遏制人的本能，扼杀人对财富追求的本心。相比之下，司马迁对财富的认可、对追求财富者行为的肯定，都体现了他超出时代、引领时代的卓越的思想认识。

最后，司马迁认为，财富不是一成不变的，有能力的人创造财富，积累财富，而没有能力者则丧失财富。他说：

由是观之，富无经业，则货无常主，能者辐凑，不肖者瓦解。

什么叫创造财富？简单来说，就是把别人手中的财富转移到自己手中，同时，还要防止自己的财富被别人拿走。这就是司马迁得出的"财富无常"的道理。也就是说，财富并不是恒定的，一个人拥有的财富在不断变化，家訾巨富者要靠能力来维持，只有不间断地去创造财富，才能保持财富的不断增加；如果没有能力继续创造财富，你手中的财富迟早要成为别人的。同样，你一贫如洗，但只要有能力创造财富，别人手中的财富迟早会变成你的。

"财富无常"的重要标准，就是有无能力，很明显，司马迁在这里

① ［魏］王弼注，楼宇烈校释：《老子道德经校释》第十九章，中华书局 2008 年版，第 45 页。

② 朱谦之：《老子校释》第四十六章，中华书局 1984 年版，第 186 页。

③ ［汉］郑玄注，［唐］孔颖达疏：《礼记正义》，北京大学出版社 1999 年版，第 1111 页。

④ 杨树达：《论语疏证》，江西人民出版社 2007 年版，第 67 页。

⑤ ［汉］赵岐注，宋·孙奭疏：《孟子注疏》，北京大学出版社 1999 年版，第 403 页。

是要鼓励人们创造财富。一个社会，如果大家都兢兢业业创造财富，社会就会达到高度的富裕，之后，"仓廪实而知礼节，衣食足而知荣辱"，社会的文明程度就会大大提高，这就是司马迁所希望看到的和谐社会。

三、本末并重、四业并举，是构建和谐社会的前提

一个社会的发展繁荣，需要各行各业并行发展，所谓"农而食之，虞而出之，工而成之，商而通之。"农、虞、工、商，各有其利，都是这个社会的重要支撑，离开了任何一个行业，社会就会停滞不前，就会失去平衡，财富就会大大减少：

> 周书曰："农不出则乏其食，工不出则乏其事，商不出则三宝绝，虞不出则财匮少。"财匮少而山泽不辟矣。此四者，民所衣食之原也。原大则饶，原小则鲜。上则富国，下则富家。

司马迁的这种思想具有超前性，把本末、"四业"看得同等重要，认为每一行业都是"衣食之原"，这与传统的"重本抑末"思想大不相同。

在传统的农业社会，统治者大力发展农业，而对其他行业则严加限制。如汉初晁错对商人的认识："其男不耕耘，女不蚕织，衣必文采，食必粱肉；无农夫之苦，有仟佰之得。"① 把农民与商人完全对立了起来。

司马迁不仅肯定了"四业"同等重要，而且还指出了"四业"之间的相互关系，认为"四业"是相辅相成的。

"四业"都得到发展，"衣食之原"就会无限扩大，上强国家，下富百姓，社会的和谐进步，就有了最为扎实的基础。

四、尊重自然、顺应客观规律是构建和谐社会的重要手段

富裕是人之共欲，但如何致富，则有着千差万别的表现。不过有一点是必须遵守的，那就是自然规律、客观环境。人应该学会利用环境，

---

① ［汉］班固：《汉书》卷二十四《食货志》，中华书局1962年版，第1132页。

充分认识、了解自然规律，这样才不但不至于在自然面前束手无策，反而还会巧妙借鸡生蛋。

司马迁列举了蜀卓氏之先等人的例子，很好地说明了这一问题。在司马迁看来，尊重自然、顺应规律就是要视环境而定、视条件而定、视能力而定，做到了这些，就能变被动为主动，变弱势为强势，变贫穷为富裕。

首先，要因地制宜，运筹帷幄。蜀卓氏之先本来是赵国人，因冶铁致富，但是秦灭了赵国，卓氏被迁谪蜀地，家财丧失殆尽，夫妻只好推辇共赴远在千里之外的蜀地。与他们一同迁蜀的还有不少人，这些人争相利用仅有的一点财物贿赂官员，希望在一个较近的地方落脚，这些被安排到了葭萌关。但只有卓氏看出了问题，认为葭萌土地贫瘠，不宜生存。他了解到了一个虽然距离远但却土地肥沃、且利于经商的地方："吾闻汶山之下，沃野，下有蹲鸱，至死不饥。民工于市，易贾。"于是，他主动要求迁谪到远处去。到了临邛，他极为高兴，立刻就在含有铁矿的山地操起了原来的铸铁生意，最终达到了巨富，成了蜀、滇地区的首富，有家童数千人，田宅池苑优美，过着弋射游猎的优裕生活，胜似一国之君。

其次，要善于利用环境，创造条件。宛孔氏之先，本来是梁国人，也是以冶铁为业，秦国攻打魏国，将宛孔氏迁谪到南阳。到了南阳后，宛孔氏利用当地善于经商的环境条件，大规模经营冶铸业，又规划陂池田产，乘坐车马大量交结诸侯，获取了巨额的商业利益，因其不惜钱财，又博取了游闲公子乐善好施之名，名利双收。宛孔氏虽然付出了很多钱财，但盈利更多，远远超过了那些吝啬之辈，家里积累了数千金。巨额的财富效应，致使南阳地区的商人都转相效法他的经商手法。宛孔氏深通经商之道，善于利用身边的各种人际关系，不吝钱财，获得巨大成功，终成南阳的商人榜样。

再次，要坚守信念，持之以恒。鲁地人的风俗本来都很简朴、吝啬，而曹邴氏更为突出。曹邴氏同样以冶铁起家，聚集万万财富。之所以他们能取得如此成就，是因为他们家世世代代都遵守一个约定：仰取俯拾，都要有所获益。他们放贷、买卖生意遍布郡国。他们的巨大成功导致邹、鲁地区民风大变，人们纷纷放弃文学而追求发家致富。

最后，人弃我取，独辟蹊径。齐国的风俗是看不起奴仆这些地位低下的人，而刀间却相反，重视他们，重用他们。凶恶、狡黠的奴仆，人见人烦，但只有刀间收用他们，让他们去经营鱼盐贸易，获得利益。他们充分发挥了自己的才能，外出车马络绎不绝，频繁结交郡守相国，看着他们往来忙碌，刀间越来越信任他们。终于，他们不负厚望，为刀间赚取了数千万财产。所以人们常说"宁爵勿刀"，意思是说，刀间能够让这些豪奴富裕，更能让他们为自己竭尽全力。刀间的成功在于独辟蹊径，看到了被别人放弃、讨厌的这类人的能力，并充分利用他们、发挥他们的优势为自己效力，可谓是慧眼独具。

与刀间类似的是，宣曲的任氏之先，担任督导仓守吏，秦朝败亡的时候，各路豪杰争先恐后去抢夺金玉财宝，而任氏却独自把粮仓中的米粟藏进粮窖中。楚汉相争于荥阳时，百姓无法耕种粮食，米价到了一石万钱。这时，任氏趁机卖出了他窖藏的粮食，原来豪杰所掠夺的金玉财宝都到了任氏的手中，任氏因此而发家致富。当那些富人竞相奢侈的时候，任氏虽然有钱，却放下富贵架子，过着简朴生活，还尽力耕田养畜。人们买田产、牲畜的时候，都争着去买那些便宜的，任氏却去买那些价格高、质量好的。任氏连续几代享受富贵荣华。任公制定了家约：不是自己家耕田养畜得来的东西，一律不得穿、吃，官府的事情没有做完，不得饮酒吃肉。任家因此而成为闾里表率，所以虽然富有，国君却非常敬重他们。任氏富贵持家的做法也很有特点，不随大众，不从俗流，家规严谨。

司马迁所列举出来的这些例子，都很好地阐释了财富之道，无论何时何地，都要适应环境，顺应自然，择善而从，这是颠扑不破的真理。

五、财富的增加与社会文明程度的提高有密切关系，社会的文明程度则是和谐社会构建的基本要素

经济基础决定上层建筑，物质生活决定着人们的意识形态，一个社会如果没有供整个社会群体生活的最基本的物质条件，那么，社会的文明程度就不会提高。

司马迁借用管子的话"仓廪实而知礼节，衣食足而知荣辱"，来阐释自己对社会文明的理解，认为"礼生于有而废于无"，所谓"礼"，就是指社会文明。只有社会财富得到极大提高，人们满足了基本的物质生

活需求，没有了衣食之忧，才能有效提高社会文明程度；否则，当人们还在为温饱奔波忙碌之时，就不会真正提高文明素养。

司马迁还用"居之一岁，种之以谷；十岁，树之以木；百岁，来之以德"来表示德行的重要，而德行也正是社会文明的标志。

总之，"盖财货者，天地精华，生民之命脉，困迫豪杰，颠倒众生，胥是物也。"司马迁的经济思想充分体现了经济在社会发展中的作用，认为只有尊重客观规律，发挥经济的应有作用，才能充分提高社会的文明程度，构建和谐的社会环境。

但司马迁的经济思想中也存在着较为严重的时代局限。

首先表现在对经济现象的极端认识。司马迁把经济视为社会发展的动力，但过于看重经济的作用，忽视了社会发展所存在的综合因素。如果说巴寡妇清"礼抗万乘，名显天下"还有着对积极努力创造财富者的赞赏的话，那么，"渊深而鱼生之，山深而兽往之，人富而仁义附焉""富相什则卑下之，伯则畏惮之，千则役，万则仆，物之理也"的判断，显然是将财富极端化的观点。

其次，对经济运行过程中的宏观经济和微观经济及其之间的关系认识不足。在封建时代，经济的命脉掌控在统治者手中，开明的统治者在大力发展国家经济的时候，个体经济可以如鱼得水，蓬勃发展；但是，封建统治者对经济有着绝对的控制权，正常情况下，他们往往是抑制个体经济的发展。因此，司马迁对社会经济作用的描述过于理想化。

再次，忽视了人在经济利益面前的主观能动作用。正因为司马迁极度夸大了经济的作用，所以，"唯利是图"似乎成了他分析社会现象的唯一坐标，把利益看成是社会发展的唯一动力。

从奇形异貌圣事角度再论《史记》的实录

本文作者张学成。江苏护理职业学院图书馆馆长。

　　《史记》是实录的典型代表，刘向、扬雄赞许为"实录"，班固在《汉书·司马迁传》赞中转述刘向、扬雄二人语，称"善序事理，辨而不华，质而不俚，其文直，其事核，不虚美，不隐恶，故谓之实录"。刘勰在《文心雕龙·史传》评价《史记》有"实录无隐之旨"的特点。"实录"和"善序事理"其实就是中国史官秉笔直书的优良传统的具体体现。司马迁著史的目的为"通古今之变"，无论是"本纪"的"序帝王"，"世家"的"记侯国"，还是"表"的"系时事"，"书"的"详制度"，"列传"的"志人物"，全都是叙事。"序"，叙述，即叙事。"善"有技法高超之意。《史记》的"成一家之言"，就是要在记叙历史的发展变化中阐明历史发展演变的内在规律，表明自己的思想和认识，这就是理。关于《史记》实录的问题，几乎成为历代学者的共识。

　　班彪班固父子、扬雄、刘勰、刘知几等学者对《史记》的撰著虽仍有微词，然而事实上《史记》一书无可争议地成为中国正史的楷模，这无疑是中国文化史的伟大创造，无论如何都不能抹杀司马迁的伟大贡献。

一、神怪记载的阐释

　　我们在研读《史记》时却惊奇地发现，在《史记》中却存在大量似与"实录"不相符合的矛盾性描写，笔者姑且将有关描写概括为奇形异貌圣事。司马迁尊崇孔子，将自己的编史叙事与孔子的编著《春秋》相类比，这本身就是对孔子的景仰和礼赞。"子不语怪力乱神"，孔子对怪神等的态度若何，这不是本文要论述的范畴，我们暂且不论；如果以孔子作为标榜，在《史记》中也不应该有怪力乱神的记录叙写，但事实上，在《史记》中似乎神神怪怪的人事并不少见。

我们先看《五帝本纪》中的黄帝：黄帝，"生而神灵，弱而能言，幼而徇齐，长而敦敏，成而聪明。轩辕之时，神农氏世衰。诸侯相侵伐，暴虐百姓，而神农氏弗能征。于是轩辕乃习用干戈，以征不享，诸侯咸来宾从。而蚩尤最为暴，莫能伐。炎帝欲侵陵诸侯，诸侯咸归轩辕。轩辕乃修德振兵，治五气，蓺五种，抚万民，度四方，教熊罴貔貅䝙虎，以与炎帝战于阪泉之野。"黄帝作为中华民族共同的祖先，他身而神灵，长而敦敏，教练熊罴貔貅䝙虎，征伐蚩尤炎帝，自然具有超凡的神力。

再来看几个始祖诞生的记载：

《殷本纪》中的契：殷契，母曰简狄，有娀氏之女，为帝喾次妃。三人行浴，见玄鸟堕其卵，简狄取吞之，因孕生契。

《周本纪》中的后稷：周后稷，名弃。其母有邰氏女，曰姜原。姜原为帝喾元妃。姜原出野，见巨人迹，心忻然说，欲践之，践之而身动如孕者。居期而生子，以为不祥，弃之隘巷，马牛过者皆辟不践；徙置之林中，适会山林多人，迁之；而弃渠中冰上，飞鸟以其翼覆荐之。姜原以为神，遂收养长之。初欲弃之，因名曰弃。

《秦本纪》中的秦之始祖大业：秦之先，帝颛顼之苗裔孙曰女脩。女脩织，玄鸟陨卵，女脩吞之，生子大业。

这些记载，如契、后稷、大业的出生，都与部落始祖的出生有关。《吕氏春秋·恃君览》："昔太古尝无君矣，其民聚生群处，知母不知父，无亲戚兄弟夫妻男女之别。"郭沫若认为原始的人只知有母而不知有父，这在欧洲是前世纪的后半期才发现了的，但在中国是已经老早就有人倡导了："黄帝以来的五帝和三王的祖先的诞生传说都是'感天而生，知有母而不知有父'，那正表明是一野合的杂交时代或者血族群婚的母系社会。"① 母系氏族社会时期圣王多感天而生，"感天"而生是假，难以确定父亲是真。母系氏族社会时期，男女之间并不实行一夫一妻制，唯

---

① 郭沫若：《郭沫若全集第一卷·中国古代社会研究》，人民出版社 1982 年版，第 20 页。

一能确认的是生母，难以确定生父。对此，孙作云有更详细的解说：
"周人知道他们的女老祖宗姜嫄无夫而生子，但到《二雅》时代，他们
已经是文明人了，再不敢正视这种野蛮事实，便把这种极原始的风俗说
成了灵异，说姜嫄履'帝'迹而生子。但我们知道，在原始社会里根本
就没有上帝信仰的——上帝是阶级社会的产物，是人间有了统一的帝王
以后，反映到天上，天上才有这样统一的上帝。因此，肯定地说，说姜
嫄履帝迹而生子，显然是后代的讹传或作诗的人的故意粉饰。"①

我们再来看汉文帝的出生：始姬少时，与管夫人、赵子儿相爱，约
曰："先贵无相忘。"已而管夫人、赵子儿先幸汉王。汉王坐河南宫成皋
台，此两美人相与笑薄姬初时约。汉王闻之，问其故，两人具以实告汉
王。汉王心惨然，怜薄姬，是日召而幸之。薄姬曰："昨暮夜妾梦苍龙
据吾腹。"高帝曰："此贵徵也，吾为女遂成之。"一幸生男，是为代王。
（见《外戚世家》）

还有汉武帝的出身：王太后，槐里人，母曰臧儿。臧儿者，故燕王
臧荼孙也。臧儿嫁为槐里王仲妻，生男曰信，与两女。而仲死，臧儿更
嫁长陵田氏，生男蚡、胜。臧儿长女嫁为金王孙妇，生一女矣，而臧儿
卜筮之，曰两女皆当贵。因欲奇两女，乃夺金氏。金氏怒，不肯予决，
乃内之太子宫。太子幸爱之，生三女一男。男方在身时，王美人梦日入
其怀。以告太子，太子曰："此贵徵也。"未生而孝文帝崩，孝景帝即
位，王夫人生男。（见《外戚世家》）

汉朝的文帝、武帝的出生记载与始祖神话的记载性质明显不同，这
是时代社会发展的必然结果。《史记》有关记载零星，并不多见，但
《高祖本纪》却是例外，有关刘邦的神奇怪异的记载非常集中。

二、关于刘邦的神怪记载

《高祖本纪》："父曰太公，母曰刘媪。其先刘媪尝息大泽之陂，梦
与神遇。是时雷电晦冥，太公往视，则见蛟龙于其上。已而有身，遂产
高祖。"

刘邦虽然有父有母，但"感天而生"的思维告诉我们，刘邦与上古

---

① 孙作云：《诗经与周代社会研究》，中华书局1966年版，第6页。

时期许多部落始祖的出生具有统一性，这其中的内在逻辑就是刘邦绝非常人。正因此，最后才能成为汉朝的开国君主。班固《白虎通义·圣人》云："圣人皆有表异。"然后举了帝喾骈齿、舜重瞳子、禹耳三漏、皋陶马喙、汤臂三肘、文王四乳等各种圣人异表的例子。《史记·孔子世家》载："孔子，鲁襄公二十二年而孔子生。生而首上圩顶，故因名曰丘云。字仲尼，姓孔氏。"孔子生下来头顶部就呈圩状。何谓"圩"？四周高中间低的地形。因孔子为圣人，所以一生下来就与众不同。《史记·项羽本纪》在"太史公曰"部分，司马迁感叹道："吾闻之周生曰：'舜目盖重瞳子'，又闻项羽亦重瞳子。羽岂其苗裔邪？何兴之暴也！"《集解》注："《尸子》曰：'舜两眸子，是谓重瞳。'"意为眼睛中有两个瞳仁，现代医学和光学理论告诉我们，真正的重瞳子现象是不可能存在的。眼睛构造的客观规律告诉我们，人眼绝不可能生有两个瞳孔。如果果真如此，那就一定是生了严重的眼病，患了这种眼病还能成为一代枭雄，那就真是天方夜谭了！① 不过，在中国历史上，重瞳子的记载屡见不鲜。《晋书》卷二十二吕光"及长，身长八尺四寸，目重瞳子，左肘有肉印"。《梁书》卷十三记载沈约"左目重瞳子，腰有紫志，聪明过人"，沈约更为神奇，一个重瞳，另一个正常。《隋书》卷六十四记载鱼俱罗"相表异人，目有重瞳，阴为帝之所忌"。直到《明史》中还有类似记载："明玉珍，随州人。身长八尺余，目重瞳子。"（卷一百二十三）这基本形成了共识，史书作者相信重瞳子的存在，这是固定的沿袭说法，其中真义，很多人包括正史作者都不一定了解，这已成为对神异之人的固定化叙事。司马迁所记非常审慎，自己说得非常明确，只是听别人说，并不是说他已经相信这种说法，从现代意义上对神话传说的细节进行分析，犯了以今律古的错误，显然并不合适。

这种现象规律也印证在刘邦身上。刘邦父母为布衣出身，并不神奇，也不高贵，但"圣人异表，圣人异貌"的思维告诉我们，身为开国之君的刘邦身上一定有许多不寻常之处。这里告诉了我们刘邦极为神奇的出生，神奇绝非偶然，而是多见，在一个人身上多见既久，也就成了平常。接下来，司马迁就反复摹写刘邦的"异貌"：

> 高祖为人，隆准而龙颜，美须髯，左股有七十二黑子。

---

① 刘保明：《"重瞳子"新解》，《武汉大学学报》1987 年第 4 期，第 93 页。

　　常从王媪、武负贳酒，醉卧，武负、王媪见其上常有龙，怪之。

　　刘邦长相与众不同，"隆准"，高鼻梁。"龙颜"，这是比喻说法，说刘邦长着像龙一样的长面容。因此后代往往谀称皇帝面貌为"龙颜"，皇帝高兴称"龙颜大悦"，不高兴称"龙颜大怒"，触犯了皇帝称为批逆龙鳞。"美须髯"，须为下颌之须，髯为两颊之须，大致相当于今天的络腮胡子。"左股"，左边大腿上长着七十二颗黑子。一个人如果具备了上述一点即可算特殊，而那么多神奇怪异之征集中到一人身上，岂非咄咄怪事？高祖"好酒及色"，"常从王媪、武负贳酒，醉卧，武负、王媪见其上常有龙，怪之"，刘邦"龙蛇"附体，非同常人，吓得武负、王媪"折券弃责"，折断券契，不再要账，常行此法，高祖既得酒喝，又少花钱，还神化了自己，可谓一举多得。

　　从上述记载可以看出，一般开国君主往往都非同寻常，此等例子在刘邦之前已多有之，而后世亦常多见。《后汉书·光武帝纪》上说，东汉光武帝刘秀"美须眉，大口，隆准，日角"，胡须眉毛是美的，长着大嘴，也是高鼻梁，"日角"，额骨中央部分隆起，形状如日。旧时相术家认为此为大贵之相。额头中间骨头隆起，暗示刘秀和真龙之间存在着血缘关系。而在隋文帝杨坚的传记中就有点离奇过分。《隋书·帝纪一》上说他出生时头上长角，"遍体鳞起"，手掌上有"王"字，上肢长，下肢短。以现代人的眼光看，杨坚绝对属于畸形儿，这种描写倒不像是神话，而是异化了，十足怪物，怎能称帝？

　　刘邦拥有迥异于常人的多样"异貌"，还有常人所没有的种种"异行"：

　　　　高祖为亭长时，常告归之田。吕后与两子居田中耨，有一老父过请饮，吕后因餔之。老父相吕后曰："夫人天下贵人。"令相两子，见孝惠，曰："夫人所以贵者，乃此男也。"相鲁元，亦皆贵。老父已去，高祖适从旁舍来，吕后具言客有过，相我子母皆大贵。高祖问，曰："未远。"乃追及，问老父。老父曰："乡者夫人、婴儿皆似君，君相贵不可言。"高祖乃谢曰："诚如父言，不敢忘德。"及高祖贵，遂不知老父处。

　　　　高祖以亭长为县送徒郦山，徒多道亡。自度比至皆亡之。到丰西泽中，止饮，夜乃解纵所送徒。曰："公等皆去，吾亦从此逝矣!"徒中壮士愿从者十余人。高祖被酒,夜径泽中,令一人行前。行前者还报曰:"前有大蛇当径,愿还。"高祖醉,曰:"壮士行,何畏!"乃前,拔剑击斩蛇。蛇遂分为两,径开。行数里,醉,因卧。后人来至蛇所,有一老妪夜哭。人问何哭,妪曰:"人杀吾子,故哭之。"人曰:"妪子何为见杀?"妪曰:"吾子,白帝子也,化为蛇,当道,今为赤帝子斩之,故哭。"人乃以妪为不诚,欲告之,妪因忽不见。后人至,高祖觉。后人告高祖,高祖乃心独喜,自负。诸从者日益畏之。

相面一事难以明说,但与高祖计谋有关应无大的问题。"及高祖贵,遂不知老父处。"我们可以从两方面来理解:一是汉高祖是言而无信、忘恩负义之人。如果相面老人存在,说明刘邦一贯言而无信,这与滴水之恩、涌泉相报的韩信形成鲜明对比,这是不折不扣的讽刺;二是该故事本就是杜撰而来,只有刘邦家人参与,别人不晓,相士本不存在,又如何能报恩呢?

当然司马迁在记载这些奇闻异事的同时,用曲笔隐语告诉了读者其中的奥秘之所在。如"左股有七十二黑子",除刘邦和吕后外,似乎没人可查证黑子的具体数目。高祖贵为天子,有龙颜异象,酒店多次"龙蛇"附身;此处又有斩蛇,可见刘邦与一般北方人的极为怕蛇大不一样,"龙蛇"是刘邦的"心爱"之物,非寻常之人才可行非寻常之事。"好酒及色"是原因,"常从王媪、武负贳酒,醉卧,武负、王媪见其上常有龙"是过程,最终的结果是"两家常折券弃责",所以醉翁之意不在酒,在乎骗吃骗喝也。斩蛇,一者可能与酒有关,因此有"酒壮怂人胆"之说;一者可能是刘邦与亲近之人合作搬演的一出戏。老妪之子被杀仅老妪一人之语,无人可证。所言赤帝子与白帝子都应是刘邦事先授意安排的产物。

异行,即神事,如果与以后的贵为天子联系起来,那就成了圣事。我们可以将《史记》中围绕着始祖帝王圣人的神神怪怪的记载概括为奇形异貌圣事的描写。虽然我们前面作了客观审慎的分析,但对一个具有严肃态度、严谨精神的文史大家来说,写了这么多神神怪怪的东西,总是难以理解,其实这都是司马迁的实录。在《五帝本纪》中司马迁说得非常清楚:"学者多称五帝,尚矣。……而百家言黄帝,其文不雅驯,缙绅先生难言之。……余并论次,择其言尤雅者,故著为本纪书首。"

无独有偶，在《苏秦列传》中也说："然世言苏秦多异，异时事有类之者皆附之苏秦。……吾故列其行事，次其时序，毋令独蒙恶声焉。"《刺客列传》："世言荆轲，其称太子丹之命，'天雨粟，马生角'也，太过。"《大宛列传》："《禹本纪》言'河出昆仑。昆仑其高二千五百余里，日月所相避隐为光明也。'……《禹本纪》《山海经》所有怪物，余不敢言之也。"由此可见，看似荒诞不经的描写，定是其来有自，比如来自于《诗经》《山海经》《左传》《战国策》等书的记载，而且《史记》中所记已经是经过雅化选择后的结果，这同样是实录。同理，关于刘邦的一系列神神怪怪的描写，也绝非史公一人之杜撰，是另一种意义的实录，作为本朝的开国皇帝，当朝皇帝的曾祖父，不论从司马迁的角度来说，还是从史学家的职业道德来说，都必须尊重事实，讲求客观实录，所有记载都讲究其来有自。虽然在其他文献中难以找到有关材料，这种实录，应该来自于楚汉争霸以来百姓一直口耳相传至子长生活年代的各种传说，这自然也是实录，这是与前一类有所区别的另一种意义的实录。如果就实录问题对司马迁进行批评，那就是苛责了，不但不能指责，反而我们应该佩服肯定司马迁，由于他的不同意义的实录，给我们留下了那么多有意思、更有意义的史实史料。

三、互见法观照下的真实态度

对于上述围绕着刘邦而发生的奇形异貌圣事的描写，司马迁的态度著作中并未明言，只是客观实录。如果只是如此，那必定低估了司马迁的智商。在《史记》中司马迁有一种塑造人物、灵活安排材料的方法，那就是互见法。

一般认为，"互见法"就是司马迁在《史记》中开创的组织安排材料以反映历史、表现人物的一种写作方法；即将一个人的事迹分散在不同地方，而以其本传为主，或将同一件事分散在不同地方，而以一个地方的叙述为主。苏洵认为互见法的根本特征是"本传晦之，而他传发之"。笔者一直认为，司马迁非常高明，他的高明表现在很多方面。性质相同的事情在不同处有记载，因为涉及人物不同，事件不一，所以记载程度就不一样，有的只有表没有里，有的有表有里。通过它们之间的联系，透过表象看本质，通过别的地方的本质也能搞清楚有的地方的表象，即一个地方的问题的答案能够用来解释另一个地方的问题①。这正是互见法的灵活运用。

围绕着刘邦记载的如此多的奇形异貌圣事，我们前面已经提及，这是另一种意义的实录，是对当时社会现实的实录。那么司马迁对这些神异之事的真实态度是什么呢？我们在揭开谜底之前，首先来看与之有着密切联系的故事。

《田单列传》先叙田单家世，再叙田单之不被人重视，后来在逃亡的危急关头，田单"令其宗人尽断其车轴末而傅铁笼"，这就见出田单的富有智谋和超前意识。而此小小改造之举保全了田氏宗族，同时也使得他在国难之时扬名于世而得以成为即墨将军，正是因为此次的牛刀小试，才有了后面奇谋的运用，在即墨之战中以火牛阵而出奇制胜，最终一举收复了七十余座城池，光复了国家，自己也被封为安平君。

因为前边的特出表现，田单被任命为齐国孤城即墨的将军。"燕昭王卒，惠王立，与乐毅有隙"，田单利用这个机会，使用反间计，使燕国免掉了乐毅。田单"纵反间于燕，宣言曰：'齐王已死，城之不拔者二耳。乐毅畏诛而不敢归，以伐齐为名，实欲连兵南面而王齐。齐人未附，故且缓攻即墨以待其事。齐人所惧，唯恐他将之来，即墨残矣。'"意为乐毅狼子野心，竟然想占齐地自立为王。燕王竟然就相信了，于是派骑劫代替乐毅。深得军心、善于指挥的乐毅一走，再加上燕军士兵长期离家，即墨久攻不下，这样就为齐创造了有利条件。

> "田单乃令城中人食必祭其先祖于庭，飞鸟悉翔舞城中下食。燕人怪之。田单因宣言曰：'神来下教我。'乃令城中人曰：'当有神人为我师。'有一卒曰：'臣可以为师乎？'因反走。田单乃起，引还，东乡坐，师事之。卒曰：'臣欺君，诚无能也。'田单曰：'子勿言也！'因师之。每出约束，必称神师。"

此处"神人为师"的记载耐人寻味，值得我们认真研究。关于田单之事，《战国策》亦有记载，《史记》详记逃亡、固齐、复齐，对田单复齐之后所记非常简略；而在《战国策》中恰恰与之相反，详记复齐之后，对复齐过程则至为简单，仅曰："燕攻齐，取七十余城，唯莒、即墨不下。齐田单以即墨破燕，杀骑劫。""燕攻齐，齐破。闵王奔莒，淖

---

① 张学成：《韩信谋反真相再探》，《中州学刊》2016 年第 8 期，第 123 页。

齿杀闵王。田单守即墨之城，破燕兵，复齐墟。"司马迁所据若何，暂时不清楚，但可以肯定的是，必非杜撰，一定有记载依据。我们着重分析"神人教我""神人为师"之事，此处记载得如此具体真切，所有读者都清楚，这就是典型的装神弄鬼。无独有偶，《陈涉世家》中亦有类似记载。陈胜、吴广决定起事前，找占卜之人预测吉凶，占卜之人知道他们的意图，说道："足下事皆成，有功。然足下卜之鬼乎！"这哪里是占卜，这不就是明明白白地装神弄鬼吗？负责占卜的还是凡人，没有足够的说服力和影响力，在"国之大事，在祀与戎"的时代，鬼神具有更大的影响力。于是陈胜、吴广用朱砂在一块白绸子上写了"陈胜王"三个字，塞进别人用网捕来的鱼的肚子里。戍卒买鱼回来煮食，发现了鱼肚中的帛书，在鬼神文化发达的时代，这样的事情自然而然就引起了大众的跪拜称服。陈胜的头上罩上了神圣的光环，这无形中让人感觉陈胜做王是上天的旨意。接下来，趁热打铁，陈胜又暗派吴广到驻地附近一草木丛生的古庙里，在夜里燃起篝火，模仿狐狸声音叫喊道："大楚兴，陈胜王。"戍卒们在深更半夜听到这种凄厉的鸣叫声，都非常恐惧；恐惧之余，一个神化的得到上天庇佑的超人形象就深入人心了。一系列工作做下来，以后的起事就顺理成章地易如反掌起来。

徐朔方认为："《史记》关于刘邦的种种无稽之谈都不是作者为了尽忠汉朝，为了巩固汉朝的封建统治而捏造出来的。项羽、韩信、张良以及其他人物的传记也混杂着性质相近的轶事。司马迁曾经亲自访问了刘邦、项羽的起义地区，当时在伟大历史事件过去之后不过七八十年光景。自觉不自觉地经过夸张、附会、以讹传讹的流传过程，最后形成这些封建迷信的传说。它们应是司马迁的调查所得，一些更加'不雅驯'的说法可能已经被他淘汰。"[1] 这种理解，我们认为部分成立，从互见法的使用我们可以知道，主要的原因并不在此，绝非自然形成，而是有意为之。

刘邦母亲刘媪与神结合而生刘邦，刘邦左边大腿有七十二颗黑子，刘邦酒店醉酒后龙蛇附身，还有刘邦斩蛇起义，刘邦所居之处有龙虎之气等神奇的描写，司马迁对这些明显荒诞不经的糊弄人的鬼把戏进行了"实录"。为什么叫"实录"呢？因为，司马迁必定也不相信这些唬人的

① 徐朔方：《史汉论稿》，江苏古籍出版社1984年版，第7页。

东西，但在司马迁所生活的时代，这应该是汉统一天下的过程中以及统一以后汉朝百姓口耳相传、妇孺皆知的事情，司马迁不得不"如实"记录。而在《淮阴侯列传》中韩信被杀，表面上看是犯了谋反罪，而实际上这也是另一种意义的"实录"，"当时爰书之辞，史公叙当时事但能仍而载之"①。"爰书"，即当时的司法文书，就是当时审案判案的文书。萧何、曹参、陈平、周勃、周亚夫、樊哙等人的传记都明确无误地证明了档案文书的存在，而韩信作为大汉朝第一冤案，"爰书"自然是档案文书的一部分，政府部门的档案文书记载得清清楚楚，不由得你不去这样记载，而对于这个功高盖世英雄的悲惨遭遇，司马迁是有自己的评判的。

刘邦神怪之事，田单神人教我之事，陈胜吴广鱼书狐叫之事本身都是神神怪怪的记载，性质上具有紧密的联系，完全可以归于互见法的范畴，但不同处的记载程度不同，我们通过别处的"里"，如田单故事、陈涉故事的本质，就能知晓刘邦神怪现象表象的现实本质之特性。刘邦神化自己的出生，关于刘邦身上种种神奇的描写，是为了神化自己，同样是为了达到田单、陈涉的目的——给自己披上一层神秘的面纱，为了麻醉蒙蔽广大的人民群众，一句话，就是为了达到"君权神授"的目的。

《左传》中说得好："国之大事，在祀与戎。""戎"指军队、战争，枪杆子里面出政权，这个道理大家都懂；"祀"指祭祀，通过宗教把大家的思想控制起来，就是狠抓意识形态。"天人感应"是汉代重要哲学课题，董仲舒大力提倡之。董仲舒认为："天者，万物之祖，万物非天不生"（《春秋繁露·顺命》）。"天之生万物也，以养人"（《春秋繁露·服制象》）。自然，刘邦为母亲感天神而生——"感生"，这样做的目的是神化了自己的出生，自己不是凡人，为上天所生，从而给他戴上了一个神圣而神秘的光环。

在科学并不发达的古代，编造这样的奇闻异事，让人非常容易相信。百姓相信的结果就是神化了自己。一般说来，开国皇帝神化自己的目的非常明确，因皇帝是上天之子，前代皇帝照样是上天之子，那么，这个权力是上天所赋予的，普通人无权轻易夺去，有资格决定改朝换代

---

① ［清］郭嵩焘：《史记札记》，商务印书馆1957年版，第315页。

的只有至高无上的上天。因此，赤帝子斩白帝子的故事，告诉我们刘邦的代秦建汉是上应天命，这叫君权神授。这就进一步告诉人们，由秦到汉的天命的交接是合法的，已经得到了上天的应允，老百姓自然就得乖乖顺从、臣服。

再如：

> 秦始皇帝常曰："东南有天子气。"于是因东游以厌之。高祖即自疑，亡匿，隐于芒、砀山泽岩石之间。吕后与人俱求，常得之。高祖怪问之。吕后曰："季所居上常有云气，故从往常得季。"高祖心喜。沛中子弟或闻之，多欲附者矣。

此处之"气"，指气数，主吉凶之气。古代方士称可通过观云气预知吉凶祸福。"天子气"即预示将有天子出现之气。秦始皇担心天子气对自己的统治有害，于是东游以镇住其气。

以上描写明显受到了古老文化传统中的"天人合一"观念，以及"感生异貌"思想的影响。无疑，这从科学的角度来看，这些记载确属无稽之谈。但是我们并不能因此说司马迁的《史记》不合"正史"之要求。这用"实录"史观解释不过去，只能说，这种传奇性的记载体现了司马迁"爱奇"的追求。如果我们理性分析一下，就会发现此种做法又不仅仅是"爱奇"而已。因为在司马迁生活的时代，上述离奇古怪的故事传说应该众口传诵、妇孺皆知。司马迁非常清楚，此类事件纯粹是子虚乌有，但司马迁又不得不记。因为刘邦的表面上离奇古怪的事情从根本上来说还是刘邦自己一人的"独创"，算不上严格意义上的好奇。所以从这个意义上来说，这又是客观的实录了。

从《左传》到《史》《汉》对流星的认知
——以《史记·天官书》和《汉书·天文志》为中心

本文作者李小成、李雪。李小成，西安文理学院文学院教授；李雪，安徽师范大学文学院 19 级研究生。

流星是一种特殊的天文现象，本是宇宙间的尘埃粒，坠落到地面，常常会形成陨石或者金属类的石头。关于这一现象历代记载较多，从西周到清的各种文献，有关流星的记录达数千条之多，战国时期甘德、石申的《甘石星经》，是全世界最早对流星进行记录的。流星在古代有很多说法，在天文学中流星有时也叫作彗星、妖星，又俗称贼星。人们对流星有一个大致的分类：即偶现流星、火流星和流星雨。偶现流星也被称为流星、飞星、飞流星、星陨、枉矢、奔星、妖星等；像"星出×宿，至×宿没"等也指流星。火流星在古代被称为大贼星、狱汉星、天鼓、天狗等。流星雨又叫作陨星雨，但古代文献中常记作"星陨如雨""众星交流""星流如雨"等，《竹书纪年》最早记录了流星雨。

古人普遍认为流星、彗星是灾星，是不祥之兆。按天人感应的思想，人们就将流星、彗星过后的旱灾、洪水、瘟疫、战争等灾难与之联系。星占家认为，彗星的陨落是帝王诸侯的薨没，流星出现是战争祸乱的象征。这其中也许有些机缘巧合，加之古代科学不发达，人们对无法解释的、未知的现象都会带有恐惧心理，在此背景下就逐渐发展演变为星占说。

星象运动变化和人类社会变迁到底有无联系？也是作为太史令的司马迁所考虑的问题，他撰《史记》的一个重要目的就是要"究天人之际"，前代的"人法天""天人合一""君命天授"等思想都反映在《天官书》中，为汉王朝大一统政权服务，显示了他的现实功利性；由董仲舒进一步发展的天人感应思想则由此而昌，促进了民间对天文星占的爱好。在司马迁看来，天上的星宿与人间社会、地域分野是感应的、相通的，对"天命"的预知可以通过对星象的观测，如可以预测王权更替、军国大事、战争灾祸等等。而司马迁对天人感应观的阐释，对其"天命"思想有了更加准确的、客观的把握。

一、以《左传》为代表的先秦文献所反映的时人对流星的认知

古代的中国是一个农耕社会，人们自然会常常密切关注外界的种种变化。顾炎武在《日知录》中曾言："三代以上，人人皆知天文。'七月流火'，农夫之辞也；'三星在天'，妇人之语也；'月离于毕'，戍卒之作也；'龙尾伏辰'，儿童之谣也。"① 足见在古代天文学之普及。而从战国时起就有了专门从事天象观测的官员，足见天文学之成熟。约产生于战国或两汉时期的《尔雅》记到流星的别名，《释天》部曰："奔星为彴约，星名。《疏》曰：奔星为彴约者，奔星即流星，包一名彴约，星名，题上事也。"② 从历代文献记载来看，天文现象中关于流星的记载很多。《竹书纪年》中就有最早的记录："夏帝癸，十年，五星错行，夜中星陨如雨。"③ 可知在帝癸（夏桀）十年曾发生过五星错乱、不循常轨的乱行，夜空陨星雨坠，下如落雨，奇异美丽。

1. 《左传》中所反映的时人对流星的认知

《左传》所记天文现象很多，于流星有明确记载的是鲁庄公七年所发生的流星雨："夏四月辛卯，夜，恒星不见。夜中，星陨如雨。"壮观如落雨般的"星陨"，是极为少见的天文现象。这次流星雨的大爆发，当时的史官将其详细地记录下来，《左传》之后，流星成为人们天文观测的重要内容之一，各代的天文志书对流星雨的记载逐渐增多，从性质来说，流星与禨祥祸福也息息相关。

《左传》中对流星的记录，与其书的编年顺序一致，也是依据年代顺序将流星出现现象予以记录。以下对《左传》中流星记载作以简单

① ［清］顾炎武：《日知录》，上海古籍出版社 2006 年版，第 1673 页。

② ［清］阮元校刻：《十三经注疏》，中华书局 1980 年版，第 2609 页。

③ ［清］朱右曾辑，王国维校补，黄永年校点：《古本竹书纪年辑校》，辽宁教育出版社 1997 年版，第 59 页。

归类：

异星	出现的时间	具体内容
陨星	庄公七年	经：夏四月辛卯，夜，恒星不见。夜中，星陨如雨。 传：夏，恒星不见，夜明也。星陨如雨，与雨偕也。
	僖公十六年	经：十有六年春王正月戊申朔，陨石于宋五。是月，六鹢退飞，过宋都。 传：十六年春，陨石于宋五，陨星也。六鹢退飞过宋都，风也。周内史叔兴聘于宋，宋襄公问焉，曰："是何祥也？吉凶焉在？"对曰："今兹鲁多大丧，明年齐有乱，君将得诸侯而不终。"退而告人曰："君失问。是阴阳之事，非吉凶所生也。吉凶由人，吾不敢逆君故也。"
客星、妖星	昭公十年	传：十年春，王正月，有星出于婺女。郑裨灶言于子产曰："七月戊子，晋君将死。今兹岁在颛顼之虚，姜氏、任氏实守其地。居其维首，而有妖星焉，告邑姜也。邑姜，晋之妣也。天以七纪。戊子，逢公以登，星斯于是乎出。吾是以讥之。"
星孛	文公十四年	经：七月，有星孛入于北斗。 传：有星孛入于北斗。周内史叔服曰："不出七年，宋、齐、晋之君皆将死乱。"
	昭公十七年	经：冬，有星孛于大辰。 传：冬，有星孛于大辰西，及汉。申须曰："彗所以除旧布新也。天事恒象，今除于火，火出必布焉，诸侯其有火灾乎？"……星孛天汉，汉，水祥也。卫，颛顼之虚也，故为帝丘，其星为大水，水，火之牡也。其以丙子若壬午作乎？水火所以合也。若火入而伏，必以壬午，不过其见之月。"郑裨灶言于子产曰："宋、卫、陈、郑将同日火，若我用瓘斝玉瓒，郑必不火。"子产弗与。
	昭公二十六年	传：齐有彗星，齐侯使禳之。晏子曰："无益也，只取诬焉。天道不谄，不贰其命，若之何禳之？且天之有彗也，以除秽也。君无秽德，又何禳焉？若德之秽，禳之何损？
	哀公十三年	经：冬，十有一月，有星孛于东方。
	哀公十四年	经：有星孛。

由上表格统计，可以清楚地看到，《左传》中经、传所记有关流星出现的时间与次数，分别在庄公、僖公、昭公、文公、昭公、哀公六个时期，每次出现的流星的现象，时人均有自己的看法。如庄公七年传：

> 夏，恒星不见，夜明也。星陨如雨，与雨偕也。秋，无麦、苗，不害嘉谷也。

> 杨伯峻注：夏，恒星不见，夜明也。此因流星雨而夜明。夜明则不见星宿，故曰"恒星不见"。星陨如雨，与雨偕也。论衡说日篇述传作"星霣如雨，与雨偕也"，杜预亦解"偕"为"俱"，读"如"为"而"。秋，无麦、苗，不害嘉谷也。周正知秋，夏正之夏也。是时麦已熟，因大雨而麦无收，故云无麦。至黍稷尚未成禾，故云无苗。苗漂没后，犹可更种，故云不害嘉谷也。①

再如僖公十六年传：

> 十六年春，陨石于宋五，陨星也。六鹢退飞过宋都，风也。周内史叔兴聘于宋，宋襄公问焉，曰："是何祥也？吉凶焉在？"对曰："今兹鲁多大丧，明年齐有乱，君将得诸侯而不终。"退而告人曰："君失问。是阴阳之事，非吉凶所生也。吉凶由人，吾不敢逆君故也。"②

先秦时期人们就认为，流星每一次出现都会带来不同程度的灾难。庄公七年，由于夜现流星，导致秋获不收，对于当时主要依靠农耕维持生计的人们来说无疑是一次重大的灾难。僖公十六年春，五颗陨石坠落于宋国，六只鹢鸟倒飞而过国都。人们惶恐不解，周内史叔兴到宋国聘问，宋襄公即问怪象之缘由，想得知其吉凶预兆。叔兴说：今年鲁国多大凶事，来年齐国将有内乱，国君你将得到诸侯的支持却不能取胜。从叔兴的回答中，可以看出当时人们已经把流星的出现、陨石坠落等视作灾难之兆，会给国家带来危难，引起时局动荡。

《左传》直接记载到流星的，除了上述两条材料外，还记载了与流星异名的许多妖星，其中记到孛星和彗星的次数共有六次。昭公十年，妖星现，晋君将死；文公十四年，星孛现，宋、齐、晋之国君七年之内

---

① 杨伯峻：《春秋左传注》，中华书局 1981 年版，第 171 页。
② 同上，第 369 页。

相继亡于动乱;昭公十七年,星孛出现的第二年,宋、卫、陈、郑则难生;之后四次出现的星孛与彗星,亦各有预言。从上记录来看,先秦时期出现的流星及流星雨、星孛、彗星等,均被人们视为难之将生的不祥之兆,人们通常会将其与灾祸联系起来,认为这几种天文现象一旦出现,就会给人们的生活及生存带来巨大威胁。

2. 先秦宋玉《九辩》中所反映的对流星的认知

相较于《左传》中人们对流星、星孛等天文异象的认识,即皆为象征灾难而言,宋玉之《九辩》则以一股新兴的思潮,将人们对流星出现的认识推向另外一种别具一格的认知方向,开启了人们对流星的新认知。宋玉《九辩》中"愿寄言夫流星兮,羌儵忽而难当",王逸《楚辞章句》曰:"欲托忠策于贤良也。"朱熹注云:"寄言,预附此言以谏诲其君也。流星既不可值,则卒为壅蔽而不可解矣。"[①] 为什么要托流星而不是别的什么星给楚王带一封信呢?因为这是要上谏君王过失的信,而且君王难见,故遣流星以予之。在宋玉看来流星并不完全是恶的,但它飞去的对象却并不是那么理想,所以,还是和流星的不祥有一定的联系。但在宋玉这里,流星大半还是美好的,故愿将美好的思想托付给它,让它带给楚王,完成自己的心愿。宋玉对流星已经不再仅仅局限于灾难代表的认知,他将流星的出现视作美好的愿景,是寄托与慰藉的象征。而且从宋玉的诗句可以看出,流星的速度非常快,且很难相遇。所以能够向流星许愿的机会也是实属难得的。

二、秦汉之际人们对流星的认知

由于农业生产、神权思想都与天文学有非常紧密的联系,因而天文学在历朝历代以来极受当权统治者重视。自古以来朝廷就设专人以观天象,秦汉之际所设专职除观测天文,亦要制历授时,为便于日后查考和研究之需,这些官员把他们的观测留存为天文历法档案。当时递相更替的历法,大致有颛顼历、太初历、四分历、乾象历、大明历等,就是在观测天文星象的基础上制定出的历法。同时期也有盖天、深天、宣夜、

---

① [宋] 朱熹:《楚辞集注》,上海古籍出版社 2015 年版,第 232 页。

安天、穹天、昕天等相关的宇宙理论并行。张衡、虞喜、祖冲之等天文学家的不断出现，共同谱写了古代中国天文学最灿烂的篇章。天文学在秦汉时期得到长足的发展，促进了人们对天文星象的深入认知，我国传统的天文学体系亦随之初步形成。

1. 《淮南子》中所反映的时人对流星的认知

《淮南子》是淮南王刘安与其门客共同编撰，刘安称之为《鸿烈》和《刘氏之书》。究其写作主旨，正如《淮南子·要略》所说："若刘氏之书，观天地之象，通古今之事，权事而立制，度形而施宜。"极有成一家之言的气派。而《淮南子·天文训》一篇则主要是记载了淮南王刘安及门下客科学技术成果的重要文献，不仅代表了汉代的最高科技成就，也成为《淮南子》自然天道观的重要组成部分。文中探究了宇宙本原、演变和形成的问题。对五星、二十八宿、八风、二十四节气等问题也进行了探讨研究，达到了很高的水平。文中对物候、气象、农事、政事及反常气候等也作了大量的记载。汉涿郡高诱注解为："文者象也。天先垂文象，日月五星及彗孛，皆谓以谴告一人。"[①] 也就是说，天象不断地变化，是用来警告和指示国君，必须要"仰天承顺"，"不乱其常"，顺应天道规律，否则上天必降祸殃。这就带有了极其浓厚的"天人感应"的成分。

《淮南子·天文训》中对天文异象的记载是比较少的，对异星的记载主要有以下两则：

> "物类相动，本标相应。故阳燧见日，则燃而为火；方诸见月，则津而为水。虚啸而谷风至，龙举而景云属，麒麟斗而日月食，鲸鱼死而彗星出，蚕珥丝而商弦绝，贲星坠而勃海决。人主之情上通于天，故诛暴则多飘风，在法令则多虫螟，杀不辜则国赤地，令不收则多淫雨。"

> "四时者，天之吏也；日月者，天之使也；星辰者，天之期也；虹蜺彗星者，天之忌也。"

何宁所释《淮南子·天文训》中可以清楚地看到描写的天文异象有彗星、贲星、虹蜺等，描写到奇异的星象的只有彗星和贲星，贲星在当

---

① 何宁：《淮南子集释》，中华书局 1998 年版，第 165 页。

时则又被称为流星。人们认为像流星这类奇异星象的出现就会带来警示、告诫或者灾难，如："虹蜺彗星者，天之忌也。""鲸鱼死而彗星出，蚕珥丝而商弦绝，贲星坠而勃海决。"同时当时人们认为天子的感情与上天是相通的，所以实行暴政就会有暴风，诛杀无罪之人就会给国家造成大旱等等。这就带有了"天人感应""天人合一"浓厚的唯心色彩。

2. 子书中所反映的对流星的认知

子书中对流星这样的天文星象记载的是相对较少的，《荀子·天论篇》于流星稍有所记。

> 星队、木鸣，国人皆恐。曰：是何也？曰：无何也，是天地之变，阴阳之化，物之罕至者也。怪之可也，而畏之非也。夫日月之有蚀，风雨之不时，怪星之党见，是无世而不常有之。上明而政平，则是虽并世起，无伤也；上暗而政险，则是虽无一至者，无益也。夫星之队、木之鸣，是天地之变，阴阳之化，物之罕至者也。怪之可也，而畏之非也。

流星陨落，人们感到非常恐惧，只有荀子冷静作答，他认为这不过是天地的变化，阴阳的作用，宇宙自然中较少出现的现象而已，认为它奇怪是可以，但畏惧就是多余了。在荀子看来，流星的出现是天地的作用，这对当时普遍认为流星预示着灾难的认知是一次有力的冲击。他秉持着唯物主义的自然观来看待星辰陨落，荀子认为"天行有常，不为尧存，不为桀亡。应之以治则吉，应之以乱则凶"，他认为天是无意志无目的的自然界，有自己的运行规律，不会以任何人的意志为转移，社会的动乱和国家的兴亡是由政治造成的，与天象没有任何关系。因此荀子提出了"制天命而用之"的口号，认为人们只要充分发挥自己的主观能动性，认识自然，掌握自然规律，就能改造自然界、利用自然界。《尉缭子》亦言："昔楚将军子正与齐战，未合，初夜彗星出，柄在齐，所在胜不可击，子正曰：彗何知，明与齐战，大破之。"[①]

---

① 华陆综：《尉缭子注译》，中华书局 1979 年版，第 1 页。

三、《史记·天官书》对先秦天文思想的继承与发展

天文学在中国起源甚早，由于农业的关系，人们开始重视对天文星象的观测记录，《史记·天官书》有载："昔之传天数者：高辛之前，重、黎；于唐、虞，羲、和；有夏，昆吾；殷商，巫咸；周室，史佚、苌弘；于宋，子韦；郑则裨灶；在齐，甘公；楚，唐眜；赵，尹皋；魏，石申。"这些人并非专职于天文，后史官分职于天文星占。《夏本纪》：夏禹，《正义》曰：《帝王纪》云："父鲧妻脩己，见流星贯昴，梦接意感，又吞神珠薏苡，胸坼而生禹。"司马迁的《史记·天官书》就充分反映了先秦天文学的成就。其中包含了星占学、史学、哲学等多方面的内容，完全可以看作是我国两千多年前的一部天文学综合全书。司马迁不仅客观地整理记录了先秦时期出现的天文现象以及当时人们对天文现象的认知，而且同时也加入了自己对先秦天文现象的看法与认知，给出了一针见血的评论。《史记·天官书》中司马迁建立了一个属于他自己独有且完整的星官体系，并且对恒星的颜色与亮度也都有相关的记载，确定了观测星体颜色以及多恒星的视亮度也有了一个粗略的描述，同时也对行星的运动状态作了详尽的讨论，他指出五星运动中都有逆行，从而加深了对行星视运动的正确认识。更重要的是司马迁在《天官书》中对太阳系中的其他天体以及不常见的天象的各种表现都有详细的记录，还对其名称与异名以及时人对其认知都一一列出。

1. 《史记·天官书》中对流星的记载

《史记·天官书》是在先秦文献基础上对天文现象进行的重新汇编整理，其中也明确地记到流星，《史记·乐书》云："汉家常以正月上辛祠太一甘泉，以昏时夜祠，到明而终。常有流星经于祠坛上。使童男童女七十人俱歌。春歌《青阳》，夏歌《朱明》，秋歌《西暤》，冬歌《玄冥》。世多有，故不论。"宋《太平御览》天部亦录其条，文字稍有出入，《史记》中对流星这种天文异象在不同地方有大量记载。下列表主要按照流星的种类、名称以及具体描述，作以简单归类：

种类	名称		具体内容
偶发流星（流星）	妖星	天棓	1. 其失次舍以下，进而东北，三月生天棓，长四丈，末兑，进而东南，三月生彗星，长二丈，类彗。
		天夭	1. 色白五芒，出蚤为月蚀，晚为天夭及彗星，将发其国。 2. 其蚤，为月蚀；晚，为彗星及天夭。其时宜效不效为失，追兵在外不战。
	烛星		1. 烛星，状如太白，其出也不行。见则灭。所烛者，城邑乱。
	奔星		1. 天狗，状如大奔星，有声，其下止地，类狗。所堕及，望之如火光炎炎冲天。其下圜如数顷田处，上兑者则有黄色，千里破军杀将。
	枉矢		1. 枉矢，类大流星，行而仓黑，望之如有毛羽然。 2. 项羽救钜鹿，枉矢西流，山东遂合从诸侯，西坑秦人，诛屠咸阳。
	陨星（坠星）		1. 星坠至地，则石也。河、济之间，时有坠星。
	孛星（星孛）		1. 越之亡，荧惑守斗；朝鲜之拔，星茀于河戍；兵征大宛，星茀招摇：此其荦荦大者。若至委曲小变，不可胜道。由是观之，未有不先形见而应随之者也。
	客星		1. 客星出天廷，有奇令。
	四填星		1. 四填星，所出四隅，去地可四丈。
火流星	大贼星		1. 大贼星，出正南南方之野。星去地可六丈，大而赤，数动，有光。
	狱汉星		1. 狱汉星，出正北北方之野。星去地可六丈，大而赤，数动，察之中青。此四野星所出，出非其方，其下有兵，冲不利。
	天鼓		1. 天鼓，有音如雷非雷，音在地而下及地。其所往者，兵发其下。

续表

种类	名称	具体内容
火流星	天狗	1. 天狗，状如大奔星，有声，其下止地，类狗。所堕及，望之如火光炎炎冲天。其下圜如数顷田处，上兑者则有黄色，千里破军杀将。 2. 吴楚七国叛逆，彗星数丈，天狗过梁野；及兵起，遂伏尸流血其下。
流星雨	陨石雨	1. 太史公推古天变，未有可考于今者。盖略以春秋二百四十二年之间，日蚀三十六，彗星三见，宋襄公时星陨如雨。

由上可见，司马迁《天官书》所记流星出现次数为 17 次，比先秦时期明显增多，而且流星出现的种类也丰富了许多，除了流星与流星雨，还增加了火流星这种天文现象，并且列出了流星的许多异名称谓，由初载的妖星、陨星、奔星增加到枉矢、烛星、贼星、天狗等等。

2. 司马迁的天人感应观与对流星的认知

司马迁的《史记·天官书》不仅是一篇天文学的著作，同时也是一部星占学的著作。星占术在我国古代一直都是一种非常重要的社会政治活动，因此星占的社会观念在当时也深入人心。在我国古代天文学能够迅速地发展，一个极其重要的原因就是它是为占星术服务的，在西汉时期更是达到高峰，在当时"天人合一"与"天人感应"思想极为流行。司马迁亦曾言，他撰《史记》的目的就是要"究天人之际，通古今之变，成一家之言"。而"究天人之际"最直接有效的途径莫过于研究占星术了，并且中国历朝帝王亦对占星术深信不疑，他们认为王朝的兴衰、世代的更迭，上天都会通过天文现象予以预示，故而他们不得不通过求助天文学家、星占学家来了解上天的旨意。作为太史令的司马迁在《天官书》中，也以较大的篇幅介绍了汉代的占星学，为我们详尽地记录了当时的星占活动，但作为史学家的他对星占并不迷信，他叙述这些星占只是为了"警时君修德修政"。他批判地继承了历史上各星占家的记载，总结了汉代以前的星占学，在对星占学作客观记录、整理的同时，亦加入了个人清醒客观的评判。由此可知，司马迁《天官书》亦是以董仲舒师之"天人感应"为理论指导、对先秦到汉初的各类天文现象

继承的基础上、对未来国家大事进行占卜预测的星占之书。《天官书》
把流星的出现都对应以将带来灾祸的记载很多，下面列举几条，以明
梗概：

  "烛星，状如太白，其出也不行。见则灭。所烛者，城邑乱。"

  "天狗，状如大奔星，有声，其下止地，类狗。所堕及，望之
如火光炎炎冲天。其下圆如数顷田处，上兑者则有黄色，千里破军
杀将。"

  "项羽救钜鹿，枉矢西流，山东遂合从诸侯，西坑秦人，诛屠
咸阳。"

  以上几条对流星认知的记载具有代表性，说明在汉武帝时期，人们
认为流星的出现就会带来灾难，如烛星会给它所出现的城镇带来动乱；
天狗这种火流星坠落的范围广，而且同时预示着一场战争的爆发；枉
矢，也被视作为兵乱战争的象征。在《史记》中每一次流星的出现都是
与战争兵乱的灾难密不可分。可见时人多认为流星现，战争出，国家
乱，这就给人们的生活与生存带来了巨大的不安全感。

  司马迁对流星的认知，也可以视作是"天人感应"的另外一种表
现。通过星占术来预测流星这种天文现象的发生，又可以通过"天人感
应"来感知预测这种天文异象会给人们带来的巨大灾难。二者之间相互
影响，相互渗透，让我们可以更加深入地认识当时的社会动态。

四、《汉书》所反映的东汉前期人们对流星的认知

  《汉书·天文志》是班固其妹班昭和马续续作的，《天文志》承《史
记·天官书》的编撰方式，在司马迁所记天文星象的基础上，对先秦到
东汉前期天文学，在不断发展中作了进一步的完善。

  《汉书·天文志》与《史记·天官书》对天文现象的记录多有相同
之处，对比《天官书》和《天文志》，两书中都分经星、五纬（五星）、
二曜（日、月）、异星、望气、候岁、总论等七个部分，只是《天文志》
在《天官书》的基础上又进行了修补和调序，如调整五星顺序及二曜位
置。《天官书》的五星顺序是岁星、荧惑、填星、太白、辰星；《天文
志》则将太白和辰星调到填星之前。《天官书》说"月行中道"，以月为
主。《天文志》说"日有中道，月有九行"，以日为主，有了进一步的发

展。《天官书》记异星在二曜之后；《天文志》记异星则提到五星之后、二曜之前。《天文志》的序言和总论部分，都旨在强调天人感应论，"政失于此，则变见于彼"，则是本篇核心，这就给东汉时期的天文学披上了一层神秘的面纱，其相较《天官书》显得更严重些。

《汉书·天文志》中对流星的记录大多还是在《史记·天官书》中记录基础之上，对先秦及西汉时期的各种天文现象进行重新的汇编整理。《汉书·天文志》中对流星记录则更加全面与具体，为直观起见，对流星的种类和名称以及具体内容整理列表。

种类	名称		具体内容
偶发流星（流星）	飞流（飞星）		1. 彗孛飞流，日月薄食，晕适背穴，抱珥虹蜺，迅雷风袄。 2. 四年闰月庚午，飞星大如缶，出西南，入斗下。
	妖星	天棓	1.《甘氏》"不出三月乃生天棓，本类星，末锐，长四尺。" 2.《石氏》"枪、欃、棓、彗异状，其殃一也，必有破国乱君，伏死其辜，余殃不尽，为旱、凶、饥、暴疾"。
		天欃	1. 缩西南，《石氏》"见欃云，如牛。" 2. 缩西北，《石氏》"见枪云，如马"，《甘氏》"不出三月乃生天欃，本类星，末锐，长数丈"。 3.《石氏》"枪、欃、棓、彗异状，其殃一也，必有破国乱君，伏死其辜，余殃不尽，为旱、凶、饥、暴疾"。
		妖星（天袄）	1. 又曰"袄星，不出三年，其下有军，及失地，若国君丧"。 2. 一曰，出蚤为月食，晚为天袄及彗星，将发于亡道之国。
	四填星		1. 四填星，出四隅，去地可四丈。
	烛星		1. 烛星，状如太白，其出也不行，见则灭。所烛，城邑乱。

续表

种类	名称	具体内容
偶发流星 （流星）	流星	1. 天狗，状如大流星，有声，其下止地，类狗。 2. 枉矢，状类大流星，蛇行而苍黑，望如有毛目然。 3. 后流星下燕万载宫极，东去，法曰"国恐，有诛"。 4. 三月丙戌，流星出翼、轸东北，干太微，入紫宫。始出小，且入大，有光。入有顷，声如雷，三鸣止。占曰："流星入紫宫，天下大凶。"其四月癸未，宫军晏驾。 5. 孝成建始元年九月戊子，有流星出文昌，色白，光烛地，长可四丈，大一围，动摇如龙蛇形。 6. 元延元年四月丁酉，日铺时，天暒晏，殷殷如雷声，有流星头大如缶，长十余丈，皎然赤白色，从日下东南去。 7. 绥和元年正月辛未，有流星从东南入北斗，长数十丈，二刻所息。
	坠星	1. 星坠至地，则石也。
	枉矢	1. 枉矢，状类大流星，蛇行而苍黑，望如有毛目然。 2. 项羽救巨鹿，枉矢西流。枉矢所触，天下之所伐射，灭亡象也。
	星孛	1. 孝武建元三年三月，有星孛于注、张，历太微。干紫宫，至于天汉。《春秋》"星孛于北斗，齐、宋、晋之君皆将死乱。"今星孛历五宿，其后济东、胶西、江都王皆坐法削黜自杀，淮阳、衡山谋反而诛。 2. 三年四月，有星孛于天纪，至织女。 3. 元封中，星孛于河戍，占曰："南戍为越门，北戍为胡门。" 4. 太初中，星孛于招摇。
	彗星	1. 哀帝建平二年，彗出牵牛，日月五星所从起，历数之元，三正之始，彗而出之，改更之象也，其后王莽篡国。

续表

种类	名称	具体内容
偶发流星（流星）	客星	1.《星传》曰："客星守招摇，蛮夷有乱，民死君。" 2. 元光元年六月，客星见于房。占曰："为兵起。" 3. 元凤四年九月，客星在紫宫中斗枢极间。占曰："为兵。" 4. 其六月戊戌甲夜，客星又居左右角间，东南指，长可二尺，色白。 5. 其丙寅，又有客星见贯索东北，南行，至七月癸酉夜入天市，芒炎东南指，其色白。 6. 黄龙元年三月，客星居王梁东北可九尺，长丈余，西指，出阁道间，至紫宫。 7. 元帝初元元年四月，客星大如瓜，色青白，在南斗第二星东可四尺，占曰："为水饥。" 8. 二年五月，客星见昴分，居卷知东可五尺，青白色，炎长三寸。
火流星	贼星	1. 六贼星，出正南，南方之星。去地可六丈，大而赤，数动，有光。
	咸汉星	1. 咸汉星，出正北，北方之星。去地可六丈，大而赤，数动，察之中青。
	天鼓	1. 天鼓，有音如雷非雷，音在地而下及地。其所住者，兵发其下。
	天狗	1. 天狗，状如大流星，有声，其下止地，类狗。 2. 八月，天狗下梁野，是岁诛反者周殷长安市。 3. 占曰："太白散为天狗，为卒起。卒起见，祸无时，臣运柄。彗云为乱君。" 4. 天狗下，占为"破军杀将。狗，又守御类也，天狗所降，以戒守御。" 5. 献帝初平四年。有流星八九丈，西北行，有声如雷，望如火照地，是曰天狗。 6. 哀帝建平元年正月丁未日出时，有著天白气，广如一匹布，长十余丈，西南行，谨如雷，西南行一刻而止，名曰天狗。

种类	名称	具体内容
流星雨	陨星雨	1. 秋二百四十二年间，日食三十六，彗星三见，夜常星不见，夜中星陨如雨者各一。 2. 四面或大如盂，或如鸡了，耀耀如雨下，至昏止。郡国皆言星陨。《春秋》星陨如雨为王者失势诸侯起伯之异也。其后王莽遂颛国柄。王氏之兴萌于成帝时，是以有星陨之变，后莽遂篡国。

由上可见，《天文志》中对流星的记载比《天官书》的记载更为细致，释解亦更精确，而且对流星的记录次数明显多于西汉。但依旧是借鉴《天官书》对流星的分类，仍然按照偶现流星、火流星、流星雨分类，继承了天人相应的思想，从《天文志》所记流星现象，可以看出时人天文观念的新变：一是星占思想更为浓厚，二是星象记载更为精确。人们把火流星天狗的出现对应以臣安社稷，如：

二月甲申，晨有大星如月，有众星随而西行。乙酉，牂云如狗，赤色，长尾三枚，夹汉西行。大星如月，大臣之象，众星随之，众皆随从也。天文以东行为顺，西行为逆，此大臣欲行权以安社稷。占曰："太白散为天狗，为卒起。卒起见，祸无时，臣运柄。牂云为乱君。"到其四月，昌邑王贺行淫辟，立二十七日，大将军霍光白皇太后废贺。

把流星的出现对应以凶事：

三月丙戌，流星出翼、轸东北，干太微，入紫宫。始出小，且入大，有光。入有顷，声如雷，三鸣止。占曰："流星入紫宫，天下大凶。"其四月癸未，宫军晏驾。

孝成建始元年九月戊子，有流星出文昌，色白，光烛地，长可四丈，大一围，动摇如龙蛇形。有顷，长可五六丈，大四围所，诎折委曲，贯紫宫西，在斗西北子亥间，后诎如环，北方不合，留一刻所。占曰："文昌为上将贵相。"是时，帝舅王凤为大将军，其后宣帝舅子王商为丞相，皆贵重任政。凤妒商，谮而罢之。商自杀，亲属皆废黜。

把流星雨的出现对应以国事的变迁：

> 元延元年四月丁酉日餔时，天暒晏，殷殷如雷声，有流星头大如缶，长十余丈，皎然赤白色，从日下东南去。四面或大如盂，或如鸡子，耀耀如雨下，至昏止。郡国皆言星陨。《春秋》星陨如雨为王者失势、诸侯起伯之异也。其后王莽遂颛国柄。王氏之兴萌于成帝时，是以有星陨之变，后莽遂篡国。

从《汉书・天文志》所记流星可以看出作者表述方式：先是客观记载，继而联系到社会政治与王道兴替，可见司马迁的星占思想在东汉时期得到了继承和发展。在《天文志》中流星的每一次出现，都将会带来一场灾祸，或国家动乱、或起战乱、或君臣不睦、或王者失势等等，都会伴随以灾难，故而就形成流星是不祥之兆。《汉书音义》云："瑞星曰景星，亦曰德星。妖星曰孛星，彗星，长星亦曰搀抢，绝迹而去曰飞星，光迹相连曰流星，亦曰奔星，星光曰芒。"[1]

除了《汉书》之外，东汉其他典籍于流星亦有所载，《释名》曰："流星，星转行如流水也。"[2] 荀悦撰《前汉纪》前汉高祖皇帝纪卷第一："是时枉矢西流如火。流星蛇行。若有首尾。广长如一匹布着天。矢星坠至地即石也。枉矢所触。天下所共伐也。凡枉矢之行。以乱平乱。项羽伐秦之应。"[3] 当时的谶纬之书亦记到流星，《论语谶》云："仲尼曰：吾闻尧率舜等游首山，观河渚，有五老飞鸟流星，上入昴。"[4]《易纬是类谋》曰："七日，艮气不效，假驱之世，若檐柔之比，曾之以候在坤，长人出。星亡殒石，辞之主亡。艮为七，性安皆为荒子央逸，比为小人，若以为名号者也。候之亦于其冲。长人出者，象天下将有圣人起也。星阴类殒而与在天光，犹诸侯盗行天子之政，名类验之。主将亡者，皆星亡石殒，春秋之时，殒石于宋五，传殒星也。霸在王者之间，故其异不以五行之数也矣。"[5]《昭明文选》卷三十六，令，宣德皇后令

① ［唐］徐坚：《初学记・卷一天部星第四》，中华书局 1962 年版，第 11 页。

② ［汉］刘熙撰：《释名》，中华书局 2016 年版，第 8 页。

③ 见《四部丛刊》史部，上海涵芬楼用无锡孙氏小绿天藏明嘉靖本影印，商务印书馆 1936 年版。

④ ［唐］欧阳询撰，汪绍楹校：《艺文类聚・卷一天部上星》，上海古籍出版社 1965 年版，第 11 页。

⑤ 黄奭辑：《易纬》，上海古籍出版社 1993 年版，第 164 页。

一首："五老游河，飞星入昴。《论语比考谶》，仲尼曰：吾闻帝尧率舜
等，升首山，观河渚，乃有五老游渚。五老曰：河图将浮，龙衔玉苞，
刻版题命可卷，金泥玉检封书成，知我者重瞳。黄姚视五老，飞为流
星，上入昴。注曰：入昴宿则，复为星。"①《昭明文选》和《艺文类聚》
所引书名与内容稍有出入，关键所在者，一为流星，一为飞星，实则一
也。"《尚书考灵曜》曰："五星若编珠，璇玑中星，星调则风雨时。又
曰：流星，色青赤，名地雁，其所坠处，兵起青赤。又曰：天雁，军甲
之精华也。"②汉以后尚有其他人记到流星者，《开元占经》云："《河图》
曰：'诸流星，皆钩陈之精，天一之御也。流星大如缶若瓮，行绝迹，
名曰飞星。其迹著天，名曰流星。'孟康曰：'流星，光相连也，大如瓜
桃，名曰使星、飞星，主谋事。流星主兵事，使星主行事，以所出入宿
占之（自上而降曰流，自下而升曰飞）。'"③这里的流星似乎并无不祥之
意，就是一种自然现象，以前日本人认为昴星很美，对此有着特别的情
结，在小说《枕草子》等作品中对昴多有描写，日本人名亦多用昴字，
在影视作品中"昴"的角色出现频率很高，日本音乐教父谷村新司的经
典老歌就名为《昴》，亦见流星在现代人心目中一改不祥的晦气。还有
F4 演唱的歌曲《流星雨》"温柔的星空应该让你感动，我在你身后为你
布置一片天空"是那样的美丽。去年播出的根据日本漫画家神尾叶子创
作漫画《花样男子》改编的《流星花园》，是一部充满活力与美好的青
春言情偶像剧，秦汉之际人们对流星的认知，在当今年轻人心目变得浪
漫、奇幻，充满了无穷的魅力。

　　从先秦《左传》到以汉代为代表的《天官书》《天文志》，人们对
天文学的认识在不断发展，科学性、体系性都在不断地成熟与完善。
而不同时期，人们对流星的认知也会各不相同。《左传》中流星的出现
是灾祸的象征，《史记·天官书》则是对《左传》的继承与发展，但司
马迁对流星这种天文异象的认知，依旧是灾祸、兵乱、国家动荡与灾
难的象征。《天文志》承《史记·天官书》体例而来，其对流星的认知
亦未能脱离灾难之兆的窠臼。当然，在先秦与两汉期间宋玉就把流星

---

　　①　［梁］萧统编，［唐］李善注：《文选》，中华书局 1977 年版，第 505 页。

　　②　［唐］欧阳询撰，汪绍楹校：《艺文类聚·卷一天部上星》，上海古籍出版社 1965
年版，第 10 页。

　　③　［唐］瞿昙悉达撰：《开元占经》，九州出版社 2012 年版，第 711 页。

的出现视为一种美好心愿的寄托，荀子把流星的出现视为一种正常的
自然现象，认为流星是灾难预警的说法更是无稽之谈。但是从先秦到
两汉之间，人们普遍认为流星会伴随着灾祸，它作为一种天文异象，
是不祥之星。

《史记》人生感喟论

本文作者魏耕原。现为西安文理学院文学院特聘教授，原为陕西师范大学博导。

《史记》情感流露的方式，一是在叙事中寓有情感，一是比较直接地刻画情感动人的氛围。前者文字冷静不动声色，我们曾有讨论。后者文字热烈，情溢其中，更为感人，尤其值得注意。

一、人生感情的发抒

诗歌发抒心灵之波澜，史书记述事迹之原委曲折。言情是诗之天职，叙事为史书之本能。司马迁却把二者融贯起来，既叙事还要把自己的褒贬爱憎注入其间。然史家以冷静客观为上，故《左传》的不动声色向来为人首肯，《汉书》的矜持亦为人推重，一直到唐代《史记》方逐渐引人重视，至明清而受推崇，升降变化的原因，史书动人与否则是其一。职是之故，《史记》而有"史家之绝唱，无韵之《离骚》"（鲁迅语）美称之定评。

论者谓《史记》的"悲剧气氛无往不在"，"是爱的颂歌、恨的诅曲，是饱含作者满腔血泪的悲愤诗"[①]。依此，则《史记》是一部悲剧史。他本来就以"意有所郁结""以抒其愤"的观念，"思垂空文以自见"。这样的情感自然要灌注其中，其中充斥大悲、大痛与大泣！乃至于对人生的凡琐细事都充斥无尽的悲悯与同情，对后者往往被论者所忽视。

无论是帝王太后，名臣将相以及凡夫小民对人生都有种种不同的感触，司马迁对此予以极为深情的关注。《张释之传》里叙及传主随从汉

---

① 韩兆琦：《史记通论》，北京师范大学出版社 1990 年版，第 131、154 页。

文帝至霸陵时说：

> 是时慎夫人从，上指示慎夫人新丰道，曰："此走邯郸道也。"使慎夫人鼓瑟，上自倚瑟而歌，意惨凄悲怀。顾谓群臣曰："嗟乎！以北山石为椁，用苎絮斫陈，蒙（旧絮）漆其间，岂可动哉！"

慎夫人为文帝所宠幸，见《孝文纪》与《袁盎传》。《外戚世家》说是邯郸人，当是文帝为代王时入宫。文帝出行总要带上她。茅坤说："帝幸霸陵，突然涕顾邯郸道及思石椁二事，甚可怪。"[①] 代地是文帝的第二故乡，为代王于此十七年，而所宠之慎夫人又是邯郸人，故居高地指着新丰道，给慎夫人说由此通向邯郸，不免引起对代王时的回顾，也由此触发慎夫人平时思家之情绪，这是人生常有之情感，所谓"远望可以当归"者是也；他本是刘邦中子，以"眇眇之身"的偶然机遇而登大位，人生之变化，时光之流逝，不免想到身后之事，亦是人之常情。前事琐屑可以不记，因由彼及此，又引发出张释之一番其中有"可欲无可欲"的正论，关于皇陵的奢俭就不得不记。而记此之简略文字又写得深情绵缈，不能自已，其中蕴涵人生常情，就很感人。吴见思对前事说："慎夫人，邯郸人也。千秋万岁后当从葬于此，故回望故国黯然神伤，不觉悲来添膺也。"对后事则说："感慨目前流光难驻，指顾身后丘冢，关心又不觉其计之早也。无可奈何之思，一片深情宛然如见。"[②] 说得大致不差，姚苎田则言："因怀生离，旋念死别，遂计无穷，绵绵延延，相引而下。"[③] 比吴氏所言二者关系更为透晰。牛运震说："叙从行至霸陵一段，幽秀凄深，宛然画境。'上指示慎夫人新丰道'云云，此闲文也，写来更有别情异趣，他手即不暇及此。"又言此段："情文相生，凄然，黯然。太史公乃独擅千古。"[④] 则完全就情感而言。思乡与人生易短都是人生之感情，故能感动读者难以忘怀。

悲欢离合，易散难聚，并是最能撩动人生情怀之处，所以古之送行留别诗是最为流行之题材。《史记·外戚世家》也记述了一场分散而偶然相见的故事：窦太后本为赵地清河观津人，入宫侍吕太后。太后出宫

---

① 见凌稚隆：《史记评林》所引，天津古籍出版社1998年版，第6册第72页。
② 吴见思：《史记论文》，中华书局排印本，第7册第13页。
③ 姚苎田：《史记菁华录》，上海古籍出版社1988年版，第203页。
④ 牛运震：《史记评注》，三秦出版社2011年版，第255页。

人以赐诸王，窦姬请求置赵。主遣宦者忘之，"误置其籍代伍中"。窦姬泣怨，至代，代王独幸窦姬，生两男。代王王后在代王未入立为帝时卒。王后所生四男先后病死。文帝立数月，而窦姬长男最长，立为太子，立窦姬为皇后。窦皇后兄长君、弟广国字少君。少君四五岁时，家贫，被人抢去卖掉。"其家不知其处，传十余家"，至宜阳，为其主人入山烧炭。"暮卧岸下百余人，岸崩，尽压杀卧者，少君独得脱，不死。自卜数日当为侯"，于是：

> 从其家之长安。闻窦太后新立，家在观津，姓窦氏。广国去时虽小，识其县名，又常与其姊采桑堕，用为符信，上书自陈。窦皇后言之于文帝，召见，问之，具言其故，果是。又复问他何以验？对曰："姊去我西时，与我决（诀别）于传舍中，丐（求）沐沐我，请食饭我，乃去。"于是窦后持之而泣，泣涕交横下。侍御左右皆伏地泣，助皇后悲哀。乃厚赐田宅金钱，封公昆弟，家于长安。

姐弟俩经历都很曲折离奇，幼时分离，长时相见，所叙分手更为感人。其中细节"丐沐沐我，请食饭我"用了两次反复，旋折出至亲之情至真；以下叙认弟"持之而泣，泣涕交横下"，又是两细节，尤其是"泣"字之顶真，见出泣不成声之景况。本来到此即可结果，不料又出之"侍御左右皆伏地泣"，哭声竟成了一片，到了高潮，也该结束，不料又冒出"助皇后悲哀"的"画外音"——这种解释，一下滋生了一时的无尽悲哀！使这出悲喜剧的余音久久不绝。

古文家林纾说："史公之写物情挚矣，今试瞑目思窦姬在行时，迫将入代，而稚弟恋姊如母，依依旅灯明灭之中，囚首丧面。窦知此行定无相见之期，计一身与稚弟相聚一晷刻间，即当尽一晷刻手足之谊，不能不向从者丐沐而请食。下一'丐'字'请'字，可见杂沓之中，车马已驾，纷纷且行，……匆匆登车，亦不计弟之何属。此在情事中特一毫末耳，而施之文中，觉窦皇后之深情，窦广国身之落寞，寥寥数语，而惨状悲怀，已尽呈纸上。"① 又言："兄弟相见时，哀痛迫切，忽着'侍御左右皆伏地泣，助皇后悲哀'，悲哀宁能助耶？然舍却'助'字，又似无字可以替换。苟令窦皇后见之，思及'助'字之妙，亦且破涕为

---

① 林纾：《春觉斋论文》，人民文学出版社 1998 年版，第 43 页。

笑。"① 林氏体察入微，正是从情感着眼，发现其中动人之力量。简洁快速的叙写，质朴平实的用语，却蕴涵情感的力量，文字的弹性在他手里得到肆心恣意的发挥。

同是姐弟相见，此为生聚，还有死别，那就是《刺客列传》中的聂政与聂荣了。聂政刺杀韩相侠累，"因自皮面（割面）决眼（挖眼），自屠出肠，遂以死"。韩暴尸于市，悬赏购问，无人认识。其姊聂荣揣知必是其弟，"如韩，之市，而死者果政也"，于是：

> 伏尸哭极哀，曰："是轵深井里所谓聂政者也。"市行者诸众人皆曰："此人暴虐吾国相，王县购其名姓千金，夫人不闻与？何敢来识之也？"荣应之曰："闻之。然政所以蒙污辱自弃于市贩之间者，为老母幸无恙，妾未嫁也。亲既以天年下世，妾已嫁夫，严仲子乃察举吾弟困污之中而交之，泽厚矣，可奈何！士固为知己者死，今乃以妾尚在之故，重自刑以绝从（从坐，牵连治罪），妾其奈何畏殁身之诛，终灭贤弟之名！"大惊韩市人。乃大呼天者三，卒于邑（呜咽）悲哀而死政之旁。

此种壮烈与骨肉之情交织，更为感人。聂政刺杀得手后毁容自杀，一是不连累家人，二是为了保护严仲子。而聂荣不"畏殁之诛"欲扬"贤弟之名"，而呼天抢地大哭而死在弟之尸旁，这正是邻国人所说的"非独政能也，乃其姊亦烈女也"。借助与市人的对话，以及首尾的痛哭，悲剧气氛渲染极为浓厚。聂政为不牵连姊而死，姊为不掩弟名而死，死得极为壮烈。又借韩市人的衬托，把悲壮的气氛推动得一浪高过一浪，尤其是"大惊韩市人"，"又插入一句，妙甚。盖观者必有千万人，闻此语时一齐下泪。有此五字，前后神情俱动"②。特别是末后两句，简直感天动地，划破历史的长空，呜咽悲呼，不绝于耳！

这是亲情至痛之悲哭，还有骨肉绝望之悲叹，亦为感人。《袁盎晁错列传》说晁错削藩"更令三十章，诸侯皆喧哗疾晁错"：

> 错父闻之，从颍川来，谓错曰："上初即位，公为政用事，侵削诸侯，疏人骨肉，人口议让多怨公者，何为也？"错曰："固也。

---

① 同上，第82页。
② 吴见思：《史记论文》，中华书局排印本，第6册第25页。

不如此，天子不尊，宗庙不安。"父曰："刘氏安矣，而晁氏危矣，吾去公归矣！"遂饮药死，曰"吾不忍见祸及吾身"。死十余日，吴楚七国果反，以诛错为名。及窦婴、袁盎进说，上令晁错衣朝衣斩东市。

这父子俩的对话，一是为国，一是为家；晁错之决毅，老父之痛心疾首，对比出晁错为国而不顾家，生死存亡在所不惜。虽然作者对其人并不首肯，但在叙写时却倾注着悲悯的情感。老父的短促语，三句后的"矣"字如闻恨恨之声。父子晤对气氛，像油画一样，一层一层地着色，浓重地加剧了悲剧的色彩，毁灭性的判断语使气氛紧张到一触即发。晁错峭直刻深的个性与人格，在对比衬托中得到凸显。即使虚词，也都带有强烈的感情，形成一种回旋的韵律，情感的力量又是那样撞击人心！父子俩先后而死，父死子前，子则衣朝衣被斩，如此悲剧中的悲剧，又是多么震撼人心！

至于《张仪列传》里，问"舌在不"与在则"足矣"的对话，写家人夫妇间嘲笑与自信，则完全付之以轻松的笔墨，犹如漫画，语意诙谐，作者所持嘲讽情感显而易见，这和不关痛痒的叙述即有鲜明差别。张仪的辩士倾危的性格，在简约的叙述中显露无遗。《范雎传》里范雎与须贾的对话，一则渲染了故人相见，虽然前生恩怨，今则别后而"一寒如此"把须贾"绨袍恋恋"的故人之情，也写得沁人心脾。《陈丞相世家》张负嫁女陈平一段，先是"独视伟平，平亦以故后去"，其次见其"家乃负郭穷巷，以弊席为门，然门外有长者车辙"，最后是"人固有好美如陈平而长贫贱者乎"？其间异样的眼光，心口相商的心理活动，感叹称美的判断，叙写得情致绵绵。这些家人、朋友择婿的琐屑微事，都予以抒情性的笔调来描写，因为都关乎传主的人格，即是作为陪衬，并非闲闲之笔。

总之，姐弟、夫妇、父子、朋友、择婿等人生些些微事，在一部叙写三千年的通史里，本来微不足道，然司马迁笔带情感，抒发了人生在不同处境种种情感。创造了喜怒哀乐不同的引人注目抒情气氛。读来不仅饶有趣味，也能唤起读者对作者自己感情的共鸣。它们犹如明珠，闪动着富有情感的光彩，也使他创设的人外画廊，平添了不少情感的氛围！

二、文与诗的情感交融

《史记》里记述了人物自作的诗歌，这些诗与人物情感与处境相互映发，具有浓厚的抒情意味。这些叙述与描写形式是以文带诗，效果却是亦文亦诗，即文即诗，水乳交融，形成了强烈的情感旋律，具有浓郁的艺术魅力。

在著名的"垓下之围"里，一个经典的片段就是"霸王别姬"的悲唱，成了家喻户晓的故事："项王军壁垓下，兵少食尽，汉军及诸侯兵围之数重。夜闻汉军四面皆楚歌"。于是：

> 项王乃大惊曰："汉皆已得楚乎？是何楚人之多也！"项王则夜起，饮帐中。有美人名虞，常幸从；骏马名骓，常骑之。于是项王乃悲歌忼慨，自为诗曰："力拔山兮气盖世，时不利兮骓不逝。骓不逝兮可奈何，虞兮虞兮奈若何！"歌数阕，美人和之。项王泣数行下，左右皆泣，莫能仰视。

项羽溃败，满腹狐疑，在风声鹤唳的凄凉中，悲从中起，他不喜读书也不是诗人，然情之所至，却具有肝肺俱裂的悲痛。他的四句诗中间两句回环推进，构成了人生三部曲：力征天下——战败尚可一死——然把虞姬又怎样安置？"英雄气短，儿女情长"的旋律，无可奈何，大痛至悲！加上此段末了后三句字字由血泪浇铸，"泣"字的反复，悲痛难以抑制，又简直是诗一般的描写，而"莫能仰视"，字字千钧，窒息得透不过气来，简直成了大悲剧中最痛的悲剧，诗外之诗了。语气悲壮，呜咽缠绵。梁启超说："这位失败英雄写自己最后情绪的一首诗，把他整个人格活活表现，读起来像加尔达支勇士最后自杀的雕像。则今两千多年，无论哪一级社会的人几乎没有不传颂，真算得中国最伟大的诗歌了。"[1] 司马迁又用诗一般的语言与之打成一片，真是要让人生发不尽之感慨了。

刘邦不喜儒，当然也不会喜欢读书，但他能作诗，而且作了两首，一是"衣锦还乡"时所作：

---

① 梁启超：《中国之美文及其历史》，见陈引驰编：《梁启超学术论著集》文学卷，华东师范大学出版社 1998 年版，第 15 页。

　　　　高祖还归，过沛，留。置酒沛宫，悉召故人父老子弟纵酒，发沛中儿得百二十人，教之歌。酒酣，高祖击筑，自为歌诗曰："大风起兮云飞扬，威加海内兮归故乡，安得猛士兮守四方！"令儿皆和习之。高祖乃起舞，慷慨伤怀，泣数行下。谓沛父兄曰："游子悲故乡。吾虽都关中，万岁后吾魂魄犹乐思沛。且朕自沛公以诛暴逆，遂有天下，其以沛为朕汤沐邑，复其民，世世无有所与。"沛父兄诸母故人日乐饮极欢，道旧故为笑乐。

　　这当然是胜利者的极乐之歌了！他这首诗也是三部曲：崛起于风云——成功于天下——守四方的猛士又在何处？这胜利之歌同样"慷慨伤怀"，这不仅是"游子悲故乡"的感情，而且是逼得英布造反，又不得不亲自平叛，韩信、彭越都是他逼到反叛而杀，英布亦不能例外，然而又出现无人看守他创业的大家当内疚内痛，如此家国同悲，又怎能不"伤怀"？又怎能不"泣数行下"？这和项羽的"失败歌"真可同日而语了。他的这次还乡，是从平息英布叛乱的战场回来，且为"流矢所中"，半道上就病了。这是他当皇帝后第九次平叛，其中六次都要他亲自出马，韩信、彭越、英布、臧荼、利几、韩王信、陈豨等，都被他斩尽杀绝，当初依靠这些人打下天下，现在又依靠谁帮他守这么大的摊子？他连宠幸的戚夫人与"类我"的爱子都难于呵护，这又怎能不在"慷慨"之后又"伤怀"呢？作为胜利者的"泣数行下"，又和被他消灭的失败者"项王泣数行下"的悲剧，在人生最后的悲痛又有多大的区别——他从平英布军回长安后没有几月就一命呜呼了，这首诗也真是"胜利英雄写自己最后情绪的一首诗"了。在故乡纵酒之乐歌，未尝不就是一种悲剧，所以也有极大的感染力量。牛运震说："叙项王败垓下、高祖还沛中，皆用'自为歌诗''泣数行下'字样，妙有深情。盖项王身遭败亡，高祖过沛，道病，旋即随崩。写其歌诗泣下，皆英雄气尽也。"① 这里也同样用了诗歌一般的语言，叙写雄风霸气，悲壮激昂，慷慨淋漓，极情尽致。尤其是"万岁后吾魂魄犹乐思沛"，牛运震说是"无限诗乐，在此一语"，其实这节文字无处不是"诗乐"，也无处不是悲歌，这是乐极生悲，还是悲从中来，依我们看，后者更为确切。因为在这《大风歌》之后，还有《鸿鹄歌》也同样悲情满怀，不能自已了。

---

　　① 牛运震：《史记评注》，三秦出版社 2011 年版，第 43 页。

　　就是在次出击英布之后，"疾益甚，愈益易太子"——想把最后的心事安排好。张良谏，不听；叔孙通以死争，佯许而心里"犹欲易之"。及宴饮酒，太子侍，而身后从者四人年八十有余，"须眉皓白，衣冠甚伟"，问后知是商山四皓，"上乃大惊，曰：'吾求公数岁，公辟逃我，今公何以自从吾儿游乎？'四人皆曰：'陛下轻士善骂，臣等义不受辱，故恐而亡匿。窃闻太子为人仁孝，恭敬爱士，天下莫不延颈欲为太子死者，故臣等来耳。'"于是：

　　　　四人为寿已毕，趋去。上目之，召戚夫人指示四人者曰："我欲易之，彼四人辅之，羽翼已成，难动矣。吕后真而主矣。"戚夫人泣，上曰："为我楚舞，吾为若楚歌。"歌曰："鸿鹄高飞，一举千里，羽翮已就，横绝四海，当可奈何！虽有矰缴，尚安所施！"歌数阕（数遍），戚夫人嘘唏流涕，上起去，罢酒。

　　这是无可奈何的"奈何歌"，此与《垓下歌》的"奈若何"真是异曲同工。他在临终前连自己的"家事"——易太子，都已无能为力，也就到了气数将尽的地步。

　　四皓事之真伪前人已有疑议[1]，然而同样写得叙次明晰，指点历历，风神生动，缠绵无奈，情感淋漓。"'吕后真而主矣'，英雄扼腕语，神动，读此语隐然有'人彘'之痛；'为我楚舞，吾为若楚歌'，写出凄楚无聊光景，便如项王垓下泣美人之时。'歌数阕，戚夫人嘘唏流涕'，写得黯然"[2]。情之所至，这又是一片如诗如文的文字，梁启超谓《大风歌》说："这首诗和项羽《垓下歌》对照，得意失意两极端，令人生无限感慨。诗虽不如《垓下》之美，但确实能表现他豪迈的人格，无怪乎多年传颂不衰。"对此诗则言："这首诗虽仅为一爱姬而作，但意态雄杰，依然流露句下。"[3]前人常言太史公传记，一篇有一篇的作法，感情不同，随圆就方，全都能尽态尽致，令人情感不能平静，由此则灼然可见。

---

　　①　穆文熙：《史记鸿裁》卷七说："四人既义不为汉臣，何以得以金帛招之，又何肯为吕氏客？此必留侯之谋计人为为之，于以劫制高祖，使不能动，而后世卒无有能测之者，事亦与封雍齿相同，而机则深远矣。"陕西师范大学出版社 2015 年版，第 161 页。

　　②　牛运震：《史记评注》，三秦出版社 2011 年版，第 155 页。

　　③　梁启超：《中国之美文及其历史》，见陈引驰编：《梁启超学术论著》文学卷，华东师范大学出版社 1998 年版，第 16 页。

《刺客列传》里荆轲的《易水歌》为千古名作，司马迁如诗如文的语言又把他写得悲慨淋漓，英风烈气振动纸面：

> 太子及宾客知其事者，皆白衣冠以送之。至易水上，既祖，取道。高渐离击筑，荆轲和而歌，为变徵之声，士皆垂泪涕泣。又前而为歌曰："风萧萧兮易水寒，壮士一去兮不复还！"复为慷慨羽声，士皆瞋目，发尽上指冠。于是荆轲遂就车而去，终已不顾。

荆轲"提一匕首入不测之强秦"，却登车"不顾"，视死如归的壮举出自扶弱抑强的正义感，这种正义感的震撼力与穿透力以及艺术的魅力，都是无法估量的。"士皆垂泪涕泣"之悲，"士皆瞋目，发尽上指冠"之怒，"就车而去，终已不顾"之豪，交织成一曲悲慨淋漓的交响乐！而又和这两句悲歌浇灌成一个巍然的雕塑，凝固在每个读者的心里。陶渊明的《咏荆轲》就把它又歌咏了一次，因为司马迁的描写太像诗了，他的情感又极为感人，所以陶诗的"雄发指危冠，猛气冲长缨"，"渐离击悲筑，宋意唱高声"，"商音更流涕，羽奏壮士惊"，"登车何时顾，飞盖入秦廷"，几乎都用上这节文字的语言。或谓《易水歌》"虽仅仅两句，把北方民族武侠精神完全表现，文章魔力太大，殆无其比"①。依此看此段文字，也再合适不过了。读《史记》的人都知道，《荆轲传》是从《战国策》里移植过来的。然前人亦疑刘向之流撼史公之文附益《国策》②。依我们看，以宾衬主的烘托，场面的恣意描写，乃至句式的长短，以及喜用人物所作诗入文，都很像司马迁一贯的风格了。

还有赵王友的"饿中作歌"，单看其诗"虽无藻丽之辞，然抒情极质而丰"（梁启超语），一经写入《吕纪》，司马迁用他特长的短句，叙写得就更为悲悯感人。《齐悼惠王世家》中朱虚后刘章的《耕田歌》，在谈笑风生的宴会上以此暗示，斩杀诸吕逃酒一人，写得豪情震动，英爽快慰人心。而《淮南衡山列传》里，文帝用软办法，逼死淮南厉王刘长，"民有作歌歌淮南厉王曰：'一尺布，尚可缝；一斗米，尚可舂。兄弟二人不能相容。'上闻之，乃叹曰"云云，也写得情致摇曳，颇为动人。至于此类民歌、谣谚、儿歌见于《史记》就更多了，这也是文富言

---

①　同上，第 15 页。
②　吴见思：《史记论文》、方苞《望溪先生文集·书刺客列传后》、牛运震《史记论文》，都持有相同的说法。

情的重要特色。

三、对话之反复与议论之铺张中的情感

反复是司马迁最为乐用的修辞手法，不仅见于叙事，而且在人物对话中亦复如是。经常在人物较长的对话，首尾包裹同样的感叹句，为整段对话增添了强烈的抒情特色。同时在描述性的议论中，也用了散文诗样的语句与词汇，以发抒见解，也发抒充沛的感情。

在《范雎传》里，说侯嬴见信陵君不敢收留魏齐，就讥讽说：

> 人固未易知，知人亦未易也。夫虞卿蹑𫏋担簦，一见赵王，赐白璧一双金百镒；再见，拜为上卿；三见，卒受相印，封万户侯。当此之时，天下争知之。夫魏齐穷困过于虞卿，虞卿不敢重爵禄之尊，解相印，捐万户侯而间行。急士之穷而归公子，公子曰"何如人"。人固不易知，知人亦未易也！

信陵君听此"大惭，驾如野迎之"，可见这段话的刺激作用之大。言虞卿之三见赵王用了上升律，再用"当此之时"提示了强调"天下争知之"，然后以解印捐侯，既回应上文，又作一小对比。虞卿"急士之穷"再与信陵君之冷拒又作一大对比，而"虞卿"与"公子"的顶真，亦即两次反复，则强调了对比之双方。更重要者，首末两句的反复，是把演绎法与归纳合在一起，取其任何一处均不损文义，然感情未免就会降温。而以此把这段话包裹起来，就滋生出一种回环往复旋律，把人物语气与情感全部烘托出来，而作者的感情也荡扬在字里行间。而这两句本身回环反复，"首尾重语应转有味"（吴见思语），平添了说话人的不尽感慨。

在《平原君传》里也用了同样的手法。当毛遂逼胁楚王联盟抗秦，先后用了两次话语首尾复句的反复，一是针对楚王斥叱。毛遂说："王之所以斥遂者，以楚国之众也。今十步之内，王不得恃楚国之众也，王之命县于遂手。吾君在前，叱者何也？"这是针锋相对斥责楚王，"楚国之众"的反复所体现的意义各自不同，对比性极强。接此还有下边的对话：

> 且遂闻汤以七十里之地王天下，文王以百里之壤而臣诸侯，岂

其士卒众多哉？诚能据其势而奋其威。今楚地方五千里，持戟百万，此霸王之资也。以楚之强，天下弗能当。白起，小竖子耳，率数万之众，兴师以与楚战，一战而举鄢郢，再战而烧夷陵，三战而辱王之先人。此百世之怨而赵之所羞，而王弗知恶焉。合从者为楚，非为赵也。吾君在前，叱者何也？

"吾君在前"两句的反复，前者用在前节对话之末，亦即这段长话的中间，以反问作一收束，这是对用于起手的变化；而此节却用在结尾，作为此段的收束，又与上文回应。这两句强硬语，分置前后，反复得英气逼人。而这段话又全以对比出之，言辞犀利，毛遂辩才无碍的形象俨然在目。牛运震说："毛遂说楚王，危言侃论，谏动开朗，气魄夺人，较樊哙鸿门对项王语，更为生色。'以楚之强'云云，至'而王弗知恶焉'，雄悍如剑拔弩张，顽懦人惊心动魄。'合从者为楚，非为赵也'，破的之论，所谓'两言而决'。两'客何者也'，两'楚国之众也'，两'吾君在前，斥者何也'，多用连叠之句，怒气急喉，勃勃不可遏止。"① 就把反复的道理讲得颇为精彩！

谈判成功而归至赵，平原君感慨至极，遗憾未能及早发现毛遂，使之如锥处囊中，脱颖而出，说：

　　胜不敢复相士。胜相士多者千人，寡者百数，自以为不失天下之士，今乃于毛先生而失之也。毛先生一至楚，而使赵重于九鼎大吕。毛先生以三寸之舌，强于百万之师。胜不敢复相士。

于是"遂以为上客"，首尾一句反复，还用了三"毛先生"与"相士"，夸美赞扬之情溢于言表，犹如一首颂歌。

像这样单句或复句反复见于人物之对话中，于《史记》之中所在多有，他如《秦始皇本纪》里将闾以"吾平尝敢"云云为反复；《虞卿传》中赵郝之说赵王，以"此非臣之所敢任也"为反复；《鲁仲连传》里平原君回答鲁仲连的话，以"胜也何敢言事"的前后反复；《张丞相列传》里周昌谏争易太子，以"臣期期"为反复；《魏其武安侯列传》的"东朝廷辩"，韩安国的话"魏其言是也"与"丞相言亦是"为反复。另有对话中相邻两句的反复，如《鲁仲连传》里鲁仲连回答平原君的"吾始

---

① 牛运震：《史记评注》，三秦出版社 2011 年版，第 189 页。

以君为天下之贤公子也，吾乃今后知君非天下之贤公子也"，还有两人对话，中间以对方问话隔断，传主的话前后末句为反复。同上传鲁仲连两番话末句以"欲以助赵也"与"则必助赵矣"为反复。以上反复形态变化多样，都是为了刻画说话的神情，也发抒作者不同的种种感情。对话的如此反复，《论语·雍也》就有："子曰：'贤哉回也！一箪食，一瓢饮，在陋巷，人不堪其忧，回也不改其乐。贤哉回也！'"司马迁把这种形式发展到极致，反复见于《史记》之中，而且变化多方，形式多样，而反复本身就是一种强调。在司马迁来说，这种强调，目的就在于言情。

其次是在议论时，不仅采用描述性叙说，形象生动，而且充满了情感，这在《伯夷叔齐列传》《屈原贾生列传》与《货殖列传》表现最为充足。比如论述钱财对人的诱惑，《货殖列传》说：

> 礼生于有而废于无。故君子富，好行其德；小人富，以适其力。渊深而鱼生之，山深而兽往之，人富而仁义附焉。富者得势益彰，失势则客无所之，以而不乐。夷狄益甚。谚曰："千金之子，不死于市。"此非空言也。故曰："天下熙熙，皆为利来；天下攘攘，皆为利往。"夫千乘之王，万家之侯，百室之君，尚犹患贫，而况匹夫编户之民乎！

作者俯视尘世的人间百态，以富有节奏的语言夹带充沛的感情，关注经济社会对人的各种影响，这和冷漠议论差异是很大的。下面的一段把这个道理讲得更透彻，感情更为激切跳荡：

> 富者，人之情性，所不学而俱欲者也。故壮士在军，攻城先登，陷阵却敌，斩将搴旗，前蒙矢石，不避汤火之难者，为重赏使也。
>
> 其在闾巷少年，攻剽椎埋，劫人作奸，掘冢铸币，任侠并兼，借交报仇，篡逐幽隐，不避法禁，走死地如骛者，其实皆为财用耳。
>
> 今夫赵女郑姬，设形容，揳鸣琴，揄长袂，蹑利屣，目挑心招，出不远千里，不择老少者，奔富厚也。
>
> 游闲公子，饰冠剑，连车骑，亦为富贵容也。
>
> ……

　　吏士舞文弄法，刻章伪书，不避刀锯之诛者，没于赂遗也。

　　农工商贾畜长，固求富益货也。此有知尽能索耳，终不余力而让财矣。

　　这简直是一篇"钱财逐求赋"，描述了众生百相各行各业，对富贵物质的奔逐。人之对物质财富的追求，竞相趋赴，不遗余力。整齐的句式，丰富的词藻都与赋体无甚区别。唯一有别的是情感之充沛，批判的笔调描绘了这个角逐富贵的沸腾的人间世。牛运震说："此段描写人情世态，可谓尽情极致，恢宕淋漓，擅一篇之警策。中间似谑似嘲，似嬉笑似怒骂，傲睨鄙薄之态如见。"① 需要说明的是这并非作者的本色语，同样也能把感情燃烧得很激烈。

　　他如《伯夷叔齐列传》对天道的质疑，《屈原传》里对屈原"忠而被谤"的同情，对怀王不分忠奸的谴责，同样都充满爱憎分明的感情。

　　综上所述，无论在叙写人生琐屑的细事，还是把人物所作诗融入叙述之中，或是对话的反复与大段议论之中，司马迁都以饱含情感的笔触描绘叙写、议论，充分把自己的爱憎、嘲讽、嬉笑怒骂，展现在激荡的文字里。其中发抒情感的悲痛，是《史记》的主调。刘鹗曾说："《离骚》为屈大夫之哭泣，《庄子》为蒙叟之哭泣，《史记》为太史公之哭泣，《草堂诗集》为杜工部之哭泣；李后主以词哭，八大山人以画哭；王实甫寄哭于《西厢》，曹雪芹寄哭于《红楼梦》。"② 这些"哭"有为一国、为人生、为国为民、为失国、为易代、为种族，都是哭的现实存在，司马迁为现实也为历史可歌可泣之人物而哭，为可憎可恨之人而愤慨。他的悲愤固然与一己不幸相关，但在对历史的裁断上他能控制自己，所以他的《史记》，"悲世之意多，愤世之意少，是以立身常在高处"③。也正因此，他的《史记》充满人所认同的感情，而且能永恒地唤起不同读者共鸣。

---

　　① 牛运震：《史记评注》，三秦出版社 2011 年版，第 348 页。

　　② 刘鹗：《老残游记·自序》，见舒芜等：《近代文论选》，人民文学出版社 1999 年版，第 214 页。

　　③ 刘熙载：《艺概·文概》，上海古籍出版社 1978 年版，第 12 页。

从司马迁对申生、伋子的批判说起

本文作者可永雪。内蒙古师范大学中文系教授。

司马迁在为中华民族谱史的过程中，时时与各类人物的心灵交接碰撞，把探究普遍的人性，关注中华民族民族性格的铸造与民族精神的成长作为自己的使命。他的这种关注与使命意识，贯注于全书，而在一些篇章，则更集中、更强烈、更典型地表现出来。

譬如，《史记·卫康叔世家》论赞："太史公曰：余读世家言，至于宣公之太子以妇见诛，弟寿争死以相让，此与晋太子申生不敢明骊姬之过同，俱恶伤父之志。然卒死亡，何其悲也！或父子相杀，兄弟相灭，亦独何哉？"

司马迁为什么在这里要发这么痛切、深重的感慨？正如韩兆琦先生所说："在《史记》所有世家中，卫国的国君是最荒淫无道的，卫国的内乱也是最严重的。"（《史记笺证》之《卫康叔世家》）礼崩乐坏在人性上、道德上、人的心灵上所引起和造成的戕害，在这里被赤裸而真实地展示出来，不能不引起有心人的惊诧乃至困惑。

司马迁在这里所聚焦和凸显的主要是申生和伋子的愚孝。往浅说，是对申生、伋子愚孝的悲悯和批判，往深说是对民族精神一种病灶的探究与告警。

骊姬乱晋，骊姬谋害申生的悲剧，是春秋时期一则社会热门话题，是史家、舆论以及民间所共同关注的重要事件。其中，作为官史的《春秋》记有"晋侯杀其世子申生"一笔，《国语》记叙最详，可称繁本；《左传》简要，可称简本；《穀梁传》兼采异闻，可称别本；还有《檀弓》是在前三本基础上的改写。而《史记》既博采各本，又主要是依据和援用《左传》写成，载见《史记·晋世家》。

就《国语》和《左传》所记事件的整个过程来看，此事是骊姬一手导演的一场大阴谋。如果从她设谋贿赂，要晋献公使太子申生主曲沃算起，直到逼申生自杀为止，至少经历了八九个步骤，其中她假说梦见齐姜，骗申生祭曲沃，归胙（祭祀的酒肉）于献公，她乘机下毒，反诬申生谋害亲父，致申生自杀，是整个故事的高潮。

由于《国语》记叙最为详细、真切，晋献公和骊姬对申生一次次施加横逆和迫害之后申生的反应、态度，所思所虑，所伤所痛都载述充分，从中可以寻绎、剖析他的性情为人：性格特点，及其思维逻辑，对我们认清愚孝的本质大有帮助。因此，我们姑且以《国语》所记为线索，同时参以《左》《榖》等有关内容试作考察。

一、对献公称疾，使奚齐主持祭祀的态度

晋国在武公庙举行冬祭，献公称病不参加，而使奚齐主持。按传统规定，只有太子才能代替国君主持祭祀，如今不用太子申生而要骊姬所生奚齐主持，明显具有废黜申生另立奚齐的意图。所以家臣猛足问：您做何打算？此时，申生不管献公这种做法是否合礼与是否合理，只是表示："吾闻之羊舌大夫曰：'事君以敬，事父以孝。'受命不迁为敬，敬顺所安为孝（接受君命始终不变叫作敬，恭敬地顺从父亲的意愿叫作孝）。"抛弃君命就是不敬，擅自行动就是不孝，我还能有什么打算呢？

二、对献公作二军，令申生将下军以伐霍的态度

献公十六年，"公作二军，公将上军，太子申生将下军，以伐霍"。大夫士蒍认为"夫太子，君之贰也，恭以俟嗣，何官之有？"他从"今君分之土（指让申生镇守曲沃）而官之（指让申生统领下军）"看出"君有异心"。预料"行之克也，将以害之；若其不克，其因以罪之。"因此提出"与其勤（劳苦）而不入（不合父意），不如逃之"的主意。认为这样的话，"君得所欲（得立奚齐），太子远死，且有令名（有礼让的好名声），为吴太伯，不亦可乎？"（《左传》记为："士蒍曰：'太子不得立矣。分之都城，而位以卿（指将下军），先为之极，又焉得立？不如逃之，无使罪至，为吴太伯、不亦可乎？犹有令名，与其及也。'"）

实际上，这是一个两全其美的好主意。但是申生却没接受。是何缘故？申生的想法是："吾闻之，为人子者，患不从，不患无名；为人臣

者，患不勤，不患无禄。今我不才而得勤与从，又何求焉？焉能及吴太伯乎？"一句话，为人子，只应考虑顺从、听话；为人臣，只应考虑卖力去干，其他什么名呀、禄呀、做吴太伯呀，都不在考虑之列！

三、对奉命伐东山的态度

献公十七年冬，"公使太子伐东山"，同时有个奇怪举动，这就是"衣以偏衣，佩之金玦"。此举使申生颇生疑惧，仆人赞感到这是"告以离心，而示之以坚忍之权"，含有"恶其心而害其身"的征兆。所以申生向大臣里克询问："君赐我以偏衣、金玦何也？"里克本以不应使太子伐东山事进谏，献公很不高兴地用"寡人闻之，立太子之道三：身均以年，年同以爱，爱疑决之以卜筮。子无谋吾父子之间"的话回答和申斥了他，他看出形势不妙，便随机转弯，改为劝勉申生，说："衣躬之偏，而握金玦，令不偷（薄）矣。孺子何惧！夫为人子者，惧不孝，不惧不得。且吾闻之曰：'敬贤于请'。孺子勉之。"（《左传》记此为："太子曰：'吾其废乎？'对曰：'告之以临民，教之以军旅，何故废乎？且子惧不孝，无惧弗得立。修己而不责人，则免于难。'"）

出征路上，申生又把这个问题向诸将发问，先友以"中分而金玦之权，在此行也，孺子勉之乎"加以鼓励，而狐突敢说真话，一针见血地指出："以尨衣纯（以杂色衣披在纯正的太子身上），而玦之以金铣者（而佩戴金铣制作的金玦），寒之甚也（寒心透了），胡可恃也？"并为之分析所处形势的危殆："突闻之，国君好艾（好嬖臣），大夫殆；好内（好女色），嫡子殆，社稷危。"敦促他谋划"惠于父而远于死，惠于众而利社稷"的主意，实际上是要他选择出逃、不战。（《左传》记为"太子将战，狐突谏曰：'不可。……今乱本成矣，立可必乎？孝而安民，子其图之！'"——杜预注："奉身为孝，不战为安民。"并载梁余子养认为"死而不孝，不如逃之"的主张。）

尽管有这些主张，申生还是认为"不可"，又为什么？申生坦白地对大家讲，他知道这次父亲派他出征，并非喜欢他，而是要考验他——"欲测吾心也"。他还透露，出征前，父亲还对他说了一番好听的话，他意识到，"言之大甘，其中必苦"。那么，要害何在？他心如明镜，那就是"谮在中矣，君故生心。虽蝎谮，焉避？"——宫中有骊姬不断进谗言，父亲已经生了异心，即使我了解这种谮谗的毒辣、阴险，又怎么躲避呢?!

既然蛇蝎一样的谮谗无法躲避，父亲产生异心也就不可避免。在此情况下，他的考量是："不若战也，不战而反，我罪滋厚；我战死，犹有令名（好名声）焉。"

申生选择赴战，还有一个原因，就是《左传》记载，在很多人都劝他、鼓励他出逃的时候，羊舌大夫发话说："不可。违命不孝，弃事不忠。虽知其寒，恶（指不孝不忠）不可取。子其死之!"作为耆老的羊舌大夫的这个话，在申生心上是有分量的。

四、归胙置毒事件发生后的态度

骊姬为实现篡国夺权的野心，设下要申生祭母归胙，乘机下毒，诬申生谋杀亲父的毒计，这是骊姬害申生的高潮，也是申生与献公父子关系发展到无可挽回地步的关键。

骊姬的阴谋得逞，申生蒙冤，背上毒害亲父这大逆不道的罪名。献公大怒，命令杀掉申生的师傅杜原款，申生恐惧，逃奔封地新城（曲沃）。

需要说明，在这之后，《国语》还有两段，是比他本多出的，这就是一、杜原款将死，使小臣圉告于申生，对申生的一番叮嘱，说："吾闻君子不去情（不去忠爱之情），不反谗（对谗言不申辩），谗行身死可也，犹有令名焉。死不迁情（至死不改忠爱之情），强也。守情悦父（坚守忠爱之情以取悦父亲），孝也。杀身成志（杀身成就孝志），仁也。死不忘君（至死不忘君主），敬也。孺子勉之! 死必遗爱（留下仁爱之名），死民之思，不亦可乎?"二、申生逃奔新城之后，骊姬为赶尽杀绝，追到新城，实施她和优施早已定下的"知辱可辱"之计：假托仁义以责数之，作攻心之战，逼申生自杀。其责数之言曰："有父忍之（有父而忍心杀他），况国人乎（何况对国人呢）? 忍父而求好人（忍心杀父而想博得国人好感），人孰好之? 杀父以求利人，人孰利之? 皆民之所恶也，难以长生!"

在申生奔新城后，有人建议："非子之罪，何不去（逃离晋国）?"他的回答还是"不可"。为什么? 他说："去而罪释（逃离虽可解脱罪责），必归于君（罪责必然落在君父身上），是怨君也（这是怨君的表现）。章父之恶，贻笑诸侯，吾谁乡而入？"还说"仁不怨君"，"勇不逃死"，"死不可避，吾将伏以俟命"。（《左传》与此相似的一段，记为："曰：'子其行乎？'太子曰：'君实不察其罪，被此名也以出，人谁纳我？'"）

其实，归胙置毒事发之后，最最重要，首先应该做的，就是声辩、告发。《左》《穀》《檀》都突出这一点，并且都有人催促他，而《国语》依循申生性行，未将此作为重点。

面对直接关系到自身性命和声誉的重大问题，他为什么不去声辩、告发？况且，对于骊姬的谮害，以前虽也心中有数，恨之入骨，但那些谗言多属枕边话，很难找到凭证。而这次不同，骊姬有整套的行动，并且直接利用申生参与，所以不乏证据和把柄。关于这一点，《檀弓》孔颖达疏有个很有用的注释，说："《左传》云：'或谓大子曰：子辞、君必辩焉。'杜预云：'以六日之状自理。'谓毒酒经宿辄败，若申生初则置罪（毒），经六日，其酒必坏，何以经六日，其酒尚好，明临至加药焉。"

在这种情况下申生还是认为"不可"，真就使人难以理解了。那么症结究竟何在？且听申生自己的申说：《左传》记为："太子曰：'君非骊氏，居不安，食不饱。我辞，姬必有罪。君老矣，又又不乐。'"《穀梁传》记为："世子曰：'吾君已老矣，已昏矣。吾若入而自明，则骊姬必死。骊姬死，则吾君不安。所以使吾君不安者，吾不若自死。吾宁自杀以安吾君，以重耳为寄矣。'"《檀弓》记为："世子曰：'不可，君安骊姬，是我伤公之心也。'"

原来，他之所以不声辩、不告发，完完全全是为父亲着想，替父亲考虑，是怕伤了父亲的心！平心而论，这才称得上是无私，够得上是纯孝！能够修养到这个地步，确乎不易，就人性的善良而论，有其值得肯定之处。

然而，这样的"修养"、这样的德性，所得到、所换来的结果是什么呢？第一，是白白葬送掉自己青春的生命；第二，还陷父亲于不义——脱不掉宠嬖杀子的罪名；第三，纵容恶人恶行，使骊姬不仅冤杀他申生，而且"乱晋者五世"！

应该特别感谢《国语》作者，是他为我们保存了一个真实的"愚孝"标本，他对申生的心灵揭示得那么深入，那么深刻，那么本真，就像让我们见到了春秋时代晋国的那位愚太子；这也使司马迁的批判建立在坚实可靠的基础之上。

纵观申生被害的悲剧和申生在这场悲剧中所有作为、思想、思绪、以及他所有的观念、道理和思维逻辑，我们就可以了解后人为什么把申生的孝定位为"愚"，它愚在什么地方。纵观申生的悲剧和申生在这场悲剧中的所有作为，我们就可以了解导致这场惨痛悲剧的关键和要害在哪里。

第一，一事当前，他不辨是非善恶，只讲孝道，丧失了分辨大是大非的能力——或者说，他已养成这类事由君父代定，依君父意志为转移的习惯。你看，像冬祭大典，作二军让他将下军伐霍伐东山这样的大事，他不问这种做法是否合礼与合理，也不管其意图何在，只讲"事君以敬，事父以孝"，只讲"弃命不忠，作令不孝，又何图焉"，只知"为人子者，患不从，不患无名；为人臣者，患不勤，不患无禄"——总之，只会听从，而没有任何作为。

更为严重的是，骊姬设下归胙置毒的毒计，诬他谋杀亲父。事情发展至此，矛盾性质已经变了：如果说之前骊姬和他争的，只是夺爱、争位的话，那么如今已经充分暴露，她不仅是要夺爱、争位，更要篡国夺权，攫取整个晋国，是个大大的阴谋家，是要他命的死敌！到这时，他还只想到自己是父亲的儿子，而没想到他自己还是晋国的太子，负有保卫国家社稷的责任，如果听任祸国殃民的奸人横行，便是对国家和人民的犯罪。他只想到骊姬是父亲嬖爱的妃子，如果加以告发，就必然被治罪，伤了父亲的心，而没想一想，献公嬖爱这样一个心如蛇蝎的人物，有这样一个人在身边，父亲能安心和快活吗？

第二，在讲父子关系、君臣关系上片面化、绝对化，只讲一面理，导致思想观念的扭曲，人性的扭曲。你看，申生对君父的忠敬、孝顺都是绝对的，无条件的。无论是申生自己所思、所想，还是大臣、将领建议，尤其是耆老、师傅所教导，我们只看见臣子对君父要如何如何，不能怎样怎样，而不见对君父有要求与约束。

在父子、君臣关系上，在申生的观念里，是君父至上，在君父面前，作为臣子的个人是没有地位、没有权益可言的，因为"身体发肤，受之父母"，一切都是君父给的。因之在父亲面前，甚至连生命、生存价值都无位置，骊姬对他的谗害，毒如蛇蝎，特别是归胙的毒计，分明要将他置于死地，面对这种天大的冤屈，只是为了怕伤了父亲的心，怕父亲活得不安心、不快活，就隐忍不发，不惜自己丧生，所谓"所以使君不安者，吾不若自死"（见《穀梁传》）；卫宣公对伋子的谋杀，无论今天还是古代，完全可以构成谋杀罪，对于这样一个"父亲"，况且弟弟已经明白地将这个阴谋揭了底，劝他不要去送死，而他什么也不管，什么也不论，只讲"逆父而求生，不可"，乖乖地送上门去就擒，还要声明"所当杀乃我也"，这不是人性的扭曲又是什么？

第三，愚孝愚忠的存在和风行，以至成患成疾，成为民族精神肌体上的一个病灶，完全是封建礼教长期诱导、灌输、教化、捏塑的结果。申生，原本是一位善良、单纯，某些方面还不失精明的人物。作为一国的太子，他有专门的师傅，所受教育自然也是优质的。可是，在他短短的一生里，却为什么做出了在一般人、正常人看起来的蠢事、傻事，至今一想起来就令人心痛。

回顾、检阅、审思申生的一生，在他所有行事中对他的进言、出谋、劝谏的大臣、耆旧、师傅的话，除了少数直臣、亲信肯讲、敢讲真心话，大多数虽然对他抱有同情和善意，但讲起话来却不能不站在封建礼教立场，并且特别注意对"太子"的影响。再有，申生多次讲到"吾闻之"，而所有这些所闻也代表了他所接受的封建礼教的浸渍，而这种种观念和教条，像一条条束缚灵魂的绳索，把他紧紧捆绑，送入礼教的祭坛，使人感到精神鸦片的可怕！其中最具代表性，也最为要命的，就是他的师傅叮嘱他的"吾闻君子不去情，不反谗"的一番话。这番话是什么意思？其核心，一、不管父亲对你怎样，你至死不能改变对父亲的忠爱之情；二、居然把"不反谗"这个完全悖理、荒谬而违反人性的枷锁紧紧套在申生这位"君子"身上。而申生，对于这样的"教导"，不仅接受，而且心甘情愿，虔诚照办！在此我们不禁惊叹封建礼教教化的"成功"，更痛切地悲悯申生所受毒害之深——他的这些表现不由得在人们耳畔回响起"礼教吃人"的声音，什么叫"礼教吃人"？申生就是被吃的活样板！

人类初期，一般是从卫护自身权益出发来思考和决定行动的，可以说是自发的自身利益的维护者。但文明的进步，使人类逐步树立起群体意识和伦理意识，头脑里有了群体，有了他人，有了孝亲、忠君、行侠、仗义等等，才知道为他人、为亲友、为集体着想，这些都是千百年来文明进化的结晶，是值得重视的。但在具体实践过程中，那些居于上位的统治者，在制定和推行自己的教化时，在宣扬忠孝之道的过程中，不免掺进自己的私货，在涉及父子关系、君臣关系当中，不是父慈/子孝，君明/臣忠相对待地讲，而是着意强调孝子忠臣应该怎样，必须怎样的一面。

不止此也，为诱导和勉励人们走愚孝愚忠的路，他们还制造出一些虚妄的精神寄托做支撑，做诱饵。申生的师傅杜原款，叮嘱申生"不去情，不反谗"，说这样才称得上君子，并且说，坚持这样做，即使"谗行身死"，还会留下好名声，期望申生"死必遗爱，死民之思，不亦可乎"——像这样把歪理、谬论当作高尚，视为神圣和荣耀，无异于精神鸦片、思想毒药，申生、伋子都是中毒而死的牺牲品。

司马迁对这一切看得清清楚楚，对申生、伋子的悲剧抱有深切地痛心与悲悯，他还懂得，申生、伋子的问题绝不是个别现象，而是具有相当大的普遍性，是关系民族精神的大问题。出于对民族精神肌体受到这可怕病毒浸染的深切忧虑，他不能不给予有力的批判。

他的批判集中于两个方面：一是批判这种思想、观念实质上的愚昧，二是批判它的违反人性。申生和伋子所以甘愿受死，都是"惧恶伤父之志"——也就是说是为孝亲、为行孝道，并且是把孝道修养到了相当高的境界的一种表现；但是这个"惧恶伤父之志"，是不问是非善恶，不管其他情况——也就是只想到怕伤了父亲的心，而不想也不管自己还是晋国的太子，负有保卫国家社稷的责任，如果听任骊姬的阴谋得逞，就是对国家人民的犯罪，还会陷父亲于不义，其愚昧不是显然的吗？《伍子胥列传》论赞批判"向令伍子胥从奢俱死，何异蝼蚁。弃小义，雪大耻，名垂于后世，悲夫！"实际上是批判伍子胥的哥哥伍尚。伍尚在楚平王听信谗言，以其父伍奢的性命为要挟，诈召二子的情况下，明明知道即使"归死"也不能"全父命"，可只因为怕背不孝的骂名，怕被天下人耻笑，就束手就执。司马迁批判这样的死毫无价值，"何异蝼蚁"！与伍子胥逃吴，借力以复仇比较起来，这只算是"小义"，连小义和大耻都分不清，岂不是"愚"？二是批判它的漠视生命，违反人性。司马迁既在《卫世家》中以无限伤痛的语言悲悼伋子和申生只因"惧恶伤父之志，然卒死亡"的可悲可叹，又在《伍子胥列传》把这样的死和

"蝼蚁"相比，认为没一点价值。为尽孝道，不计自己的生命，把孝道看得高于生命，这是封建礼教极力宣扬之点。司马迁这里的批判与封建礼教针锋相对，贯注着司马迁对人、对人的生命价值的高度重视，贯注着他可贵的进步的人生价值观。

司马迁的批判不止于理论、观念，他信奉孔子"我欲载之空言，不如见之于行事之深切著明也"的信条，知道拿出实例比只讲道理更有力量，于是我们看到，在《五帝本纪》里，他推出了"虞舜至孝"这一正面典型来与申生、伋子作对照。虞舜生在一个"舜父瞽叟顽，母嚚，弟象傲，常欲杀舜"的家庭，其所处境遇一点不比申、伋轻松。但对于无端迫害虞舜所采取的态度和办法，却与申、伋绝不相同。舜的办法是"欲杀则避逃，及有小过，则受罪（在另一个地方记为"欲杀不可得，即求，常在侧"）。顺事父母与弟，日以谨笃，匪有懈。"为了坐实舜以机智的办法对付谋杀，还详载了"涂廪""穿井"两个故事。总之，是以大爱与智慧化解矛盾，感悟顽邪。两相对比，给人无限启迪。

联系我此前曾发表过的一篇"民族劣根性癌源的探掘与曝光——论万石君者流"（见《走进〈史记〉人物长廊——〈史记〉人物论》，内蒙古人民出版社 2002 年版），愈发感到司马迁对民族精神这一重大问题的长期关注，愈发感到他的这些作品实际上是鲁迅书写"国民性"的先声。

《史记》中的边疆民族关系构建 与民族思想

本文作者刘爽。陕西师范大学文学院博士研究生。

《史记》中有六篇书写边疆民族历史的传记，即《匈奴列传》《大宛列传》《东越列传》《南越列传》《朝鲜列传》《西南夷列传》，构成了一部西汉边疆民族史，是了解西汉民族关系的重要文献。司马迁条理清晰地梳理了以上边疆民族的形成历史及和西汉亦战亦和的民族关系，更重要的是在看待边疆地区民族关系的问题上所提倡的互相尊重、和平共处的民族思想，对现今构建和谐共赢的民族关系具有重要的启示意义。

一、《史记》中边疆民族关系的构建

《史记》是第一部将边疆民族历史纳入中央王朝正史书写的历史文献，这开拓性的壮举既是时代需要又是司马迁个人大历史观的集中展现。六篇边疆民族传记构成了一部边疆民族史，是了解西汉与边疆民族关系的重要文献。在周边民族关系的构建中，西汉同匈奴的关系无疑是重中之重，从六篇传记的篇幅来看，匈奴列传也是篇幅最长且论述最为详细的一篇。根据《史记·匈奴列传》所载，西汉同匈奴的边疆民族关系构建呈现如下动态变化之势。

1. 西汉同匈奴民族关系的构建

（1）汉高祖时期。和亲政策始于汉高祖刘邦。由于楚汉争霸疲于兵革，无暇顾及北方匈奴，匈奴便趁机得以发展，进入匈奴最强时期——冒顿单于时代。冒顿于公元前 209 年自立为单于，开始扩疆拓土。大破东胡王，西击走月氏，南并楼烦、白羊河南王，北服浑庾、屈射、丁灵、鬲昆、薪犁诸族，控弦之士达三十余万。公元前200年，冒顿入侵马邑，韩王信投匈奴。汉高祖刘邦亲率大军攻打匈奴，曼丘臣等扶赵利为赵王，合韩王信及匈奴兵反击汉军。汉军被围于白登七日不得出，经私下交涉冒顿单于解围一角使高祖得还。因高祖征伐匈奴以失败告终，又值西汉初立，亟待休养生息发展生产力，高祖听从刘敬建议，自此后岁奉匈奴絮缯酒米食物各有数，并约为昆弟以和亲。

（2）孝惠帝、吕太后时期。汉孝惠帝、吕太后时期，延续高祖和亲政策。公元前192年，匈奴日渐骄横。冒顿给吕太后书，妄言。据《史记索隐》案：《汉书》云"高后时，冒顿寝娇，乃使使遗高后书曰：'孤愤之君，生于沮泽之中，长于平野牛马之域，数至边境，愿游中国。陛下独立，孤愤独居。两主不乐，无以自虞，愿以所有，易其所无。'"信中充满对吕太后的侮辱和轻视，愤怒之余，面对匈奴这个强大的对手，吕太后只得隐忍不发。在诸将的劝说之下，对匈奴仍然采取和亲政策。

（3）孝文帝时期。汉孝文帝时期仍然延续和亲政策。公元前176年，孝文帝四年。匈奴灭月氏，定楼兰、乌孙及其旁二十六国。至此匈奴统一了北方的游牧民族，基本控制了西域，建立了一个东至朝鲜，西达中亚，北至贝加尔湖的大帝国。由于匈奴新破月氏，需要休养生息，连年战争毕竟损耗不小；另一方面同汉朝作战不能轻易攻破，耗时耗力，不利发展。而和亲政策利大于弊，冒顿单于主动上书孝文帝求和亲。这封书写得颇为自信，开头便言："天所立匈奴大单于敬问皇帝无恙。"（《史记·匈奴列传》）"天所立"三个字强调了自己政权的神圣地位，即由天所授，彰显了与汉朝天子同等的神权地位。接着解释了右贤王入居河南地，侵盗边塞小城、杀掠人民行为的原因：是汉使先冒犯了右贤王，而右贤王没有请示就出兵入侵边塞小城，这事他并不知情，将事件起因归结为汉使无礼在先。虽然冒顿单于在信中特意解释此事是想求和亲而做出的让步，但却没有认定自己为过错方。接下来他开始炫耀军功："以天之福，吏卒良，马强力，以夷灭月氏，尽斩杀降下之。定楼兰、乌孙、呼揭及其旁二十六国，皆以为匈奴。诸引弓之民，并为一家。北州已定，愿寝兵休士卒养马，除前事，复故约，以安边民，以应始古，使少者得成其长，老者安其处，世世平乐。"（同上）从这些军功当中可以看出，冒顿认为自己完全有和汉朝一战的实力，如果汉朝不愿意和亲，发动战争也不是不可能。但在最后，冒顿最终做出了让步：

"未得皇帝之志也，故使郎中系零浅奉书请，献橐他一匹，骑马二匹，驾二驷。皇帝即不欲匈奴近塞，则且诏吏民远舍。使者至，即遣之。"（同上）从这封给孝文帝的上书中，我们看到了冒顿单于态度发生的微妙变化。汉惠帝时期对吕太后的态度是相当轻慢且充满着挑衅意味；但此时却有所和缓，虽然整体态度依然强硬，但还是做出了一些让步。从此信中可看出汉匈双方在外交上此消彼长的动态变化之势。对于汉朝而言，即使拿到了北方的土地也无法长久居住，而和亲既能解决外患，又能免于战乱发展国力，故继续选择和亲政策。

公元前 174 年，即汉文帝六年，匈奴冒顿单于卒，子老上单于稽粥嗣位。孝文帝遣宗室女为单于阏氏，和公主一同前往的还有宦者中行说。司马迁很擅长通过几个重要人物来揭示事件始末。中行说在宫中是个并不起眼的人物，而司马迁却将他作为线索人物入史，通过他投靠匈奴对抗汉朝等一系列行为作为线索，揭示了汉匈双边关系的复杂性。中行说临行前说："必我行也，为汉患者。"怀着对汉朝的仇恨，他向老上单于提出了一系列不利于汉匈关系和平共处的建议。当单于耽于汉物之美时，他提醒单于不要迷恋汉物，否则就会尽归于汉。从这里能比较明显地看到单于已经被中原文化所吸引，正在走向对中原文化的认同道路上，却被中行说强行拦截；当汉朝天子用一寸之牍给单于书时，中行说却让单于用两寸之牍给天子回信，而印封均要大过于汉朝尺寸。称谓比冒顿单于还要嚣张，称自己为"天地所生日月所置匈奴大单于"。这些由中行说所发起的挑衅行为，恶化了汉匈关系。在中行说的教唆下，公元前 166 年，匈奴老上单于率十四万骑，陷朝那、萧关，烧回中宫。连年侵犯汉地，而云中、辽东最甚。汉文帝致书匈奴求和，匈奴亦使人报聘，又和亲。虽然中行说作为背叛汉朝的典型人物对汉匈关系并没有起到促进的作用，故而饱受诟病。但从中行说和汉使的辩论中可以看出，汉朝对匈奴的了解并不够深入。关于匈奴俗贱老、父子穹庐而卧等问题上中行说几番诘问得汉使哑口无言。从这一层面而言，是司马迁大历史观视角的体现。仅以汉朝为中心的历史书写并不能全面而广阔地反映当时的事实，中行说为匈奴辩护显然是站在匈奴的立场上来反观汉朝。两种视角相互观照，不仅反映出司马迁善于驾驭宏大叙事的广阔视野，更体现出他对历史书写对象的平等对待，更彰显出其提倡互相尊重的民族观。

（4）孝景帝时期。公元前 152 年，孝景帝五年。与前期西汉对匈奴政策相比，除了自高祖以来的基本政策和亲之外，汉景帝还对匈奴开通关市。这项政策从很大程度上加深了汉匈之间的交往，对营造和谐的民族关系起到了积极作用。同时，在对待归降的匈奴旧部时，孝景帝还采取封侯的政策来安抚降者，进一步扩大了中原对边疆的影响力。据《史记·孝景本纪》记载："中三年冬，罢诸侯御史中丞。春，匈奴王二人率其徒来降，皆封为列侯。"又据《史记·韩信卢绾列传》："汉景帝中五年，汉故燕王卢绾子卢他之，以匈奴东胡王附汉，汉封之为亚谷侯。"孝景帝时期构建了比较和谐的汉匈关系，边境只有较小的盗患，并无大寇。这与他采取和亲、遗财物、通关市、宽待降者等政策密切相关，经过 60 多年的休养生息，汉朝已经具备了强大的国力，为汉武帝构建新的边疆关系奠定了坚实的基础。

（5）武帝时期。公元前 140 年，汉武帝即位。明和亲约束，厚遇，通关市，饶给之，延续了孝景帝的边疆政策。但与前代不同的是，武帝还实行了武力征伐和通使西域的政策。公元前 133 年，大行王恢计诱匈奴深入马邑，伏兵欲歼之，军臣单于发觉，急退，王恢下狱自杀。从此匈奴绝和亲，与中国决裂，岁岁入侵，此后拉开了武帝征伐匈奴的大幕。关于几次汉匈之间的战争情况对比见下表①所示：

时间		汉将	派遣士兵	匈奴派遣士兵	结果
反击匈奴	公元前 129 年，汉遣四将军击胡	卫　青——上谷	10 000 骑	——	得胡虏 700 人
		公孙贺——云中	10 000 骑		0 人
		公孙敖——代郡	10 000 骑		折 7 000 余人，汉囚，赎为庶人
		李　广——雁门	10 000 骑		被匈奴生擒，后亡归。汉囚，赎为庶人

---

① 此表根据《史记·匈奴列传》，林幹《匈奴历史年表》，王子今《匈奴经营西域研究》书后附《秦汉西域历史大事年表》、刘坦《史记纪年考》编制。

	时间	汉将	派遣士兵	匈奴派遣士兵	结果
反击匈奴	公元前128年，匈奴两万骑入汉	辽西太守	——	20 000骑	辽西太守被杀，略两千余人
		渔阳太守	——		败千余人
		韩安国	——		韩安国及千余骑被围，燕至救之
		卫青——雁门 李息——代郡	30 000骑		得首虏千人
河南之战	公元前127年卫青出云中至陇西，击胡之楼烦、白羊王于河南	卫青——陇西	——	——	得胡首虏数千，牛羊百余万，取河南地，筑朔方
	公元前126年，伊稚斜单于入代郡、雁门	代郡太守恭友	——	数万骑	杀代郡太守，略千余人。入雁门，杀略千余人
	公元前125年，入代郡、定襄、上郡	——	——	90 000骑	杀略数千人
	公元前124年，汉出朔方高阙击胡	卫青为大将军六将军	100 000余人	——	得右贤王众男女15 000人，俾小王十余人
		代郡都尉朱英	——	10 000骑	杀朱英，略千余人
	公元前123年，汉出定襄击匈奴	卫青为大将军六将军	100 000骑	——	得首虏9 000余级，汉亡两将军，折军3 000余骑。前将军赵信降匈奴

续表

时间		汉将	派遣士兵	匈奴派遣士兵	结果
河西之战	公元前 121 年，春，出陇西击匈奴	霍去病（骠骑将军）	10 000 骑	——	得胡首虏 18 000 余级，破得休屠王祭天金人
	夏，出陇西北地击匈奴	霍去病（骠骑将军）公孙敖（合骑侯）	——	——	得胡首虏 30 000 余人，俾小王以下 70 余人
	出右北平击左贤王	张 骞（博望侯）李 广	——	——	李广被围，折 4 000 人，亦杀胡 4 000 余人。后张骞至得脱。张骞和公孙敖赎为庶人
	秋，浑邪王同休屠王降汉	霍去病	——	——	浑邪王杀休屠王，并其众 40 000 人降汉。自此沿边一带，陇西、北地、上郡得安
	秋，匈奴入右北平、定襄	——	——	各数万骑	杀略千余人
漠北之战	公元前 119 年，汉出定襄、代击匈奴	卫青——定襄霍去病——代	140 000 骑		斩捕匈奴首虏 19 000 余级；霍去病同左贤王交战，的胡首虏 70 000 余人。霍去病封于狼居胥山，禅姑衍，临瀚海而还

从表中可看出，汉朝在公元前 129 年第一次由卫青夺得了对匈奴的胜利之后，在经过五年势力相当的对抗之后，于公元前 124 年、公元前 120 年大举击胡，基本让匈奴无还手之力。尤其是公元前 120 年霍去病大败匈奴，封狼居胥山、禅姑衍，可以说是自秦始皇以来的第二次封

禅。这意味着汉朝对边患问题得到较好解决，具有划时代的深远意义。到前 120 年，匈奴的势力已经开始衰退。至且鞮后单于时，已经完全没有冒顿单于时期的霸气和嚣张，他甚至说："我儿子，安敢望汉天子！汉天子，我丈人行也。"从公元前 129 年开始，历时 44 年，汉朝的反匈奴之战取得了胜利。战争从根本上摧毁了匈奴赖以发动骚扰战争的军事实力，使匈奴再也无力对汉王朝构成巨大的军事威胁。战争中，匈奴被歼人数累计高达 15 万之多，已无力再与汉室相抗衡。匈奴失去水草丰盛、气候温和的河南、阴山和河西两大基地，远徙漠北苦寒之地，人畜锐减，开始走向衰落。

除了对匈奴进行军事上的打击之外，要想彻底打垮匈奴，争夺西域的经营权是不可避免的。当张骞"凿空"西域之后，汉朝逐渐从匈奴手中掌握了西域的经营权。不仅在军事上予以打击，在经济上也进一步削弱了匈奴的控制，从而重创匈奴，解决了边患问题。公元前 138 年，张骞应征出使西域，主要目的为联合大月氏抗击匈奴。但半路被匈奴截去，滞留近十年。其间，他到达了大宛、大月氏、大夏和康居等地，充分了解匈奴及西域诸国的地形、军事实力、生活习惯、文化风俗和地产风物。同时获得了西域诸国的爱戴。虽然张骞通过赂遗汉物来说服大宛送他返汉得以奏效，但在他好不容易到访大月氏时，大月氏却满足于自己的小康生活，没能说服大月氏同汉联合抗击匈奴。在颠沛流离了十三年后，张骞终于在公元前 126 年回归汉朝。张骞"凿空"西域，为汉军提供了极有价值的军事情报，同时还高瞻远瞩地为汉朝攻打匈奴制定军事方案。公元前 124 年的漠南之战，使汉朝进一步巩固了朔方要地，迫使匈奴主力退却漠北一带，远离汉境。并将匈奴左右两部切断，以便分而制之。这都与张骞"凿空"西域的努力密切相关。为了进一步解决匈奴问题，公元前 118 年，汉武帝重新起用失侯的张骞再次出使西域。此次出使的目的是要通好乌孙，来断匈奴右臂。张骞出使乌孙，巧妙利用了乌孙争夺王位的矛盾游说乌孙归汉，又带乌孙使者前往见识汉朝国力，乌孙王信服，日益重汉。此后与乌孙和亲，同乌孙建立了良好的关系，在后来的汉匈战争之中产生了重要作用。此外，张骞还遣使出使西域诸如大宛、康居、大月氏、大夏、安息等国，在之后的数年，西域诸国均与汉朝往来。公元前 113 年，张骞卒。此后出行西域的使者都打着博望侯的名号来博取当地的信任，可见张骞的影响之大。"骞为人强力，宽大信人，蛮夷爱之。"(《史记·大宛列传》)作为出使西域的汉使，能十年持汉节并得到西域诸国的高度评价，足以说明张骞是一位文武双全、坚毅果敢的俊士，是能够彪炳青史的外交功臣。

武帝前期采取和亲、通关市等政策，后期采取武力攻击和文化交流政策来建构边疆民族关系，不仅解决了边患问题，同时跟西域诸国建立了良好的边疆民族关系。这样的边疆民族关系促进了中国与中亚、西亚各国人民的友好往来，扩大了中外交流。帮助解除了东北、西北各少数民族所受匈奴的威胁，送去了汉族先进的农业、手工业技术和文化成就，促进各族人民的通商和友好往来，推动了边疆少数民族的发展和民族间的融合，也使中国同中亚、西亚各国的经济文化交流比较通畅地开展起来。

2. 汉朝同西南夷、东越、南越及朝鲜的边疆关系构建

由于汉朝在构建同西南夷、东越、南越、朝鲜的边疆关系中情况较为类似且时间和事件均有交叉，为论述方便将四者放置一起讨论，四地大事件交叉时间见下表①：

时间	汉朝	西南夷	东越	南越	朝鲜
公元前135年	1. 汉武帝遣王恢出豫章、大农令韩安国出会稽，夹击闽越。2. 派唐蒙通夜郎。	汉在夜郎置犍为郡	闽越王弟善杀闽越王郢投汉。汉封丑为越繇王，继又封馀善为东越王（自此闽越变东越）。	闽越攻打南越，南越求汉出兵。后遣太子赵婴齐入中国，充任汉武帝宿卫。	
公元前112年	汉政府遣大将韩千秋进兵征讨南越。	置牂柯郡		南越相吕嘉不乐归中国，杀樛太后及国王赵兴，立赵建德为王。	

① 此表根据《史记·西南夷列传》《史记·东越列传》《史记·南越列传》《史记·朝鲜列传》、王云度《秦汉史编年》编制。

续表

时间	汉朝	西南夷	东越	南越	朝鲜
公元前111年	于南越故地置南海、苍梧、交趾、合浦、郁林、九真、日南、珠、儋耳、象郡十郡。	西南夷叛中国，汉中郎将郭昌平之，置越巂、汶山、武都、沉黎郡。夜郎入朝。	骆馀善叛中国，称武帝。	汉伏波将军路博德攻南越，陷其京都番禺、执吕嘉、赵建德，南越亡。	
公元前110年	楼船将军杨仆攻东越		东越王馀善为其下所杀，尽迁其民于江淮间，其地遂空。		
公元前109年	1. 中郎将郭昌攻滇国。2. 楼船将军杨仆、左将军荀彘，进兵攻朝鲜。	滇王降，置益州郡。			朝鲜王卫右渠攻杀辽东郡都尉，汉天子乃募天下死罪击朝鲜。
公元前108年	汉在朝鲜置乐浪、临屯、玄菟、真番等四郡。				朝鲜斩其王卫右渠降汉。

从表中可看出，对四地的经营主要在武帝时期。一直以来，汉匈之间的拉锯战从高祖时期就遗留下来，武帝时终于有了足够的国力来抗击匈奴。对于四地的经营，虽然也显示了武帝一统天下的雄心，但同经营西域相比，并没有出动汉王朝的精锐军队，经常是征募恶少年、罪人等前往。而四地的军事力量毕竟也没有匈奴那么强大，因此汉王朝更倾向于用封王、送大量财物的政策进行安抚归顺并设置郡县，而不是武力征伐。

南夷夜郎作为军事要地是击破南越的关键。从夜郎顺流而下入南越比较通畅，但经蜀地进入南越却颇为困难。于是在公元前135年，时汉新破东越，汉通过财物安抚政策在夜郎置犍为郡，作为将来经营南越的军事要塞。之后由于对抗匈奴分身乏术，西南夷几次造反兴兵耗费又无功，公孙弘上书劝武帝放弃对西南夷的经营，武帝便放弃了西夷，但没有放弃南夷和夜郎。真正促使武帝打通西南夷的起因仍是为了抗击匈奴。张骞第一次出使西域时，在身毒国发现了蜀地的竹杖和细布。他认为如果能从蜀地出发经身毒进入大夏国，就能避免匈奴的阻击，开辟一条新的西域路线，不仅能带来经济贸易往来，更可沟通西域来制衡匈奴。因此通西南夷的建议被武帝采纳。武帝派王然于等人前往寻找身毒国，却被昆明国所阻。但夜郎和滇王的自大引起了武帝的注意。后来南越反，在汉朝调遣南夷的军队攻打南越时却遭到南夷的反抗，汉朝发兵平南越，南越破后，及汉诛且兰、邛君，并杀笮侯，冉、駹皆震恐，请臣置吏。乃以邛都为越嶲郡，笮都为沈犁郡，冉、駹为汶山郡，广汉西白马为武都郡。后又降服滇王，设益州郡，赐滇王王印。自此，完成了对西南夷的经营。

同在公元前135年，闽越郢王攻打南越，南越向汉王朝请求出兵。武帝派遣王恢出豫章、大农令韩安国出会稽，夹击闽越。闽越王弟馀善慑于汉朝军威，与大臣合谋诛杀王兄郢而降汉。汉后立馀善为东越王。但馀善却并未诚意归顺，而是伺机反扑。在公元前112年，南越相吕嘉不愿归汉，杀南越樛太后及王赵兴，立赵建德为王。武帝遣大将韩千秋进兵征讨南越。此时东越王馀善自请出兵8000增援汉军，却迟迟不来，还私下暗通南越。韩千秋破南越后请求顺势攻打东越，武帝没有同意。公元前111年，馀善自立为武帝，汉朝出兵伐东越。后馀善被其部下所杀，东越亡。其民迁于江淮之间，融入汉民族当中。

汉朝对朝鲜的经营开始较早，"会孝惠、高后时天下初定，辽东太守即约满为外臣，保塞外蛮夷，无使盗边；诸蛮夷君长欲入见天子，勿得禁止。以闻，上许之，以故满得兵威财物侵降其旁小邑，真番、临屯皆来服属，方数千里。"然而随着势力的增强，传至右渠时，已经不再朝见天子，周边的小国想要建立同汉朝的关系也被右渠阻断。在这种情况下，汉朝发兵攻朝鲜。公元前109年，遣楼船将军杨仆从齐浮渤海，兵五万人，左将军荀彘出辽东。公元108年，朝鲜斩其王右渠降汉。汉置乐浪、临屯、玄菟、真番等四郡。

对西南夷的经营主要出于军事和贸易目的，南越、东越、朝鲜都不同程度上是由于各自王在归顺汉朝的情况下仍然伺机一家独大，而汉朝军队同这三地交火相对于同匈奴的战争损耗程度而言是比较低的。在《史记·匈奴列传》中我们能精确地看到司马迁所展示的双方伤亡情况数字，但在这四传中却未见明显伤亡数字。在可能劝服的情况下尽量不采取武力征服，这也是汉朝在经营这四地同经营匈奴的不同之处。

　　总体而言，汉朝在同边疆地域构建民族关系时，呈现动态变化之势。这与当时汉朝的国力和战略制定不同有着密切关系，出于不同的经营策略的考虑，在面对匈奴时于前期采取和亲、岁贡财物、通关市等政策，武帝时期采取武力征伐、设郡县并迁居流放人口居住、通西域等政策完成了对匈奴和西域的经营。对于东越、南越、西南夷、朝鲜则以劝服归顺为主，武力征伐为辅。经过汉代近 70 年的休养生息，于武帝时完成了对边疆民族地区关系的构建，在秦代大一统的基础上又扩大了影响范围，使中国融入诸多其他民族，促进了各族人民之间的文化交流，加深了各族人民的交往互动，使我国成为了一个统一的多民族国家，为之后各民族进一步融合奠定了基础。

二、《史记》中的民族思想

　　汉代对于围绕在中原王朝周边的民族态度，从一味驱逐到期望互利共赢的思想转变，从"夷夏之辨"到理性了解并试图达到互通有无的局面，再到最终形成大一统形势的变化，在《史记》"边疆六传"中有着清晰的呈现，从中能够看到司马迁在看待同边疆民族关系问题上的诸多进步的民族思想。

1. 民族同宗——海纳百川的大国情怀

　　司马迁认为匈奴的起源和汉族一样，都属于华夏子孙。"匈奴，其先祖夏后氏之苗裔也，曰淳维。"（《史记·匈奴列传》）司马迁的时代还没有产生人类学，更无法用科学的手段来研究人种归属问题。然而他却得出了几千年后与人类学家相同的结论。在 1995 年于意大利佛罗伦萨召开的国际人类学与民族学联合会中期会议的执委会和常委会上，一致通过的《关于种族概念的声明》，其中第一点就是："生活在现今的所有人类属于单一人种，即智人（Homo sapiens），并拥有共同的血统。"我国学者韩康信、潘其风先生也有相似观点:"中国地处亚洲的东方,地域广阔,人口众多,又是多民族的国家。但是在近十亿人口中,除了少数边缘省区的一些少数民族之外,在人种上,绝大多数属于蒙古人种主干下的各种类型。地下出土的丰富的古人类学材料证明,中国又是蒙古人种发祥地的重要地区,中国的古代和现代文明就是在这种人种学背景下繁荣昌盛起来的。"[①] 对于匈奴族的人种归属他也指出:"匈奴族的人种构成是多元的,活动于现今蒙古人民共和国境内和西伯利亚的匈奴族居民,在种系成分上主要为蒙古人种中的古西伯利亚类型,在略晚的时期又增加了某些欧罗巴人种的因素,而生活在我国境内南流黄河两岸的匈奴族及其先民的体质类型中,则主要包括有北亚蒙古人种和东亚蒙古人种的两种成分。"[②] 对于西南夷、南越、东越、朝鲜四地的民族,司马迁均认为都属于华夏民族。这里的华夏民族显然是人种学上的定义,而不是民族学的定义。从人种学上而言我们都属于蒙古人种。只是在民族学的划分上,根据文化、生活地域、语言等因素的不同,我们属于不同的民族。司马迁正是站在民族同宗的高度上,彰显着汉朝海纳百川的大国胸怀。这种大国胸怀的彰显,是秦始皇首创的大一统思想在汉朝的进一步发扬光大,也是汉朝国力增强前提下希望兼济天下的大国风范,这是建立和谐边疆民族关系的思想基础。只有怀着民族同宗思想的开放胸襟去包容和理解其他民族的文化,在处理和周边民族关系的问题上才能尽量去避免冲突和矛盾,从而建立和谐的边疆民族关系。

2. 互相尊重——友好交往的基本要求

不可否认的是,大一统思想影响着对司马迁民族思想的形成,但如果我们仔细分析汉朝和匈奴之间的关系,我们就能发现司马迁不仅提倡民族同宗,还提倡在相互尊重的前提下进行交往。不同于先秦时期的"夷夏之辨",而是将边疆民族政权作为客观描述的对象入正史。这主要体现在对匈奴、西南夷等边疆民族生活习性、性格特征等的客观描述中,面对边疆民族没有情感倾向、没有好坏之分,在封建社会实属难得。又如从他在《史记·大宛列传》中描述张骞在"凿空"西域所做出

---

① 韩康信、潘其风:《古代中国人种成分研究》,《考古学报》1984 年第 4 期。

② 潘其风:《从颅骨资料看匈奴族的人种》,《中国考古学研究》(二),科学出版社 1986 年版,第 192-301 页。

的贡献及通过西域诸国对张骞的一致认可，来侧面反映他对张骞秉持互相尊重的民族意识持赞成态度。"然张骞凿空，其后使者往皆称博望侯，以为质于外国，外国由此信之。"张骞深入了解了匈奴及西域诸多民族的生活习惯、宗教信仰、性格特征等，尽管从当时汉朝的外交目的来看，张骞并没有真正意义上完成任务，但他深入西域多国进行交流交往，从外交的角度而言无疑是非常成功的。正是因为张骞秉持互相尊重的交往态度，本着构建和谐边疆民族关系的愿景，才能完成同西域诸国建立友好和谐的民族关系和贸易关系、加深文化交流这一伟大成就。这也是司马迁所提倡所认可的民族思想。而这种具有平等意识的思想跟武帝所倡导的大一统思想并不相背离，大一统是外在表现，互相尊重意识是内核。武帝是纵横天下的帝王气象，司马迁是海纳百川的大国情怀。如此西汉的民族思想才是完整而统一的。

3. 和平共处——尊重生命的人文关怀

汉武帝在大一统思想的影响下，开疆拓土，完成了同周边民族地区的经营，初步构建了同边疆的民族关系。但长年出兵同匈奴作战，对南越、东越、西南夷、朝鲜等地出兵对汉朝的国力带来了较大的损耗，大量士兵在战争中死亡，加重了百姓的生活负担。太史公曰："世俗之言匈奴者，患其徼一时之权，而务谄纳其说，以便偏指，不参彼己；将率席中国广大，气奋，人主因以决策，是以建功不深。尧虽贤，兴事业不成，得禹而九州宁。且欲兴圣统，唯在择任将相哉！唯在择任将相哉！"司马迁对匈奴长年侵扰汉地边境的问题是痛恨的，对于武帝出兵抗击匈奴的侵扰是肯定的。但后期由于汉武帝好大喜功，一定要让匈奴臣服自己，又任用并不善于抗击匈奴的李广利作为将军，因此造成了战争的失败。公元前 99 年，贰师将军李广利率 3 万骑出酒泉，死伤十分之六七，突围返回，李陵被俘。公元前 97 年，李广利率骑兵六万、步兵七万出朔方击匈奴，强弩将军路博德率万余骑出居延，协同李广利作战；游击将军韩说率步兵三万，因杆将军公孙敖率骑兵万余、步兵三万分别出五原、雁门击匈奴。匈奴单于亲率十万骑迎战李广利于余吾水南，双方平手撤军。公元前 90 年，李广利率军七万出五原，御史大夫商丘成率军二万出西河；重河侯马通率四万骑出酒泉。汉军大败，李广利降匈奴。四场大战，汉朝 3 负 1 平，损失数十万，国内经济趋于崩溃，民怨沸腾，汉武帝无奈之下停止了对匈奴用兵，下诏罪己，发展生产，恢复国力。

司马迁并不反对武帝对匈奴出兵，但在没有充分了解对方和自己的实力的情况下，只是为了建立军功就发动战争，无疑是不可取的。这会带来无谓的伤亡，给百姓带来沉重的负担和伤痛，加深民怨。在六部边疆民族列传中，《匈奴列传》中对双方交战产生的伤亡数字记录是最多也是最精确的，几乎每一次都有伤亡记录。这些数字的背后便是一个个生命的消失。他们确实立下了赫赫战功，但这种战功背后却沾染着无数人的鲜血。汉乐府民歌《战城南》中即是戍边战士反战情绪的反映："战城南，死郭北，野死不葬乌可食。为我谓乌：且为客豪！野死谅不葬，腐肉安能去子逃？水声激激，蒲苇冥冥；枭骑战斗死，驽马徘徊鸣。梁筑室，何以南？何以北？禾黍不获君何食？愿为忠臣安可得？思子良臣，良臣诚可思：朝行出攻，暮不夜归！"因此，反对发动"不参彼己"的战争体现着司马迁对生命的尊重及对个体的人文关怀。

综上所述，通过汉代边疆民族关系的构建，认为《史记》中的民族列传体现着司马迁民族同宗、互相尊重、和平共处的民族思想，不仅在当时为构建和谐的边疆民族关系起到了正面积极意义，即使在现今处理民族关系时也具有重要的参考意义。

《史记》感生神话的生成谱系及意蕴变迁

本文作者于玉蓉。文学博士，就教于中央民族大学预科教育学院。

　　《史记》作为中国正史之典范，以其对历史的实录闻名后世。司马迁在书中多次申明自己对史料"择其言尤雅"的遴选原则，如"百家言黄帝，其言不雅训，荐绅先生难言之"（《史记·五帝本纪》本文凡引《史记》不出注）（《五帝本纪》），"至《禹本纪》《山海经》所有怪物，余不敢言之也"（《大宛列传》）。但通观全书可见，《史记》中仍有"不雅训"的记载。尤其是八则感生神话饱受后世诟病。"盖史公作史，每采世俗不经之语，故于《殷纪》曰吞卵生契，于《周纪》曰践迹生弃，于《秦纪》又曰吞卵生大业，于《高纪》则曰梦神生季，一似帝王豪杰俱产生于鬼神异类，有是理乎？"[①]

　　历代学者对《史记》感生神话做出了"民知其母不知其父""圣人无父""神道设教""宠神其祖""群婚制""母系社会遗存""图腾崇拜"等释读。《史记》八则感生神话看似生发自同一"神话原型"，然其意蕴相殊，幽深处有待辨析发微。"中国古史是层累地造成的"[②]，神话在漫长的传播过程中也呈现层累生成的谱系。我们对待古史及神话资料"也应该像田野考古一样，要弄清它的'地层'关系。"[③] 本文将从神话学的专业视角出发，立足《史记》文本叙事，结合历史学、考古学、古文字学、人类学等多学科研究成果，对《史记》八则感生神话作出"地层"

---

　　① 梁玉绳：《史记志疑》，中华书局 1981 年版，第 45 页。

　　② 顾颉刚：《与钱玄同先生论古史书》，《古史辨》（第一册），上海古籍出版社 1982 年版，第 60 页。

　　③ 李学勤：《中国古代文明与国家形成研究》（上编），中国社会科学出版社，2007 年版，第 140 页。

的划分并剖析其神话意蕴之变迁，对"感生神话"这一经典母题作出富有新意的探讨。

一、《诗经》商周始祖感生神话考辨

现存最早的记录感生神话的传世文献之一当属《诗经》中的《商颂·玄鸟》《大雅·生民》等诗歌，其记录相对完整。《史记》商周感生神话也正是以此为重要史料来源，司马史公曾提到"余以《颂》次契之事，自成汤以来，采于《书》"（《殷本纪》），"故《书》道唐虞之际，《诗》述殷周之世"（《平准书》）。所以，要理解《史记》感生神话，我们有必要先考察《诗经》涉及感生情节篇目的"表述神话时间"① 等相关问题，以此为起点才能进一步分析。现将其摘录如下：

> "天命玄鸟，降而生商，宅殷土芒芒。"（《诗经·商颂·玄鸟》）
> "有娀方将，帝立子生商。"（《诗经·商颂·长发》）
> "厥初生民，时维姜嫄。生民如何？克禋克祀，以弗无子。履帝武敏歆，攸介攸止，载震载夙。载生载育，时维后稷。诞弥厥月，先生如达。不坼不副，无菑无害，以赫厥灵。上帝不宁，不康禋祀，居然生子。诞寘之隘巷，牛羊腓字之。诞寘之平林，会伐平林。诞寘之寒冰，鸟覆翼之。鸟乃去矣，后稷呱矣。"（《诗经·大雅·生民》）②

有关《商颂》的创作年代自汉代以来就聚讼纷纭③，归纳起来无外

---

① 对于"神话"与"时间"的关系，神话学家通常会从两个维度来探讨：一是"神话表述时间"，即神话文本内显现的时间；二是"表述神话时间"，即指神话文本被记录的时间。参见陈泳超：《从感生到帝系：中国古史神话的轴心转折——兼谈古典神话的层累生产》，《民俗研究》2018 年第 3 期。

② 周振甫：《诗经译注》，中华书局 2002 年版，第 512、514、394-395 页。

③ 有关《诗经·商颂》的"作期"，最早的记录是《国语·鲁语》："昔正考父校商之名颂十二篇于周之太师，以《那》为首。"后世争论的焦点就在于对其中"校"字的理解：一种观点认为，既然是校对或校订，则说明是据殷商旧本，古已有之。汉代古文学派毛诗以及历代有代表性《诗经》注疏著作如唐代司马贞《史记索隐》、孔颖达《毛诗正义》，宋代朱熹《诗集传》，清代马瑞辰《毛诗传笺通释》等均持此观点。另一种观点则认为"校"是"献"的意思，《商颂》盖宋周中叶宋人所作，以祀其先王。正考父献之于周太师，而太师次之于《周颂》之后"。参见王国维：《观堂集林·说商颂下》（上），中华书局 1959 年版，第 114 页。

乎两种观点：或认为是商代古诗，为贵族祭司所作；或认为是周代宋人正考父所作，周代封建之宋实则为殷商遗民之国。既然《商颂》的"作期"难以确定，那么《玄鸟》《长发》中感生神话的被表述时间就有待详细考辨。如何甄别及归类商周神话材料，张光直先生曾专门撰写《商周神话之分类》，该文认为要将一则神话资料归为商代，有两种证据来源，一是商代传世文献，二是出土殷商卜辞和金文。前者在他看来已是一字难求，因为"在现存的历史文献中，真正的商代文献恐怕是不存在的……《书经》中或许有少数的句子，或零碎的观念，代表商代的原型，但其现存的形式无疑是周人的手笔。"所以他认为"要研究商代的宗教和神话，我们非用卜辞来做第一手的原始资料不可。"① 自 20 世纪以来不断出土的甲骨卜辞确实为我们提供了新的佐证，成为学者们研究该问题的突破点。综合殷虚卜辞研究成果，我们对《商颂》两首诗中记载的感生神话有如下三点理解：

第一，《商颂》中的《玄鸟》与《长发》虽然本自殷商旧诗，但呈现在《诗经》中已经是周人的手笔。王国维先生充分利用出土文献作为"第二重证据"，力主《商颂》"为宋诗而不为商诗"，他认为"自其文辞观之，则殷虚卜辞所纪祭礼与制度文物，于《商颂》中无一可寻，其见之人地与殷时之称不类，而反与周时之称相类，所用之成语，并不与周初类，而与宗周中叶以后相类，此尤不可不察也。卜辞称国都曰商不曰殷，而《颂》则殷商错出，卜辞称汤曰大乙不曰汤，而《颂》则曰汤曰烈祖曰武王，此称名之异也。其语句中亦多与周时相袭。"② 随着甲骨卜辞面世数量的增多，相关研究不断引向深入，江林昌先生通过使用 20世纪末殷墟花园庄东地所出的甲骨文等出土资料，指出"《商颂》在商代确实已在贵族阶层中流传了"。③ 然所流传《商颂》与《诗经·商颂》是否有变化则难以确定。陈炜湛先生将甲骨文及同期金文与《诗经·商颂》全面比较，并做出量化统计，发现"《商颂》词语大部分于甲骨文及同期金文有证"。尤其是载有感生神话的《玄鸟》一诗，其语词见于

---

① 张光直：《商周神话之分类》，《中国青铜时代》，生活·读书·新知三联书店 2013年版，第 377 页。

② 王国维：《观堂集林·说商颂下》（上），中华书局 1959 年版，第 116-117 页。

③ 江林昌：《甲骨文与〈商颂〉》，《福州大学学报》（哲学社会科学版）2010 年第 1期。

甲骨文、殷金文者占了五分之四，并"推测《商颂》的原始记录形式为三言句或以三言为主。"① 比如《玄鸟》可能最初的形式为："帝命鸟，降生商。宅殷土，土亡（芒）亡。"这与《诗经》中的四言诗相比，在文学形式上存有较大差异；更何况，语词虽然本自殷人，但思想已生大变，"就和满人入关前后所有的文诰是仰仗汉人的手笔一样，不过文字虽然是殷人做的，意思可以说是周公授的。"②

由此可知，载有商族感生神话的《玄鸟》与《长发》虽然"神话表述时间"可远溯殷商，其中不乏殷商原诗旧貌和审美旨趣；但从"表述神话时间"来看，应当与记载周族感生神话的《生民》等而视之——都是研究周代思想的神话材料。

第二，《商颂·玄鸟》《商颂·长发》与《大雅·生民》作为周代神话，映射出商周鼎革之际思想的重大嬗变。从甲骨卜辞研究成果来看，殷虚卜辞中常有"帝令（命）雨""帝降堇"等语，"绝不曾称之为天"③，"《商颂》中有少数双音词习见于西周金文如无疆、眉寿、天命、天子、降福，不可能为原诗所有，必为后所改易或添加。"④ 所以《玄鸟》首句"天命玄鸟"更似周人表述。在商人的宗教世界中，祖宗神就是至上神；但在周人看来，"帝的意志"或者说"天命"才是至高无上的，是社稷存亡的合法性依据。故而《诗经》中"天命玄鸟""帝立子生商""履帝武敏歆"的表述都渗透了周人的信仰与意识。值得注意的是，相比商契的诞生，周后稷出生后有一段颇为跌宕的"三弃三收"的经历，并因屡被抛弃的遭际而被命名为"弃"，既显示出命运的多舛，更体现出天命的必然。这表明天命观在周人信仰与思想中彰显出更加重要的作用。

第三，结合殷商卜辞与青铜器铭文可以看出，《诗经》商周始祖神话中的感生情节与原始宗教观念有关，或为上古图腾崇拜遗存。对于上

---

① 陈炜湛：《商代甲骨文金文词汇与〈诗·商颂〉的比较》，《中山大学学报》（社会科学版）2002 年第 1 期。

② 郭沫若：《先秦天道观之进展》，《郭沫若全集》（历史编第一卷），人民出版社 1982 年版，第 338 页。

③ 郭沫若：《先秦天道观之进展》，《郭沫若全集》（历史编第一卷），人民出版社 1982 年版，第 321 页。

④ 陈炜湛：《商代甲骨文金文词汇与〈诗·商颂〉的比较》，《中山大学学报》（社会科学版）2002 年第 1 期。

古神话与历史材料中出现的动物是否全部具有宗教神圣性，是否将其解释为图腾崇拜，不少学者认为应该持保守态度。比如商周早期神话中，动物所扮演的角色具有多样性[①]，并不一定是图腾崇拜的表征。另有学者深刻反思古史研究中的"泛图腾主义"现象。[②] 施爱东先生详细梳理了自 1903 年严复将图腾理论译介到中国之后，伴随着民族危难时期的学术救亡运动的时代背景，图腾主义在上古史学中逐步兴盛乃至泛滥的学术史，指出了学者们经常出现的"选择性失明"的倾向，对神话资料的使用过于注重主观阐释。[③]

那么在传世文献与考古资料不足的情况之下，我们是不是就此陷入"顾颉刚难题"[④] 当中呢？是不是就止步于图腾主义的泛滥与反思，就此陷入怀疑主义当中呢？"中国"境内史前是否存在过图腾崇拜的原始宗教形式？到商周时期是否还保存了图腾崇拜的痕迹？叶舒宪先生在反思"泛图腾崇拜"的基础上，主张通过四重证据法[⑤]，用图像叙事与实地踏查来弥补传世文献与出土文献之不足，"图腾信仰产生在人兽不分的史前时代，那个时候尚没有文字，除了刻画图像、雕塑等视觉符号之外，文化和观念都通过民间口头传承。所以，如何利用那个时代遗留下来的

---

① 张光直认为在早期的神话里，动物所扮演的角色有下面这几种：为氏族始祖诞生之必要因素，如子姓与玄鸟的关系；为神之使者，如凤；为氏族始祖的保护者，如《诗·生民》里所述后稷与牛羊鸟的关系；为祖先宾上帝之伴侣，如夏后启与两龙的关系。参见张光直《商周神话与美术中所见人与动物关系之演变》，《中国青铜时代》，生活·读书·新知三联书店，2013 年版，第 416 页。

② 参见常金仓：《古史研究中的泛图腾论》，《陕西师范大学学报》（哲学社会科学版）1999 年第 3 期。

③ 施爱东：《龙与图腾的耦合：学术救亡的知识生产》，《民族艺术》2011 年第 4 期。

④ 顾颉刚曾在 1946 年写下题为《不能以一部分之真证全部皆真》读书笔记，参见顾颉刚：《顾颉刚读书笔记》，台北：台湾联经出版事业公司，1990 年，第 67 页。张京华对此评价："上古实物特别是文字与文献的遗失，使得'以全部之真证全部皆真'为不可能，使得古史重建'拿证据来'为不可能，使得疑古'永远有理'，此可称之为'顾颉刚难题'"。参见张京华：《顾颉刚难题》，《中国图书评论》2008 年第 2 期。

⑤ 在王国维二重证据的基础上，叶舒宪进一步归纳"四重证据"如下：传统的第一重证据（文字训诂）之外，还有第二重证据（出土的甲骨文、金文等）、第三重证据（多民族民俗资料）、第四重证据（考古发掘和民间传世的古代实物和图像资料）。参见叶舒宪《第四重证据：比较图像学的视觉说服力——以猫头鹰象征的跨文化解读为例》，《文学评论》2006 年第 5 期；杨骊、叶舒宪：《四重证据法研究》，复旦大学出版社 2019 年版，第 24-35 页。

视觉符号，并结合遗留到文明时代之中的口传民间故事，追溯当时人对自然和社会认识之原初情境，是我们探考图腾由来的一条有效途径。"①他认为图腾是中华远古祖先神话的一条重要的原型线索，直至夏商周秦仍存有图腾崇拜观念。综合历代学者四重证据的论证与研究，尤其是民族学对于图腾崇拜观念下人类对于生殖理解的调查资料可推知，商氏族确实还保有以玄鸟为图腾、因图腾而受孕的原始宗教观念或思想遗存。在此基础上，我们可再结合传世文献和卜辞铭文加以佐证。如于省吾先生认为商代青铜器'玄鸟妇壶'三个字合书的铭文"系商代金文中所保留下来的先世玄鸟图腾的残余"。②胡厚宣先生则通过八块甲骨、十条卜辞指出了商族先公名号与鸟图腾存在关联，"'亥'字均从鸟或从隹"。③

如果说将"玄鸟"解释为商族图腾之一，可援举的资料尚数丰富的话；周族感生神话与图腾崇拜的关联相对薄弱。孙作云先生的"熊图腾说"较有影响力。他认为《大雅·生民》所记"履帝武敏歆"，实则是"履大人迹"或"履巨人迹"，"姬"字即"熊的脚印"，周氏族的图腾即是熊。④另有学者认为，周族感生神话是沿袭"玄鸟生商"而来，"更仿着简狄的故事造一个姜嫄，或者是把自己的宗母推到了帝喾和后稷的中间，与殷人认成了同宗。"⑤所以，周始祖感生神话是否反映了远古的图腾崇拜，还是承袭自殷商感生神话的模式，这其间还有待进一步论证；但作为神话资料而言，确实反映的是周人的思想。

综上，《诗经》所记有关商周始祖感生神话既体现出周代的时代精神，又呈现出周代诗歌的文学特征，成为中国"感生神话"保存在传世文献中的最初的"神话原型"，后世谶纬神话或帝王神话的感生情节莫不生发于此：在结构上都是先介绍神话人物之名，再述说其母之名，核心情节是其母感灵而受孕，感生之子（或氏族始祖、或诸侯国君主、或开国帝王）由此诞生。感生情节保留原始宗教观念，借此赋予氏族祖先

① 叶舒宪：《熊图腾》，上海文艺出版社 2007 年版，第 104 页。

② 于省吾：《略论图腾与宗教起源》，《历史研究》1959 年第 11 期。

③ 胡厚宣：《甲骨文所见商族鸟图腾的新证据》，《文物》1977 年第 2 期。

④ 孙作云：《周先祖以熊为图腾考——〈诗经·大雅·生民〉、〈小雅·斯干〉新解》，《诗经与周代社会》，中华书局 1966 年版，第 7-18 页。

⑤ 郭沫若：《先秦天道观之进展》，《郭沫若全集》（历史编第一卷），人民出版社 1982 年版，第 338 页。

一种神性的力量，从而有助于建立对氏族始祖的崇拜。这也是感生情节在后世的政治神话中反复出现的根本原因。

二、《史记》对先秦"商周感生神话"的重述

正如上文所强调，神话所言说的是其被表述时代的信仰、思想与文学特征。周代神话反映了周代的精神特质；同样地，西汉神话反映的则是西汉所呈现的新的精神特质。《史记》在《殷本纪》《周本纪》中对先秦商周感生神话进行了重述，体现出以司马迁为代表的知识阶层为西汉大一统造势的时代风貌。

> "殷契，母曰简狄，有娀氏之女，为帝喾次妃。三人行浴，见玄鸟堕其卵，简狄取吞之，因孕生契。"（《史记·殷本纪》）

> "周后稷，名弃。其母有邰氏女，曰姜原。姜原为帝喾元妃。姜原出野，见巨人迹，心忻然说，欲践之，践之而身动如孕者。居期而生子，以为不祥，弃之隘巷，马牛过者皆辟不践；徙置之林中，适会山林多人，迁之；而弃渠中冰上，飞鸟以其翼覆荐之。姜原以为神，遂收养长之。初欲弃之，因名曰弃。"（《史记·周本纪》）

将上述《史记》所记商周始祖感生神话与《诗经》所记相比对，除了文学样式从诗歌变成散文之外，《史记》的演绎更加生动形象。比如商契的诞生，《诗经》简言"玄鸟生商""帝命子生商"，而《殷本纪》则详叙其过程，如同一帧帧分镜头：先是玄鸟堕卵，然后是简狄吞卵，最终受孕生契。再综合《周本纪》所记，我们从中可以解读出如下三点神话意蕴：

第一，《史记》叙事中为商周始祖神话中的感生之母增加了身份，分别为"帝喾次妃"和"帝喾元妃"，也就是说为商周始祖确定了"父亲"，两个始祖竟同出一父。在先秦文献中，商周始祖无论是感"玄鸟"而生，还是感"天"而生、感"帝"而生，都是"圣人无父"；而在《史记》中则出现了"有父"与"无父"的矛盾。为了解释这个矛盾，《史记·三代世表》中录有如下一问一答：

> "张夫子问褚先生曰：'诗言契、后稷皆无父而生。今案诸传记

咸言有父，父皆黄帝子也，得无与诗谬乎?'

褚先生曰:'不然。诗言契生于卵，后稷人迹者，欲见其有天命精诚之意耳。鬼神不能自成，须人而生，奈何无父而生乎! 一言有父，一言无父，信以传信，疑以传疑，故两言之。'"

褚少孙作为《史记》续补者，他与司马迁代表了汉代学者共同的思想倾向:感生神话既是可疑的，也是可信的。一方面"吞卵""履迹"而孕在他们看来确实不符常理;但另一方面他们笃信"天命精诚之意"，而天意正是通过各种神异现象表征于人间。圣人虽秉承天命，但也"须人而生"，所以"有父"与"无父"在他们看来是逻辑自洽的。在《史记》中，汉代几位帝王的诞生也莫不如此。比如刘邦既是感"龙"而生，又有生父刘太公。这将在下文详述。

第二，正是通过在商周始祖神话里添加"夫系""父系"，《史记》叙事编排出三代共祖的线性发展轨迹，但这其间层累生成的先后顺序有必要理清。在《史记》的文本中，商周二本纪之前有《五帝本纪》。按照"神话表述时间"，《五帝本纪》所记载的有关黄帝、颛顼、帝喾、尧、舜等古帝代表了更为久远的神话传说时代，要远远早于商周时期，因为在司马史公的笔下，三代氏族的始祖均是五帝后裔，比如夏禹是黄帝之玄孙、帝颛顼之孙;商契为帝喾之子，其母为帝喾次妃，曾辅佐大禹治水，被帝舜封于商;周后稷也是帝喾之子，其母为帝喾元妃。然而从"表述神话时间"来看，司马迁将"五帝"置于"三代"之前的做法正是20世纪以顾颉刚先生为代表的"疑古派"所指出的"古史是层累地造成的"，即"时代愈后，传说的古史期愈长"，"周代人心目中最古的人是禹，到孔子时有尧舜，到战国时有黄帝神农[①];到西汉初年，司马迁把在战国时才声名日隆的"黄帝"，按照西汉大行其道的"阴阳五行说"，安放在了五帝之首。《史记》卷一《五帝本纪》中对诸古帝的生平仅有"生而神灵，弱而能言""自言其名"等寥寥几句略带神异性的描写，并无感生情节。卷二《夏本纪》对始祖夏禹的描写则更加平实，直到卷三《殷本纪》、卷四《周本纪》的始祖神话中才出现感生情节。虽然在后起的汉代谶纬神话中，黄帝、颛顼等古帝甚至夏禹均被"安

① 顾颉刚:《与钱玄同先生论古史书》，《古史辨》(第一册)，上海古籍出版社1982年版，第60页。

排"了感生情节，如"大电光绕北斗枢星，照郊野，感附宝而生黄帝""瑶光如蜺贯月，正白，感女枢，生颛顼""庆都与赤龙合昏，生赤帝伊祁，尧也""握登感大虹，生大舜于姚墟""禹母脩己，吞薏苡而生禹"①，但其人为造作之痕迹愈发明显，其神话意味已不可与商周感生神话同日而语。

　　第三，《殷本纪》和《周本纪》中的始祖感生神话像两个来自上古的珍贵标本，经司马史公采撷入史之后，本身附着的有关初民信仰的信息得以保存于正史，同时也在历代正史的反复书写中被赋予了新的生命力。司马迁曾多次提及自己"网罗天下放佚旧闻"（《太史公自序》），"余尝西至崆峒，北过涿鹿，东渐于海，南浮江淮"（《五帝本纪》），可见其史料来源是多重的，能够做到不拘泥于书面文献的记载，在实地踏访中搜罗民间口传神话传说。民间的口承神话有其独特的流播途径，虽历经百代相递仍保持着蓬勃的生命力和相当的可信度，尤其是涉及氏族起源神话或者始祖诞生神话，则更是代代相传、深入人心且真实度高。司马迁虽然已言明《殷本纪》《周本纪》感生神话是据《诗经》为史料，但也有可能参阅先秦其他相关文献②，甚至有可能采信了民间口传神话传说。比如《周本纪》中涉及感生神灵究竟是"大人""巨人"还是"帝"的选择，司马迁没有采信《诗经》中的"履帝武敏歆"，而是"见巨人迹"，这表明其史料来源是多样的。

　　除此之外，《史记·秦本纪》中所记秦始祖感生神话，与殷商始祖感生神话如出一辙：

　　　　"秦之先，帝颛顼之苗裔孙曰女修。女修织，玄鸟陨卵，女修吞之，生子大业。"（《史记·秦本纪》）

　　《史记·秦本纪》所记秦始祖感生神话有可能参考秦汉流传的传

---

① 安居香山、中村璋八汇编：《纬书集成》，河北人民出版社 1994 年版，第 461、462、531 页。

② 比如其他东周文献："简狄在帝喾何宜，玄鸟致贻女何喜？"（《楚辞·天问》）另有新出土文献战国楚竹简《子羔》也记载禹、契、后稷"三王"感生神话，有可能是当时流传关于商周氏族感生神话的众多版本之一。参见马承源主编《上海博物馆藏战国楚竹简（二）》，上海古籍出版社 2002 年版，第 192-198 页。

说。① 有不少学者认为"此必秦人自附会其说，以神其姓裔耳"②。关于
秦人氏族来源，"西戎起源"曾一度为主流，认为秦据西部边陲，后东
进吞并六国；与此相反的观点认为"秦之先世本在东方，为殷诸侯，及
中潏始西迁"③。李学勤先生在清华简《系年》的释读基础上，指出"秦
人本来是自东方迁来的商奄之民，最早的秦文化应该具有一定的东方色
彩，并与商文化有较密切的关系"④。《史记》商、秦氏族感生神话中都
有"吞玄鸟卵"的情节，其中既有秦人氏族起源及迁徙的史影，也未尝
没有秦人"宠神其祖，以取威于民"的意图，从文本的生成来说，则没
有商周那般久远。

三、《史记》感生神话的分层

"神话（主要以叙事形式出现的）是对过去的指涉，来自那里的光
辉可以将当下和未来照亮。"商周始祖感生神话"作为久远的文化记忆，
可以对当下及未来提出规范性要求并拥有定型性力量"⑤，被记载在
《诗经》中成为"感生神话"最初的神话原型文本，《史记》前三则感生
神话正是基于此原型的重述与改写。而《史记》后五则感生神话都是新
生于大一统帝国的应时而制、应运而生的再造神话，不仅在表面的感生
方式上发生了变化，最重要的是其内涵与上述三则相比，已发生了很大
的不同。它们在有意或无意地模拟神话原型，来树立自己的权威，建立
行为的合理性。如果说商周感生神话在最初萌生和流传的过程中，每一
个口耳相传的人都相信自己说的是真的；而春秋以降的帝王后妃神话则
未必如此，感生神话的制造者旨在"神道设教"，试图利用民间信仰引
导民众和舆论，以实现自己的政治目的。《史记》八则感生神话如下表
所示：

---

① 藤田胜久：《〈史记·秦本纪〉的史料考察》，《〈史记〉战国史料研究》，曹峰、广
濑薫雄译，上海古籍出版社 2008 年版，第 258-259 页。
② 凌稚隆辑校：《史记评林》（第一册），李光缙增补，于亦时整理，天津：天津古
籍出版社，1998 年，第 264 页。
③ 钱穆：《国史大纲》（上），商务印书馆 2011 年版，第 120 页。
④ 李学勤：《清华简关于秦人始源的重要发现》，《光明日报》2011 年 9 月 8 日。
⑤ 扬·阿斯曼：《文化记忆：早期高级文化中的文字、记忆和政治身份》，金寿福、
黄晓晨译，北京大学出版社 2015 年版，第 73-75 页。

序号	感生情节	典出	类型	感生神灵
1	简狄吞鸟卵因孕生契	《殷本纪》	始祖神话	玄鸟
2	姜原践巨人迹动孕生弃	《周本纪》	始祖神话	巨人
3	女修吞鸟卵生子大业	《秦本纪》	始祖神话	玄鸟
4	刘媪梦蛟龙产高祖	《高祖本纪》	帝王神话	龙
5	郑贱妾梦天生穆公兰	《郑世家》	帝王神话	天
6	薄姬梦苍龙生孝文帝	《外戚世家》	帝王神话	龙
7	王美人梦日入其怀生武帝	《外戚世家》	帝王神话	日
8	童妾遭玄鼋孕而生褒姒	《周本纪》	后妃感生	龙漦

　　在商周秦的氏族起源神话中，血缘关系对于政治地位的取得至关重要。"始祖作为文化英雄的身份是君主权力合理合法的基础，血缘承续的正统性乃是子孙享有权利的保证。"[①] 而对于血缘关系的倚赖在后世的权力更替，尤其是改朝换代时却时常遭遇到挑战。权力经常在斗争中并未按照血缘承续给子孙，而是落入外姓之人，那么新的君王将如何论证自己统治的合法性呢？天命在这个过程中就起到了重要的作用，这在商周感生神话里已经初见端倪，在汉高祖刘邦身上更是大显其威。

　　虽然司马迁通过神话历史叙事，将五帝与三代始祖血脉相连，甚至秦人也与殷商有着密切的渊源。但纵使司马史公有再高明的史笔，也难以再将汉代开国皇帝刘邦与五帝三代找到血脉上的直接关联。《高祖本纪》的开篇这样记载："高祖，沛丰邑中阳里人，姓刘氏，字季。父曰太公，母曰刘媪。"行文提到了父亲、母亲，身份并不显赫，那么就只能通过君权神授的观念，来证实高祖刘邦是天命的君王。神化刘邦有一个较长的流传、发酵的过程，其中包括以刘邦为核心的统治者的政治意图，史官、儒生、方士等知识阶层的有意塑造，再加上民间传说的渲染烘托，是一个集体无意识被激发的合力过程。在《高祖本纪》中有很多描述来衬托刘邦的过人之处，其中也采用了感生神话的手段：

----

　　① 王青考察夏商周秦四朝的氏族起源神话，归纳三个共同内容——文化功绩、传承谱系和感生情节；并认为这三个内容的形成，与其帮助权威的建立、形成与维持的政治功能有关。参见王青：《商周秦汉时期政治神话的演变——以感生神话为中心》，《先唐神话、宗教与文学论考》，中华书局 2007 年版，第 7 页。

"其先刘媪尝息大泽之阪，梦与神遇。是时雷电晦冥，太公往视，则见蛟龙于其上。已而有身，遂产高祖。"

汉高祖刘邦的感生神话似在直接套用"神话原型"，由此而兴起的帝王诞生神话，人工合成的痕迹愈发明显。英国文化人类学功能学派奠基人马林诺夫斯基曾提出著名的"神话是特许状（Chater）"的观点。"马氏用这个词旨在强调，原始神话作为当时社会制度的证书，作为部落群体宗教信仰和道德的法典，具有神圣的不容置疑的性质，就好比中国历代皇帝的'钦定'诏书一样，后人只有毕恭毕敬地信奉和执行，用不着丝毫的思考和求证。"① 也就是说，神话原型就如同一张"特许状"，具有一种不证自明的权威性，而新造神话恰恰是挟"特许状"以自重，以此证明自身的合法性。所以，在司马迁笔下，始祖和帝王多天赋异禀，其诞生也多非同寻常。虽然《高祖本纪》以及其他诸卷中对刘邦不乏祛魅之笔，"剔除皇帝头上的神圣光圈"②，但这并不妨碍在司马迁的意识中，刘邦能够登基成为天子，是得天命的必然，其出生犹如契、后稷等一样带着神异色彩，那也是他所认可的情理之中的事情。这既不是后世注疏者所诟病的"雅不足也"③（《通志·总序》），更不能站在当代世界观的立场苛求司马史公史识不够"进步"，因为这是汉代学者的共识以及西汉思潮的折射。正如同褚少孙所言："人不知，以为泛从布衣匹夫起耳。夫布衣匹夫安能无故而起王天下乎？其有天命然。"

相比而下，三则"世家"中的感生神话的政治意味则更加浓重、更加直接：

> 二十四年，文公之贱妾曰燕姞，梦天与之兰，曰："余为伯儵。余尔祖也。以是为而子，兰有国香。"以梦告文公，文公幸之，而予之草兰为符，遂生子，名曰兰。（《史记·郑世家》）

> 薄姬曰："昨暮夜妾梦苍龙据吾腹。"高帝曰："此贵征也，吾为女遂成之。"幸生男，是为代王。（《史记·外戚世家》）

> 男方在身时，王美人梦日入其怀。以告太子，太子曰："此贵

① 叶舒宪：《英雄与太阳——中国上古史诗的原型重构》，陕西人民出版社，2005 年版，第 250 页。

② 张新科：《史记学概论》，商务印书馆 2003 年版，第 51 页。

③ 转引自张新科等主编：《史记研究资料萃编》（上册），三秦出版社 2011 年版，第 310 页。

征也。"未生而孝文帝崩，孝景帝即位，王夫人生男。（《史记·外
戚世家》）

由上可见，"龙"与"日"成为主要的感生神灵。从汉高祖刘邦感
龙而生开始，"龙"也逐渐成为中国正史中帝王与皇权的化身。和"刘
媪梦蛟龙产高祖"一样，以上三则"世家"所记感生神话都借由"梦
兆"的通神手段来实现感生。毕竟到了汉代，后宫妇人既不可能出游吞
鸟卵，也不可能野外履巨人迹，最为人信服的就是通过近在身边的、又
难以言明的通神手段——梦兆来实现感生。实际上，中国初民对梦兆与
梦占的重视由来已久。殷墟甲骨上可以看到关于梦的卜辞①，《周礼》中
有占梦设官制度的记载，《左传》里更是出现大量关于梦的描写。"殷商
以来浓厚的'天启'梦观，在西周初期即已添入人文思维，到了春秋战
国时期，在各种信仰、理智与调和倾向的梦观多轨并行下，对于梦的思
索，又染上浓厚的政治意味。"② 上述三则感生之梦往往关涉"立储"的
重大事件，有时甚至是感生之母获得宠幸的理由，言说者、听说者、书
写者仿佛有一种共识，"此贵征也"，感生之子定是非凡之辈。《外戚世
家》记载了汉文帝、汉武帝的诞生，二人均为汉高祖刘邦的后裔，在血
缘上已经具备了登基帝王的合理性，但在史官笔下，还是增加了感生情
节，借以说明他们能在众多后裔中脱颖而出、奉天承运，实乃天命所
在。在这些神话历史叙事中，我们不难发现这往往都是"追认"的过
程，都是感生之子在成为帝王之后，事后为其寻找之所以如此的必然
性。在我们看来，并不是因为有了感生的预兆才出现了帝王诞生与即
位；而是帝王登基之后，才有了相关感生神话的诞生与传播。

《周本纪》中还叙写了"童妾遭玄鼋孕而生褒姒"的经过，可谓是
《史记》感生神话中最特殊的一则。

> "昔自夏后氏之衰也，有二神龙止于夏帝庭而言曰：'余，褒
> 之二君。'夏帝卜杀之与去之与止之，莫吉。卜请其漦而藏之，乃
> 吉。于是布币而策告之，龙亡而漦在，椟而去之。夏亡，传此器殷。
> 殷亡，又传此器周。比三代，莫敢发之，至厉王之末，发而观之。

---

① 参见胡厚宣：《殷人占梦考》，《甲骨学商史论丛初集》，河北教育出版社 2002 年
版，第 447-466 页。

② 熊道麟：《先秦梦文化探秘》，学海出版社 2004 年版，第 21 页。

黐流于庭，不可除。厉王使妇人裸而噪之。黐化为玄鼋，以入王后
宫。后宫之童妾既龀而遭之，既笄而孕，无夫而生子，惧而弃之。
宣王之时童女谣曰："檿弧箕服，实亡周国。"于是宣王闻之，有夫
妇卖是器者，宣王使执而戮之。逃于道，而见乡者后宫童妾所弃妖
子出于路者，闻其夜啼，哀而收之，夫妇遂亡，于褒。褒人有罪，
请入童妾所女子者于王以赎罪。女子出于褒，是为褒姒。当幽王三
年，王之后宫见而爱之，生子伯服，竟废申后及太子，以褒姒为
后，伯服为太子。太史伯阳曰：'祸成矣，无可奈何！'"（《史记·
周本纪》）

这则感生神话最重要的特点就是感孕而生的是女性。其余七则感生
神话皆是在简洁的叙事中，为男性始祖或君王的伟大诞生铺陈光明与辉
煌的背景，人人闻之则喜，视之为吉兆；褒姒的诞生则弥漫着阴森惊悚
的氛围，生母弃之，视之为不祥。这段神话历史叙事字数最多，时间跨
度最久，可追溯至"夏后氏之衰"时，褒国的两位先君化而为龙，自报
家门于夏帝廷。夏帝占卜后将龙之涎沫用椟匣收藏之，历经有商一代而
未曾开启。而传此器至周，周厉王"发而观之"，正如同希腊神话中潘
多拉不听劝阻打开装满祸患的匣子，龙之涎沫化为玄鼋，终致童妾既龀
遭之，数年后即笄而受孕。及至周宣王闻童谣谶语而欲避之、周幽王遇
褒姒而爱之，最终祸成周亡。整个过程跨越夏商周三代，经历周朝三
君，行文情节跌宕，极具文学色彩，堪称小说家之言，如凌约言评：
"太史公叙事，每一人一事，自成一片境界，自用一等文法，观此叙褒
姒一段可见。又曰'布币而策告之''椟而去之''莫敢发之''发而观
之''裸而噪之''既龀而遭之''惧而弃之''执而戮之''哀而收之'
'见而爱之'，此文法之一也，后可以例观矣。"[1]钱锺书先生在点评《周
本纪》"褒姒不好笑，幽王欲其笑，万方故不笑"一段，曾提到"按贵
主不笑，人君悬重赏，求启颜之方，乃西方民间故事习用题材"[2]。纵观
褒姒诞生贯穿"宿命"的情节种种，实则也是中西方民间文学所习见；
而中国后世文学中"女人是祸水"的母题在褒姒感生神话中已经具备了

①　凌稚隆辑校：《史记评林》（第一册），李光缙增补，于亦时整理，天津古籍出版
社 1998 年版，第 225 页。
②　钱锺书：《管锥编》（第一册），生活·读书·新知三联书店 2007 年版，第 286
页。

基本的叙事梗概；汉代的天命观以及男权社会对于女性的污名化由此也可见一斑。

综上所述，"神话所代表的'时间深度'（time depth）远比历史的为大"，且体现出更长时间段、更复杂难辨的"层累"迹象。"它是一个时代的（synchronic），又是历诸时代的（diachronic）；它还不仅是这两者，且是两者混合、掺杂、压挤在一起的表现。"①《史记》八则感生神话正呈现出这种"混合、掺杂、压挤"的层累谱系：商周始祖感生神话融合西汉之前几千年历史的诸时代的层累，既有史前图腾崇拜观念的遗存，又有对《诗经》感生神话原型的继承与改造，最重要的是体现出地域广袤、政治一统的新兴大帝国在文化与思想上的现实诉求。"秦汉时代，屡次有人尝试建立一个统摄整个宇宙体系的理论。《吕氏春秋》有如此尝试，《淮南子》有如此尝试。"② 同样，《史记》利用感生神话所勾连的"万世一系"的帝王谱系，也正是构筑大一统帝国意识形态的尝试。秦氏族感生神话"吞玄鸟卵"的情节，既有秦人氏族起源及迁徙的史影，也未尝没有秦人"宠神其祖，以取威于民"的意图，从文本的生成来说，则没有商周那般久远。以汉高祖刘邦为代表的帝王感生神话是借助"神话特许状"以树立统治权威的新造神话，是在有意或无意地模拟神话原型以实现神道设教。此外，《周本纪》所记载的"童妾遭玄鼋孕而生"是唯一一则女性感生神话，反映了汉代的天命观以及男权社会对于女性的污名化。神话所言说的是其被表述时代的信仰、思想与文学特征，《史记》感生神话共同反映了西汉"究天人之际"且追求帝国海内一统的新的精神特质，其在史料来源、文本书写的差异以及神话意蕴的变迁，则需要我们仔细甄别阐发。

---

①　张光直：《中国创世神话之分析与古史研究》，马昌仪编：《中国神话学文论选萃》（下编），中国广播电视出版社 1994 年版，第 26 页。

②　许倬云：《中国文化的形成》，《中国文化的发展过程》，贵阳人民出版社，2009 年版，第 14 页。

《史记·赵世家》对梦的叙写

本文作者任群英。红河学院人文学院教授。

清人梁玉绳曾评论说："《史》于秦、赵多纪不经之梦，然秦缪上天，《本纪》不书，而旁见于《封禅书》《扁鹊传》中，正以其妄耳。《赵世家》载宣子、简子、主父、孝成之梦，不一而足，何梦之多乎？"① 清代著名史学家、文学家全祖望也认为："六国世家记事莫如赵之荒谬。"② 笔者细读《史记·赵世家》，其文夹杂了不少叙梦、占梦、神话之类的笔墨，全文共记有赵盾梦叔带、简子游钧天、武灵王梦处女、孝成梦乘龙四个梦，加之"有人当道"对简子之梦的解析，还有"天神遗赵无恤竹书"这类神话的描写，这些笔墨的加入使得《赵世家》笼罩着诡异、虚诞的气息，无怪诸家对司马迁之《赵世家》颇有讥评，纷纷质疑司马迁记载这些梦的真实性，那么太史公这样写史用意何在？这些梦在文本叙述中起到什么作用？本文试作浅析。

一、赵盾之梦：赵氏危机的预示

《赵世家》叙写的第一个梦是在晋景公三年，大夫屠岸贾欲诛杀赵朔及赵氏全族时，司马迁追叙了赵朔之父赵盾所做的一个梦。"初，赵盾在时，梦见叔带持要而哭，甚悲；已而笑，拊手且歌。盾卜之，兆绝而后好。赵史援占之，曰："此梦甚恶，非君之身，乃君之子，然亦君之咎。至孙，赵将世益衰。"

叔带是赵氏的先人，他弃周入晋，是赵氏在晋国立足的开端。梦境

---

① 梁玉绳：《史记志疑》，中华书局 1987 年版，第 1051 页。

② 泷川资言，水泽利忠：《史记会注考证校补》，上海古籍出版社 1986 年版，第 1061 页。

中的叔带抱腰而哭，后又由哭而笑、由悲转喜，先人叔带哭笑悲乐的梦境变化暗示什么？赵盾不得而知，占卜梦的吉凶，龟甲上呈现出先断绝而后又完好的征兆，史官援也根据占卜的兆纹做出了"此梦甚恶"的判断，揭示梦兆将应验在赵盾的儿子和孙子身上，并交代了这一切都是赵盾的过错所致。赵盾何错？据《左传》《史记·晋世家》所载，晋骊姬之乱，赵衰随重耳流亡，后帮助重耳回国成就霸业，被晋文公任为上卿，执掌国家大权，赵衰死后其子赵盾继承爵位，是晋国朝堂集军政大权于一身的正卿，在晋国执政长达 20 年之久，晋襄公临终托付赵盾扶立太子夷皋为君，晋襄公死后，赵盾因太子年幼欲立公子雍（襄公之弟）继嗣，贾季欲立公子乐，二卿因为立嗣的问题发生分歧，后由于太子母亲穆嬴的抗争，赵盾只好背弃与秦国的协约，拥立夷皋即位，是为晋灵公，晋灵公年幼不懂事，赵盾成为执政大臣，权势显赫，对内独揽大权镇压政敌，对外以卿大夫的身份主盟宋、陈、卫、郑、许、曹六国的国君，骄奢淫逸的晋灵公惧怕赵盾的权势，借饮酒埋伏甲士欲杀赵盾，提弥明以死相救，赵盾逃出晋都返回封地。不久赵盾的堂弟赵穿弑灵公，赵盾回到都城，迎立晋文公之子黑臀为君，是为晋成公，晋成公也将国政完全委任予赵盾，直到晋成公六年赵盾卒。司马迁在此处插入赵盾的梦，意在表明赵盾长期在晋国发展赵氏的势力，权势如日中天，虽然治政有功，成为晋国最强势的政治家，但也压制了君权和其他世卿的力量，引起激烈的矛盾，赵盾在使赵氏强大的同时也为赵氏埋下祸根，一旦赵盾亡故，受压制的晋国君及其他卿族势力必然借机而起，接下来所叙述的赵氏的下宫之难验证了这个梦，这也为后面赵氏孤儿的故事张本。司马迁采取战国传说，将下宫之难和赵氏孤儿的故事叙述得有声有色，赵盾之梦借先人叔带梦中的哭笑悲乐，预示了赵氏家族将要经历的灭族危机，并以十五年之后赵氏孤儿复国而转危为安，整个事件都按照梦的预言展开，这是赵氏家族的忧患之梦，其间隐含着神秘的天命，暗中揭示赵氏子孙的未来命运。可以说赵盾之梦既昭示着事件的因果，也把政治危机到来之前山雨欲来风满楼的气氛烘托到极致，同时为后面赵氏孤儿的故事张本，叙述十分巧妙。

二、赵简子之梦：赵氏崛起的象征

如果说赵盾之梦是纯客观地叙述一个有梦境、有梦占、有梦验的梦，那么赵简子之梦的内容就显得更加离奇了，《赵世家》四梦中对赵简子之梦记述笔墨最多，使用了 779 言极力铺叙，将赵简子入梦的梦由、梦境、解梦，环环相扣叙述出来，其中故事情节完整而又惟妙惟肖。赵简子之梦的离奇处在于：

（一）因病入梦。交代了"赵简子疾，五日不知人，大夫皆惧。"经名医扁鹊诊断，其血脉正常，赵简子这种超然物我不省人事的状态，是入梦的最好契机。

（二）借扁鹊之口说出简子之病与当年秦缪公病如出一辙。"在昔秦缪公尝如此，七日而寤。寤之日，告公孙支与子舆曰：'我之帝所甚乐。吾所以久者，适有学也。帝告我晋国将大乱，五世不安；其后将霸，未老而死；霸者之子且令而国男女无别。'公孙支书而藏之，秦谶于是出矣。献公之乱，文公之霸，而襄公败秦师于殽而归纵淫，此子之所闻。今主君之疾与之同，不出三日疾必间，间必有言也。"司马迁在《史记·封禅书》中对秦缪公因病而梦也有记载："秦缪公立，病卧五日不寤；寤，乃言梦见上帝，上帝命缪公平晋乱。史书而记藏之府。而后世皆曰秦缪公上天。"秦赵同一个祖先，连病和梦也如此相似，十分离奇。

（三）梦象极具象征意义。秦缪公在梦中得到"上帝命缪公平晋乱"的明确诏谕，《赵世家》中赵简子得到的指示则要隐晦得多。

> 居二日半，简子寤。语大夫曰："我之帝所甚乐，与百神游于钧天，广乐九奏万舞，不类三代之乐，其声动人心。有一熊欲来援我，帝命我射之，中熊，熊死。又有一罴来，我又射之，中罴，罴死。帝甚喜，赐我二笥，皆有副。吾见儿在帝侧，帝属我一翟犬，曰：'及而子之壮也，以赐之。'帝告我：'晋国且世衰，七世而亡，嬴姓将大败周人于范魁之西，而亦不能有也。今余思虞舜之勋，适余将以其胄女孟姚配而七世之孙。'"董安于受言而书藏之。以扁鹊言告简子，简子赐扁鹊田四万亩。

梦中帝告简子晋国将七世而亡、嬴姓将大败周人、孟姚嫁灵王之事，如果秦缪公得到的指示是秦谶，那赵简子得到的就是赵谶。赵简子的梦境可谓栩栩如生，梦帝、百神、钧天、广乐、万舞，动人心魄，也有熊罴扑人的阴森可怖。梦境中的熊罴象征什么？翟犬又象征什么呢？简子之梦隐含性很强，光从字面难以解读清楚，故需要进一步解释。司马迁接下来安排了"当道者"，他的出现亦真亦幻，他的释梦证梦神奇之极。透过当道者的进一步解释可知，"晋国且有大难，主君首之。帝令主君灭二卿，夫熊与罴皆其祖也。"这里的当道者是传达天帝之命者，熊与罴是"范氏、中行氏之祖也"，以熊和罴两种动物代表范氏、中行氏之祖神，与其族群的图腾崇拜相关，可知熊与罴象征着六卿中的范氏、中行氏，射杀熊与罴，象征赵简子奉帝命，在适当时候灭掉范氏、中行氏二卿族。帝侧小儿，象征简子之子，梦中的"翟犬"作为代地先人的象征，帝赐"二笥皆有副"象征将克二国于翟。这些梦象均有所指，象征意义经解读可明确。正因为梦中意象的扑朔迷离，使得赵国的崛起被赋予神圣的天命，即便是赵简子假托梦境有意为自己谋取政治舆论，这场政治宣传也算是做到极致。

（四）赵简子之梦勾勒出赵氏家族由家到国的顶层设计。赵氏家族经过赵武、赵成、赵简子三代人的经营，实力大增，面对晋国六卿强、公室弱、卿族内部争斗加剧的局面，赵氏要想一枝独秀，重要的任务是消灭其他卿族，彻底扫清障碍。赵简子之梦将赵氏由家入国的远大政治目标勾勒得十分具体：第一步是逐次消灭互相结为姻亲的范氏、中行氏二卿，因此在梦中熊与罴是先后被射杀的。第二步是消灭代国和知氏，梦中的"翟犬"作为代地的先人的象征，若消灭了代戎建立的代国，赵氏的领地就会向东扩展。至于取知氏，则意味着消灭掉六卿中最大的障碍，当然这些是在简子的后代襄子手上完成的。公元前455年知伯向赵氏索取土地遭到拒绝，便率同韩、魏举兵攻赵，围困赵襄子于晋阳，韩、魏临阵反戈，赵襄子一举消灭了知氏，为建立赵氏之国奠定下坚实的基础。梦中天帝明告简子晋国将七世而亡，此时赵氏就可完成第三步，即在晋国衰败到一定程度时由赵氏取而代之，最终完成赵国的建立。赵简子的钧天之梦后来在现实中得到了清晰的重现和印证。

三、赵武灵王之梦：赵国乱起的伏笔

从赵简子到赵武灵王隔了七世，赵武灵王在位时，推行"胡服骑射"的政策，赵国因而得以强盛，灭中山国，败林胡、楼烦二族，辟云中、雁门、代三郡，并修筑了"赵长城"。但赵武灵王创造的辉煌并没有持久，赵国的国政很快陷入混乱之中，这一切的分水岭可从赵武灵王之梦见出，值得注意的是赵武灵王之梦与赵简子之梦前后呼应，赵简子梦中曾有"今余思虞舜之勋，适余将以其胄女孟姚配而七世之孙"的预示，武灵王之梦是对赵简子之梦的继续，"王游大陵。他日，王梦见处女鼓琴而歌诗曰：'美人荧荧兮，颜若苕之荣。命乎命乎，曾无我嬴！'"越武灵王一直对梦中的女子念念不忘，多次谈到所做的梦，想见到梦中女子的容貌。大臣吴广听说后将他的女儿吴娃送进宫中，吴娃排行孟，姚姓，也称孟姚，与武灵王梦中的女子容貌一样，梦中的情境在现实中得以实现，赵灵王遵循梦旨终娶到梦中的女子，这为赵国历史平添了几分神秘的色彩。孟姚容貌美丽，受到赵武灵王宠爱，孟姚生下儿子赵何，赵武灵王因宠爱孟姚而废掉原王后韩姬和太子赵章，改立孟姚为王后，赵何为太子，是为赵惠文王。赵武灵王传位给太子何，从此自称主父，希望儿子负责国内的政治，自己可以全心专注于赵国激烈的对外军事斗争。赵武灵王在赵国构建的二元政治，严重违背了政权构建的基本规律，他在废太子章与现太子何之间的优柔寡断，最终造成了赵国的内乱。公元前295年，惠文王派公子成和李兑率兵包围沙丘宫，杀死公子章，46岁的一代英主赵武灵王也饿死于沙丘宫。赵武灵王之梦虽然个人愿望得到满足，但吴娃神寐灵王，惑乱生心，为后来的沙丘政变埋下伏笔，赵武灵王和赵章死于非命，赵惠文王年少，公子成、李兑专政，赵国又一次陷入危乱之中。

四、孝成王之梦：赵国危亡的征兆

赵惠文王在位三十三年卒，其太子丹立，是为孝成王，在《赵世家》中，司马迁记载的最后一梦就是孝成之梦："四年，王梦衣偏裻之衣，乘飞龙上天，不至而坠，见金玉之积如山。明日，王召筮史敢占之，曰梦衣偏裻之衣者，残也。乘飞龙上天不至而坠者，有气而无实也。见金玉之积如山者，忧也。"

在孝成王的这个梦境中有三个梦象：一是"衣偏裻之衣"。裻指衣背缝，以衣背缝为界，衣服左右两半的颜色不同，故曰偏。《左传·闵公二年》记载晋献公使太子申生伐东山皋落氏，"公衣之偏衣，佩之金玦"。① 杜预注"偏衣，左右异色，其半似公服"。衣为身之章，象征身份，象征贵贱，偏裂之衣不是正衣，朝中大臣先友、狐突由此察觉到太子不被晋侯待见，处境危险。赵孝成王"衣偏裂之衣"，筮史敢占梦时将之解作"残也"，联系赵国当时的国情来看，孝成王年少继位，政权掌控在惠文后、赵相田单手上，"偏衣"正是赵王权力不完整的形象写照。二是"乘飞龙上天不至而坠"，筮史据梦象直解作"有气无实"，赵孝成王在位 21 年，身处风云变幻的危局之中，时运本不济，加之他自身的原因，空有大志而无政治智慧，没有实际有效的作为，乘飞龙也上不了天，终将坠落。三是"见金玉之积如山"，筮史解为"忧也"，属占梦中之反说法，忧即祸，此祸在梦后三天后就有了验证，堆放如山的金玉象征韩国上党郡守献来的十七座城邑，当时秦昭襄王派大将白起进攻韩国，占领野王，截断了上党郡和韩都的联系，上党郡守冯亭不愿意投降秦国，就让使者带着地图把上党献给赵国，赵王贪恋土地，不能保持清醒的头脑，派军队接收了上党，将秦国即将到手的战利品据为己有，惹怒秦国，终导致后来长平战败、赵军四十五万精锐遭俘坑杀的大祸。孝成王梦中的三个梦象"残""坠""忧"，都不吉利，这是个凶梦，是赵国危亡的征兆。

综上，司马迁在赵国的每一次历史转折处，都融入了梦的叙写，这是有其政治考量的。太史公借一连串的梦预示赵氏的兴衰史：赵盾之梦借先人叔带梦中的哭笑悲乐，预示了赵氏家族将要经历的重大危机，这是赵氏家族几近灭族的忧患之梦，而后有屠岸贾"攻赵氏于下宫"之难，产生了赵氏孤儿的悲剧，直到十五年后因韩厥之言，赵氏复有"田邑如故"。赵简子梦之帝所与百神游于钧天，得到上天诏告，让他消灭范氏、中行氏，吞并代国，灭知氏，这些梦示他的后代都一一做到了，故赵简子的钧天之梦是赵氏家族由家而国的崛起之梦，大兴之梦。赵武灵王之梦虽然依梦得到美人，个人愿望得到满足，但惑乱生心，废立无度，为后来的沙丘政变埋下伏笔，赵武灵王和赵章死于非命，赵国又一次陷入危乱之中，错失发展良机，赵武灵王之梦是赵氏家族由盛到衰的

---

① ［晋］杜预注，［唐］孔颖达正义：《春秋左氏正义》，上海古籍出版社 1987 年版，第 1788 页。

转折点。孝成王梦衣偏裻之衣、乘飞龙上天不至而坠、见金玉之积如山，都不吉利，孝成王的短视和贪婪，终致长平战败、赵军四十五万精锐遭俘坑杀的大祸，赵国元气大伤，陷入灭顶之灾，孝成王之梦是赵氏家族的噩梦。这些梦具有象征隐喻作用，梦预示在前，史事陈述于后，梦和史相交织，写出了赵氏家族的崛起和兴盛，也写出了赵氏立国进程中的重重危机，故这些梦在文本中并非无稽之谈等闲之笔，相反梦与史事交相辉映，写出了赵氏家族的兴衰史，这根主线的确立，以及围绕主线的铺排，使《赵世家》在《史记》三十世家中成为颇具特色的一篇。

再从叙述手法上来看，文似看山不喜平，这些梦出现在赵氏家族兴衰成败的每一个转捩点上，与一件件史事环环相扣，层层相因，使整篇文字跌宕起伏，一波未平，一波又起，波澜壮阔，精彩纷呈，紧扣人心，让读者应接不暇，难以释怀，这是于无声处听惊雷的妙笔，体现出司马迁叙事的高妙。《赵世家》所叙四梦还体现出埋针伏线之笔的精到，赵盾之梦为赵氏中衰、赵武复兴伏笔；赵简子之梦，为灭中行氏、灭智氏等事张本；赵武灵王之梦，为废嫡立幼、以致祸乱伏笔；赵孝成王之梦，为贪地受降、丧卒长平伏案。司马迁将梦的预兆隐喻象征意义与史实巧妙结合，叙事行云流水，收放自如。由于梦具有跨越时空的特点，《赵世家》所叙四梦前后勾连，有因有果，尤其是赵简子之梦，跨度极大，延及七世之孙，"及主君之后嗣，且有革政而胡服，并二国于翟"，"以其胄女孟姚配而七世之孙"，而赵武灵王之梦与赵简子之梦前后呼应，既按梦谕果然娶了孟姚，应验了赵简子之梦，又给赵国埋下祸端，承上启下，这既避免了行文的呆板，也将赵国二百多年的历史时空通贯一体。《赵世家》叙梦的精彩可见出司马迁叙事手段的高妙，如此生花妙笔，于史实而言或视为不经，于文学却是难以企及的典范。

《史记》报恩故事与
中华民族报恩观念

本文作者李帅。广西民族大学文学院硕士研究生。

报恩观念是中华民族传统伦理道德的重要组成部分，是人们为人处世遵循的原则之一。人的一生会得到来自各方面的帮助，养育之恩、知遇之恩、扶危济困之恩等，受恩后要知恩报恩如今已经成了人们的共识。中国古代文学中的报恩题材十分丰富，近十几年来，研究者逐渐增多。对报恩故事的研究由最初大多集中在寓言、民间民俗故事，逐渐向古代文人文学移植。研究者多以《搜神记》《聊斋志异》等小说作品为重点，研究对象已经涉及了动物报恩、植物报恩、女性报恩、精怪报恩、鬼魂报恩、乞丐报恩等多个方面。[①] 但是大多数研究者没有关注到的是，比小说产生更早，比民俗故事更庄严的史书中也记载了不少报恩故事。报恩观念的形成由来已久，早在先秦时期的文献中就可看出人们对于报恩行为的宣扬和实践。汉代司马迁所著的《史记》更是集中展现了那个时代人们的报恩观念和报恩楷模的故事，在中国报恩文化历史长河中留下了重要的一笔。

一、报恩的内涵与报恩观念的形成

1. 报恩的内涵

报恩是中国传统的伦理规范之一，属于中国的基本伦理范畴。

"报"字，《说文解字·幸部》："報，当罪人也，从卒从 㞋。㞋，服

---

① 王立、王莉莉：《近20年中国古代文学报恩母题研究综述》，《江西师范大学学报（哲学社会科学版）》，2016年第49卷第1期。

罪也。"① "報"今简作"报"。《康熙字典》解释"报"意思是"复也，酬也，答也。"② 根据《辞海》的解释，在古代汉语中"报复""报酬""报答"都有受恩惠后用行动来表示感谢的意思。"恩"字，《说文解字》："恩，惠也。从心，因声。乌痕切。"③ 上海辞书出版社的《辞海》没有收录"报恩"一词，商务印书馆的《现代汉语词典》对于"报恩"一词的解释是：由于受到恩惠而予以报答。先秦古籍文献中并未出现"报恩"一词，"报恩"最早可见于《说苑》④。《说苑·复恩》："夫臣不复君之恩而苟营其私门，祸之源也；君不能报臣之功而惮刑赏者，亦乱之基也。夫祸乱之原基，由不报恩生矣。"⑤ 斯宾诺莎的《伦理学》提出报恩就是"基于爱的欲望，努力以恩德去报答那曾经基于爱的情绪，以恩德施诸我们的人。"⑥

　　上述书籍对报恩的解释可以帮助我们理解报恩的基本内涵。报恩与忠、孝、信、义等伦理概念联系密切，因此，分析报恩与忠、孝、信、义的含义异同，有助于厘清报恩的内涵。

　　（1）"报恩"与"孝""忠"。《说文》："孝，善事父母者，从老省，从子，子承老也。"⑦《五帝本纪》里的舜是出了名的孝子，无论父亲和后母如何陷害他，他始终对父母恭谨顺从。《中庸》："夫孝者，善继人之志，善述人事者也。"⑧ 这里的孝是"继承祖先之志"。《孟子》："不孝有三，无后为大。"⑨ 这里的孝是"延续家族香火"。即使孝顺的方式各有不同，但孝的出发点都是回报父母恩情。羊羔跪乳、乌鸦反哺等动物行为虽然和道德观念无关，但人们却经常用它来教育后代要报亲恩，否则做人就连畜生都不如。杨国枢先生在《中国人孝道的概念分析》中指出，孝的潜能与本性是人性的一部分，是天生的，能够"孝人"是人类

---

① 《说文解字》，上海古籍出版社 2007 年版，第 513 页。
② 《康熙字典》，中华书局 1962 年影印，第 422 页。
③ 《说文解字》，上海古籍出版社 2007 年版，第 521 页。
④ 朱小芳：《先秦报恩理念与行为研究》，辽宁师范大学硕士学位论文，2011 年。
⑤ 卢元骏注释：《说苑今注今译》，天津古籍出版社 1977 年版，第 159 页。
⑥ 斯宾诺莎：《伦理学》，贺麟译，商务印书馆 1983 年版，第 161 页。
⑦ 《说文解字》，上海古籍出版社 2007 年版，第 413 页。
⑧ 林久贵评析：《大学中庸》，崇文书局 2004 年版，第 61 页。
⑨ 万丽华、蓝旭译注：《孟子》，中华书局 2006 年版，第 167 页。

这一动物种属的天生特性。① 综上，"孝"是报父母生养之恩的一种行为。

《说文》："忠，敬也。尽心曰忠，从心中声。"② 一般来说，古代的忠多指下对上，尤其表现在臣民与君主的关系上。在普天之下莫非王土的古代社会，君主给予臣民土地、粮食等基本物质财富，并且赏识和任用臣子，提供臣子实现个人价值的机会，"皇恩浩荡""谢主隆恩"等词表明君主对臣民是有大恩的。臣对君忠诚，竭诚尽力以事之，即是报君恩。报恩是维系君臣良好关系的原因之一。

自夏朝以来，中国古代一直是"家天下"，家和国是一体的，对宗法血缘的重视一直存在于人们的观念中。孝和忠紧密联系，子事父为孝，臣事君为忠，这也是中国古代统治者提倡孝道的重要原因。因此，孝和忠都属于报恩观念和报恩行为的体现。

（2）"报恩"与"信""义"。《汉语大辞典》中信的义项有：诚实不欺、守信用、实践诺言等。在报恩行为产生前，实际上经过了一系列过程。在一个人获得了他人的帮助后，首先是承认对方确实帮助了自己，即知恩。接着产生感恩的心理，然后寻找契机实施报恩的行为。生活中我们经常会接受来自陌生人的帮助，也许不是每次都能有机会回报施恩者，但是心中应该产生感恩的想法。虽然俗话说"施恩莫忘报"，但这是对施恩者的劝诫，对于受恩者而言，他人是没有义务帮助自己的，因此受人恩惠，报恩就成了一种无法推卸的责任。如果一个人不懂得感恩、报恩，就失去了个人信用，人皆不能信赖一个忘恩负义者。

义的基本含义是应当、适当。《墨子·天地下》云："义者正也。何以知义之为正也，天下有义则治，无义则乱，我以次知义之为正也。"墨子心中的义是指社会正义和道德规范。受恩不报，忘恩负义是不符合社会道德要求的，也就是不义之举。可见，一个人懂得感恩报恩是其守信、讲义品德的其中一方面体现。

通过上述分析，报恩的内涵已经基本体现出来。报恩是中国传统伦理道德之一，报恩与孝忠信义等概念紧密联系，又有一定的区别。

① 杨国枢主编：《中国人的心理》，中国人民大学出版社 2012 年版，第 44 页。
② 《说文解字》，上海古籍出版社 2007 年版，第 519 页。

2. 报恩观念的形成

人类的报恩观念应该是先从家庭产生的。一个人来到人世间，首先面对的就是父母、兄弟姊妹，他们互帮互助，一个成员有困难，另一个成员绝不会袖手旁观，他们相互之间有一种天然的施和受关系。"家"为报恩观念的产生提供了理想的土壤。从家庭内部的报恩出发，由小家庭组成大家庭，逐步向外推延，报恩的观念一步步走向社会化。人是社会性动物，没有人能离开社会群体，完全脱离人际关系。中国传统社会的生产方式是农耕方式，由于环境的恶劣和工具的简陋，人们不可能单纯靠单个人行动来满足需要。亚当·斯密提出："别的动物，一旦到壮年期，几乎全都能够独立，自然状态下，不需要其他动物的援助，但人类几乎随时随地都需要同胞的协助，要想仅仅依赖他人的恩惠，那一定是不行的。"① 报恩观念为这种"互助"模式的稳固和发展提供了道德上的依据，很容易为人所接受。

在先秦文献中，虽然"报恩"一词并未出现，但报恩理念和报恩行为却已存在。《诗经·小雅·蓼莪》："欲报之德，昊天罔极。"这里的"报"是指报答父母，表达的是欲报父母之恩而不得的悲凉心情。《诗经》中还经常用"报"来表达男女之间的爱意。男女之间互送礼物，倒不是真的想报恩，只是想用有形的礼物来报答对方无限的情意。如"投我以木瓜，报之以琼琚。匪报也，永以为好也。"（《卫风·木瓜》）"知子之好之，杂佩以报之。"（《国风·女曰鸡鸣》）"投我以桃，报之以李。"（《大雅·抑》）"投桃报李"这一成语便是由此而来，用来比喻相互赠答，礼尚往来。《左传·宣公十五年》中记载了结草报恩的小故事。魏颗在父亲魏武子死后没有把父亲的一位小妾杀死陪葬，而是把她嫁给了别人。后来，魏颗与秦将杜回交战，战场上出现了一位老人用地上的草打了许多结把杜回绊倒，秦军大败。原来老人是那位小妾的父亲，特来战场上结草报恩。《战国策·魏策四》中信陵君救了赵国，唐雎劝诫信陵君说："人之有德于我也，不可忘也；吾有德于人，不可不忘也。"② 从中可以看出当时人们对报恩的提倡以及将报恩的观念落实到行动上。

此外，春秋战国时期各派思想家也都关注到报恩一事，提倡报恩，

① ［美］亚当·斯密：《国民财富的性质和原因的研究》上卷，商务印书馆1974年版，第13页。

② 缪文远等译注：《战国策》，中华书局2012年版，第798页。

重视报恩为个人以及社会带来的好处。《论语·宪问》中记载："何以报德？以直报怨，以德报德。"① 孔子认为别人对你有恩，你理应做出相应的回报。《礼记·表记》："报者，天下之利也。"② 提出知恩图报是天下互惠互利的交往方式。墨子"兼相爱"思想同样是出于互惠互利的角度，要求人们懂得回报。道家认为"天道好还"，意思是一个人做的事情好与坏最后都会返还给你。受到"天道"观念的影响，受到恩惠的人就算没能直接报恩给施恩者，但是受恩者会产生感恩之心，将这份恩情传递给其他人，这样的思想有利于社会和谐。

由此可见，在先秦时期，人们在言论上肯定、宣扬、推崇报恩，把报恩视为一种好的品德，在行为上践行报恩，有恩必报成为了社会共识。

二、《史记》报恩故事

《史记》记载了上至上古传说中的黄帝时代，下至汉武帝元狩元年间共 3000 多年的历史，其中记载了不少动人的报恩故事。司马迁继承了先秦时有恩必报的报恩观念，并且提倡小恩大报，特别是对知己之恩的回报。由于人与父母亲人之间的恩报出于天性血缘等特殊因素，因此在这一部分，我们将讨论的范围定为施报双方无血缘关系的报恩故事。按照回报的程度，将报恩分为"礼尚往来""滴水之恩涌泉相报""士为知己者死"三种类型。

1. 礼尚往来

《礼记·曲礼上》记载："太上贵德，其次务施报。往而不来，非礼也；来而不往，亦非礼也。"有恩必报、礼尚往来是人际交往的准则之一。

《史记》记载，司马欣救过项梁，后项羽封司马欣为上将军；项伯因为杀人被抓，张良救了他，后项伯给张良通风报信，这些事件都属于互相帮助、相对对等的施报关系。《史记》中刻画的等报观念最突出的

---

① 杨伯峻、杨逢彬注译：《论语》，岳麓书社 2000 年版，第 139 页。
② 王文锦译：《礼记译解》下册，中华书局 2001 年版，第 804 页。

人物是范雎。"一饭之德必偿，睚眦之怨必报"是范雎的"报"观念。王稽、郑安平对范雎有举荐之恩，范雎担任秦相后便向秦昭襄王举荐了二人。甚至对于把他害惨了的须贾，也因重遇时的赠袍之恩，范雎没有杀他。但是死罪可免，活罪难逃，范雎以当众羞辱须贾的方式报了当年之仇。而对当年黑白不分，差点让范雎丧命的魏齐，范雎一定要他的命。范雎的恩报观类似"以彼之道还施彼身"，别人对自己的任何一丝好或坏都要让对方得到报偿或惩罚。其实《战国策》中并没有具体记载范雎在魏国的遭遇，更没有范雎报恩报仇的记载。也许这些事迹是太史公从民间得知并加以润色写成，但将范雎从受辱到发迹变泰从而报恩报仇的过程刻画得如此详细生动，可见太史公对范雎这一人物的人生观和做法产生了一定共鸣并持肯定态度，否则范雎作为秦相的事迹如此之多，为何独渲染了范雎恩怨分明、有恩报恩、有仇报仇这一品质呢？

　　相反的，有恩不报，忘恩负义的人就会自食恶果。汉武帝时期，董仲舒为了宣扬"大一统"的思想，提出天人合一、天谴天罚说。中国人相信"天"是遵守还报原则的。施恩的人有德行，天会保佑他，知恩图报的人也是如此，而忘恩负义之人是违背天理的，将会受到惩罚。《秦世家》记载晋国粮荒时向秦国求助，秦国帮助了晋国。到了秦国粮荒时晋惠公却趁火打劫，出兵攻打秦国。在战斗中，曾犯死罪却被秦穆公赦免的三百壮士为了报恩舍命救下了秦缪公，忘恩负义的晋惠公反而被俘虏。堂堂晋国的国君被敌军俘虏了，这能怪谁呢？只不过是晋惠公自作自受罢了。三百壮士的故事《左传》《国语》均不载，见于晚出的《吕氏春秋·爱士》与《韩诗外传》等，司马迁将这类似小说一样巧合的情节写入史书，足见司马迁对于有恩必报者的赞赏和恩将仇报者的不满，借此事来告诫后世君主和民众。

2. 滴水之恩涌泉相报

　　"礼尚往来"的对等报恩只是对报恩的最低道德要求，中国人的报恩观念更强调对他人给予的恩惠可以加倍地回报。小恩大报主要表现为人身处逆境时获得的微小帮助。对于落难者而言，一点点微小的帮助无异于雪中送炭，饥饿中的一碗饭，雨天里的一把伞，其价值在受恩者的心中远远大于成功后他人送的金银珠宝、绫罗绸缎，因此在有恩必报的基础上，受恩者回报的物质价值往往会大大超过当初接受的物质价值。

　　《淮阴侯列传》的开头讲述了一代名将韩信当年还是布衣时十分贫困，没钱吃饭，经常去亭长家"蹭饭"。久而久之，亭长的妻子不高兴了，于是故意在韩信来之前就把饭给吃完了。俗话说"人是铁饭是钢，一顿不吃饿得慌"，幸好一位好心的漂母看他可怜，就将自己的饭分给他，一连这样几十天。韩信十分感动，提出"吾必有以重报母"。一顿饭在我们看来，并不值几个钱，而且漂母送给韩信的饭菜估计也不会太丰盛，但就是这样一碗普普通通的饭，不仅让韩信填饱了肚子，也让韩信重拾了对生活的信心。韩信成为汉朝的开国大将之后，没有忘记自己的诺言，回到当地送了漂母千金。如今漂母墓、漂母祠仍巍然屹立在淮安境内，这不仅是对漂母乐于助人精神的赞扬，亦是对韩信知恩图报的夸赞。

　　接受过"一饭之恩"的还有晋文公和提弥明。《晋世家》记载晋文公在外流亡时，曾经连饭也吃不上。经过曹国时，曹公对晋文公一点也不礼貌，大臣釐负羁却私下送了晋文公美味的食物和一块玉。之后晋文公攻打曹国时，特意嘱咐属下不要入侵釐负羁的家以报当年的恩德。《左传》记载，晋文公报釐负羁的一饭之德却引来属下的不满，认为"劳之不图，报于何有"①，意思是不替有功劳或者苦劳的人着想，还报答个什么恩惠。于是属下违背晋文公的命令，放火烧了釐负羁的家。《史记》许多史料都来自《左传》，但在这里司马迁却只记载了晋文公报恩一事，并没有将后续属下对晋文公报恩有意见火烧釐负羁家一事写进去，从中可以窥探到史公对晋文公报恩一事是持认可态度的。《晋世家》还记载了提弥明为回报赵盾的一饭之恩，在晋灵公要杀赵盾时，多次挺身而出，帮赵盾击退追击赵盾的恶狗和士兵，使赵盾逃过一劫。

　　此外，《苏秦列传》载苏秦在成名后用百金报答当初借过百钱给自己的人，《萧相国世家》载刘邦多分封给萧何二千户食邑以报答萧何在自己要去咸阳服役时多送的二百钱，司马迁不厌其烦地记载着这些小恩大报、饮水思源的故事，这也反映了司马迁当时的心态。司马迁遭遇李陵之祸，身陷囹圄，被处死罪。当时他有两种选择，一种是用钱赎罪，另一种是接受宫刑。司马迁生活穷困，支付不起这笔钱，他在《报任安书》中说："左右家贫，货赂不足自救，交游莫救，左右亲近，不为一

---

　　① 郭丹等译注：《左传》上册，中华书局 2012 年版，第 511 页。

言。"司马迁周围的亲朋好友中竟无一人伸出援手，既没有人借钱给他，也没有人愿意为他奔走筹款，最后司马迁只好接受了痛苦的宫刑。司马迁看遍了人情冷暖、世态炎凉，他记叙这些小恩大报的故事，可以看作是他希望社会多一些急人所急、扶危济困之士的呼唤。史公在《淮阴侯列传》中借韩信之口提出："乘人之车者载人之患，衣人之衣者怀人之忧，食人之食者死人之事。"意思是坐人家的车要解决人家的困难，穿人家的衣服要想着人家的忧愁，吃人家的饭要为了人家的事去死。可见史公在继承先秦形成的有恩必报观念的基础上，更强调小恩也要大报。

3. 士为知己者死

"士为知己者死"是对知遇之恩的最高层次回报。春秋战国是一个大变革的时代，宗法制瓦解，阶级壁垒在一定程度上被打破，社会阶级流动大，"士"成为了独立的社会阶层。当时各诸侯国为了富国强兵，争相养士，士林人物为了立身扬名，获得社会对自身价值的承认，愿意付出一切代价。孟子云："君之视臣为手足，则臣视君为腹心。"[①] 在士人心中，能够尊重他们，赏识他们的才能，为他们提供实现自我价值机会的知己，值得他们为之赴汤蹈火。

《刺客列传》中记载了聂政、豫让、专诸、荆轲等多位刺客回报他人知遇之恩的故事，他们不惜捐躯，为之效劳。严仲子到市井寻找聂政与他结交，并送黄金百镒为聂政母亲贺寿。聂政在母亲去世后决定刺杀严仲子仇人韩相侠累以报恩，可见在当时知遇之恩的重要性仅次于父母之恩。豫让曾为范氏和中行氏效力，但是都没有受到重视，到了智伯门下后，智伯尊敬他礼遇他。智伯被赵襄子杀后，豫让发誓："嗟乎！士为知己者死，女为说己者容。今智伯知我，我必为报仇而死，以报智伯气则吾魂魄不愧矣。"豫让为了报仇不惜自毁容貌刺杀赵襄子，最后还是失败了。豫让临死前表明自己为何坚持要为智伯报仇的原因："臣事范、中行氏，范、中行氏皆众人遇我，我故众人报之。至于智伯，国士遇我，我故国士报之。"同样的，专诸为报答公子光，替公子光刺杀"夺"他王位的仇人吴王僚。荆轲为报答燕太子丹刺杀秦王嬴政。从这几位刺客的报恩行为中可以发现，报答知遇之恩的受恩者在完成报恩的

---

① 万丽华、蓝旭译注：《孟子》，中华书局 2006 年版，第 171 页。

过程中也是复仇者，报仇与报恩同一化。第一章解释"报"的含义时，"报"既有报恩、报答之义，也有报仇、报复之义，恩仇往往两相并举。对于这些士而言，代恩主报仇是他们能做的最直接有效的报恩方式。《史记》记载的赵氏孤儿故事与《左传》记载的故事大相径庭。太史公载赵氏孤儿在报恩者程婴、公孙杵臼、韩厥的帮助下复仇成功，史公甚至在《韩世家》结尾的"太史公曰"发出感慨，韩氏之所以能与赵、魏同成为诸侯国，皆因韩厥当年帮助赵孤积下了大德。且不论史公所言是否符合史实，但这样的恩报观念显然极其符合大众心中的恩仇观，这从后世人们对赵氏孤儿故事的接受和改编即可探见。

《史记》在《刺客列传》之外还记载了不少为报知遇之恩而死的慷慨悲凉故事。如《魏公子列传》中信陵君将侯嬴奉为上客，侯嬴帮助信陵君策划了窃符救赵的行动，侯嬴因年老不能随行，许下承诺：公子至晋鄙军之日，北乡自刭，以送公子。在信陵君到达目的地后，侯嬴果然向北自杀以报信陵君之恩。唐代诗人王维在《夷门歌》中赞赏侯嬴："非但慷慨献奇谋，意气兼将生命酬。向风刎颈送公子，七十老翁何所求。"《淮阴侯列传》记载楚汉相争之时，武涉劝韩信与刘邦、项羽三分天下，但是韩信拒绝了。韩信说："臣事项王，官不过郎中，位不过执戟，言不听，画不用，故倍楚而归汉。汉王授我上将军印，予我数万众，解衣衣我，推食食我，言听计用，故吾得以至于此。夫人深亲信我，我倍之不祥，虽死不易。"韩信因为感激刘邦的知遇之恩没有同意三分天下，由此项羽败局已定，汉朝得以建立。《季布栾布列传》载彭越造反被刘邦诛杀，刘邦下令不准有人为他收尸，但栾布感恩当年彭越将自己赎回来并且任命自己做大夫的恩情，不顾触怒圣上的危险，为彭越收尸。

司马迁在选择材料写入史书时记载了如此多"士为知己者死"的故事与其个人经历和时代背景不无关系。首先，司马迁对史官这一职业有着极强的自豪感，但秦汉时期，太史令地位低微，与商周时期的太史不可同日而语，加之遭受了"李陵之祸"，司马迁本人就是一个"不遇"的士人，并且还写下了《悲士不遇赋》，因此他对这些能遇知己并舍身相报的士人充满了尊敬、崇拜之情。其次，汉代是一个大一统的王朝，士人处在这样高压的政治环境中，只有为汉朝皇帝卖命以求得晋升，一不小心遇到小人谗害，前途就此无望。春秋战国战乱时期那种自由的空气，对人才的重视让汉代不遇的士人心驰神往，能够为知己而死，于他们而言是莫大的幸福。

司马迁在《史记》中记录了数十个报恩故事，一方面是出于"不虚美，不隐恶"的修史原则，对历史事件进行记录，另一方面也反映了司马迁对于报恩行为的肯定和弘扬，希望人们"以史为鉴"，在社会中形成一种知恩报恩的风尚。

三、司马迁报恩观念的影响

《史记》作为一部鸿篇巨著，对后世影响之大不言而喻。司马迁《史记》中记录的报恩故事，宣扬的报恩观念，影响了后人的报恩观念和行为，并且为侠士们所尊崇。

1. 深化了中华民族传统报恩观念的内涵

从《史记》报恩故事中我们可以对司马迁的报恩观念进行一个概括：有恩必报，困境中的小恩要大报，为报知遇之恩可以付出生命。这样的报恩观念可能也存在于当时人们的心中，但第一次有人通过一部史书将这些报恩故事和报恩观念集中抒写出来，这正是司马迁对于人心向善的呼唤。《史记》对报恩观念的宣扬，深化了人们心中对于报恩的理解，可以起到教化人心，继承报恩美德的作用。后人不断传颂着《史记》中的报恩故事，将这些知恩图报者当成自己做人的榜样，将司马迁宣扬的报恩观念写入家训中。

韩信报漂母的故事成为了成语"一饭之恩"的来源，后人仍然在不断提倡这种小恩大报的精神。如元杂剧《降桑葚蔡顺救母》中的延岑受蔡顺一家赠饭予银之恩，延岑当上太尉后，举荐蔡顺为翰林学士。《聊斋志异》的雷曹报答乐云鹤的一饭之恩，丁前溪报答杨家一饭之德。故事的主人公虽然变了，但是一饭之恩必报的美德传承了下来。《增广贤文·朱子家训》中云："滴水之恩，当涌泉相报"①。张履祥《训子语》中写道："人有德于我，虽小不可忘也。"②"恩欲报，怨欲忘，报怨短，

---

① 朱熹：《朱子家训》，华东师范大学出版社 2014 年版，第 78 页。
② 张天杰等：《张履祥诗文选注》，浙江古籍出版社 2014 年版，第 232 页。

报恩长。"① 这是清代教育家李毓秀所作的蒙学经典《弟子规》中的句子。可见司马迁提倡的报恩观念已经深入民心，成为人们做人的准则。

《史记》中记载许多为知己者而死的义士亦受到后人的敬佩，为报恩而牺牲生命的精神仍为人传诵。如李白的诗歌《结袜子》："燕南壮士吴门豪，筑中置铅鱼隐刀。感君恩重许君命，太山一掷轻鸿毛。"这首诗用了春秋战国时的义士高渐离刺杀秦始皇、专诸刺杀吴王僚的典故，两人以生命代价践行着"士为知己者死"的人生信条，这种不惜一切报答知遇之恩的豪情令李白心生敬佩。王涯《塞上曲二首》："天骄远塞行，鞘里宝刀鸣。定是酬恩日，今朝觉命轻。"张九龄《使还都湘东作》云："当须报恩已，终而谢尘细。"这些诗歌都表达了"士为知己者死"的报恩观念。

2. 报恩观念贯穿侠士世界

侠士崇尚有恩必报、滴水之恩涌泉相报的恩义观，重恩义是侠的行事原则，民间也把报恩视为侠义之举。董跃忠在《武侠文化》中指出："中国的武侠精神可以说最早起源于报恩意识。"② 尽管每个时代武侠精神的内涵不一定完全相同，但知恩图报这一点却始终被保留了下来。《史记·刺客列传》中记载的刺客是先秦时期的侠，豫让、荆轲等人有恩必报、舍生取义的精神对后世侠的精神有着深远影响。

唐传奇"始有意为小说"，其中出现了不少有侠义精神的人物。如《昆仑奴》中本领高强的昆仑奴为主人崔生智解姬女的暗语，并且为主人救出了心上人姬女。《红线传》中文武全才的红线为报主人知遇之恩，只身涉险，化解了一场战争。唐传奇中的侠传承着知恩图报的精神，虽然身处底层，但仍不辞辛劳回报他人的恩义。

《三国演义》中关羽是"义"的化身，毛宗岗誉之为"义绝"。在小说表现关羽的"义"时，"华容义释曹操"是非常重要的一节。关羽在留给曹操的信中写："新恩虽厚，旧义难忘。兹特奉书告辞，伏惟照察。其有余恩未报，愿以俟之异日。"③ 果然，他日在华容道与曹操狭路相逢时，关羽感念旧恩，不惜牺牲刘备集团的利益放过了曹操，此刻"侠

---

① 李毓秀：《弟子规》，新华出版社 2013 年版，第 116 页。
② 董跃忠：《武侠文化》，中国经济出版社 1995 年版，第 103 页。
③ 《三国演义》，上海古籍出版社 2004 年版，第 159 页。

义"战胜了"忠义",这是士为知己者死、受恩必报的侠义精神的又一次体现。放曹操报恩一事使得关羽义薄云天的形象更加丰满。清代小说《三侠五义》中"五鼠"对朝廷的归顺是为了还报包公的知遇之恩。《儿女英雄传》更是由"施恩—受恩—感恩—报恩"作为线索展开。

近现代受到大众喜爱的武侠小说虽然风格各异,但快意恩仇仍是武侠世界最突出的特点。如金庸小说《雪山飞狐》里的平阿四本来只是客栈的一个小厮,曾受大侠胡一刀的相助,自此将恩情铭记于心,在胡一刀一家危难之时,经受了断臂毁容的危险救下了胡一刀的幼子胡斐,并且含辛茹苦将他养大,嘱咐胡斐一定要为父报仇,这样的义行不亚于《史记》中救助赵孤的程婴。《侠客行》的石破天、《天龙八部》的虚竹等都因为帮助他人得到了习得上乘武功的回报。古龙小说《多情剑客无情剑》小李飞刀为了报龙啸云的救命之恩甚至撮合龙啸云与自己的未婚妻林诗音。可见对于江湖儿女而言,报恩乃是一等一的大事。侠士们受人恩惠后报恩就是势在必行的事,若有人敢忘恩负义,那么绝不会有好下场。如《射雕英雄传》里的杨康、《笑傲江湖》的岳不群等。无论是报恩还是报仇,"报"始终是侠士们的行事原则。

《史记》记载的报恩故事我们今天读之仍然心生敬佩,《史记》报恩故事的记载与流传,有助于弘扬中华民族传统美德。报恩观念源远流长,为历代统治者和民众所认可和提倡。提倡报恩有助于人与人和谐相处、社会秩序稳定。特别是在物质生活丰富的今天,我们更要提倡报恩,弘扬报恩观念。经济的发展一方面给人们的生活带来了极大的便利,另一方面也使得人心越来越浮躁,有的人为了利益忘恩负义,对社会和谐造成了不良影响。杭州保姆纵火案中的保姆为了个人利益在对自己照顾有加的主人家里放火。热心群众扶起摔倒老人却被讹钱,导致社会出现了老人摔倒不敢扶的现象。因此在这个时代,感恩报恩的精神格外重要。习近平主席说:"有一颗感恩的心很重要,所有的人都要有感恩的心。"我们应该传承中华民族传统报恩精神,建设感恩文化,把感恩内化于心,外化于行,努力建设一个"我为人人,人人为我"的和谐社会。

伯乐识马行千里

——以《史记》为中心

本文作者李晓媛。广西民族大学文学院硕士研究生。

伯乐是指善于发现人才、任用人才的一类人。"伯乐"一词最早的文字记载是在汉代韩婴的《韩诗外传》卷七："使骥不得伯乐，安得千里之足。"到了唐代，韩愈《马说》云："世有伯乐，然后有千里马。千里马常有，而伯乐不常有。"在司马迁的《史记》中，描写了举荐、任用社会各阶层人才的事迹。人才得到重用离不开伯乐的努力，这一类型人物值得分析研究。

一、《史记》伯乐思想形成的原因

1. 历史渊源

重视、任用人才是一个由来已久的话题。上古时期，社会生产力低下，《韩非子·五蠹》中记载："有圣人作，构木为巢以避群害，而民悦之，使王天下，号曰有巢氏。"说明当时生产生活中的难题需要有能力的人去解决，人们期望能者被发掘，伯乐思想开始萌芽。到了尧帝时期，开始实行禅让制，把职位传给最有能力的人。这种任人唯贤的行为，更是将重视人才的理念传播得更加广泛深远。到了夏朝，开始实行宗法制，靠血缘关系来传承权力与财富，但没有贵族皇室血缘的人也希望能够通过一己之长去立身扬名。春秋战国时期，战乱纷争，各派思想纷杂，仁人志士好争名利，渴望有人能够赏识自己，能够建功立业、青史留名，在动乱的社会中实现生命价值。同时，养士之风盛行，更推动了一种渴望立身扬名的风气。《礼记·礼运》中载道："大道之行也，天下为公，选贤与能，讲信修睦。"司马迁对伯乐的赞赏心理融入了当时的社会理念，表达了对公平、和睦、尚贤的理想社会的追求。

2. 司马迁创作的动力

司马迁创作《史记》中的伯乐赏识人才故事，动力既有外部的，也有内部的。

从外部动力而言，汉武帝时政治统一，国家富强，欣欣向荣，是一派宏伟的时代图景，给司马迁创作《史记》以很大的感染力。同时"汉武帝求贤若渴，欣赏奇才，司马迁便发挥在文字上"①。当时的时代背景孕育了司马迁的伯乐思想，希望天下有才能的人都能遇到明主，让人才获得真挚的帮助。

从内部动力而言，第一，司马迁博览群书，并在青年时期他游历各处，听到了许多伯乐重视人才的民间传说，感受了人才至上的文化传统。第二，司马迁经常随武帝外出各地巡游，又被武帝委以出使西南的重任，因此他效忠武帝的思想是十分坚定的。然而司马迁为李陵辩护导致武帝勃然大怒，给他下了宫刑。司马迁一心一意效忠武帝、为国尽责的心态遭受了巨大的打击，因此产生了怀才不遇的悲凉感，在《史记》中深深打下了他渴望人才被重用的烙印。

3. 诸子思想的影响

《史记》的成书受当时诸子百家文化风气的影响，具有兼容性和多元性，吸收了各家的尚贤思想，表达了对人才的重视。

首先，司马迁受儒家思想的影响。他在二十岁开始游览大江南北，"讲业齐、鲁之都，观孔子之遗风，乡射邹、峄"，看到了孔子故居，儒家思想很早就深深地扎根于内心深处。司马迁在《孔子世家》中赞孔子曰："孔子布衣，传十余世，学者宗之。自天子王侯，中国言六艺者，折中于夫子。可谓至圣矣！"除《孔子世家》，《史记》另外言及孔子的的地方甚多，有学者统计，仅以"孔子""孔丘""仲尼"等称谓提到孔子就达四百四十七次之多②。可见司马迁对孔子极力赞扬推崇。司马迁曾跟着董仲舒和孔安国学习儒学，且汉武帝时期儒学成为主流学术，在

---

①　杨燕起等：《历代名家评史记》，北京师范大学出版社 1986 年版，第 47 页。
②　吴象枢：《〈史记〉"十表"是司马迁欲创〈春秋〉第二的直接表征》，《长春工业大学学报》2005 年第 4 期。

思想领域占绝对统治地位。综上可见司马迁深受儒学影响，他笔下《史记》的伯乐故事也离不开儒学中的尚贤思想。孔子曰："舜有天下，选于众，举皋陶，不仁者远矣。汤有天下，选于众，举伊尹，不仁者远矣……先有司，赦小过，举贤才。"表明了人才对国家的重要性。孟子的尚贤思想在《孟子》中亦多次提到："国君进贤……可不慎与……国人皆曰贤，然后察之；见贤焉，然后用之。"以及"不信仁贤，则国空虚"。这与《燕召公世家》中的"然诚得贤士以共国"和《屈原贾生列传》也提到"人君无愚智贤不肖，莫不欲求忠以自为，举贤以自佐"表达的思想一致，国与贤才的关系密不可分。

在《史记》中司马迁并未给墨子单独立传，只在《孟子荀卿列传》的结尾有关于墨子的介绍，可见墨子对司马迁的思想影响力远逊于孔子。但墨子的观点仍然对司马迁的人才观有一定影响。墨子认为"尚贤者，为政之本也"，而且对贤能之士要"富之，贵之，敬之，誉之"①。表明要留住人才为国效劳，就要给他财富、尊重和名誉。法家的说法也与墨家相似。司马迁作《商君列传》，描写了商鞅勇于改革，废除军功，对有能力者论功行赏。于是秦国开始繁荣昌盛，百姓安居，可见这种论功行赏的政策是值得肯定的。在《商君书·错法》中，商鞅提出"任其力不任其德"，"民尽力而爵随之，功立而赏随之"。即要任人唯贤、论功行赏。《史记》中这种按功赐禄思想体现得很明显，如乐毅大败齐国后，燕昭王亲自赶到济水岸上奖赏犒劳军队，并把昌国封给乐毅，封号叫昌国君。同时墨家对人才的"敬之"《史记》也有描写，如"始皇甚尊宠蒙氏，信任贤之。而亲近蒙毅，位至上卿，出则参乘，入则御前。"②表达出秦始皇对蒙恬的敬重和尊宠。

司马迁在继承儒家、墨家和法家传统观念的前提下，在《史记》伯乐赏识人才的故事中，进一步深化自己的伯乐观念和人才思想，赋予了其更深刻的内涵。

---

① ［清］毕沅校注：《墨子》，上海古籍出版社。
② 司马迁：《史记》，中华书局 2010 年版，第 5609 页。

二、司马迁的伯乐观

1. 伯乐分类：举贤与任贤

在情节内容上，《史记》中的伯乐故事可以分为两类：举贤和任贤。《说文解字》曰："贤，多才也。"[①]"贤"指的是有才能的人。在《史记》中的受伯乐赏识的人才，他们都展现了过人的能力，包括文采、武力或谋略等，能够有效地处理事务，最后帮助主上解决困难，或是官及高位，造福国家。

举贤指的是伯乐举用推荐人才。因为发现人才后自身能力有限，向上推荐是更好的选择。如滕公夏侯婴将韩信推荐给刘邦。韩信本是死囚，即将被斩首，但他不畏身处绝境，勇敢向滕公疾呼："上不欲就天下乎？何为斩壮士！"于是"滕公奇其言，壮其貌，释而不斩。与语，大说之。"通过韩信的说话奇特、相貌威武，滕公感到这个人气宇不凡，就当即决定饶恕了他的死罪，并和他交谈。交谈之后心情大为愉悦，感受到韩信的才能，之后将他推荐给了刘邦，可谓当机立断，眼光卓绝。之后韩信在战场上大杀四方，被封为淮阴侯，离不开滕公慧眼如炬的赏识和尽心尽力的帮助。

这样的例子还有很多，如田光因年老体弱，将好友荆轲推荐给太子丹，甚至"欲自杀以激荆卿"，以死明志，大义凛然；李克推荐吴起给魏文侯，说吴起"然用兵司马穰苴不能过也"，于是魏文侯任用吴起为将，吴起带兵攻秦，一连夺取了秦国的五座城池。以及田忌把孙膑推荐给齐威王，王陵为张苍求情并推荐给沛公，吕不韦把李斯推荐给秦王做官，侯嬴把屠户朱亥推荐给魏公子，等等。伯乐能慧眼发现人才，并积极地去推荐，努力帮助人才提高社会地位，让其展现能力，这种行为是高尚而伟大的。

任贤指的是伯乐直接提拔任命人才，或虚心采纳人才的宝贵建议。《墨子·尚贤》云："尚贤者，政之本也。"这类伯乐都是有一定权势的人，对怀有政治目的的他们来说，人才是重中之重。如秦孝公刚开始认为商鞅无才，"时时睡，弗听"，一直在打瞌睡，听不下商鞅的话，并怒

---

① 许慎：《说文解字》，中华书局 1963 年版，第 130 页。

斥道："子之客妄人耳，安足用邪！"意为商鞅是大言欺人的家伙，不能够任用。但商鞅没有气馁，多次求见，秦孝公虽然心有怒气，但怀着对人才的重视之心，还是接见了他，耐心听其言论。最终"不自知踞之前于席也。语数日不厌。"表明秦孝公认可了商鞅的策略，不知不觉地在垫席上向前移动膝盖，和他交谈了好几天都不觉厌倦。之后，秦孝公开始让商鞅主持开展变法，秦国这才迅速强盛起来。

除此例之外，还有周西伯出外打猎时在渭水南岸遇见姜太公，与太公谈话后非常高兴，将其任命为军师；阖庐看到了孙武练兵的才能，即便孙武因军令如山而斩了他的爱姬，还是请孙武做了吴国大将，吴国于是多战皆捷，成为一代霸主。

除了任命人才、给予人才官职，采纳建议也是重要的方式。如鸿门宴上刘邦认真听取了张良的分析和建议，才当即决定逃走，免去了一场杀身之祸；齐威王采纳了孙膑的建议，围魏救赵，才解除了赵国被围困的危机；文公接受了先发的建议，把曹、卫的土地分给宋国，最终解除了宋国被楚国围困的危机。在需要解决问题的重大时刻，君王或首领身边其实会充斥着各种意见，这些意见甚至是截然不同的。如若不听贤才的意见，付出的代价将是惨重的，如楚王不听陈轸的话，轻信了张仪凭空许诺的六百里土地而与齐国绝交。后发现被骗，恼羞成怒，再次不听陈轸意见，发兵攻秦，结果大败。所以，伯乐能够在关键时刻排除万难，听取忠言，是难能可贵的。既表明了他们身为伯乐的智慧，也体现了对人才的高度赏识和信任。

2. 伯乐的特性

人才原本难有出头之日，是伯乐发现了他们的闪光点，之后才有了举贤或任贤的故事。什么样的人可以成为"伯乐"？"伯乐"为何能做到慧眼如炬、识人无误？司马迁虽没有明确阐释，但从《史记》各类举贤任贤故事的选材、撰述中，可以感受到一些共有的特性。

第一，求贤。伯乐怀着积极的眼光去发现人才，此过程可大致分为三类：自己发现、听人说起、人才自来。前两点都属于伯乐主动。自己发现是源于伯乐自身通过某种契机发现人才，如滕公和死囚犯韩信聊天后心中大悦，立即赦免并举荐了他。听人说起则是靠着传闻去寻觅人才，如楚国有个能用力量很弱的弓和缴射中归雁的人，顷襄王听说后就召见了他，并听取了他的建议合纵各诸侯国伐秦；魏公子听人说起侯嬴的才能后，前去热情地拜访他。最后一点"人才自来"属于伯乐被动，如范雎来到秦国后上书秦昭王，秦昭王才开始赏识和信任他，封范雎为丞相。人才能够主动前来，本质上离不开伯乐的求贤之心，这份求贤之心吸引了更多人才为他效力，《史记》中不乏伯乐贤德的笔墨描写：魏公子为人谦虚仁厚，"公子为人仁而下士，士无贤不肖皆谦而礼交之，不敢以其富贵骄士"，游士们都纷纷投奔他；燕昭王"卑身厚币以招贤者……百姓同甘苦"，放下国君的架子，以自身的谦恭和丰厚的礼物招揽人才，甚至为门下的郭隗改建住宅，并当作自己的老师去侍奉，所以士人们争相投奔。综上可见伯乐发现人才不是偶然，而是在自身诚意和不懈努力下的必然。

第二，爱贤。即有一颗爱才、惜才之心，甚至为此不去计较个人的利益得失，例如：刘邦想让李必、骆甲担任骑兵将领，二人却把大好职位拱手相让，举荐了灌婴；管仲和鲍叔牙是好友，鲍叔牙推荐管仲做了齐国的相国，而自己则甘愿屈居于他之下；朱家和季布素不相识，却甘冒奇险帮他逃命，还通过劝服滕公让刘邦赦免季布。更有大公无私者，将与自身关系不睦的人推荐给上级：如萧何与曹参关系很差，但在孝惠帝前来探视时，萧何依旧表示出曹参是最适合接替自己职务的人选；祁溪的仇人是解狐，悼公问群臣可用者，祁侯仍毅然推荐了解狐，正如文中所感叹的"祁溪可谓不党矣！外举不隐仇"①。可见伯乐爱才之心早已超越了个人喜好和利益，将人才摆在首位。

但这无私性是相对的。在春秋两汉时期养食客的风尚非常盛行，杨宁宁教授对"食客"的定义为："古代寄食于权贵之家，并为之服务，通过权贵来寻找发展自己的机会的门客。"② 大臣需要食客发挥他的才智或武力为他谋取利益，食客则需要大臣给他机会去展现才能或提升社会地位。二者是相互依赖、各取所需的关系。如在秦国讨要和氏璧的局面下，大臣缪贤推荐门下食客蔺相如给赵王，说道"臣窃以为其人勇士，有智谋，宜可使"；三年寄食于平原君门下的毛遂自荐出使楚国，平原君虽心中疑虑却仍给了他机会，最后与楚谈判时，毛遂促成了楚赵合

① 司马迁：《史记》，中华书局 2010 年版，第 3073 页。
② 杨宁宁：《史记人物的性格与命运》，群言出版社 2005 年版，第 156 页。

纵。同时，很多君主敬贤礼士，任命和提拔人才为自己效力，其本质是为了巩固统治、维护利益。如郑简公、郑定公都先后重用子产，子产坚持道德立国和各项外交政策，促进了郑国的发展。因此这类伯乐和人才之间具有一定的自私性。

伯乐与人才之间也存在亲属、好友关系。如郦食其推荐他的弟弟郦商；苏代刺激燕王尊用亲家子之；赵肃侯让自己的弟弟赵成出任国相等。虽然出于一定程度的私心，但亦表现出伯乐举贤不避亲的胆识。

第三，知人善任。每个人才都有自己擅长的领域，伯乐会根据各人特性，让人才各司其职，让被任用的官员人尽其才。如句践本想让范蠡治理国家，但经过范蠡的推辞和自己的深思熟虑，认为范蠡更专军事，文种专政事，于是把国家大政交给了文种，而让范蠡去同吴国谈判，并留下当人质；番吾君将牛畜、荀欣、徐越三人推荐给烈侯，在与烈侯谈论治国时，牛畜讲仁义、荀欣讲选贤、徐越讲考察，于是烈侯根据三人的特征安排了适合的官职：牛畜为太师，荀欣为中尉，徐越为内史。

第四，不重地位。伯乐遇见有才能者时，不论人才正处于哪种阶段，是贫是富，是卑是尊，都愿意倾尽能力去给予帮助。如韩信先后得到了滕公夏侯婴、萧何的推荐和赏识，前者救他于行刑危难之中并给了他机会，后者直接促使他被任命为大将；季布逃亡时，先是朱家帮助季布摆脱追兵，之后滕公也帮他说情并推荐给刘邦，二者都是他的伯乐。可见只要一个人有才能，哪怕他低至死囚，或高至官位，伯乐都愿意去帮助他，不以帮助地位低者为自降身份之耻，也不认为帮助地位高者为不必要之事。只是在不同的时间段伯乐起到的作用不同：人才早期遇到的伯乐是帮他脱困、助他争取机会或打下基础，后期遇到的伯乐则是推动了他登上高位、尽情施展才能。

三、伯乐的作用及意义

伯乐帮助了人才，所造成的积极影响是毋庸置疑的。

首先，给予了人才很大助力。在他们艰难沮丧、怀才不遇的时候，伯乐是成功道路上的一盏明灯：如商鞅原本是魏相公叔座的食客，但之后公叔座病死，他在魏国开始不受重用，生活艰难。此时他通过孝公宠臣景监再三求见孝公，得见后幸得秦孝公赏识，才有了展现才能、变法改革秦国的机会。同时，伯乐对人才的帮助不仅局限官场政治方面。只因在政治方面帮助的次数较多，人们才易将重心放置于此，但除此之外伯乐对人才生活上的帮助、名声上的宣扬等方面，也是同等重要的。如张负看到贫穷的陈平仪表不凡，断言他必成大器，便把孙女嫁给陈平，并"乃假贷币以聘，予酒肉之资以内"，出资帮助他，最后陈平成为了一代贤相；曹丘帮季布宣扬他的好名声，让他立身扬名，因此在楚地才有了"楚人谚曰得黄金百，不如得季布一诺"①的俗语。

其次，宣扬了"士为知己者死"的观念。伯乐对于人才而言，不仅是帮助了自己的上级，更上升为可以用生命去报答的知音。智伯重用宠爱豫让，在他被赵襄子杀死后，豫让决意刺杀赵襄子报仇，他说道："士为知己者死，女为说己者容。"豫让甚至不惜使自己皮肤溃烂，吞下炭火使声音变沙哑，最后依旧刺杀失败，自尽而亡；严仲子想让屠夫聂政刺杀侠累，屈尊多次到他家里找他，还拿出了黄金百镒。聂政非常感动，"严仲子乃诸侯之卿相也，不远千里，枉车骑而交臣……政将为知己者用。"聂政死后，他的姐姐抱着尸体哭泣，也提到了"士固为知己者死"；魏公子礼贤下士，谦卑地请来侯嬴为自己效力。之后侯嬴因年纪太大，不能够跟魏公子同行去晋鄙军队处，便在魏公子抵达晋鄙之日向着北方自刎，用生命回报他的知遇之恩，也表达了自己的忠贞不二。这说明伯乐不仅重用人才，还对人才充满了尊重、理解和信任，二者之间已经超越了任用和被任用的关系。因此伯乐的付出能让人才用最宝贵的生命去回报。

最后，促进了国家和社会的发展。自古以来就存在尚贤思想，是因为有能力的人能为社会做出更大的贡献。这类伯乐以君王居多，体现了君臣共建的政治原则如秦国因秦孝公让商鞅变法而强盛、齐威王因采纳孙膑围魏救赵的策略而大败魏军、燕昭王因接受乐毅的军事战略而攻下齐国多座城池。伯乐让人才得以有机会跻身于政治的洪流中，大展宏图，促进了国家和社会的迅速发展。人才成功后，受到万人敬仰，任用他们的伯乐亦同样是英雄。

① 司马迁：《史记》，中华书局 2010 年版，第 6118 页。

　　此外，司马迁对于伯乐的姓名其实是不太看重的。在《史记》部分故事中司马迁并未提到伯乐姓名，只是用身体特征或职位代替。如一个跛子门客本想帮助平原君开展大业，但却被其爱妾嘲笑，他劝说道："臣闻君之喜士，士不远千里而至者，以君能贵士而贱妾也。臣不幸有罢癃之病，而君之后宫临而笑臣，臣原得笑臣者头。"跛子想要杀了爱妾，让士人们感受到平原君的诚意，但被拒绝，之后门客纷纷离开后平原君才愧疚地"自造门进躄者，因谢焉"，门客才"乃复稍稍来"；齐国的使臣来到大梁后，被砍双脚的孙膑以犯人身份秘密会见了齐使。"齐使以为奇，窃载与之齐"，齐国使臣认为他是难得的人才，偷偷用车将他载回齐国；高渐离更名改姓给人当酒保，伺候之人见他点评音乐，为人不凡，便告诉了主人，主人这才让他击筑表演，高渐离这才大展才能；匡衡任职多年都不受重视，是御史大夫调他进京的，"御史征之，以补百石属荐为郎，而补博士拜为太子少傅，而事孝元帝。"匡衡才能升官，并且开始侍奉孝元帝。虽不排除司马迁在撰史时工作繁重、无法面面俱到记录姓名，但荐贤故事既然被司马迁保留并记载入了史册，可见他心中是肯定、重视这种推荐人才的行为的。这种行为意义最为重大，而伯乐姓名仅是次要的。

　　司马迁对于伯乐的态度，是赞赏与崇敬的。如帮助了季布的朱家，司马迁赞道"专趋人之急，甚己之私。既阴脱季布将军之厄，及布尊贵，终身不见也。自关以东，莫不延颈愿交焉。"① 阐明了朱家的乐于助人和大公无私，且推荐人才后亦不慕荣华富贵，因此函谷关以东的人无一不希望和他结交；悼公问群臣可用者，祁侯举荐了仇人解狐和儿子祁午。君子感叹说："祁溪可谓不党矣！外举不隐仇，内举不隐子。"② 司马迁借君子之口赞扬了祁侯，他举荐外人不避讳仇人，举荐内人不避讳亲人，态度公正，品德高尚。这种情感上的赞许还直接寓于情节描写中，如梁国、赵国、燕国国军对邹衍非常恭敬礼遇："适梁，惠王郊迎，执宾主之礼。适赵，平原君侧行撤席。如燕，昭王拥彗先驱，请列弟子之座而受业，筑碣石宫，身亲往师之。"③ 之后，司马迁用"尊礼如此"表达了对赏识人才的肯定。

---

① 司马迁：《史记》，中华书局 2010 年版，第 7347 页。
② 同上，第 3073 页。
③ 同上，第 4974 页。

　　综上，司马迁的伯乐思想受到了传统观念和诸子学说的影响，并与个人生平有着密切关系。在《史记》中精彩的伯乐故事，体现了司马迁内心的对赏识人才、推动社会发展的理想士人的倾慕与赞扬。

试论司马迁的"素封论"
——读《史记·货殖列传》

本文作者王健。安徽马鞍山幼儿师范学校高级教师。

引 言

一篇《货殖列传》①，其实就是为商人或富豪们立传。

我们知道，中国古代商人们的地位一直不高。因为中国是一个农业大国，推行的是一种"重农抑商"政策，强调所谓农业是本，商业是末，导致整个社会从上层到平民百姓，都不重视商人，甚至歧视他们。连最有知识、最有眼光的"士子"也是如此。

可是司马迁在其历史巨著《史记》中，专门撰写《货殖列传》一篇，为商人辩护，为商人正名。"货殖"即利用货物的生产与交换进行商业活动，从中生财求利。古代的"货殖"人群主要是商人以及工商业者，包括各种手工业，以及农、牧、渔、矿山、冶炼等行业的经营者（以下为叙述方便，即用"商人和工商业者"或"商人"代之）。他们因出身低微或因入仕条件所限，无法入仕途而显贵，但是，他们通过经商获取巨大财富，从而占有社会地位，实现自己人生价值。司马迁的《货殖列传》就是以这类人群为叙述主体，为其立传。史书第一次有人把商人们抬到如此高的位置，这是一件破天荒的大事，一个前所未有的创举。

我们知道，《史记》中的"列传"是各种人物的传记，其中主要记载的是贵族、官吏、学者、政治家、军事家等不同阶层、不同职业的各

---

① ［汉］司马迁：《史记·货殖列传》，中华书局 1959 年版。下引本篇史文不再出注。

种人物，给他们在历史上留下一笔。现在通过司马迁的笔，在各种不同类型的人物中也有了商人们的身影，让他们的名字和业绩，和那些声名显赫的大人物一起留在史书上。也正是在《货殖列传》中，司马迁提出"素封论"一说，对后世认识、评价商人及工商业产生了极大的影响。同时，在我国以后历代的正史中，从此有了"货殖传""食货志"，给了商人以及工商业者一席之地，也有了经济专史。

"素封论"横空出世，对传统是个极大的挑战，它一扫"重农抑商"观、儒家"义利观""无商不奸观""官贵民贱观"等，为商人们评功摆好，洗刷污名，给商人们撑腰，让他们理直气壮地走上历史的前台。而且"素封论"不仅体现了司马迁对财富、对商人们的看法，"素封论"也最直接、最简要地揭示出司马迁经济思想的大义，是我们认识和理解其经济思想的一个最好入口和最佳途径。

司马迁为何要给商人立传？且对其大加褒扬以"素封"名之？司马迁如何解释、证明"素封论"的正当性、合理性？以及从中反映出司马迁怎样的经济思想？商人们的能力、成就、贡献及道德水准是否称得上"素封"？一句话，司马迁的"素封论"是否站得住脚？打开《货殖列传》，我们发现司马迁高屋建瓴、从容道来，一一回答了这些问题。

一、什么是"素封论"、"素封论"
提出的背景与条件

司马迁在他的《货殖列传》中写道："今有无秩禄之奉，爵邑之入，而乐与之比者，命曰'素封'"（唐）司马贞"索隐"注曰："谓无爵邑之入，禄秩之奉，则曰'素封'。素，空也。"（唐）张守义"正义"则谓："言不仕之人自有园田收养之给，其利比于封君，故曰'素封'也。"

在中国古代社会，"秩禄"是指官吏的俸禄，官吏按品级享受不同的俸禄；"爵邑之入"是爵位封地的租税收入。既无"秩禄之奉"，更无"爵邑之入"的商人和工商业者，通过拼搏，积累大量财富，可以和封君一比，这就是"素封"。司马迁以"素封"概括、称赞无官无爵的商人以财富而得"封"。

史学大师钱穆在《中国经济史》第五章《西汉时期经济》有专文谈汉代的"素封"，其中一段话如下：

　　古代诸侯有封君，他们兼理政治，汉代亦有，但汉之封君不管政治，只理租税，即所谓"食租税"。如每年率户 200，封君可以每户取其 200 钱之租，等于其生活费之三分之二。故 1000 户年获 20 万钱，是谓千户侯。……如 100 万钱，每年利息就有 20 万钱，如具有此资本，即可形同"千户侯"。太史公称之曰"素封"，意即无人封他，但有此利息收入，即等于封了他。①

　　当代《史记》研究大家张大可先生在《司马迁评传》中这样解释，要言不烦，简洁明了：

　　　　那些有钱有势而与王者同乐的人，司马迁称之为"素封"，即无冕之王。②

　　在司马迁那个时代，官方和正统、主流意识，视贵族和官员有身份、有地位，而有钱、有财产不算什么，不受重视。关于这一点，中国经济史研究专家全汉昇先生在其著作《中国社会经济通史》中，有这样的文字：

　　　　汉代社会的上层有二，一为贵的阶级，一为富的阶级。
　　　　贵族属于贵的阶级，主要有三种，即皇室、外戚、功臣。……至于富的阶级，主要为地主与富豪二类。地主收地租多而富有，《史记·货殖列传》中言土地多者收入与千户侯同。富豪则包括大商人、放高利贷者及开矿者，商人发了财可以很有钱，但朝廷不准其做官，故社会地位较低。③

　　富的阶级远比不上贵的阶级，后者可能财富不如你，但依然高高在上，看不起你们这般"土豪"，你有钱有财产，但还是无身份、无地位。司马迁却为这些人撰写《列传》，替他们鸣不平。这是司马迁不同于常

---

　　①　钱穆：《中国经济史》，钱穆讲授、叶龙记录整理，北京联合出版公司 2014 年第 1 版，第 44 页。本书第五章《西汉时期经济》之"四、汉代'素封'千户侯"，第 44-45 页，对此有较详细介绍，可参阅。

　　②　张大可：《司马迁评传》（中国史记研究会丛书），华文出版社 2005 年版，第 305 页。

　　③　全汉昇：《中国社会经济通史》，全汉昇口述、叶龙整理，北京联合出版公司 2016 年版，第 69 页。本书第二章《秦汉社会经济概况》之"七、汉代的社会阶级"，第 69-70 页，可参阅。

人的眼光，以及他打破世俗观念的勇气。

司马迁在理论上为商人正名，首先是他看到时代变了，社会变了。《货殖列传》开篇就有这么一段：

> 老子曰："至治之极，邻国相望，鸡狗之声相闻，民各甘其食，美其服，安其俗，乐其业，至老死不相往来。"必用此为务，挽近世涂民耳目，则几无行矣。

这段话是说，老子理想中那个"老死不相往来"的"小国寡民"时代，已经一去不复返。"必用此为务"数句意思是，到了近世，如果还要按老子的时代这一套去办，那就等于堵塞人民的耳目，已经无法行得通。这是司马迁强调的重点。毫不含糊，斩钉截铁。接着司马迁又说了如下一段话：

> 太史公曰："夫神农以前，吾不知已。至若诗书所述虞夏以来，耳目欲极声色之好，口欲穷刍豢之味，身安逸乐，而心夸矜势能之荣使。俗之渐民久矣，虽户说以眇论，终不能化。

意思是，社会及民风完全变了：从虞舜、夏朝以来，人们耳、目、口追求的是最好听、最好看、各种的美味，想的是"身安逸乐"，这种风气百姓浸染已久了，无法改变。注意最后一句："虽户说以眇论，终不能化"，即使用再好的妙论，挨门逐户地去劝说、开导，也不能感化谁了。这是司马迁提醒人们社会风气已经不同于过去，自然欲望无法压制。

《货殖列传》开篇的这两段话，是在告诉人们，这个时代已经不同于老子的时代，我们必须看清楚，天下大势已变，人们的观念也要变。以此为《货殖列传》将要提出的新的经济思想、新的登场人物做好铺垫：那就是一时代有一时代的思想和人物。

不仅如此，司马迁看到了金钱、财富对社会的影响，对人的地位的影响。这更是从正面为财富说话，肯定它。他直言不讳地说：

> 凡编户之民，富相什则卑下之，伯则畏惮之，千则役，万则仆，物之理也。

意思说，普通百姓对于财富比自己多十倍的人会低声下气，多百倍的会惧怕他，多出千倍的就会被他役使，多出万倍的就会成为其奴仆。

而且司马迁特别指出这是"物之理也",就是说这是自然的、正常的:
人们的经济基础决定了他的社会地位,财富决定一个人的腰杆子。司马
迁看得何等清楚!

司马迁还说了一个故事。有个名叫刀间的人,很有一套,收留一大
帮狡猾的奴仆,利用他们发了大财。当然主人赚大钱对手下人也不薄。
奴仆中有人在私下交谈时说出了这样的话:

> 故曰"宁爵毋刀",言其能使豪奴自饶而尽其力。

此为家奴之间对话之语。意为:与其出外谋取官爵,倒不如在刀家
为奴。你看,他们愿意为主人竭尽其力,而对当官已经没有什么兴趣。
这是一个多么大的转变,豪富在人们心中的印象及地位,和过去相比已
经不可同日而语。司马迁的言外之意是,既然如此,还能像以前那样对
待金钱、财富和商人吗?

司马迁强调这样的现实情况:

> 农工商贾畜长,固求富益货也。此有知尽能索耳,终不余力而
> 让财矣。

意思是,商人们储蓄增殖,原本就是为了谋求个人的财富增添。他
们此绞尽脑汁地索取,其最终为的是不遗余力地争夺财物。司马迁为商
人说话,肯定他们对金钱和财富的追求。

司马迁还一一细说社会各行各业,各色人等,如何为了金钱而不顾
一切:

> 故壮士在军,攻城先登,陷阵却敌,斩将搴旗,前蒙矢石,不
> 避汤火之难者,为重赏使也。其在间巷少年,攻剽椎埋,劫人作
> 奸,掘冢铸币,任侠并兼,借交报仇,篡逐幽隐,不避法禁,走死
> 地如骛者,其实皆为财用耳。今夫赵女郑姬,设形容,揳鸣琴,揄
> 长袂,蹑利屣,目挑心招,出不远千里,不择老少者,奔富厚
> 也……医方诸食技术之人,焦神极能,为重糈也。吏士舞文弄法,
> 刻章伪书,不避刀锯之诛者,没于赂遗也。农工商贾畜长,固求富
> 益货也。此有知尽能索耳,终不余力而让财矣。

大意是说壮士打仗时冲锋陷阵,赴汤蹈火,是因为重赏的驱使;乡
里的恶少敢于杀人埋尸,拦路抢劫,盗掘坟墓,侵吞霸占,不避法律禁

令，还是为了钱财；年轻女子打扮得漂漂亮亮，弹琴舞袖，挑逗勾引，出外不远千里，在为财利而奔忙。还有社会上以各种技艺谋生的人，思虑劳神而极尽其能，也就是为了得到更多的报酬，包括官府吏士，不避杀头，接受他人的贿赂。等等。

司马迁说了这么多，无非证明一点：人为财死，鸟为食亡。那么经商逐利岂不是天经地义，无可指责？

以上这些内容，司马迁告诉或提醒人们：人们的财富观、金钱观已经变了，我们要看清并承认这样的现实。商人和工商业者在社会上作用会越来越大，对他们不可小视。

司马迁对商人有如此认识，也与大汉统一这个现实状况有关。他看到了大汉帝国的统一与强大，特别是由此而带来许多以前所不具备的条件、因素，大环境的改变，经济变化也势在必然。

司马迁写道：

> 汉兴，海内为一、开关梁，弛山泽之禁。是以富商大贾，周游天下，交易之物莫不通得其所欲。

意思是，汉朝已经天下一统，关卡要道开放了，开采山泽的禁令解除了，因此富商大贾得以通行天下，交易的货物无不畅通，他们的欲望都可以得到满足。这就是说，汉朝的统一，带来了两个重大的转变："开关梁"和"弛山泽之禁"，因为"海内为一"，通商的条件好了，各种商机也就多了，市场经济的条件已经成熟了。在这样的形势下，商人及工商业者自然会更加活跃，在商海展示他们的本领，其影响会越来越大，贡献也会越来越大。司马迁对此有超前的认识。

与此相关，还有一点也不得不提。那就是，随着汉帝国的统一和强大，对外部的联系、影响也必然发生变化。比如这时的对外贸易已经开始。司马迁当时的对外贸易，有两点值得我们关注：

一是张骞打通了通向西域的道路。人们一般认为只是打通了丝绸之路，和西域、中亚等地有了交往，其实对此意义理解不够。因为在当时，就已经对汉朝的对外贸易带来很大扩张和影响。

《剑桥中国秦汉史》第十章"前汉的社会经济史"，其中有"城市、商业和制造业的发展"一节，对此有比较具体的介绍：

> 这些商人的贸易活动，超过了汉帝国的国境。武帝时（公元前

130 年）张骞出使西方月氏，贸易活动更受到很大的推动。张骞的出使开辟了通往中亚的新途径。黄金和丝制品为主要商品从中国输出，而酒、香料、马、羊毛织品从西方各国输入，沿着中亚的贸易路线引进的新的植物包括葡萄、石榴、芝麻、蚕豆、苜蓿等。①

也就是说张骞出使西方开辟了从西域通往中亚的大门，丝绸之路成功地把国际贸易的大门打开了。

除了这陆路上的国际贸易，书中还提到此时海上的贸易活动：

> 公元前 111 年，武帝征服南粤以后，南海的贸易逐渐扩展到东南亚诸国和印度洋，这些国家以珠、玉、天青石、玻璃等物换取中国的黄金和丝织品。一件轶事说明了沿着航海路线的商业发展，那就是公元 166 年一个有为的商人到达中国海岸，声称是大秦皇帝安敦（即马库斯·奥里琉斯·安东尼罗斯）的使者，他献给桓帝象牙、犀角、龟壳等物。②

全汉昇先生《中国社会经济通史》也有专门一节谈到对外贸易，可参考。③

"剑桥史"这两段话，让我们看到对外贸易一个大致的情形。随着陆路和水路国际贸易开展，我们对外的往来加强了，不仅是物资的交换，也一定带来思想的、观念的交流。就物资的交换来说，做生意是离不开商人的。

关于当时对外贸易这方面的情况，司马迁凭着他的广闻和敏锐，一定有所了解。这样的国际贸易的形势，对他的观念、意识，特别是对贸易、商人、市场的看法等等，一定会有不小影响。此点往往被人所忽略，笔者特别予以概述如上。

此外，司马迁年轻时候广泛的游历也是我们要注意的：

> 二十而南游江、淮，上会稽，探禹穴，窥九疑，浮于沅、湘；北涉汶、泗，讲业齐、鲁之都，观孔子之遗风，乡射邹、峄；厄困

---

① ［英］崔瑞德、鲁惟一编：《剑桥中国秦汉史》，中国社会科学出版社 1992 年版，第十章"前汉的社会经济史"，第 619 页。

② 同上，第 619 页。

③ 全汉昇：《中国社会经济通史》，第二章《秦汉社会经济概况》有"汉代的商业与对外贸易"一节，第 61—63 页。

鄙、薛、彭城，过梁、楚以归。于是迁仕为郎中，奉使西征巴、蜀以南，南略邛、笮、昆明，还报命。（《太史公自序》）

《太史公自序》这段话可以看到司马迁在年轻的时候，就游历了江淮和中原广大地区，出仕为郎中以后，又奉命出使西征巴蜀广大区域，往南还去过昆明等地区。这样他对大汉帝国的山川地理、风土人情都有广泛地了解与熟悉，这样的经历对他认识国情和民情一定大有裨益。在《货殖列传》中，你会看到司马迁对帝国几大经济区的划分以及介绍，我想，这与他年轻时广泛的游历、对国土的熟悉大有关系。他不仅看到大量的国家档案及文字材料，更有自己闻目睹的第一手资料。

以上诸多原因，成就了司马迁不同于常人的见识与眼光。所以他认识到商人及工商业的重要，为商人们正名，乃至给送上"素封"的桂冠。

二、司马迁怎么看"素封"、从哪些方面来阐释"素封论"

前面已经提到，司马迁告诉我们，很久以来，老百姓追求的、想的是"身安逸乐"，这是一种自然的人性。那么，追求财富完全合理。

司马迁还说：

富者，人之情性，所不学而俱欲者也。

意思是：求富是人们的本性，与生俱来，用不着学习，就都会去追求。这是为人的本性、人的欲望正名。既然这是人的本性，那么，我们对财富、对富人自不必加以指责。

司马迁直言：

天下熙熙，皆为利来；天下攘攘，皆为利往。

人各任其能，竭其力，以得所欲。

前一句是对"逐利"予以肯定的一个最坦诚宣示；后一句是说每个人都在凭自己的才能和力量，满足自己的欲望。现实就是这样，司马迁认为这是正常的，不必大惊小怪。因为：

夫千乘之王，万家之侯，百室之君，尚犹患贫，而况匹夫编户之民乎！

就是说，那些已经衣食无忧，且拥有极多财富的人，从天子、诸侯、直到大夫，他们都担心贫穷，还嫌财产不够，那么普通老百姓的担忧不是很正常吗！这是司马迁赞同对财富的占有意识，鼓励人们大胆地去拥有、追求财富。

司马迁用了一个生动的比喻，说明这种对财富的向往以及追求，就像水从高处流向低处那样自然：

> ……各劝其业，乐其事，若水之趋下，日夜无休时，不召而自来，不求而民出之。岂非道之所符，而自然之验邪？

司马迁进一步分析，社会上有各种分工：农、虞、工、商，只是其职能不同，强调商业是其中重要一环，凸显其作用及价值：

> 故待农而食之，虞而出之，工而成之，商而通之。

司马迁还说了一段话，为自己的观点寻找依据：

> 周书曰："农不出则乏其食，工不出则乏其事，商不出则三宝绝，虞不出则财匮少。"财匮少而山泽不辟矣。此四者，民所衣食之原也。

说的是农、工、商、虞这四个方面是百姓衣食的来源。但这里司马迁的用意在"商"，点出商和农、工、虞一样，人们生活不可缺少，各有其职又互相联系。

从人的自然欲望、财富意识、现实状况等方面，司马迁让我们认识到：追求财富完全正当，商人和工商业的作用与价值巨大。

司马迁在《货殖列传》中，还叙述了二三十个财富故事，用了大量具体的人和事，表彰杰出的商人代表，即那些"素封"式的豪富。司马迁一一介绍他们的成就、才能、贡献，且不时地加以点评，这是最有分量、最吸引人的部分，也是它的重点部分。

司马迁写了范蠡、白圭、猗顿、乌氏倮、蜀卓氏、程郑、宛孔氏、曹邴氏、齐地刀氏、师史、宣曲任氏、桥姚、无盐氏等富人故事。

范蠡是我们都比较熟悉的。司马迁写了他功成名就之后，他退隐江湖去做生意：

> 十九年之中三致千金，再分散与贫交疏昆弟。故言富者皆称陶

朱公。

是说他在十九年期间，曾经三次赚得千金之财，两次分散给贫穷朋友和远房兄弟。于是后世谈论富翁时，都称颂陶朱公。意为他成了富翁的代名词，司马迁的这句话点出他的影响巨大。

还有乌氏倮（倮，人名，秦时大畜牧主）的故事。此人经营畜牧业，很会做生意，秦始皇也知道他，诏令乌氏倮位与封君同列，并按规定时间同诸大臣进宫朝拜：

> 秦始皇帝令倮比封君，以时与列臣朝请。

甚至还有一个寡妇的故事。讲述的是巴（蜀）地区的一个寡妇清（人名）非常得了不起，继承先祖很大矿产，但她能守住先人家业，用钱财来保护自己。秦始皇认为她是个贞妇，而以宾客之礼对待她，其死后为她修筑女怀清台：

> 秦皇帝以为贞妇而客之，为筑女怀清台。

司马迁对这两个人的创业与守业的故事，大有感触，叙述完他们的故事后，发了一番议论：

> 夫倮鄙人牧长，清穷乡寡妇，礼抗万乘，名显天下，岂非以富邪？

意思是乌氏倮不过是个边鄙之人、畜牧主，巴郡寡妇清是个穷乡僻壤的寡妇，却能与皇帝分庭抗礼，名扬天下，这难道不是因为他们富有吗？强调因为他们的富有，才有如此高的地位。

还有一对夫妇艰难创业的故事。蜀地卓氏夫妇本来冶铁致富，他们是赵国人，但秦灭六国后，财富被虏掠，又强制移民。但他们毫不气馁，几经周折，又成为滇蜀地区的富豪，他们的奴仆多达一千人。他在田园水池尽享射猎游玩之乐，可以比得上国君：

> 倾滇蜀之民，富至童千人。田池射猎之乐，拟于人君。

还讲述了经营池盐起家的猗顿、冶铁成就家业的郭纵的不凡经历，他们都是凭着自己的打拼，最终其财富可与王侯相比：

> "猗顿用盬盐起。而邯郸郭纵以铁冶成业，与王者埒富。"

司马迁还写了一个名叫桥姚的、靠做边贸生意而发家致富的故事：

塞之斥也，唯桥姚已致马千匹，牛倍之，羊万头，粟以万钟计。

边疆开拓之际，他抓住了机会，去做边境贸易，以中原的物资与游牧民族交换牲畜，从中牟利。他后来竟有马千匹，牛几千头，羊上万只，家中贮藏粮食数以万钟。

司马迁在介绍了这些大富豪的财富故事后，又发了这么一段议论：

此其章章（即"彰彰"）尤异者也。皆非有爵邑奉禄弄法犯奸而富，尽椎埋去就，与时俯仰，获其赢利……故足术（意：述）也。

这是对商人们的赞词：这些人现在已是显赫有名、与众不同的人物。他们本来却并非有爵位封邑、有俸禄收入的显贵，但他们没有违反法律、没有采用不正当手段，而是凭着智慧和灵活而致富。司马迁认为"故足术（意：述）也"，意为他们的事迹非常值得记述下来。

不再一一举例。司马迁的《货殖列传》就是那个时代的"富豪榜"。这些富豪的成功并不是一帆风顺，每一个豪富的背后都有一个精彩故事。

司马迁通过这个"富豪榜"让我们看到，这些富豪们凭着自己智慧的大脑、勤劳的双手、过人的胆量、灵活的手段，在市场经济大潮中拼搏，富可敌国，获得崇高的地位与身望，以至帝王都待之有礼。这就是司马迁誉之为"素封"的一大理由。

司马迁在肯定商人们追求财富合理、正当的同时，对商人的道德同样持肯定态度。这是司马迁誉其"素封"的第二个理由。

司马迁一反儒家传统意识"君子喻于义，小人喻于利"，认为财富是礼仪、道德的前提、基础。这又是他的迥异世俗之论。

司马迁这么看礼与财富的关系：

故曰："仓廪实而知礼节，衣食足而知荣辱。"礼生于有而废于无。

前一句大家都很熟悉，是管子的名言。后一句是说，礼产生于富有，而没有财富的地方或人群，礼就不存在。司马迁的观点是：没有一定的物质基础，还谈什么礼！这在当时那个环境，是何等的大胆。

司马迁还打了一个比方：

　　　　渊深而鱼生之，山深而兽往之，人富而仁义附焉。

　　把"富"与"仁义"的关系作了如此形象而深刻的解说，也把某些人"为富"则"不仁"的因果论给彻底打破。

　　这些言论，完全颠覆了人们的习惯意识。多少年来，商人在人们的心目中往往是奸商，唯利是图，现在，司马迁把财富和仁义、道德的关系，看成是水涨船高，把传统意识中的"负面"视为"正面"。司马迁的"富而仁义"论已经超越了管子的"仓廪实而知礼节，衣食足而知荣辱"。

　　正因为如此，司马迁对"重义轻利"一说不以为然，他说那些躲在深山而大谈仁义的人，这些人看似高尚，但连自己生活也搞不好。司马迁对这些人说，你们应该感到难为情：

　　　　无岩处奇士之行，而长贫贱，好语仁义，亦足羞也。

　　司马迁对虚伪的假仁义非常反感，在书中的另外一处，他也说了相似的话：

　　　　守信死节隐居岩穴之士设为名高者安归乎？归于富厚也。

　　意思是那些守信尽节而隐居深山的人，无非是自命清高追求名声，他们这么做究竟为什么呢？最终还是为了财富。"归于富厚"这四个字，撕破这类人的伪装。

　　儒家一贯提倡是安贫乐道，所谓"颜回之乐"，司马迁特地说了一个与孔子有关的故事：

　　　　子赣（子贡）既学于仲尼，退而仕于卫，废著鬻财于曹、鲁之间，七十子之徒，赐最为饶益。原宪不厌糟糠，匿于穷巷。子贡结驷连骑，束帛之币以聘享诸侯，所至，国君无不分庭与之抗礼。夫使孔子名布扬于天下者，子贡先后之也。此所谓得埶而益彰者乎？

　　这里拿孔门两位高徒子贡（名"赐"）和原宪说事。子贡离开孔子后做官又做买卖，经商而富可敌国，他所到之处，可与"国君无不分庭与之抗礼"；而孔子的另一高徒原宪穷得连糟糠都吃不饱，隐居在简陋的小巷子里："原宪不厌糟糠，匿于穷巷"，这是一个多么强烈的对照。不过给我们印象最深的还是其中这句话："使孔子名布扬于天下者，子贡先后之也。"

　　意思是，使孔子得以名闻天下的原因，是那个富有的子贡在人前人后辅助他。这真是一个不小的讽刺。老师不爱钱，但是日子很不好过，他的扬名还得靠着有钱的学生。大贤大哲如孔老夫子，要让人知道他，还是靠着有钱学生的帮助。

所以，在司马迁的眼睛里，富豪们不仅有钱、有财富，他们也讲道德，具仁义。司马迁基于这么一个认识：因为他们已经"仓廪实""衣食足"，有钱有财力去做好事、做善事，可做他们想做之事或者社会寄予希望之事，"故君子富，好行其德"，普通人则不行，即使你有这个愿望，你没有经济基础。世上的事情往往就是这么简单。

司马迁的这个观点，与当时占主导地位的儒家观点不同，与几百年的习惯意识也不同。它足以反映出司马迁超越时代的见识，也显示了司马迁离经叛道的勇气。总结以上，可见司马迁待商人以"素封"，是基于他的这样两点认识：一是因为追求财富乃人的自然欲望，完全正当、合理，故豪富是"当代英雄"，应当受到热捧；二是财富是德、礼、义、仁的前提、基础，不可或缺。司马迁认为这两点互相联系，互相补充，构成了"素封"的基本内容。这是我们在解读司马迁的"素封论"时，要特别加以关注的。

笔者注意到，张大可先生在他的《司马迁评传》中也持有这样的观点，他指出：

"素封论"有两个基本内容。除上述"巨万者与王者同乐"外，还有一个内容是"人富而仁义附"。①

在《货殖列传》的结尾，司马迁再次提到"素封"：

千金之家比一都之君，巨万者乃与王者同乐。岂所谓"素封"者邪？非也？

意思是，有千金可比一个大都会的封君，有万金就能得到同国君一样的享受。这是否就是所谓的"素封"者？难道不是吗？这里司马迁用了一句反问，在语气上更显示出对自己观点的自信，并以此作为《货殖列传》的结尾。

① 张大可：《司马迁评传》（中国史记研究会丛书），华文出版社2005年版，第306页。

三、放任与打压：两种迥异的经济思想和政策

司马迁撰写《货殖列传》，除了阐释他的"素封论"，为财富与豪富正名外，我认为还有一个意图，与司马迁眼前的现实大有关系，即不满意汉武帝、桑弘羊的经济政策。司马迁认为他们制定和推行的政策是打压商人和工商业者，是政府强行干预市场，与民争利。

司马迁的经济思想是一种"放任主义经济思想"（钱穆语）[1]，而桑弘羊是主张国家控制经济、干预市场，二者迥然有别。司马迁曾在《太史公自序》一文中，交代了《货殖列传》的写作动机：

> 布衣匹夫之人，不害于政，不妨百姓，取之于时而息财富，智者有采焉。作《货殖列传》。

意思非常明确：平民百姓（此指没有特权的商人们）对于政治没有危害，对于普通人没有妨碍，他们寻机买、卖来累积财富，智者从中可得到借鉴。这是劝当政者头脑保持清醒，对商人们给予支持；或者也可以说是告诫：你们不能打压商人，不可与"布衣匹夫"争利。

但是，汉武帝的财政大臣桑弘羊是怎么做的呢，我们简要回顾他所推行的一系列经济政策。

桑弘羊是与司马迁同时代人，一个深受汉武帝器重的主管经济的大官，历任大农丞、大农令，统管中央财政几十年。在桑弘羊的参与和主持下，先后推行盐、铁、酒官营，均输、平准、算缗、告缗等经济政策。他所采取的经济政策，总的来说，是国家主导、控制的经济政策，基本上是由政府垄断市场，对民间资本、商人和工商业者实行打压。

首先就是推行私营改官营的"盐铁国有化"政策。

汉朝建国之初，煮盐、冶铁行业基本上私营，全国有一批靠资本原始积累而发家致富的富商，但是桑弘羊将盐铁由私营改为官营。为什么首先要把盐铁收为国有，因为盐铁家家户户都需要，自然利润很大。但是，这一举措虽然增加了国家财政收入，但是那些原来生产、销售盐铁的商人们无事可做，只得关门。

---

① 钱穆：《中国经济史》第五章《西汉时期经济》，"司马迁经济思想"一节，第52-54页，可参阅。

桑弘羊还推行均输、平准政策。政府设置均输官，统一管理国家物资的运输和贩卖。其实这是政府自己在做生意。与此同时，桑弘羊还采取另一项财经措施"平准"，也是由政府控制。主要在京师和各城市进行商品买卖，"贵即卖之，贱则买之"。平准和均输都由国家掌控，政府垄断市场，把民间的商人和资本排除在外。

此外，桑弘羊大力推行算缗令、告缗令。所谓算缗，是一种向工商业经营者征收的资产税。行业不同，交纳比例不一样。"算缗令"颁布但商人都不呈报，因为税额太高，于是，朝廷又颁布了"告缗令"。内容是：纳税隐瞒不报或自报不实偷税漏税的，一经查出没收其全部财产，并发往边疆服役一年；检举揭发的人，奖给没收财产的一半。

一时间，几乎所有的中产以上家庭都受到了举报，他们被抄没家产。"告缗运动"造成的后果，司马迁在《平准书》中记载：

> 于是商贾中家以上大率破，民偷甘食好衣，不事畜藏之产业，而县官有盐铁缗钱之故，用益饶矣。

就是说，这以后百姓生活无门，只好去做偷窃；他们有了好看的衣服、好吃的东西立即消费掉，大家不再储蓄产业。因为政府的这种做法，让普通老百姓看不到希望，而商人们更是感到绝望，不再积累财富。

自桑弘羊推行上述政策，导致许多豪富从此一蹶不振，甚至破产。虽然政府的财政收入大大增加："用益饶矣。"不过，这已经不仅仅是与民争利，而是搜刮民间，致人于穷困。这种国富对百姓有何好处？

他们为什么要采取这样的政策了，其中也有一个现实的原因，就是汉武帝好大喜功，耗费巨大，国库吃紧。钱穆先生在《中国经济史》中，对此有分析。他指出原因有三，第一点是与战争有关："征伐匈奴需巨大战费"；"第二点是为了进一步重农抑商"，"第三点，中国历史上的传统观念，视商人为奸利"。[①]

所以司马迁的这么一段话，应该是确有所指：

> 故善者因之，其次利道之，其次教诲之，其次整齐之，最下者与之争。

这是司马迁给政府提供的经济政策，认为最好的办法是放任他们自

---

① 钱穆：《中国经济史》，第 63-64 页。

由经商，顺其自然，而最差的做法是与民争利。桑弘羊推行的这种政府垄断市场、打压民间工商业的政策，应该是哪一种呢，大家自己去判断吧。当然对桑弘羊推行的这些政策，不同的人也有不同的看法。此点非本文主旨，不再赘言。①

余　言

司马迁在给他的好朋友的书信里（《报任安书》），对其撰述《史记》目的有如下表白：

> 欲以究天人之际，通古今之变，成一家之言。

司马迁的这个宏愿，历史已经证明完全实现了。那么，作为他史学思想一个重要组成部分的经济思想，在中国经济史上的地位如何？笔者亦可毫不夸张地说司马迁的这个宏愿，历史已经证明完全实现了。那么，作为他史学思想一个重要组成部分的经济思想，在中国经济史上的地位如何？笔者亦可毫不夸张地说，其经济思想不论从当时还是在今天来看，不但卓然"成一家之言"，而且是别树一帜、彪炳千古的"一家之言"，是充满了智慧和胆量的理论创新。两千多年过去了，司马迁的经济思想包括"素封论"依然没有过时，在今天社会主义市场经济的大环境下，如何看待民营企业、民营资本？如何看待财富与富豪？如何摆正政府与市场的关系？等等，我们仍然可以从中得到许多有益启示。

民国教育家、经济学家潘吟阁先生在《史记货殖列传新诠·编者弁言》中，说过这么精彩的一段话：

> 读中国书而未读史记，可算未曾读书；读史记而未读《货殖传》，可算未曾读史记。美哉《货殖传》！奇哉《货殖传》！②

这段话我完全赞同。不过，我还要接着潘先生这段话，再往下说一句：读《货殖列传》而未注意"素封论"，可算未读懂《货殖传》之大义。

---

①　钱穆：《中国经济史》第五章《西汉时期经济》之"十、对汉武帝财政政策的评价"，第63-71页，对桑弘羊经济政策的得与失，有较具体的分析，可参阅。
②　潘吟阁：《史记货殖列传新诠》（国学小丛书），商务印书馆1931年，"编者弁言"第1页。

《史记·五帝本纪》中黄帝形象的建构及其意义

本文作者蔡亚玮。陕西师范大学文学院博士。

太史公司马迁誓以承续由周公到孔子的文化道统为己任，务求将《史记》一书著成"究天人之际，通古今之变，成一家之言"[1] 的伟大经典。一部上下几千年的复杂历史，该从何时写起，才能够显示出由微而著、渐趋浩大的民族气象，才能够次第写来而实现自己的著史理想？这对于司马迁来说，无疑是他在撰著《史记》时必须直面、必须深思熟虑的首要问题。就《史记》一书的实际来看，司马迁将《五帝本纪》作为"第一本纪"，又将"黄帝本纪"作为《五帝本纪》之首。"维昔黄帝，法天则地……厥美帝功，万世载之。"[2] 由此，司马迁以高古久远的黄帝为宗，开始了《史记》一书钩深图远的宏大叙述。

---

[1] 班固撰，颜师古注：《汉书·司马迁传》，中华书局 1962 年版，第 2735 页。

[2] 司马迁：《史记·太史公自序》，中华书局 2011 年版，第 2859 页。

一、以黄帝为宗:《史记》上限的考信问题

在司马迁之前,孔子对于我们民族的历史是"祖述尧舜,宪章文武"[1]。也就是说,倘若孔子著写通史,他极可能将我们的历史上限追踪至上古尧舜时代,而以文武时代作为奠定我们这个民族本质内涵的真正起点。在尧舜与文武之间,横亘着夏商两代数千年时空,孔子以文武为确定我们民族政治宪章与文化宪章的真正历史起点,又将叙述的头绪伸向德治天下的遥远的尧舜时代,这已然表现出深广的历史观念。作为孔子的精神传人,司马迁自当受到孔子"祖述尧舜,宪章文武"这一历史观念的影响,但司马迁的可贵之处在于,他并未止步于"祖述尧舜,宪章文武",而是以其"究天人之际,通古今之变,成一家之言"的精神魄力,在孔子"祖述尧舜"的基础上继续前行,将民族的历史上限追溯至尧舜前的黄帝时代,显示出更为深广的历史观念。徐复观在《两汉思想史》中评论说:"《五帝本纪》始自黄帝,这是把历史的建筑,向上加高了三层,此乃出于他的历史意识的不容自己的要求,而又受到历史意识的自我抑制,所作的大决断。"[2]《春秋》"断自尧舜",若仔细考究,尧舜之时已是国家规模相对完整、各项制度趋于完备的时期,肯定不是中国信史的开端,其必定经历了一段时间的发展,才能达到此种程度。日本学者岛田重礼曰:"夫宗其道,则欲详其人;详其人,则欲并其父祖曾高而详之。子长纪黄帝,乃所以著尧舜之所出也。"[3] 也就是说,尧舜之盛不是凭空而来,其源可继续上溯,所以"若本纪起自尧舜,这是司马迁的历史意识之所不甘"[4]。

司马迁在孔子的基础上,将民族的历史追踪至上古黄帝时代,并非只是上推了一二个世纪那样简单。中国史学一开始就以注重考信为高标,《史记》能否成为信史,首先就看司马迁在"祖述"黄帝时能否将《史记》"第一人"黄帝写得真实可信?就考信史实而言,孔子"祖述尧舜"已属不易,而司马迁又向前越过颛顼、帝喾二世而追踪至黄帝时

---

① 郑玄注,孔颖达疏:《礼记正义》,北京大学出版社1999年版,第1459页。
② 徐复观:《两汉思想史》,九州出版社2014年版,第3册,第310页。
③ 泷川资言:《史记会注考证》,上海古籍出版社2015年版,第2页。
④ 徐复观:《两汉思想史》,第3册,第310页。

代，徐复观认为："站在史公的立场说，由帝尧起为信史，黄帝、颛顼、帝喾为传说史……他不说'卒述黄帝以来'而只说'卒述陶唐以来'，其对两者可信的程度加以区分，用意至为明白。"① 而选择了以黄帝为宗，意味着司马迁在撰著《史记》之初就给自己设置了一道高难度的史学命题，即能否考信、如何考信的挑战。在《五帝本纪》"太史公曰"中，司马迁没有言及其他，而是专门叙述了他求解这一难题的艰辛程度：

> 学者多称五帝，尚矣。然《尚书》独载尧以来；而百家言黄帝，其文不雅驯，荐绅先生难言之。孔子所传《宰予问五帝德》及《帝系姓》，儒者或不传。余尝西至空峒，北过涿鹿，东渐于海，南浮江淮矣。至长老皆各往往称黄帝、尧、舜之处，风教固殊焉。总之不离古文者近是。予观《春秋》《国语》，其发明《五帝德》《帝系姓》章矣，顾弟弗深考，其所表见皆不虚。《书》缺有间矣，其轶乃时时见于他说。非好学深思，心知其意，固难为浅见寡闻道也。余并论次，择其言尤雅者，故著为本纪书首。

从这段文字中我们可以见出，为了写好《黄帝本纪》，司马迁首先尽最大可能搜寻有关黄帝的文献资料以及各地传闻，然后对其真伪予以考辨。考辨的原则是：其一，择其雅驯者，不雅驯者不从；其二，将野史杂传与信史相对照，不符合者不从；其三，一切文献资料以及各地传闻，都要以权威的古文经典为考辨依据；其四，对于《尚书》等缺失的部分，努力在其他文献中拾遗补阙。除上述四点外，司马迁还深以为，自己经过长时间的"好学深思"，对材料真伪的考辨以及如何弥补材料的不足，已经达到了"心知其意"而"难为浅见寡闻道也"的深远境界。这种因长期的史学研究而得以形成的"心知其意"的专业能力，对于司马迁撰写《五帝本纪》以及《史记》全书有着极其重要的意义。

在《史记》的其他篇章中，司马迁也多次谈及他撰著《史记》的考信方法与原则。归结起来，其基本步骤大体如下：

其一，"网罗天下放失旧闻"，力求详尽地占有一切原始资料，其所谓"厥协六经异传，整齐百家杂语"，说明他所网罗的不只是他认为可靠的六经正传，还包括有可能不太可靠的六经异传以及百家杂语，总之

---

① 徐复观：《两汉思想史》，第 3 册，第 311 页。

要"尽见天下之书，然后无遗恨"①，这就确保了撰著《史记》文献资料的广博性与多样性。

其二，要到实地考察访问，在历史人物活动与历史事件发生的"第一现场"采摭遗闻轶事，寻访历史遗迹与踪影，其所谓"余南登庐山，观禹疏九江，遂至于会稽太湟"（《史记·河渠书》），"上会稽，探禹穴，窥九嶷"（《太史公自序》），"余尝西至空桐，北过涿鹿，东渐于海，南浮江淮矣，至长老皆各往往称黄帝、尧、舜之处，风教固殊焉"（《五帝本纪》），诸如此类，显示出司马迁务求踏遍天下而无所遗恨的实证精神。

其三，在"网罗天下放失旧闻"以及广泛实地考察的基础上，司马迁要对所见所闻予以深入细致的整理与鉴别，其总的原则是"考信于六艺"。所谓"夫学者载籍极博，尤考信于六艺"（《伯夷列传》），正言明了司马迁在"载籍极博"后以儒家经典为主要学理依据的原则立场。考信于儒家而不考信于其他诸子，究其缘由，是因为在先秦诸子中唯有儒家重视历史文献的收集与整理，唯有儒家强调"不语怪力乱神"②"博学而笃志，切问而近思"③ 知识理性、学术理性的重要性；与先秦儒家相比，其他诸子如道家好言"谬悠之说，荒唐之言，无端崖之辞"（《庄子·天下》），法家则否弃历史、否弃知识理性而以愚昧天下为能事。

其四，在"尤考信于六经"的总原则下，司马迁对于一些"禨祥不法"的志怪之说，采取了"纪异而说不书"的态度："幽厉以往，尚也。所见天变，皆国殊窟穴，家占物怪，以合时应，其文图籍禨祥不法。是以孔子论六经，纪异而说不书。"（《天官书》）一部良史，不但是务求历史人物与历史事件、历史细节真实的历史，也应是反映出人的精神观念（不论正确与否）的历史。记录天象一类的图书文籍虽不足凭信，但也是一种精神现象的表现，是历史存在的一部分。对于这种特殊的历史存在，司马迁与孔子一样"纪异而说不书"，保持着历史书写的包容性与开放性。

① 郑樵：《通志·总序》，中华书局 1987 年版，第 1 页。

② 何晏集解，邢昺疏：《论语注疏》卷七《述而》，中华书局 2009 年版，第 5394 页。

③ 何晏集解，邢昺疏：《论语注疏》卷十九《子张》，第 5501 页。

其五，对于一个要撰写上下几千年历史的史家来说，即令"网罗天下放失旧闻"并进行了相关的实地考察，即令对占有的史料予以了深入考辨，还不足以重构一个连贯而生动真实的历史。这是因为，尽管史料纷繁，但总会有这样或那样的缺失，司马迁所谓"《尚书》独载尧以来"，"《书》缺有间矣"，说明了史料缺失的问题；而在史料与史料之间，又往往留下大片的历史空白。如何克服史料不足的困难，如何面对大片的历史空白，需要史家有对历史透辟的理解力，有能够越过历史屏障而直与历史感同身受的想象力。这种理解力与想象力的由来，既与史家长年的史学修养有关，也与史家的天赋有关。综观《史记》一书，能够见出司马迁有这样一种卓异的理解力与想象力。前引"非好学深思，心知其意，固难为浅见寡闻道也"以及他多次言明自己"想见其为人"（《孔子世家》），说明了司马迁对历史的重构既有赖于史料的收集与辨别，又有赖于他卓异的理解力与想象力的发挥。极而言之，正赖以这种理解力与想象力的发挥，司马迁思接千载，笔补造化，将大片的历史空白化为生动真实的具体场景。化虚为实，看似是一种虚构，实也是一种真实。因为历史终究是人的历史，在人的历史中，变化的只是一种表象，不变的是人的情感与欲念、人与人之间的基本关系、人类社会发展变化的基本规律。

只要史家对历史有足够的理解力与想象力，结合相关的史料，是有可能想见其人其事，重建历史的生动情境。司马迁言："网罗天下放失旧闻，略考其行事，综其终始，稽其成败兴坏之纪"（《太史公自序》），"网罗天下放失旧闻，王迹所兴，原始察终，见盛观衰，论考之行事"（《汉书·司马迁传》），即以可信的史料为依据，记录明君圣王的事迹，并进而条理出有关国家盛衰命运的历史大势。实际上说明了史家具有整合历史、把握历史运动趋向与精神命脉、重建历史生动情境的再造能力。过多深陷于历史的材料中，有时反而会迷失自我而难以把握住历史变化的本质；而既着眼于史料又不唯史料而论，有时反倒获得对历史的一种真知。从这一意义上说，司马迁"好学深思，心知其意""想见其为人"的理解力与想象力，可以被视为一种"心证"历史的考信方法。以"考信于六艺"为主而兼之以"心证"方法，应当是《史记》一书之所以成为史学经典的关键所在。

在整个的《史记》撰述中，司马迁基本上依照以上步骤对历史进行了重构，《史记》"第一帝王"黄帝，也正是司马迁通过上述步骤建构起的历史形象。由此看来，以黄帝为始的《五帝本纪》对于《史记》全书既有着开宗明义的意义，也有着发凡起例的意义。

二、黄帝历史的建构与黄帝形象的塑造

司马迁在《五帝本纪》开篇介绍完黄帝的出身后，以简之又简的记叙方式将黄帝由出生到成年的成长过程进行概括："生而神灵，弱而能言，幼而徇齐，长而敦敏，成而聪明。"然后便转入对黄帝事迹功业的叙述。跟随着司马迁的史家之笔，我们来看看黄帝这位少时天资聪颖的历史人物是怎样地"法天则地"，怎样地在武力构建疆域和以德经营天下两方面都创下了"万世载之"的"厥美帝功"。

1. 武功：武力征伐，守土保疆

黄帝究竟是怎样地浮出历史的水面，究竟是怎样地成为万世足可效法的帝王，只有他的历史才能告诉我们。在接下来的文字中，司马迁以其客观陈述的笔触，给后人留下了只有"好学深思"才能"心知其意"的简练表述：

> 轩辕之时，神农氏世衰。诸侯相侵伐，暴虐百姓，而神农氏弗能征。于是轩辕乃习用干戈，以征不享，诸侯咸来宾从。而蚩尤最为暴，莫能伐。炎帝欲侵陵诸侯，诸侯咸归轩辕。轩辕乃修德振兵，治五气，艺五种，抚万民，度四方，教熊罴貔貅䝙虎，以与炎帝战于阪泉之野。三战，然后得其志。蚩尤作乱，不用帝命。于是黄帝乃征师诸侯，与蚩尤战于涿鹿之野，遂禽杀蚩尤。而诸侯咸尊轩辕为天子，代神农氏，是为黄帝。

黄帝出于"神农氏世衰"之时，当时"诸侯相侵伐，暴虐百姓"，神农氏因"世衰"而"弗能征"。以上这些文字，都简之又简，但又有着耐人寻绎的意蕴。大凡一个伟大的人物都出于一个衰微的时代，或者反过来说，只有在一个衰微的时代，一个伟大的人物才能够应运而出。黄帝少时天资聪颖，待到壮年时世道衰微，他的才干才有了渐次展露的机会。神农氏不"世衰"，诸侯就不会"相侵伐"；诸侯不"相侵伐"，百姓就不会被"暴虐"；百姓不被"暴虐"，天下就没有呼唤救世者出现的渴望。少时天资聪颖而最终"泯然众人矣",这样的事例,古今不在少数。而黄帝最终没有"泯然众人矣",其中一大根由是他所处的时代需要一位有着特殊才能的人应世而出。既然神农氏"弗能征",那么黄帝这个"能征"者就必然要浮出历史的水面。依此看来,黄帝浮出历史的水面,既符合他那个时代的需要,也符合他自身能力发展的需要。司马迁史笔的可信,就在这样一种词约义丰中得以呈现。

在"诸侯相侵伐,暴虐百姓"之时,不以武力征伐就不能平定天下。"于是轩辕乃习用干戈,以征不享。"黄帝首先靠的不是仁德这类柔性的道德力量,而是刚性、强硬、铁血的手段而声名大振。先以"力"而非"德"名于天下,这也可以看成司马迁史家之笔的表现。因为有强力,"诸侯咸来宾从",但黄帝的强力并非所向无敌:"蚩尤最为暴,莫能伐。"黄帝强力的有限性,又可以看成黄帝是人而不是神这一历史真实的反映。而黄帝在征伐炎帝时,不同于之前的纯以"力征",开始了修德行义的积累过程:"炎帝欲侵陵诸侯,诸侯咸归轩辕。轩辕乃修德振兵,治五气,艺五种,抚万民,度四方,教熊罴貔貅䝙虎,以与炎帝战于阪泉之野。"细读这段文字,我们可以看出黄帝少时的"聪明"绝非空言:炎帝"欲侵陵诸侯",诸侯人人自危,表现出"咸归轩辕"的共同趋向。由黄帝征伐诸侯到诸侯"咸归轩辕",说明了黄帝通过"力征"建立了自己的威势。另一方面,诸侯"咸归轩辕",也当与黄帝或隐或显地表现出一定的德行有关。要而言之,诸侯之所以"咸归轩辕",一则是因为诸侯知晓黄帝有保护他们的征伐实力,二则是因为诸侯感受到了黄帝异于神农氏的德行。既有显在的"力"又有潜在的"德",这就使得黄帝看到了自己有取代神农氏的现实可能。故此,黄帝"修德振兵",力求为决胜炎帝并进而取代神农氏奠定坚实的基础。从司马迁的文字表述看,从"炎帝欲侵陵诸侯"到"诸侯咸归轩辕",从"诸侯咸归轩辕"到"轩辕乃修德振兵",从"轩辕乃修德振兵"到"以与炎帝战于阪泉之野",显示出次第以进的内在逻辑进程,也显示出黄帝善于见微知著、钩深图远的战略眼光。这种善于见微知著、钩深图远的战略眼光,正与黄帝少时的"敦敏""聪明"一脉相承。

在战胜炎帝后,黄帝无疑在"力"与"德"两方面都取得了足可取代神农氏的绝对优势。凭借这一绝对优势,黄帝乃自发号令而"征师诸侯",不再像前此征伐诸侯那样需要以神农氏的名义代行出征之事,这事实上就等于以帝王自居了。纯以自己的声名发号施令，能够尽情展示自己"登高一呼，云集响应"的感召力与领导力，又挟三战炎帝而大胜之余威，黄帝终于诛灭了"最为暴，莫能伐"的蚩尤。在此情势下，"诸侯咸尊轩辕为天子，代神农氏"就势在必然了。至此，司马迁以史家之笔，初步完成了对黄帝这一重要历史人物的形象定位。

在司马迁接下来的文字表述中，我们可以继续看到黄帝以力征为主而以修德为辅的形象特征，可以继续看到司马迁将黄帝作为一个真实的"人"来描写的历史客观性："天下有不顺者，黄帝从而征之，平者去之，披山通道，未尝宁居。东至于海，登丸山，及岱宗。西至于空桐，登鸡头。南至于江，登熊、湘。北逐荤粥，合符釜山，而邑于涿鹿之阿。"观察黄帝一生的主要作为，首先就在于征诸侯，征炎帝，征蚩尤，征一切不顺者，通过一系列的征伐行为，平息内乱，安定天下，树立威名，上位帝王，不断地拓展领土范围，奠定了东至于海、西至空桐、北至黄河、南至长江的疆域规模。后来的华夏民族乃至中华民族，正是以这样一种疆域规模为基础，逐渐形成了东至大海、西至中亚腹地、北至蒙古高原、南至南中国海的大中国格局。可以说，在黄帝的努力下，中国人几千年来生存活动的核心疆域大体得到确立。在中国历史上，黄帝堪称为"恢我疆域"的历史第一人。

特别需要强调的是，黄帝在平息内乱以及拓展疆域的进程中所采取的力征行动都具有相对的正义性。对付暴力内乱，非力征不可；在北温带这个最适合于古代人类生存与发展的地区为本民族拓展出辽阔的疆域，也势必要靠强力征伐方能实现。当时人类还处于野蛮血腥的原始时代，如若没有一种强力的支撑，何以能够平息人类彼此之间低层面的野蛮拼杀，又何以为本民族打造出一方足可生息的辽阔领土？即令在人类已经进化到 21 世纪的今天，我们如果只强调道德的作用而没有一种能征能伐的国防力量作为保障，也很难对内确保统一、对外确保中国的神圣不可侵犯。而后世学者多因黄帝以征战得天下，且与炎帝大战有犯上作乱或内部权力相争的嫌疑，对其妄加讥议："以臣伐君犹有惭德，而况为之后者！信或有之，则黄帝贼矣，尚得为圣人乎？"[①] 诸如此类的讥议，实在是未能领会司马迁在叙史时的客观严谨态度，未能认知到黄帝

---

① 范浚：《香溪集》第六卷《五帝纪辩》，中华书局 1985 年版，第 52 页。

力征行动的必要性与重要性。

就本质而言，黄帝的力征，是为了平息"暴虐百姓"的内乱，是为了"造我区夏""恢我疆域"，这是从任何本民族的角度都可以给予正义性评价的一种"武德"表现。黄帝的力征功在当世而泽被万代，我们作为炎黄子孙，切勿以浅薄的和平主义者的论调，对黄帝的武德作出不切实际的否定。

2. 文治：勤勉修德，化育天下

平乱世要用武力，而治天下要用德政。黄帝不仅通过武德平定天下，协和万国；而且注重修德治民，以文德经营天下，为天下的长治久安以及推动社会向前发展作出了重大贡献。其文德主要体现在：

其一，黄帝在"恢我疆域"的过程中，"披山通道，未尝宁居"。自古以来，道路交通对于经济发展、人口迁移、军力转移、政令传达、资源调度等都有重要作用。古代君王对于道路交通重要性的认识可以说是起于黄帝。黄帝打通道路，一方面是为了能迅速出兵征伐不顺者，加强对统治地区的控制，强化统一格局，另一方面也是为了打开人流与物流的通道，为偏僻愚昧的人民带去文明的光亮。司马相如称"夷狄殊俗之国，辽绝异党之域，舟车不通，人迹罕至，政教未加，流风犹微，内则犯义侵礼于边境，外之则邪行横作"，说明了开辟交通对于传播文明的重要性。中国自古以来疆域辽阔，地理环境复杂，高山深壑、大江大河很多，这对于文明的传播造成了极大的困难。但我们这个民族并未畏难于地理上的山高水长，而是以顽强精神见山开路，遇水造舟，渐次将疆域辽阔的中国凝聚成四通八达的命运共同体、文化共同体。在中国历史上，黄帝"披山通道，未尝宁居"，为将中国打造成不因山水阻隔的命运共同体、文化共同体付出了自己艰苦的努力，堪称为大规模开拓天下交通的中国历史第一人。

其二，将一个多民族的地区打造成命运共同体、文化共同体，不但需要"披山通道"，而且需要建立一整套行之有效的制度。中国疆域辽阔，又有山川阻隔，容易造成地方割据，造成因分裂而彼此争斗的混乱局面。为了天下的长治久安，为了天下的和平发展，黄帝在确立了东至于海、西至空桐、北至黄河、南至长江的疆域规模后，以其不辞劳苦的精神，不停地奔走在这片辽阔的土地上，时时巡行，居无定所，为的是巡行访察，亲自了解各地的风土人情以及基本动向。每到一处，黄帝都要设置监国大臣，建立起遍布天下的监察体系。黄帝还与诸侯各国合符釜山，共同结盟，明确共同守御天下的神圣职责。在中国历史上，黄帝堪称为建立君主巡行天下制度的历史第一人，堪称为建立有效管辖诸侯制度的历史第一人。

其三，"国之大事，在祀与戎"①，黄帝在安定天下后，法天则地，大行鬼神山川封禅之事，屡屡举行祭祀天地山川的大典。司马迁曰："而鬼神山川封禅与为多焉。"这就是说，黄帝不一定是开启祭祀天地山川活动的历史第一人，但应当是将祭祀天地山川推为盛大仪式并予以制度化、常态化的历史第一人。在世界上最大的两河流域黄河与长江间建立起一片辽阔壮丽的疆域，理当以庄重之心视之为皇天后土而予以礼敬。在中国历史上，黄帝堪称为正式建立祭祀天地山川制度的历史第一人。

其四，生息在这片皇天后土间，这里的子民应当得到有效的治理，应当有着良好的秩序，应当明理通达而不愚昧凶顽，应当懂得劳作节用，应当将这片皇天后土建设成"时播百谷草木，淳化鸟兽虫蛾"的繁茂而具有生态文明的一方天地。在世界的东方，古代中国人最先懂得人类的生产与生活要顺应天地节候的变化，最先明辨幽明死生之理以安顿自己的生命与灵魂，最先体察到民族与个人存亡之难而形成自己勤勉节用的民族特性。中华民族自古以来强调天人合一，强调人与自然的协调发展，强调人对于生死存亡的理性认知，强调劳作节用的重要性，在此基础上形成了不虚妄、不迷信而能够奋起有为、刚健自强的人文品格和民族根性。寻究中华民族之所以能够生生不息而创造出文明延续至今的人类奇迹，就根源于这一奋起有为、刚健自强的人文品格和民族根性；而这一奋起有为、刚健自强的人文品格和民族根性的由来，又无疑肇始于黄帝当年的所作所为。黄帝被奉为中华民族"人文始祖"，不为虚言。

综上所述，黄帝在平定天下后，不惟没有丝毫松懈，反而愈加勤勉，劈山开路，巡行四方，祭祀天地，建立制度，修德化民，迁徙往来无常处。黄帝通过自己"未尝宁居"的四处奔走，对这片辽阔大地的了解触及根部，由此制定出了与这片辽阔大地相适应的管理制度、历法制

---

① 杨伯峻：《春秋左传注》，中华书局1981年版，第861页。

度以及物尽所用而不过度破坏自然环境的农业发展模式，做到了多民族的和谐相处，做到了人与自然的动态和谐。黄帝是躬身于这片辽阔大地的开拓者与守护者，是深深了解并异常珍惜这片辽阔大地的智者与仁者。正因如此，黄帝在这片辽阔大地上得祥瑞之兆，司马迁称其"有土德之瑞"，后世称其"黄帝"而与黄土、黄河并立为三。自此而后，黄帝子孙就以黄土、黄河为最初的核心地带，在黄帝打拼下的这片广阔土地上，将黄帝遗留下的功业不断地发扬光大。

三、黄帝形象塑造的意义

如果说从茫昧迷离的远古史料中撇开混沌的传说，寻觅出黄帝这位初建一统的创始人物作为中国历史的开端，以此构建起由黄帝到武帝而渐次清晰的大一统历史架构，是司马迁将历史书写科条化、谱系化的史学实践；那么在对黄帝叙写中，剔除笼罩在黄帝身上的神仙色彩，将黄帝还原成一个由虚而实、有生有死的"人"的完整形象，则是司马迁以"人"的目光审视并描写历史人物的人学阐释。由此，司马迁通过《史记》开篇对黄帝这一人物形象的描写，从史学与人学两个方面为《史记》全书的书写奠定了总的原则与基调。由此，《史记》作为中国第一部以人物为中心的纪传体通史，其最初气象在《史记》开篇中就已呈现出来。借由司马迁对黄帝事迹的记叙，我们得以见出一个坚实矗立在历史长河中的黄帝形象。

1. 由名到实、由生到死的完整形象

在中国文化传统中，史学的缘起和发展与先秦儒家有着直接的因果联系。《尚书》《春秋》《左传》等早期中国史学经典，都出于儒家之手，这可以说明中国史学因儒家而缘起。而中国史学盖因兴于注重人文的儒家之手，又向来以"人"为本位而描述历史，建构历史。司马迁秉承了这一传统，始终从"人"的角度去思考历史的进程与发展规律，并创制出了以人物为中心的"纪传体"体例。

在记叙黄帝这一《史记》第一"人"时，司马迁需要从极其有限而虚实不定的材料中去努力追寻、把握黄帝这一历史人物的形象，需要从纷繁芜杂且带有神异色彩的神话传说中厘清其"人"的属性，褪去神话

色彩，将黄帝还原成一个非"怪力乱神"的历史人物。诚如徐孚远在《史记测议序》中所言："史者记事之书也，传远则难征，难征则体疏也。"① 由于去今久远，黄帝的真实形象难以确切描述；但黄帝毕竟是一个曾在历史时空中真实存在过的重要历史人物，透过有限而似幻似真的文献载述及传闻，有关他的一些重要事迹还是可以考证出来。具体形象难以描述但大体框架可以建立，司马迁因此对黄帝作出了简史性的粗线条勾勒而少有细致生动的细节描写。从一定意义上说，对于远古历史人物，越少细节化描写，就越显得真实可信；越多细节化描写，就越显得虚妄不真。易言之，司马迁对黄帝作出的简史性的叙述，既是"传远则难征"的无奈之举，也是一种明智的选择。对于司马迁来说，他从不缺乏对历史的想象能力，但在面对黄帝这一远古人物时，他又尽量避免使用他后来经常使用的文学笔墨，尽量以体例疏而文辞约的简史方式概括书写，从而使得这一远古人物显得真实可信。

司马迁撰写历史，务求"原始察终，见盛观衰"，有着明确的整体历史观念。在整体历史观念支配下，司马迁描写历史人物，也务求将历史人物一生的行进过程完整地呈现出来。《史记》之所以被称为纪传体，其一大根由就在于《史记》全面地而非断面地、动态地而非静态地展示了众多历史人物的一生，很好地体现了人物传记书写的完整性的本质特征。由于史料的缺乏，司马迁对于黄帝"少时"的叙写，不可能像叙写陈涉、项羽等近世人物"少时"那样有着具体生动的细节、情节，但这并不意味着司马迁不能以应然的笔墨对黄帝"少时"予以虚写。从纪传体完整性要求的角度看，司马迁也不能不对史料缺乏的黄帝"少时"作出"想见其为人"的合理想象并予以合理性的补写。对于史家而言，历史终究是过去的历史，其中存在着诸多没有史料支撑的历史空白，需要史家以补笔的形式予以填补，否则历史的书写就无法完成。问题的关键在于，这样的补笔是否符合历史演进以及人物特性发展的内在逻辑。以司马迁"原始察终，见盛观衰"的历史识见，司马迁在《史记》一书中的大量补笔都大体遵循着历史演进以及人物特性发展的内在逻辑。作为一个务求"网罗天下放失旧闻"的伟大史家，司马迁当然希望有黄帝"少时"的确凿史料，但如果没有，他也可以反过来"原终察始"，见著

---

① 引自程馀庆：《历代名家评注史记集说》，三秦出版社 2011 年版，第 18 页。

观微，由黄帝后来的卓异表现"想见其"少时的情形，以此"查遗补阙"，概括出了"生而神灵，弱而能言，幼而徇齐，长而敦敏，成而聪明"的少时黄帝的形象。

在后续的黄帝书写中，司马迁对黄帝少时的简笔虚写都落到了实处。前面说黄帝"生而神灵，弱而能言"，具有精神灵动、善于语言沟通的天赋；后面称黄帝"顺天地之纪，幽明之占，死生之说，存亡之难"，具有顺应天地自然规律并能辨明死生存亡之理的觉识，两者之间，分明有着前后相应的内在关联。同样，后面之所谓"修德振兵，治五气，艺五种，抚万民，度四方，教熊罴貔貅貙虎"，黄帝这些在军事、农业、政治乃至教养动物等方面所表现出的特异才能，也与前言"生而神灵，弱而能言"一脉相承。前面说黄帝"幼而徇齐，长而敦敏"，幼时智虑敏捷，长大后敦厚勤勉，既才智敏捷又能脚踏实地；后面称黄帝统一天下后奔走四方，可谓是对前面所言"幼而徇齐，长而敦敏"的升级。总之，黄帝"生而神灵"而至于"成而聪明"，故而能上听天意，仰观天象；下听民意，俯察民风，"治五气，艺五种，抚万民，度四方"。由此看来，司马迁对黄帝少时的简笔虚写，到了后来都得到了有力的说明。与黄帝后来的伟大功业相比照，黄帝从出生到成年一些胜于常人的特异表现，都显得很正常，都给人以可信之感。少时略有些特异表现，渐渐地展示出自己的才干与德行，最终成为一个为天地立法则的伟大历史人物，这样一种人生发展轨迹，具有内在演进的逻辑必然性与历史必然性，也符合司马迁对历史人物"原始察终"而予以动态描写的原则与方法。

借着司马迁的史家之笔，我们看到，黄帝不惟有像黄土一样厚重载物的德行，而且具有善用眼前皇天后土的聪明才智。他教天下子民"顺天地之纪，幽明之占，死生之说，存亡之难"，他自己也势必对"天地之纪，幽明之占，死生之说，存亡之难"有着更为透彻的理解。正因如此，他深知人生有存亡之难，人的生命终有完结的时候。也正因如此，他深知自己的生命也有完结的时候。因为人生有存亡之难，因为人的生命终有尽时，所以黄帝一生"未尝宁居"，不敢懈怠。他终以自己的聪明与勤勉，为我们这个民族创下了伟大的基业。"黄帝崩，葬桥山"，随着这一结语的落下，司马迁完成了对黄帝一生的描述。至此，一个由虚而实、有生有死的伟大帝王的形象就永垂青史而难以磨灭了。

2. 创业垂统、为万世规的帝王榜样

清人李郱嗣有言："今史公所作黄帝本纪，简而雅，质而不俘。其叙黄帝修政，一曰师兵，二曰疆理，三曰设官，四曰定历。复举其要，曰治五气，艺五种，曰劳勤心力耳目，节用财物，俱治天下之大本大经，为万世法。"① 由《五帝本纪》中的黄帝叙事可知：从以武力统一全国到以文德治理天下，黄帝打造出一个统一的天下，建立了一套基本的治国制度，为万世奠定了一个可以继续发展的稳固基业。司马迁通过对黄帝事迹的记叙，塑造出一个"创业垂统，为万世规"（《史记·司马相如列传》）的圣王形象。

中国历史的趋势总是从分裂走向统一，从再度分裂走向更大的统一；而战争是促进统一的有效方式。尤其是在人类社会早期，文明还未达到能够和平统一的程度，战争就成了完成统一的唯一方式。司马迁准确把握了这一历史规律，以对黄帝征伐事迹的叙写，突出了战争在促成大一统局面形成中的重要作用。所谓"兵者，圣人所以讨强暴，平乱世，夷险阻，救危殆"（《史记·律书》），司马迁认为战争的作用就在于讨伐强暴势力，平定社会混乱，夷除艰难险阻，挽救危殆局面。黄帝通过著名的三次战争经历，以征伐得天下，正所谓"讨强暴，平乱世，夷险阻，救危殆"。黄帝为天子、为诸侯、为天下而战，以正义的战争方式平定了乱世局面，开创了一个新的和平时代，为后世创造了一个稳定的发展环境。"昔黄帝有涿鹿之战，以定火灾。……递兴递废，胜者用事，所受于天也"，"胜者用事，所受于天"（同上），就正是司马迁对黄帝通过战争统一天下行为的肯定。司马迁对黄帝征战事迹的描述，肯定了平乱战争的正义性。而平乱战争的目的在于以暴制暴、以战止战，而不是穷兵黩武，无限制地拓疆扩张，所以，司马迁在肯定战争讨暴救乱的作用上强调以德守土保疆：

> 非兵不强，非德不昌，黄帝、汤、武以兴，桀、纣、二世以崩，可不慎欤？（《史记·律书》）
> 国君强大，有德者昌；弱小，饰诈者亡。太上修德，其次修政，其次修救，其次修禳，正下无之。（同上）

司马迁认为军队是国家强大的保障，德政是国家昌盛的基础，而国

① 李郱嗣：《杲堂诗文集》，浙江古籍出版社 2013 年版，第 486 页。

君修德就是国家强盛的关键。黄帝能够取得统一，又能在统一基础上领导国家继续发展，其原因就在于：善于"修德振兵"，既加强保障防止侵犯，又巩固基础促进发展，战争手段用之有度，而不是贪恋战争，无休止地征伐。中国的历史证明，只有将武力保障与德政基础两相结合，中国的大一统就是得到维护，否则中国的大一统就会分裂瓦解。由此看来，黄帝以力平定天下，以德守土保疆，为后世中国提供了建立并维护大一统的最初范例。

"筚路蓝缕，以启山林"，黄帝通过一系列的努力，为后世创造出世代享用的物质文明、政治文明和精神文明成果：中国疆域的初步成形，常备军队的初步建立，行政体制的初步设置，国家职能的初步行使，诸如此类，黄帝在中国军事、政治、经济、文化上的开创之功不可低估。黄帝打败炎帝、擒杀蚩尤、征讨四方，可谓是克乱定国的征战英雄；披山通道、驱逐荤粥、巡视四方、旁罗万物、劳勤心力，可谓是励精图治的贤明君主；种植五种、顺应四时、淳化百兽、置官监国、订定历法，可谓是法天则地的文明始祖。所有这些，都使得黄帝足可成为锻造中华民族伟大根性的历史第一人，足可成为历朝历代贤明君主效法的榜样。

"维昔黄帝，法天则地"，中华民族正赖以这样一种"仰则观象于天，俯则法类于地"的天地情怀，将一个大一统的中国一直延续至今，创造了人类文明史上绝无仅有的奇迹。中华文明之所以能够延续至今而生生不息，不能不追根溯源到黄帝创业垂统、为万世规的所作所为。而司马迁开宗明义，将黄帝作为《史记》的开篇人物，确立了黄帝作为华夏文明始祖的地位，为我们民族确立了黄帝为中国"王迹所兴"之"始"，为我们民族寻找到了由微而著而渐趋浩大的精神本源。自此而后以至于今日，虽斗转星移，"黄帝子孙"已然成为华夏儿女共同的文化记忆。因有了黄帝高悬于《史记》之首，我们这个民族就有了能够追踪本源的精神皈依了。

从《项羽本纪》观《史记》的叙事力

本文作者刘锦源。清华大学博士，台湾马偕学校财团法人马偕医护管理专科学校助理教授。

一、前　言

"叙事力"，简单说，就是叙写的能力，它是目前在台湾学界很流行的一则术语，举凡与"阅读书写"相关的研究都会出现这个词。本文试图透过《史记·项羽本纪》中对项羽的叙写，以观察司马迁如何透过人物传记来表现《史记》的文学性以及其对历史的独特观察。笔者以为如此透过对《史记》人物传记的观察，读者可以看到其背后所呈现的深刻的人性与历史观照，看到各类型的生命在历史场景中呈现的各种风姿。更重要的是，这些人物也是能反映历史的普遍性的人物典型，透过司马迁的妙笔，这些人物呈现了"更高的真实"——未来仍有可能发生的一种真实。

二、暗恶叱咤，千人皆废

《史记·项羽本纪》一开始就说项羽"长八尺余，力能扛鼎，才气过人；虽吴中子弟，皆已惮籍矣！"年轻时"学书不成，去学剑，又不成。"他的叔叔项梁对他很生气，他回叔叔说："书，足以记名姓而已；剑，一人敌，不足学。"他要"学万人敌！"有一次，秦始皇出巡会稽，在渡浙江的时候，项梁和项羽都去看，项羽发出豪语说："彼可取而代也。"他叔叔一听赶紧捂住他的嘴说："无妄言，族矣！"然而，他叔叔也很高兴他有如此豪情壮志，于是就教他兵法。

秦二世元年九月，项羽学成，与叔叔联手砍了会稽郡守殷通的人头，派人接管了会稽郡下辖的各县，征集到了精兵八千人，遂在吴中发兵起义。之后，楚怀王派项羽和宋义一起率兵救赵，项羽和宋义二人为了是否立即出兵攻秦，意见相左，项羽索性在大帐中把宋义的头给斩了。其次，巨鹿之战，各地救援的军队有十几座大营，却没有一处大营敢出来与秦军作战。等到项羽的军队与秦军作战了，这些救援军的将领们又都站在营垒上远远观望。楚军无不以一击十，杀声震天。"击杀数十百人。一府中皆慑伏，莫敢起""即其帐中斩宋义头……当是时，诸将皆慑服，莫敢枝梧""项羽召见诸侯将，入辕门，无不膝行而前，莫敢仰视"等的叙事，把项羽"喑恶叱咤，千人皆废"的形象描绘得十分传神。

之后，项梁派项羽分兵攻打襄城。《史记·项羽本纪》说："项梁前使项羽别攻襄城，襄城坚守不下。已拔，皆坑之。还报项梁。"刚开始襄城人坚守，项羽攻不下。最后好不容易攻下，盛怒之余就将襄城全城男女老少活埋了。不久，项梁派项羽率兵攻打城扬。《史记·项羽本纪》说："项梁使沛公及项羽别攻城阳，屠之。"城阳攻下后，项羽又把全城的人都杀了。项羽的军队前进到新安，秦将章邯、司马欣、董翳带着二十几万秦军来投降，项羽只留下章邯、司马欣、董翳三人，其余二十几万秦朝降卒当夜都被项羽在新安城南活埋。《史记·项羽本纪》说：

> 到新安，诸侯吏卒异时故繇使屯戍过秦中，秦中吏卒遇之多无状，及秦军降诸侯，诸侯吏卒乘胜多奴虏使之，轻折辱秦吏卒。秦吏卒多窃言曰："章将军等诈吾属降诸侯，今能入关破秦，大善；即不能，诸侯虏吾属而东，秦必尽诛吾父母妻子。"诸侯微闻其计，以告项羽。项羽乃召黥布、蒲将军计曰："秦吏卒尚众，其心不服，至关中不听，事必危，不如击杀之，而独与章邯、长史欣、都尉翳入秦。"于是楚军夜击坑秦卒二十余万人新安城南。

由上引文可知，无论是襄城屠城，或是城阳活埋、坑杀秦卒等，无不在描绘西楚霸王项羽"刚暴强者"的形象，环绕着刚暴强者的形象则是"剽悍猾贼"、冲动易怒、刚愎自用等性格诠释。但若仅如此诠释，就会太过于把项羽性格单一化，项羽比较细致的生命性格就不见了。于是为了将项羽生命的发展和他经历过的重大场面结合在一起，让读者在阅读项羽的生命历程中得到许多侧面、立体可感的印象，《史记》在剽悍猾贼、冲动易怒、刚愎自用等性格诠释之外，再加入了一些"柔软"的元素。

三、性格与心理重大的改变

田荣败后，项羽军队乘胜北进，一路上铲除城墙，烧毁房屋，活埋降卒，走到哪里，哪里便化为废墟，《史记·项羽本纪》说：

> 汉之二年冬，项羽遂北至城阳，田荣亦将兵会战。田荣不胜，走至平原，平原民杀之。遂北烧夷齐城郭室屋，皆坑田荣降卒，系房其老弱妇女。徇齐至北海，多所残灭。

但是在城阳之役后，项羽却经历了接二连三无法掌控的局面，局势逐渐由强转弱。当原来不可一世的项羽，在经历过一连串无法掌控的局面后，我们发现他生命的发展与那些重大场面结合在一起，他的性格与心理也有了重大的改变。

《史记》说，第一个显著改变，是改变了"欲以力征经营天下"的行为模式，懂得利用武力以外的方式处理问题。当项羽派龙且去联合齐王田广共同抗击韩信，结果被韩信及其部将灌婴击败，龙且战死，"项王闻龙且军破，则恐，使盱台人武涉往说淮阴侯，淮阴侯弗听。""恐"表示项羽自觉他已无法凭借武力掌控世局，他采用了武力以外的方式，派出说客武涉策反韩信。此时项羽刚硬的性格变得柔软了。正视项羽此一改变，才能将项羽生命的发展与他经历过的重大场面结合在一起。

汉之四年，"彭越数反梁地，绝楚粮食"，使项羽首尾无法兼顾，在疲于奔命之际，项羽逐渐悟出无法以一己之力主宰乾坤，懂得倾听不同的声音。

> 乃东，行击陈留、外黄。黄不下。数日，已降，项王怒，悉令男子年十五已上诣城东，欲坑之。外黄令舍人儿年十三，往说项王曰："彭越强劫外黄，外黄恐，故且降，待大王。大王至，又皆坑之，百姓岂有归心？从此以东，梁地十余城皆恐，莫肯下矣。"项王然其言，乃赦外黄当坑者。

在此之前，项羽个性极为刚愎自用，很难听进不同意见。例如鸿门宴中，不听范增之言击杀刘邦；入关后，不听说者之言建都关中。现在居然听进一个年仅十三岁的外黄令舍人儿的话，而且改变"项王所过，无不残灭者"（《淮阴侯列传》）的一贯作风，赦外黄当坑者，这种改变实在太大了。当处逆境时的项羽，逐渐体会世事的艰难，其性格、心理与行为也有了重大的转变，他不再一味迷信自我、迷信武力。

其次，霸王别姬，垓下悲歌，赚人热泪，但项羽还有一个心理转折，也很值得我们注意。

> 于是项王乃欲东渡乌江。乌江亭长檥船待，谓项王曰："江东虽小，地方千里，众数十万人，亦足王也。愿大王急渡。今独臣有船，汉军至，无以渡。"项王笑曰："天之亡我，我何渡为！且籍与江东子弟八千人渡江而西，今无一人还，纵江东父兄怜而王我，我何面目见之？纵彼不言，籍独不愧于心乎？"乃谓亭长曰："吾知公长者。吾骑此马五岁，所当无敌，尝一日行千里，不忍杀之，以赐公。"乃令骑皆下马步行，持短兵接战。独籍所杀汉军数百人。项王身亦被十余创。顾见汉骑司马吕马童，曰："若非吾故人乎？"马童面之，指王翳曰："此项王也。"项王乃曰："吾闻汉购我头千金，邑万户，吾为若德。"乃自刎而死。王翳取其头，余骑相蹂践争项王，相杀者数十人。

由上引文可知，一生经常"大怒"的项羽，在面临人生与霸王事业尽头时，在本传中他第一次笑了出来。项羽的"笑"，是他对人生的彻悟，以超越的态度来面对死亡。因为只有看开了、超脱了，才笑得出来。其次，在生死关头，项羽从容赐马与乌江亭长，一方面是超脱了生死，另一方面是想要回报亭长、骏马对他的情，体现人间的情义价值。最后他把自己的躯体当作人情，送给汉骑司马吕马童，让他去领取封赏，这是他从容面对死亡，人生境界的开拓。

四、结　语

综合前述研究可知，"暗恶叱咤，千人皆废"的西楚霸王项羽，性格不是只有"暗恶叱咤，千人皆废"的一面，也有"柔软"感性的一面，他的生命不失人性深度，也会给人以新奇之感的。当原来不可一世的项羽，在经历过一连串无法掌控的局面后，他生命的发展与那些重大场面结合在一起，他的性格与心理也会有重大的改变。透过《史记·项羽本纪》中对项羽的叙写，我们可以看到其背后所呈现的深刻的人性与历史观照，看到项羽的生命在历史场景中呈现的风姿。更重要的是，项羽这个人也是能反映历史的普遍性的人物典型，透过司马迁的妙笔，呈现了"更高的真实"——未来仍有可能发生的一种真实。

尽忠辅弼，以成汉室

——萧何形象的历史书写

本文作者祁小真、高一农。祁小真，陕西师范大学文学院 2017 级古代文学博士研究生；高一农，陕西师范大学文学院教授，博士生导师。

《史记·萧相国世家·索隐述赞》将萧何一生功绩悉数道出："萧何为吏，文而无害。及佐兴王，举宗从沛。关中既守，转输是赖。汉军屡疲，秦兵必会。约法可久，收图可大。指兽发踪，其功实最。政称画一，居乃非泰。继绝宠勤，式旌砺带。"[1] 作为汉室政权建立的肱骨之臣，萧何从跟随刘邦起事到大汉帝国建立期间贡献卓著，可谓囊括经济、政治、法治、文化等社会生活的方方面面。萧何的人生脉络和历史功绩在《史记》《汉书》等众多篇目中得以全面展现，细致分析他身居高位并得以善终的原因，与其早年在秦朝基层的为官经历和个人性格影响相关，也与他恰当处理与刘邦的关系密不可分。

一、萧何出身及职业分析

"萧相国何者，沛丰人也。以文无害为沛主吏掾。"萧何与高祖刘邦同出自沛地，沛地在战国时属于楚国的疆域范围内。秦始皇统一六国后设郡县，沛地被划分入泗水郡内，即现在的江苏省丰县。由于史料的缺乏和不确定性，关于萧何生年的考证难度较大。据张大可、徐日辉所著《张良萧何韩信评传》[2] 中刘邦对待萧何和张良的态度，以及大概按照年岁等原因尊礼张良于萧何之上，推测出萧何年龄大致是在刘邦与张良之

---

① ［汉］司马迁：《史记》卷五十三《萧相国世家》，中华书局 1982 年版。下文出自此篇的引文不再一一详注。

② 张大可、徐日辉：《张良萧何韩信评传》，南京大学出版社 2007 年版。

间，大概长于刘邦而小于张良。萧何和刘邦是在沛丰之地一同成长起来的伙伴，萧何的身份是"主吏掾"。《史记・萧相国世家・索隐》云"主吏，功曹也"。《睡虎地秦墓竹简》整理小组注《语书》："曹，古时郡、县下属分科办事的吏，称为曹，如贼曹、议曹等；其衙署也称为曹。"[①]"由秦汉史书得出，以曹称吏，则此吏为曹署的负责人，如功曹，实为功曹掾史。"[②]"主吏掾"是秦朝类似县丞的官员，"主吏"是县令的重要辅佐人员，"掾"指县令的下属佐吏。因此萧何主要协助沛县县令主管沛县的人事、治狱赋役等总务工作。司马迁在《萧相国世家》结尾处，对萧何的职业明确定义为从事"抱案牍，考章程，备缮写"的"刀笔吏"。"文无害"是秦朝时对基层官吏德才兼备的具体要求，明习法令则是为吏的基础。秦朝时基层官吏的选拔要通过"试"之类方式进行选拔，对各方面工作能力进行考察，如刘邦"及壮，试为吏，为泗水亭长"，夏侯婴"已而试补县吏"。因此萧何得以出任沛县的"主吏掾"，说明萧何接受过一定的教育，并具有优秀的吏治能力。

根据《史记淮阴侯列传》中"淮阴侯韩信者，淮阴人也。始为布衣时，贫无行，不得推择为吏"的描述推测，拥有一定财产和德行声望是秦朝郡县等底层官吏任用的必备条件，若是一般底层贫民，根本无法走上仕宦道路。对家世财产的考查相对容易，而对德行的考查则主要依靠乡里大族，推举多遵循乡举里选的方式。韩信不得推则为吏，入仕无门大概也与其家族声望比较低微有关。萧何能在秦王朝严格的基层官吏选拔机制中脱颖而出，既与其接受良好的教育所达到的文化水平有极大关系，也与其家族在沛地的名望与财富密不可分。综合秦朝基层官吏的选拔制度可知，萧何家世在本郡县具有一定的名望，虽不如张良"五世相韩"的贵族出身，也不算是被秦始皇迁徙至咸阳的六国豪强，但大概也算是出身于社会基层的中产之家，拥有不需要为生计奔波的殷实家境和接受过一定教育的文化背景。

秦朝不仅对官吏的选拔极为严格，而且对在任官吏有很高要求，建立了一套自中央到地方完整严密的官吏管理监察系统。中央派出御史对郡县文武百官进行监督，御史向中央提供郡县官吏的为政情况。秦朝对

---

① 睡虎地秦墓竹简整理小组编：《睡虎地秦墓竹简》，文物出版社1990年版，第15页。

② 张锐：《秦汉行政体制研究》，社会科学文献出版社2017年版，第70页。

官吏的工作效率也有要求:"十里断者国弱,九里断者国强。以日治者王,以夜治者强,以宿治者削。"① 以此保证秦朝官吏队伍的工作效率。睡虎地秦简《秦律十八种》和秦律《为吏之道》中也有很多对属吏进行考核的规定,建立严格的惩罚措施对考核落后的官吏进行重罚,严重者甚至会有杀身之罪。《商君书》中也有"守法守职之吏有不行王法者,罪死不赦。刑及三族"② 的记载,因此,秦王朝的官吏在官职上既要竭心尽力忠于职守,又无不战战兢兢、如履薄冰,稍有不慎则可能身家性命不保。萧何是出身于秦王朝基层官吏"刀笔吏",他深谙秦朝律法,在秦王朝严苛政策要求下,成长为一名政治能力突出的基层文职人员,具备良好的处理公务与协调人际关系的能力。萧何的出色表现不仅让巡察御史对其政治才能大为倾心,也因"文无害"处理公务公平公正赢得下层平民的信赖。与此同时秦王朝对官吏近乎严苛的职责要求和刑罚也使萧何形成了谨慎小心而又处事完满的性格特点。

萧何拒绝御史召他入朝为官的机会,并非因为萧何没有远大的政治理想和抱负。正是他作为社会底层的官员目睹体察秦王朝的暴虐统治给广大人民带来了深重灾难,深知秦王朝的残暴统治已濒临崩溃的境地。根据《史记》记载他在天下反秦时的举动可知,他早有反秦之心,而秦王朝对官吏的严格刑罚又使他有所顾忌。萧何出身基层不比张良尊贵的贵族身份,又没有张良与秦国那样突出的家国矛盾;更不像陈涉、吴广那样遭受秦王朝暴政迫害濒临身死险境。萧何对秦王朝的肆虐暴戾统治看在眼里,铭记于心,深知秦朝统治激起民愤已离崩溃不远。相比之下,萧何起义反秦的目的更加单纯和崇高。因此萧何选择蛰伏民间,在秦王朝基层官吏职位上韬光养晦,积极学习掌握各方面的政治能力,静观天下大势,在天下反秦的浪潮中投入沛地反秦义军的队伍,楚汉战争中为汉军集团贡献自己的才智,并为西汉王朝的建立立下卓越功勋。

二、萧何刘邦各阶段关系、角色探微

萧何一生为汉家竭忠尽智,深入分析《史记》相关篇目,体察刘邦

① [战国]商鞅等撰,严可均校:《商君书》,上海人民出版社1974年版,第9页。
② 同上,第26页。

与萧何从起事前到刘邦登上帝位期间各阶段的关系，以及萧何在各个阶段的角色定位，对探求萧何其人一生作为有极其重要的意义。

1. 沛地起事时期

"天下苦秦久矣"，秦二世元年七月，陈涉一声号令，揭竿而起，天下掀起了反秦的浪潮。作为沛地主吏的萧何积极主动投入陈涉反秦的洪流中推动沛地反秦运动的开展，而此时的刘邦反秦意识相对较为淡薄，处于相对被动的位置。

由司马迁《史记·高祖本纪》的描述中，可知刘邦微时并未有主动的反秦意识，他"常有大度，不事家人生产作业。及壮，试为吏，为泗水亭长，廷中吏无所不狎侮。好酒及色。"刘邦平时懒于劳动，做泗水亭长也不踏实上进。萧何对刘邦也有"刘季固多大言，少成事"的清晰认识和评价，然而正因刘邦性格豪爽又讲义气，引起了沛地文职人员萧何的注意。刘邦其人大大咧咧与沛地豪杰乃至三教九流之人均有交往，群众基础广泛，萧何主动与刘邦交好是"地方豪吏与豪杰间互为党援的需要"① 便于开展工作。萧何在沛丰地做主吏，基层行政事务涉及方方面面，秦政府的官吏同时也有一定的限制性，因此与沛地的豪杰人士结交，便于工作的开展和推进。萧何在生活中处处袒护刘邦，甚至在"高祖为布衣时，何数以吏事护高祖。"萧何能以"文无害"处理公务公允得当而赢得沛地百姓的良好口碑，但在秦朝刑罚如此严苛的状况下却以职务之便袒护刘邦，不仅可见二人交情匪浅，更表现出萧何过人的政治处事能力。以往学者讨论研究萧何主动与刘邦交好，多以萧何眼光独到善于识人方面入手，从《史记·高祖本纪》中刘邦种种不同凡响的传奇表现和他建立的群众基础讨论，将萧何置于一个慧眼识人者的角度，对萧何的非凡眼光予以高度评价。

将刘邦推到反秦的人生十字路口的契机是他作为亭长护送人员去骊山服役，大多数人在半路逃跑，他作为护送者必然要受到秦朝酷法的惩罚。不同于陈涉、吴广"失期"不堪压迫选择"揭竿而起"奋起反秦，刘邦只是单纯为了逃避失职要承受的刑罚而逃跑躲藏起来。陈涉、吴广将反秦战火点燃引得各地豪杰追随，刘邦并积极投身反秦队伍，将刘邦

---

① 邓经元：《中国历史小丛书·萧何》，中华书局 1984 年版，第 33 页。

推到反秦起义队伍首领位置的是沛地主吏萧何和曹参。他们积极鼓励沛县百姓杀掉沛县县令迎接在沛地有良好群众基础的刘邦成为沛地反秦势力的领导人。刘邦面对天下共起反秦的趋势和萧、曹的举荐也参与到废除沛地县令的活动中，他面对突如其来的拥戴和支持并未欣然接受，持推辞的态度。"天下方扰，诸侯并起，今置将不善，壹败涂地。吾非敢自爱，恐能薄，不能完父兄子弟。此大事，愿更相推择可者。"此时刘邦对自己的能力有着清晰的认识，在眼下跟随天下反秦大势在沛地掀起一阵风浪，对之后却并未有明确的打算和计划。刘邦拒绝做沛县县令可见他对沛地起义反秦首领的位置并未有太多意愿和兴趣。《史记·高祖本纪》中司马迁对萧何、曹参拥戴刘邦成为起义首领的原因有以下论述："萧、曹等皆文吏，自爱，恐事不就，后秦种族其家，尽让刘季。"司马迁以萧何、曹参的出身职业为基点进行推测论证，认为萧何、曹参以自保为主，既有反秦之心和渴望在社会动荡中实现自己伟大抱负的强烈意愿，但他们在秦基层为官的经历深知秦朝的刑罚严酷，又担心起义失败身家性命不保。而刘邦拥有良好的群众基础，他那无所谓的心态和常人难以具备的"为天下者不顾家"的特点恰好是作为一个起义领导人不可多得的条件。于是他们便推举在沛地以"大度"闻名的刘邦作为起义首领。

萧何早有反秦之心，他拒绝秦朝御史征召，选择继续蛰伏民间，伺机而出，以过人的洞察力将刘邦推上沛地起义的头把交椅，均有严密的计划和打算。秦朝"以法为教，以吏为师"的政策要求官吏深入学习国家法律制度，对在任官吏要求严格，实行严密的考核制度，而且对犯错的官员予以严重惩罚。萧何出色的行政才能，正是在这种大环境的渲染和基层工作经历中锻炼出的，同时对秦朝严苛刑罚极具畏惧心理，又使他形成处事周到而又小心谨慎的性格特点。而刘邦性格豁达和善于听取他人的建议并对一切毫不在乎的态度，能号召底层百姓，是成为一个起义首领不可多得的条件。此时刘邦还只是有些茫然跟随天下大势被他人推动着往前走的沛地反秦头目而已，并没有丝毫的政权意识和夺取天下大权的宏伟志向。沛地反秦起义真正有意识的策划者和推动者其实应该是萧何。

2. 入关至楚汉对战前期

刘邦在反秦战争中率先入关的机会，使刘邦初尝权力带来的丰腴物质财富和无尚的荣耀感，同时底层出身和经历使其不可避免地被暂时的胜利和功业蒙蔽双眼。萧何在这一时期努力改变沛公的思想，逐步强化刘邦统一天下的政权意识，并积极构建政权建设工作的各项工作，为汉家夺取天下大权贡献卓著。

沛公刘邦在反秦斗争中虽历经曲折且战功不如项羽领导的楚军贡献卓著，然而汉元年十月，在楚军牵制秦军的基础上先诸侯至霸上。刘邦成功入关后，众多兵将都沉浸于入关胜利的喜悦中，"诸将皆争走金帛财物之府分之"。刘邦也被眼前浮华富丽的现实所迷惑，"沛公入秦宫，宫室帷帐狗马重宝妇女以千数，意欲留居之。"这让身处社会底层仅做过泗水亭长的刘邦初尝胜利滋味和政权在握的优越感，意识到权力带来的是无尚地位和丰腴的物质生活。刘邦平素虽贪婪好色，但他善于听取建议的优点使他在重要关头恢复理性，在萧何帮助下"与父老约，法三章耳：杀人者死，伤人及盗抵罪。余悉除去秦法。诸吏人皆案堵如故。""秦人大喜，争持牛羊酒食献飨军士……人又益喜，唯恐沛公不为秦王。"关中人民得以在混乱的战争状况下，恢复正常的社会生活，刘邦也赢得关中百姓的青睐。萧何明白眼前入关胜利的局面都只是暂时的，建立天下一统政权才是大势所趋。萧何深知要建立一个崭新的政权，不仅需要以暴制暴的战争手段，更需要对天下大局深入了解，这样在战争结束后建立政权时才能更有的放矢。萧何在初入关众位将士为眼前胜利冲昏头脑大肆收敛财物之际，"独先入收秦丞相御史律令图书藏之。"也正是得益于萧何对秦朝时各种官方文件的收藏，对刘邦了解天下大势和人口户籍以及人民的疾苦方面有巨大的作用。同时也为之后楚汉战争中如何安抚并发动群众作战，为汉军提供源源不断的军事补给，起到了至关重要的作用。

"正月，项羽自立为西楚霸王，王梁、楚地九郡，都彭城。负约，更立沛公为汉王，王巴、蜀、汉中。"刘邦被项羽分封到巴蜀之地为"汉王"，内心对夺取天下大权之念仍比较低，仅满足于封侯的结果，只是单纯对项羽给他的封地不满而与之对抗。此时萧何鼓励刘邦应有更长远的打算和更加宏阔的眼光，应该具有胸怀天下的气度，建议刘邦带领汉军暂时留居汉中，积蓄力量，争取天下统一的大权。"臣愿大王王汉中，养其民以致贤人，收用巴蜀，还定三秦，天下可图也。"此番劝告激起汉王刘邦对天下大权的向往，使刘邦不再满足于眼前的封地和汉王的封号，而要积蓄力量与项羽一争天下。萧何不仅竭忠尽智追随侍奉刘邦，并且在楚汉战争即将爆发之际以独到的眼光和深刻的洞察力，向刘邦力荐韩信，为汉军势力增添了重要羽翼。萧何一向处事完满又谨慎得体，此次追韩信的"冲动"行为确实不同寻常。但刘邦依旧未意识到韩信对于汉军的意义，更多是对失去萧何的担忧。萧何评价韩信不是简单的"将领"，是"计事者"，并且是刘邦争天下必不可少的"计事者"。刘邦对萧何的建议一向采纳，便赐韩信为将，但是韩信这样的人才应封作大将任用，并且建议刘邦在封韩信为将时，改变平时对人傲慢的态度，择良日、斋戒、设立坛典礼的场所，举行隆重的拜将仪式，这样方可展现刘邦立韩信为大将的诚意和招揽贤士的风度。韩信的表现也确实验证了萧何不凡的眼光和洞察力，在楚汉之战中立下赫赫战功，使汉军在最初军事和政治实力落后的情况下，不断扩大势力，最终赢得楚汉战争的胜利，韩信的过人军事才能恰恰也证实了萧何不凡的政治眼光和识人之能。

3. 楚汉战争期间

　　刘邦入关中、巴蜀赢得人心重整旗鼓并在萧何极力推荐下将韩信这一军事奇才收入麾下，便挥师北上东进，开始与项羽争权天下的征程。基层文吏出身的萧何留居巴蜀恢复、发展生产为前线战争提供军事补给，并逐步建立新政权的各种形式。在楚汉战争期间，刘邦逐渐意识到夺取天下的不易，政权意识逐步提升；而萧何在这一阶段也逐渐自觉强化其人臣意识，在尽心为刘邦打理战争后方同时将自身转向"人臣"的角色。

　　"汉王引兵东定三秦，何以丞相留收巴蜀，填抚谕告，使给军食。"刘邦听取韩信的建议带军收三秦，并一路东进，楚汉战争的序幕由此正式拉开。刘邦刚入蜀地不过数月，深知需要一个值得信赖的人为他打理这一方土地，并为前线做好后勤保障工作，而萧何出色的基层工作经验恰是不二人选。萧何在刘邦东进平定三秦的过程中，留在巴蜀之地，镇抚百姓，并为前线做好提供军粮的工作。"汉二年，汉王与诸侯击楚，何守关中，侍太子，治栎阳。"汉二年，刘邦与其他诸侯一起联合向楚军进攻，萧何留守在关中地区，侍奉太子刘盈镇守关中根据地。萧何根据关中地区人民的情况按户口征粮征丁，以补充前线的军粮和士卒。刘邦带军队长途跋涉作战，战线长，自然容易出现粮短军疲的情况，萧何在后方的补给为汉军作战提供了很大的支持。萧何这番工作成效显著，刘邦对萧何委以重任，将关中根据地的一切事务全部委托给萧何一人。

萧何留在巴蜀为刘邦打理汉军后方，进一步补充法令，并营造汉社稷，将已崩溃的秦政权清理并逐步建立汉室政权的各种形式。萧何安抚巴蜀百姓，使百姓得以从暴秦摧残重恢复并树立汉军将会赢得天下的信心，并积极支持汉军作战。"关中事转漕给军，汉王数失军遁去，何常与关中卒，辄补缺。"萧何根据关中人数，实行减轻人民赋税和徭役负担的各项政策，这样既安定关中百姓民心，为汉军提供源源不断的军事补给和粮草供应，也为后期高祖的君主统治奠定了坚实基础。

司马迁在此提及一个细节，萧何在巴蜀的各项举措尽量按时向刘邦通报，充分尊重汉王刘邦的意见行事"可，许以从事；即不及奏上，辄以便宜施行，上来以闻。"此时，萧何与刘邦的关系君臣化倾向逐渐明朗，萧何为人臣自觉化，一步步推动汉室政权进入建设阶段。刘邦的君主意识明显提升是在"汉三年，与项羽相距京、索间，上数使使劳苦丞相。"在战争最重要也最艰难的时刻，刘邦已深知"马上得天下"之不易，对政权的掌握意识进一步提升。刘邦多疑的性格必然难以对处在战争后方且政治能力卓越的萧何放心。面对刘邦的第一次猜疑，一向小心谨慎的萧何听取鲍生的建议将自己宗族内能上战场者全推上战争前线，刘邦这才暂时消除了对萧何的疑心。刘邦此时已并非当年那个茫然被萧何推举为沛地反秦的头目，而是已历经战场磨炼，深知夺得天下过程之艰辛，对政权的野心不断强化的汉军集团首领。刘邦在战争前线拼死征战，自然对处于战争后方的萧何不甚放心，萧何的政治才能有目共睹，刘邦借机派使者慰问萧何，目的已很明显，这已是二人之间明显的君臣猜忌。

4. 汉室政权建立时期

反秦和楚汉战争对整个社会造成了破坏性的创伤，汉王刘邦作为战争中的赢家面临着新政权建立的各种问题同时还要警惕潜在的各种危机。新政权的建立离不开相国萧何的鼎力协助，高祖刘邦既要对萧何予以重任给予殊荣，又不得不忌惮萧何的突出政治才能会对自身造成的威胁。而萧何在汉室政权建立时期既竭忠尽智以事其君又时刻谨慎小心应对高祖的猜疑，高祖刘邦和萧相国之间的关系变得微妙而复杂。

汉五年刘邦称帝，对建汉功臣予以封赏，"上以何功最盛，先封为酂侯，食邑八千户"。刘邦深知萧何虽没有武功，然而他在关中巴蜀之举非战功可比，正是萧何在后方安抚百姓，稳定后方秩序，为前线提供粮草兵卒补给，汉军才能在长时间长战线作战情况下取得胜利。给予萧何高的封赏和爵位其实也是刘邦对文臣和武将势力的平衡，毕竟他经历了征战夺得天下大权的艰辛历程，因此担心来之不易夺取的天下再被其他军事将领所觊觎，汉室政权也从"马上得天下"逐步转向"持文墨议论"的阶段。

汉十一年，高祖带兵平息陈豨叛乱，"吕后用萧何计，诛淮阴侯……上已闻淮阴侯诛，使使拜丞相何为相国，益封五千户。"萧何最初对韩信有着知遇之恩和赏识之能，是萧何将韩信的过人才能发掘并为其提供了用武之地。萧何此次被封是以自觉主动站队高祖为赢得高祖的信任，出卖韩信为前提得来的。韩信卓越的政治才能和军事能力在楚汉战争时期表现卓著远非常人所及，以萧何过人的政治洞察力和对刘邦其人多疑性格的了解，韩信自然会成为高祖登基后的心腹大患。而当初萧何力荐韩信，不免也会因韩信牵连而在刘邦心里留下嫌隙，萧何一生谨慎小心，他为求自保使刘邦对自己忠心不疑而设计诛杀韩信。然而这一不义之举，也为他增添了一个无法抹去的污点，为后世所诟病，世人多以"成也萧何败萧何"对韩信的悲惨结局表示同情和喟叹，同时对萧何的"不义之举"予以批判。萧何此举赢得了刘邦的嘉奖，众人皆向萧何道贺之时，秦朝的东陵侯召平却认为刘邦对萧何的封赏和护卫正是他祸患的开始："上暴露于外而君守于中，非被矢石之事而益君封置卫者，以今者淮阴侯新反于中，疑君心矣。夫置卫卫君，非以宠君也。愿君让封勿受，悉以家私财佐军，则上心说。"萧何立即接受召平的建议将自己的家财捐军，这才减轻高祖的疑心。

汉十二年高祖亲自带兵击杀黥布，萧何依旧留守后方为刘邦尽力安抚百姓，将自己的私财全部用于高祖刘邦的军事需要。即使如此，刘邦还是"数使使问相国何为"，对萧相国的举动予以监视并充满疑心。门客分析萧何入关后实行的各项政策深得民心，这是刘邦最忌惮的一点，因此行事应该谨慎低调。萧何以强买强卖农民土地自污的方式来消弭高祖对他的疑心，尽管萧何已如此忠心尽心地将自己宗族的身家性命都压在汉室政权建设上，小心谨慎处理与高祖刘邦的关系，最终仍不免因为民请命而下狱。高祖也正好借此来敲山震虎打压相国，防止相权过盛对自己的统治造成威胁，同时也以"桀纣"自比，称相国为贤相，对萧何可谓是直接的警告和震慑。此事最后虽得以化解，然而刘邦与萧何的君臣关系越来越明确，且刘邦对政权的重视程度逐步加深，君主意识趋于明显。刘邦深知他能登上帝位萧何功不可没，但又忌惮萧何政治才能过人且有良好群众基础，更明白大汉王朝的政治建设离不开萧何。因此，他可以杀掉功高盖主的韩信，放任为求自保的张良归隐，但是对待萧何，刘邦只能以赏赐与震慑的恩威并举方式掌握自己的权力。

三、萧何与刘邦：汉室政权建立的合力搭档

秦汉之际是一段风起云涌，社会动荡，三嬗其权的时期，无数英雄豪杰在这一时期登上历史舞台展现不同风采。项氏叔侄在反秦战斗中贡献卓著，推翻暴秦的残暴统治，而项羽"以力征天下"的暴力方式也是他政治功业覆灭的直接原因。刘邦虽出身低微然而在这历史的变革中顺势而为赢得楚汉战争的胜利并建立汉室统一政权。刘邦大一统政权的建立与汉军集团的众位文臣武将当然密不可分，而通过分析萧何其人与刘邦各个阶段的关系，可见萧何在汉家政权建立过程中贡献独特而突出，可谓是西汉政权建立的幕后构建者。

萧何在"汉初三杰"中以秦朝基层文职官员出身，对暴秦统治的社会状况有清晰而深入的了解。与家世相韩的张良相比，他与秦王朝并非有着不共戴天的家国之仇，和出身低微的韩信相比，他也不至于在秦朝无立锥之地。萧何反秦的目的是更加纯粹而崇高的，他不存在为一己之私反秦的动机。他积极投身于天下反秦的洪流中并助力刘邦成为丰沛集团首领。楚汉战争中萧何在汉军后方安抚百姓，维护社会秩序，为汉军前线提供粮草；直至刘邦登上皇位，制定法律条文、人口户籍条例，乃至营造宫殿，建立汉社稷，建立石渠阁，促进文化建设，萧何在汉室政权建设中涉及方方面面，其历史功绩为人赞叹。萧何秦时做官的经历锻炼了他出色的政治能力，同时秦王朝刑罚的严酷也塑造了他谨小慎微的行事风格，并且在他一生的政治生涯中打下深深的烙印。由于早年仕宦秦朝的经历使他对权力的犹疑畏惧远远大于大权在握的勇气，因此他只

甘居人下做一个任劳任怨的政权幕后构建者。萧何为人低调，在不同阶段恰当处理与刘邦的关系，在政权建设阶段自觉主动身居人下和幕后，忠心做好"人臣"的本职工作，即使身居相位高权重依旧处处小心时时在意，临终前叮嘱子孙后代要节俭低调。萧何对汉家政权忠心，然而，也是对自己胸中向往的"政权"忠心。这里的"政权"不是统治者手里的权力富贵，而是胸怀天下百姓的正常和平统一的社会秩序，是可以走向盛世的社会政治理想，为了实现理想，他不求拥有大权在握的权力光环，而是选择默然努力，不惜身家宗族性命终身奋斗。萧何可谓是秦汉之际一位极具政治才能并胸怀天下的伟大政治家。

刘邦虽出身布衣且本身未有特别的政治仕宦经历，除了他"殆天授"的独特之处，他那无所畏惧、睥睨天下的勇气和善于用人的过人之处使他在秦汉之际的乱世之中脱颖而出登上汉室政权的最顶峰。在沛地反秦时期，刘邦顺天下大势而动，但是未有清晰的目标和政治理想；在项羽军事力量牵制秦军的前提下，刘邦初入关接触到权力所带来的无尚光环和财富，激起他对权力的向往；而楚汉之战的艰辛历程更让刘邦深知征战天下的不易，使他珍惜来之不易的统一政权，对君权的独霸欲日渐明显。刘邦深知汉室政权的建立萧何自然功不可没，张良国恨家仇已报，可以听之任之归隐山林；韩信军事才能过人对高祖政权造成威胁可以除去；而萧何对政权的建立和巩固作用非凡，必须给予无尚的荣耀和封赏。高祖刘邦对萧何封为相国予以重任，然而他多疑的性格和对权力的欲望又使他不得不提防政治才能卓著的萧何，对萧何采取恩威并举的方式，不时试探萧何对汉家的忠心。刘邦与萧何二人从一起成长的沛地伙伴到汉家的君臣，二人情谊不减而关系逐渐明确，刘邦登上高祖之位汉家统一天下萧何功不可没，然刘邦在此过程中的成长与逐渐成熟也绝不能忽略。刘邦有"殆天授"的勇气与无所畏惧的胸怀，能听取他人的建议与意见，并在征战过程中逐渐拥有政权意识和政治远见，这都是成为帝王不可或缺的因素，也更印证了萧何对刘邦不凡之才的重视之功。

刘邦虽初时胸无大略然勇气过人，萧何心怀天下但缺乏胆识，两人不同的成长经历与生活环境是造成两人性格的重要因素。成就帝王大业既需要敢于天下先的过人勇气，更需要充满智慧的政治手腕，汉王朝的建立正是刘邦与萧何二人的默契配合和分工，二者缺一不可，也是二人互相成全的结果。

四、结　语

　　司马迁在《史记》中对萧何在楚汉之战期间举宗从沛，稳固汉军后方，不断支援前线军队的贡献，以理性笔调如实记录，并给予了高度赞扬，也对他在汉初功臣俱灭而独存位列群首发出深深的感慨。不同于司马迁在《留侯世家》中"好奇"思想的体现和《淮阴侯列传》中众多宏大战争场面的惊心动魄描绘，《萧相国世家》文风更加偏重质朴和简约，太史公以平实语调细数萧何的各项功绩，且并未有细致而深入的细节描写，倾注的感情相对淡泊理性，形成与张良、韩信传记截然不同的风格特点。萧何一生低调谨慎，为成就天下一统大业甘居幕后深藏功名，太史公在《萧相国世家》中对萧何一生功绩以平静语调和简练语言一一道出，赞扬之语深藏在字里行间，文风朴实无华，对萧何形象和功绩的低调处理，也是太史公深知萧何低调谨慎的性格特点，在文风中与萧何其人性格相契合，形成《萧相国世家》文风的独特风貌。

《孙子吴起列传》读后札记

本文作者李伟泰。台湾大学中国文学系教授。

一、关于人物与著作的疑案

1971 年 4 月，山东临沂银雀山一号汉墓出土大量竹简兵书，中有《孙子兵法》《孙膑兵法》《六韬》《尉缭子》等。其中《孙子兵法》和《孙膑兵法》的同时出土，特别是《孙膑兵法》在失传了一千多年后重见天日，解决了其书之有无，孙武和孙膑是一人或二人，《孙子兵法》的作者是谁的争议。兹先将历代学者所提出的疑问和论断略述如下：

叶适（1150—1223）《习学记言》说：

> 孙武为大将，……而《左氏》无传焉，可乎？故凡谓穰苴、孙武者，皆辩士妄相标指，非事实。……春秋末战国初山林处士所为，其言得用于吴者，其徒夸大之说也。……其言阖庐试以妇人，尤为奇险不足信。①

姚际恒（1647—约 1715）《古今伪书考》说：

> 此书（《孙子兵法》）凡有二疑，一则名之不见《左传》也。《史记》载孙武齐人而用于吴，在阖闾时，破楚入郢，有大功。《左氏》于吴事最详，其功灼灼如是，不应遗之也。……然则孙武者，其有耶？其无耶？其有之而不必如史迁之所云耶？其书自为耶？抑其后之徒为之耶？皆不可得而知也。故入之未定其人例中。②

姚鼐（1731—1815）《姚姬传全集》说：

---

① 张心澂：《伪书通考》，鼎文书局 1973 年版，第 939 页。
② 同上，第 940 页。

《左氏》序阖闾间事，无孙武。太史公为列传，言武以十三篇见阖闾。余观之，吴客有孙武者，而十三篇非所著。战国言兵者为之，托于武焉尔！①

日本斋藤拙堂（1797—1865）《孙子辨》说：

今之《孙子》乃膑著。武与膑乃一人，武其名，膑其号也。②

日本武内义雄（1886—1966）以《史记》载孙武、孙膑二人均有兵法之著述，而《汉·志》有吴《孙子兵法》及齐《孙子》，则武与膑各为一人，各有著述，惟今《孙子》十三篇为孙膑所著。③

金德建（1909—1996）《古籍丛考》说：

细看《史记》，既然孙武之外尚有孙膑，可注意《史记》所记的孙武、孙膑孰为不可靠的传说，孰为可据的事实。《史记》记孙武只有见吴王阖庐的一段，以后再用寥寥几句话，就把孙武一生轻轻了结。但其记孙膑，则与《史记》其他各篇列传人物写法相同，详记他一生的事迹。已可知记孙武只有一段，是容易伪造的传说；记孙膑有多项的事实，便不容易伪造了。叶水心曰："其言阖闾试以妇人，尤为奇险不足信。"叶说诚然。这又是记载孙武的内容上完全近于传说，不足为信。至于所记孙膑的事实，多见于《战国策》，而记孙武则别书上无可考。孙武既为传说，则《孙子》这部书的作者，当为战国时的孙膑无疑。所以书中颇有战国时代的形迹可考。④

钱穆（1895—1990）《先秦诸子系年考辨·孙武辨》说：

《史记·孙吴列传》有孙武为吴将兵。《汉书·艺文志》有吴《孙子兵法》八十二篇，而本传则称十三篇。然其人与书，盖皆出后人伪托。……《孙子》十三篇，洵非春秋时书。其人则自齐之孙膑而误。⑤

① 张心澄：《伪书通考》，鼎文书局1973年版，第941页。
② 同上，第942页。
③ 同上，第942页。
④ 同上，第943页。
⑤ 钱穆：《先秦诸子系年》，香港大学出版社1956年版，第12、13页。

又《田忌邹忌孙膑考》说：

> 余既辨吴孙子无其人（见前引文），又疑凡吴孙子之传说，皆自齐孙子来也。《史记》本传吴孙子本齐人，而齐孙子为其后世子孙。又孙膑之称，以其膑脚而无名，则武殆即膑名耳。……后人说兵法者，递相附益，均托之孙子。或曰吴，或曰齐，世遂莫能辨，而史公亦误分以为二人也。①

综合上述各家的说法，关于孙武和孙膑，质疑者竟至以为是一人，武其名，膑其号。关于兵法，则认为《孙子》十三篇是孙膑的著作。临沂银雀山汉墓同时出土了《孙子》和《孙膑兵法》，证明司马迁在《孙子吴起列传》所述：孙膑是孙武的后世子孙，两人各自著有兵法传世，并且很早就已经分别流传于世，确实无误。这是出土文献有助于解决《史记》疑案的一则显著例子。至于二书中各自有孙武和孙膑以后事件的情形，则和先秦其他古籍一样，当出于门弟子之手。

二、孙武事迹过简是导致疑案产生的重要原因之一

孙武著有《孙子兵法》，是中国最具影响力的兵学著作，但其人却非本篇主要的描述对象。篇中叙述他的军事才干，仅仅为吴王阖庐练女兵，杀二宠姬以立威一事。对于辅助阖庐击破强敌，仅以"孙子与有力焉"一句抽象的话概括：

> 于是阖庐知孙子能用兵，卒以为将。西破强楚，入郢，北威齐、晋，显名诸侯，孙子与有力焉。

《吴太伯世家》简单记载孙武二事：

（一）阖庐三年（前512年），劝其未可入郢："民劳，未可，待之。"（并见于《伍子胥列传》）

（二）九年（前506年），与伍子胥对阖庐说："楚将子常贪，而唐、蔡皆怨之。王必欲大伐，必得唐、蔡乃可。"（亦见于《伍子胥列传》）

下文叙吴兵入郢，也没有孙武谋画、指挥战役的具体描述。主要原因大概一方面是史料不足，《左传》定公四年（前506年）写阖庐、伍

---

① 钱穆：《先秦诸子系年》，香港大学出版社1956年版，第262、263页。

员（子胥）等人率吴兵破楚入郢，甚至没有提到孙武其人；二方面可能是他的生平缺乏波折，缺少可以着墨的地方；不如孙膑、吴起起伏不定，有许多动人的情节可写。由于孙武的事迹寥寥，加以《孙膑兵法》的失传，竟使后人怀疑孙武的存在，这恐怕是司马迁当初始料所未及。

三、《孙膑兵法》失传是导致疑案产生的
另一个重要原因

《史记》记载孙武、孙膑、吴起均著有兵法传世。本传记载阖庐对孙武说："子之十三篇，吾尽观之矣。"赞文说："世俗所称师旅，皆道《孙子》十三篇，吴起《兵法》，世多有。"张守节《正义》："《七录》云：'《孙子兵法》三卷。'案：十三篇为上卷。又有中下二卷。"关于孙膑，《太史公自序》说："孙子膑脚，而论《兵法》。"《报任安书》说："孙子髌脚，《兵法》修列。"

《汉书·艺文志·兵书略》载：

> 吴《孙子兵法》八十二篇。注：图九卷。
>
> 齐《孙子》八十九篇。注：图四卷。
>
> 《吴起》四十八篇。

齐《孙子》至《隋书·经籍志》已不著录，其失传当已有千数百年，加以《左传》不载孙武事迹，《史记》载孙武为阖庐练女兵，杀二宠姬以立威一事，此外未详载其辅佐阖庐屡破强敌之事，以致引起后世部分学者怀疑《孙子兵法》十三篇乃孙膑所著。孙武与孙膑乃一人，武其名，膑其号也（学者的论述已详第一节）。

四、司马迁敬佩遭遇困厄，却能坚忍不拔，
发愤著述的贤人

司马迁对于遭遇困厄，却能坚忍不拔，发愤著述的贤人无限倾慕。《太史公自序》说：

> 昔西伯拘羑里，演《周易》；孔子厄陈、蔡，作《春秋》；屈原放逐，著《离骚》；左丘失明，厥有《国语》；孙子膑脚，而论兵

法；不韦迁蜀，世传《吕览》；韩非囚秦，《说难》《孤愤》；《诗》三百篇，大抵贤圣发愤之所为作也。此人皆意有所郁结，不得通其道也，故述往事，思来者。

《报任安书》说：

> 古者富贵而名摩灭，不可胜记，唯倜傥非常之人称焉。盖西伯拘而演《周易》；仲尼厄而作《春秋》；屈原放逐，乃赋《离骚》；左丘失明，厥有《国语》；孙子膑脚，《兵法》修列；……及如左丘明无目，孙子断足，终不可用，退论书策以舒其愤，思垂空文以自见。

就孙膑的遭遇而言，本传说孙膑遭庞涓陷害："以法刑断其两足而黥之。"孙膑却能忍辱奋斗，报仇雪耻，并且还著有兵法传世。司马迁的身世遭遇和孙膑有类似之处，忍辱奋斗的精神尤其相似。赞文说：

> 语曰："能行之者未必能言，能言之者未必能行。"孙子筹策庞涓明矣，然不能蚤救患于被刑。吴起说武侯以形势不如德，然行之于楚，以刻暴少恩亡其躯。悲夫！

这段话说得极为沉痛，并非讥讽之语。一则为孙膑受庞涓陷害而痛，也为自身因救李陵被刑而痛；二则为吴起有才，且知施政当以德不倚险，而竟以刻薄寡恩为楚之贵戚所害。司马迁虽不满吴起，但同时也为他的悲剧叹息。

五、司马迁藉详述孙膑的谋略，寓颂扬于叙事

1. 孙膑向田忌献"三驷之计"，助其赢得赛马的重注

田忌与齐诸公子下重注赛马，孙膑献"三驷之计"：以下驷对上驷，上驷对中驷，中驷对下驷，取得三场二胜的战绩。客观上双方的力量没有变化，但是由于主观上力量的调配得当，因而取得稳操胜券的把握。司马迁对此事津津乐道，显然看出了这件事非常富于"谋略"色彩，极富启发意义。以下叙桂陵、马陵两场战役，同样显示了"主观"谋略在战争时所起的重大作用。

2. 在桂陵之战中，孙膑采取"围魏救赵"的策略

在桂陵之战中，孙膑不直接向被围的赵都邯郸进兵，而采取"围魏救赵"的作战策略，具有如下几种作用：

（1）取得战场上的主动，因此得以由被动赴援，反过来主动逼使敌方回师自救。

（2）因此得以占据有利地形，选择有利于我方的时机决战。合乎《孙子·虚实篇》所说："凡先处战地而待敌者佚，后处战地而趋战者劳。故善战者，致人而不致于人。"也因此使敌人在急速回师自救中，消耗大量的物质和体力，降低了作战力量。

吴如嵩等说明此一战役战略指导思想及详细的作战过程：

（1）以"围魏救赵"作为总体的作战方针。

孙膑向田忌提出了著名的"围魏救赵""批亢捣虚"（打击对方要害及防备不周之处）的作战方针。孙膑分析说：当前的敌情是，魏国大举攻赵，"轻兵锐卒必竭于外，老弱疲于内"，这就为"疾走大梁"，"冲其方虚"提供了可能的条件。因此，孙膑主张以一部分兵力攻击魏都大梁，引诱庞涓回救，而将齐军主力集结在魏军归途中的必经之地桂陵（今河南长垣西北），邀击魏军。田忌采纳了孙膑的意见。

（2）小败示弱，使庞涓产生轻敌思想。

为了实现这一"围魏救赵"的总体作战方针，孙膑建议齐军第一步先进攻平陵，用假象迷惑敌人。于是齐军派出齐城和高唐两个都邑的大夫率兵南攻平陵。平陵介于宋、卫之间，地处魏都大梁以东，是魏国东阳地区的军事重镇，人口多，兵力强，不易攻取。齐军进攻平陵，市丘（魏地）又是必经之路。魏军可以从市丘出兵遮断齐军的粮道。齐军进攻难以攻拔的平陵，粮道又受威胁，这一行动不但迷惑了魏将庞涓，而且给庞涓造成齐军指挥官无能的印象。结果，齐城、高唐的大夫未能攻下平陵，兵败受挫。

孙膑南攻平陵的行动，是一次战略佯动。齐国大规模调动军队，并将重兵集结在齐、魏边境上，对于魏国已形成了侧背的威胁，魏军有可能放弃攻赵的行动，这样齐国使"赵破而魏弱"的战略意图就无法实现了。孙膑以一部分齐军南攻平陵，并使齐军兵败平陵城下，其目的一是要掩盖齐军"批亢捣虚""围魏救赵"的真实企图；二是不过早地暴露齐军实力，使庞涓产生轻敌思想，消除其对齐军的后顾之忧。此即孙膑所说的"吾将示之疑"，"吾将示之不智（知）事"。① 庞涓果然中计，全力攻打邯郸。经过苦战，魏军在付出很大的代价后，于攻赵的第二年（前353年）十月终于攻下了邯郸。

（3）佯攻大梁，诱逼庞涓回救。

此时，孙膑认为与魏军决战的时机已成熟，便请田忌派出轻车锐卒直逼大梁城郊，作出攻取魏都大梁的姿态。此举又是一次佯动：威胁大梁，"以怒其气"；② 轻车锐卒，以"示之寡（兵力少）"。③ 目的是引诱庞涓回救。庞涓闻讯，弃其辎重，兼程回救大梁。行至桂陵，遭到早已在此等待多时的齐军主力的截击。魏军由于长期攻赵，兵力消耗较大，加之轻装兼程，给养不足，长途跋涉，士卒疲惫；而齐军却"先处战地"、以逸待劳，在实力和士气上都占优势，因而大败魏军。从桂陵之战齐军的作战指导看，孙膑可谓是算无遗策了。④

3. 在马陵之战中，孙膑采取"减灶欺敌"之计

（1）作战策略与桂陵之战同，孙膑不直接救韩，而扬言进击大梁，逼使庞涓回师救援，这同样是化被动为主动的做法。

（2）魏军急行军回救，又中了孙膑"减灶欺敌"之计，误以为齐军逃亡过半，遂生轻敌之念，以致疏于沿途侦搜敌踪，遂误入孙膑在马陵峡谷中所设下的圈套。

（3）交战时间及双方将领。

起于魏惠王二十七年（前343年）仲冬、季冬，魏攻韩的"南梁之难"，至魏惠王二十九年（前341年）才结束。齐方以田忌为主将，孙膑为师，田朌（bān，通"颁"）则为前线率军作战的主将，田婴虽参与此役，但非主将。魏方则是庞涓为将，太子申为上将军。⑤

---

① 原注："《孙膑兵法·擒庞涓》。"
② 同前注。
③ 同前注。
④ 吴如嵩等：《战国军事史》，军事科学出版社1998年版，第187-188页。
⑤ 说详杨宽：《战国史料编年辑证》，台湾商务印书馆2002年版，第394-395页。

（4）此役的详细战术部署，见于 1972 年出土的《孙膑兵法·陈忌问垒篇》，陈忌即田忌，陈、田二字古音相近通用。该篇叙述孙膑诱使庞涓进入"隘塞死地之中"，其伏兵的安排为：以葵藜当沟池，以战车当军垒，以□□当堞，以盾当埤堄（pì nì，城上矮墙，埤堄有孔，堞无孔），以上是临时战垒的布置。然后长兵次之，弩次之，以上是武装布置。所有布置皆以大树为中心，可见其设计十分周密，层层不漏。[①]

六、司马迁如实记录吴起为求富贵，不顾伦理与 不择手段，寓有批判的意思

1. 欲为鲁将，则杀齐妻，以取信于鲁人。

2. 离卫游仕，与母诀曰："起不为卿相，不复入卫。"顷之，其母死，起终不归。白居易（772—846）有《慈乌夜啼》诗批判吴起"其心不如禽"：

> 慈乌失其母，哑哑吐哀音。昼夜不飞去，经年守故林。夜夜夜半啼，闻者为沾襟。声中如告诉，未尽反哺心。……昔有吴起者，母殁丧不临。嗟哉斯徒辈，其心不如禽……[②]

3. 卒有病者，起为吮之。这件事不近人情，是一种做作表演。《佞幸列传》载：

> 文帝尝病痈，邓通常为帝啮吮之。文帝不乐，从容问通曰："天下谁最爱我者乎?"通曰："宜莫如太子。"太子入问病，文帝使啮痈，啮痈而色难之。

足见虽亲如父子，也难以做到吮痈之事。

七、司马迁反对激烈的改革措施

1. 本篇《赞》文说：

> 吴起说武侯以形势不如德，然行之于楚，以刻暴少恩亡其躯。

---

① 张震泽：《孙膑兵法校理》，中华书局 1990 年版，第 43-50 页。
② 《白氏长庆集》卷 1，台湾商务印书馆 1983 年版，第 19 页。

悲夫！

2.《商君列传赞》说：

　　商君，其天资刻薄人也．……及得用，刑公子虔，欺魏将卬，不师赵良之言，亦足发明商君之少恩矣。余尝读商君开塞耕战书，与其人行事相类。卒受恶名于秦，有以也夫！

3.《晁错列传赞》说：

　　晁错为家令时，数言事不用；后擅权，多所变更。诸侯发难，不急匡救，欲报私雠，反以亡躯。语曰："变古乱常，不死则亡。"岂错等谓邪！

认同危机：《史记》中孟尝君内在情志蠡探

本文作者康凯淋。台湾辅仁大学中国文学系助理教授。

一、前　言

在先秦两汉文献中，有关孟尝君事迹分别载记于《吕氏春秋》《荀子》《韩非子》《韩诗外传》《战国策》《新序》《说苑》《淮南子》等，①而司马迁《史记·孟尝君列传》为最完整的历史叙事，不论情节发展、人物刻画、章法安排都比以上文献丰富多面。目前学界研究的关注面向：第一，孟尝君形象与司马迁塑造手法。如赵晋《战国四公子研究——以先秦两汉时期为中心》谓孟尝君人物形象的特点包含：智谋过人、心胸狭隘、善于养士、忘恩负义。②刘承礼《〈史记〉战国四公子的形象特点与人物塑造艺术》也认为太史公透过精彩的语言描写等方式，呈现孟尝君是一有智能、好客喜士无所择、心胸狭卑劣的人。③第二，《史记》与《战国策》的记载差异。明代南园野人张志淳（1457—1538）

---

① 赵晋：《战国四公子研究——以先秦两汉时期为中心》除了归纳史部类存有孟尝君事迹的著作外，又另外整理子部典籍儒家、法家、杂家中的相关记载。参见赵晋：《战国四公子研究——以先秦两汉时期为中心》，黑龙江大学硕士论文，2016年3月，第29-51页。

② 赵晋：《战国四公子研究——以先秦两汉时期为中心》，第35页。

③ 刘承礼：《〈史记〉战国四公子的形象特点与人物塑造艺术》，内蒙古师范大学硕士论文，2016年6月，第10、32页。

曾以"三窟""焚券"论及《史记》删述之得失，① 现代学者蔡先金、张林明亦分析司马迁如何借取、舍弃、增益、改造《战国策》，最后肯定："司马迁将史学之思和文学之笔完美结合，对《战国策》中孟尝君的事迹加工改造，成功地塑造了孟尝君这样一位有血有肉，生动可感的历史人物。"② 第三，孟尝君与养士。历代儒者对于孟尝君养士多持负面评价，像李晚芳（1691—1767）就直斥孟尝君养客实为"营私"，③ 所以今人讨论的也多侧重此观点。严可《战国四公子养士问题研究》分析孟尝君与食客的关系比较淡薄，而且也未能凭借士人行有德之事。④ 赵志华《试析〈史记〉中信陵君与孟尝君的人物形象》批评孟尝君养士是为了谋求私利、享受尊荣，广纳宾客的目的就是要追求功名富贵。⑤

以上研究主题的取向虽异，但仍然以孟尝君的行事表现、人物形象为核心。《史记》向来以人物描写著称，杨燕起扼要点出《史记》的成就之一就是写人，塑造许多栩栩如生、传颂千古的人物形象，尤其交代人物各自的活动场景、神态意蕴、性格特征之外，还包括心理表现："《史记》写人物，还注意人物的心理。宋代学者提出，人物塑造'写其形，必传其神；传其神，必写其心'。写心，就是要揭示人物内心的活动以显示人物的内在精神实质。"⑥ 如果我们对照学界研究成果，可发现各家鲜少抉发孟尝君的内在情志，多集中于外在表现，但实际上心理的精神层面正与外在的行为去取有极大关系，倘若不能推敲人物心理，那

---

① 明儒张志淳（1457—1538）曰："《史记》《孟尝君传》删去冯欢三窟之计最为有见矣。至于'欢问：债毕收，以何市而反？孟尝君曰：视吾家所寡有者'皆删去，却别以'守而责之息俞多'为说，要之欢为人收债非得其视吾所寡有之言，其敢辄焚券而返，孟尝君抑何以谢之也？此一段似《战国策》所记，近人情为实事，而《史记》更删之。虽文与理皆周备，恐终不如《策》之情实得真也，细玩之自见。"见 [明] 张志淳：《南园漫录》，卷 9《删述》。

② 蔡先金、张林明：《司马迁笔下的孟尝君：〈史记〉对〈战国策〉的取舍与改造》，《理论学刊》第 157 期，第 110 页。

③ [清] 李晚芳编纂，赵前明、凌朝栋整理：《读史管见》，商务印书馆 2016 年版，第 118 页。

④ 严可：《战国四公子养士问题研究》，湘潭大学硕士论文，2016 年 5 月，第 28-29 页。

⑤ 赵志华：《试析〈史记〉中信陵君与孟尝君的人物形象》，《河北青年管理干部学院学报》1999 年第 3 期，第 54-56 页。

⑥ 杨燕起：《〈史记〉与中国史学》，北京师范大学出版社 2015 年版，第 23 页。

么对"事"的把握也易流于片面。

二、利己：自我期许与团体归属

德国研究接受美学理论的学者沃尔夫冈·伊瑟尔（Wolfgang Iser，1926—2007）曾提出文本与读者间的交流结构，认为文本中的"空白"足以触发读者的想象活动，并赋予文本连贯性；此"空白"并非一项缺失，而是读者与作品交流的基本条件，[①] 因此读者扮演的角色就显得相当重要。若以伊瑟尔的理论对照《史记·孟尝君列传》，我们可发现文本内容具有大量的"空白"，藉此呼唤读者的合作，使读者可以综合整个文本内含的关联性，包含人物性格、行为、动机等与形象相关的议题。

《孟尝君列传》开篇先简述孟尝君父亲田婴之小传，从国防、外交、行政三方面道出靖郭君田婴对齐国的贡献，接续回溯："初，田婴有子四十余人。其贱妾有子名文，文以五月五日生。婴告其母曰：'勿举也。'其母窃举生之。及长，其母因兄弟而见其子文于田婴。"句中"其母窃举生之"至"及长"虽是一语带过之略笔，但却是文本的"空白"，横跨了相当长的时间向度，赋予读者想象空间以进行补白。

南宋吕祖谦曾述及读史之方："观史当如身在其中，见事之利害，时之祸患，必掩卷自思，使我遇此等事，当作何处之。"[②] 掩卷自思诚然为一想象、推敲或揣摩，设置相仿的时空背景，类推主角的心境与际遇。以孟尝君田文为例，出生遭受父亲抛弃，若母亲选择私下照养，暗中抚育，这样的家庭教育必会直接影响孟尝君的成长。[③] 因为现实的状

---

① 金元浦说道："伊瑟尔充分发展了他早期的空白思想，认为空白与否定是本文未定性的两个基本结构。……空白是本文看不见的接头之处，它从相互关系中划分出图式和本文的视点，同时触发读者方面的想象活动。"见金元浦：《接受反应文论》，山东教育出版社 1998 年版，第 164-165 页。

② ［宋］吕祖谦：《门人集录史说》，载黄灵庚、吴战垒主编：《吕祖谦全集》，浙江古籍出版社 2008 年版，第 218 页。

③ 熊秉真提到孩童教育的授受对象："士人家庭中实际上负责亲自指导幼儿学业的亲长，一般以父亲的角色最为重要，其次是祖父和母亲，再其次才是父系其他长辈，及家中其他的男性长辈。……整体而言，父亲自课幼龄之子，被视为最是理所当然。"见熊秉真：《童年忆往》，台北麦田出版公司 2000 年版，第 101 页。

况是，孟尝君的家庭系统并非正常的型组模式，毕竟母亲窃举生之，与父亲并非是正向的关系，很有可能自小就未曾有家族间的人际互动，长期孤寂而缺乏安全感，衍生其他等情绪认知的问题。① 诚如学者石晓博、杨美玺所言："在成长过程中，他比别的兄弟姊妹更多一份担忧，怕被父亲发现，担心自己的'生存'，因此后来，他所'忧'所'恐'多是性命攸关的事。"② 所以这些行为表现或内在性格都伴随着孟尝君长大成人。直至"其母因兄弟而见其子文于田婴"，当孟尝君和其父田婴见面，从小对父亲图像的模糊，甚至只能描绘出抽象的父亲面孔，顿时成为清晰具体的轮廓，这无疑在情感上是一项巨大的冲击。司马迁叙述父子对话的场景：

> 田婴怒其母曰："吾令若去此子，而敢生之，何也？"文顿首，因曰："君所以不举五月子者，何故？"婴曰："五月子者，长与户齐，将不利其父母。"文曰："人生受命于天乎？将受命于户邪？"婴默然。文曰："必受命于天，君何忧焉。必受命于户，则可高其户耳，谁能至者！"婴曰："子休矣。"久之，文承闲问其父婴曰："子之子为何？"曰："为孙。""孙之孙为何？"曰："为玄孙。""玄孙之孙为何？"曰："不能知也。"文曰："君用事相齐，至今三王矣，齐不加广而君私家富累万金，门下不见一贤者。文闻将门必有将，相门必有相。今君后宫蹈绮縠而士不得裋褐，仆妾余粱肉而士不厌糟糠。今君又尚厚积余藏，欲以遗所不知何人，而忘公家之事日损，文窃怪之。"

从田婴怒语即可得知孟尝君多年来未曾与父相认，而陆续又申明人生受命于天，缓解自身不利父母的忌讳，以及批评父亲厚积余藏、未尽国事的弊害，言语间确实有如清儒姚祖恩所言的："能自振拔之实""自

---

① 心理学家阿德勒（Alfred Adler，1870—1937）说："在家庭生活中，父亲的地位和母亲的地位同等重要。最初，他和孩子的关系比较不亲密，他的影响也较晚才发生效果。我们已经说过：假使母亲不能把孩子的兴趣扩展到父亲身上可能造成的危险。这种孩子在社会感觉的发展上，可能遭受到严重的阻挠。"见阿德勒撰，黄光国译：《自卑与超越》，台北志文出版社1994年版，第111页。

② 石晓博、杨美玺：《战国四公子风范及其性格探微》，《唐都学刊》第30卷第5期，第93页。

负语，亦以抹倒四十余兄弟"①，但个中的心理状态却值得推敲。

　　按照美国精神分析理论家埃里克森（Eric H. Erickson，1902—1994）的研究，人的生命发展会有八个阶段，其中儿童期已开始深信自己是一个能够支配自己的人，也必须知道以后想变成怎样的人，而在青年期阶段有强烈的团体归属感，更进一步地展现：

　　　　他们有时病态地、而且往往是好奇地一心想象着将自己认为自己是什么样的人与自己在别人眼光中表现为什么样的人进行比较，并且老是想着如何把早期养成的角色和技术与当前的理想原型结合起来的问题。……但与此同时，他又极端害怕进行觉得是会被人讪笑或使人觉得是自我疑虑的活动。这也可以导致一种自相矛盾的心理，即他宁愿作出无耻的、在年长的人看来是出于自由选择的行动，而不愿作出羞怯的、在自己的同伴眼中看来是被迫而为的活动。②

　　如果孟尝君要重新获得父亲认同，势必得采取主动积极甚至近于无耻，使父亲不悦的行为，何况他还有四十多位兄弟，这样高度竞争的局势下，纵使内心羞怯害怕，也必须将"被迫而为"装点成"自由选择"的意志。再从田文"将门必有将，相门必有相"的话语中亦可微观他对自身的期许和认同，当然现代学者点出"智谋过人"，③ 或是"面对父权，孟尝君毫不惧缩且义正词严，反映了他胆大无羁的性格"，④ 诸类评价亦无不可，只是对比其他兄弟乃至父亲看待他的眼光，孟尝君这两段对话背后蕴含着多年来纠结、矛盾、交战等内心压力，实际上隐藏更为复杂深刻的情感。

---

　　① ［清］姚祖恩编撰：《史记菁华录》，台北联经出版事业有限公司 1977 年版，第110 页。

　　② ［美］埃里克森（Erickson，E. H.）撰，孙名之译：《同一性：青少年与危机》，浙江教育出版社 1998 年版，第 114 页。

　　③ 赵晋：《战国四公子研究——以先秦两汉时期为中心》，第 35 页。

　　④ 蔡先金、张林明：《司马迁笔下的孟尝君：〈史记〉对〈战国策〉的取舍与改造》，《理论学刊》第 157 期，第 109 页。

三、养士：补偿心态与情感投射

王安石（1021—1086）批评孟尝君仅是一"鸡鸣狗盗之雄耳"，① 司马光（1019—1086）亦直斥其乃"奸人之雄"，② 但如果我们结合上述对孟尝君家庭背景与成长心境的分析，似可解答为何田文会延揽"亡人有罪"者。孟尝君在整个家族地位中是空缺的，未曾获得父子、兄弟亲情的共鸣，缺乏家庭功能可赋予的心理情感等慰藉；而亡人、奸人等身份成因或许也与家庭结构不完整，亲子关系疏远有关，③ 更重要的是在社会中亦处于边缘孤立的角色，与孟尝君面对的情感本质并无不同。埃里克森提到："亲密的对立面是远离（distantiation），蓄意的抛弃、孤立，如果有必要便去摧毁对自己似乎有真正危险的那些人和势力。因此，远离的需要所产生的持久性后果，便是准备好固守自己的亲密和团结的领地，以一种把熟人和生人之间的'微小差异'。"④ 所以孟尝君懂得那些鸡鸣狗盗、亡人有罪者的心态，知道他们的渴望需求，也藉由聚拢这些宾客，巩固自己的声望与势力。

历代有许多儒者主张孟尝君所养之客非贤，例如明儒敬斋先生胡居仁（1434—1484）提到："愚以为齐国三千之客，苟得其人，必能务引其君当道志仁，则天下之民皆将归之，虽欲无王可得乎？既不能，然又不能预烛秦昭之奸，力止其君，毋使陷于虎狼之口，及拘于秦又不能正其词，说陈大义以解其难，顾乃为鸡鸣狗盗！"⑤ 若三千食客真为贤士，就不会让田文受骗入秦，导致最后仓皇奔逃、虎口余生的处境。沈长卿也有类似观点："所食三千人皆客也，非士也。……所得力

① ［宋］王安石：《读孟尝君传》，载［宋］詹大和等撰，戎默、苏贤整理：《王安石全集附录》，复旦大学出版社 2016 年版，第 1280 页。

② ［宋］司马光编撰，［元］胡三省音注，标点资治通鉴小组校点：《资治通鉴》，中华书局 1956 年版，第 78 页。

③ 杨士隆：《犯罪心理学》认为反社会人格的成因之一有家庭因素，包含早期丧失父母及情感之剥夺、父母之拒绝与管教不一致、错误之父母行为模式及家庭互动。参见杨士隆：《犯罪心理学》，台北五南图书出版有限公司 2006 年版，第 137 页。

④ ［美］埃里克森（Erickson, E. H.）撰，孙名之译：《同一性：青少年与危机》，第 121 页。

⑤ ［明］胡居仁：《胡文敬集》，卷 2《跋孟尝君传》。

之客，鸡鸣狗盗者但能脱己于秦，弹铗焚券者但能重己于齐，而社稷之安危、邻封之休戚无与焉，何贵乎得士哉！"① 否定食客的材能。但实际上对孟尝君来说，他并不在意门客身份的筛选或是接士延揽的标准，唯有透过养客，终使"宾客日进，名声闻于诸侯，诸侯皆使人请薛公田婴以文为太子"，名位与权力才是最实际的政治获利，既可完全制胜四十多位兄弟的威胁，又可得到父亲肯定，这才是他所确定的价值观和目标，俨然已形成一坚固的内在核心，背后的影响关键就是认同危机。②

另外，《孟尝君列传》记载："秦昭王闻其贤，乃先使泾阳君为质于齐，以求见孟尝君，孟尝君将入秦。"以及齐愍王二十五年，孟尝君又入秦；至齐愍王灭宋，孟尝君又赴魏国为相，清儒吴裕垂曾以"淫妇"为喻，抨击田文不忠："吾谓孟尝生平一淫妇耳！烈女不从二夫，忠臣不事二君。孟尝始相齐，继相秦，终相魏，所在取容悦，贵而多金，恬不知耻！"③ 如果养客累积名声是私领域的行为，那么相齐、相秦或相魏则属公领域的范畴。《史记》篇首记叙孟尝君父亲田婴之行事：

> 田婴者，齐威王少子而齐宣王庶弟也。田婴自威王时任职用事，与成侯邹忌及田忌将而救韩伐魏。……宣王七年，田婴使于韩、魏，韩、魏服于齐。婴与韩昭侯、魏惠王会齐宣王东阿南，盟而去。明年，复与梁惠王会甄。……宣王九年，田婴相齐。……田婴相齐十一年。

田婴在齐国有其重要性，这对田文有强烈影响，因为田文的自我认同是与父亲的期许意向密切相关，他当然能做到克绍箕裘、继志述事，但前提是他与兄弟们的出身际遇就有相当大的落差，因此纯粹的任职齐

① ［明］沈长卿：《沈氏弋说》，卷2《孟尝君》。
② Laura E. Berk：《发展心理学：儿童发展》提到建构认同："根据 Erikson 的说法，在复杂社会中，青少年会经历认同危机（identity crisis）——他们在确定价值观和目标之前会经历多种选择，并且感受到压力的暂时阶段。……他们会过滤儿童期时定义自我的特征，并且和新的承诺结合在一起。接下来，他们会形塑这些特征成为坚固的内在核心，让他们在经历日常生活不同角色时，仍有相同感。"见 Laura E. Berk 原著，古黄守廉等译：《发展心理学：儿童发展》，台湾培生教育、双叶书廊2015年版，第567页。
③ ［清］吴裕垂撰，［清］洪亮吉编，［清］纪昀等校订：《历朝史案》，巴蜀书社1992年版，卷5《田文》，第74页。

相似已不足，若能在他国展现抱负，左右世局更是青出于蓝的荣耀，与养客好客的背后动机都是相同的——"假其谲诈要誉一时"，[①] 满足、弥补、偿愿昔日的自卑经历与生命缺陷，如阿德勒（Alfred Adler，1870—1937）指出的："我们每个人都有不同程度的自卑感，……如果我们一直保持着我们的勇气，我们便能以直接、实际而完美的唯一方法——改进环境——来使我们脱离掉这种感觉。没有人能长期地忍受自卑之感，它一定会使他采取某种行动，来解除自己的紧张状态。"[②] 由此角度来看篇首靖郭君小传，笔法或为虚写、略写，但绝非闲笔，正与孟尝君在公领域的任职相互照映；叙述用意也不只是表达"席父业而兴者也"，[③] 而是衬托田文内在强烈的企图心。

四、结　语

蔡先金、张林明点出《史记》增益六件《战国策》并未记载的孟尝君事迹：（一）尖锐发问，驳斥父亲。（二）劝父纳贤，眼光敏锐。（三）待客夜食，客惭自刭。（四）鸡鸣狗盗，孟尝获救。（五）孟尝暴怒，杀人灭县。（六）贤者自刭，明其不反。对此六件情节，作者援引张大可之语，认为司马迁的虚拟虽然与具体细节不符，却符合历史发展的真实。[④] 但如果透过上述，我们可以发现这几项增补之"事"，是否牵涉到真实的历史发展并非主要关键，而这几项情节铺叙，都与孟尝君过去的成长经历有关，必须先靠读者自身填补空白、想象增饰，才有办法推敲人物背后的性格、心理或动机，深化事件之里外因果。所以回头来看《孟尝君列传》记载："孟尝君过赵，赵平原君客之。赵人闻孟尝君贤，出观之，皆笑曰：'始以薛公为魁然也，今视之，乃眇小丈夫耳。'孟尝君闻之，怒。客与俱者下，斫击杀数百人，遂灭一县以去。"时值

---

① ［清］钱大昕撰，吕友仁校点：《潜研堂集》，上海古籍出版社 2009 年版，卷 2《冯媛论》，第 26 页。

② 阿德勒撰，黄光国译：《自卑与超越》，第 40-41 页。

③ ［清］牛运震撰，崔凡芝校释：《空山堂史记评注校释：附史记纠谬》，中华书局 2012 年版，第 421 页。

④ 蔡先金、张林明：《司马迁笔下的孟尝君：〈史记〉对〈战国策〉的取舍与改造》，《理论学刊》第 157 期，第 108-109 页。

孟尝君逃离秦国，仓皇狼狈，又无端受到赵人嘲笑眇小，很容易勾起田文过去的自卑情结，再加上远赴秦国为相的优越感落空，所有情绪不断堆积至临界点，最终导致杀人灭县的局面，纵使学者对此事件的真实性提出质疑，但若能触发读者的想象活动，赋予文本连贯性，则可综合故事情节中的关联，合理化人物的行为与动机。

论韩信的人格魅力
——《史记·淮阴侯列传》说开去

本文作者徐业龙。江苏省淮安市淮阴区政协文史委主任。

《史记·淮阴侯列传》是一篇思想性、艺术性高度统一的典范之作，两千多年来备受学人推崇，（清）汤谐引请欣论曰："《项羽纪》《淮阴传》，皆史公悉心营构之文，故其叙事处真如黄河怒涛，龙门峭壁，曲尽九垓八埏间奇致，班、范诸公安能入其室哉!"[1] 20 世纪初，国学大师梁启超《论〈史记〉读法》一文，从《史记》全书一百三十篇挑出"十大名篇"，《淮阴侯列传》也被指为《史记》十大名篇之一。司马迁在《淮阴侯列传》中，除了描述韩信的军功战绩、为其辩冤以外，还通过对韩信语言、行动的刻画以及其他叙事手法的运用描绘了一代"兵仙"韩信的性格、气质、能力、道德等一系列积极品质，这也是韩信身上独特的、可贵的、最吸引人的力量，彰显了韩信胸怀大志、聪明智慧、知恩图报、能屈能伸的可贵人格魅力，韩信的人物形象因之丰润饱满，生动感人。

一、胸怀大志

韩信胸怀大志，司马迁在《淮阴侯列传》结尾，用极其简省的笔墨写下了他在淮阴的见闻："吾如淮阴，淮阴人为余言，韩信虽为布衣时，其志与众异。"司马迁惜字如金，却质朴厚重，意蕴深远。明人朱之蕃有评论曰："鸿鹄虽困，常怀翀天之想；信之未遇，其志不苟矣。"[2] 司

---

① ［清］汤谐编纂、韦爱萍整理：《史记半解》，商务印书馆 2013 年版，第 251 页。

② ［明］朱之蕃汇辑：《百大家评注〈史记〉》（卷之六），陕西师范大学出版社 2015年版，第 397 页。

马迁还写道:"其母死,贫无以葬,然乃行营高敞地,令其旁可置万家。余视其母冢,良然。"(注释同前)寥寥数语,遥寄尤深。一个贫穷的青年,连安葬母亲的钱都拿不出,却偏偏还要选择一个又高又宽敞的坟地,坟地的四周还要能安置下一万家,韩信志向的确与众不同。(明)沈国元辑《史记论赞》(卷之二)引戴石泉论曰:"广地之意谓何?史家闲中伏案,妙在不觉。"① 大音希声,大象无形,或许这就是文学艺术的最本真的境界了,不知不觉中一个志向远大的军事家形象表里俱现,卓然而立。

韩信是我国古代一位极富传奇色彩的军事家,司马迁妙笔如椽,用他那生动细腻的笔触为人们塑造了一个战无不胜而又蒙受冤屈的大军事家的光彩形象。孙子曰:"夫未战而庙算胜者,得算多也。"②(《孙子兵法·计篇》)作为一个军事家,韩信最突出的才能表现在军事战略方面。韩信工于庙算,洞览全局,具有深谋远虑,高远的志向涵养了宏大的政治格局和敏锐的战略眼光,其卓尔不凡的军事战略,决定了楚汉战争的发展进程和刘邦、项羽的兴亡成败,历来为后世所称道。韩信卓越的战略禀赋最突出地表现在对楚汉战争起首要战略指导作用的"汉中策"上,《淮阴侯列传》记载:

> 信拜礼毕,上坐。王曰:"丞相数言将军,将军何以教寡人计策?"信谢,因问王曰:"今东乡争权天下,岂非项王邪?"汉王曰:"然。"曰:"大王自料勇悍仁强孰与项王?"汉王默然良久,曰:"不如也。"信再拜贺曰:"惟信亦为大王不如也。然臣尝事之,请言项王之为人也。项王喑恶叱咤,千人皆废,然不能任属贤将,此特匹夫之勇耳。项王见人恭敬慈爱,言语呕呕,人有疾病,涕泣分食饮,至使人有功当封爵者,印刓敝,忍不能予,此所谓妇人之仁也。项王虽霸天下而臣诸侯,不居关中而都彭城。有背义帝之约,而以亲爱王,诸侯不平。诸侯之见项王迁逐义帝置江南,亦皆归逐其主而自王善地。项王所过无不残灭者,天下多怨,百姓不亲附,特劫于威强耳。名虽为霸,实失天下心。故曰其强易弱。今大王诚

① [明]沈国元辑、李月辰整理:《史记论赞》(卷之二),陕西师范大学出版社2015年版,第310页。

② [春秋]孙武:《孙子兵法·计篇》,黄朴民注译:《白话孙子兵法》,岳麓书社1991年版,第4页。

能反其道：任天下武勇，何所不诛！以天下城邑封功臣，何所不
服！以义兵从思东归之士，何所不散！且三秦王为秦将，将秦子弟
数岁矣，所杀亡不可胜计，又欺其众降诸侯，至新安，项王诈坑秦
降卒二十余万，唯独邯、欣、翳得脱，秦父兄怨此三人，痛入骨
髓。今楚强以威王此三人，秦民莫爱也。大王之入武关，秋毫无所
害，除秦苛法，与秦民约，法三章耳，秦民无不欲得大王王秦者。
于诸侯之约，大王当王关中，关中民咸知之。大王失职入汉中，秦
民无不恨者。今大王举而东，三秦可传檄而定也。"于是汉王大喜，
自以为得信晚。遂听信计，部署诸将所击。

"汉中策"是我国古代独步天下的战略名对，《淮阴侯列传》着意渲
染，记述甚详，流播甚广。汉高帝元年（前206）六月，经萧何力荐，
刘邦拜韩信为大将军。拜将典礼结束后，刘邦当场急切地向韩信问计。
韩信分析了楚汉双方的形势，列举了项羽在用人、战略、政策上的种种
失误后，明确地指出项王的缺点正是汉王应当利用的，项王目前的这种
貌似强大，实际上只是一种假象，是可以打败的。韩信指出，要反其道
而行之，任用贤将，论功行赏，救济百姓，收天下人心，取三秦、东向
灭楚。这一段高瞻远瞩的宏论，实际上为刘邦制定了东征以夺天下的根
本方略，是汉军历史进程中的一个转折点，对扭转当时汉军的不利局面
有着重要意义，是楚汉斗争的开端。

汉高帝二年（前205）九月，韩信虏魏王豹，尽定魏地。当此之时，
刘邦、项羽相持于荥阳、成皋一线，艰苦而又长期的拉锯战，使得刘邦
一度想放弃这些重要的战略据点，退守巩、洛。在这关键时刻，韩信总
揽整个战场形势，估量了当时楚汉双方的力量对比和客观形势，分析了
彭城之战和灭魏之战的经验教训，及时提出一项宏伟的战略计划，班固
《汉书·韩信传》对司马迁《史记·淮阴侯列传》拾遗补缺，详细记载
了韩信这一战略计划："愿益兵三万人，臣请以北举燕、赵，东击齐，
南绝楚之粮道，西与大王会于荥阳。"这是韩信继汉中拜将之后，又一
次向刘邦所提出的重大战略建议。刘邦对这个作战计划很赞许，让韩信
指挥整个北方战场，并增调步兵三万，派熟悉代、赵等国情况的张耳去
协助韩信。这一计划的实施，使得整个楚汉战争的形势开始向有利于汉
军而不利于楚军的方面转化，对战争全局影响极大。韩信挥师北略中
原，战诸侯，服地方，分散牵制了大量楚军，同时，不断以魏、代、

燕、赵、齐大量的人力、物力资源源源不断地支援成、荥防线，最终拥
三齐之地南向进取楚都彭城，从北、东两面完成了对楚军的战略包围。

汉高帝四年（前203）八月，项羽与刘邦议和，双方划鸿沟为界，
以西属汉，以东属楚。刘邦见楚军已兵疲食穷，形孤势危，正是消灭项
羽的大好时机，于是约韩信、彭越等向项羽发起战略追击。刘邦谋划不
周，急躁冒进，项羽抓住战机，回师反击，大败刘邦，汉军损失惨重，
被迫退守固陵，坚壁自守。为解固陵之围，韩信统观全局，认真分析战
场形势，他没有按照刘邦的命令挥师径驰固陵，而是作出了占领楚都彭
城的战略决策。韩信率大军南下，以灌婴的骑兵部队为前锋，乘敌之
隙，批亢倒虚，出其不意地直取楚都彭城。彭城一失，楚军便失去了战
略依托，根本已亡，人心涣散，项羽极为惊慌，立即解固陵围兵向垓下
撤退。固陵解围，韩信不径趋固陵而首攻楚都彭城，既解了固陵汉军之
危，又打破了项羽的持久战略，并迫使项羽进入汉军预设战场，加快了
楚汉战争的进程。

二、聪明智慧

将贵智，谋贵奇，军事上的斗智赛谋具体表现为战争中对奇策妙计
的运用，纵观古代战争史上，能够奇正变幻莫测，妙计应时而发的将
领，并不多，而韩信则是其中的佼佼者。司马迁在《淮阴侯列传》
中，用大量的笔墨，描写了韩信卓越的用兵艺术。韩信熟读兵书，掌握
了天文地理、规章法度、军事常识、用兵之法等多方面的知识，丰富的
学识积累和战争实践造就了一位杰出的军事天才。《淮阴侯列传》文采
飞扬，情感充沛，浓墨重彩，酣畅淋漓地描绘了楚汉之争一幅幅恢宏的
历史画卷，韩信不畏强敌，积极进取，没有条件就创造条件去战胜敌人
的英雄形象栩栩如生，呼啸而出。

韩信足智多谋，胸藏韬略，他在每战之前都进行严密侦察，做到对
敌情、己情，以及天时、地利之情了如指掌，并根据具体情况运筹胜
算，确定战法，进行周密的部署，既战则有章有法，处处主动，必获全
胜。他率汉军明修栈道、暗渡陈仓，一举定三秦。及汉王攻彭城受挫，
他又收兵荥阳，击破楚军于京、索之间。他以木罂渡河，计擒魏豹从而
灭魏，又北擒夏说收取代地，再东下井陉，以背水列阵，诱斩陈馀，平

定赵国，接着传檄而定燕地。然后又东击鲁取临淄，壅囊决潍河，击杀楚将龙且，大败二十万齐楚联军，最后会兵垓下，一战而逼得楚霸王乌江自刎。在韩信指挥的所有战役中，除京、索间之战和破代之战记载不够详细，对其军事战略与战术难以详细分析外，其余不论是以寡击众，还是以众击寡，均以智取胜，韩信或声东击西，或背水列阵，或佯败诱敌，或水淹奇袭，都取得巨大的军事效果，处处显示了军事权谋家的本色。

韩信用兵如神，他是我国战争史上最善于灵活用兵的军事家，在瞬息万变的战场上，韩信总能以最恰当的战略战术去赢得胜利，其卓越的用兵艺术为后世兵家所推崇。韩信对前代的谋略思想和兵法原则，如："知彼知己，百战不殆"（《孙子兵法·谋攻篇》）的思想，"攻其无备，出其不意"（《孙子兵法·计篇》）的思想，"先胜而后求战"（《孙子兵法·形篇》）的思想，"陷之死地然后生"（《孙子兵法·九地篇》）的思想，"致人而不致于人"（《孙子兵法·虚实篇》）的思想，以及奇正并用的原则，战胜不复的原则等等，他不仅能熟练运用，而且有所创新和发展。《汉书·艺文志》分兵家为权谋、形势、阴阳、技巧四类，将韩信列为兵家权谋类。对于权谋，班固的解释是："权谋者，以正守国，以奇用兵，先计后战，兼形势，包阴阳。用技巧者也。"可见其为兵家之上乘，这也大致反映了韩信用兵的一些特点。《百战奇略》将韩信"临晋设疑，夏阳偷渡""木罂渡军"和"沉沙决水，半渡而击"等战法作为"远战"和"水战"的法则写入该书。大约在明末清初成书的《三十六计》则将"暗渡陈仓"的战法列入"三十六计"之一，让人们学习、效仿。现代，中外许多军事家研究韩信，从他的作战实践中学习他的军事艺术，探讨战争的指导规律，吸收有益的借鉴。

三、知恩图报

《史记》是我国古代传记文学的典范，不仅叙述语言简洁，而且善于用人物对话去表现人物独特的思想、性格、心理、神态和身份。《淮阴侯列传》记载："信钓于城下，诸母漂，有一母见信饥，饭信，竟漂数十日。信喜，谓漂母曰：'吾必有以重报母。'母怒曰：'大丈夫不能自食，吾哀王孙而进食，岂望报乎！'"韩信在故乡曾经流浪到淮阴城下临水垂钓，当时有很多妇女在浣洗丝絮，其中一个老妇人见韩信饿得可怜，就给他饭吃，一连几十天，天天如此。司马迁将这位不知名的老妈妈称为漂母。韩信对漂母非常感激，他对漂母说："我一定会有重重地报答您的时候。"漂母生气地说："大丈夫不能养活自己，我是可怜你这位公子才给你饭吃，难道是希望你报答吗？"楚汉战争胜利后，韩信被封为楚王，"信至国，召所从食漂母，赐千金。"韩信在楚都下邳召见当年给他饭吃的漂母，赐以千金。在这里，司马迁惜墨如金，但透过这严谨、精练的笔墨，一个知恩图报、以德报德的人物形象跃然纸上。桃李无言下自成蹊，榜样的力量能够把各种真实的思想、政治和道德、法纪关系表现得更直接、更亲切、更典型，在潜移默化之中给人极大的影响、感染和鼓励，"一饭千金"这个家喻户晓的成语故事被传为美谈，成为后世青少年德育的示范，也成为正人君子劝人感恩报恩的典例。

韩信的一生注定和一饭之恩结下不解之缘，漂母的一饭之恩，使其活命；刘邦的一饭之恩，使其功成。《淮阴侯列传》除了着意描写韩信在军事方面的事迹外，着墨最多的是描写韩信对刘邦"一饭之恩"的报答，司马迁辑此为韩信辨冤，韩信与漂母的故事实际上也是为此做铺垫。韩信有恩必报，为漂母的一饭之恩，韩信以千金相报；那么，刘邦的一饭之恩呢？他对刘邦忠心耿耿，义薄云天。韩信出身微贱，经历坎坷，始为布衣时，贫无行，不得推择为吏，又不能治生商贾，还曾受胯下之辱，人多厌之。事楚之际，官不过郎中，位不过执戟，曾多次向项羽建言献策，却不为项羽所用。归汉之初，仍未得知名，仅仅当一名治粟都尉，未得到应有的珍重。后来，汉王刘邦礼贤下士，拜他为大将军，并对他言听计用。刘邦给了他施展才华的舞台，拜将台上前所未有的礼遇和荣幸使韩信感慨万千，他望着猎猎旌旗，威威军阵，心头油然升起了要为汉家抛头颅、洒热血的信念。韩信骨子里的一种"忠正伏节，至死不悔"的人格精神，使他决心以一生的奉献来回报刘邦的知遇之恩。

刘邦筑坛拜将，为韩信构建了一座可以自由驰骋的人生舞台，刘邦对韩信的"一饭之恩"使韩信实现了自己的人生理想，达到了自我成就的高峰。正因如此，尽管刘邦一而再、再而三地"收其精兵""夺其印符"，及至韩信为齐王时，楚汉双方军事对垒也到了严重关头，韩信成为可以左右天下局势的重要人物。项羽派武涉游说韩信反汉与楚联和，三分天下，韩信不为势利所动，他在拒绝武涉时，就说出了肺腑之言："臣事项王，官不过郎中，位不过执戟，言不听，画不用，故倍楚而归汉。汉王授我上将军印，予我数万众，解衣衣我，推食食我，言听计用，故吾得以至于此。夫人深亲信我，我倍之，不祥。虽死不易！"蒯通"知天下权在韩信，欲为奇策而感动之，以相人说韩信。"劝韩信"三分天下，鼎足而居。"并向他指出继续听命于刘邦的危险性，以无可辩驳的事实分析利害关系，两次奉劝韩信背汉自立。面对武涉的劝说蒯通的暗示、劝诱和警告，韩信没有趁势而为，背汉自立，而是以"虽死不易"的誓言和"食人之食者死人之事"的信条回绝了武涉和蒯通的自立进言，最终帮助刘邦打下了江山，为开创两汉 400 多年基业建树了丰功伟绩。

司马迁细腻传神的细节描写，让韩信知恩图报的形象深入人心，永载史册。在西汉至今两千多年文学史的长河中，赞美、歌颂、吟咏韩信的诗词文章层出不穷，在历代文人墨客的笔下，韩信知恩图报的美德尤其值得弘扬和推崇，清代文学家曹雪芹《淮阴怀古》亦云："壮士须防恶犬欺，三齐位定盖棺时。寄言世俗休轻鄙，一饭之恩死也知。"① 有人不禁会问：韩信何以为一饭之恩，竟以生死相许？更有一些人不能理解韩信轻生死、重然诺的壮士风骨，甚至于轻其义行，鄙其"痴愚"。然而，不管世俗的偏见如何，韩信作为曹雪芹心目中真正的"壮士"，他在自己短暂的一生中，坚持操守，时刻牢记一饭之恩，这正是韩信人格精神的可贵之处，这种对高尚的道德情操和道德行为的理想追求，也是古往今来许多忠义之士孜孜以求的最高人格境界。

四、能屈能伸

司马迁善于从不同的侧面雕琢人物形象，他常将人物置身于尖锐复杂的矛盾冲突的场面中去描写，通过对历史人物性格特征的准确把握和精心选材，成功塑造了一系列有血有肉、丰满灵性的人物形象。韩信在故乡淮阴曾经受过胯下受辱，这是一件历史上很有名的事件，《淮阴侯

---

① 刘学军、徐业龙编纂：《国士无双——历代诗人咏韩信》，南京大学出版社 2009年版，第 217 页。

列传》记载："淮阴屠中少年有侮信者，曰：'若虽长大，好带刀剑，中情怯耳。'众辱之曰：'信能死，刺我；不能死，出我胯下。'于是信孰视之，俛出胯下，蒲伏。一市人皆笑信，以为怯。"淮阴城里有个屠户的儿子故意羞辱韩信，他在闹市里拦住韩信说："你虽然身材高大，常带刀佩剑，不过是个胆小鬼。"他当着众人的面对韩信挑衅道，"你不怕死，就抽剑刺我；怕死，就从我的裤裆下钻过去。"说着，便叉开了两腿。韩信寻思良久，一言未发，从他的裤裆下钻了过去。为此，当时有许多人都笑韩信外勇内怯，称他为"胯夫"。楚汉战争胜利后，楚王韩信"召辱己之少年令出胯下者以为楚中尉。告诸将相曰：'此壮士也。方辱我时，我宁不能杀之邪？杀之无名，故忍而就于此。'"韩信被封为楚王后，不计私怨，仍给屠中少年授职，颇受后世称道，（明）穆文熙辑《史记洪裁》（八卷）《韩信千金报漂母》眉批曰："以千金报漂母不为过，而以中尉待恶少年，似觉有意，但付之不校是矣。"①（明）朱之蕃汇辑《百大家评注〈史记〉》（卷之六）引黄洪宪评曰："韩信王楚，召辱己之少年令出胯下者，以为楚中尉，曰：'此壮士。'观此，则信岂庸庸武夫耶？"②

　　胯下之辱的故事，看似平淡，实则烘云托月，从一个侧面展现了韩信"能屈能伸大丈夫"的风范，韩信一生的跌宕起伏也为人们展示了他那能屈能伸的阔大胸襟。苏轼《淮阴侯庙记》曰："当嬴氏刑惨网密，毒流海内，销锋镝，诛豪俊，将军（韩信）乃辱身污节，避世用晦，志在鹊起豹变。"③韩信在故乡受馈于漂母、忍耻于胯下，养晦韬略，静观时局，蓄势待发。清乾隆朝史学家、考据学家王鸣盛认为："（韩信）寄食受辱时，揣摩已久，其连百万之众，战必胜，攻必取，皆本于平日学问，非以危事尝试者。"④公元前209年7月，陈胜、吴广在大泽乡揭竿而起，拉开反抗暴秦的序幕，韩信乘势而起，仗剑从军，加入了"伐无

　　①　[明]穆文熙辑：《史记洪裁》（八卷），陕西师范大学出版社2015年版，第181页。

　　②　[明]朱之蕃汇辑：《百大家评注〈史记〉》（卷之六），陕西师范大学出版社2015年版，第393页。

　　③　刘学军、徐业龙编纂：《国士无双——历代诗人咏韩信》，南京大学出版社2009年版，第43页。

　　④　[清]王鸣盛：《十七史商榷·史记五》（卷五），凤凰出版传媒集团凤凰出版社2008年版，第25页。

道，诛暴秦"的起义队伍行列。在项羽帐下，韩信充任执戟郎中，他跟随战斗，潜心学习，深入研究，洞悉了战争的规律，并对当时的政治形势也有了深刻而明晰的认识。公元前 206 年，韩信亡楚归汉，投到刘邦帐下，经萧何力荐，刘邦择良日，斋戒，设坛场，具礼，拜韩信为大将军。淮河岸边的孤独、寂寞与等待，项羽帐下的观察、探索与思考，在登台拜将之时化为惊世骇俗的亮相，寂寞多年的韩信从此登上历史舞台，在波澜壮阔的楚汉战争中运筹帷幄，自由驰骋，一展帅才雄风，挟不赏之功，名高于天下。

在司马迁的笔下，韩信是一个处事谨慎，知进退、有分寸的谦谦君子，"胯下之辱"的故事意在告诉人们，作为一个大军事家，韩信熟读兵法，懂得在逆境中养晦韬略，遇事稳重平和，不逞匹夫之勇。韩信在军事指挥上，冷静沉着，有章有法，张弛有度；在道德追求上，自我约束，坚守底线，追求完美。然而，政治场上的较量才是真正意义上的战争，刘邦是诸侯王出身，他牢牢记取项羽失败的教训。韩信负经纬之才，济世之能，其用兵天下莫有能制，所以刘邦对韩信始终有所提防。敌亡谋臣尽，鸟尽良弓藏，楚歌唱尽了，历史功臣就该演绎悲剧了。刘邦为了巩固刚刚建立起来的统一的西汉中央政权，置君臣信义于不顾，采取断然手段将楚汉战争立有大功的异姓王——剪灭，他选择的首要目标便是其心目中的最大威胁——功高盖世、智勇兼备的大将军韩信。韩信在战场上所向披靡，他在政治场上却拜给了刘邦，帅才不及帝王术，功臣末路断头颅，这是韩信最恰当的人生写照。"胯下之辱"与"一饭千金"的故事同样寓意颇深，司马迁一方面要说明韩信是一个有道德、有旨趣、有分寸的人，对刘邦一片赤诚；另一方面也说明刘邦无道德、无信义、无底线，辜负了韩信的一片忠心。

五、结　语

司马迁笔下的历史是一部爱憎分明的历史，他在《淮阴侯列传》中说："（韩信）于汉家勋，可以比周召太公之徒。"司马迁把韩信的功劳比作创建、兴起西周的周公、召公、姜太公，可以说是无以复加了。韩信的一生集大喜、大悲、大辱、大志、大功于一身，他名垂于青史，功著于千秋，在中国历史的发展长河中，无数的文人墨客感慨系之，为我们留下了许多脍炙人口、流传久远的诗歌佳作。展开浩如烟海的诗卷，我们惊叹不已，因为在我国古代大凡有点名气的诗人几乎每个人都会留下几首吟咏韩信的诗歌，这些诗歌汪洋恣肆，仪态万方，或激赏其文韬武略，赞叹其足智多谋，感慨其命途多舛，抑或借其感伤身世和流离之苦，寄托济世报国之壮志，抒发对宇宙、社会、人生的思考。明万历诗人霍鹏《汉家江山谁造就》直截了当地指出："韩信之志不可无，漂母之志人常有。背水设阵少胜多，打遍天下无敌手。成事败事论萧何，金坛拜得常称首。汉家江山淮造就，功高盖世淮阴侯。"①

著名历史人物是一个时代精神的缩影，在他们身上凝聚着民族精神、民族品格、民族情感和民族理念，集中反映了中华民族的思维方式和精神追求，蕴含和积淀着民族的美德、智慧、胸怀、创造力、生命力，是承载民族文化的优秀代表和典范，是历史遗留下的宝贵文化财富。韩信是我国古代一位大军事家，他的事迹、精神、思想等对推动当时的社会发展产生过积极影响，随着时间的推移，韩信与孕育他们的民族、时代、地域等一起构成了一个文化综合体，以其独特的文化内涵和鲜明的个性特征，成为一种精神文化的象征。优秀的民族文化有着无微不至的影响力和渗透力，韩信身上体现的博大情怀、进取精神、智慧品格和感恩美德，是中国传统文化和传统美德的基本精神，千百年来韩信崇高的精神品格和人格魅力不知感动过多少人。

受《淮阴侯列传》影响，"一饭千金""胯下之辱""国士无双""略不世出""独当一面""背水一战"等一系列与韩信有关的成语故事，成为中华民族优秀传统文化的精神遗产，赓续绵延，流芳千古，激励来兹。韩信积极进取，勇于担当，有恩必报，道德高尚，光彩照人，是人民群众口碑中的英雄，人们在韩信身上附会了很多美好的传说，韩信的故事也随着华人的逐浪迁播流传到世界各地。在老百姓的心目中，韩信是智慧的化身、仁爱的典范。千百年来，出于对韩信的钦敬，人们在传说韩信的过程中逐步将韩信神化。唐宋时期，在官方建立的武庙当中，韩信与姜太公相并配享，受香火供奉，为后人顶礼膜拜。各地民间也建有很多座韩信庙，不同地域的人们将韩信奉为"仓神""门神""赌神"

① 刘学军、徐业龙编纂：《国士无双——历代诗人咏韩信》，南京大学出版社 2009年版，第 128 页。

或"财神"，韩信由此成为人们心目中和蔼可亲的神祇。韩信作为华人世界民间宗教崇拜的神，与西方宗教崇拜的"天神"不同，韩信不是自天而降的神，而是由普通凡人成为杰出的超人转化而成的人神。从本质上看，人们对韩信的崇拜与敬仰实际上是一种英雄崇拜，是对韩信聪明智慧的赞美和对其人格魅力的褒扬。

李广死后：李氏家族的结局与
太史公的叙事笔法

本文作者曲景毅。新加坡南洋理工大学中文系副教授、博士生导师。

汉代陇西成纪（今甘肃天水）的李氏家族无疑是个充满悲情的家族，祖孙三代李广、李敢、李陵的结局均颇具悲剧色彩。李广平生大小七十余战，而始终未被封侯，67 岁时不堪受辱而"引刀自刭"①，生前身后，名声大噪，蜚声中外，所谓"惜哉名将，天下无双"②。李敢勇武有乃父之风，悲情地为父亲复仇，击伤大将军卫青，结果为另一位权贵霍去病所射杀。李陵继承祖父擅长骑射、爱护士卒的遗风，渴望建功立业，兵败投降匈奴，其投降变节引起时人争议，然而其死后历代文史学家对此有不同的诠释，不少文人对其遭际颇有同情之语，在后世文史学界形成一种独特的接受史现象③。这些与太史公"抑扬予夺"④ 之叙事笔法不无关系。本文重新细读《史记·李将军列传》的结尾关于李广家族的文字，参以《汉书·李广苏建传》中关于李陵的书写，分析论述李广死后李氏家族的结局。

① 修订本《史记》卷一百九，中华书局 2013 年版，第 3456 页。本文所引《史记》中关于李广及其家族的文字，均出自该卷，不再一一出注。

② 司马贞：《索隐述赞》语。按：正文亦有述及李广当世之声名，如"李广才名，天下无双"；匈奴号曰"汉之飞将军"，避之数岁不敢入右北平。李广在《史记》和《汉书》中的叙述同中有异，参见王福栋：《〈史记·李将军列传〉与〈汉书·李广传〉的比较研究》，《渭南师范学院学报》，2016 年第 31 卷第 17 期，第 9-22 页。

③ 关于李陵的接受，参见丁宏武：《唐前李陵接受史考察——兼论李陵作品的流传及真伪》，《文史哲》2017 年第 6 期，第 19-40 页。

④ 宋人黄震：《黄氏日钞》卷四七载，引自杨燕起、陈可青、赖长扬编《历代名家评史记》，北京师范大学出版社 1986 年版，第 673 页。

一、李蔡、李敢、李禹之死与李氏的陵迟衰微

1. 同样的自杀，异样的声名：堂弟李蔡之死

李蔡是李广的堂弟，与李广不同，李蔡的仕途一路平步青云，从军从政皆有功勋，因而得以封侯拜相，位列三公。作为汉武帝的丞相，李蔡执政四年，颇有政声。司马迁并没有为李蔡立传，其事迹只出现在《卫将军骠骑列传》与《李将军列传》中。在《李将军列传》中，李蔡是作为李广的对照面出现的，李蔡、李广一荣一辱，司马迁对李蔡颇有微辞。在《卫将军骠骑列传》中，李蔡作为卫青之附传述及，他以轻车将军跟从卫青出征有功，封安乐侯，"已为丞相，坐法死"。关于李蔡的结局，《史记》与《汉书》的描写可作如下比较：

《史记·李将军列传》	《汉书·李广苏建传》
广死明年，李蔡以丞相坐侵孝景园墙地，当下吏治，蔡亦自杀，不对狱，国除。	广死明年，李蔡以丞相坐诏赐冢地阳陵当得二十亩，蔡盗取三顷，颇卖得四十余万，又盗取神道外墙地一亩，葬其中，当下狱，自杀。①

《汉书》文字较《史记》详，对于李蔡的自杀缘由，补充了更多数字细节，如"二十亩""四十余万""一亩"②，侵吞国家和皇家土地，变卖据为己有，显示其人品低下，正可印证司马迁所谓"人在下中，名声出广下甚远"。但相较而言，《史记》有三处更体现司马迁的史家笔法：第一，"蔡亦自杀"之"亦"，乃照应前文李广之"引刀自颈"，李广自杀后的第二年李蔡也畏罪自杀，而且后者轻描淡写，无足轻重。第二，"不对狱"，是不敢还是无颜到案受审？笔者以为，此举与李广死前"终不能复对刀笔之吏"相类，李蔡不堪受辱而以自杀的方式结束自己的人

---

① 班固：《汉书》卷五十四，中华书局 1962 年版，第 2449 页。

② 按：侵占汉景帝陵园的空地是李蔡被推上断头台的最重要因素，虽只一亩，却无法为皇帝所容。

生，捍卫了李氏家族的尊严[①]。司马迁的“不对狱”比之班固之“当下狱”，字数相当但含义更为丰富。第三，“国除”，指李蔡封为乐安侯的封地被废除，随之其侯爵也被废除，李蔡所有的功绩不再有人提及，曾有的荣耀就此烟消云散，从此仅仅成为李广的反面而为人不耻。李广、李蔡，同样的自杀，却有着不一样的后世声名（afterlife），让人唏嘘。

2. 复仇的悲剧：次子李敢之死

李敢在李广三子中最为出色，在元狩二年（前 121）的右北平之战中已有精彩表现：“广乃使其子往驰之，敢独与数十骑驰，直贯胡骑，出其左右而还。告广曰：‘胡虏易与耳。’军士乃安。”可谓虎将无犬子，寥寥数语，将李敢形象刻画得栩栩如生。后来，“李敢以校尉从骠骑将军击胡左贤王，力战，夺左贤王鼓旗，斩首多，赐爵关内侯，食邑二百邑，代广为郎中令。”李敢赐爵封侯，可以说弥补了李广平生大小七十余战而终不能封侯的遗憾，但需要注意李敢的官职也不过是与乃父相当。李敢在元狩五年（前 118）为郎中令[②]，不久之后，即对卫青采取了报复行动：“怨大将军青之恨其父，乃击伤大将军。”颜师古云：“令其父恨而死。”（《史记索隐》引）王先谦曰：“恨，为很，很，违也。”[③]大意为怨恨卫青使他父亲饮恨而死。卫青作为大将军，受辱挨打但并没有发作，而是选择“匿讳之”，为何“匿讳”？盖因有愧于李广之死而选择隐忍。卫青排挤、为难李广[④]，被认为是李广悲愤自杀的重要原因。宋人朱翌曰：“既受上指，毋令广当单于，乃责其失道，使自杀，青真

---

① 按：这里需要指出一条错误，中国百科网（http：//www.chinabaike.com/article/1/78/181/2007/2007021946261.html）及百度百科（https：//baike.baidu.com/item/%E6%9D%8E%E8%94%A1）上称唐代古文大家韩愈对李蔡评价颇高：“人所惮为，公勇为之；人所竞驰，公绝不窥。”此语出自《唐故相权公墓碑》，马通伯《韩昌黎文集校注》，上海古籍出版社 1957 年版，第 274 页。此系韩愈称赞权德舆之语，不知缘何变为评价李蔡之辞。

② 据《汉书·百官公卿表》。

③ 泷川资言：《史记会注考证》，台北天工书局 1993 年版，第 4492 页。

④ 清人王鸣盛曾述及李广参与的最后一战中卫青因要报答救命恩人公孙敖而偏心调度：“是役李广本以前将军从，宜在前当单于，青乃徙之出东道使其回远失道者，非但以数奇恐无功，实以公孙敖新失侯，欲令与俱当单于有功得侯，以报其德，故徙广乃私也。”（《十七史商榷》卷二十五，上海书店出版社 2005 年版，第 178 页）

人奴也哉？宜乎广子敢怅杀其父，击伤青也。"清人尤侗云："失道，不
至死，广老将，独不能少假之耶？又使长史责之急，是广之死，青杀之
也。"①霍去病是卫青的外甥，怨恨李敢打伤卫青而"射杀敢"②，毫无
顾忌，倚仗天子之宠幸任意妄为，而汉武帝"讳云鹿触杀之"，这真是
天大的笑话，李敢出入匈奴军阵如入无人之境，岂会被鹿撞死？太史公
此处充分表达出对汉武帝处置不公的讥讽。宋人朱翌云："赏罚，国之
纪纲，既已自欺，又为人欺，何也？"③李广之"不遇时"与卫青、霍去
病之"天幸"形成鲜明对照。此处更令人玩味的是，太史公云"居岁
余，去病死"，元狩六年（前117）霍去病的离世，看似与本传无关，可
司马迁分明是在告诉读者，霍去病的早亡与射杀李敢之间的联系，正所
谓报应不爽。李广死因之于卫青，李敢死于霍去病，父子两代皆因贵戚
而亡，实在是对汉武帝统治的讽刺。

3. 李禹之死与李氏的陵迟衰微

　　关于李敢之子李禹，司马迁对他的叙述非常简略："有宠于太子，
然好利，李氏陵迟衰微矣。""有宠于太子"或许是因为李敢之女为太子
刘据的"太子中人"（太子妾室之一种），受到宠幸而连带宠幸李禹，颇
似汉武帝宠幸卫子夫连带宠幸卫青。"好利"不知具体所指，文献没有
记录。倒是班固《汉书》称其"亦有勇"，"亦"当然亦是对照上文父祖
辈的文字：祖父李广"勇于当敌"（《太史公自序》），匈奴畏之如虎；伯
父李当户击韩嫣，"天子以为勇"④；父亲李敢力战封侯，还击伤大将军
卫青。关于李禹的"有勇"，《汉书》有一段"李禹刺虎"的文字："尝
与侍中贵人饮，侵陵之，莫敢应。后塑之上，上召禹，使刺虎，县
（悬）下圈中，未至地，有诏引出之。禹从落中以剑色累，欲刺虎。上
壮之，遂救止焉。"因为李禹欺负了武帝的宠幸，所以武帝召见李禹，
让其刺虎以示惩戒。侵陵侍中贵人，颜师古称"言畏其勇气"，单独被
放入老虎圈中而以剑刺虎，更说明其勇猛过人，连武帝都赞其为壮士

---

　　① ［明］凌稚隆：《史记评林》卷一百九，天津古籍出版社1998年版，第六册，第274页。
　　② 《汉书》直接在"射杀敢"之前加上原因："怨敢伤青。"
　　③ 《史记评林》，第275页。
　　④ 按：《汉书》此处"勇"作"能"。

（"上壮之"）。太史公在"然好利"之后没有交代李禹的结局，而突然以"李氏陵迟衰微"作为本段结语，让人怀疑或有缺文。倒是《汉书》交代了李禹之死："当户有遗腹子陵，将兵击胡，兵败，降匈奴。后人告禹谋欲亡从陵，下吏死。"李禹既死，李敢之女恐怕也凶多吉少。李氏从此陵迟衰微，意谓李氏后代子嗣不兴旺，逐渐衰落。在这之后，司马迁为李广孙辈中最优秀的李陵作了非常简要的附记。

二、李陵生降之后与李氏名败

李陵是李广之孙，李当户的"遗腹子"，"善射，爱士卒"。"善射"乃继承家族传统，与《李将军列传》的前文"世世受射"相照应，"爱士卒"乃与祖父治军颇类。"天子以为李氏世将"，说明汉武帝是认可李氏家族的世代功勋，故而《汉书》说李陵"有广之风"。天汉二年（前99）秋，贰师将军李广利出征，汉武帝令李陵负责辎重，李陵不甘屈居属官，上书武帝以五千步兵孤军深入匈奴王庭，意图从侧翼分散匈奴对李广利的威胁，"毋令专走贰师"。在浚稽山李陵军横挑强胡八万铁骑，连斗八日，以少击众，不可谓不尽力，故司马迁说他"有国士之风""古今良将亦不过也"。然而，李陵终究败了，不但败了，而且投降了，李氏家族的名声从此败坏。

学术界关于历史上李陵的书写及苏武李陵的互赠酬答的研究不少[①]，本文则集中讨论李陵兵败投降之后及其所导致的李氏名败，而这与司马迁的自身命运也有重大关联，为清楚说明，此处有必要参考《汉书》中关于李陵兵败的细节叙述。

1. "无面目报陛下"的矛盾心理

李陵投降之前所言"无面目报陛下"，当作何解？让我们回到战役的最后时刻，李陵在生擒单于未果后，叹息道："兵败，死矣！"他拒绝了军吏"求道径还归"的建议，说明当时李陵应该是有生还的机会的，

① 代表性的论文有何寄澎：《〈汉书〉李陵书写的深层意涵》，《文学遗产》2010 年第 1 期，第 18-23 页；章培恒、刘骏：《关于李陵〈与苏武诗〉及〈答苏武书〉的真伪问题》，《复旦学报》1998 年第 2 期，第 71-77 页。另可参考董姣《李陵与李陵诗现象研究》，首都师范大学 2005 年硕士论文中关于李陵研究的综述。

可是他出征前在武帝面前夸下海口，而现在几乎全军覆没，他有何面目回去？此其一。此次战役的失败，按汉朝军法，亡军当斩，即便回去赎为庶人（李广即如是），无疑也是没有面目的，此其二。李陵无疑是爱慕虚荣的，他当即制止了建言，并发下重誓："吾不死，非壮士也。"自诩为壮士的李陵无面目回去。此其三。李陵再次叹息道："复得数十矢，足以脱矣。今无兵复战，天明坐受缚矣！各鸟兽散，犹有得脱归报天子者。"在发起最后一战后，丢下"无面目报陛下"的话而投降，没有兑现壮士当战死的诺言。笔者不禁要问：真的"复得数十矢"就可以逃脱吗？这之前都有机会逃归，为何最后关头又说出这样的话？这凸显了他的心理挣扎。此其四。"天明坐受缚"，说明此时他已想到要被俘，"得脱归报天子"的潜台词是什么？是要士兵告诉皇帝战况实情，他已尽力死战。此其五。

2. 武帝族诛："丈夫不能再辱"

《汉书》叙述汉昭帝时，李陵的好朋友霍光和上官桀辅政，派故人任立政至匈奴招回李陵，李陵面对任氏的劝说，云："归易耳，恐再辱，奈何！""丈夫不能再辱！"反复提及的"再辱"该如何理解？

让我们先将目光回到浚稽山战役之前，有两个人需要提及：主帅贰师将军李广利和强弩都尉路博德。李广利是新一代外戚，汉武帝宠姬李夫人之兄，此时需要战功，为其增封，故而在建立功名的问题上与李陵有矛盾①。此次战役，李陵主动要求率兵"自当一队"出击匈奴，而不愿接受本来安排他的"为贰师将辎重"，之所以如此，除了立功心切，是因为：祖父李广、叔父李敢都因外戚卫青、霍去病而死，如今汉武帝又安排李陵作为外戚李广利手下，李陵当然不情不愿，更不想重蹈覆辙。老将路博德以前做过伏波将军，汉武帝本来安排他在半道迎候李陵，予以后援，但他"羞为陵后距"，上书要与李陵等到春天各率五千人出击，使得汉武帝疑心李陵"悔不欲出而教博德上书"而动怒。后来在李陵身陷包围时路博德果然没有驰以援手②。战役中将帅之间的矛盾，

---

① 《汉书》卷五十四云："初，上遣贰师大军出，财令陵为助兵，乃陵与单于相值，而贰师功少。"

② 《汉书》卷五十四云："久之，上悔陵无救，曰：'陵当发出塞，乃诏强弩都尉令迎军。坐预诏之，得令老将生奸诈。'乃遣使劳赐陵余军得脱者。"

间接造成了李陵的失败，笔者以为，李陵当初在汉朝没有得到应有的尊重。

李陵战败投降，在匈奴待了一年多以后，汉武帝派公孙敖去接李陵。想当初卫青就是为了让此人立功而调离本应为前锋的李广为右军，李广迷路而遭调查质询，不堪其辱而自杀。笔者猜想，李陵面对公孙敖恐怕应有恨意，公孙敖恐怕也未必会真心去接李陵："敖军无功还，曰：'捕得生口，言李陵教单于为兵以备汉军，故臣无所得。'上闻，于是族陵家，母弟妻子皆伏诛。"果然，公孙敖回去复命并错误地传递了信息，误以李绪为李陵（其实是李绪教匈奴人如何防备汉军），致使汉武帝族诛李陵全家，杀其母亲、弟弟、妻子、孩子。李陵后来面对汉朝使者时宣泄了他的怨言："吾为汉将步卒五千人横行匈奴，以亡救而败，何负汉而诛吾家？"因为李陵初到匈奴时，"忽忽如狂，自痛负汉"，据他自己的说法是有报效汉朝的心愿的："陵虽驽怯，令汉且贳陵罪，全其老母，使得奋大辱之积志，庶几乎曹柯之盟，此陵宿昔之不忘也。收族陵家，为世大辱，陵尚复何顾乎？"李陵想要如曹沫劫持齐桓公一样折服敌国，以报汉朝。可是汉武帝的族诛使他蒙受大辱，他的报效计划再没有意义。

3. 生前身后的声名：从"皆用为耻"到"恒壮其所为"

李陵的悲剧连带司马迁的悲剧，司马迁对李陵的最后评价是"自是之后，李氏名败"，陇西之士"皆用为耻"，"用"即"以"，乃都以为耻之意。宋人黄震云："陵降匈奴，陇西之士皆用为耻，亦可想见其俗之风节矣。"[①] 李氏家族从战国李信开始的名将声名，从此败掉，李陵难辞其咎。

李陵在匈奴的日子，虽然衣食荣爵无忧，想来在心灵解脱与身份认同方面未必坦然，其寂寞和耻辱是"难为俗人言"的，可以说他因为一时的软弱和犹豫，付出了长久的内心折磨的代价，这是无论司马迁如何为他辩解也无法解脱的宿命，从这一点上说，李陵的悲哀更胜于李广。但是，李陵与韩王信、中行说、李绪、卫律、李广利等投降的文臣武将相比，人格还是有差别。投降后他没有真正对抗汉朝，有羞耻之

---

① 《史记评林》引，第 277 页。

心，所以面对苏武时，他感叹道："嗟乎，义士！陵与卫律之罪上通于天。"称苏武为义士，而自愧不如。

据《汉书》的记载，李陵是李氏家族中唯一得以善终者，元平元年（前74年），他病逝于匈奴。

中华文化向以气节评论是非，汉朝人以"贤者宜死节于边"①，如果李陵当初选择慷慨赴义，那李氏家族的荣耀会在他的身上再次复兴。可惜，历史从来没有如果，他的投降变节，终是大节已亏，遂遭到时人及后代的批评与诟病。但李陵在后世的接受让人玩味：投降变节而屡受同情。李陵的人生遭际颇能引起汉后人的同情，北齐孝昭帝读《汉书》至《李陵传》时"恒壮其所为"②，而且在历史世界与文学世界中的李陵，境遇更是有别，后世许多诗人通过对李陵悲剧命运的共鸣而实现对其本人命运的观照，苏（武）李（陵）的别离诗由是成为后世文人模写的范本，这成为文学史上的另一个研究命题，此处不再赘述。

4. 关于附记李陵

李陵兵败投降，导致李氏名败，太史公因而被祸，他是事件的参与者，也是事件的叙述者，因为李陵之祸而他身遭宫刑，"肠一日而九回，居则忽忽若有所亡，出则不知所如往"，然而《史记》记述李陵的部分却行笔匆匆，尤其是李陵投降之后的文字："单于既得陵，素闻其家声，及战又壮，乃以其女妻陵而贵之。汉闻，族陵母妻子。"这与上文《汉书》的记载有别，单于是在武帝族诛李陵家后才"以女妻之，立为右校王"。清人梁玉绳对"李陵既壮"后的文字表示质疑，认为是后人妄续，并引杭太史语："子长盛推李少卿，以为有国士风，虽败不足诛，彼不死，欲得当以报。何云李氏名败，陇西之士为耻乎？断非子长笔。"③ 清人崔适更认为不仅《李将军列传》中李陵的描写是伪的，李广之死也是伪的，并陈述了八条理由④。关于这些疑点，前人已有批驳⑤，大体可

---

① 修订本《史记》卷三十，第1719页。
② 李百药：《北齐书》卷六，中华书局1972年版，第79页。
③ 梁玉绳：《史记志疑》卷三三，中华书局1981年版，第1380页。
④ 崔适：《史记探源》，中华书局1986年版，第208页。
⑤ 如王敬儒、史继东：《〈史记·李陵附传〉非窜伪考》，《江南大学学报（人文社会科学版）》2007年第4期，第49-55页。

信。《史记》叙事的断限有元狩元年（前 122）获麟、太初年间（前104—前 101）、作《报任安书》之际等几种看法①，现一般以太初四年（前 101）为准。陈直认为："一般学者每指太初四年以后，征和二年以前之事，皆为后人附益，未必符合实际情况。"② 张大可认为，《史记》十六篇涉及太初以后的记事，只是司马迁对历史变迁"综其始终"的简略附记，并不影响"至太初而讫"的基本体例。③

　　笔者还想补充的是，《李将军列传》的基调是同情并欣赏李广忠心为国的一生，诚如前文所述，李陵兵败投降有损于名将世家的声誉，司马迁在李陵事件过后，也了解了真实的过程，固而对李陵的书写部分非常简略，并且点出"李氏名败"，"皆用为耻"，司马迁或许也是以李陵投降为耻的，这与其《报任安书》的"李陵既生降，隤其家声"④ 正相符合。李氏后代并非司马迁的着力点，故司马迁关于李陵的附记非常简略，而班固对司马迁、李陵有了解之同情，《汉书》详尽描述了李陵之败的前前后后，并在赞语中评价道："然三代之将，道家所忌，自广至陵，遂亡其宗，哀哉。"⑤ 李氏家族，终究悲剧一场。

---

　　① 参见逯耀东：《抑郁与超越：司马迁与汉武帝时代》，生活·读书·新知三联书店2008 年版，第 296-306 页。

　　② 《史记新证》，天津人民出版社 1979 年版，第 2 页。

　　③ 参见张大可：《〈史记〉断限考略》，《西北大学学报》1983 年第 3 期，后收入《史记研究》，商务印书馆 2013 年版，第 122-143 页。

　　④ 《汉书》，第 2730 页。

　　⑤ 《汉书》，第 2469 页。按：关于三代魔咒的历史规律，可参见笔者《三代魔咒·死非其罪·阿意兴功——论〈史记·蒙恬列传〉》，《史记论丛》第 15 辑，中国文史出版社2018 年版，第 296-304 页。

历代对张骞的批评与
《史记·大宛列传》的若隐不发

本文作者李佳。新加坡南洋理工大学亚洲语言文化助理教授、博士生导师。

张骞是杰出的外交家、探险家,是中国历史上一个富有传奇色彩的英雄人物,在习主席提出"一带一路"倡仪的今日,张骞更是享有盛誉,被视作"丝绸之路的开拓者""第一个睁开眼睛看世界的中国人""东方的哥伦布",促进了东西方文明的交流。张骞的生平在《史记》的《卫将军骠骑列传》中有简短传记,此外《李将军列传》《匈奴列传》和《西南夷列传》也有一些零星记载,而其通西域诸事,则见于《大宛列传》。自汉迄今对张骞的功过评价,都以正面褒扬为主,其舍生忘死、开拓进取的积极态度,坚韧不拔、百折不回的坚定意志,忠于国家、临危不惧的爱国精神,宽厚诚信、勇敢机智的个性品质,都使其成为外交使节的杰出楷模;而他凿空西域,开拓丝绸之路的首功,更是为后人所推崇。

张骞的形象在西汉以后的接受,主要有三个传统:首先,是作为汉朝使节,张骞长途跋涉、远赴异域、舍生忘死的人臣典范形象,与之相联系的还包含其探寻河源的努力,以及开通西域后,中原得以引进众多西域物种的功劳。其次,张骞乘槎的出世仙人形象。有关这两个方面的接受,已经有一些研究,故此不再讨论。① 再次,是批评张骞阿谀君意,挑起边境兵戈,虚耗国家的生事之臣。下文首先梳理后世史籍和诗文中

---

① 邓绍基:《典实和传说:古代文学作品中的张骞》,《银山学刊(社会科学版)》1995年第5期,第8-13页;李荣华:《魏晋南北朝时期张骞形象考述》,《中华文化论坛》2014年第2期,第11-103页;梁中孝:《唐宋诗词中张骞形象的变迁》,《陕西理工大学学报(社会科学版)》2017年第35卷第2期,第1-6页;于洁:《宋元人心目中张骞形象及其历史渊源》,《中原文化研究》2014年第1期,第64-69页。

对于张骞的批评，进而追溯司马迁在写作张骞事迹时的情理纠葛，以及所使用的若隐不发、实寓褒贬的书法。

一、历代对张骞的批评

历史人物的功过是非，从来都是众说纷纭，张骞也不例外，他也曾招致不少批评，有些还相当严厉。这部分意见虽然数量并不算多，但却不应该被忽略。《隋书·西域传》末尾史臣评论"自古开远夷，通绝域，必因宏放之主，皆起好事之臣。张骞凿空于前，班超投笔于后，或结之以重宝，或慑之以利剑，投躯万死之地，以要一旦之功，皆由主尚来远之名，臣殉轻生之节。是知上之所好，下必有甚者也。"① 将张骞列为迎合主上的好事之臣，批评他追求功名迎合主上。唐邵谒《览张骞传》写道：

> 采药不得根，寻河不得源。此时虚白首，徒感武皇恩。桑田未闻改，日月曾几昏。仙骨若求得，垄头无新坟。不见杜陵草，至今空自繁。

此诗主要是批评汉武帝信惑神怪、四处寻仙意图长寿不死的荒唐做法，同时也讽刺张骞误判河源所在，白首无得，空负君恩。宋代蔡襄在《观天马图》中写道："楚主嫁异国配异人，岂独楚王之不才？汉之丑无时可灭，又启后世和亲外夷之端，张骞之罪也"②，指责张骞向汉武帝进言和亲乌孙。而文同的《张骞冢祠》则批评得尤为激烈：

> 中梁山麓汉水滨，路侧有墓高嶙峋。丛祠蓊蔚蔽野雾，榜曰博望侯之神。当年宝币走绝域，此日鸡豚邀小民。君不见武帝甘心事远略，靡坏财力由斯人。

将武帝之过都归在张骞身上，实在有失公允。张俞的《博望侯墓》写道：

> 九译使车通，君王悦战锋。争残四夷国，只在一枝筇。

---

① ［唐］长孙无忌等：《隋书》，中华书局 1973 年版，第 1859 页。
② ［宋］蔡襄撰、陈庆元校注：《蔡襄全集》，福建人民出版社 1999 年版，第 692页。

一方面抨击汉武帝不断发动边境战争，同时也讽刺张骞，认为战争的起因是由于张骞向武帝进言"臣在大夏时，见邛竹杖、蜀布"所引起的。王安石《飞雁》：

> 雁飞冥冥时下泊，稻粱虽少江湖乐。人生何必慕轻肥，辛苦将身到沙漠。汉时苏武与张骞，万里生还值偶然。丈夫许国当如此，男子辞亲亦可怜。

作者认为贪慕富贵荣华就少了江湖之乐，苏武张骞以身许国，但是辞亲远行的做法却并不可取，也是对苏张的委婉批评。而刘子翚在《汉书杂论》里说："至如严助、张骞之徒，皆启唱边事，以资进取。在尧舜三代之时，不免乎流放窜殛者也，尚何才之足云！"① 批评张骞挑唆边事，以为进身之阶。陈普《咏史上·张骞》：

> 风沙霜雪十三年，城郭山川万二千。汉马死亡宛马到，万人怨怒一人怜。

同样批评张骞是造成边境旷日持久战争的罪魁。方回的《题东坡先生惠州定惠院海棠诗后赵子昂画像并书》云："忆昔蒟酱筇竹枝，适与张骞遇西域。彼徒生事劳远人，产感与国同休戚"，亦指张骞为"生事"之臣。何麟瑞《天马歌》中也有"昆仑高哉二千五百余里，日月相隐避。黄河发源下有渥洼水，大宛群马饮其湄。天马下与群马戏，产驹一日可千里。滴汗化作燕支水，国人缚藁为人置水际。久与马习不经意，一朝却被人縶系。张骞使还报天子，天子不惜金珠与重币，期以此马可立致。大宛使人欺汉使，致烦浞野楼兰七百骑，攻虏其王马始至"，同样是将张骞视作诱惑武帝为获取汗血马而大伤国力的罪人。李弥逊提出"汉武好大喜功，外事四夷，张骞凿空以开西南之役，自是遣诛求之使，兴问罪之师，殆无虚岁，中国殊方并受其弊，辟草莱、任土地，罪不至是也。"② 批评认为汉武所发动的西南对外战争，是由张骞开通西域导致的。元李祈的《黄河赋》写道："命彼张骞，使于西垠。穷二水之所自，至盐泽而陆沉。是虽足以知黄河之源委，要未可与神禹而并称。盖其甘

① ［宋］刘子翚：《屏山集》卷四，《文渊阁四库全书》，上海古籍出版社1987年版，第1141册，第396页。

② ［宋］李弥逊：《筠谿集》卷九，《文渊阁四库全书》，上海古籍出版社1987年版，第1130册。

心远夷，疲弊中国；孰若疏凿功成，免民鱼鳖？灵槎泛泛，使节煌煌；孰若乘彼四载，经营四方？竹杖诡奇，蒟酱甘好；孰若水土既平，稼穑是宝？"① 将张骞与大禹进行对比，批评其疲弊中国，使百姓难以安居。明王九思《画葡萄引》诗云："汉武唯知贵异物，博望常劳使西域。大夏康居产富饶，胡桐柽柳非奇特。独取葡萄入汉宫，遂遣天王亲外国。"批评汉武的同时也否定了张骞的所为。明凌稚隆编辑的《史记评林》一书，则批评"自骞言大宛多善马，而汉家之财赋皆消耗于敦煌往复间矣，及积数岁之劳，所得马仅数千匹，奚贵其善且多哉。"② 并引黄震言曰："小人逢君之恶者，不可晓也"，将张骞视作迎合霸主的邪佞小人。

　　这些批评多针对的是汉武帝穷兵黩武、好大喜功，但由于张骞两次出使西域后，向武帝禀报西域各国虚实，并建议与乌孙国结盟，间接促成了贰师将军李广利的攻打大宛的战争，所以被视作迎合君上的谀臣，或者是挑动战争的首恶，而备受指责。但实际上，汉武帝早有"图制匈奴"之志，在与匈奴的对决中，汉武"东伐朝鲜，起玄菟、乐浪，以断匈奴之左臂。西伐大宛，并三十六国，结乌孙，起敦煌、酒泉、张掖，以鬲婼羌，裂匈奴之右臂"③，这是武帝的边疆战略④，张骞只是奉命出使并提供信息与建议，对西汉中后期政治和与周边国家的关系产生了深远的影响，有力地配合了武帝对匈奴合围和隔绝战略的实行。

二、《史记·大宛列传》的推见至隐与若隐不发

　　上文梳理了隋唐以降，在史籍和诗文中对张骞的批评，那么这些负面评价是否与《史记》最初的记载有关，司马迁如何看待张骞通西域的价值，又对张骞本人持何种评价呢？下文将主要透过对《史记·大宛列传》的文本细读，加以深入探讨。

---

　　① ［元］李祈撰、王毅辑校：《云阳集》，岳麓书社 2009 年版，第 145 页。

　　② ［明］凌稚隆辑校、李光缙增补：《史记评林》，天津古籍出版社，第 6 册，第 717 页。

　　③ ［汉］班固：《汉书》，中华书局 1962 年版，第 3126 页。

　　④ 高荣：《论汉武帝"图制匈奴"战略与征伐大宛》，《西域研究》2009 年第 2 期，第 1-8 页。

1. 不足立传

在《史记·卫将军骠骑列传》有简短的张骞传，文字如下：

> 将军张骞，以使通大夏，还，为校尉。从大将军有功，封为博望侯。后三岁，为将军，出右北平，失期，当斩，赎为庶人。其后使通乌孙，为大行而卒，冢在汉中。

此段记载张骞一生的主要经历及功绩，相当精练。其出使西域之事则详尽地记于《大宛列传》，而《汉书》的《张骞李广利传》就以此为据，其立传。

首先，张骞传记的位置安排，体现着史迁的态度。依照《史记》的体例，大致是"本纪"叙帝王，"世家"叙诸侯，以"列传"记重要人物。司马迁没有单独为张骞立传，而采取旁出互见的写作方式，这本身就透露出司马迁对于张骞的看法。司马贞在《史记索隐》中说："列传者，谓列叙人臣事迹，令可传于后世"，如果以此为根据，司马迁当是认为张骞事迹不足以传于后世。明人董份就评论道："张骞凿空通道，其事有奇者。本欲立传而以骞不足立也。"①

其次，《大宛列传》以大宛为中心，旁及周围一些国家、地区，将张骞与贰师将军李广利与之相关的事迹叙于其中，有类于《史记》中因彼此关系紧密或者事迹性质相似，而将两人或多人记于一处的"合传"。既让将张骞和李广利置于一传之中，那么史迁必定是认为两者有相类之处。那么史迁对于张骞的态度，当也近于对李广利的态度。

司马迁对于李广利的态度是非常清楚的，其晚年所写的《报任安书》里面还有"未能尽明，明主不晓，以为仆沮贰师，而为李陵游说，遂下于理"的内容，很显然在司马迁看来，正是由于武帝以为司马迁是要打击宠姬李夫人之兄贰师将军李广利，才导致自己下狱，并最终遭受宫刑的。也正因为这个原因，忍辱受刑后的司马迁发愤著书，对李广、李陵充满同情和悲悯，而对汉武帝及其所重用的外戚则怀着深深的怨恨。② 对于直接造成自己悲剧命运的"罪魁"李广利，司马迁不可能无

---

① ［明］凌稚隆辑校、李光缙增补：《史记评林》，天津古籍出版社 1998 年版，第 6 册，第 717 页。

② 钟书林：《司马迁遭受宫刑原因再探》，《文学遗产》2011 年第 1 期，第 126-128 页。

怨，《史记》中同样没有给他专门立传，而且还屡屡透露出对李广利的不满和轻蔑。《大宛列传》多有嘲讽李广利之语，如"天子……欲侯宠姬李氏，拜李广利为贰师将军"，又如"（李广利）引兵而还。往来二岁。还至敦煌，士不过什一二。使使上书言：'道远多乏食；且士卒不患战，患饥。人少，不足以拔宛。原且罢兵，益发而复往。'天子闻之，大怒，而使使遮玉门，曰军有敢入者辄斩之！贰师恐，因留敦煌。"写尽李广利的平庸无能。甚至有学者认为"李广利在历史上的庸将形象，是《史》《汉》选择性叙事的结果，与史实并不相合。"①

司马迁肯定张骞"宽大信人""其后使往者皆称博望侯，以为质于外国，外国由此信之"，以此来对比李广利恃勇好战，只知一味炫耀武力，两者还是有优劣之分的。但与李广利写在同一"合传"的张骞，司马迁对他的评价总的来说是不高的，至于原因，下文再述。

2. 凿空之功与逢君之恶

司马迁学习《春秋》在记史时寓褒贬，别善恶，在微言中彰显大义的笔法，从而达到了"实录"的写作目的。班固《汉书·司马迁传赞》中赞美《史记》："自刘向、扬雄博极群书，皆称迁有良史之材，服其善序事理，辨而不华，质而不俚，其文直，其事核，不虚美，不隐恶，故谓之实录。"细读《大宛列传》的文字，我们不难发现司马迁对张骞的评价。

一方面，司马迁肯定张骞作为汉使的个人品行，赞扬其通使西域的开创之功。

传记以"大宛之迹，见自张骞"开始，开门见山就点出大宛与张骞的关系，汉人对于西域的了解都始自张骞的见闻。在张骞出使之前，汉朝对于大宛及其周围国家的地理位置、风土人情茫然无知，如果没有张骞的艰苦跋涉，恐怕汉人对于这些地方的了解时间还会推迟。张骞出使的道路注定坎坷，在途经匈奴之地界时，果然被匈奴所俘，单于并未杀张骞，而是"留骞十余岁，与妻，有子"，对于寻常人来说，可能十多年的时间早已将志气消磨殆尽，选择向命运妥协，"然骞持汉节不失"，司马迁在这里肯定张骞的爱国尽职精神。张骞不忘使命，找到机会逃到

---

① 田瑞文：《论李广利的历史形象及其与司马迁宫刑之关系》，《渭南师范学院学报》第 34 卷第 4 期，第 78-84 页。

大宛，继而又到月氏，但无法说服月氏王协同大汉抗击匈奴，只得东归，不想又被匈奴所得。直到匈奴内乱，才得以逃回汉朝。张骞两次为匈奴抓获而大难不死的原因，司马迁认为是由于"其为人强力，宽大信人，蛮夷爱之"，称赞其作为使节，坚韧有毅力，同时又宽大、诚信，故而能为匈奴所敬不为所害，正如《论语·卫灵公》所言："子曰：言忠信，行笃敬，虽蛮貊之邦，行矣。"

张骞回至汉朝后，将自己耳闻目见一一向武帝禀告，汉朝由此知道大宛、大月氏、大夏、乌孙、安息、康居等国之事。其后张骞随卫青出兵匈奴，因其熟悉地形，使得汉军不至困乏，而被封为博望侯，① 这是张骞功业的顶点，司马迁均一一如实记载。

此后因随李广出击匈奴，后期当斩，赎为庶人，遂从巅峰坠入谷底。霍去病大败匈奴之后，武帝因张骞之言，又想经略西南，所以复起张骞为中郎将出使乌孙国，尽管与乌孙结盟，共御匈奴的计划并未实现，但是却带回乌孙的使者到大汉，加强了彼此的了解；同时张骞派副使，陆续抵达大宛、康居、大月氏、大夏、安息、身毒、于寘、扞寀及诸旁国，这些国家的使节也相继来到汉朝，司马迁在此写道，"于是西北国始通于汉矣"，称扬张骞出使的功绩，并评价之为"张骞凿空"。《史记集解》引苏林曰："凿，开；空，通也。骞开通西域道。"《史记索隐》注："谓西域险厄，本无道路，今凿空而通之也。"汉朝与西域的联系从塞到通，中原与西部诸国的道路从无到有，高度褒奖了张骞的首创之功。同时史迁写道"其后使往者皆称博望侯，以为质于外国，外国由此信之"，也称扬了张骞作为大汉使节在西域各国所建立起的崇高威信。正是这些评判，铸就了后世使臣人品、节操的典范；而"凿空"两字，则是对张骞通使西域功绩的极高定位。

而另一方面，司马迁也通过微言大义，对张骞的作为进行了委婉的批判。这表现在以下几个方面：

其一，两次不得"要领"。《史记》叙述张骞第一次费尽千辛万苦出使大月氏，然"竟不能得月氏要领"；第二次出使乌孙国，"骞不得其要领"，故而两次出使的初衷都未能达到。"不辱使命"是外交人员最重要

① 按《史记·卫将军骠骑列传》中对张骞封侯的原因，有两种说法，一处同于此，"从大将军有功，封博望侯"；一处则称其"因前使绝国功，封骞博望侯"。

的目标，然而张骞却屡屡不能"得要领"，对于张骞才干的讽刺意味，不言自明。

其二，三次"莫得通"。武帝听闻大宛、大夏之事，"天子欣然，以骞言为然，乃令骞因蜀犍为发间使，四道并出：出駹，出厓，出邛、僰，皆各行一二千里。其北方闭氐、筰，南方闭嶲、昆明。昆明之属无君长，善寇盗，辄杀略汉使，终莫得通。"后来灭越之后，汉武再次发兵，"出此初郡抵大夏，皆复闭昆明，为所杀，夺币财，终莫能通至大夏焉。于是汉发三辅罪人，因巴蜀士数万人，遣两将军郭昌、卫广等往击昆明之遮汉使者，斩首虏数万人而去。其后遣使，昆明复为寇，竟莫能得通。"汉武屡次发兵而终不能通，司马迁表达了对张骞判断深深的怀疑。《史记评林》评论道："骞之欺妄，帝之愚陋，可概见矣。"

其三，对张骞"逢君之欲"的讽刺。张骞因为配合李广对抗匈奴，后期当斩，而赎为庶人，"是后天子数问骞大夏之国。骞既失侯，因言曰……"太史公一个"既"，一个"因"字包含对张骞进言动机的揣测与反感，同时又与前文"天子既闻大宛及大夏、安息之属皆大国，多奇物……天子欣然，以骞为然"的文字暗相呼应。含蓄点出张骞的私心，以及对武帝好大喜功的迎合。宋代楼钥分析说："若骞者，往来匈奴十余年，谓其勤劳则可，然竟不得月氏要领，犹之可也；奉使有指而多取外国奇物，失侯之后益言所闻于他国者，以荡上心，帝之黩武，以至虚耗，骞实启之殆汉之罪人也。"① 《史记评林》亦云："张骞失位怏怏，遂致逢君之欲，而拜将中郎，君臣病根总来只一贪字为累，便贻国家无穷之戚，如是太史公若隐不发，其意了然。"黄震更直接批判"甚矣小人逢君之恶，何其也！汉欲通西南夷，费多道不通，尝罢之矣。张骞言可通大夏，天子复欣然为之，是穷民西南之祸，不在汉武，而在张骞"②，直指张骞是罪魁祸首。

其四，始作俑者，贻害无穷。茅坤曰："大宛事以张骞身没后九十余年而始举，迁特恶骞始倡，故通篇精神归骞一人"③，此评论并非无

---

① ［宋］楼钥：《攻媿集》，卷七五，北京：商务印书馆 1936 年版，《四部丛刊初编》，第 1147 册。

② 《史记评林》，第 6 册，第 736 页、第 760 页。

③ 同上，第 717 页。

理。司马迁述张骞死后情形，看似平实，却深含褒贬：

> 自博望侯开外国道以尊贵，其后从吏卒皆争上书言外国奇怪利
> 害，求使。天子为其绝远，非人所乐往，听其言，予节，募吏民毋
> 问所从来，为具备人众遣之，以广其道。来还不能毋侵盗币物，及
> 使失指，天子为其习之，辄覆案致重罪，以激怒令赎，复求使。使
> 端无穷，而轻犯法。其吏卒亦辄复盛推外国所有，言大者予节，言
> 小者为副，故妄言无行之徒皆争效之。其使皆贫人子，私县官赍
> 物，欲贱市以私其利外国。外国亦厌汉使人人有言轻重，度汉兵远
> 不能至，而禁其食物以苦汉使。汉使乏绝积怨，至相攻击。

　　张骞出使西域遂得封侯，启后来无数贪念。求使者往往品行卑劣，
只为求名求利，不仅无益国家，反而败坏汉朝声誉。司马迁写到这里深
责武帝急功近利、用人不明，同时也对张骞进行了含蓄的批评。元代张
养浩在《甘肃行省创建来远楼记》中，进一步发展了这个观点，他写
道："迨汉兴，武帝尤勤远略，臣下既弗克正，又吹波扬澜以侈厥欲。
若唐蒙、张骞、司马相如辈植功一时而蔓祸千载，下魏晋隋唐为
尤甚。"①

　　综上所述，司马迁坚持不虚美不隐恶的实录精神，始终保持着历史
学家的理性和客观；同时他对于汉武帝竭天下民力资财以奉己政，对于
外戚贵胄飞扬跋扈、为所欲为，深感愤慨。司马迁冷静的理性精神与饱
满的感性情感间的纠葛，集中展现在对张骞的评价上。司马迁嘉奖张骞
作为使节的个人品行，肯定其"凿空"西域的划时代意义；但却不能赞
成或者说理解武帝对西域和匈奴战争的重要性，故而运用《春秋》笔
法，在微言中寄寓"大义"，在不动声色的记史文字中表达自己对于张骞
和通西域诸事的主观感受，讽刺张骞才具不多，任意妄言；批评张骞为
谋个人利益，诱导武帝通大夏、攻大宛，导致民怨沸腾、国家疲弊。司
马迁看似若隐不发，实则"善善恶恶、贤贤贱不肖"，意欲"补弊起废"。

　　司马迁站在维护西汉王朝统治的立场上，关心国计民生，痛恨君王
任人唯亲以及穷兵黩武的行为。虽然他不可能跳出自己以及历史的局限
性，但是却始终辩证而批判性地直面历史、思考历史，也正因此才能铸
就了《史记》的世家绝唱！

---

① ［元］张养浩：《张养浩集》，卷一四，吉林文史出版社 2008 年版，第 622 页。

《史记》文学艺术研究

《史记·夏本纪》隐喻探析

本文作者王炳社。渭南师范学院人文学院教授、艺术隐喻研究中心主任。

夏朝，是中国第一个世袭制王朝，也是中华民族奠基的朝代。《史记·夏本纪》记载："夏禹，名曰文命。……禹之曾大父昌意及父鲧皆不得在帝位，为人臣。"这是一种隐喻的叙事方式。司马迁为什么在《夏本纪》的开头要这样叙述？显然有其用意。也就是说，大禹是平民出身。一个平民出身的人，要想成为帝王，当然他身上应该具备很多优点，甚至应该是几近完美的人。历史叙述注重客观，要尽可能避免个人的针砭倾向，这样才能有效实现其隐喻目的。何以如此？因为司马迁明白："在构造知识以服务于我们的社会和政治目的方面，隐喻有着明显的效果。在我们支配把实在转变成人类目标和目的能够接受的世界方面，可以论证隐喻是我们拥有的最强有力的语言工具。"① 因此，为了表现大禹的高尚品德和过人能力，司马迁在《史记》中叙述的时候注重以隐喻的方式展示大禹德、能、绩、勤、俭五个方面。而如何将这五个方

---

① ［荷］F. R. 安克施密特：《历史与转义：隐喻的兴衰》，北京出版社出版集团、文津出版社 2005 年版，第 16 页。

面传达给读者和后人，而且要让他们喜欢阅读、乐于接受，甚至付诸行动，如果采用机械僵化的方式去说理或训诫，显然是无法达到目的的，因此，采用"把社会实在有时甚至把物质实在'拟人化'"①，即"把陌生的东西熟悉化"②，也就是采用隐喻的方式，便可达此目的。

一

中国人重"德"，把"德"作为选人用人的第一标准，这从黄帝时期就已经开始了。黄帝（轩辕）当初立，是因为其"有土德之瑞"；颛顼帝（高阳）所以立，是因为其"有圣惪（德——引者注）焉"；帝喾（高辛）所以立，是因为"其德嶷嶷（高尚——引者注）"；帝尧（放勋）所以立，是因为"其仁如天"；帝舜（重华）所以立，是因为其能"行厚德"，且"天下明德自虞帝始"。也就是说，从"德"的方面来考察，舜帝是最为全面和经典的，由此树立了中华传统美德的典范。因此，从黄帝到尧、舜，都是同一姓，只是改了国号，以彰显各人的美德，即所谓"自黄帝至舜、禹，皆同姓而异其国号，以章明德。故黄帝为有熊，帝颛顼为高阳，帝喾为高辛，帝尧为陶唐，帝舜为有虞"。也就是说，当时的国号也就是每个人"德"的隐喻。

而对于大禹的"德"，司马迁很少有直接赞扬的语言，而是采用客观叙述的方式，在字里行间透露出大禹道德的高尚，从而把抽象的东西形象化、"把陌生的东西熟悉化"③，以实现"引导我们依据较熟悉的系统去看不那么熟悉的系统"④，即"把陌生的东西熟悉化"，以达其隐喻之目的。古人尚德，是因为唯有德高方能孚众望，方能得到众人的拥护和爱戴，这样天下才能太平，老百姓才能有好日子过，因而"德"便成为历代帝王选择接班人的首要标准。对于大禹高尚的德，司马迁主要通过三个方面来予以叙述和印证：

首先是其德高望重，深孚众望。

① 　同上。
② 　同上，第15页。
③ 　［荷］F. R. 安克施密特：《历史与转义：隐喻的兴衰》，北京出版社出版集团、文津出版社2005年版，第15页。
④ 　同上，第16页。

　　禹为人敏给克勤；其德不违，其仁可亲，其言可信；声为律，
身为度，称以出；亹亹穆穆，为纲为纪。

　　司马迁的记载，重点关注的是大禹的"德"，而"德"往往具体体
现在一个人为人处世和言谈举止上。司马迁说，大禹为人敏捷勤俭；他
的为人一切行为都符合道德规范，仁爱可亲，说话诚实可信；他的一切
言谈举止都符合规范：说话快慢有度、符合律吕，进出屈伸合于法度；
他的内心高尚，一切皆能宜于事理，而且勤勉敬谨，可以作为纲纪。这
里，司马迁采用了客观叙述的隐喻手法，通过对大禹非一般人能够做
到、能够具备的高尚品德叙说，说明继承帝位非大禹莫属。

　　其次，人的道德是否高尚往往体现于对祖宗长辈的尊重、孝敬和对
事业的敬畏上。为此，司马迁采用了对比的手法重点记述了大禹对待自
己和祭祀祖先的态度，从而实现了非直接表述的隐喻：

　　薄衣食，致孝于鬼神。卑宫室，致费于沟淢。

　　这里，司马迁以隐喻的方式记述，首先说大禹对自己有严苛的要
求，他在饮食起居方面，对自己要求很严格，从不讲究吃喝穿戴，而对
于祭祀祖先神明，却能够尽可能地做到使祭品圣洁丰厚；其次说大禹自
己住着简陋低矮的房子，可是对于农田水利工程却愿意花大价钱尽力地
去做好。这两件事情，虽然叙述简洁，但却足以说明大禹品行的端正与
高尚。从工作机制来看，隐喻"是通过选择和凸显喻体和本体的某些因
素，并使喻体中的因素'映射'（mapping）到本体，从而达到认识本体
的目的"①，因此，司马迁叙说大禹对己对神、于己于公的故事，显然是
要说明大禹道德的高尚。

　　复次，大禹在处理公务、管理百官中也表现出高尚的职业道德。

　　于是九州攸同，四奥既居，九山刊旅，九川涤原，九泽既陂，
四海会同。六府甚修，众土交正，致慎财赋，咸则三壤成赋。中国
赐土姓："祗台德先，不距朕行。"

　　这里，从表面上看，是说舜帝安定九州，实为一种艺术隐喻（借
喻）形式，这也是艺术隐喻常见的一种形式。而九州安定的前提是大禹
治水的成功：此时，四方的土地，都可以供人居住；九州的名山都设立

---

　　①　林宝珠：《隐喻的意识形态力》，厦门大学出版社 2012 年版，第 93-94 页。

了标志，可以让人顺畅地通行了；九州的大川、水源，都已经疏导畅通
了；九州的大泽，都已经构筑了堤防，人们可以无忧无虑地畅行天下
了，给帝王的贡品也可以如期如数送达京师了；天下人民所需要的六种
物品"金、木、水、火、土、谷"，都已修治得甚为齐备；各州土地的
美恶高下等级也已经评定；而对于赋税的征收，大禹在订定的时候就相
当谨慎，普天下皆以三等田地来订定国家的税赋，而后由帝舜将土地和
人民赏赐给各诸侯，并说"祗台德先，不距朕行"，其实舜帝的相当一
部分政绩，或者说"德"的修竟，其实是由于大禹的努力辅助而实现
的，即所谓"东渐于海，西被于流沙，朔、南暨：声教讫于四海。于是
帝锡禹玄圭，以告成功于天下。天下于是太平治"。所以，舜帝政绩的
伟大，恰好是大禹德能的隐喻，当然也是舜帝权力的隐喻。中国自舜帝
而夏禹，天下基本稳定，其核心表现就是以大禹治水为核心的天下大治
之功绩。这种趋于一统的过程恰好就是一个隐喻，即以"德"为核心的
融合和感化天下。"这表明隐喻作为一个过程，它的完成依赖于意识形
态的引导；作为一种结果，它体现或蕴含了一定的意识形态。"①

　　再次，大禹高尚的道德还表现在他对道德标准的研究和制定上，也
就是人的"九德"。

> 帝舜朝，禹、伯夷、皋陶相与语帝前。皋陶述其谋曰："信其
> 道德，谋明辅和。"禹曰："然，如何？"皋陶曰："於！慎其身修，
> 思长，敦序九族，众明高翼，近可远在已。禹拜美言，曰："然。"
> 皋陶曰："於！在知人，在安民。"禹曰："吁！皆若是，惟帝其难
> 之。知人则智，能官人；能安民则惠，黎民怀之。能知能惠，何忧
> 乎驩兜，何迁乎有苗，何畏乎巧言善色佞人？"皋陶曰："然，於！
> 亦行有九德，亦言其有德。"乃言曰："始事事，宽而栗，柔而立，
> 愿而共，治而敬，扰而毅，直而温，简而廉，刚而实，强而义，章
> 其有常，吉哉。日宣三德，蚤夜翊明有家。日严振敬六德，亮采有
> 国。翕受普施，九德咸事，俊乂在官，百吏肃谨。毋教邪淫奇谋。
> 非其人居其官，是谓乱天事。天讨有罪，五刑五用哉。吾言底可行
> 乎？"禹曰："女言致可绩行。"皋陶曰："余未有知，思赞道哉。"

　　这是君臣之间一段很有趣的对话，它不是因经济，因社会，而是因

---

① 林宝珠：《隐喻的意识形态力》，厦门大学出版社 2012 年版，第 95 页。

人，对话的主体是大禹和皋陶。皋陶作为舜帝时期的一个重要谋臣，他
有足够的智慧和计谋，因此，他和大禹的对话便成为《史记》中关于道
德体系建设的经典片段之一。它一方面隐喻大禹开始为管理国家做准
备，一方面隐喻大禹更看重用道德体系来约束人、教化人的意识形态作
为。皋陶认为，对人的治理，关键在道德建设，只有全社会的道德水准
提高了，人才会有诚信可言，这就需要人人都去谨慎地修身，要从长远
着想，要厚待周围的亲人，这样，众人拾柴火焰高，国家就好治理了。
这里面隐含有歌颂舜帝面对"父顽，母嚚，弟傲""常欲杀舜"，舜却仍
然能够做到"和以孝"的高尚品德，舜帝可为榜样，道德楷模。但显
然，光靠像舜帝这样极少数的人是难以改变社会整体道德面貌的，要想
改变，唯有建立起完备的道德体系，不再有"父顽，母嚚，弟傲"的现
象，人与人才能和睦相处，社会才能长治久安。这里，大禹和皋陶讨论
的问题可谓是一个宏大的社会道德构想，是一件了不起的事情，这亦隐
喻大禹的高瞻远瞩。因此，皋陶认为，人的行为有九种道德：宽大而能
敬谨，柔顺而能自立，忠诚而能供职，有治理的才能而又能敬谨，驯顺
而能果毅，正直而能温和，简易而能辨别，刚健而能笃实，强勇而能好
义。人能够坚持这九德，可以说就是完人了。此言既隐喻舜帝的美德，
亦暗示大禹继承帝位以后应该做好的九个方面。因此这段对话就是一个
完整的隐喻。从某种意义上来说，伦理道德既是社会问题，也是政治问
题。因此，皋陶与大禹的对话形成的"隐喻不仅简化了复杂的政治，更
重要的是包装了无形的政治，给予抽象问题以生命力"①。

二

　　一个人光有高尚的道德当然是不够的，他要想成就一番事业，还必
须有足够的能力，尤其是像治理国家这样的大事。从《夏本纪》之记述
来看，大禹就具有这样的雄才大略，这也是舜帝最后选定大禹作为接班
人继承帝位的一个重要原因。而对于大禹的能力的记述，司马迁也基本
采用的是隐喻的方式，也就是突出其行为和事件的客观性和"被给与"②

① 林宝珠：《隐喻的意识形态力》，厦门大学出版社 2012 年版，第 99 页。
② ［德］埃德蒙德·胡塞尔：《现象学的观念》，倪梁康译，上海译文出版社 1986 年
版，第 22 页。

性，从而实现了对事物"认识论的还原"①，即隐喻性的记述。

> 帝舜谓禹曰："女亦昌言。"禹拜曰："於，予何言！予思日孳
> 孳。"皋陶难禹曰："何谓孳孳？"禹曰："鸿水滔天，浩浩怀山襄
> 陵，下民皆服于水。予陆行乘车，水行乘舟，泥行乘橇，山行乘
> 檋，行山刊木。与益予众庶稻鲜食。以决九川致四海，浚畎浍致之
> 川。与稷予众庶难得之食。食少，调有余补不足，徙居。众民乃
> 定，万国为治。"皋陶曰："然，此而美也。"

　　司马迁通过大禹和舜帝、皋陶的对话，以记述的方式，显示出大禹
的能力和美德：他治理水患，陆行乘车，水行乘船，遇到泥泞的地方就
乘坐泥橇行走，遇到山路就脚穿带齿的檋登山，并时常以木橜作为标
志；遇到饥民，他和伯益就用稻粮鸟兽救济他们；他率领众人去清除九
州河川内的壅塞，使之流入海中，又挖深田间的水道，使之流入川中；
他还与后稷施与民众谷物；对于食物短缺的地方，他就想办法调剂，使
人民安居乐业。他用自己的智慧和勤奋使天下太平。表面上看，司马迁
记述的是大禹和舜帝、皋陶的对话，实际上是为了表明大禹工作能力的
强大，这其实是一个隐喻。表面上看，是舜帝要大禹说些美好的事情，
营造一种轻松的氛围，事实上大禹也说得很轻松，甚至是"轻描淡写"，
然而，人们可以想象，治理九川，让人人都有饭吃，让天下百姓安居乐
业，在距今四五千年的时候是何等的不易！由此可以看出大禹的能力多
么强大，也是其他人无法比拟的，这样的叙述隐喻非常巧妙，但他却隐
在地为舜帝选择大禹作为接班人提供了"行动的建议"②。这样的隐喻性
叙述，使得大禹的形象甚为崇高和伟大，③从而也使司马迁的记述更为
真实可信。

　　同时，为了使大禹继承帝位能够顺理成章，司马迁借用舜帝之口说
出了大禹的治国理念：

> 左准绳，右规矩，载四时，以开九州，通九道，陂九泽，度九

---

　　① 　[德]埃德蒙德·胡塞尔：《现象学的观念》，倪梁康译，上海译文出版社 1986 年
版，第 37 页。
　　② 　林宝珠：《隐喻的意识形态力》，厦门大学出版社 2012 年版，第 117 页。
　　③ 　参见 [荷] F. R. 安克施密特：《历史与转义：隐喻的兴衰》，北京出版社出版集
团、文津出版社 2005 年版，第 19 页。

山。令益予众庶稻，可种卑湿。命后稷予众庶难得之食。食少，调有余相给，以均诸侯。禹乃行相地宜所有以贡，及山川之便利。

这样的叙述，看似很简单，然而它却蕴含着大禹等人大量的工作，而且要完成得令舜帝非常满意。从隐喻的角度来看，"隐喻属于启迪思想的方法"①，所以司马迁在这里描述了大禹带领益、后稷十三年治理九州的过程：用科学的方法测量山水的平、直、高、低、远、近，记录在案，一年四季从不休息；划分了九州，并且开通了九州的道路；在九州的陂泽兴修水利储水，以防止旱灾；按照九州所生产的物品，制定贡赋的标准；大禹依据地形和土地特征，命令伯益教给人民在低湿的地方种植水稻，命令后稷教给人民种植旱作物庄稼；有效调剂各地食物的平衡；依据各地的出产和交通情况制定贡赋标准等等。这里面涉及土壤、交通、水利、种植、测绘、行政等诸多科学，但大禹都能够处理得有条不紊、科学有据，这显然是隐喻大禹能力的强大。这种方式，其实正符合"隐喻是以具体事物的特点描绘抽象性质"②的事物的特点。司马迁这样的描述看似简单，然而其中却蕴含着极其丰富的内涵，而这丰富内涵核心的隐喻就是大禹的超人能力。

为了突出大禹的能力，司马迁还记述了大禹对各地缴纳税赋标准的制定：

> 令天子之国以外五百里甸服：百里赋纳总，二百里纳铚，三百里纳秸服，四百里粟，五百里米。甸服外五百里侯服：百里采，二百里任国，三百里诸侯。侯服外五百里绥服：三百里揆文教，二百里奋武卫。绥服外五百里要服：三百里夷，二百里蔡。要服外五百里荒服：三百里蛮，二百里流。

这是大禹完成治理九州、九川、九山之后发布的第一道命令。甸服（王城五百里以内的地区）之地缴纳赋税的标准为：一百里以内的百姓缴纳带秆的谷物；二百里以内的百姓缴纳带穗的谷物；三百里以内的百姓缴纳去掉秸芒的谷物；四百里以内的百姓缴纳带壳的谷物；五百里以内的百姓缴纳纯米（麦）。侯服（王城外五百里以内的地区）之地的分

---

① ［法］保罗·利科：《活的隐喻》，汪堂家译，上海译文出版社 2004 年版，第 24 页。
② ［法］保罗·利科：《活的隐喻》，汪堂家译，上海译文出版社 2004 年版，第 44 页。

封管理体制为：甸服一百里以内的地区，是天子封卿大夫的采邑；二百里以内的地区，是封男爵的地域；三百里以内的地区，为封诸侯的领域。对待绥服（侯服外五百里以内的地区）之地一百至三百里的地区的百姓，主要以礼乐法度、文章教化为主；三百里以外、五百里以内地区的百姓则主要担负保卫天子的任务。要服（绥服以外五百里以内的地区）三百里以内的地区为夷人居住的地区，另外二百里则是流放违犯王法的犯人的地方。荒服（要服以外五百里的地区）三百里以内的地区是荒凉落后的地区，另外二百里则是流放一般犯人的地方。这五百里一个区域，便于层级管理和设防，是相当科学的。因此，在这道行政命令中，其隐喻是明显的：一是隐喻大禹制定不同地区标准的科学能力；二是隐喻大禹对国家管理的能力；三是隐喻大禹行政的执行力；四是隐喻大禹对事态的掌控能力。

三

考察一个人，光观察其能力还是不够的，他还应该在强大能力下干出政绩，对此，司马迁可谓是大书特书，在《夏本纪》中用了几乎二分之一的篇幅来记述大禹带领人们治理九州、九川、九山的过程。

> 禹行自冀州始。冀州：既载壶口，治梁及岐。既修太原，至于岳阳。覃怀致功，致于衡漳。其土白壤。赋上上错，田中中。常、卫既从，大陆既为。鸟夷皮服。夹右碣石，入于海。

大禹对天下的治理，首先治理的是冀州（包括现在的北京市、天津市、河北省、山西省、河南省、辽宁省、陕西省全境及内蒙古地区），从现在辽宁、内蒙古、北京一带南下然后到黄河的壶口，再就是梁山、岐山、太原、岳山、漳河、常水等。经过治理，土地可以耕种了，黄河也发挥了它的航运和灌溉作用，人民安居乐业了，给朝廷的贡品也有了着落。虽然文字简洁，但可以想象，其中的管理、调遣、人、财、物等等，运作起来当然会遇到很多困难，但司马迁对这些却用了极其简洁的语言予以叙述，在一种貌似客观的状态下隐喻大禹的能力和魄力。隐喻式的描写或叙述，往往使得事物"从一个意义领域延伸到另一个意义领域"①，这就是隐喻的奥妙所在。因而，大禹从冀州到常水，到黄河，其治理的成功，在重结果的隐喻式叙述下，反而突出了大禹能力之下的政绩，不得不令其他同僚和百姓信服。同样，对黄河下游的治理亦取得了决定性的成功：

> 济、河维沇州：九河既道，雷夏既泽，雍、沮会同，桑土既蚕，于是民得下丘居土。其土黑坟，草繇木条。田中下，赋贞，作十有三年乃同。其贡漆丝，其篚织文。浮于济、漯，通于河。

经过十三年的努力，大禹带领人马治理了兖州：治理了黄河下游的九条支流，湖泊湿地得到保护，使得这里土地肥沃，万物茂盛，为国家增加了税收。同样，对这样重大而又艰巨的工程，司马迁同样采取了极其简约的叙述。简约，其实是艺术家常用的一种隐喻形式，它类似于绘画和书法中的留白，也就是"拒绝并净化绝大部分普通事物世界中的实体和事件"②，从而形成"精致的结构"③，也就是隐喻的结构，使得大禹的功绩得到聚焦式的表现。虽然简约如果不够妥当的话，有可能伤害事件本身的表现，然而，如果使用恰到好处的话，它更能凸显作者想要表达的事物。因而，司马迁的表现是很聪明和富有成效的，而且极大地增强了大禹的功绩，其隐喻作用是显而易见的。其以下大禹对青州、徐州、扬州、荆州、豫州、梁州、雍州，乃至九山、九川的治理的叙述也都极其简约精致，收到了充分突出大禹治理河山功绩的隐喻功效。

> 海岱维青州：堣夷既略，潍、淄其道。其土白坟，海滨广潟，厥田斥卤。田上下，赋中上。厥贡盐絺，海物维错，岱畎丝、枲、铅、松、怪石，莱夷为牧，其篚檿丝。浮于汶，通于济。

对于青州的治理，司马迁只用了"堣夷既略，潍、淄其道"八个字，就把一场浩大的工程"轻描淡写"地给"打发"了，但我们相信，"世界不仅仅是用其字面上所言说的东西构造出来的，而且也包括其言说的隐喻意义"④。历史叙述作为一种科学，司马迁没有把叙述的着眼点放

---

① ［法］保罗·利科：《活的隐喻》，汪堂家译，上海译文出版社2004年版，第164页。

② ［美］纳尔逊·古德曼：《构造世界的多种方式》，姬志闯译，上海译文出版社2008年版，第16页。

③ 同上。

④ 同上，第19页。

在艰难的治理工程上，而是将其放在了治理后的社会效益和经济效益上，这本身就是一种隐喻，因为"无论是字面的还是隐喻的、正确的还是错误的，陈述都可以揭示出它并没有说出来的东西"①，因而司马迁要给我们展示的正是大禹的政绩。对徐州治理的记述是"淮、沂其治，蒙、羽其艺。大野既都，东原底平。其土赤埴坟，草木渐包"；对扬州治理的记述是"彭蠡既都，阳鸟所居。三江既入，震泽致定。竹箭既布。其草惟夭，其木惟乔，其土涂泥"；对荆州治理的记述是"江、汉朝宗于海。九江甚中，沱、涔已道，云土、梦为治。其土涂泥"；对豫州治理的记述是"伊、雒、瀍、涧既入于河，荥播既都，道菏泽，被明都。其土壤，下土坟垆"；对梁州治理的记述是"汶、嶓既艺，沱、涔既道，蔡、蒙旅平，和夷底绩"；对雍州治理的记述是"弱水既西，泾属渭汭。漆、沮既从，沣水所同。荆、岐已旅，终南、敦物至于鸟鼠。原湿底绩，至于都野。三危既度，三苗大序。……西戎即序"。对这些州的治理，确保了生态良好、社会安定、边境安宁、百姓乐业和朝贡的丰富和满足，这无形中表现出了大禹治理各州的能力和政绩。

　　治理完九州，大禹的政绩已足够突出、足够大，这也是最难的治理工程。然而，大禹并没有停歇，而是继续治理九山、九川，司马迁的记述几乎是一系列山川名字的罗列，又像是旅行的路线图，而对治山治水的问题、困难甚至人员的伤亡等事项皆概略不记，其实这是"意在言外"，是一种策略，即一种隐喻的策略，这种"陈述都可以揭示出它并没有说出来的东西，并成为关于没有被指示的性质和情感的字面或隐喻的有力例证"②。因此亚里士多德说："最巧妙的话来自隐喻。"③ 正是司马迁的隐喻式记述，才使得大禹的政绩被接受者在一种看似冷冰冰的历史叙述中得以放大，因而，隐喻使得历史叙述的蕴涵大大加深和扩展，也使得大禹成为下一代帝王的不二人选。

----

　　① ［美］纳尔逊·古德曼：《构造世界的多种方式》，姬志闯译，上海译文出版社2008 年版，第 19 页。

　　② ［美］纳尔逊·古德曼：《构造世界的多种方式》，姬志闯译，上海译文出版社2008 年版，第 19 页。

　　③ ［古希腊］亚里士多德：《修辞学》，罗念生译，北京：生活·读书·新知三联书店 1991 年版，第 183 页。

四

　　勤劳，是中华民族的传统美德，因此大禹被称为"夏禹"，也是作为中华传统美德的奠基者之一，勤劳在大禹身上也有充分体现。在《夏本纪》中，对于大禹的勤劳，司马迁也是以隐喻的方式表现的。

> 禹乃遂与益、后稷奉帝命，命诸侯百姓兴人徒以傅土，行山表木，定高山大川。禹伤先人父鲧功之不成受诛，乃劳身焦思，居外十三年，过家门不敢入。

　　在记述过程中，司马迁几乎没有用一个与"勤"有关的字眼，而是把着眼点放在了大禹对先人鲧未能完成治水大业的感伤和焦虑上。大禹焦思焦虑、全力以赴地去治水，甚至能够做到"居外十三年，过家门不敢入"。是焦虑，还是赎罪，抑或是对治水事业的敬畏，不管如何，总之一点，大禹做到了常人无法做到的敬业，他"陆行乘车，水行乘船，泥行乘橇，山行乘檋。左准绳，右规矩，载四时，以开九州，通九道，陂九泽，度九山"①。为了治水，大禹和下属们一年四季都在奔波，十三年从不停歇。如此勤奋的他，自然会感天动地，当然最终完成"治九州""道九山""道九川"的伟大工程也是情理之中的事情，也有力印证了司马迁"禹为人敏给克勤"的判断。再看司马迁对大禹治理"九山""九川"的记述：

　　道九山：汧及岐至于荆山，逾于河；壶口、雷首至于太岳；砥柱、析城至于王屋；太行、常山至于碣石，入于海；西倾、朱圉、鸟鼠至于太华；熊耳、外方、桐柏至于负尾；道嶓冢，至于荆山；内方至于大别；汶山之阳至衡山，过九江，至于敷浅原。

　　道九川：弱水至于合黎，余波入于流沙。道黑水，至于三危，入于南海。道河积石，至于龙门，南至华阴，东至砥柱，又东至于盟津，东过雒汭，至于大邳，北过降水，至于大陆，北播为九河，同为逆河，入于海。嶓冢道漾，东流为汉，又东为苍浪之水，过三

---

　　① ［古希腊］亚里士多德：《修辞学》，罗念生译，北京：生活·读书·新知三联书店 1991 年版，第 183 页。

澨，入于大别，南入于江，东汇泽为彭蠡，东为北江，入于海。汶山道江，东别为沱，又东至于醴，过九江，至于东陵，东迆北会于汇，东为中江，入于海。道沇水，东为济，入于河，泆为荥，东出陶丘北，又东至于荷，又东北会于汶，又东北入于海。道淮自桐柏，东会于泗、沂，东入于海。道渭自鸟鼠同穴，东会于沣，又东北至于泾，东过漆、沮，入于河。道雒自熊耳，东北会于涧、瀍，又东会于伊，东北入于河。

在这两段文字中，我们完全可以把它还原成大禹治理山水的画面，然而司马迁却没有明写，而是将画面蕴藏在了一大堆名词、介词、动词之中。试想，治理"九山""九川"，那是何等浩大的工程，然而司马迁的记述仅仅只有 329 个字！而这 329 个字里面，光山名就有近 40 个，水名有近 30 个，而更为奇特的是光"至于"（"入于"）就有 20 余个。司马迁用词很"节俭"，叙述很简洁，而在节俭和简洁背后，便是其隐喻意向所在。这些静态的、类似冷冰冰罗列的记述方式，其内部却充满着动感，蕴藏着极其丰富的内涵，这极其丰富的内涵的核心就是大禹的勤劳与智慧，也就是它是司马迁头脑中的一种内存在，一种意识对象的存在。因而，司马迁的静态表述、罗列式叙述其实就是一种隐喻的方式。他避开"道九山""道九川"过程复杂的千头万绪和常人难以想象的困难不表，而是截取结果的部分，这是典型的以局部代替全部（就大禹整个治山治水过程而言）的艺术隐喻的另外一种形式——转喻，这就更给接受者留下了无限个"空白点"或"留白"，从而使大禹的勤劳与智慧得以最大化。因此说，"隐喻不仅仅是一种语言现象，它其实还是人类思维的一种方式"①。

对于大禹的勤劳与智慧，司马迁并未仅仅停留于治山治水上，更重要的还在于他对人民的教诲与引导。

> 禹曰："予（辛壬）娶涂山，〔辛壬〕癸甲，生启予不子，以故能成水土功。辅成五服，至于五千里，州十二师，外薄四海，咸建五长，各道有功。"

大禹一心扑在舜帝交给他的光荣而又艰巨的治水任务上，他在新婚

---

① 束定芳：《隐喻学研究》，上海外语教育出版社 2000 年版，第 28 页。

的第四天就出外治水了。他舍小家为大家，顾不得家庭和孩子，所以才最终完成了治水大业。在治水的同时，他还辅佐舜帝设立了五服制度，使家庭伦理和礼仪得到强化；在他夜以继日的勤奋工作下，国土面积达到了方圆五千里，而且给每个州设立了十二个师，九州以外达到四海，每五个国设立一个首长，所以他们都能够按照舜帝的要求完成各项任务。对此，司马迁采取了另外一种隐喻的记述策略，即通过大禹之口说出来。这里的说出来，并非大禹在自我表功，而是大禹和舜帝以及皋陶等大臣讨论治理国家时，大禹现身说法的一种自然流露，按照亚里士多德的话来说：这种不费劲就能使人有所领悟、富于启发性的表述方式，"对于每个人理来说自然是件愉快的事情；每个字都有一定的意识，所有能使我们有所领悟的字都能给我们以极大的愉快"①。所以，大禹之言的核心就是：治理国家就像做人一样，不仅道德要高尚，还要勤奋，还要公而忘私，还要有大局观念。这就实现了"目标情景与始源情景的比较"②，从而造成了德、能、勤诸方面与治理国家的关联，从而形成了隐喻，也无形中使得大禹和丹朱形成了鲜明的对照。所以说，"内容与表达手段之间的距离越大，他们的对照越是出乎预料，隐喻就越明显和令人惊异"③。这样就实现了表述意义的延伸，也就是从大禹的勤劳与智慧延伸到了另外一个意义领域——治理国家，从而实现了隐喻，这也是司马迁常用的一种隐喻手法。司马迁没有让大禹去接舜帝对丹朱不满的话茬，而是话题一转，从自身说起，这样既不使紧张气氛增加，也不伤及舜帝的颜面，这也符合"隐喻的过程就是通过一种事物来理解和说明另一种事物的过程"④。而司马迁选择这样的记述策略，实际上也符合隐喻的一般工作机制，即"通过选择和凸显喻体和本体的某些因素，并使喻体中的因素'映射'（mapping）到本体，从而达到认识本体的目的"⑤，

① ［古希腊］亚里士多德：《修辞学》，罗念生译，生活·读书·新知三联书店1991年版，第176页。
② ［美］C.E. 斯坦哈特：《隐喻的逻辑——可能世界的类比》，黄华新、徐慈华译，浙江大学出版社2009年版，第6页。
③ ［法］保罗·利科：《活的隐喻》，汪堂家译，上海译文出版社2004年版，第164页。
④ 林宝珠：《隐喻的意识形态力》，厦门大学出版社2012年版，第93页。
⑤ 同上，第93-94页。

也是因为"隐喻能使他们避免直接提及而伤及脸面"①。

五

　　古人物质贫乏,所以对"俭"尤为重视。俭以养身,廉以养心,这是古人的传统美德,也是古人的自我约束机制,这在大禹的身上表现得尤为明显。

　　对于大禹的俭朴,司马迁并未专门论及细节,用语亦极其简练,且采用对比的隐喻方式,实现了其表达目的。

　　　　薄衣食,致孝于鬼神。卑宫室,致费于沟淢。

　　大禹自己在饮食起居方面极其简朴,而在祭祀祖先神明的时候,却能想尽办法使得祭品丰厚圣洁。大禹自己所居住的房子极其简陋低矮,可对于农田水利建设,却愿意花大价钱尽力地去做好。通过这样的比较,不仅表现出大禹德操的高尚,而且表现出大禹生活俭朴的高尚美德。所以斯泰宾认为:"隐喻是一种不明说的比较。"② 比较其实就是表达者对表现对象的一种艺术性重组,而通过这种重组,表达者便实现了对对象的隐喻性表现,也即隐喻性映射。因此说:"隐喻的特点是意义的转移,它从字面意义映射到某一个隐含意义。"③ 所以司马迁在表现大禹形象及其功绩的时候,经常采用的策略就是隐喻。他往往并不直接表述,而是采取寻找事物之间的相似性或关联性,进而对事物进行重组的表述方式,从而不仅使得所表现的人物性格鲜明,而且实现了言此意彼的隐喻效果。按照"选择从属于表达"④ 的原则,对于要表达什么,表达者心里是明白的,因而当他要表达的时候,他会选择巧妙而合适的对象表达他所想表达的内容,这种选择和思维过程,正是隐喻形成的过程,因而司马迁以最精简而又最精确、以最充分而又最巧妙的方式表现了大禹的德、能、勤、绩、俭,这是因为司马迁明白:"整体的特征是

---

　　① 林宝珠:《隐喻的意识形态力》,厦门大学出版社 2012 年版,第 99 页。

　　② 〔英〕L. S. 斯泰宾:《有效思维》,吕叔湘、李广荣译,商务印书馆 1997 年版,第 93 页。

　　③ 王小潞:《汉语隐喻认知与 ERP 神经成像》,高等教育出版社 2009 年版,第 71 页。

　　④ 〔美〕怀特海:《思维方式》,刘放桐译,商务印书馆 2004 年版,第 20 页。

通过选择它的细节来表达的。选择要求肯定一切与其本身有关的注意、享受、行动和目的。……它是走向与揭示历史过程中目的的统一性的那种实现冲动相统一的一个步骤。"① 也许这是更令人信服的一种历史表述方式。因为"隐喻总是根据别的什么事物向我们表明某种事物"②，所以"隐喻和历史叙述都展现了这种有意图的性质"③。"历史学家的任务，并不是向我们提供通过某种翻译规则与过去相联系的关于过去的反思或样式，而是形成某种可以用来理解过去的或多或少自主的手段。"④ 所以司马迁对于大禹品德和才能的表现，并没有直面大书特书，而是表现在客观罗列、不经间的流露，这正是一种隐喻的方式，它更加凸显了大禹品德的高尚和形象的高大。

虽然对于大禹俭朴的一面，司马迁仅仅用了"薄衣食""卑宫室"六个字，再无更多叙述，然而这已经足够了，因为我们考察一个人是否俭朴，不就是看他的衣食住行吗？这样的叙述，其实蕴涵更丰富、隐喻价值更高。当然像诸如"陆行乘车，水行乘船，泥行乘橇，山行乘檋"式的表述，也可以看作是大禹俭朴的隐喻，但已经不重要，因为"薄衣食""卑宫室"六个字里面已经蕴藏着极其丰富的俭朴蕴涵，其他的叙述已经无关紧要了。

---

① ［美］怀特海：《思维方式》，刘放桐译，商务印书馆 2004 年版，第 110 页。
② ［荷］F. R. 安克施密特：《历史与转义：隐喻的兴衰》，北京出版社出版集团、文津出版社 2005 年版，第 78-79 页。
③ 同上，第 79 页。
④ 同上，第 79-80 页。

试论陆游诗中的项羽形象

本文作者谢雨珊。国防大学军事文化学院研究生。

陆游作为南宋著名爱国诗人，无论是至死不休的北伐主张还是短暂的从军经历都使他本人的诗歌在同时代显现出不凡的气度和眼界。陆游爱读史书，以读史为题作的诗比比皆是，他甚至"把史书当做学术研究，著书立说，成为著名史学家，著有《南唐书》十八卷、《老学庵笔记》和《家世旧闻》。"[1] 而在无数的历史人物中，陆游反复将项羽写入诗作，使得西楚霸王在这一特殊的时代背景下获得了新生。

一、陆游笔下的项羽形象

据统计，在现存的陆游诗歌中，除去化用项羽相关典故描写他人的，至少有23首直接写到项羽形象。现据钱仲联的《剑南诗稿校注》[2]与于北山的《陆游年谱》[3]，将陆游笔下有关项羽形象的诗句展示如下：

序号	篇目	诗句	年龄	时间	地点	简要经历
1	《重九会饮万景楼》	彭城戏马平生意，强为巴歌一解颐。	49	乾道九年九月	嘉州	王炎幕宾，四川宣抚使司干办公事兼检法官，春季通判蜀州，夏季摄知嘉州事
2	《金错刀行》	楚虽三户能亡秦，岂有堂堂中国空无人！	49	乾道九年十月	嘉州	

① 欧明俊：《陆游研究》，上海三联书店 2007 年版，第 243 页。
② 钱仲联：《剑南诗稿校注》，上海古籍出版社 1985 年版。
③ 于北山：《陆游年谱》，上海古籍出版社 2006 年版。

续表

序号	篇目	诗句	年龄	时间	地点	简要经历
3	《登灌口庙东大楼观岷江雪山》	又不及身在荥阳京索间，擐甲横戈夜酣战。	50	淳熙元年十月	永康军	春季返蜀州任再议北伐冬摄知荣州事
4	《感兴》	幡然用其锋，项羽不支梧。	53	淳熙四年十一月	成都	在成都领祠禄赋闲，游历川中
5	《对酒》	识字记姓名，击剑一人敌	55	淳熙六年正月	建安	奉召离蜀，抵建安冬季提举江南西路常平茶监公事
6	《碧海行》	幽州蚁垤一烜尽，安用咸阳三月焚。	56	淳熙七年八月	抚州	江西赈灾，被弹劾，十一月辞官
7	《秋风曲》	鸿门霸上百万师，安西北庭九千里。	59	淳熙十年八月	山阴	闲居领祠禄患病仍忧国
8	《述怀》	亚父抱忠撞玉斗，虞人守节待皮冠。	63	淳熙十四年冬	严州	在严州任
9	《排闷》	拔山力与回天势，不满先生一笑中。	69	绍熙四年秋	山阴	闲居
10	《悲歌行》	秦皇殿上夺白璧，项羽帐中撞玉斗。	71	庆元元年冬		闲居
11	《项羽》	八尺将军千里骓，拔山扛鼎不妨奇。范增力尽无施处，路到乌江君自知。	75	庆元五年秋	山阴	致仕

续表

序号	篇目	诗句	年龄	时间	地点	简要经历
12	《偶作五字示诸儿》	西邻梅福隐,南望项王祠。	75	庆元五年冬	山阴	闲居
13	《项里观杨梅》	山前五月杨梅市,溪上千年项羽祠。	76	庆元六年夏		
14	《出游》	系船扛鼎将军庙,秣蹇流觞内史山。	76	庆元六年秋		
15	《避暑近村偶题》	楚祠草合三叉路,隋寺苔侵半折碑。	79	嘉泰三年夏	山阴	
16	《感愤》	慷慨鸿门会,悲伤易水歌。	79	嘉泰三年冬		
17	《山泽》	楚祠坐秋社,隋寺观夜场。	79	嘉泰三年冬		
18	《项王祠》	时时长歌拔山曲,醉倒聊慰穷途艰。	79	嘉泰三年冬	山阴	
19	《自贺》	流觞内史招同社,托鼎将军与卜邻。	81	开禧元年冬		
20	《雪中》	楚祠花发呼舟去,禹穴云生倚杖看。	82	开禧二年春		
21	《出游》	拔山意气今何在,犹有遗祠可乞灵。	82	开禧二年春		朝廷北伐

续表

序号	篇目	诗句	年龄	时间	地点	简要经历
22	《秋晚杂兴》	若比咿嘤念如意，乌江战死尚英雄。	83	开禧三年秋	山阴	北伐失败
23	《湖山》	终全盖世气，绝意走江东。	84	嘉定元年冬		

　　上表收录的作品分布在陆游二次入川之后的三十余年间，伴随着陆游自身际遇的起伏和国家的风雨飘摇，在不同时间段显示出陆游不同的思考。这些诗作中既有诗人直抒胸臆的抱负之词，也有超越其本人抒情立场的议论诗篇。按照朱东润先生在《陆游研究》一书中对陆游作品的分期，以乾道六年陆游四十六岁到达夔州和淳熙十六年陆游六十五岁被弹劾罢官为界，陆游的创作可以分为中年时期和晚年时期①。这样看来，在陆游现存的诗稿中，对项羽的书写是从中年时期开始的，且这一阶段的诗作中项羽常常作为陆游杀敌报国的理想人格出现。而晚年时期，闲居乡间的陆游正好生活在传说中项羽隐居避难的故里——山阴项里附近，他的诗作中开始频繁出现其拜访"山阴县南十五里项里溪上"② 项王祠的记述，论述项羽功过成败的带有议论性质的诗篇也开始增加，足见他对这位历史人物的偏爱。

　　出现在陆游诗中的项羽形象特点，可以归纳为以下三点：

1. 能征善战的血性英雄

　　陆游在中年时期离开南郑前线、二次入川后的诗作中提到项羽时，往往是为了表达清闲的官场生活中抱负不得施展的苦闷。如《重九会饮万景楼》中的"彭城戏马平生意，强为巴歌一解颐"，《登灌口庙东大楼观岷江雪山》中的"我生不识柏梁建章之宫殿，安得峨冠侍游宴；又不及身在荥阳京索间，擐甲横戈夜酣战"，将彭城戏马和征战荥阳京索间的项羽作为勇赴战场建功立业的理想人格。而最能反映其内心志向的当属乾道九年所作的《金错刀行》：

---

① 朱东润：《陆游研究》，中华书局 1961 年版，第 113 页。
② 钱仲联：《剑南诗稿校注》，卷四十二，上海古籍出版社 1985 年版，第 2622 页。

黄金错刀白玉装，夜穿窗扉出光芒。丈夫五十功未立，提刀独
化顾八荒。京华结交尽奇士，意气相期共生死。千年史策耻无名，
一片丹心报天子。尔来从军天汉滨，南山晓雪玉鳞峋。呜呼！楚虽
三户能亡秦，岂有堂堂中国空无人！

最后一句反问可谓振聋发聩，能够读出刚刚"听闻敌人内乱"[1]，迫
切希望朝廷能够抓住机会北伐的诗人，内心充满了"报国欲死无战场"
的激愤。这里提到的"楚虽三户能亡秦"，其代表人物无疑就是推翻暴
秦的项羽。陆游认为北伐势在必行，也正遇上大好时机，偌大中国却没
有项羽这样的英雄人物横空出世，力挽狂澜。同样具有不屈精神的自
己，却只能夜半提刀，他的爱国与苦闷由此可见。

此后宦海沉浮，陆游因诗名大盛而获得孝宗的关注，但对他的录
用，从东下建安到北上抚州，都"并不能用尽其才"[2]，再加上大臣的排
挤，陆游数次想要弃官不做。唯一能让他振奋的还是时不时在梦中浮现
的收复中原的怀想。淳熙七年，陆游在抚州写了《碧海行》：

碧海如镜天无云，众真东谒青童君。九奏铿锵洞庭乐，八角森
芒龙汉文。共传上帝新有诏，蚩尤下统旄头军。径持河洛还圣主，
更度瞭碏清妖氛。幽州蚁垤一炬尽，安用咸阳三月焚。艺祖骑龙在
帝左，世上但策云台勋。

项羽火烧咸阳宫在历史上素来被冠以残暴不仁的恶名，但也是在发
泄天下百姓"苦秦久矣"的怨恨，带有受压迫者的复仇反抗姿态。长期
为沦陷区忧心的陆游也正是在表达这种强烈的复仇愿望，恨不得像项羽
火烧咸阳一般将占领幽州的"蚁垤"一把火烧干净，表达的是其收复失
地的梦想，以及对黎民百姓所受之苦的深切同情。

淳熙七年辞官后，56 岁的陆游回到山阴蛰居，从他的诗中可以看
到，他并没有放弃经世救国的理想，在《秋风曲》中他再次想到项羽：
"鸿门霸上百万师，安西北庭三千里。"作为一个饱读诗书的文化人，此
时却只能感叹"拾萤读书定何益，投笔取封当努力"。

可见，在这一阶段的陆游笔下，项羽几乎都是出现在其爱国题材的

---

[1]　朱东润：《陆游传》，百花文艺出版社 2010 年版，第 175 页。
[2]　同上，第 223 页 。

诗篇中。陆游希望在饱受践踏的中华大地上，可以出现这样一位充满血性和勇气，战胜强大敌人的威武战神，甚至希望自己能成为这样的将领，报国杀敌，收复失地。

2. 舍生取义的悲剧英雄

罢归山阴后陆游进入创作的第三个阶段①。这一阶段他的项羽诗明显带有更复杂的说理和议论倾向，项羽的形象也更加丰满了。比如绍熙四年秋所作的《排闷》：

> 万里风中寄断蓬，古来虚死几英雄？
> 拔山力与回天势，不满先生一笑中。

司马迁在《项羽本纪》里写项羽临终前有"力拔山兮气盖世，时不利兮骓不逝的"的慷慨悲歌。在陆游看来，这种牺牲不是"虚死"，不应付于"一笑"之中，表明了他对项羽这种末路英雄慷慨赴死的敬佩和欣赏。这种知其不可为而为之的精神力量影响着陆游，因此在嘉泰三年完成国史编修后陆游告老还山后，还作有《感愤》一诗中："慷慨鸿门会，悲伤易水歌。几人怀此志，送老一渔蓑！"希望国家北伐。同年，陆游又作有《项王祠》：

> 项里溪水声潺湲，溪上青山栽髻鬟。烟村人语虚市合，石桥日落渔樵还。堂上君王凛八尺，大冠如箕熊豹颜，筑祠不知始何代，典祀千载谁敢删？肃清亭障息剽夺，扫荡螟螣囚神奸。范增玉斗久已碎，虞姬妆面留余涓。小人平生仰遗烈，近庙欲结茅三间。时时长歌拔山曲，醉倒聊慰穷途艰。

项王祠作为陆游晚年反复出现的一个地标，在这里被解释得最为明白清楚。与唐代狄仁杰"专门撰写《檄告西楚霸王文》"②以禁毁项王祠的倾向截然不同，在陆游看来，项羽的形象是勇猛的，遗憾是存在的，千年来受到的崇拜也是不可磨灭的，而陆游本人身在困苦的穷途，对他的态度是仰慕的。

---

① 朱东润：《陆游研究》，中华书局1961年版，第113页。
② 张圆玲：《唐代楚汉人物评论资料整理与研究——项羽篇》，郑州大学硕士学位论文，2018年5月。

在陆游不断的期盼中，开禧二年，朝廷终于决定北伐，这位 82 岁高龄的老人为此激动不已。他在《出游》中写道："拔山意气今何在，犹有遗祠可乞灵。"诗人对国事充满关怀，表现出了"犹能为国平燕赵"（《老马行》）的强烈心愿。但开禧三年，北伐很快失败。在《秋晚杂兴》中，他写道："江东谁复识重瞳，遗庙欹斜草棘中。若比咿嘤念如意，乌江战死尚英雄。"他还写有《湖山》一诗："逐鹿心虽壮，乘骓势已穷。终全盖世气，绝意走江东。"陆游大力渲染项羽乌江战死对项羽个人价值的实现和升华，以此表达背水一战，不议和不妥协的决心。事实上，此时"女真已经收到蒙古的致命打击，七年后就要被迫南迁，二十四年之后就在南宋和蒙古的夹击下溃灭。"① 所以开禧三年的北伐，南宋政权如果选择坚持，当会拓展出另外一种局面。陆游的主张并没有错，这时的南宋之所以战败，正是因为缺乏项羽式"一战到底"的决心。

3. 不善用人的掌权者

时人总结项羽的弱点，包括性格暴虐、缺乏政治能力、无统一大志、不潜心向学等等，尤其在汉唐时期，对项羽的批判五花八门，甚至"占对项羽评价的主流"②。但在陆游的诗中，谈到项羽的负面评价时，出现的只有"不善用人"一条。这与陆游本人的经历是分不开的。

淳熙十四年冬，陆游在反复的罢免和起用中来到严州任上，写有《述怀》一诗："亚父抱忠撞玉斗，虞人守节待皮冠。纵言老病摧颓甚，壮气犹凭后代看。"虽然没有直接写项羽，但从范增的遭遇中，透示出了对其猜忌下属、刚愎自用的批评。接下来的几年里，北伐抱负不能得到施展的陆游又反复提到项羽的不善用人。庆元元年冬写的《悲歌行》中，有"秦皇殿上夺白璧，项羽帐中撞玉斗"的诗句。庆元五年秋在山阴写了《项羽》一诗，更是直言："八尺将军千里骓，拔山扛鼎不妨奇。范增力尽无施处，路到乌江君自知。"这一年，目睹了政变后时局的每况愈下，已经告老还乡的陆游不惜用致仕来"与权贵划清界限"③，项羽在这几首诗里不再是他的理想人格，而是成为了亚父的对立面，一个目

---

　　① 朱东润：《陆游传》，百花文艺出版社 2010 年版，第 337 页。
　　② 张圆玲：《唐代楚汉人物评论资料整理与研究——项羽篇》，郑州大学硕士学位论文，2018 年 5 月。
　　③ 朱东润：《陆游传》，百花文艺出版社 2010 年版，第 299 页。

光短浅不能知人善任的形象，充满了诗人自我经历的映射和借古喻今的讽刺意味。

二、陆游项羽诗对司马迁价值观念的接受

司马迁以"成一家之言"为目的撰写《史记》，他的描述带有很强的价值判断。虽然在《项羽本纪》中司马迁直白地指出了项羽"自矜功伐……欲以力征经营天下"等弱点，但无论是在官方大力丑化项羽的汉朝破格为其作"本纪"，还是全文明显的情感基调和极用心的写作调度，都透露出司马迁对于项羽其人的偏爱与同情。项羽在司马迁笔下无疑是鲜活丰满的，司马迁的这种偏爱，可以说在陆游的项羽诗中得到了继承。究其原因，主要是陆游接受了司马迁在《史记》中对项羽进行塑造时两个关键问题上承载的英雄观和生死观。

1. 充满抗争意义的英雄观

在《项羽本纪》中，司马迁最不吝笔墨的就是对其英勇之气的描写了。无论是战胜时的激越豪迈还是战败时的荡气回肠都让人印象深刻。巨鹿一战成名，彭城以少胜多，面对当时最善用兵的名将却没有一次败绩。但仅仅只是"勇于作战"，恐怕还不足以使项羽受到如此高的英雄礼赞。事实上，陆游接受了司马迁对"灭秦之功归属项羽"[①] 的判断。

虽然刘邦最终攻下了秦都咸阳，还最终建立了汉王朝，但司马迁在分析史料的基础上却并不认同汉朝"刘邦灭秦"的主流观点，反而认为项羽才是推翻暴秦功劳最大的英雄人物。对于这个问题，司马迁在《陈杞世家》中就下过结论："伯翳之后，至周平王时封为秦，项羽灭之，有本纪言。"此外，在《项羽本纪》中，司马迁对项羽有这样的评价："然羽非有尺寸，乘势起陇亩之中，三年，遂将五诸侯灭秦，分裂天下而封王侯，政由羽出，号为'霸王'，位虽不终，近古以来未尝有也。"清晰地指出项羽最大的功劳是推翻了秦帝国。在后文中，司马迁又详写了巨鹿一役项羽是如何在内忧外患的复杂条件下杀宋义、整大军、破釜沉舟，一举击溃秦王朝的。这种判断和带有偏向性的描写，无疑被陆游

---

① 陈曦：《司马迁笔下项羽精神探索》，《解放军艺术学院学报》2012 年第 1 期。

所接受了，所以他的笔下才有了"楚虽三户能亡秦""安用咸阳三月焚"之类诗句，将项羽的形象与不畏强权的抗争英雄紧紧联系在了一起。此外，陆游在晚年朝廷再次北伐时还有诗句向楚祠启灵，这都表明司马迁笔下抗击暴秦的英雄项羽已经成为陆游心中反击侵略、拯救百姓的英雄人物。

这也解释了在汉唐主流一再丑化项羽、批评项羽的背景下，南宋文人对项羽的再度推崇。在积贫积弱饱受侵略之苦的中华大地上，陆游们太渴望能够出现与项羽一样喑噁叱咤、果敢勇猛的英雄人物了，也太渴望在官场沉浮身不由己的自己能够如同这位英雄一样驰骋沙场、建功立业。正是陆游本人饱满的爱国情怀，致死不休收复失地的愿望，才使得项羽这样能够张扬生命伟力，勇敢反抗强权的战争英雄成为了他诗篇中的精神标杆。

2. 死得其所的生死观

对于项羽自刎乌江一事，也是历来对项羽评价最受争论的一个问题。有人为此遗憾叹惋，认为项羽乌江自刎是错误的选择，成大事者应当忍辱负重。比如唐代杜牧著名的《题乌江亭》："胜败兵家事不期，包羞忍耻是男儿。江东子弟多才俊，卷土重来未可知。"更有甚者认为这是项羽"不施仁政"的必然结果，是没有选择的选择。如王安石的《叠题乌江亭》："百战疲劳壮士衰，中原一败势难回。江东子弟今虽在，肯与君王卷土来？"以及唐代汪遵的《项亭》："不修仁德合文明，天道如何拟力争？隔岸故乡归不得，十年空负拔山名。"而在陆游的诗中，项羽乌江自刎却是"终全盖世气"的英雄之举。不仅要将"咿嘤念如意"、费尽心机却保护不了心爱之人的刘邦拿来做映衬，得出"乌江战死尚英雄"的结论；还"不满先生一笑中"——连后人笑谈都不能忍，直言英雄没有"虚死"。这一点上陆游也是继承了司马迁对项羽之死的判断。

司马迁用了"霸王别姬"和"乌江自刎"两个充满浪漫主义色彩和英雄情怀的场面来抒写项羽的兵败和身死。即便败局已定，还一直浓墨重彩地描写项羽的英勇，"瞋目叱之"就能使人马俱惊，逃亡一路战斗一路，"身被十余创"却一个人下马斩杀汉军数百人，拒绝了乌江亭长的好意，不肯屈服也不肯苟活，创造了冷兵器战争史上个人战力的巅峰。如此用心地描写项羽拒绝渡江而战死垓下，正是因为司马迁对项羽之死是充满敬仰和同情的。在他笔下，项羽之死正体现了项羽骨子里的贵族气质和极度自尊的骄傲感。

在南宋漫长的妥协史上，把忍耐和曲线救国挂在嘴边的"聪明人"太多了。不愿意牺牲，不愿意以身犯险，结果只能是国势日颓。江已经渡了，退缩也可以称作战略后撤，大家已经感觉不到羞耻了。而陆游却在漫长的一生中始终怀有北伐的梦想，他不想再以所谓的时机和忍耐来麻痹自我，而是以个人微小的声音反复呐喊，宁愿像项羽一样，要推翻暴秦就直接杀向战场，要逐鹿天下就坦然接受失败——有尊严地活，有尊严地死。偏安一隅的南宋权贵，缺少的正是项羽乌江自刎的尊严感和死得其所的生死观，才会为了苟活不断地投降，最终使整个王朝走向崩溃。项羽虽然失败了，却因乌江慷慨赴死，成为中华民族历史上顶天立地的伟丈夫。这也正是司马迁"人固有一死，或轻于鸿毛，或重于泰山"的生死观的体现。

陆游接受了司马迁的生死观，认同项羽之死是成就其英雄人格的壮举。这也解释了陆游在晚年为何会频繁探访项王祠，并将诗歌转向探讨项羽之死的意义。因为年岁渐老，死亡的威胁步步紧逼，人生理想却得不到实现，国家前景也一片晦涩，难免感到迷茫。项羽舍生取义，因慷慨赴死而最终成为虽败犹荣的悲剧英雄，千百年来受到人们的尊崇，这使陆游看到了：死亡并不是毫无意义的。"时时长歌拔山曲，醉倒聊慰穷途艰。"理解了司马迁笔下项羽乌江自刎的心情，项羽也由此成为了晚年陆游聊以自慰的精神同盟。

中国文学史上"文以载道"的理念一直被广泛接受，司马迁通过对项羽悲剧英雄形象的塑造，完成了个人英雄观和生死观的确立与留存。千年之后，身处风雨飘摇的南宋，却始终心怀天下的陆游，在读史、论史的过程中，用同一个人物表现了愿为百姓国家执戈赴死的英雄气概，并用自己的诗作感召了更多的爱国志士。什么样的人物能够称得上是英雄？千百年来，每一个读到项羽故事的人都在心中有自己的回答，而在这个问题上，无论是司马迁还是陆游，都给了我们值得敬佩的答案。

史传文学人物赵盾对元杂剧
《赵氏孤儿》的影响

本文作者杨宁宁、韦知秀。杨宁宁，广西民族大学教授；韦知秀，广西民族大学古代文学研究生。

赵盾是研究春秋历史所无法绕开的人物之一。他作为臣子，在青史上留下了"弑君"之名；作为权臣，他又一手支撑了晋国的二十年霸业，留下赫赫功绩。他拉开了晋国公卿争权与君权下移的序幕，又在外交上开启大夫主盟的先例，声望远超当时晋国国君。学界对于赵盾的研究多附属于对春秋史、晋国史以及赵氏的研究，相关研究在 20 世纪 30 年代就已出现，成果大都集中在 20 世纪八九十年代，进入本世纪也有较多论述，但专题论文数量偏少，而且一般都集中于对赵盾的政治行为，如专权与"弑君"的探究和分析，少有将目光放到赵盾的形象本身及其影响上。

从《左传》到《史记》都给予了赵盾浓墨重彩的描述，让后人有机会了解这个传奇人物和他的经历始末，这也为后来元杂剧《赵氏孤儿》等一大批文学作品的创作提供了灵感和素材，文章将重点探析史传人物赵盾对元杂剧《赵氏孤儿》的影响。

一、《左传》的赵盾：权臣与能臣的结合体

赵盾的名字最早出现于《春秋》，但对其一生完整而详细的叙述来自于《左传》，在这里他既是兴邦定国维护霸业的能臣干吏，也是晋国有史以来的第一位权臣。赵盾本是赵衰与晋公子重耳出亡狄国的时候与一狄女叔隗所生的庶长子，赵衰回国后另娶嫡妻赵姬并生下三名嫡子，而赵盾却是在赵姬的坚持下才被父亲接回国。按理而言，他这样的身份

是难以在赵氏出头的，但是赵姬"以盾为才，固请公以为嫡子，而使其三子下之，以叔隗为内子而己下之"①，成功使他成为赵氏宗主。赵衰去世后，他在"成季之属也，故党于赵氏"②的阳处父的帮助下代表赵氏以中军帅、即卿位第一人的身份入仕，起点之高无人可出其右，到前601年赵盾去世，二十年间执掌晋国国政，风头无两。

1. 能臣之赵盾

为了巩固自己的正卿之位，赵盾甫一上位就颁布了历史上著名的"夷蒐之法"，即"制事典，正法罪。辟狱刑，董逋逃。由质要，治旧污，本秩礼，续常职，出滞淹。"③并将之交给太傅阳子和太师贾佗，使之在晋国推行，以为常法。白国红评价说："从历史的发展角度来看，'夷蒐之法'对于晋国社会的发展无疑是有积极作用的。"④由此可见赵盾的实际执政能力是十分强悍的。

除此之外，赵盾主政期间，他还带兵挫败过秦国进犯的企图，如令狐之役、河曲之役等；平定过国内的叛乱，如箕郑父、先都、士縠、梁益耳、蒯得五位大夫因不满利益的分配而引发的"五大夫之乱"；不仅如此，当时灵公初立，因过于年幼而无法理政，整个晋国都是由赵盾一手支持运转的，不仅没有使国家因为国君无法理政而衰弱下去，反而维持了晋国在诸侯中近二十年的霸主地位，这不能不说有赵盾的功绩在其中。

赵盾还在外交问题上有所建树。《左传》记载鲁文公七年"秋八月，齐侯、宋公、卫侯、郑伯、许男、曹伯会晋赵盾盟于扈，晋侯立故也。"⑤因晋灵公新即位的缘故，赵盾以晋大夫的身份与诸侯盟于扈，以巩固晋国的霸主地位。鲁文公八年冬，赵盾又与鲁公子遂"盟于衡雍"，这是为了补上上一年扈之盟鲁文公未曾与会的事情，又为晋国拉到一个盟友。还有鲁文公十四年，《春秋经》有记载："六月，公会宋公、陈

---

① 杨伯峻：《春秋左传注》，中华书局 2016 年版，第 456 页。
② 同上，第 595 页。
③ 同上，第 595-596 页。
④ 白国红著：《春秋晋国赵氏研究》，中华书局 2007 年版，第 91 页。
⑤ 同上，第 614 页。

侯、卫侯、郑伯、许男、曹伯、晋赵盾。癸酉，同盟于新城。"① 这是因为以前依附楚国的陈、郑、宋三国向其表示了顺服，晋国的阵营再次扩大。鲁文公十五年，因齐国发生弑君事件，传中虽然记载有晋侯出席之事："冬十一月，晋侯、宋公、卫侯、蔡侯、郑伯、许男、曹伯盟于扈，寻新城之盟，且谋伐齐也。"② 但是经中却是仅有"冬十有一月，诸侯盟于扈"③ 的记载。杨伯峻注释曰："此亦言'诸侯'而不序，与七年扈之盟同。"④ 即是因为虽然晋侯出席，但依旧是赵盾主盟的缘故。

赵盾在外交上的建树还不止主盟诸侯，甚至周王室内部发生了矛盾也会求助到他身上。鲁文公十四年，"周公将与王孙苏讼于晋，王叛王孙苏，而使尹氏与聃启讼周公于晋。赵宣子平王室而复之。"⑤ 可见赵盾的声望高到了何等地步，天下人对于他的能力大都是信服的。能以卿大夫的身份主盟诸侯，能平王室，抛开别的不谈，仅就能力而言，赵盾可以算是当世的佼佼者了，这个能臣可谓名副其实。

2. 权臣之赵盾

相较之能臣，赵盾权臣的名声似乎更加出名。具体如《左传》文公六年所载，晋襄公因病去世，太子年幼，"晋人以难故，欲立长君"⑥，身为正卿的赵盾支持了这种意见，欲迎立"好善而长，先君爱之，且近于秦"⑦ 的公子雍，却无法与拥立公子乐的次卿狐射姑达成共识。于是赵盾干出了半路劫杀公子乐的事情，狐射姑不满赵盾此举，便派人刺杀了当初扶持他上位的阳处父，却被赵盾借此迫使身居次卿之位的狐射姑出奔狄国。除此之外，为了保住自己儿子的国君之位，身为太子亲母的穆嬴不得不"日抱大子以啼于朝"，又"出朝，则抱以适赵氏，顿首于宣子"⑧，这一部分表现应来自穆嬴的哀兵之策，但就态度来说已经可以称得上卑躬屈膝了，况且若非公室式微，又何须一国太子之母做如此之姿态。

---

① 白国红：《春秋晋国赵氏研究》，中华书局 2007 年版，第 655 页。
② 同上，第 670 页。
③ 同上，第 664 页。
④ 同上，第 664 页。
⑤ 同上，第 660 页。
⑥ 同上，第 601 页。
⑦ 同上，第 601 页。
⑧ 同上，第 601 页。

在国有嫡嗣的时候提出从国外迎立新君、截杀另一位有可能继承王位的晋公子，逼走地位仅次于自己的国之次卿，迫使国母纡尊降贵等等，赵盾的专权擅政由此可见一斑，无怪乎狐射姑评价"赵衰，冬日之日也。赵盾，夏日之日也。"① 冬日温和，夏日酷烈，不只是在说性格，也是在形容赵盾滔天的赫赫威势，一代权臣的形象跃然纸上。

除此之外，上文提到的赵盾主盟诸事也是赵盾专擅晋权的另一有力证据。他代表了赵盾借着灵公年少的由头已经彻底成了晋国的代表，这原本当是国君的象征，赵盾此举已经算是严重的僭越。更兼之平王室讼之事，说明赵盾在诸侯国间的声望已经达到了远超国君的地步。再如秦晋河曲之战，其族人赵穿因"有宠而弱，不在军事，好勇而狂，且恶臾骈之佐上军也"②，受引诱轻易出击，破坏了晋军定下的"深垒固军以待之"的计划，导致本可以胜出的晋军最后空耗国力却落了个不胜不败的结局。但是晋国的战后清算却只有一个"放胥甲父于卫"③ 的记载，杨伯峻注曰："赵穿以赵盾之侧室及公婿故，未被讨"④，由此可见赵盾的权势不止作用于他自身，也在庇护着他的家族及族人，已经到了肆无忌惮的地步。

最后再看"赵盾弑君"之事。晋灵公幼龄即位，朝政几乎全被赵盾把持，又因为晋灵公好奢、不仁、暴虐等诸多不君的名声，赵盾"骤谏"，招来灵公忌惮，于是发生了灵公两次刺杀赵盾的事情。第一次他派遣刺客鉏麑欲取其性命，但是鉏麑晨往却见赵盾"寝门辟矣，盛服将朝，尚早，坐而假寐"⑤，叹服曰："不忘恭敬，民之主也。贼民之主，不忠。弃君之命，不信。有一于此，不如死也。"⑥ 于是触槐而死。第二次灵公宴请赵盾，埋伏恶犬甲士，幸得其车右提弥明的示警和舍命搏斗，杀恶犬而出；又在曾经救助过的"桑下饿人"灵辄的帮助下，逃脱追兵，自亡而去。然而未等他逃出晋国国境，其从弟赵穿就在桃园杀死灵公，迎回赵盾并官复原职。史官董狐以"子为正卿，亡不越竟，反不

---

① 白国红：《春秋晋国赵氏研究》，中华书局 2007 年版，第 614 页。
② 同上，第 645 页。
③ 同上，第 708 页。
④ 同上，第 708 页。
⑤ 同上，第 719 页。
⑥ 同上，第 719 页。

讨贼"① 为理由，在史书上写下"赵盾弑君"一笔。

历代学者都对董狐给予赵盾的这一罪名发表自己的见解，《公羊传》曰："人弑尔君，而复国不讨贼，此非弑君而何？"② 即无弑之志，罪在不讨贼；《谷梁传》曰："故书之曰'晋赵盾弑其君夷皋'者，过在下也"认为罪过在于臣下，又曰："于盾也，见忠臣之至"，文下注释解说此为反例，意思是赵盾没有弑君而受弑君之名，是因为忠诚不到极致③；《春秋繁露》曰："是故训其终始，无弑之志，枸恶谋者，过在不遂去，罪在不讨贼而已"④；还有认为赵盾虽未亲手弑君，但赵穿之弑却很可能是出于他的示意，其本质与弑君无异等等，不一而足。这场从根本来说源于君权与卿权的直接碰撞的战争最终以灵公的死亡作为结局，而背负弑君之名的赵盾在这之后既不讨贼也没有受到任何惩罚，甚至派遣"亲弑者"赵穿迎立公子黑臀为晋成公，继续自己的执政生涯。晋国第一权臣之名，名副其实。

二、《史记》的赵盾：由权臣向忠臣转变

《史记》是中国史学界一个里程碑的著作，立志"厥协六经异传，整齐百家杂语"⑤，广泛取材于《尚书》《春秋》《左传》《国语》《战国策》《公羊传》等前人著作，审慎梳理剪裁，对于历史的记载无论广度与深度都是空前的。对于赵盾来说，《史记》是其形象由权臣向忠臣转变的关键时期，这是因为司马迁对与其有关历史的记载与前代史书出现了诸多不同。

赵盾的故事发展到《史记》发生了较大改变，主要是赵盾形象经历了由权臣向忠臣的转变。

1. 权臣形象被削弱

赵盾是晋国有史以来的第一位权臣是不争的事实，《左传》对此列

---

① 杨伯峻：《春秋左传注》，中华书局 2016 年版，第 724 页。
② 黄铭、曾亦译注：《春秋公羊传》，中华书局 2016 年版，第 419 页。
③ 徐正英、邹皓译注：《春秋谷梁传》，中华书局 2016 年版，第 399-400 页。
④ 曾振宇注说：《春秋繁露》，河南大学出版社 2009 年版，第 131 页。
⑤ 韩兆琦译注：《史记》，中华书局 2010 年版，第九册，第 7749 页。

举了多方面的史实进行论证，《史记》也没有否认这一形象，但是在具体叙述上对其进行了不同程度的削弱，尽量淡化他给读者的强势酷烈的印象。如前文所提《左传》中赵盾与狐射姑就拥立公子雍还是公子乐的问题进行争执，而赵盾为实现自己的目标而半路截杀公子乐之事，在《史记》中则完全不见了记载，既削弱了赵盾对于公室的那种生杀予夺的态度，也稍微缓和了他与晋公室之间的矛盾程度，并将斗争局限于赵盾与狐射姑之间，这无疑对赵盾忠臣形象的塑造是有好处的。同样的还有对具体人事的处理上，比如《左传》中有明确记载的对"五大夫之乱"的镇压，其实也与赵盾专擅晋权，排除异己有关，《史记》也没有记载。

除此之外，《史记》还对赵盾利用权势对家族以及族人进行肆无忌惮的包庇的行为进行了处理，如河曲之战包庇赵穿。《左传》的记载中明言，赵穿因好勇而狂，轻易出兵被秦军引君入彀，使赵盾不得不率兵来救，自毁长城，因而导致战事失礼。《史记》对于这个问题的处理是改写了赵穿对于整个河曲之战的作用："晋侯怒，使赵盾、赵穿、郤缺击秦，大战河曲，赵穿最有功。"[①] 因为赵穿不再如《左传》叙述中那样轻敌冒进犯了大错，自然也不需要赵盾的权势进行庇护，对赵盾滥用权势的职责也就无从而来。

《史记》中对赵盾主盟记载的减少也起到了同样的效果，《左传》中明确记载的赵盾主盟有：鲁文公七年的扈之盟、鲁文公八年冬的衡雍之盟、鲁文公十四年的新城之盟、鲁文公十五年和十七年的两次扈之盟等。而在《史记》中则只有第一次扈之盟的记载，这种处理方法使得人们对赵盾以卿大夫之身会盟诸侯的印象大减少，削弱了其僭越的形象。

2. 忠臣形象被凸显

光是削弱赵盾的权臣形象还是无法完成他形象的转化，还需要对赵盾的"忠臣"形象进行着力打造，这在《史记》中是借由别人的评价实现的。如被派去刺杀赵盾的刺客鉏麑，面对"盾闺门开，居处节"的情况，不由退而叹曰："'杀忠臣，弃君命，罪一也。'遂触树而死。"[②]《史

---

① 韩兆琦译注：《史记》，中华书局 2010 年版，第九册，第 3044 页。
② 韩兆琦译注：《史记》，中华书局 2010 年版，第九册，第 3047 页。

记》对于赵盾"忠臣"的评价来源于此。至此,《史记》完成了使赵盾形象由权臣向忠臣转变的第一步。

《史记》对于"下宫之难"的记载则是这一转化的第二步。根据《左传》记载"下宫之难"与赵盾之间并没有直接的关系,因为那时赵盾已死,其子赵朔亦已去世,留一妻名曰赵庄姬,与其叔赵婴齐通奸,事败露,赵同赵括放婴齐于齐国,赵姬怨,"谮之于晋侯,曰:'原、屏将为乱。'栾、郤为征。"① 因此引发了晋讨赵同赵括的"下宫之难"。严格来说这是一个家族丑闻的事件,与早已去世的赵盾没什么直接关系。但是,如果对整个事件进行根源性的解读和联系,还是发现他们之间有着千丝万缕的关系。由于赵盾的专权、灵公刺杀赵盾未遂、赵盾的"弑君"等一系列事件,让赵氏与公室的关系不断恶化,晋公室早有清算赵氏家族之意,所以在赵盾去世,赵氏家族失去这个强有力的庇护后,公室才会借着赵庄姬的一番谮言趁机发动了"下宫之难","下宫之难"体现的是赵盾与国君之间、赵氏与公室之间的矛盾冲突激化。

不同于《左传》的记载,《史记》对"下宫之难"进行了另一番编排和解读。《赵世家》将"下宫之难"对立面的双方由君与臣的矛盾冲突,变成了赵盾与屠岸贾之间臣与臣的矛盾冲突,即屠岸贾以惩戒赵盾弑君之罪为借口,对赵氏发难,其曰:"盾虽不知,犹为贼首。以臣弑君,子孙在朝,何以惩罪?请诛之。"② 由此表明"下宫之难"的根源在赵盾,这样赵氏家族的几近灭亡就与赵盾有了直接的联系。在表现赵盾与屠岸贾之间矛盾斗争的同时,还将屠岸贾塑造成一个心狠手辣的奸臣形象,这不仅有效地将赵盾与君主矛盾冲突造成的负面影响淡化,还避免了对其忠臣形象的削弱,从而完成了赵盾从君臣矛盾对立到忠臣与奸臣矛盾斗争的主题转化。这一主题转化直接影响了一千多年后的元杂剧《赵氏孤儿》。

三、赵盾对《赵氏孤儿》的影响

赵盾形象在《左传》《史记》已显出史学向文学转变的倾向,但若

---

① 杨伯峻编著:《春秋左传注》,中华书局 2016 年版,第 916 页。
② 韩兆琦译注:《史记》,中华书局 2010 年版,第五册,第 3362 页。

论最有影响力的文学化作品当属元杂剧《赵氏孤儿》。《赵氏孤儿》全称《赵氏孤儿冤报冤》，又称《赵氏孤儿大报仇》，是元代纪君祥创作的杂剧，全剧五折一楔子。《赵氏孤儿》在当时南宋灭亡的特殊政治环境下因其表现的"存赵保孤"的忠义精神而备受世人推崇。

1. 赵盾对《赵氏孤儿》故事情节的影响

"赵氏孤儿"的故事当然不是凭空杜撰出来的，它博涉四部，载于经，成于史，详于子，变于集，是有史可依的历史故事。① 《赵氏孤儿》的成书涉及的前人文献资料有《春秋》《左传》《国语》《公羊传》《谷梁传》《吕氏春秋》《春秋繁露》《史记》《新序》《说苑》等等，其中又以《左传》和《史记》的影响最为深刻，为其提供了完整的人物、环境和情节等基础。而赵盾作为一个史传人物，在其文学化的过程中，对整个《赵氏孤儿》的故事内容都产生了深刻影响。

具体来说，有以下几个方面的体现。

第一，《赵氏孤儿》继承并发展了"赵盾被刺"的一系列情节发展。这一情节是在《左传》中被首次记载，具体过程在上文有详细叙述，总而言之它算是赵盾君臣矛盾深化的一个重要节点，也是促使最后"弑君"事件爆发的直接原因，它所引发的赵氏与宗氏关系的恶化还是未来下宫之难爆发的原因之一。到了《史记》剧情发生了一些变化，比如"赵盾被刺"情节中提到的鉏麑对赵盾"忠臣"的评价。也就是说，将赵盾的"忠"与晋灵公刺杀忠臣的"恶"放在一起进行了对比，这已经为《赵氏孤儿》"忠奸斗争"的情节主题提炼出了一个重要元素。

《赵氏孤儿》还对这一情节进行了艺术化加工，使其更加具备传奇性。具体表现在屠岸贾为杀赵盾，对西戎国进贡的"神獒"进行的血腥而残忍的训练；逃跑时灵辄为赵盾扶轮策马，以至"磨衣见皮，磨皮见肉，磨肉见筋，磨筋见骨，磨骨见髓，捧毂推轮，逃亡野外"② 的细节描写，这是显而易见的文学加工，目的是使故事看起来更加惊心动魄曲折生动等等。我们可以看出在这一系列的嬗变过程中，只有赵盾始终作为主要人物引领着矛盾的发展和激化，亦是对赵盾影响的一个有力

---

① 赵寅君：《赵氏孤儿研究》，山西大学 2017 年博士论文。
② 纪君祥：《赵氏孤儿》，上海古籍出版社 2010 年版，第 33 页。

证据。

第二，《赵氏孤儿》承袭了"赵盾是下宫之难爆发的诱因"这一观点。这一关系在《左传》中并不明显，需要对其做一番原因的推导和论证，得出下宫之难的发生其实是晋国内部诸卿争权、赵氏与公室矛盾的爆发以及赵氏内讧等诸多因素共同作用的结果，① 再倒过来追寻其原因才发现它们都与赵盾有关联，因此将之作为"下宫之难"发生的原因之一还可以，但是直接导火线却还是隔了一层。《史记》则如前文所言直接将下宫之难的源头指向了"赵盾弑君"事，即以"弑君"的罪名追究赵氏的责任，将赵盾与赵氏中衰结合了起来，这是赵氏一族被诛杀的直接原因。

《赵氏孤儿》承袭了这一观点，并将之进行了更加文学化的演绎：在楔子中屠岸贾有一番"开篇明义"的背景总结："俺主灵公在位，文武千员，其信任的只有一文一武：文者是赵盾，武者即某矣。俺二人文武不和，常有伤害赵盾之心，争奈不能入手"②。即将"下宫之难"的原因紧扣在赵盾身上的同时，将矛盾从君臣间的权利之争下降到了赵盾与屠岸贾之间的文武不和，赵盾成了《赵氏孤儿》忠与奸矛盾斗争直接导火线，这主要与主题的构建有关，我们将在下一个部分做详细论述。《赵氏孤儿》以此作为整个故事的开端，就是将之作为故事的根本矛盾和剧情的主要推动力看待的，赵盾在整个事件中的影响由此可见一斑。

第三，《赵氏孤儿》同样对赵盾在赵氏起复中的作用进行了解读。赵氏中衰与起复之时赵盾早已去世，但其身影却一直贯穿期间，彰显着自己的影响，例如赵武得以起复赵氏，就离不开赵盾的余荫庇佑。《左传》中是这样记载：晋景公十七年，也就是下宫之难当年，韩厥就言于晋侯曰："成季之勋，宣孟之忠，而无后，为善者其惧矣。三代之令王，皆数百年保天之禄。夫岂无辟王，赖前哲以免也。《周书》曰：'不敢侮鳏寡。'所以明德也"③，于是晋侯许赵武复赵氏，并返还其田。虽然白国红先生在《春秋晋国赵氏研究》中对赵武复立进行了详细解读，并认为赵氏得以立基的原因除了上文提到的赵氏先人的功勋之外，还离不开

① 白国红：《春秋晋国赵氏研究》，中华书局 2007 年版，第 112-113 页。

② 纪君祥：《赵氏孤儿》，上海古籍出版社 2010 年版，第 11 页。

③ 杨伯峻：《春秋左传注》，中华书局 2016 年版，第 916 页。

赵氏同盟政治势力的协助和晋君对卿权的妥协，① 但是这并不影响赵盾在其中起了极大作用的事实。

《史记》对赵武复立的记载则在《赵世家》《韩世家》《晋世家》中出现了自相矛盾的现象，主要集中在对赵武是在赵氏"绝祀"多长时间后复立的。《赵世家》中载赵氏是在晋景三年遭遇下宫之难，绝祀十五年后，即晋景十七年得以复立；《韩世家》记载与此相同；《晋世家》的时间却与《左传》相同，即晋景十七年遭祸而同年复立。因所载"下宫之难"的时间自相矛盾，所以历来学界都对《史记》记载的这一段历史报以否定的态度，不以信史待之，但不可否认的是，因其故事的传奇性，在流传度上它却是远远高于其他史书所载。除此之外，关于赵武复立的原因，《晋世家》同样与《左传》相差无几，而《赵世家》《韩世家》却将《左传》所载晋景十九年"晋侯梦大厉……公疾病"②之事提前两年，认为是晋侯担忧"大业之后不遂者为祟"③，又经韩厥告知赵氏孤儿事，方许赵武复立。后赵武纠集诸将覆灭屠岸贾一族，完成了赵氏的复仇。

元杂剧《赵氏孤儿》在这一段剧情上明显是受到了《史记》的影响，但是在一些情节的处理上为了符合"赵氏孤儿大复仇"的主题以及映照更加激烈的忠奸碰撞，有着自己推陈出新的一面。如它肯定了赵盾在赵氏复立中的影响与功劳，并主要体现在韩厥与公孙杵臼身上，却对角色本身做出了较大改动。韩厥虽是屠岸贾麾下，却是"老相公抬举来的"④，也就是曾受赵盾举荐之恩，为救赵氏孤儿不惜自刎而死；公孙杵臼则是"与赵盾是一殿之臣，最相交厚"⑤，而非《史记》所言的赵朔之客，他与假赵氏孤儿共死，瞒过屠岸贾为真赵氏孤儿留下一线生机。最后"赵氏复立"的剧情，元杂剧《赵氏孤儿》采取了待二十年后，赵武长大成人得知真相后独自上阵擒拿屠岸贾将其千刀万剐，而后复立赵氏的结局，强调的是赵武的个人功绩，这显然是大众喜闻乐见的结局。

---

① 白国红：《春秋晋国赵氏研究》，中华书局 2007 年版，第 120 页。
② 杨伯峻：《春秋左传注》，中华书局 2016 年版，第 927-928 页。
③ 韩兆琦译注：《史记》，中华书局 2010 年版，第五册，第 3367 页。
④ 同上，第 15 页。
⑤ 同上，第 20 页。

总之，史传文学人物赵盾在其文学化的过程中，对《赵氏孤儿》产生了深刻的影响，他身上拥有复杂的政治、人际背景，这些都是《赵氏孤儿》的魅力源泉，对赵盾一生事迹进行文学化解读，这是《赵氏孤儿》的内容来源和剧情得以推动的动力源泉。

2. 赵盾对《赵氏孤儿》主题思想的影响

元杂剧《赵氏孤儿》诞生于宋亡不久，民间在当时元朝民族歧视政策下催生出强烈的复宋情绪，宋皇室以春秋赵氏后裔自称，因此当时"存赵孤"是具有强烈政治暗示的话题，《赵氏孤儿》高唱"你若存的赵氏孤儿，当名标青史、万古留芳"[①] "凭着赵家枝叶千年咏"[②] 等词句，显而易见的与当时广大汉族人民普遍存在的反元复宋的思想情绪是相吻合的。当然，除开政治主题之外《赵氏孤儿》同样担得起它中国古典四大悲剧之名，它所体现的忠义思想和那种前赴后继、不屈不挠地同邪恶势力斗争到底的抗争精神，都是它得以流传至今甚至家喻户晓的魅力所在。赵盾对这一主题的确定同样具有深刻影响。

前文提到，从《左传》到《史记》的流变过程就是赵盾的形象在大体上不断朝着正面凸显转变的过程，尤其是对忠臣形象的塑造更为明显，这显然对后世文学的创作产生了深远影响，比如直接成就了《赵氏孤儿》忠奸斗争的主题思想。

其一，"忠"的体现，关于这一点的努力在《史记》中就已经初见端倪，《赵氏孤儿》继续向这一方向进行加强。最明显的就是《赵氏孤儿》将前后两次刺杀赵盾的主谋从灵公换成了屠岸贾，转而将史书中"不君"的灵公朝"不察而受奸臣蒙蔽"的君主这个方向塑造，也回避了"赵盾弑君"的描写，这自然是为了避免卿权与君权的直接碰撞，毕竟"忠臣"怎么能够与"国君"站在对立面呢，于是《史记》中出现的一个关键人物屠岸贾便代替灵公站到了赵盾的对立面，加之《赵氏孤儿》着力对屠岸贾残忍、狡猾、权势滔天的奸佞形象进行刻画，所以赵盾与屠岸贾、忠与奸的对立新格局就此形成。

---

① 纪君祥：《赵氏孤儿》，上海古籍出版社 2010 年版，第 22 页。
② 同上，第 23 页。

其二，加剧矛盾冲突仅仅双方对立是不够的，想要抓住观众的眼球需要更加激烈的冲突，这一冲突从哪里来呢？同样可以从赵盾的身上得到启发。从《左传》开始，赵盾就一直以一种强势的形象存在着，如废立国君、排除异己、把持国政等等，也因此不断地加剧着他和国君、和其他卿大夫之间的裂痕，因此就产生了多次针对赵盾和赵氏的活动，如刺客鉏麑、獒犬、甲士，以及他死后针对赵氏的下宫之难等等。这些都是激烈而尖锐冲突的表现，《赵氏孤儿》从此取材再度创作，也为故事带上双方冲突的凌厉的气氛。

其三，改变故事情节。需要注意的是"赵氏孤儿"这个故事从一开始应当是一个家族丑闻式的故事，与所谓的忠奸斗争完全扯不上关系，之所以有这样的转变，是因为赵盾在《史记》中播下的种子的影响。这要从司马迁对于该事件的再次创作说起，《史记》中不再出现叔侄通奸的描写，而以屠岸贾"以臣弑君，子孙在朝，何以惩罪？请诛之"① 为理由，认为赵盾"弑君"是开了一个极其恶劣的头，必须有所惩戒才能震慑后来者，但是其时赵盾已死无法明正典刑，但是他犹有子孙在朝，可以偿还其罪，于是有了"下宫之难"。由此看，赵盾在《史记》中的形象已经渐渐向"忠臣"扭转，而屠岸贾以明正典刑为借口，却行残虐血腥剪除异己之实，虽然还没有被明确冠以"奸臣"之名，但是一个"恶"字总是逃不掉的。这一"正义与邪恶"的斗争便可以看是《赵氏孤儿》"忠奸斗争"主旨之雏形，《史记》的存在其实是为二者间构建了一个坚实的桥梁。

其四，赵盾所引导的故事还为主题增添了厚度，如他救助桑下饿人的仁、提弥明拔刀相助的义、灵辄报恩等等，这些可贵的精神都为《赵氏孤儿》的忠义主题增添了厚度，同时也使其拥有了传唱数百年的魅力。

综上所述，赵盾作为一个史传人物，其形象随着时间的历史不断改变，其间司马迁的《史记》无疑起了一个承上启下的关键节点的作用，对后世的文学创作产生了深远的影响，《赵氏孤儿》便是如此，无论是在内容情节还是主题思想上都处处可见其身影，为这一伟大剧作的诞生做出了卓越的贡献。

① 韩兆琦译注：《史记》，中华书局 2010 年版，第五册，第 3362 页。

略论咏史诗对《史记》中
信陵君形象的接受

本文作者李云飞。西北大学文学院博士。

信陵君，即魏公子无忌，魏安釐王异母弟，因其礼贤下士、却秦救赵之事见称于史，后人推其为战国四公子之首，《史记》中专门为信陵君作《魏公子列传》，又有事迹散见于《魏世家》《平原君虞卿列传》《范雎蔡泽列传》等。《史记》中的信陵君是一位礼贤下士、顾全大局、富有政治远见与军事才能的高洁之士，相较于同属于战国四公子的平原君、孟尝君、春申君，司马迁对其评价远在三人之上，称赞其"能以富贵下贫贱，贤能诎于不肖，唯信陵君为能行之""天下诸公子亦有喜士者矣，然信陵君之接岩穴隐者，不耻下交，有以也。名冠诸侯，不虚耳。"又借平原君之口赞其"天下无双"。另外，太史公记载信陵君之事，于本传中记其光辉大义之事，而涉及不甚讨好之事，置于其他篇目，大概是为贤者之讳。而观之于同为"四公子"的孟尝君、平原君、春申君则未有此等待遇。无怪乎茅坤认为："信陵君是太史公胸中得意人，故本传亦为太史公得意文。"①

这样一位受司马迁追捧的光辉形象，自然成为了历代诗人争相吟咏的对象，据现有资料不完全统计，历代咏信陵君是诗有 37 首，唐代咏信陵君诗 4 首，宋代 3 首，金元 4 首，明代 11 首，清代 15 首。另外有些咏侯嬴、朱亥、魏王的诗也涉及信陵君的不包括在内。各朝代的咏信陵君诗以明清两代为多，大概是与明清两代的社会状况及咏史诗总体数量比较多有关。从体裁上来看，格律诗居多，还有古体诗和乐府诗。格律诗比较多在于咏信陵君的诗都是产生于唐代以后，格律诗已经成为诗

---

① ［明］茅坤：《史记钞》，商务印书馆 2013 年版，第 381 页。

歌创作的主要形式。虽然从数量上来看，咏信陵君的诗不多，但是信陵君在诗歌世界中的形象还是可以略窥一斑的，亦可以看出历代咏史诗对于《史记》信陵君形象的接受。兹所论及的咏信陵君诗，皆以信陵君为主要吟咏对象，叙写史实或者感怀托兴的咏史诗。至于诗歌中用信陵君之典故，则不在讨论范围，如李白的《侠客行·赵客缦胡缨》："赵客缦胡缨，吴钩霜雪明。银鞍照白马，飒沓如流星。十步杀一人，千里不留行。事了拂衣去，深藏身与名。闲过信陵饮，脱剑膝前横。将炙啖朱亥，持觞劝侯嬴。三杯吐然诺，五岳倒为轻。眼花耳热后，意气素霓生。救赵挥金锤，邯郸先震惊。千秋二壮士，烜赫大梁城。纵死侠骨香，不惭世上英。谁能书阁下，白首太玄经。"① 诗中是以信陵君和侯嬴、朱亥的故事来歌颂侠客，而不是咏信陵君，所以不作探讨。

历代诗人咏信陵君，或概叙其事迹，或赞美其礼贤下士、虚怀纳谏之气度，或称颂其却秦救赵、归国保魏之高义，或哀婉叹息其借酒远害之无奈，或批评讥讽魏王之昏庸，或借古人之酒杯浇自己心中之块垒，或指出其窃符之事实乃小谋，淋漓尽致地展现出信陵君的历史形象，同时也表达出不同历史时期不同诗人对信陵君的评说，反映出后世对于信陵君人物形象的接受、再现和评价情况。

历代咏史诗中，有许多称赞信陵君礼贤下士之作。据《史记》所载，信陵君为人仁而下士，有食客三千人。侯嬴本是夷门的看门人，年老家贫，社会地位低下。信陵君闻其贤，亲自去问候，"欲厚遗之"，结果侯嬴不接受。于是信陵君大摆筵席，宴会宾客，等诸人坐定，信陵君才带着马车虚左，迎接侯嬴。侯嬴直接坐上上首，毫不谦让，信陵君手执马鞭，愈加恭敬。侯嬴又引车去市场中，见其门客朱亥，两人久立说话，而信陵君的神色却是愈加恭敬。整个市场上的人见此，都骂侯嬴。到了宴会，信陵君引侯嬴上座，并一个个地把宾客向侯嬴做了介绍。后来，信陵君居赵时，听闻赵国有隐于赌徒之中的毛公、隐于酒家的薛公，想要结交两人，奈何二人藏起来不肯相见，于是信陵君悄悄前往见到二人，一见如故。后来信陵君得以回魏却秦便是受到二人的劝谏。司马迁评价信陵君："能以富贵下贫贱""接岩穴隐，不耻下交"，对于其

____
① ［唐］李白著，郁贤皓校注：《李太白全集校注》，凤凰出版社2015年版，第352页。

礼贤下士、知人善用的品格所言不虚。

　　信陵君的礼贤下士不仅能为时人所称赞，更为历代诗人所景仰。宋代刘攽《古信陵行》："薛公藏卖浆，毛公藏博徒。侯嬴抱关叟，朱亥市井徒。我思信陵君，下此四丈夫。富贵胡为弃贫士，能令君存为君死。"① 元董在《凉夜读史拟古数语录呈胜伯先生知己裁正》"翩翩魏公子，南辕北辙轻。折节信得士，所慕匪尊荣。"② 明代王世贞《信陵行》："侯嬴夷门监，朱亥猪狗屠。薛公卖浆者，毛公一博徒。公子枉见之，腰膂屈若无。"③ 这些都是对于信陵君能够礼贤下士的赞赏与钦佩。信陵君对于贤者，不仅能够躬身自请、以礼相待，还能够真正地采用他们的意见。信陵君窃符救赵、回魏却秦之事，都是听取其门客的意见而施行的。他这种真正能够用士、虚怀纳谏之气度，亦为诗人所赞赏。元代徐钧《信陵君》："侯朱决计全危赵，毛薛谋归保大梁。得士信知明效速，去留果是国存亡。"④ 就是对信陵君能够采用侯嬴、朱亥之计得以保全赵国，听从毛公、薛公之劝得以归国保大梁的赞扬，同时道出信陵君对于魏国存亡之重要。信陵君之礼贤下士，使其门客众多，另一方面，门客众多，也表现出信陵君之礼贤下士。是以历代的诗歌对于信陵君的多客深为推崇。"雄哉魏公子，畴日好罗英。秀士三千人，煌煌列众星。"⑤（唐尧客《大梁行》）"昔时信陵君，贤豪动天下，门有三千客，珠履飞龙马。"⑥（王廷相《杂怀》）表现出对于信陵君之做客的赞叹与倾慕。

　　历代咏史诗中，有许多称颂信陵君却秦救赵、归国保魏高义之作。却秦救赵是信陵君人生中浓墨重彩的一笔，也是《史记》中着重笔墨描写的事件。赵国邯郸被秦国所围，求救于魏，魏王派将军晋鄙率军十万救赵，受秦威胁，军队驻扎邺地，名义救赵，实际作壁上观。平原君修书与信陵君，信陵君情急欲往救赵，得侯嬴之计。信陵君请如姬帮忙窃得虎符，又使大力士朱亥以铁锤击杀晋鄙，精选八万精兵，攻打秦军，

　　① 傅璇琮主编：《全宋诗》，北京大学出版社 1993 年版，第 7142 页。
　　② 杨镰主编：《全元诗》，中华书局 2013 年版，第 39 页。
　　③ ［明］王世贞：《弇州四部稿》，崇祯刻本。
　　④ ［元］徐钧撰：《史咏诗集》，据《宛委别藏》本影印，台湾商务印书馆 1981 年版，第 16 页。
　　⑤ ［清］彭定求等：《全唐诗》，中华书局 2008 年版，第 8803 页。
　　⑥ ［明］王廷相：《王廷相集》，中华书局 1989 年版，第 93 页。

秦军败退，邯郸之围得解。信陵君居赵十年，魏国被秦国攻击，魏王请信陵君回国，信陵君怕魏王对前事怀恨在心，告诫门客，谁敢为魏王使者通报，便是死罪。诸门客无人敢劝。毛公、薛公二人以理晓之，信陵君回魏，被授上将军，率领五国军队追击秦军至函谷关，令秦军不敢出战。秦王遂派人携黄金万斤贿赂晋鄙门客，让他们在魏王面前诋毁信陵君。秦军多次使用反间计，终使魏王生疑，令人代替信陵君为上将军，解除兵权。信陵君自知被猜忌，于是饮酒近妇人，日夜淫乐，四年而亡。同年，魏安釐王亦亡。不久，秦攻打魏。

信陵君以其却秦救赵、归国保魏之事，为后人所景仰。王寂《新市民家壁间画・信陵》："信陵豪贵气凌云，折节屠儿意已动。一挫雄兵四十万，杀降绝胜武安君。"① 这首诗写信陵君解邯郸围之事。气势磅礴、豪气干云，直言信陵君进军之气势，侧面指出退敌之勇猛，对于信陵君的赞扬之情溢于言表。明代尹耕的《过邯郸县》："秦兵百万气连云，屋瓦邯郸震欲焚。千载尚留城市在，土人争说信陵君。"② 虽未直接写信陵君解邯郸围之事，但是通过写秦兵的气势以及邯郸之存亡，借后人之口称赞信陵君之功，意味深长，留尽余思。信陵君回魏抗秦，击却秦军，秦兵不敢出，魏国得存，亦为诗人所称颂。唐代周昙《春秋战国门・再吟》："赵解重围魏再昌，信陵贤德日馨芳。昏蒙愚主听谗说，公子云亡国亦亡。"③ 以信陵君系之于魏国的存亡，既有对信陵君的赞颂，又有对魏安釐王昏庸的责备。

历代吟咏信陵君的诗中，诗人往往是将信陵君礼贤下士之德与却秦救赵、存魏之高义兼而咏之。刘基《杂诗》之二十一："在昔信陵君，谦劳实弘度。好士天下稀，宾客远倾慕。救赵夺兵符，扫清邯郸雾。归来存大梁，秦甲耸东顾。魏王木偶人，朽心自成蠹。谗言一以入，危石不可据。日落西河阴，歌钟怨零露。"④ 诗歌首句赞信陵君谦劳而气度弘大，接着可谓一句一事，叙述信陵君之事迹，其求贤若渴、解邯郸围、归魏却秦、受谗被谤等事在几句诗中全然尽现，寓褒贬于文字之中，如"救赵夺兵符"之"夺"一字，就体现出诗人对于信陵君的肯定。诗歌

① 阎凤梧、康金声主编：《全辽金诗》，山西古籍出版社 1999 年版，第 625 页。
② ［清］钱谦益编：《列朝诗集》，中华书局 2007 年版，第 4054 页。
③ 赵望秦：《周昙咏史诗研究》，中国社会科学出版社 2004 年版，第 146 页。
④ ［明］刘基：《刘伯温集》，浙江古籍出版社 2004 年版，第 417 页。

在赞颂信陵君的同时，又批判了魏王的腐朽。王世贞的《五言古诗》："翩翩原尝辈，散金买虚名。独有魏公子，好义复知兵。取士识其真，肝腑为之倾。一战邯郸完，再战大梁宁。五国从若风，强秦闭崤崦。积弱幸以强，昏主堕维城。身死社不木，异代感英声。"① 这首诗为信陵君所作的一首赞歌，诗歌将平原君、孟尝君二人与信陵君相比较，独有信陵君是好义而知兵。接着言及信陵君识士、救邯郸、保魏国、击强秦之事，字里行间透露出对信陵君的称赞与褒扬，同时，诗人对魏王的昏庸亦予以批评。最后，发表议论，后代人依然感动于他的美好名声。在这些咏史诗中，往往会借古人酒杯浇心中块垒，通过对信陵君的吟咏，表达自己的理想，寻求灵魂的释放。王夫之《谒信陵君祠》："信陵饮酒近内，步兵泣路驱车。赢得不知别苦，难忘聊复愁予。"② "步兵泣路驱车"是指阮籍不侍新政权，率意独驾，穷尽路途恸哭而返，心中的悲哀之情跃然纸上。写出信陵、阮籍二人在国家动荡不安之时，自己却无可奈何的窘境，而这也是诗人所面临的一种境遇。

在这些咏史诗中，还有对信陵君无奈饮酒近妇人的哀婉与叹息，对其死之同情。汤显祖《信陵君饮酒近妇人》："魏国乃为累，万古悲公子。世上无神仙，英雄如是死。"③ 是对信陵君"饮酒近妇人"而死的深切悲痛。而魏裔介之"远害全身甘饮酒，至今俎豆大梁间。"与王士禛《谒信陵君祠》"趣救邯郸却暴秦，十年留赵事酸辛。大梁归后忽忽甚，日饮亡何近妇人。"④ 则是对于信陵君为避免遭受迫害，而饮酒近妇人之事的哀婉与叹息。

在历代咏史诗中，亦有批评信陵君者。清代戴名士《窃符救赵》："窃符救赵好如姬，国事亲仇两得之。出此小谋行此事，信陵赢亥辱须眉。"⑤ 如姬，为信陵君窃得魏王兵符者，她是最受魏王宠爱的妃子，经常出入魏王的寝宫，极易窃得兵符。信陵君曾派门客斩杀如姬杀父仇人之头送与她，所以如姬为报答信陵君之恩，帮他窃得兵符。这首诗是对

---

① ［明］王世贞：《弇州四部稿》，崇祯刻本。
② ［明］王夫之：《王船山诗文集》，中华书局 1962 年版，第 164 页。
③ ［明］汤显祖著，徐朔方注校：《汤显祖全集》，北京古籍出版社 2001 年版，第911 页。
④ ［清］王士禛：《渔洋精华录集释》，上海古籍出版社 1999 年版，第 1957 页。
⑤ ［清］戴名世：《戴名世集》，中华书局 1986 年版，第 439 页。

窃符救赵之事人作一评判，赞扬如姬窃符救赵之功，而批判信陵君等人之小谋。首句用一"好"字修饰如姬，是将窃符救赵之功归于如姬，如姬"窃符"与国事可以救赵，与亲仇可以报答信陵君，所以谓其两得之。最后两句，指出信陵君、侯嬴、朱亥之计为"小谋"，这样的做法是有辱于"须眉"的，则作者之褒贬灼然可见。历来论及窃符救赵之事，多以褒奖之词，归功于信陵君、侯嬴，鲜少如诗人之类，直接批判信陵君、侯嬴、朱亥等人，窃符椎杀晋鄙，实乃有失君子风范，将窃符救赵之功归于如姬，可谓独辟蹊径，不乏春秋笔意。

历代咏信陵君诗歌中，除了从正面与负面吟咏信陵君形象外。亦有概叙信陵君之生平事迹，而不加评判者。清代徐公修有《魏无忌》："礼贤从不炫尊荣，执辔夷门一市惊。力士夺军椎晋鄙，老人奇计出侯嬴。居梁饱养三千客，救赵横驱八万兵。末路难消秦反间，妇人醇酒殉馀生。"[1] 整首诗亦是主要记叙信陵君之生平事迹，将几千字叙述的事件始末，用诗歌的形式简缩为四十字，全面叙述其一生经历，不着一字议论，留待后人评判。

纵观历代咏信陵君诗篇，诗人多是对于其礼贤下士、窃符救赵、归魏却秦、饮酒近女诸事的感慨，满含褒奖之声、称赞之意。仅有一篇就窃符救赵之事批判信陵君等人之小谋。如此看来，则于信陵君其人、其事的接受视角未免单一。这里借用福斯特著作《小说面面观》中将小说中的人物形象分为"扁平人物"和"圆形人物"，不妨将历代咏史诗中的信陵君比之于小说中的扁平人物，以成为用人之贤、急人之困的代表，其形象近似于完美。历史中的人物大多是多面性的，信陵君亦是如此，他不仅有优秀的一面，亦有不完美之处。据《史记·范雎蔡泽列传》记载，秦昭王为给宰相范雎报仇，向赵王讨要时在赵国平原君家里的魏齐，魏齐闻之，夜见赵相虞卿，虞卿弃官与魏齐一同逃亡信陵君处，希望通过信陵君的帮助逃到楚国。然信陵君听说后，由于畏惧秦国，一直犹豫，不肯相见，得侯嬴劝服欲见时，魏齐却已羞愤自杀。然而对于魏齐之事，在所有吟咏信陵君的诗里并未见及。由此观之，咏信陵君诗中的人物形象并非对于《史记》所记载形象的全面接受，而是有条件、有选择的接受。这些咏史诗对信陵君形象的接受主要来源于《魏

---

① ［清］徐公修：《读史百咏》，山光塔影楼民国二十三年刻本。

公子列传》，所吟咏、赞扬的也是司马迁所极力推崇与宣扬的方面，所以，司马迁所塑造的这个人物形象是非常成功的。对于后世吟咏信陵君的诗人来说，在现实生活中，他们希望有这样一位能够识贤任能、救国家于危难中的君子，信陵君已经不只是一个历史人物，他已经成为人们心理上的一个美好期许与追求，更是一个文化符号，价值千金，正如司空图所言："一掬信陵坟上土，便如碣石累千金。"①

---

　　① ［唐］司空图著，祖保泉、陶礼天笺校：《司空表圣诗文集笺校》，安徽大学出版社 2002 年版，第 82 页。

论历代诗歌对荆轲刺秦的反面题咏^①

本文作者孙建虎。保定学院文学院副教授。

荆轲是战国时期著名的历史人物，是一位刺客英雄，是易水文化鲜明的代表，更是"燕赵古称多感慨悲歌之士"（韩愈《送董邵南游河北序》）的精神写照和义勇典型。这一形象，在司马迁的《史记·刺客列传》中得到细致而生动的刻画，让人过目不忘、印象深刻。在这一传记中，司马迁刻画了五位刺客的形象，依次是义劫齐桓公的曹沫、刺杀吴王僚的专诸、刺杀赵襄子的豫让、刺杀韩相侠累的聂政、刺杀秦王的荆轲。其中，荆轲形象以超过了半幅篇幅的容量远远压盖了对其他四位刺客的描写，成为主要的刻画对象。可以说，在荆轲的身上，司马迁倾注了更多的心血和感情，使人物形象具有人性化、多面性、立体化的表现效果。其中有赞美，有崇敬，或许也夹杂着些许的遗憾和无奈，个中滋味，怎一个爱字了得！

一、荆轲刺秦悲剧反面题咏的背景

正因为荆轲这一人物、刺秦这一事件具有丰富性、复杂性，所以便产生了不同的影响和效果，后世读者也产生了多种多样的解读和评价，其中有正面的，也有负面的。究其主要原因：一是从荆轲刺秦事件的结果来看，刺秦最终是一个失败的结局。传文前面刻画的四位刺客中，有三位刺客的行动是完全成功的：曹沫、专诸、聂政；只有豫让没有彻底刺杀成功，但也通过大义感染了赵襄子，最终得到了赵襄子的衣服，使豫让"拔剑三跃而击之"，这也算象征性地完成了刺杀任务，也似乎能

① 基金项目：保定市哲学社会科学规划课题"论历代诗歌对荆轲刺秦的反面题咏"（2018136）。

说得过去，基本过关。二是从人物形象的刻画方面，前面四位刺客形象比较单一，也比较纯粹——轻财、仗义、守诺、舍身，都是正能量的爆发，几乎没有负面因素；而荆轲形象则不同，他不是完美无瑕的高大上形象，而是瑕瑜互见、性格丰富、有血有肉，既有优点，又有不足，所谓"成也萧何，败也萧何"，不免使人产生一些意外联想。三是从刺杀的整体过程来看，荆轲刺秦的行动也是充满波折和悬念的，从而隐伏着种种失败的诱因，这也不能不使人对刺秦行动产生一些质疑和反思。

面对《史记·刺客列传》中的荆轲形象和刺秦事件，在学术史上，学者多有评述，也历来有百家争鸣的不同看法和争议。在诗歌方面，历代也产生了大量吟咏荆轲的诗歌作品，也形成了一道面貌多姿、视角各异的诗歌景观。荆轲是一位刺秦的英雄，但也是悲剧的英雄，英雄的豪侠义气、舍生忘死，让人热血沸腾、肃然起敬。但究其悲剧的结局，又不能不使人进行冷静的反思和探讨，从而寻找悲剧产生的诸多原因。

2014 年，刘玲娣等老师编著了《诗话易水：古易水咏史诗整理与研究》，其中对吟咏荆轲的诗歌作品进行了系统的爬梳和整理。据笔者粗略统计，历代与吟咏荆轲相关的诗歌作品有一百篇左右，其中也有不少对荆轲刺秦的诗作从反面进行立意和抒发，有的整体上反面立意，有的局部关联涉及，这类作品共有三十多篇，占诗歌作品总数的三分之一左右。其中唐代、明代、清代反面立意作品数量明显居多，均占本时代作品数量的三分之一、甚至超过二分之一。故此，本文拟就历代诗歌对荆轲刺秦的反面题咏作品进行一番观照和梳理。

二、历代荆轲刺秦反面题咏分析

1. 宋代以前作品

东汉末尹礼《荆轲山三绝句》（其二）曰："豪气无论剑不疏，只缘生劫一筹迂。图穷即断秦王首，千载应传好丈夫。"此诗对燕太子丹"生劫"的策略提出否定态度，认为应该直接刺杀，"图穷即断秦王首"，那样成功的概率就会很大。

晋代的陶渊明《咏荆轲》对荆轲的慷慨激烈之气是由衷赞美的，这也体现了陶渊明"并非浑身是'静穆'""并未整天整夜的飘飘然""金刚怒目"（鲁迅《题未定草》）的另一面风格。但是在作品结尾诗人也指出了荆轲的不足:"惜哉剑术疏,奇功遂不成。其人虽已没,千载有余情。"感叹荆轲剑术不精是失败的重要原因。

　　到了唐代,大唐气象诗浪翻滚,充满了自信和底气的唐代文人自然要拿着透视镜对荆轲这一失败的英雄做一番透视了。然而中晚唐诗人此类作品数量不少,大概也是盛世渐趋没落的反思吧。王昌龄《杂兴》:"可悲燕丹事,终被虎狼灭。一举无两全,荆轲遂为血。诚知匹夫勇,何取万人杰。无道吞诸侯,坐见九州裂。"认为荆轲是匹夫之勇,而秦王是万人之杰,两相对照,胜败立判。柳宗元《咏荆轲》说:"千金奉短计,匕首荆卿趋。……始期忧患弭,卒动灾祸枢。秦皇本诈力,事与桓公殊。奈何效曹子,实谓勇且愚。"作者认为秦皇的狡诈和齐桓公的诚信完全不同,二人不具有可比性,所以刺秦行动是并不高明的"短计",意图效仿曹沫的行动是"勇且愚"的行为,这加速了燕国覆灭的灾祸。李贺《白虎行》:"天授秦封祚未移,衮龙衣点荆卿血。"认为秦朝的权力和国运是天意,是不可轻易改变的。这大概既说了天命神授,也暗指历史所趋。李山甫的《游侠儿》则以举重若轻般的轻蔑态度,彻底否定了荆轲的刺杀行为,嘲讽态度溢于言表:"好把雄姿浑世尘,一场闲事莫因循。荆轲只为闲言语,不与燕丹了得人。"认为荆轲听的是"闲言语",管的是一场"闲事",荆轲刺秦没有什么价值,更没有了神圣的光环。刘叉亦是如此,《嘲荆轲》进行了嘲讽:"白虹千里气,血颈一剑义。报恩不到头,徒作轻生士。"认为荆轲的行为是徒自轻生。周昙的《荆轲》:"反刃相酬是匹夫,安知突骑驾群胡。有心为报怀权略,可在於期与地图。"他的《再吟》曰:"几尺如霜利不群,恩仇未报反亡身。诚哉利器全由用,可惜吹毛不得人。"也认为荆轲是匹夫之勇,再锋利的匕首也没遇到合适的主人。

　　相比而言,宋代的此类作品数量不多。北宋张耒《荆轲》:"燕丹计尽问田生,易水悲歌壮士行。嗟尔有心虽苦拙,区区两死一无成。"南宋薛季宣《读荆轲传》:"妙算尝闻胜五侯,轻生终不是良谋。秦王未许论生劫,毕事还同擦虎头。"二人都否定了燕丹刺杀的计策,认为是"苦拙",而不是"良谋"。

2. 明代作品

明代大量反面立意作品涌现,反对之声高涨。

高启的《咏荆轲》:"劫盟非义举,曹沫已可羞。燕丹一何愚,区区祖遗谋。""临机失始图,利锋竟虚投。豪主一按剑,社稷倏已丘。先王礼乐生,破齐震诸侯。苟能得此贤,伯业犹可修。胡为任轻易,自趣灭亡忧。徒令后世人,叹惋余千秋。"作为开国的名臣,期望能够治国平天下,那么最佳的范式便是儒家的礼乐贤良文化,而不是偏激的刺杀行为,所以他认为"劫盟非义举""自趣灭亡忧",这便是作者设身处地的自然之理,题中应有之义。朱察卿《荆轲》:"匕首无功壮士丑,函封可惜将军首。秦廷一死谢田光,社稷何曾计存否。不知秦王环柱时,舞阳在前何所为。当时太子不早遣,待客俱来应未知。"这指向了刺杀过程中助手不力的因素:太子早遣,不待客来;秦舞阳面对秦皇"色变振恐",无所作为。这些辅助手段的失误也是造成悲剧的一方面诱因。孙黄《荆轲》:"悲歌慷慨发冲冠,上殿披图却胆寒。生劫诅盟缘底事,错将秦政比齐桓。"这也指出了"生劫"的失误,因为秦皇嬴政和齐桓公的本质不同。程诰《咏史》:"易水长虹白,将军首入秦。荆轲无剑术,不是报仇人。"指出荆轲的剑术不精。米云卿《咏荆轲》:"秦庭计不谐,易水无留辙。天命不可违,剑术何巧拙。"指出关键是天命不可违,秦朝的天下是天意神授,与剑术关系不大。赵泰《咏荆轲》:"不畏强秦势,甘为燕报仇。独怜壮士去,误与舞阳俦。太子难成事,将军空断头。至今易水上,风起尚含愁。"批评了太子丹和秦舞阳。

在以易水为题的诗作中,也有一些此类的作品。何景明《易水行》:"秦王殿上开地图,舞阳色沮那敢呼?手持匕首摘铜柱,事已不成空骂倨。吁嗟呼!燕丹寡谋当灭身,田光自刎何足云?惜哉枉杀樊将军。"批评了太子丹"寡谋当灭身"和秦舞阳"色沮那敢呼"。崔泌之的《易水吊古》:"剑术一何疏,千载恨常结",但同时他又似乎自相矛盾:"事不必成败,术亦何巧拙。"黄淳耀《易水行》:"乐生久去丹金台,纵杀秦王谁与守。""吁嗟乎赵城楚地诈已多,馁虎反肉世有无。欲持约契归燕都,惜哉岂止剑术疏。"《咏荆轲》:"丹诚昧大计,轲亦负虚名。……岂惟剑术疏,好谋不好成。"指出"生劫"的策略无异于与虎谋皮、与虎谋食,愚昧而且危险。徐镕庆《易水怀古》:"匕首不利药囊利,人术虽疏亦天意。呜呼,天意帝秦不可回,君不见,渐离之筑张良椎。"指出也是天意如此,不可违拗,剑术当次之。

3. 清代作品

应该说，清代此类作品是最多的，达十余首之多。

魏禧《咏史诗和李咸斋有序》（其一）："缚虎不急缚，虎急必反噬。始皇何许人？把袖责以义。图穷轵揕胸，铜柱安得避？坫上劫齐桓，误矣学曹沬。"刘献廷《咏史》（其二）："匕首西入秦，生死在眉睫。秦政非齐桓，如何欲生劫。"王峻《读荆轲传》："悲歌一曲发冲冠，遗恨千年易水寒。堪笑荆卿不解事，欲叫秦政学齐桓。"三首诗不约而同都反对"生劫"，而主张直接刺杀的"死劫"。赵俞《都亢陂》："提剑荆卿勇绝伦，浪将七尺殉强秦。燕仇未报韩仇报，状貌原来似妇人。"作者将荆轲与张良进行了对比，一失败一成功，对比鲜明，价值也自不同。黄景仁《荆卿故里》："一掷全燕失，悲哉壮士行。盗名原不讳，剑术本难精。"也指出荆轲的剑术不精问题。蒋敦复《咏古三首和陶·荆轲》："剑术虽未讲，烈士固徇名。""时危任刺客，才岂当干城。""天意固有在，人事奚由成。"指出天意如此，人事难成。何况剑术还不精。罗惇衍《荆卿》："易水料应惭轵里，秦皇争得似齐桓。"认为荆轲难以比得上聂政，秦始皇也不同于齐桓公。爱新觉罗·奕䜣《过荆轲山》："酒市高歌空侠士，花源避世说渔翁。未能拔剑如曹沬，胜负兴亡一梦同。"《易州道中咏怀古迹》："移祸丧身何计拙，田光智勇岂言高。欲同楚国称三户，竟使秦兵虏二毛。虚掷头颅伤长者，枉求匕首副儿曹。"作者作为皇室正统的亲王贵族，对其中所有的人物都进行了否定，包括田光、燕太子丹、荆轲、秦舞阳，总而言之，这种暴力刺杀行为是不能得到统治者肯定的。

关于易水为题的作品，也有几首。褐夫《易水送别》："不图强本图行险，抛卵应知击石难。几个义头拼一刺，萧萧易水壮心寒。"作者的"图本"是什么？是不断打造内功，强大自己吗？或者如太子丹的老师鞠武所言："西约三晋，南连齐、楚，北购於单于，其后乃可图也。"反正作者认为刺秦是不行的，是"行险"，是以卵击石。张弘敏《咏史》："剑术莫论疏，荆卿一何愚。生劫万乘主，此事大难图。惟彼虎狼秦，变诈实多虞。诳楚绝齐交，终不致商於。焉能反侵地，信义申匹夫。急刺嬴政胸，群愤亦少舒。如何披督亢，犹事久踟蹰。嗟哉报丹心，空与日月俱。"也否定了"生劫"的策略。缪公恩《过易水》："易水潇潇日夜流，霜锋未发一身休。可怜怒叱燕丹去，不及秦州乌白头。"张登高

《读史》:"前人论古日纷纷,不量燕秦力不均。可惜有为鞠太傅,终怜无命樊将军。金台春尽生芳草,易水风寒澹夕曛。莫怨荆卿疏剑术,误教曹沫劫齐君。"指出效仿曹沫生劫齐桓公策略的失误。

三、对反面题咏的总结分析

综上所述,可以看出历代诗歌作品中对荆轲刺秦的反面题咏数量不少,有几十首之多,约占总数的三分之一,应该说这不是一个偶然现象,足以引起我们的关注和反思。当然,司马迁作《史记·刺客列传》一文,对荆轲充满着深厚的感情,同时也不以成败论英雄,文章结尾太史公曰:"自曹沫至荆轲五人,此其义或成或不成,然其立意较然,不欺其志,名垂后世,岂妄也哉!"但荆轲毕竟是一个失败的英雄,司马迁在做传的时候也进行了一定的有目的的挖掘,整体刻画之中隐含着导致悲剧结局的草蛇灰线。这是一次失败的刺杀,荆轲是一个失败的英雄。后世的诸多诗歌评论从反面立意,正是基于其悲剧的结局及其并不完美甚至有缺陷。他们或者认为秦朝统一天下是天意难违、大势所趋的,或者认为秦始皇不同于齐桓公,让荆轲效仿曹沫的生劫是机械而又错误的,或者认为荆轲的剑术不精,或者认为助手的选择不当等。当然,"一千个读者就有一千个哈姆莱特",每个人的解读不同,是和不同的时代、立场、身份甚至创作情境或者心境有密切关系的,我们也不能要求统一口径、整齐划一。然而,荆轲的侠义精神是伟大的,燕赵光芒光照后世,这是毋庸置疑的。鲁迅说:"有缺点的战士终究是战士,完美的苍蝇终究不过是苍蝇。"这用在荆轲身上,也的确不错。

《史记》双音节重言虚词的文学功能举隅

本文作者陶长军。陕西师范大学文学院博士。

所谓重言虚词，是指把两个或两个以上意义相同的虚词叠加在一起，以起到单个虚词所不能起的功用，来增强表达效果的一种虚词使用方式。《史记》中的重言虚词使用情况很复杂，但从音节来划分，有双音节的，如："愈益""适会""业已""犹尚"等；有三音节的，如："大抵皆""大抵率""即有如""籍第令"等；四音节的仅有一个"大抵无率"。由于在这几种形式中，双音节重言虚词所占比重最大，故本文只把双音节重言虚词列为讨论对象，采用个案分析法，对它们的文学表达功能予以阐说。

一、"唯独"例说

杨树达《词诠》："唯，副词，独也，但也。""独，表态副词，唯也，仅也，但也。""唯""独"意思相近，可以互训，多用作范围副词，表范围的狭小。两个词连用，程度加甚，极表范围的小之又小，用来起强调作用，如：

> 及高祖崩，吕后夷戚氏，诛赵王，而高祖后宫唯独无宠疏远者得无恙。（《外戚世家》）

"唯独"二字，写尽吕后变态、凶狠之相，满纸血腥气味扑面而来。刘邦生前宠爱戚姬，疼爱赵王如意也胜过惠帝刘盈，且几次欲废太子而立如意，吕后因此对戚姬母子怀恨在心。待到刘邦驾崩，吕氏掌管实际的军政大权，吕雉便对以前的政敌展开疯狂的报复，首当其冲便是戚姬母子。先派人鸩杀赵王如意，再"断戚夫人手足，去眼，煇耳，饮瘖药，使居厕中，命曰'人彘'"。这样惨无人道的报复行为，让人根本无法忍受甚至几乎都不敢想象，"孝惠见，问，乃知其戚夫人，乃大哭，因病，岁馀不能起"，通过惠帝看到这种惨象后的表现，我们不难看出，司马迁对吕雉是极为不满和愤怒的，他不但借惠帝的表现来批判她，而且还借惠帝的口来骂她，"（惠帝）使人请太后曰：'此非人所为。'"连自己的亲生儿子都骂她不是人，正表现司马迁对吕后凶残行为的严厉谴责和批判。更可恨的是吕后报复的对象不仅仅局限于戚姬母子二人，"而高祖后宫唯独无宠疏远者得无恙"，"而"字是承接连词，表递进关系，既是语法上的递进，也是人们内心情感的递进。在把吕后的屠杀对象由戚姬母子递转到整个后宫的同时，也把人们对吕后的愤恨不满情绪向前推进了一步。"唯独"二字是强调，强调哪些人在这场残酷的屠杀中得到了幸免，由于这两个词均表范围的狭小，两个词并用则极言范围的小之又小，即是在这场宫廷政变中存活下来的人真是屈指可数。"唯独无宠疏远者得无恙"，也就是曾经受过刘邦一点点宠爱，跟刘邦稍稍有些亲近的人，都不得免于这场灾难。由此可见，吕后的凶残、疯狂已到令人发指的地步了。这样的表达效果是单独一个词很难胜任的，由此看出同义连用也是作者为宣泄情感而采取的一种语言表达技巧，是很值得认真研究的。

　　燕王怒，群臣皆以为可。……唯独大夫将渠谓燕王曰："与人通关约交，以五百金饮人之王，使者报而反攻之，不祥，兵无成功。"燕王不听，自将偏军随之。将渠引燕王绶止之曰："王必无自往，往无成功。"王蹴之以足。将渠泣曰："臣非以自为，为王也！"（《燕召公世家》）

　　燕王喜四年（前251），派国相栗腹和赵国订立友好盟约，送上五百镒黄金给赵置酒祝寿。栗腹回国报告燕王说："赵国年轻力壮的人都战死在长平了，他们的孩子还没有长大，可以进攻赵国。"燕王叫来昌国君乐间询问这事情。乐间回答说："赵国是个四面受敌、经常作战的国家，他们的百姓熟悉军事，不可以进攻。"燕王说："我们是以五个人攻打他们一个人。"乐间仍然回答说："不可以。"燕王很生气，群臣都认为可以进攻，于是燕王"卒起二军，车二千乘"以伐赵。（按：在将渠出场之前，太史公故意安排燕王与乐间的一段对话，旨在为这次行动定下一个基调，用来昭示战争的结果。战争尚未开始，而结果已经揭晓，这是《左传》描写战争惯用的手法，同时也是为下文将渠的劝谏事先张本。）在这事关国家成败兴亡的紧要关头，"唯独大夫将渠谓燕王曰"云云，"唯独"这里同样是起强调作用，强调出来阻止燕王贸然行动的人是如此之少，偌大一个燕国，竟然"唯独"将渠一个，言下含有深深的惋惜之意。"唯独"一词，还流露出太史公对将渠的欣赏和赞美：欣赏他的明智与卓识，赞美他的敢于触犯君颜、坚守大义；另一方面则又隐含着对燕国那些碌碌之辈的不满和批评：不满他们的一味看君王脸色行事（"燕王怒，群臣皆以为可"），批评他们在大是大非面前只顾苟合取容，置国家利益于不顾。虽然将渠极力劝阻，但燕王终究还是没能听从，直到被廉颇困于围城之中时才幡然醒悟，最终赖将渠求和才幸免于难。司马迁是非常爱惜人才的，每当见到贤才受冷落，他都忍不住一唱三叹为之惋惜。《楚元王世家》赞云："贤人乎！贤人乎！非质有其内，恶能用之哉？"将渠亦然。

> 太史公曰：曹相国参攻城野战之功所以能多若此者，以与淮阴侯俱。及信已灭，而列侯成功，唯独参擅其名。（《曹相国世家》）

司马迁说曹参之所以能够立下如此的军功，那完全是因为跟上了韩信，而韩信又过早地被刘邦除掉了，于是这才显出了曹参。"唯独参擅其名"，"唯独"一词带有司马迁个人强烈的感情色彩：一则是为韩信的过早被杀深表痛惜；一则不值于曹参所取得的名望和地位，认为和他所立的战功不相符合。给人以"山中无老虎，猴子称大王"的味道。姚苎田说："此《赞》言简而意甚长，不满平阳意最为显著。"说的就是这个意思。

> 昔高祖定天下，功臣非同姓疆土而王者八国。至孝惠时，唯独长沙全，禅五世，以无嗣绝，竟无过，为藩守职，信矣。（《惠景间侯者年表》）

潘永季言："盖以高祖定天下，功臣王者八人，韩信、黥布、彭越、张耳、韩王信、鲁绾、吴芮。（按：潘氏此处只列七王，少燕王臧荼。）淮阴、布、越，有破楚之大功，而卒以夷灭，长沙无功于汉，而独得传

世，支庶侯者数人，此史公所悲也。特赞其守职能忠，意在言外。"①潘
氏慧眼独具，已觑见这段赞语饱含着司马迁深深的悲痛，而"唯独"二
字最能体现史公的这种悲痛。从高祖开国至孝惠即位，短短十几年的时
间，所封的八个异姓诸侯国仅仅只剩下了一个，且被铲除的诸侯王大都
是为汉家立下赫赫战功的，唯独长沙王吴芮庸碌，无功于汉，亦于汉没
有任何威胁，故得保全，且"禅五世"。司马迁对汉代统治者的这种刻
薄寡恩、屠戮功臣的行为极为愤恨，他在《淮阴侯列传》中就借韩信之
口对其进行控诉：信曰："果若人言，'狡兔死，良狗烹；高鸟尽，良弓
藏；敌国破，谋臣亡。'天下已定，我固当烹"，这是多么沉痛的告白，
其中又蕴含着司马迁怎样深沉的感喟，真是千载之下犹让人惊心。"唯
独长沙全"，这里与其说是司马迁在强调仅仅长沙王得到保全，毋宁说
是他在强调被灭的其他七个诸侯国，在为他们深情地唱挽歌。这正如程
维在其《〈史记〉重言虚词研究》一文中所指出的那样："昔者八国，与
今'唯独长沙'相对比，显然是一种讽刺；孝惠之前都是高祖掌政，
'定天下'时则诸王立，'天下定'时则诸王废，而作者又是同一人，真
是莫大的滑稽。"

二、"适会"例说

《词诠》："适，副词，适然也。于一事实与别一事实巧相会合时用
之。今言'恰好''恰巧'。""会，时间介词，值也。""值"也是凑巧、
恰好的意思。这两个虚词意思相近，司马迁故意把它们放在一起使用，
营造出一种极其凑巧的情景，有着特殊的用意，往往表达着作者某种感
情倾向，如：

> 姜原出野，见巨人迹，心忻然说，欲践之，践之而身动如孕
> 者，居期而生子。以为不祥，弃之隘巷，马牛过者皆辟不践；徙置
> 之林中，适会山林多人；迁之，而弃渠中冰上，飞鸟以其翼覆荐
> 之。姜原以为神，遂收养长之。(《周本纪》)

姜原三次弃子，三次出现"神迹"，促使姜原不得不转变自己对待

① 潘永季：《读史记札记》，见杨燕起、陈可青、赖长扬汇辑《历代名家评史记》，
北京师范大学出版社 1986 年版，第 402 页。

这个孩子的态度和做法：由最初的"以为不祥"到后来的"以为神"；由先前的"三弃之"到最终的"遂收养长之"。第二次弃子，是"徙置之林中"，即又把他辗转扔到山林之中。"适会山林多人"，"适会"在这里给人一种极其强烈的凑巧意味，是司马迁专意营造出来的气氛，以与其他两次出现的"神迹"相匹配①。如果去掉"适会"二字，"山林多人"只是一般陈述，用来陈述山林里人多这个事实，没有言外之意，更不用说夹带着作者主观的感情。加上"适会"二字这个句子含义就丰富了，"适会山林多人"，碰巧（那一天）山林人多，言外则有山林一向寂寞，不知怎么搞的偏偏那一天突然一下子热闹起来的味道。这自然属于小概率事件，正因为这样的事件发生概率极低，才会让人觉得奇怪，觉得神奇，这正和其他两次神异事件相匹配，也与后面的"姜原以为神"相呼应。从这个故事的实际参与者姜原一方来讲，这里"适会"一词隐含有意外意，出人意想意，让人猝不及防意。而从这个故事的叙述者司马迁的维度来看，"适会"一词还隐然含有庆幸之意。"适会山林多人"，言外有幸亏（那天）山林多人的味道，体现出太史公对周始祖后稷的一片温情，即马迁是深为弃感到幸运的。

> 于是新垣衍起，再拜谢曰："始以先生为庸人，吾乃今日知先生为天下之士也。吾请出，不敢复言帝秦。"秦将闻之，为却军五十里。适会魏公子无忌夺晋鄙军以救赵，击秦军，秦军遂引而去。（《鲁仲连邹阳列传》）

李景星《史记评议》评《魏公子列传》云："盖魏公子一生大节在救赵却秦。""救赵却秦"的确是魏公子一生大节之所在，也是公子一生最为显赫的功绩。"存赵正所以存魏，存赵后存魏，而燕、韩、齐、楚、

---

① 第一次（姜原）"弃之隘巷，马牛过者皆辟不践"和第三次"弃渠中冰上，飞鸟以其翼覆荐之"，较之第二次"神迹"，这两次则表现得更为神异和离奇，已不仅仅是出现概率大小的问题，它们均是自然界极为罕见的现象，在某种程度上已带有神话的色彩。司马迁为了让这三次"神迹"不至于悬殊过大，尽量与人们的阅读心理相符合，故于第二次用上"适会"一词特加渲染。我们试着去掉"适会"一词，或者是单独使用"适"或"会"，其实都不影响意思的表达。但这里司马迁为了缩小这三次"神迹"在人们心理上造成的反差，给人们一种潜在的心理上的平衡，有意识地加上"适会"这个重言虚词，不但丰富了这句话的意蕴，同时还带上了作者浓厚的感情，读者细心体会可知。

相继而获俱存也，此天下之大机也。"①这就对魏公子却秦存赵的历史功
绩又作了更进一步的推衍，指出魏公子在抑制秦军东进过程中所作出的
卓越贡献。通过以上两家评论可以见出，魏公子在击败秦军解赵邯郸之
围是发挥了中流砥柱的作用的，其他诸如平原君、鲁仲连、新垣衍等
人，虽然都参与其事且都起了一定作用，但起根本主导作用的还是魏公
子无忌。"秦将闻之，为却军五十里"，乍看太史公好像要把这解邯郸之
围的一等功劳归之于鲁仲连了，但紧接着"适会魏公子无忌夺晋鄙军以
救赵"，"适会"这里有转折意味，很有些后来说书人常言的"话分两
头，单说一方"的味道。司马迁前面正在全副精力地写鲁仲连怎样义激
新垣衍，迫使新垣衍"不敢复言帝秦"，接着用"适会"一转，把场景
从鲁仲连一方转到魏公子一方，同时也把这解赵之围的头等功劳从鲁仲
连名下转到魏公子头上。"适会"极言魏公子来得及时，就在那千钧一
发的当口，"适会"公子将兵而来以击秦军，"秦军遂引而去"。这里
"适会"一词也是司马迁有意用之，以突出信陵君在解救邯郸之围时所
起的作用至关重要，言语中含有对信陵君的无限赞赏之情。梁启超在
《中国历史研究法补编·人的专史》一文中说："譬如《史记》有《鲁仲
连传》，不过因为鲁仲连曾解邯郸之围。诚然，以当时时局而论，鲁仲
连义不帝秦，解围救赵，不为无关；但是还没有多大重要。太史公所以
为他作传，放在将相文士之间，完全因他的性格俊拔，独往独来，谈笑
却秦军，功成不受赏。"梁启超说的很清楚，鲁仲连在救赵难中所起的
作用"没有多大重要"，这里司马迁用"适会"一词着意突出、强调魏
公子，正是为了还原历史的本真面目，给每个历史人物应有的历史地
位，这又可见出司马迁作为历史学家"实录"历史的一面。宋人评价杜
甫作文"一字不苟"，马迁亦云。

　　　　绛侯为丞相，朝罢趋出，意得甚。上礼之恭，常自送之。袁盎
　　　进曰："陛下以丞相何如人？"上曰："社稷臣。"盎曰："绛侯所谓
　　　'功臣'，非'社稷臣'。'社稷臣'主在与在，主亡与亡。方吕后
　　　时，诸吕用事，擅相王，刘氏不绝如带。是时绛侯为太尉，主兵
　　　柄，弗能正。吕后崩，大臣相与共畔诛吕，太尉主兵，适会其成

　　　①　唐顺之：《精选批点史记》卷三，见杨燕起、陈可青、赖长扬汇辑：《历代名家评
史记》，北京师范大学出版社 1986 年版，第 596 页。

功。所谓'功臣'，非'社稷臣'。丞相如有骄主色，陛下谦让，臣主失礼，窃为陛下不取也。"后朝，上益庄，丞相益畏。(《袁盎晁错列传》)

"适会"一词，把周勃的功劳贬得一文不值。袁盎为了巴结、讨好文帝，不惜歪曲历史事实，恣意贬低有功之臣，通过这个词，司马迁就把袁盎擅于逢迎媚主、谲诈阴险的性格给鲜活地表现出来了。钟惺云："盎有智，数观其直谏中节，皆寓献媚之意。自结人主，人知其直，而不知其谲，'善附会'三字窥见至隐。"①这真是一针见血直指袁盎的灵魂，一篇《袁盎传》，太史公不厌其烦地写其"直谏"，而每一次"直谏"背后，无不隐藏着其险恶的用心。正如凌稚隆《史记评林》所言："袁盎谏赵同骖乘，正论也，实则恐其害己；戒申屠嘉礼士，善言也，实则愧其轻己。盎平生挟诈，率此类也。"袁盎的每次进谏，表面看皆是"善言""正论"，而实质上都是为了倾轧彼方，为自己谋求荣身之途，这次自然不能例外。"适会其成功"，"这句'适会'把绛侯的功劳最小化，以顺应天子之心，真是绝佳的马屁。这在君权、相权相独立和斗争的汉代，无疑是一种基于妒忌和投巧心理的挑拨行为，由此便能觑出袁盎的心机"②袁盎心机既如此诡谲险恶，然则与之合传的晁错最终死于其手，也就不足为怪了。如果我们把晁错之死看作司马迁对袁盎的又一次无情鞭挞，应该也是符合史公作意的罢！

三、"彼其"例说

在众多的双音节重言虚词中，司马迁用得最为深情，也最能体现司马迁个人情感的莫过于"彼其"一词。司马迁从不轻易使用这一词汇，不肯随便地把它加诸某个人身上，但一旦动用，即饱含深情。在《史记》一书中，"彼其"一词共出现两次，一次用在屈原身上，一次用在李广身上，体现着司马迁对此二人绵绵不尽的情意。

---

① 见杨燕起、陈可青、赖长扬汇辑：《历代名家评史记》，北京师范大学出版社1986年版，第654页。

② 程维：《〈史记〉重言虚词研究》，《佳木斯大学社会科学学报》2010年6月第28卷，第3期。

　　太史公曰：余读《离骚》《天问》《招魂》《哀郢》，悲其志。适长沙，观屈原所自沈渊，未尝不垂涕，想见其为人。及见贾生吊之，又怪屈原以彼其材，游诸侯，何国不容，而自令若是。（《屈原贾生列传》）

　　"彼其"一词，体现了司马迁对屈原的无比同情和无限敬仰。"屈原以彼其材"，司马迁不说屈原有什么样的材，不说他有多大的材，而说"彼其材"，这很容易让人产生遐想：或许司马迁认为屈原才气太大，大到无边无沿，用任何词汇来形容他的才气，都显得力不从心，过于苍白，故最终出于无奈，只好以"彼其"笼统括之；抑或太史公对屈原太过于敬仰，当他仰望自己万分敬仰的"巨人"时，真有"高山仰止"的感觉，以至于觉得自己没有资格去品评这样的人物，不敢随便以什么"名头"加诸其身，故只好一切遵循自然，"彼其"正是屈原最本真的自己。同时"彼其"这个词汇还具有排他性，"彼其材"即这样的材只属于屈原一人，与其他一切人无关，言外仿佛有只有屈原配得上这样的才华，其他人没有资格拥有这么大材的意味。屈原既然怀抱不世之才，以至被后人誉为"国医手"（陈三立语），但却遭谗被放，屈于下僚，郁郁不得行其志向，则才气愈大，怆痛愈深，此正是太史公之所深惜，故"彼其"一词，又饱含着司马迁对屈原的深深的惋惜之情。总之，这个"彼其"蕴意真是丰富极了。正如程维所言："司马迁的这个'彼其'，太容易把人带入一种情景，让人仿佛对着一张屈原的画像，或是对着真实的屈原的背影，而注视着这背影的目光中蕴含着多少真心的激赏、多少沉痛的惋惜、多少同情的伤心啊？或许（太史公）还能想起自己的天才和委屈——天才一出生就注定要委屈。这个'彼其'仿佛就是一面镜子，镜子的对面就是自己。"①

　　太史公曰：传曰："其身正，不令而行；其身不正，虽令不从。"其李将军之谓也？余睹李将军悛悛如鄙人，口不能道辞；及死之日，天下知与不知，皆为尽哀。彼其忠实心诚信于士大夫也。谚曰："桃李不言，下自成蹊。"此言虽小，可以喻大也。（《李将军列传》）

---

　　①　程维：《〈史记〉重言虚词研究》，《佳木斯大学社会科学学报》2010年6月第28卷，第3期。

　　这里"彼其"一词也极具深味。通常情况下我们把"彼其忠实心"理解或翻译为"他那颗忠实的心"，即认为"彼""其"两个代词各有所指，把"彼"理解为人称代词"他"，把"其"理解为指示代词"那"，这样解释也未尝不可。但如果我们把"彼其"看作一个整体，把它当作一个重言虚词来对待①，那么"彼其忠实心"，就包含着司马迁的款款深情在里面了。他故意不告诉你李广这颗心到底有多么忠实，实际上他也没办法告诉你，因为李广的忠诚已到了让人难以用具体语言来描述的地步，故他只说"彼其忠实"，避实就虚，含蓄道出，则李广的忠实就充塞于天地之间了，言有尽而意无穷，给人留下无穷的遐想空间，晚唐司空图所言"不著一字，尽得风流"，差可谓是。

　　双音节重言虚词绝不仅限于以上三个，王其和硕士论文《〈史记〉同义连用研究》有专门章节统计《史记》中的重言虚词，可供我们参考。其实重言虚词和单音节虚词一样，都是作者语气和心态的流露，只是往往显得更加集中和强烈。同时，重言虚词以双音节的占绝大多数，双音节词和单音节词相比，更具音乐性，也更加适合散文的节奏，使文章显得愈加沉郁、雍容不迫。司马迁给我们树立了运用重言虚词的典范，《史记》给我们提供了研究重言虚词的范本，引领着我们对《史记》中的重言虚词作更进一步的深入探讨。

---

　　①　把"彼其"看作一个重言虚词，其意义大概相当于我们今天常用的程度副词"那么"或"那样"。这并不是司马迁的首创，先秦时期的典籍如《诗经》《左传》都有这种用法，其中用得最为出色的是《孟子·公孙丑上》："公孙丑问曰：'夫子当路于齐，管仲、晏子之功，可复许乎？'孟子曰：'子诚齐人也，知管仲、晏子而已矣。'或问乎曾西曰：'吾子与子路孰贤？'曾西蹵然曰：'吾先子之所畏也。'曰：'然则吾子与管仲孰贤？'曾西艴然不悦，曰：'尔何曾比予于管仲！管仲得君如彼其专也，行乎国政如彼其久也，功烈如彼其卑也。尔何曾比予于是！'"这里三个"彼其"均是一个整体，都是表程度的副词，不能拆分理解，和司马迁"彼其忠实心"的"彼其"用法相埒。

清代文言小说的
"慕史"倾向及创作

本文作者田宁。陕西师范大学文学院博士研究生，西安工程大学讲师。

清代文言小说创作者众多，卷帙繁富，是文言小说的高潮也是绝响。① 在江苏广陵古籍刻印社出版的清末之前的共35册本《笔记小说大观》中，清代笔记小说就占了21册，作品数量和创作人数超过前代所有文言小说总和，被研究者称为唐传奇之后"文言小说艺术的顶峰"（石昌渝语）。清代文言小说取得辉煌成就，是因为汲取了文言小说发展史中的各种优秀经验，更因为受到了清代文人"慕史"倾向的影响。

一、清代文言小说家"慕史"的文化心态

清代是一个重史时代，无法修史的文人带着浓郁的"补史"意识观念从事小说创作。清代的小说观念杂糅，既包含作者虚构的作品，还有归为"杂史""杂传"的传闻轶事。他们认真地"实录"奇闻异事以图"补史"，当小说作品被赞誉为有"补史"和"劝惩"作用时，文言小说家们无疑获得了巨大的创作动力。

评论家以史书和诗文的评价标准衡量文言小说，给创作者提供巨大的创作动力。蒲松龄生前，其《聊斋志异》就受到王士禛的赞许，这种提携奖掖力度极大鼓舞了他。在小说刊刻之前的100多年，社会上以传抄阅读的方式致敬作者。乾隆中期刊刻发行后，批评家评点《聊斋志异》时用的是都是评论诗、文的态度和语言，比如赵起杲、冯振峦把

---

① 据宁稼雨的《中国文言小说总目提要》所举，清代文言小说集大概有588部（自明至清）。

"粗服乱头（而好）"的对渊明诗歌风格的称赞语（见清代诗人贺裳《载酒园诗话》）赋予《聊斋志异》。但明伦在给《聊斋志异》所做的序文（道光二十二年）称其兼具《尚书》《周礼》《檀弓》《左传》《国语》《国策》等古史之韵味，尤其称赞其于"人心风化，实有裨益"的教化效果。这些评价将文言小说创作推高到"不朽之盛事"的地位，将蒲松龄的地位提升到可与重臣、才子并肩的程度，刺激了后来的文言小说发展。

乾嘉年间的《阅微草堂笔记》《子不语》被当作"杂史"，纪昀、袁枚因为文言小说创作获得的社会知名度和认可度让其仕宦生涯锦上添花。清代读书人社会出路狭窄，尤其当科考不遇仕途峻嶒时，小说被社会广泛接受给失意士子带来社会名望，小说"劝惩"功能所承负的社会价值和文化使命成为文人实现自我的重要阵地。如沈起凤九岁应童子试起一直困踬在科举之路，到二十八岁始中举后五试五败，四十岁灰心而著《谐铎》。小说问世让沈起凤大获赞誉，几十年间不断有社会名流亲自做序褒扬，将其与名扬天下的《聊斋志异》《子不语》相提并论。这些都极大刺激了作者积极投身文言小说创作，促成文言小说创作向史传文学的自然靠拢趋势。

二、清代文言小说中大量涌现的
"奇人传"和"鬼狐传"

史书撰写的本意在于探究历史发展规律，指导现实社会和人生。古代文言小说能寓教于乐，展现强烈的现实生活指向，往往依附史书而流传。在"慕史"情怀下，清代的文言小说创作带有史的写作标格，在写人、叙事的技巧和结构体系展现出极为明显的史传文学风格。

文言小说创作自宋元以来一直萎靡停滞，少有大家名家参与创作，到了明代中后期得到才名擅场者的青睐。① 鲁迅在《中国小说史略》说道："文人虽素与小说无缘者，亦每为异人侠客童奴以至虎狗虫蚁作传，盖传奇风韵，明末实弥满天下，至易代不改也。"② 明末清初出现的大量

---

① 祝允明：《志怪录》、陆粲《庚巳集》、王同轨《耳谈类增》、钱希言《狯园》等都对"荒诞奇僻"事件情有独钟。

② 鲁迅：《中国小说史略》，人民文学出版社 1973 年版，第 179 页。

辑录传记的作品集有《虞初新志》《觚剩》等，这些作品为俗世奇人立传，写出种种遗民众生。张潮《虞初新志》公开表示他文言小说中怪诞奇异内容的偏爱："况天壤间灏气舒卷，鼓荡激薄，变态万状，一切荒诞奇僻，可喜可愕可歌可泣之事，古之所有，不必今之所无。古之所无，忽为今之所有。固不仅飞仙盗侠，牛鬼蛇神，如夷坚艳异所载者为奇矣。"① 文言小说的"好奇"特征在很大程度上延续了史传的创作传统。

　　清初文言小说家以"好奇"的心态广泛撷采日常生活中的奇闻异事。在《虞初新志》中有"闻歌声辄哭"的汤应，他以琵琶绝技受王深赏，岁获米万斛养母。在钮琇的《觚剩》中，孙商声觉"斯文既丧，世无可交者。乃与此齷齪辈同其食息，不如无生"。后赴邀在苏州承天寺讲学，怒寺僧嗜酒好色辞而不得，奋投书斋前清池而死。在徐瑶的《髯参军传》中，当公子携重金被状貌狰狞的道僧觊觎时，髯参军路见不平，拔刀相助。他轻视功名，拒绝公子举荐给相国为大将军的机会，来去自如、亦侠亦隐。魏禧《大铁椎传》中的大铁椎一人勇敌三十许人，大战完毕，飘然而逝。这样的人物在文言小说中不胜枚举，作者在塑造明末清初知识阶层坚烈忠贞文化的同时，激发了清代文言小说的"好奇"的创作态度，塑造了清代文言小说"以传奇而志怪"的写作模型。如《小青传》中的小青能预知自己死期。她昏卧数日之后，"语老妪曰：'可传语冤业郎，觅一良画师来。'"将自己的倩影真容遗留人间。在《张灵崔英传》中，崔、张二鬼魂在雪夜中漫步，和友人告别。文言小说集中大量的"孝犬""义猴"在危难之际救主人于水火，举动怪异超常。史传的写法被大量的文言小说作家借鉴。

　　明清易代完成，社会逐步趋于稳定后，真实的奇人轶事鲜见，鬼狐精怪传闻遂成为小说的主要素材。清初大型丛书《说铃》中收录志怪作品集有八种：王逋的《蚓庵琐语》、徐岳《见闻录》、陆圻《冥报录》、释戒显《现果随录》、杨式传《果报闻见录》、徐庆《信征录》、吴陈琰《旷园杂志》、吴震方《述异志》。这一大批从书名就可以看出内容的文言小说不外因果劝惩，搜奇记异，表现出对志怪的极大兴趣，嘉庆本《说铃》（原版康熙四十年，1701）在清代被一再印刷，所收书目被《四

---

　　① 张潮：《虞初新志》序，《清代笔记小说大观》，上海古籍出版社 2007 年版，第 233 页。

库全书总目提要》存录于中即为证明。

史传文学在写人记事时注重故事的完整性。比如顺次呈现主人公的命运发展，叙述层次清晰，情节完整。这种写法作为史传文学的显著传统，也延续到中国古代文言小说创作中。清代文言小说的线性思维模式和情节完整性特别突出。这也符合读者的接受习惯，重视事件的前后联系，揭示因果关系时得心应手，一目了然。清代文言小说没有机会给帝王将相、奇人逸士立传，清代的文言小说家给俗世奇人和狐妖精怪立传，大量的作品以人物姓名直接名篇，作者用史传典正的文章写法撰写那些明显带着想象的内容，巧妙地表达作者对现实的感受和看法。

小说优秀与否关键在于作者写小说的方式能否吸引到人，能否用小说恰如其分地表达出自己的情怀和心灵，代表或者启发大多数人思想。王充曾说过："文岂徒调墨弄笔、为美丽之观哉？载人之行、传人之名也！善人愿载，思勉为善；邪人恶载，力自禁载。然而文人之笔，劝善惩恶也。"[①] 要在道德意识浓厚的社会生存，必然需要作品带有道德色彩。为了增强劝惩的效果，谈鬼说神吸引读者是必要的。

小说家水平有高有低、观念有新有旧，但在写作中都秉承良好的动机，游戏笔墨者少而旨在求真者多，因为他们将小说当作史料存留供史者采撷。文言小说由肤浅、琐碎的"小道"言论发展到可以"治身理家，有可观之辞"的"残丛小语"和"或一言可采"的"刍荛狂夫之议"（班固语），在于它能寓教于乐，在表现普通百姓的日常细事、生活情趣、思想观念乃至时俗世态方面的优势大于诗文。"中国人改造外来故事，极少拿着原稿照搬，利用几种不同内容的故事，取自己当时所需，七拼八凑，却是常见。有的情节，递嬗恐非一代，经过豆棚瓜架下一代代的'姑妄言之'，不断转换嵌合打磨，才形成一个个新的故事或者新故事中的传统性情节。"[②] 文字简雅，叙事井然，当然还有极其明显的"异史氏曰""铎曰"等按语，和史传文学如出一辙。

文言小说承载劝惩的重担和教化的功能。文言小说的读者大多是读书人，搜奇志怪又有劝惩的文言小说成了他们业余的最好的消遣品，他们欣赏小说中的故事能暂时忘却生活中的压抑，舒张精神从而排解苦闷

---

① ［汉］王充著，张宗祥校注，郑绍昌标点《论衡·佚文篇》，上海古籍出版社 2010 年版，第 180 页。

② 白化文：《三生石上旧精魂》，中国书籍出版社 2016 年版，第 68 页。

的心理。而普通读者更注重故事情节带来的新鲜刺激感而非艺术性的高低。作者文言小说作家或者假实证幻，或者隐藏视角，在表面的写实下有意识地虚构故事情节，在叙事时对故事素材进行精细的虚构处理，以此传播自己的感悟和理念。

清代文言小说中往往可见到源自同一故事的不同文本，虽然作者都标榜自己是对社会新闻或文献故事的"纪实"，但是不同的文本却确凿地证明了作家或讲述者的虚构。如在涨潮《虞初新志》之《换心记》、王晫《今世说》中的《周立五》、《聊斋志异》中的《陆判》等，小说的主人公形体的变化和恢复的情节类型基本没变，但故事的主人公、发生的地点在变化。参校这些变化，就可以看到小说的虚构的部分。而这些虚构正是为了能让读者顺利接受作者借助故事传达的道理，这和史传通过历史人物述写人生社会感悟是款曲暗通的。

史传文学讲究写人记事传神生动，这也是清代文言小说创作的标格。《聊斋志异》写狐女，就有《青梅》《婴宁》《小翠》等篇。仅从董潮《东皋杂抄》、沈曰霖《晋人麈》、朱象贤《闻见偶录》、赵彪诏《谈虎》《说蛇》等文言作品的题目上就能看到作者追求情节生动的用心。文言小说写作要有深厚的文字功底，作品以浅近的语言和通俗趣味受到社会士庶阶层的喜爱，这种认可度也抚慰作者的心灵。

文言小说有强烈的实践性，杜绝无用之虚文。文言小说篇幅不长，内容驳杂，在反映社会的广阔度和社会变化的复杂度上极有优势。文言小说"慕史""补史"的心态增强了小说的现实指向。那些细致描摹的景象、精心构思的情节在传达作者的意图时容易被读者接受，让文言小说"劝惩"的文化功能顺利得以展现，承担为个人和社会发展提供经验智慧、宣传社会文化道德意识的重任。

三、清代文言小说选材的"好奇"特征

《四库全书》将杂史并入小说类目中，同时将箴规、订辨类的作品移除，明确了小说"里巷风俗"的叙事性质，也明确了文言小说的补史功能，和乾隆给《四库全书》的编撰确立的目标——有益于世道人心、广益多闻、足资考镜的目标暗中呼应。例如纪昀的《阅微草堂笔记》被收录到杂史作品中，成为小说成功上升为史书的典范。

王士禛以当代大家身份,以"批经史杂家体"(冯振峦语)的方式评点蒲松龄的《聊斋志异》,除了看到作者创作中的慕史情怀外,更重要的是书中对现实丑恶现象的厌恶和批判。他发挥想象虚构能力,以妖邪写现实,因为"江河日下,人鬼颇同,不则幽冥之中,反是圣贤道场,日日唐虞三代,有是理乎?"(高珩序《聊斋志异》)蒲松龄《聊斋志异》代表了文言小说以鬼神怪异故事承载自己对社会的思考,并努力解决社会问题的发展新方向。在他笔下纯粹的奇闻异事鬼怪被越来越多的带着现实问题的鬼怪狐媚所替代。这些异类从佛教、道家、传统民间信仰的各种时空中汇聚到文言小说中,通过劝惩给自身和文言小说增加了社会价值。将那些为了个人猎奇的目的而竭力求真、志怪单纯是史料堆叠的作品挤出读者的书桌。比如王士禛的《池北偶谈》、宋荦的《筠廊偶笔》等,作者想象中的"怪"的形象和活动空间并无多大变化,也和普通人的生活联系不大,其书被收束不观并不反常。这种思考中既有对历史的反思、更有对现实的揭露和对社会道德秩序的自觉的教导与维护。

乾隆三十一年《聊斋志异》刊刻后大量流传,其评本和仿作大量涌现。以读书人和花妖狐魅为主人公的故事引起读者的强烈共鸣,引领了清代文言小说以读书、科考、鬼狐妖魅为主要创作题材的时代潮流。清代严苛的文化政策下,偏向志怪题材是必然的文化选择。清代的文言小说家大都将目光放在"志怪"和"劝诫"上,作者借此抒发怀才不遇之愤懑,关注批判腐败的社会现象、承担教化社会道德的责任。实际是"慕史"心态下小说作为下层次文学向史传文学靠拢,希冀自己的写作能够发挥实际社会效用的权衡,有效地提升文体的社会价值。

叙事在小说写作中处于核心地位。古代小说家在志怪志人时都认为自己在"纪实",但这些在社会上流传的或者在文献中记载的实事,本身就因为耸人听闻而成为小说的素材,包含着想象、虚构、夸张的成分。小说生来就有虚构的基因。不管作家如何尽力祛除,虚构难以避免。加之小说出于"街谈巷议",只有讲述的最为动人的篇章才可能会被记录保存下来,为了达到引人入胜的讲述以增强劝惩的效果,合理虚构是被允许和理解的。

文言小说继承前代文学的创造传统,利用读者喜新尚奇心理,以新奇的人物、故事情节吸引读者后,借鬼神设教,往往越奇异神秘的情节和人物，教化效果越出色，这几乎成为作家创造的思维定式。清代文言小说家采用神怪故事劝惩或娱乐成为小说的重要结构形式，"小说家语怪之书，汗牛充栋"。① 这些作品寄托着作者的道德盼望，也符合读者的审美心理，和史书"鉴照"的目标完全相同。

四、清代文言小说叙事的"实录"追求

清代文言小说家注重实录，标榜自己充满鬼神怪异的小说是"实录"。这主要受到史传文学"实录"观念的影响。在古代小说家的"实录"观念中，只要所录之本事有确切根据，"一耳一目之所亲闻睹也"，或者依据先前的史籍"明神道之不诬"即可以称作实录。② 《世说新语·排调》有对干宝"卿可谓鬼之董狐"的称赞，因为干宝所记的鬼故事都是言之有据，在现实生活和史书、图画中能找到根据，其标准符合"捃采残落，言匪浮诡，事弗空诬。推详往迹，则影彻经史；考验真怪，则叶附图籍"③。史学实录观念给文言小说虚构提供理论上的支持和创作上的模范。

清代文言小说家的"实录"和传统小说中的观念相比并没有大的改变。史传文学在记载奇闻轶事时，习惯记下这些事件发生的时间、地点、环境、背景，而在情节中自觉不自觉地计入某种虚构成分，让叙事生动、丰满，更符合情理。只要记录故事的小说家和传播故事的人真实，则被记录在小说中的内容就可以被认为是"实录"。

拿纪昀来说，他的好友戴震正是清代乾嘉学派的领军人物，而王昶、卢文弨、王鸣盛、钱大昕、翁方纲余集、桂馥、王念孙、段玉裁、朱硅、洪亮吉、刘墉等考据大家也和他交情匪浅。《阅微草堂笔记》中对社会上奇闻轶事既遵循着实学中讲以实人实事考经证史原则，也是对以"实录"为原则写史传统的继承发扬，体现出强烈的对经史撰写和研究方法的靠拢。小说家们以经史中的记载对现实生活中的奇人轶事、鬼狐怪谈进行考证，以此和经史形成互文。大量小说考证幽冥鬼神的生存状态、鬼狐妖魅的来历，厌胜、回煞、过阴、通灵、雷击、鬼报等的

---

① ［清］纪昀：《四库全书总目提要》，河北人民出版社 2000 年版，第 3706 页。

② ［晋］干宝：《搜神记》，商务印书馆 1957 年版，第 1 页。

③ ［晋］萧绮：《拾遗记序》，［晋］王嘉《拾遗记》，中华书局 1981 年版，第 2 页。

真伪，如：

> 先太夫人言沧州有轿夫田某，母患臌将殆。闻景和镇一医有奇药，相距百余里。昧爽狂奔去，薄暮已狂奔归，气息仅属。然是夕卫河暴涨，舟不敢渡。乃仰天大号，泪随声下。众虽哀之，而无如何。忽一舟子解缆呼曰："苟有天理，此人不溺，来来，吾渡尔。"奋然鼓楫。横冲白浪而行。一弹指间，已抵东岸。观者皆合掌诵佛号。（《阅微草堂笔记·滦阳消夏录》卷三）

纪昀《阅微草堂笔记》强调每一则故事都有确切的源头，以经史考证法撰写小说。他依据的材料主要源自文化人圈子、亲朋好友、走卒仆妇、或渊博或平庸的谈论，作者和读者一样并不在故事发生的现场，他能保证的就是他并未对别人的话语添枝加叶，这其实聪明地将虚构的任务交给讲述者，通过转述别人的见鬼故事而实现虚构。而这些讲述者转播给作者的故事是在社会宗教信仰谱系及知识下形成的，因此小说中充满神奇怪异的虚幻之事也是必然的，而且和作者的"实录"并不冲突。

> 先太夫人外家曹氏，有媪能视鬼。外祖母归宁时，与论冥事。媪曰："昨于某家见一鬼，可谓痴绝。然情状可怜，亦使人心脾凄动。鬼名某，住某村，家亦小康，死时年二十七八。初死百日后，妇邀我相伴。见其恒坐院中丁香树下。或闻妇哭声，或闻儿啼声，或闻兄嫂与妇诟谇声，虽阳气逼烁，不能近，然必侧耳窗外窃听，凄惨之色可掬。……
>
> 嗟乎！君子义不负人，不以生死有异也。小人无往不负人，亦不以生死有异也。常人之情，则人在而情在，人亡而情亡耳。苟一念死者之情状，未尝不戚然感也。儒者见诌渎之求福，妖妄之滋惑，遂断断持无鬼之论，失先王神道设教之深心，徒使愚夫愚妇，悍然一无所顾忌。尚不如此里姬之言，为动人生死之感也。（《阅微草堂笔记·痴鬼》第四卷）

故事看起来是真的，但事件未必是真的。事件真实与否并不重要，重要的是读者、作者都将其视为真实的存在。以"某者，某地人也"的开场模式、文字的训雅简洁和故事之后的就事实进行的评论，都能体现出史传和文史考据方法对小说的深刻影响。

总之，清代的小说观念杂糅，既包含作者虚构的作品，还有归为

"杂史""杂传"的传闻轶事，因而小说常常被评价为"补史"和"劝惩"之用。无法修史的文人，当其从事小说创作时，特别是他们认真地"实录"奇闻轶事以"补史"时，是极其严肃热情的。他们效仿传统史传文学的观念和写法，将"好奇"兴趣、"实录"原则和虚构方法有机结合，在作品中展现出圆满的传记结构，写人、叙事的技巧和雅洁的语言特征，让文言小说带上了史传的写作标格。

司马迁家族的谱系考证

本文作者薛引生。中国史记研究会常务理事，陕西省传记文学学会会长。

谈到姓氏，就必然涉及到家族谱系。从广义上讲，家族谱系是一种能够比较真实地反映历史面貌、时代精神和社会风尚的载籍，是研究朝代更迭、地方史事不可或缺的珍贵文献。所以，历代学者都把谱系学看成是一门重要的学问，认为它是国家和地方史志的必要补充。从狭义上讲，探索某地的发展变化和家族的世系渊源，考查其先贤的经历贡献和后裔的繁衍状况，可以丰富国家和地方谱系档案资料。从一个家族的兴衰中窥视历史兴替、社会变迁的规律，可以启迪和激励后人学习先贤的优秀品质，促进传统文化的传播，为社会的物质文明和精神文明建设服务。

司马迁作为享誉世界的一位韩城乡贤，以自己残缺的生命，换来了一个民族完整的历史；以自己难言的委屈，换来了千万民众宏伟的记忆；以自己莫名的耻辱，换来了华夏文明无比的尊严。探寻和研究司马迁家族的后裔繁衍、家谱系列对于研究韩城、陕西，以至于中华民族的历史都具有重大的意义。

司马迁是陕西省韩城市（西汉左冯翊夏阳）人，长期以来，有关司马迁的家世、后裔，众说纷纭，莫衷一是。为了澄清是非，辨析真伪，笔者查阅了上百种文献资料，踏勘了几十处历史遗迹，初步得出一个结论，现综述如下。

一、司马迁先祖的谱系

从中国谱系学来看，所谓世系是以记载父系家族人物为中心的历史图籍。司马迁先祖的家世在《史记·太史公自序》中作了明确的表述，他说：

> 昔在颛顼，命南正重以司天，北正黎以司地。唐、虞之际，绍重黎之后，使复典之，至于夏、商，故重黎氏世序天地。其在周，程伯休甫其后也。当周宣王时，失其守而为司马氏。司马氏世典周史。惠、襄之间，司马氏去周适晋。晋中军随会奔秦，而司马氏入少梁。
>
> 自司马氏去周适晋，分散，或在卫，或在赵，或在秦。在卫者，相中山。在赵者，以传剑论显，蒯聩其后也。在秦者名错，与张仪争论，于是惠王使错将伐蜀，遂拔，因而守之。错孙靳，事武安君白起，而少梁更名曰夏阳。靳与武安君坑赵长平军，还而与之俱赐死杜邮，葬于华池。靳孙昌，昌为秦主铁官，当始皇之时。
>
> 蒯聩玄孙卬为武信君将而徇朝歌。诸侯之相王，王卬于殷。汉之伐楚，卬归汉，以其地为河内郡。昌生无泽，无泽为汉市长，无泽生喜，喜为五大夫，卒，皆葬高门。喜生谈，谈为太史公。
> ……
> 太史公既掌天官，不治民。有子曰迁。
> 迁生龙门，耕牧河山之阳……

根据这段记载，我们可以清楚地绘出司马迁之前的家世谱系图。

二、司马迁身后的家世

谈司马迁身后的家世，先得弄清司马迁有没有后代？由于司马迁没有留下文字的记载，给后人留下了诸多猜疑：有人根据司马迁遭受宫刑，失去生育能力的记载，推断司马迁没有后代，我对这种说法持否定

态度。否定的理由是：司马迁生于景帝中元五年（即前 145），至"李陵
案"被牵连遭受宫刑，当在汉武帝天汉三年（前 98），这时司马迁已经
46 岁。如果按司马迁生于汉武帝建元六年（前 135），这时司马迁也已
经 36 岁。不论哪个年龄，均盛年已过。这个时候的宫刑，绝不会造成
其没有儿女。

又据东汉班固《汉书·司马迁传》载："迁既死后，其书稍出。宣
帝时，迁外孙平通侯杨恽祖述其书，遂宣布焉。至王莽时，求封迁后，
为史通子。"（"史通子"是官爵名）。又据《汉书·杨敞传》载，司马迁
的女儿嫁给杨敞，一次大将军霍光曾议废立事于丞相杨敞，杨敞犹豫不
能决，夫人当机立断帮助杨敞做出抉择，使他免除了一场灭门大祸。

汉代刘歆的《西京杂记》上说："李陵降匈奴，下迁蚕室，有怨言，
宣帝以其官为令，行太史公文书事而已，不复用其子孙。"这段话则从
侧面证明司马迁是有子孙的，只是没有被重用而已。

司马迁的子孙究竟是谁呢？史书无考，但民间传闻却有诸多说法，
比较可靠的当推清代康熙年间，韩城县知县翟世琪。（字湛持，淄川县
西河大庄河南村人，顺治三年中举人，顺治十六年会魁。）重修司马迁
祠时撰写的碑记。他在碑记中记录了华山方外士的说法："司马子长有
二子，长临，字与仲；次观，字何求。史通子，临之孙也。莽为安汉
公，封史通。史通避莽乱，偕冯萌居嵩阳，寻迁南阳。"翟世琪，行文
严谨。例如，他在立碑时提到对司马迁的谥号时说："宋仁宗时，曾赠
太史公谥曰'文'，因兵火遗失，不见经传，历查无据，故余叙太史公
世家，不敢入谥"。又如对司马迁塑像，他说："墨刻无鬓，而今庙像有
鬓，未敢更议，亦当考据妥确，另建一像"。翟世琪对未考证确凿的事，
宁留存疑，绝不贸然推测。

西汉权臣王莽，当时为安汉公，权倾朝野。借求封司马迁后人为史
通子，标榜其礼贤下士。结果史通子抗拒不受命，偕冯萌逃往嵩阳，再
逃南阳。王莽既然是图司马迁的名望，必然要求史通还姓司马。直到东
汉末年，河南南阳还有司马家族的司马徽等隐居于此。现在安徽、江
西、湖北三省交界的宿松县等地仍聚居数千司马家族的后裔，当地人还
塑有司马迁铜像，尊奉其为先祖，也许就是这个时候迁徙于此的。

综上所述，司马迁不仅有女儿、外孙，而且有儿子、孙子，是一个
儿女双全的人。既然他有儿女，那为什么不在《史记》中写上一笔呢？

这正是司马迁严肃的治史精神的表现。他治史的原则是：非有功于世，不得载入史册，即使是自己的家族也概莫能外。他没有在《史记》中留下自己子孙的名字，就是因为当时他们尚无功名。

三、司马迁后裔改姓的猜想

司马迁后裔改姓之说，在韩城很流行。至于为什么而改？改于何时，说法却很不一致。一个是抄家说。司马迁在《报任少卿书》说："仆诚已著此书，藏之名山，传之其人，通邑大都，则仆偿前人责，虽万被戮，岂有悔哉。"司马迁后裔们为逃避当时朝廷对《史记》正本的抄检而改名换姓，逃往深山。我觉得这种说法不大可靠。因为封建朝廷倘有抄查《史记》正本之举，那一定是在《史记》尚未公开之前，即司马迁死后到杨恽正式刊行《史记》之间这段时间内。可是在这段时间内，朝中有司马迁的女婿杨敞任宰相，后有外孙杨恽的受封平通侯。这些人自然是抄查的重点。事实是这些亲近的人并没有受到株连，而远在夏阳的家族反而改换了姓氏，这种说法显然说不过去。

第二种说法：是当年分散在赵国的司马氏后裔崛起，建立了晋朝。即三国时期的司马懿支脉，他们祖籍河南温县一带。到东晋司马政权南迁，再后刘裕夺取了晋恭帝司马德文的政权，建立了刘宋王朝。晋朝灭亡。为了防止司马氏晋朝政权的死灰复燃，刘裕对司马氏进行了残酷杀戮。据说这时司马迁的一支后裔与司马德文的皇族子孙都流落到洛阳、襄阳一带。司马德文一支是皇族，自然是刘宋王朝诛灭的主要目标，以封建王朝交替中杀戮惨烈的景象看，一般能脱逃的人不会太多。他们改名换姓也还说得过去。但是，到了五代时期，河南温县还有司马德璋、司马埕、司马邺祖孙三代都存在于是乡；到南北朝时还有司马子如，司马消难父子长于其地；唐代还有司马瑝、司马承祎、司马承桢居于此处。可见刘宋王朝对温县一支司马家族并不像传说的那样斩尽杀绝了。那么远在陕西韩城、根本对刘宋政权毫无威胁的司马迁后裔为什么要改变姓氏呢？

四、司马迁生前策划了其后人的改姓

否定上述两个猜想，我经过反复推证，认为司马迁家族的改姓时间应该在司马迁生前，司马迁生前亲自策划了其后人的改姓。理由有三：

（一）缘于清醒，后人免祸。智慧过人的司马迁，用他那洞穿三千年历史的深邃目光，早已洞悉到了汉王朝对其后裔的巨大威胁。纵观司马迁的著作，无不透露出对高洁之士的赞誉，对卑劣小人的贬斥。他不虚美、不隐恶，不为尊者讳。在《报任少卿书》一文中，就对汉武帝多有怨恨言辞。他在《史记》中将与汉高祖争夺天下的灭秦英雄项羽列入本纪，却将开国皇帝刘邦描绘成了一个好酒好色的无赖形象。他还多处极言汉景帝、汉武帝的过错，涉及到刘汉王朝的许多篇章，也都直录无隐。汉武帝看后很生气，就"怒而削去之"，但削不胜削，最后干脆下令一把火烧掉了。……所有这一切，对于汉王朝的统治者而言无疑是十分忌讳的。作为一代史圣哲人司马迁，在他的内心是十分清楚的。他能以如椽巨笔，打破以往记叙历史僵硬而生冷的面孔，描绘出一个个嬉笑怒骂的鲜活生命，使冰冷而枯燥的史书始终保持了均匀的呼吸和恒久的温度。那么，他对自己的子孙后代，更是充满着火一样的炽热和挚爱。遭受宫刑的奇耻大辱，已经让他觉得愧对了祖先。他不能让灾祸再累及后世，改变后人姓氏避灾避祸，成了他唯一的选择。

（二）未雨绸缪，后人免诛。司马迁在《报任少卿书》中说"草创未就，会遭此祸，惜其不成，是以就极刑而无愠色"。把完成《史记》作为自己人生唯一目标的一代史圣，他把生死看得很轻。但是，当朝发生的种种事端发人深省。司马迁不愿意让子孙后代，永远生活在被封建皇权随时灭门的威胁之中。他联想到好友、时任北军使者护军的任安在征和二年（前91）的"戾太子事件"中，左右为难，最后按兵未动。事件平息后，那些帮助过太子的人全被以谋反罪处死。担任司直的田仁因念及皇上与太子的骨肉亲情，不忍拘囚，放其出城，也被汉武帝下令诛杀。然而半年之后，令狐茂和田千秋等人上书为太子诉冤，这时汉武帝态度急剧转变，将先前封赏之人全部夷灭三族，任安也被腰斩。反复无常的政治变故，让司马迁看清了皇上视臣民生命如草芥，喜怒无常、残暴凶狠的本质。司马迁策划其家族后人改换姓氏、逃到老牛坡荒山野林中开荒种地，取名"续村"。他未雨绸缪，避免了后人再遭诛杀，实在是明智之举。

（三）出于护誉，后人免辱。司马家族自周秦，至西汉，世代为官，为夏阳的名门望族。其居住地亦称高门。韩城的高门楼一般指大户人家。司马迁在遭受宫刑后认为，"重为乡党所笑，以污辱先人，亦何面目复上父母之丘墓乎？虽累百世，垢弥甚耳！""最下腐刑，极也""故祸莫憯于欲利，悲莫痛于伤心，行莫丑于辱先，垢莫大于宫刑。"（《报任少卿书》）身体发肤，受之父母，在封建制度趋于完备的汉王朝，司马迁认为，自己遭受宫刑是奇耻大辱，会连累百世。所以策划了改姓的行动。现在韩城徐村，还保留着一个奇特的风俗——跑台子戏。相传，冯、同两姓，每年清明节前一天晚上，都会偷偷在司马迁的真骨坟前唱赛戏。汉宣帝年间，祭祀司马迁的戏正唱到高潮时，突报有一队人马直奔徐村而来，人们以为朝廷发现了司马迁后裔和真骨坟，要开棺戮尸，捉拿后裔，演员顾不上卸妆，乐队拿起乐器，就急急忙忙逃离现场。不料，跑到村中九郎庙前，方知是汉宣帝采纳了司马迁外孙杨恽的奏请，准许将《太史公书》（《史记》）刊行公诸世。杨恽是奉母之命，来向大家报告这个天大的好消息，来找《史记》正本，并祭扫祖茔。于是大家重新登台唱戏，以庆祝这个喜讯。后人为了纪念此事，就将"跑台子戏"留传下来。"跑台子戏"的传世恰恰说明，在《史记》没有得到朝廷认可之前，司马迁的后人一直蒙受着巨大的耻辱，生活在恐怖的阴影之中。

五、韩城徐村的司马后裔

改姓大计已定，究竟改成什么呢？韩城早就流传着这样一段民谚"韩城汉后无司马，冯同两姓撑门庭；花开两枝根相同，清明同祭一祖宗。"司马迁深思熟虑之后，考虑到改的姓，既能掩人耳目，又容易寻踪觅源；既能使子孙后代不连累受辱，又能找到自家源出何宗何门。因此，他早就想到了改姓"冯、同"。

首先是简单实用，而又意蕴深刻。司马是复姓，司马迁又恰好有两个儿子，长子司马临，次子司马观。两门分两姓，只须两点与一竖，做最小的改动。然而这最小的改动立刻就让"司马"二字改换了"门庭"。但当你细细去看，司马二字仍然隐约存在其中。虽然字形和字义变了，但先祖的身影却时时刻刻伴随左右，萦绕梦乡。

其次是一举两得，而又不凭空造姓。冯、同两姓皆是古姓。冯姓出自归姓，为冯简子之后。同姓，原来我听同家人讲，始于司马迁后裔改姓。后经考证，商代王族子孙受封于同国（即历史上的同州郡，辖境今陕西大荔一带）。子孙以同为姓。我以为，司马迁的考虑既安全，又科学。如果由于司马迁后裔改姓，突然冒出一个同姓，那才容易引起人们怀疑，更加危险。博古通今的司马迁只是一个简单的改动，就让司马后人隐身于茫茫人海，难觅踪迹。此前，司马迁家族就居住在左冯翊夏阳县南高门村（今韩城市芝川镇华池村南，现已遭地震毁灭），迁居到村西老牛坡，既隔着深沟，不易发现；又近在咫尺，后裔们不需要忍受背井离乡之苦。

最后是顺理成章，却又暗藏深义。司马迁在《史记・袁盎传》中称宦官赵谈为"赵同"，在《报任少卿书》中写到赵谈时则说："同子参乘，袁丝变色：自古而耻之!""子"为尊称，意思接近于现代文中的"先生"。赵谈身为宦官，本无称作"子"的理由。司马迁为避父名讳，用"同"字来代替"谈"字，称其为赵同或同子。反过来说，当人们在看到"同"字时，会自然而然联想到"谈"字。司马迁后人改姓同，有暗示源出先祖司马谈之意。而冯姓图腾由两匹马组成，意为二马繁衍为马群，代表子孙生生不息、繁衍昌盛。

千百年来，谜一样的徐村一直在无声地向人们述说着冯、同两姓谜一样的故事：村里老人代代相传，司马爷怕后人遭皇帝追杀，被迫改姓冯、同。冯姓的长门子孙冯庆和二门的子孙同茂在西边梁山山麓老牛坡一带开荒造田，重建村落，取名"续村"，意为"高门之续"。现在的村名徐村，在读音上与"续"相同，隐含着司马后人得以延续之意。"徐"字拆开来，是双立人加一个"余"字，又暗示着司马后人"余"下了两门人。按家规祖训要求：冯同不分、冯同不婚。冯同两姓族人清明、春节进同一祠堂、祭奠同一祖宗，两千多年从未间断。民国时期，村中共有六门五社，长门冯姓为太和社；同姓子孙繁盛又分五门四社，即：清泰社、崇德社、清平社、崇义社。每年二月初八，冯、同二姓六门五社一起鸣锣击鼓为司马迁庆寿，清明节又请乐人列队奏乐前往司马迁祠墓祭祀扫墓，并在真骨坟前唱赛戏。历史上，司马迁祠墓的守护人历来为全村人推举，生活费用不足者，由村民集资补助。这些活动由冯门族长负责，并在族里按辈分大小分发烧饼，久而久之已成定俗。

村民们说：过去堪舆家曾说，徐村居于凤凰穴上。村中现在有砖砌门洞一处，正立在凤凰腹部。门洞上有砖刻"钟灵毓秀"匾额。村中原有祠堂六处（一门一处），现存三处。一处保存较为完好，门前有笔架式照墙一面，高七八米，正面为"风追司马"匾额，背阴额书为"山回水绕"。祠堂正门高悬木刻匾额"汉太史遗祠"，左右明挂配有楹联："族聚韩原枕山带河一片地脉光先业；姓分司马绍开永德万卷书香启后昆"。中间门屏上刻"入则愿见"，其背后上刻"出则恒闻"。大殿神主楼对联为："史笔壮山河英灵万代；拳忠贯日月俎豆千秋"。额批为"德垂后裔。"殿外歇檐墙上左右又有砖刻楹联一副："梁东绵似续入泮力田，莫负黄雄世业；芝西溯渊源承先启后，敢忘司马明禋"。

有同姓六门一所祠堂虽已残破，但尚存遗痕，墙上亦有楹联一副尚依稀可辨为："芝水衍流长，学问渊源，悉本太史一脉；嵬山绍秀气，经纶峻峙，远追司马双峰"。这里的"双峰"暗指司马谈、司马迁父子二人合著《史记》，才高如峰峦。门额为"汉太史遗祠"。

还有一处祠堂，遗迹虽在，但墙壁斑驳，坍塌，唯一联尚可辨识的字为："宇外望洪涛，直鼓龙门春浪；搴凤阙祥云，巅瞻巨岭高祠"。其余字迹漫灭不可考。相传这些祠堂建于明代，清代曾重修过，可惜"文革"中大部损毁了。

同姓祠堂前尚有石碑一块，详记徐村迁村改姓始末，仅抄录如下：

　　尊祖敬宗，莫大于报本追远，表志述事，莫重于启后承先。源远则流长，因流可以知派；根深则叶茂，从枝可以溯源。维兹同、冯，世传司马，初序天地，系业重黎；至周失官，尝典史笔。去周适晋，分散他乡；错在秦期，夏阳居处；喜及后代，高门成茔。官太史著名谈，作《史记》者子长。葬史坡而山明水秀，生临、观而子圣孙贤。史通因避莽乱，隐居嵩阳。坟墓先茔，不能悉志，自茂至杰，略表所知。兹立家庙，以缋春秋，右有坟茔，以固根本。碑楼新建，恍见祖德；巍峨垣墙周围，更觉先基巩固。八门则光明正大，史笔之威严依然；拜谒则礼义肃恭，文章之绚烂如故。况我后世，祖述道范，何难作孝以作忠；凡厥子孙，恪守家法，自堪为兰而为桂。行见敦诗，说理尽是汉代文字，弟子力田，无非乡邻巨望。虽地气所使，实祖德攸然。积后流光，瓜瓞之绵绵可咏；息深达橐，麟趾之振可歌，夫是言也，世远固已难信；然此事也，娓邑乘显有所传。妄为略叙其始终，原欲详明其本末，后有知者，举勿哂之。

裔孙　化鹏叩首撰文书丹

　　　　大清嘉庆十二年十二月　　　言日
　　　　　　　　　　　　　合族仝勒石

　　从以上的文字、实物来看，徐村司马文风的确很盛。踏遍韩城数百个村庄，像徐村保存司马迁文物、古迹，传说如此繁盛者，是绝无仅有的，这也可以作为他们是司马迁后裔的一个佐证。

司马迁前世系表（一）

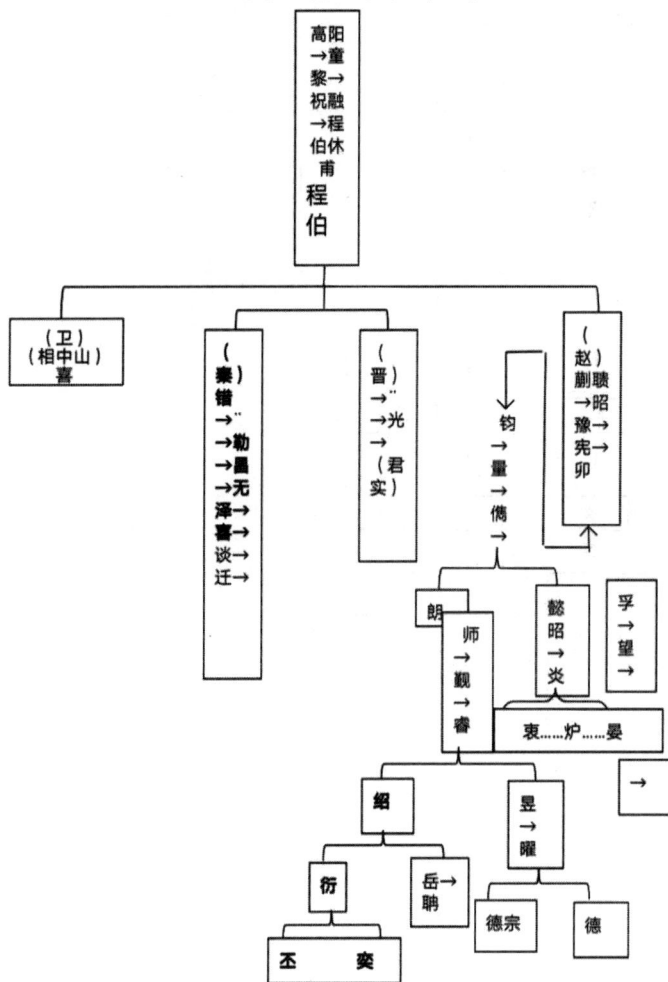

高阳→童黎→祝融→程伯休甫　程伯

（卫）（相中山）喜

（秦）错→⋯⋯→勒→墨→无泽→喜→谈→迁→

（晋）→⋯⋯→光→（君实）

钧→量→俦→

（赵）蒯聩→昭→豫→宪→卯

朗

师→观→睿

懿昭→炎

孚→望→

衷……炉……曼

→

绍

昱→曜

岳→聃

德宗　　德

衍

丕　奕

司马迁后世系表 (二)

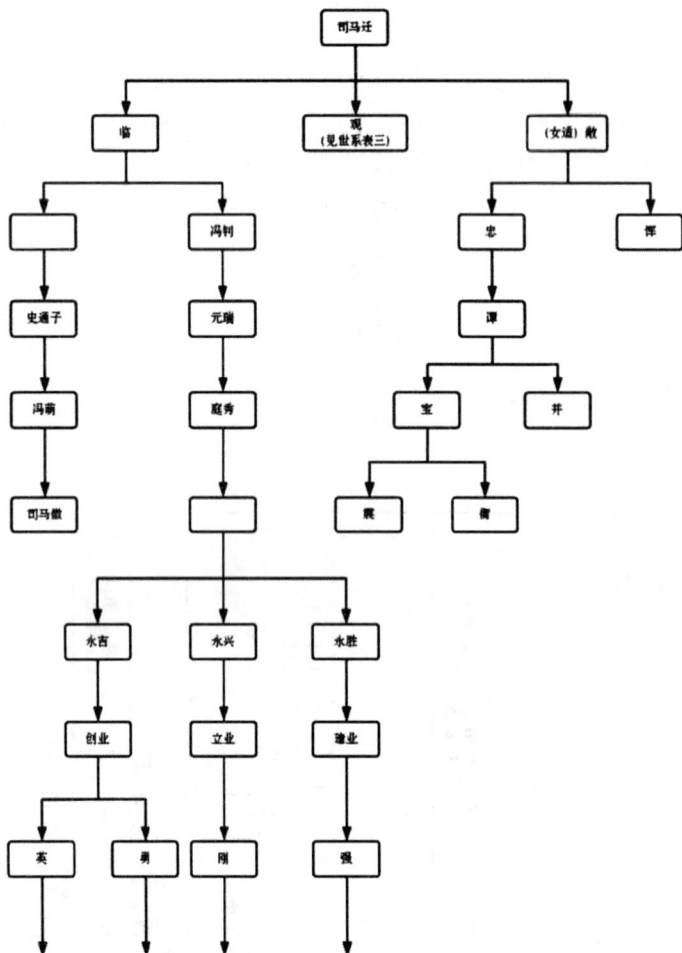

司马迁后世系表（三）

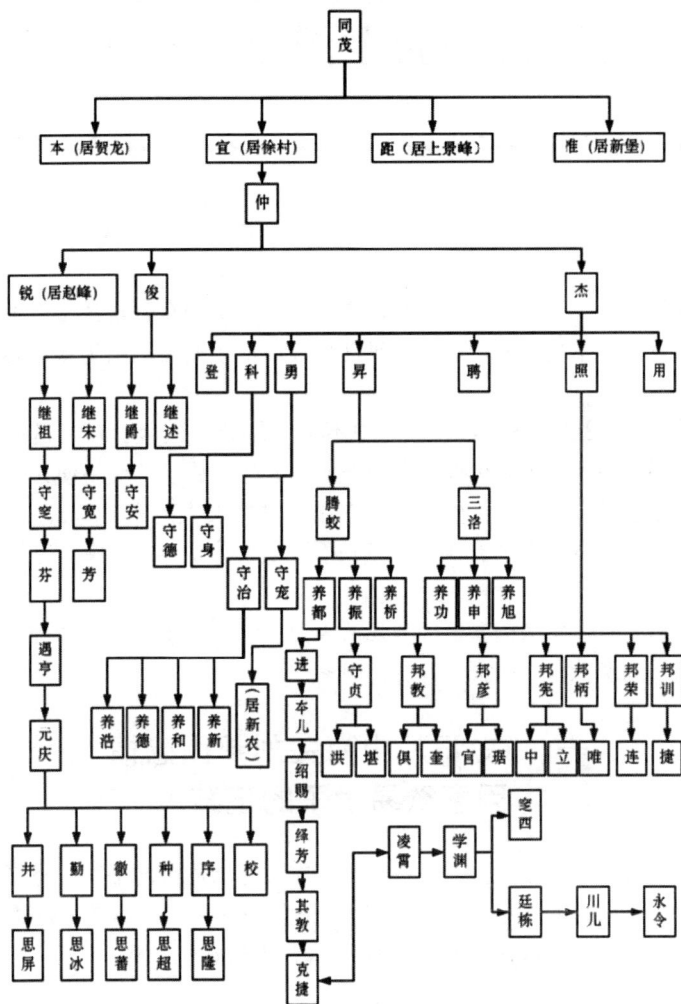

同茂

本（居贺龙）　　宜（居徐村）　　距（居上景峰）　　惟（居新堡）

仲

锐（居赵峰）　俊　　　　　　　　　　　　　　　杰

登　科　男　昇　　　聘　　　照　用

继祖　继宋　继爵　继述

守定　守宽　守安

腾蛟　　　三洛

守德　守身

芬

芳

守治　守宠

养郜　养振　养桥　养功　养申　养旭

遇亨

养浩　养德　养和　养新

（居新农）

逵

守贞　邦教　邦彦　邦宪　邦柄　邦荣　邦训

元庆

车儿

洪　塔　俱　奎　官　瑶　中　立　唯　连　捷

绍赐

井　勤　徽　种　序　校

绛芳

思屏　思冰　思蔷　思超　思隆

其教

凌霄　学渊

窀四

廷栋　川儿　永令

克捷

刘邦欲易太子的主因是感情因素吗？

本文作者黄美铃。台湾交通大学通识教育中心教授兼学务长。

刘邦为汉王时，得定陶戚姬，爱幸，生赵王如意，常欲废太子立戚姬子如意，赖军功集团争之，及张良献策，招致商山四皓为太子客，太子得毋废。

《史记》记载此事处甚多，其中不乏晚年宠幸戚姬、疏远吕后的书写，特别是吕太后由妒生恨，所导演的"人彘"故事，更易使人联想刘邦欲废太子的主因是感情因素。唐李昂《赋戚夫人楚歌舞》云："君王纵恣翻成误，吕后由来有深妒。不奈君王容鬓衰，相存相顾能几时。"①"纵恣"自然也包括欲废太子立戚姬子如意。

然而，只由感情因素解读刘邦欲废太子立戚姬子如意，却会失于片面，刘邦的考虑，实则远超过感情因素。

一、《史记》中有关刘邦因感情
因素欲易太子的记载

因正宫年老色衰，国君爱幸新宠，导致易储危机的书写，是史书记载废立太子事件的常见模式，《史记》记载刘邦易储一事时，亦多爱幸戚姬，欲废太子立戚姬子如意的书写。《吕太后本纪》载：

> 及高祖为汉王，得定陶戚姬，爱幸，生赵隐王如意。……戚姬幸，常从上之关东，日夜啼泣，欲立其子代太子。吕后年长，常留守，希见上，益疏。如意立为赵王后，几代太子者数矣。

---

① 引自宋嗣廉编著《历代吟咏〈史记〉人物诗歌选读》，吉林人民出版社 2008 年版，第 508 页。

此处强调刘邦爱幸戚姬，且戚姬常跟随刘邦出征关东，想用感情因素坚定刘邦易储决心，"日夜啼泣，欲立其子代太子"。吕后则"年长，常留守，希见上，益疏"。在情感天平上处于不利地位，连带使赵王如意"几代太子者数矣"。

吕后透过建成侯、吕泽要挟张良画策，阻止刘邦废立太子之事成真，张良初始婉拒的理由也认为这是出诸刘邦个人的感情因素，难以改变。《留侯世家》载张良言：

> 始上数在困急之中，幸用臣策。今天下安定，以爱欲易太子，骨肉之间，虽臣等百余人何益。

张良认为"以爱欲易太子，骨肉之间"，外臣难以干预，是则他也判断刘邦欲废立太子是出于感情因素。同传载黥布反，上病，欲使太子将，往击之，商山四皓表达他们的忧虑，亦云：

> 臣闻"母爱者子抱"，今戚夫人日夜侍御，赵王如意常抱居前，上曰"终不使不肖子居爱子之上"，明乎其代太子位必矣。

商山四皓之言，亦强调"母爱者子抱"的感情因素，影响刘邦易储的抉择。

由上所载，感情因素确实是刘邦欲废立太子的重要因素。

二、军功集团对刘邦欲废立太子的态度

刘邦欲废立太子，带有感情因素，但遭到大部分军功集团核心人物反对。有趣的是，军功集团反对刘邦废立太子，也是带有感情因素，因为军功集团支持吕后与太子，很可能是大多出身丰沛的军功集团人物，与吕后较为熟识。当然，与吕后熟识的感情因素，背后一定带有利害考虑，亦即仍具有理性因素。

《留侯世家》载张良言："今天下安定，以爱欲易太子，骨肉之间，虽臣等百余人何益。"这群支持吕后与太子的百余人，必然都是朝中大臣，有相当高的职位，也就是他们大多是军功集团的重要人物。《吕太后本纪》载："如意立为赵王后，几代太子者数矣，赖大臣争之。"《张丞相列传》载："及帝欲废太子，而立戚姬子如意为太子，大臣固争之，莫能得。"由"赖大臣争之""大臣固争之"的记载，也可以看出很多大

臣挺身谏诤，反对废立。

　　《史记》还详细记载几位大臣反对废立太子的过程，《张丞相列传》载：

　　　　周昌廷争之强，上问其说，昌为人吃，又盛怒，曰："臣口不能言，然臣期期知其不可。陛下虽欲废太子，臣期期不奉诏。"上欣然而笑。既罢，吕后侧耳于东箱听，见周昌，为跪谢曰："微君，太子几废。"

　　出身沛县的周昌反对易储当激烈，并表明"臣期期不奉诏"，直接与刘邦对撞，"期期知其不可"的口语，甚至流传至今。

　　太子太傅叔孙通也极力反对易储，甚至以死力争，《叔孙通列传》载：

　　　　高祖欲以赵王如意易太子，叔孙通谏上曰："昔者晋献公以骊姬之故废太子，立奚齐，晋国乱者数十年，为天下笑。秦以不蚤定扶苏，令赵高得以诈立胡亥，自使灭祀，此陛下所亲见。今太子仁孝，天下皆闻之；吕后与陛下攻苦食啖，其可背哉！陛下必欲废适而立少，臣愿先伏诛，以颈血污地。"高帝曰："公罢矣，吾直戏耳。"叔孙通曰："太子天下本，本一摇天下振动，奈何以天下为戏！"高帝曰："吾听公言。"及上置酒，见留侯所招客从太子入见，上乃遂无易太子志矣。

　　叔孙通太子太傅的身份，个人前途与太子前途密不可分，但他胆敢如此激烈反对，甚至当高帝表面妥协时，仍步步进逼，谓："太子天下本，本一摇天下振动，奈何以天下为戏！"强烈逼迫刘邦不可轻易谈易储一事，则是相准军功集团大多站在吕后、太子这边，他并不孤单。叔孙通反对废立太子的论述，引晋献公以骊姬之故废太子，以及秦以不蚤定扶苏，自使灭祀，则是着眼废立太子会引起帝国动荡，不利继承人顺利接班。衡诸当时期中大臣大多站在吕后、太子这边，叔孙通的分析确有可能打动刘邦，让他考虑易储必须付出帝国动荡的政治成本。后来留侯建议招致商山四皓为太子宾客，使从入朝，引起刘邦注意，其着眼点与叔孙通废立太子会引起帝国动荡的谏说焦点一致，而且更为委婉，更具戏剧张力，使刘邦理性抬头，做出不废太子的决断。

　　张良认为刘邦欲废太子，难以口舌争，在吕泽要挟下，导演了招致

商山四皓的大戏,《留侯世家》载张良曰:

> 此难以口舌争也。顾上有不能致者,天下有四人。四人者年老
> 矣,皆以为上慢侮人,故逃匿山中,义不为汉臣。然上高此四人。
> 今公诚能无爱金玉璧帛,令太子为书,卑辞安车,因使辩士固请,
> 宜来。来,以为客,时时从入朝,令上见之,则必异而问之。问
> 之,上知此四人贤,则一助也。

招致商山四皓并非代表四皓有通天的本领,可以扭转刘邦易储的心意。太子招徕商山四皓的意义在于,这四人是刘邦无法招致的隐士,却愿意从太子游,表示太子除了得到军功集团支持外,已经得到天下士人的支持,《留侯世家》载:

> 四人从太子,年皆八十有余,须眉皓白,衣冠甚伟。上怪之,
> 问曰:"彼何为者?"四人前对,各言名姓,曰东园公,角里先生,
> 绮里季,夏黄公。上乃大惊,曰:"吾求公数岁,公辟逃我,今公
> 何自从吾儿游乎?"四人皆曰:"陛下轻士善骂,臣等义不受辱,故
> 恐而亡匿。窃闻太子为人仁孝,恭敬爱士,天下莫不延颈欲为太子
> 死者,故臣等来耳。"上曰:"烦公幸卒调护太子。"

避逃刘邦的商山四皓,居然成为太子客,且"天下莫不延颈欲为太子死者",这颇出乎刘邦意料,代表太子羽翼已丰,接班准备完成,形势已难以撼动,若仍硬要废太子,势必造成帝国严重动荡。了解刘邦有此体认,才能充分了解以下的情节发展,《留侯世家》载:

> 四人为寿已毕,趋去。上目送之,召戚夫人指示四人者曰:
> "我欲易之,彼四人辅之,羽翼已成,难动矣。吕后真而主矣。"戚
> 夫人泣,上曰:"为我楚舞,吾为若楚歌。"歌曰:"鸿鹄高飞,一
> 举千里。羽翮已就,横绝四海。横绝四海,当可奈何!虽有矰缴,
> 尚安所施!"歌数阕,戚夫人嘘唏流涕,上起去,罢酒。竟不易太
> 子者,留侯本招此四人之力也。

刘邦体认太子"羽翮已就",对他已经无可奈何。太子"羽翮已就"代表他得到军功集团支持,又得到天下士支持,刘邦纵使心系戚夫人与赵王如意的未来命运,也只能顺势而为,不易太子了。刘邦不知道商山四皓从太子游,只是张良导演的戏码。

三、刘邦欲易太子与终不易太子的理性因素

　　刘邦欲易太子，虽带有感情因素，但他是一位雄才大略的帝王，仅由感情因素解读废立太子，恐失之偏颇。作为第一流的史家，司马迁也留下很多材料，让后人可以探索刘邦欲易太子的内心世界。刘邦欲易太子，除感情因素外，有更重要的原因，一是太子仁弱，不类刘邦，恐无法承担新建立的帝国的接班人重任；二是太子得到军功集团强力支持，勉强易储，违逆军功集团集体意志，恐导致刘邦身后帝国动荡。这两个原因都超过感情因素的考虑，是刘邦欲易太子的理性因素考虑。后一原因上文已论及，本节主要讨论刘邦认为太子仁弱，不类己之理性因素。

　　《吕太后本纪》载："孝惠为人仁弱，高祖以为不类我，常欲废太子，立戚姬子如意，如意类我。""仁弱"是懦弱少决断，刘邦以为太子的性格"仁弱""不类我"，赵王如意"类我"，所以他偏爱如意是建立在对两位接班候选人的性格比较上。《留侯世家》亦载："上曰'终不使不肖子居爱子之上'，明乎其代太子位必矣。""不肖子"是太子刘盈，"爱子"是赵王如意，"不肖"即"不类我"，由于刘邦认为刘盈是"不肖子"，所以想以"类我"的如意代之。刘邦内心盘算，赵王如意遗传了他的性格，比较能承担帝国接班人的重任，这是理性的考虑。

　　由于刘邦以为太子的性格"仁弱""不肖""不类我"，所以当自己招致不来的知名隐士商山四皓出现在太子身旁，刘邦难以理解，问曰："吾求公数岁，公辟逃我，今公何自从吾儿游乎？"商山四皓曰："陛下轻士善骂，臣等义不受辱，故恐而亡匿。窃闻太子为人仁孝，恭敬爱士，天下莫不延颈欲为太子死者，故臣等来耳。"这是针对刘邦对太子"仁弱"的疑虑，将太子的性格缺点诠释为优点。"太子为人仁孝，恭敬爱士"，这是"仁弱"性格的正向发展；"天下莫不延颈欲为太子死者"则是太子仁孝的性格已带来正面的效益，具有凝聚帝国人心的功能。刘邦似乎被商山四皓说服了，认为太子"仁弱"的性格，可以强化帝国的凝聚力。"烦公幸卒调护太子"，恳托商山四皓有始有终调护太子，已经承认太子是可造之才了。

　　透过张良的计谋，商山四皓跟随太子出现在刘邦的宴会后，刘邦认为性格"仁弱""不类我"的太子得到军功集团支持，也得到天下士人

的支持，担当帝国继承人的重任没有问题了，于是打消易储的想法。"竟不易太子者，留侯本招此四人之力也"，似乎留侯借着商山四皓四人之力，让刘邦打消易太子的念头，但这只是最表层的解读。更深层的解读是，商山四皓的出现，代表太子得到天下士的支持，加上太子已得到军功集团支持，于是缓解了刘邦认为太子"仁弱""不肖""不类我"，难以承担帝国继承人重任的疑虑。刘邦欲易太子，有理性的考虑，终究不易太子，也是理性抬头的决断。

四、结　语

刘邦欲易太子一事，影响汉初政局甚巨。刘邦易太子的心愿受到军功集团强力阻拦，最后理性抬头，顺应形势，放弃易储，由是吕后专政的政治格局确立。后来吕氏专权，军功集团与刘肥的齐国联手发动政变，铲除诸吕，都是刘邦放弃易储后的自然发展。

刘邦常欲废太子立戚姬子如意一事，前人常以爱幸戚姬的感情因素解读，此一解读失之片面。本文指出，刘邦欲易太子，除感情因素外，有更重要的理性因素考虑，一是太子仁弱，不类刘邦，恐无法承担新建立的帝国的接班人重任；二是太子得到军功集团强力支持，勉强易储恐导致刘邦身后帝国动荡。商山四皓的出现，则代表太子除得到军功集团支持，更得到天下士的支持，于是刘邦认为太子仁弱，难以承担帝国继承人重任的疑虑缓解，易储一事在理性抬头后，不得不在他与戚夫人楚歌楚舞的感伤中放弃①。

---

①　杨维祯曰："高帝有疑于盈，而以如意为类己，此太子之欲易也。言既出，如意已无生理矣。纵托以萧曹重臣，不能为其母子地，况骑项之人乎！"引自凌稚隆辑校、李光缙增补，有井范平补标《补标史记评林》卷九《吕后本纪》，地球出版社1992年版，第333页。

试论管子思想的独特价值

本文作者乐松，中国人民大学经济学硕士（金融学专业），现为北京胜算资产管理有限公司总经理。

管仲，名夷吾，字仲，谥敬，称管敬仲，生卒年大约在公元前723年—前645年，是辅佐春秋五霸之首齐桓公成就霸业的著名思想家和政治家，《管子》一书是其思想的主要代表。按《史记·管晏列传》的记载，管仲的功绩主要在于帮助齐桓公成为春秋时期第一个霸主，实现了富国强兵的目标，所谓"管仲既用，任政于齐，齐桓公以霸，九合诸侯一匡天下，管仲之谋也"。《论语·宪问》引孔子的话说："微管仲，吾其披发左衽也。"也就是说，连孔夫子都说，如果没有管仲，中华文明都要中断了。所以，管子的思想首先在政治上是得到了很好的运用的，不像早期儒家，孔子周游列国，惶惶然如丧家之犬，政治主张没得到各种诸侯的重用，只能回到鲁国讲学。其次，管子历史上被归为法家，其实管仲是德法并用，而且其思想里还有很多道家的思想，我理解就是因为他和齐桓公这个组合在台上要推行其政治军事经济主张，往往会综合运用各门各派行之有效的主张。所以《史记·管晏列传》还有记载说，"管仲既任齐相与俗同好恶，其为政也，好因祸而为福，转败而为功"。这些都不是单纯的法家或儒家道家思想。最后，2600多年前的管子，除了德法兼治的政治抱负和卓越的治国才能外，其富国富民的经济架构，特立独行而深谋远虑的经济、金融思想，可以说尤其被人称道，另外管仲提出以人为本的思想，管子对人性的洞察力也是管子思想在先秦诸子百家具有独特价值之所在。下面从五个方面分析和说明管子在先秦诸子中比较有特色的地方。

一、德法兼治

首先管子到底算哪一家？《汉书·艺文志》曾将《管子》列为"子

部道家类"。大概是因为内容庞杂道家内容占比多，而《隋书·经籍志》很快将其厘清为法家，《四库全书》将《管子》归为"子部法家类"，现在大多认为管仲是法家的先驱，与商鞅和韩非一起称管商韩。可能因为先秦时期只有法家才真正掌过权，最明显的当然莫过于秦孝公实行的商鞅变法。管子在历史上也很讲究立法和令行禁止，讲求赏罚分明，分别用奖赏和惩罚两种手段来有效地治理国家，在中国的法制史上的确做过重大贡献。《国语·齐语》上说："修旧法，择其善者而业用之。"在《管子·为政》篇中说"治国有三本"即治国有三项基本原则，"君之所审者三：一曰德不当其位，二曰功不当其禄，三曰能不当其官。此三本者，治乱之源也"，分别从品德与地位、功劳与俸禄、才能与官职是否相匹配来考察官员，说这是国家治乱的根源。管子还是第一个提出以法治国的哲人。《管子·明法》明确讲："以法治国，则举措而已"，明确"以法治国"，一切依法运作。同一篇里还讲到："法者，天下之程式也，万世之仪表也。"《管子·禁藏》还说："法者，天下之仪也，所以决疑而明是非也。"即说明法是天下的规程和标准和判断真假、明辨是非的依据。于是《管子·任法》中提到："君臣上下贵贱皆从法。"《管子》《大匡》《中匡》《小匡》等篇更进一步详细记录了治理民众，依法进行行政管理的事例。

但其实中国历史上的法家不管是商鞅或是集大成的韩非，不管是在《商君书》或是《韩非子》中都明确讲法家是专供帝王作为统制之术的，从立场上跟老百姓是对立的，这点与孔子的仁政和孟子的民政是根本不同的；与近现代西方提倡的法制也有根本区别，西方的法制是与民主配套而行的，所谓民主法制，两者缺一不可，相辅相成，人民的民主权利是西方法制重点强调的地方。法家思想由于有暴力的成分，所以秦朝也不过二世而亡。而剥夺人民权力，实行愚民政策是法家的政策。称"明主之国，无书简之文，以法为教；无先王之语，以吏为师"（《韩非子·五蠹》）。因此中国历史上的法家其实并不是那么光彩的，法家的政治人物不管是商鞅或是韩非或是李斯等都不得善终。虽然秦以后政治上历朝都承秦制，但都外儒内法，表面上仁义道德、民贵君轻等还是挂在口上的。由于有一切为君上服务的总的准则，在《史记·酷吏列传》里甚至说所谓的法家酷吏判案时并非以法为根据，而更多的是猜测君上的意思行事完全不顾法律，倒是一些儒家出身的官员严格按照法律办事。由于只是正一下视听就不详细展开说明了。实际上关于德法关系，孔子说："道之以政，齐之以刑，民免而无耻；道之以德，齐之以礼，有耻且格。"（《论语·为政》）孔子讲清了两者的关系，即用政治手段来治理他们，用刑罚来整顿他们，人民就只求免于犯罪，而不会有廉耻之心；用道德来治理他们，用礼教来整顿他们，人民就会不但有廉耻之心，而且还会人心归顺。其实道德是社会的高标准，而法律是底线，达到或高于道德的是圣人贤人，低于法律水准的是无赖和罪犯，平常人居于道德和法律之间。如果社会道德规范太低社会肮脏腐朽，法律底线若太高老百姓的生活就会很难过。道德和法律其实缺一不可。管仲德法兼治是最好的方式。

其实各家思想在《管子》一书中均有所体现。《管子·牧民》专门讨论如何治理民众，提出的主要观点是维护礼义廉耻四维和父母兄弟妻子的六亲，所谓"上服度则六亲固，国之四维礼义廉耻，四维不张国乃灭亡"。统治者的行为若符合礼的规定则六亲自然和睦关系稳固，而礼义廉耻遭到破环国家就会出现灭亡的命运。这些观点跟儒家思想的仁义礼智信非常近似，礼仪从正面着眼，廉耻着眼从反面看问题，礼和廉是行动上对法律的遵守，而义和耻是精神上对道德的追求。所以管子治理国家有很明确的儒家伦理道德思想但又不完全等同。可以说是德法兼而有之，管仲的治理手段可以说是德法兼治。这点在《管子·权修》里有证明："劝之以庆赏，振之以刑罚。"也就是说物质和精神奖励与惩罚及刑罚同时都具备。通观《管子》一书，感受不到法家严刑峻法的压力以及比西方马基雅维利更无耻的厚黑学特色，更多的是人性的关怀和道德的教化之功。管仲礼法并用的典型。《任法》篇说："所谓仁义礼乐者，皆出于法。此先圣之所以一民者也。"这是"礼出于法"的明证；另一方面，《枢言》讲："人之心悍，故为之法，法出于礼，礼出于治，治、礼，道也。"不仅说"法出于礼"，而且礼法最后都归于道。《管子》中的《心术》《白心》《内业》《水地》《枢言》《形势》等篇还包含了不少道家等的思想，在此就不赘述了。

二、富民而治

管子在经济领域建树非常，在先秦诸子中独树一帜，齐国经济的强大为其成就霸业奠定了坚实的物质基础。其中最明显的是富民而治和权衡轻重的思想。

管仲以其卓越智慧提出了很多先进的经济金融学思想，齐国由此迅速强大，为后来的霸业奠定坚实的物质基础。我们知道《管子》是经西汉末刘向编定为86篇（10篇遗失仅存篇目）后流传至今的，刘向评论说："凡《管子》书，务富国安民，道约言要，可以晓和经义。"认为管子著书的宗旨为了富国安民，且要言不烦，符合经典要义。我们首先可以想到的是管子的名言："仓廪实，则知礼节；衣食足，则知荣辱。"（《管子·牧民》）粮食富裕，人们就知道礼节；衣食丰足，人们就懂得荣辱。另《管子·治国》篇讲："凡治国之道，必先富民。民富则易治也，民贫则难治也。奚以知其然也？民富则安乡重家，安乡重家则敬上畏罪，敬上畏罪则易治也。民贫则危乡轻家，危乡轻家则敢凌上犯禁，凌上犯禁则难治也。故治国常富，而乱国常贫。是以善为国者，必先富民，然后治之。"这就是从正反两方面充分论证重农治国。儒家耻于谈利，孔子说："君子喻于义，小人喻于利。"孟子说："何必曰利，曰有仁义而已。"先秦诸子中其他各家也都没有这么全面完整的经济思想，这是齐国能称霸的强大经济基础。同时我们可以看出管子的经济思想往往与政治主张相联系，可以合称为管子的政治经济学。经济与政治与民生紧密相关，互为促进。

三、权衡轻重

管子对经济诸多重大问题，比如生产、分配、交换、消费和均衡等都有精彩论述，而且有成功的实践。首先管子的思想与同时期的思想家类似，是以农为本的，所不同的不是打击工商而是兼营工商。接《治国》上面的话管子还讲了以下的话："所谓兴利者，利农事也；农事胜则入粟多，入粟多则国富，国富则安乡重家。是以先王知众民、强兵、富国之必生于粟也。"《小匡》还说："士农工商四民者，国之石民也。"管子认为士农工商都是支撑国家的柱石，应该各自尽责，协调发展。《乘马》篇说："聚者有市，无市则民乏。市者，货之准也。"强调实诚的重要的作用，非常有远见。其次，值得一提的是他的类金融学思想，即他独特的轻重思想。轻重的概念广泛地用于商品、价格、贸易以至于货币。《史记·齐太公世家》说：管仲"设轻重鱼盐之利，以赡贫穷，禄贤能，齐人皆悦"。《史记·管晏列传》说："管仲既任政齐相，……贵轻重，慎权衡。"《史记·平准书》说："齐桓公用管仲之谋，通轻重之权，徼山海之业，以朝诸侯，用区区之齐，显成霸名。"《史记·货殖列传》说："管子……设轻重九府，则桓公以霸。"轻重理论就是通过权衡货币、谷物、百物的供需、贵贱，采取措施使国家富强，并平抑物价安定民众生活。在对外方面，就是要权衡轻重，在经济上通过对外贸易和商战制服、搞垮别国。《管子·揆度篇》所说是："重则至，轻则去……物臧则重，发则轻。"《管子·轻重甲篇》则说："章（障）之以物则物重，不章以物则物轻；守之以物则物重，不守以物则物轻。"这里所说的"重"主要表现在商品缺乏、供应不足，引起涨价和人们的重视。这里所说的"轻"，主要表现在物品供应充分和很多，价格下跌。物品"重"就会引起运地同类商品输入。"轻"则本地商品就会运销到他方。《管子·轻重篇》认为谷物与万物的轻重关系成反比。《管子·轻重乙篇》："粟重而万物轻，粟轻而万物重。"《管子·乘马数》载："谷独贵独贱。桓公曰：'何谓独贵独贱？'管子对曰：'谷重而万物轻，谷轻而万物重。'"这就是说，谷与万物的关系是，谷重万物相对轻，谷轻万物相对重。轻重理论用之于货币方面，货币与万物成反比，《管子·山至数篇》说："币重而万物轻，币轻而万物重。"《管子·山国轨篇》说："国币之九在上，一在下，币重而万物轻。万物而应之以币。币在下，万物皆在上，万物重十倍。"《管子·国蓄篇》则说："谷贱则以币予食，布帛贱则以币予衣。视物之轻重而御之以准，故贵贱可调，而君得其利。"最后，货币与谷物的关系，又是所谓"币重则谷轻，币轻则谷重"，二者成反比。为了掌握轻重关系的规律，了解各种商品（万物）与谷物、货币与万物、谷物与货币彼此间轻重关系的比例关系是非常重要的。《管子》牧民、权修、立政、治国、形势、轻重等篇还有很多政治经济学的精彩论述。

管仲死后，在临淄牛山上建立了管仲墓后又建了纪念馆，从明朝起，每年三月三和九月九当地都举行牛山庙会，管仲被尊为民间财神。此外在全国各地还作为盐神接受祭拜，比如江苏泰州有管王庙，四川资中有盐神庙。奇怪的是做豆腐的也称豆腐是管仲发明的，称管仲为做豆腐的鼻祖。

四、以人为本

管子是实操成功的哲人，其光辉思想的背后有对人性深刻的把握和运用。最著名的是以人为本和与之为取的说法。

1. 以人为本

管仲襄助齐桓公成就霸业。管仲在位四十余年，从拥戴周惠王的嫡长子太子郑继位成为周襄王到葵丘之盟，从征山戎到讨蔡国、楚国等，齐桓公管仲这对君臣打着尊王攘夷旗号行征伐之事，据《齐世家》"诸侯会桓公于鄄，而桓公于是始霸焉"，也就是齐桓公接受周天子任命为方伯，以周天子的名义召集诸侯会盟，维持各国之间的次序以及讨伐各诸侯国内的叛乱。《左传》《管子》中有比较详细的论述，这方面《论语・宪问》中孔子总结的两条最全面，一是说："桓公九合诸侯，不以兵车，管仲之力也。"二是："管仲相桓公，霸诸侯，一匡天下。"《史记・管晏列传》还说："管仲卒，齐国遵其（管仲）政，常强于诸侯。"也就是说即使管仲死后，齐国因为遵循管仲的政治，仍然长期强于诸侯各国。管仲是先秦诸子中成就个人抱负的典范，管仲的思想也影响十分深远。

人生自身有开阔的格局，对人性具有深刻的洞察。春秋战国时期的大国几乎没有哪一个不想富国强兵进而一统天下的，但为啥齐桓公管仲这对君臣率先取得了成功？笔者认为，思想的先进性是十分重要的，路线方针的正确性固然是霸业成功的前提，而依法办事，发展经济军事等不是一句空话要真正落实到实处，必须有综合的处理办法特别是对人性的深刻洞察和运用。首先，管仲在中国历史上率先提出"以人为本"。《管子・霸言》："夫霸王之所始也，以人为本，本治则国固，本乱则国乱。"管仲明确概括以人为本的命题，是人本主义、人文主义的早期意识的体现，包含民主性的精华元素。把此思想作为成就霸业的基础，的确是有大智慧的。《管子・霸形》记载了"以人为本"命题的生动故事。最后管仲总结如下："管子对曰：'齐国百姓，公之本也。人甚忧饥，而税敛重；人甚惧死，而刑政险；人甚伤劳，而上举事不时。公轻其税敛，则人不忧饥；缓其刑政，则人不惧死；举事以时，则人不伤劳。'

桓公曰：'寡人闻仲父之言此三者，闻命矣，不敢擅也，将荐之先君。'
于是令百官有司，削方墨笔。明日，皆朝于太庙之门朝，定令于百吏。
使税者百一钟，孤幼不刑，泽梁时纵，关讥而不征，市书而不赋；近者
示之以忠信，远者示之以礼义。行此数年，而民归之如流水。"

2. 与之为取

《管子·牧民》："知与之为取，政之宝也。"有崇高的辩证法思想。
取与对立统一，互相依赖，互相转化。这种策略思想是管仲对天道人情
的精确把握，推行政策顺应民心，人民自然拥护，政令必然畅达。与老
子道家的顺应自然，无为而治的思想有很多相似之处。在《管子·禁
藏》篇中记载了实际操作效果："居民于其所乐，事之于其所利，赏
于其所善，罚之于其所恶，信之于其所余财，功之于其所无诛。于下无
诛者，必诛者也；有诛者，不必诛者也。以有刑至无刑者，其法易而民
全；以无刑至有刑者，其刑烦而奸多。夫先易者后难，先难而后易，万
物尽然。明王知其然，故必诛而不赦，必赏而不迁者，非喜予而乐其杀
也，所以为人致利除害也。于以养老长弱，完活万民，莫明焉。"再比
如，《管子·权修》提出："一年之计莫如树谷，十年之计，莫如树木，
终身之计，莫如树人。""百年树人"的至理名言至今对教育对人才培养
等有极大的示范作用。可见刘向所谓"道约言要，可以晓和经义"，说
得十分准确，管子的伟大思想不仅容易理解而且易于操作实践，没有道
家的虚无和神秘，也没有儒家的不接地气。在《史记·齐世家》中管仲
在弥留之际管仲与齐桓公有一场生动的对话，管仲告诫齐桓公一定要远
离竖刁、易牙和开方这类小人。一般人都认为这三位竟然或自宫或杀子
或背亲以讨好齐桓公，应该算成大大的忠臣，但管仲认为这些都是违背
人性的举动，一定不会长远，齐桓公悔不听管仲之言，致使三子专权饿
死了自己。

　　应该是由于管子对人性的深刻洞察和具体的实践原则的原因，中国
的管理学也尊称管仲为开创者，管仲被称为中国的管理学之父。

　　希腊哲学将哲学解释为爱智慧而非智慧本身，因为古代希腊人的观
点智慧是不可真正获得的，只能通过不懈追求接近智慧。对博大精深、
包罗宏富的管子思想，我们也只是管中窥豹，对管子在诸子百家中的独
特价值只简要说明了以上很少的部分，未来对这方面的研究还有待于深

入和提高。

五、后世评价

孔子、孟子和荀子都对管子有不少评价；近代胡适、梁启超也有评论；现代学者李山、孙中原等也都有不少高论。对比这些评论，可以加深我们对管子思想的认识，对我们有颇多启示。

孔子大力肯定管子共计。"九合诸侯一匡天下，管仲之力，如其仁！如其仁！""岂若匹夫匹妇之为谅也，自经于沟渎二莫知之也。"（《论语·宪问》）"管氏而知礼，孰不知礼？"（《论语·八义》）孔子肯定管子具有仁的品德，但不符合儒家礼度。孟子反对管子的霸道，《孟子·公孙丑上》：公孙丑问曰："夫子当路于齐，管仲、晏子之功，可复许乎？"孟子曰："子诚齐人也，知管仲、晏子而已矣！或问乎曾西曰：'吾子与子路孰贤？'曾西蹴然曰：'吾先子之所畏也。'曰：'然则吾子与管仲孰贤？'曾西艴然不悦，曰：'尔何曾比予于管仲！管仲得君如彼其专也，行乎国政如彼其久也，功烈如彼其卑也：尔何曾比予于是！'"曰："管仲，曾西之所不为也，而子为我愿之乎？"曰："管仲以其君霸，晏子以其君显；管仲、晏子犹不足为与？"曰："以齐王由反手也。"曰："若是，则弟子之惑滋甚！且以文王之德，百年而后崩，犹未洽于天下。武王、周公继之，然后大行。今言王若易然，则文王不足法与？"孟子轻视管子源于力倡王道和反对霸道的立场不同，同时多少有些理想主义，认为实行王道就天下太平了，但也肯定管子受命于天，不得不承认管子取得的政绩。所以孟子终身未出仕。《荀子·仲尼》："齐桓，五伯之盛者也，前事则杀兄而争国；内行则姑姊妹之不嫁者七人，闺门之内，般乐奢汰，以齐之分奉之而不足；外事则诈邾，袭莒，并国三十五。其事行也若是其险污淫汰也，彼固曷足称乎大君子之门哉！若是而不亡，乃霸，何也？曰：於乎！夫齐桓公有天下之大节焉，夫孰能亡之？傥然见管仲之能足以托国也，是天下之大知也。"肯定管仲的能力，其实荀子是有法家思想的。但《荀子·大略》又说："管仲之为人，力功不力义，力知不力仁，野人也；不可以为天子大夫。"所以荀子也仍然站在儒家的立场，批评管子忽视礼仪。

梁启超《管子评传》对管子推崇备至："管子者，中国之最大政治家，而亦学术思想界一巨子也"。以政治学而论，亚里士多德、孟德斯鸠和霍布斯，"又不能如吾管子之中者也"。论君主，论民主，"问泰西有能于数千年发明斯义者乎？曰无之。有之则惟吾先民管子而已"。论法治，"故法治者，治之极轨也。而通五洲万国数千年间，其最初发明此法治主义以成一家言者谁乎？则我国之管子也"。梁启超《管子评传》自序，直言为管子树碑立传，为管子恢复历史名誉。

　　胡适认为《管子》是伪书，不予重视。现代学者北师大教授李山在《中华经典藏书管子》序言中说："《管子》是托名管子的著作，但也绝不意味着是一本杂凑的书。它的统一性，不表现在思想内涵的一致，而表现在成就霸业、帝王目标的确定。为了这一点，什么学术思想都可以拿来用。"中国人民大学的孙中原教授在《中华传统文化百部经典解读管子》序言中认为："《管子》是管子学派的集体创作，托名管仲。《管子》突显法家思想，兼容诸子百家，在中国思想史上有独特的学术价值。还有人认为《管子》一书只是齐国及稷下学宫的言论总结，其实没有定论，稷下学宫存续起自齐桓公管仲时代终于齐王建，历经一个半世纪，笔者认为，《管子》大部分是管仲及其后学的思想，可能是吸取各种有益的理论和经验为执政所用。今天我们谈到管仲，更多的是把他当成一个大的政治家，一代名相，比拟伊尹和周公等，后世诸葛亮也自比管仲和乐毅，可见管仲把各家有用的思想都融会贯通了，圆融通达了，管仲的才能是多方面的，思想也具有多面性。

韩信下赵请立张耳为赵王
传达的讯息

本文作者林聪舜。台湾清华大学中国文学系教授。

韩信布背水阵破赵后，从广武君李左车先声而后实之策，发使使燕，燕从风而靡。"乃遣使报汉，因请立张耳为赵王，以镇抚其国。汉王许之，乃立张耳为赵王。"（《史记·项羽本纪》）韩信在破赵、抚燕之前，已有定三秦、下魏、破代等赫赫战功，破赵、降燕后，自己尚无地盘，何以请立张耳为赵王？

韩信请立张耳为赵王的理由是"以镇抚其国"。用在赵地有统治基础的张耳镇抚赵国，此一理由固然有其合理性，但只是表层的原因，韩信请立张耳为赵王，有深层的原因，他想传达给刘邦重要讯息：封王一事是各路实力人物的共同决定，以及裂土封王的政治秩序必须得到尊重。亦即刘邦平定天下后，权力安排的大架构是裂土封王的政治秩序，张耳封为赵王，则是未来走向裂土封王的政治秩序的重要一步。而韩信功盖天下，张耳既立为赵王，韩信封王也就势所必然。

韩信请立张耳为赵王，"汉王许之，乃立张耳为赵王"，答应得非常爽快，然而，韩信请立张耳为赵王在汉三年，根据《史记·汉兴以来诸侯王年表》载，张耳立为赵王却是在汉四年韩信下齐之后，可见刘邦对立张耳为赵王一事，亦有其盘算，刘邦争天下大封异姓王，毕竟是迫于形势不得不然。

一、"以镇抚其国"只是韩信请立
张耳为赵王的表层原因

张耳在赵地有统治基础，韩信请立张耳为赵王，以镇抚其国，表面上有其合理性。

陈涉称王后，张耳、陈余为取得独立发展的机会，由陈余向陈涉进言，请奇兵北略赵地，于是陈王以故所善陈人武臣为将军，以张耳、陈余为左右校尉，予卒三千人，北略赵地。武臣入邯郸后，张耳、陈余劝其立为赵王，以陈余为大将军，张耳为右丞相。后降将李良反叛袭邯郸，杀武臣，张耳、陈余脱出，收兵数万人，求得赵歇，立为赵王。章邯引兵至邯郸，张耳与赵王歇走入巨鹿城，王离围之。陈余北收常山兵，得数万人，军巨鹿北，因未实时击秦救巨鹿，张耳怨望甚深。项羽与诸侯军救巨鹿，解围后，张耳责让陈余以不肯救赵，及问已没于秦军的使者张黡、陈泽所在，以为陈余杀之。陈余解印绶去，张耳乃佩其印，收其麾下，于是两人由刎颈之交变成为势不两立的死对头。

张耳随项羽入关，项羽立诸侯王，分赵立张耳为常山王。陈余仅得三县，请兵叛楚的田荣，并力袭张耳，张耳败走归汉。陈余收赵地，迎赵王于代，复为赵王。

张耳是项羽立诸侯王所立的常山王，常山国占有信都、邯郸一带赵国的核心地区，张耳又曾随武臣经略赵国，担任武臣之赵的右丞相，在赵地有统治基础。韩信借张耳下赵，请立张耳为赵王，以镇抚其国，让张耳恢复丧失的赵国统治权，此一请求合乎情理，但这只是韩信请立张耳为赵王的表层原因。

二、韩信请立张耳，代表封王一事是各路实力人物的共同决定

韩信请立张耳为赵王，请求也被刘邦接受，这在后来专制皇权强化后，是不可思议的。韩信请立张耳的深层原因，其一代表封王这个重大的权力分配问题，其原则不是刘邦一个人决定的，而是各路实力人物的共同决定。韩信请立张耳为赵王，传达了此一讯息。

韩信请立张耳为赵王，汉王虽爽快答应，然而张耳立为赵王却是在来年韩信下齐后，可见刘邦对韩信请立张耳为赵王一事，无力抗拒，但内心雅不愿意，所以稍作延搁。及至韩信下齐，权倾天下，为稳住韩信，刘邦必须做出共治天下的动作，故立张耳为赵王，并立自行讨封的韩信为齐王。

　　张耳王赵，韩信王齐，都出于韩信主动的要求，可以看出拥兵自重的实力人物在封王一事上扮演的重要角色。其实不只是封王，刘邦当上皇帝，也不是独断独行，名义上仍由诸侯及将相共上尊号。《史记·高祖本纪》载：

> 正月，诸侯及将相相与共请尊汉王为皇帝。汉王曰："吾闻帝贤者有也，空言虚语，非所守也，吾不敢当帝位。"群臣皆曰："大王起微细，诛暴逆，平定四海，有功者辄裂地而封为王侯。大王不尊号，皆疑不信。臣等以死守之。"汉王三让，不得已，曰："诸君必以为便，便国家。"甲午，乃即皇帝位汜水之阳。

　　这代表刘邦即皇帝位，是实力派人物的共同推尊与认可，而诸侯及将相共上尊号，其重要原因正在于"有功者辄裂地而封为王侯"，能够裂地共享天下。若依《汉书》的记载，刘邦即皇帝位的过程，居于半独立状态的诸侯王更是扮演决定性的角色，程序是由诸侯王上皇帝尊号，《高帝纪》载：

> 于是诸侯上疏曰："楚王韩信、韩王信、淮南王英布、梁王彭越、故衡山王吴芮、赵王张敖、燕王臧荼昧死再拜言，大王陛下：先时秦为亡道，天下诛之。大王先得秦王，定关中，于天下功最多。存亡定危，救败继绝，以安万民，功盛德厚。又加惠于诸侯王有功者，使得立社稷。地分已定，而位号比儗，亡上下之分，大王功德之著，于后世不宣。昧死再拜上皇帝尊号。"

　　由实力最强的楚王韩信领衔，七位异姓诸侯王联名上疏，则刘邦即皇帝位，乃得到七位异姓诸侯王的认可与推尊，是各路诸侯王的共同决定，这代表天下是刘邦与诸侯王共享共治之天下，诸侯王的地位更为突出。此一皇帝位由诸侯共同推尊产生的模式，与项羽称西楚霸王由诸侯推尊的过程类似，《史记·太史公自序》云："秦失其道，豪桀并扰；项梁业之，子羽接之；杀庆救赵，诸侯立之。"自汉二年始封韩王韩信之后，刘邦因结盟诸侯反楚的需要，继承了项羽的分封原则，王国的地位一如项羽所封诸侯王国之旧，诸侯王与刘邦的关系不是后来皇权强化后的君臣关系，而是更接近盟友的关系。①

天下一统后，刘邦欲王卢绾，程序上仍由诸将相列侯推举，《韩信卢绾列传》载：

> 高祖已定天下，诸侯非刘氏而王者七人。欲王卢绾，为群臣觖望。及虏臧荼，乃下诏诸将相列侯，择群臣有功者以为燕王。群臣知上欲王卢绾，皆言曰："太尉长安侯卢绾常从平定天下，功最多，可王燕。"诏许之。汉五年八月，乃立卢绾为燕王。

刘邦此时权力已巩固，但欲王卢绾，程序上仍率由旧章，无法独断独行，必须演出一出由诸将相列侯推举的戏码。

由上可知，韩信请立张耳为赵王，放在当时政治形势中，是可以理解的。韩信此时虽未封王，但已是功盖天下，手上握有重兵，是最具影响力的实力派人物。他请立张耳的动作传达的讯息，是要让刘邦与实力派人物确认，封王的权力分配，其原则不是刘邦一个人决定的，而是各路实力人物的共同决定，这是他后来请立为齐王的张本。

韩信请立张耳为赵王，传达封王这个重大的权力分配问题，其原则是各路实力人物的共同决定。而且韩信此举亦有其巧妙手腕，刘邦很难拒绝。除了张耳是项羽所立的常山王，在赵地有统治基础，适合"镇抚其国"外，刘邦与张耳是旧交，《史记·张耳陈余列传》载："秦之灭大梁也，张耳家外黄。高祖为布衣时，尝数从张耳游，客数月。"刘邦曾是张耳门下的食客，此一经历纵然不影响刘邦是否立张耳为赵王的判断，却让韩信请立张耳的作为更具情义上的合理性。其次，此时正是楚汉战争进入紧锣密鼓阶段，刘邦为拉拢拥兵自重的各路实力人物，很难拒绝韩信请立张耳，否则将使这些野心家裂土封王的愿望幻灭，不愿归附刘邦。

三、确认裂土封王秩序的延续，为韩信未来的齐王地位铺路

韩信请立张耳为赵王，传达的另一个重要讯息，是确认裂土封王的

---

① 李开元认为，汉之异姓诸侯王，乃是陈涉项羽以来的军功王政的延续，刘邦之分封异姓诸侯王，其原则也同于陈涉项羽以来的军功原则。参看李开元：《汉帝国的建立与刘邦集团》，生活·读书·新知三联书店 2000 年版，第 87-88 页。

政治秩序的延续。秦并六国，灭人社稷，被当时人认为是"无道"的重要原因，例如《史记·张耳陈余列传》载张耳、陈余建议陈涉："夫秦为无道，破人国家，灭人社稷，绝人后世，罢百姓之力，尽百姓之财。……愿将军毋王，急引兵而西，遣人立六国后，自为树党，为秦益敌也。""破人国家，灭人社稷"是"秦为无道"的重要罪状。陈涉起义复楚后，赵、燕、齐、魏纷纷复国，俨然战国局面再现。巨鹿战后，项羽率诸侯军入关，大封十八王国，大抵仍由战国旧七国演变而出，略加调整。分封建国的天下秩序，是当时共同认同的政治秩序。

韩信下赵后，关东地区尚有燕、齐、临江、西楚等王国，但刘邦并吞的三秦、河南、殷、西魏等国，都置郡，直属于汉，只在汉二年十一月，立韩王族韩信为韩王。由此一形势推断，刘邦并无再行封建的必然性，这就违背韩信的追逐目标。请立张耳为赵王，传达裂土分封的政治秩序必须受到尊重的讯息，等于强力要求刘邦确认陈涉起义后以及项羽主盟时期裂土封王的政治秩序的延续。至于韩信此时不急着封王，是因为他有更大野心，目标锁定在齐国，所以下齐后就自请封王。

韩信早于汉中登坛拜为大将，回答汉王东乡争权天下计策时，就提出"以天下城邑封功臣，何所不服"！这是韩信憧憬裂土封王的旧政治秩序的表露，而且他的野心随着功劳与实力的增加而扩大。汉五年，楚汉以鸿沟为界议和，汉背约追项王至阳夏南，与齐王韩信、彭越期会而击楚军。至固陵，而信、越之兵不会，汉军大败，《史记·项羽本纪》载：

> （汉王）谓张子房曰："诸侯不从约，为之奈何？"对曰："楚兵且破，信、越未有分地，其不至固宜。君王能与共分天下，今可立致也。即不能，事未可知也。君王能自陈以东傅海，尽与韩信；睢阳以北至谷城，以与彭越：使各自为战，则楚易败也。"汉王曰："善。"于是乃发使者告韩信、彭越，……使者至，韩信、彭越皆报曰："请今进兵。"

此时韩信已为齐王，"信、越未有分地"不能解释为韩信未有封地，他期望得到更大的地盘，除了原有的齐地外，还想得到自陈以东傅海之地，即包含项王都城彭城在内的淮北一带精华地区。韩信下赵、抚燕后，平齐、灭项已指日可待，此时请立张耳为赵王，是要刘邦确认裂土封王的政治秩序的延续，为自己未来的齐王地位铺路。韩信此时已把目标锁定在齐国，而且若能掌握旧齐国地盘加上自陈以东傅海之地的愿望若实现，辖地几乎可以直追汉直辖区域，形成东西对峙的形势了。

韩信下赵后，目标已锁定在齐国称王，所以他可以不贪图赵地，爽快请立张耳为赵王，并借此传达给刘邦讯息：封王这个重大的权力分配问题，而是各路实力人物的共同决定，并确认裂土封王的政治秩序的延续。这也是为何汉王使郦食其说降田齐后，韩信听蒯通之说，继续进兵，武力灭齐。因为此时项羽将灭，韩信未有地盘，郦食其利用韩信大军压境的形势，说降田齐，等于刘邦、郦食其把原属于韩信的下齐之功抢先一步偷走了，也偷走了韩信规划中的齐王之位。郦食其偷走原属韩信的功劳，阻挡了韩信在齐国称王之路，韩信自然要继续进兵，抢回自己原规划占有的地盘。《淮阴侯列传》载：韩信平齐后，立即派使者言汉王"愿为假王便"。这是他长期愿望的落实，汉王纵然大怒，力不能禁，只得听从张良、陈平提醒，遣张良立信为齐王。可见韩信袭已降之齐，郦生被烹，反映韩信与刘邦的角力，是形势必然的发展。

四、结　语

韩信在破赵、胁燕后，虽已立下赫赫战功，自己尚无地盘，却请立张耳为赵王，以镇抚其国。张耳在赵地有统治基础，韩信请立张耳，表面上有其合理性，但这只是表层原因。韩信请立张耳的深层原因，在于他想借此释放如下讯息：其一代表封王这个重大的权力分配问题，其原则不是刘邦个人决定的，而是各路实力人物的共同决定。其二是逼迫刘邦确认裂土封王的政治秩序的延续，为自己未来的齐王地位铺路。

刘邦在当时形势下，不得不尊重裂土封王的政治秩序，后来并满足韩信在齐地称王的愿望，另许以自陈以东傅海之地，换取韩信的效忠，率齐军参与并指挥垓下会战。加上刘邦又立韩、赵、燕、梁、淮南、长沙共七个异姓王，使韩信误认刘邦也认同裂土封王的政治秩序，认为这是类似战国时代可以维持长久的政治秩序。韩信怀抱旧的世界观，他请立张耳传递的讯息又得到刘邦正面的响应，导致未体会历史已步入新局，裂土封王的政治秩序不可能长期维持，当他满足于裂土封王的权力分配时，刘邦的屠刀已悄悄向他逼近。

《楚汉春秋》佚文中的鸿门宴

本文作者任刚。西安工程大学人文学院教授。

秦二世三年十二月（公元前207年12月）中旬，刘邦亲赴鸿门向项羽解释遣将守函谷关之事。项羽在鸿门宴请刘邦一行，这一饭局就是鸿门宴。一般以为，鸿门宴出自司马迁的《史记》，实际上，就现存文献资料看，鸿门宴最早的文字记载是汉初陆贾的《楚汉春秋》。

一、《楚汉春秋》佚文中的鸿门宴材料

《楚汉春秋》未见著录于《文献通考》，一般以为，《楚汉春秋》亡佚于南宋。清朝时有了《楚汉春秋》的辑本。目前，《楚汉春秋》辑本有三种：一种是洪颐煊辑本，收入《经典集林》卷十，二是茆泮林辑本（梅瑞轩藏板），三是王利器先生在洪颐煊辑本基础上的校订本，附录于《新书校注》。笔者以洪颐煊辑本和王利器先生的校订本为基础，参照茆泮林辑本，结合相关研究成果，经过认真核查相关佚文的出处、比勘文字异同，确定了与鸿门宴有直接关系的四条佚文，具体如下：

（1）沛公西入武关，居于霸上。遣将军闭函谷关，无内项王。项王大将亚父至关不得入，怒曰："沛公欲反耶？即令家发薪一束，欲烧关，关门乃开。"出自《艺文类聚》卷六。

（2）是关于"鲰生"的材料：

鲰，姓也。出自《史记·项羽本纪·集解》《汉书·张良传》注。又《史记·高祖本纪·索隐》：解先生云："遣守函谷，无内项王。"《史记·留侯世家·索隐》：本姓解。《史记会注考证·高祖本纪》"或说沛公曰"句下：《艺文类聚》引《楚汉春秋》云：沛公西入武关，居于霸。解先生说上："遣将军守函谷关，无入项王。"大将亚父至关，不得入，怒曰："沛公欲反耶？即令家发薪一束，欲烧关门，关门乃开。"《索隐》

是节录。

（3）项王在鸿门，亚父曰："吾使人望沛公，其气冲天，五采色相缪，或似龙，或似云，非人臣之气，可诛之。"高祖会项羽，范增目羽，羽不应。樊哙仗盾撞人入食豕肩于此，羽壮之。出自《水经·渭水注》。

又，《太平御览》卷 15 天部 15、卷 87 皇王部 12、卷 872 休征部 1 也都有相关记载，文字大同；只是因为子目的原因，略去了"高祖会项羽"以下 23 字。

（4）沛公脱身鸿门，从间道至军。张良、韩信乃谒项王军门曰："沛公使臣奉白璧一只，献大王足下，玉斗一只，献大将军足下。"亚父受玉斗，置地，戟撞破之。出自《太平御览》352 卷兵部戟上。

从情节上说，上述材料包含汉高祖刘邦入据咸阳、项羽驻军鸿门、鸿门宴前亚父进谏、宴会上亚父又"目羽"杀掉沛公、宴会后亚父击碎玉斗等情节；从人物上说，有项羽、刘邦、范增、张良等。可以说，这些材料包括了鸿门宴的大部情节和主要人物，为我们了解司马迁之前的鸿门宴提供了基本线索。

二、《楚汉春秋》佚文中的鸿门宴

材料（1）叙述了鸿门宴的起因。可以分为如下几层意思：第一，沛公从武关进入关中，在霸上驻军（不居城中，而居霸上，正是沛公不同凡响之处，也是项羽、范增最忌惮之处）。第二，派将军守函谷关，其目的就是防止项羽进入关中（关中是天下的政治中心，是天下财富的聚集之处，攻占咸阳就标志着推翻了秦朝，占领了天下。）。第三是这段文字的中心：项羽也想进入关中，到达函谷关下，见关门紧闭，亚父大怒，就要烧关而入，沛公才下令把关门打开。"沛公欲反耶?"语出亚父之口，却典型地透露出项羽以天下主人自居的心理：天下已经是我的天下，不让我进入关中，就是图谋造反。打开关门，是沛公力不敌项羽的无奈之举。沛公和项羽曾经"约为兄弟"，深知项羽的战斗力（《楚汉春秋》佚文中有一条：项王为高阁，置太公于上。告汉王曰："今不急下，吾烹太公。"汉王曰："吾与项王约为兄弟，吾翁即汝翁，若烹汝翁，幸分我一杯羹。"见《太平御览》卷 184 引）。

材料（2）的"鲰生"姓解，是关闭函谷关的始作俑者。综合《史记·项羽本纪·集解》《汉书·张良传》注、《史记·留侯世家·索隐》、《史记·高祖本纪·索隐》等材料，可以大致断定《史记·高祖本纪》中"或说沛公曰"一段说辞出自《楚汉春秋》。沛公善纳谏，但也有纳错的时候，此即其一。沛公也善骂，"鲰生"，当为"无知的先生"。沛公误听鲰生，闭关闯下大祸，一时气急败坏，如此出腔，也符合其脾气。

材料（3）大致有两层意思：一个是宴会前，项羽已经进入函谷关，亚父以"望气"进谏，主张杀掉沛公；一个在宴会中，刘邦来鸿门见项羽，宴会中，亚父范增暗示项羽杀掉刘邦，项羽不应；樊哙"仗盾撞人入，食彘肩于此，羽壮之"。范增坚决主张乘机杀掉沛公，项羽犹豫不决，反而欣赏起强闯宴会的樊哙，这是众所周知的鸿门宴前和宴中的主要框架，共计六十字。从《水经注》叙事惯例看，"于此"二字当为郦道元插入之文。

将这段文字与《史记》相关文字相比较，可以看出：宴会前的"望气"内容，二书基本差不多，也只是文字的不同而已；宴会中的项羽不应和樊哙"仗盾撞人入食彘肩"，差别可就大了。《楚汉春秋》仅仅二十三字；《史记》的记载，约六百余字，是《史记》中最精彩的文字之一，风起云涌，剑拔弩张，情节生动、复杂了许多。

材料（4）是鸿门宴后刘邦的脱身和赠玉，共计 57 字。分为两层意思：先说"沛公脱身鸿门，从间道至军"；后说张良赠玉、亚父受玉。这个结尾的重点在最后几句："亚父受玉斗，置地，戟撞破之。"这也是《史记》鸿门宴尾声的主要内容。二书的故事框架是一样的，具体情节有同有不同，差别主要表现在具体情节详略等方面。《史记》此事前后350 余字，主要增加了脱身诸事的计划和安排上，赠玉略有增加。由此也可以断定，《史记》鸿门宴后刘邦的脱身和赠玉，也是以《楚汉春秋》为本创作而成。

真实的鸿门宴本来就是历史上的精彩篇章，其事极具感染力、刺激力，故事流传之多且广，是情理中的事情。楚人陆贾，以客从高祖，常居左右。陆贾富有政治才能，善观察善辩论善著书，他笔下的鸿门宴，应当最近本真。这事到了大天才司马迁的手上，成为《史记》中的鸿门宴。《项羽本纪》的鸿门宴是以《楚汉春秋》相关内容为基础，根据樊哙之孙他广的口传材料，也可能结合其他一些调查研究得来的材料，创作而成。"鸿门宴"成为穿越千年的活典故，"鸿门宴"一词成为人们的口头语，也是自然不过的事情。这也印证了前人有关《楚汉春秋》与《史记》关系的论述。

三、《楚汉春秋》鸿门宴佚文中的人物形象

　　一心为项羽着想的亚父范增。上列四条佚文中三条与亚父范增直接相关，其个性也最鲜明。首先是霸气十足。第一条中的一句"沛公欲反耶?"既是疑问，又是反问，充满指责和蔑视，彰显出十足的霸气! 俨然是天下王者的口气。其背后的原因就是对天下形势的认识。在范增看来，你刘季仗着运气好，侥幸进入关中也就罢了，竟敢不知天高地厚关闭函谷关，独占关中?! 一顶造反的大帽直接就给刘邦扣上了。当即下令烧关，刘邦只好打开关门。其次是头脑清醒，杀刘邦的态度坚决。(《水经注·渭水注》及《太平御览》卷 15、87、872，彼此文字小异，认为刘邦非人臣，坚决主张将其杀掉则是共同的。)范增在事业的顶峰时，还能保持冷静的头脑，对天下形势认识得很清楚，预见得很正确。这是很了不起的。另外，"可诛之"("不若杀之""不若诛之")的语气，似乎也透露出杀沛公的理由虽然不十分充分，但也不得不杀的心理。项羽虽残忍，杀人如麻，但皆气愤所致；沛公没让项羽气愤到该杀的程度，因此，此时在杀与不杀之间摇摆不定。大概是范增看到项羽的这种心理，才说出这样的话。最后，碎玉斗表现出极大的心理失落。"亚父受玉斗，置地，戟撞破之。"完全不顾外交礼节。先"置地"，再"戟撞破之"，刘邦逃走了，这块玉一文不值，因此扔在地上；还不解恨，硬生生地用戟把玉斗打烂! 破玉声中，表现出怎样的情感! 亚父的性格特征通过这些动作，立现于纸上! 如果不是十分的忠心，把项羽的事情当作自己的事情，是不会有如此表现的。

　　善斗力、不善斗心、心慈手软的项羽。《楚汉春秋》佚文中和项羽相关的共有十三条，五十条中，项羽占了十三条，这也从一个侧面反映出项羽在《楚汉春秋》中也应该是重要角色。在鸿门宴的这四条佚文中，可以说项羽的形象无处不在。如第一条亚父看到关门紧闭而怒曰："沛公欲反耶?"也可以看出项羽此时正是威风八面，以天下的主宰者身份自居的心理；"关门乃开"，也从侧面反映出他的威慑力。最直接反映

项羽性格是第三条中"范增目羽，羽不应。樊哙仗盾撞人入食豕于此，羽壮之。"二十一字中，写出项羽两种面貌。前两句不响应亚父杀沛公是一个面貌，后两句欣赏樊哙是另一个面貌。两者结合起来，正好表现了此时项羽似乎有点手足无措的心理。项羽是宁愿斗力而不斗心的英雄，鸿门宴是最激烈的斗心的场合；因此，鸿门宴尽管是他一生最关键的时刻，但项羽似乎是局外人，完全无所作为。他不搭理亚父，或者是他没有意会亚父的意思，或者意会出而不忍下手。但不管如何，项羽是受不了这种煎熬的人。要死要活，干脆利落是项羽的本性。在这种煎熬中，欣赏起强闯宴会、想和他拼命的樊哙，出自情理自然。项羽对樊哙的欣赏，大大缓和了宴会的气氛。

樊哙的精神气。在项羽威风八面，成为天下主宰的巅峰时期，樊哙敢闯鸿门宴、虎口中救沛公，既反映了他的耿耿忠心，也反映出他无畏的勇气，这是樊哙的精神气。樊哙可谓"壮"！这是唯一的一个刘邦集团成员敢在鸿门宴上大块吃肉、大口喝酒的人，也应该还是唯一一个敢在鸿门宴上大声讲理的人（佚文中没有，我们只能如此推断。既然强闯，就要说出强闯的理由。《项羽本纪》中他讲了一番大道理，我以为那样一段话是《楚汉春秋》应该有的）。他打破鸿门宴沉闷的气氛，扭转了刘邦在宴会上的不利局面，缓和了刘、项之间的关系，也成功化解了亚父范增的阴谋，为刘邦脱身创造了机会。樊哙是整个鸿门宴上最光彩动人的形象。

沛公的形象。汉高祖刘邦当是《楚汉春秋》中的主角。佚文中与高祖有关的达27条之多，占一半以上。上述四条佚文中，每条都和汉高祖刘邦直接相关。听鲰生之言关闭函谷关，反映出他维护自己利益的心理，因为想做关中王而对形势有误判。开关，表现出他对项羽的害怕。能够从危机重重的鸿门宴脱身，表现出他的机智，脱身时的安排，也从一个侧面反映出鸿门宴上的危急，急于逃命，确保安全的渴望。

四、陆贾对于鸿门宴的书写

"鸿门宴"是《史记》里的名篇，也当是陆贾着力书写的篇章。从上面鸿门宴四条佚文的分析中，我们可以大致看出陆贾的写作能力和水准。这是他善于分析事理、把握关键、长于表达的禀赋在叙事写人上的表现。

首先，陆贾把握住了鸿门宴的基本框架，情节安排，颇具匠心。刘邦派兵守函谷关想阻拦项羽入关，暴露了野心，因而惹下祸端，就势必要解释一下。亚父看透刘邦的内心，想借宴会之机除掉后患。宴会上危机四伏，幸亏樊哙解围，有了脱身的机会，终于机智脱身。《项羽本纪》鸿门宴的基本框架，在此四条佚文中基本具备。可以肯定，《楚汉春秋》对鸿门宴的书写应该比这四条佚文更加详细、全面。不仅如此，整个宴会的情节安排，前后呼应，颇具理致，颇见匠心。宴会始于"沛公欲反耶"的蔑视和逼迫，终于碎玉声中。碎玉的动作既是对项羽鸿门宴的无聊表现、自毁前程的极大遗憾和失望，也是鸿门宴最理想的结尾：一块拱手奉上的美玉，最后被生生破掉，似乎是项羽前程的预兆。宴会在碎玉声中结束，余味无穷。在一定意义上说，鸿门宴上的几个人，决定了刘、项的成败，决定了历史的走向。这么重要的一场宴会，写好不容易。通过几条佚文的分析，我们看到，陆贾是成功的。司马迁以此为基础，又结合了其他的一些资料，生枝生叶，写成《项羽本纪》的鸿门宴。另外，写人叙事，简明扼要。如"沛公西入武关，居于霸上"，从武关进入咸阳，从咸阳移驻霸上，中间省略了多少内容。"范增目羽，羽不应。樊哙仗盾撞人入，食豕肩，羽壮之。"鸿门宴的高潮只用了十八个字！"沛公欲脱身鸿门，从间道至军"，写沛公脱离虎口。

最后，说一下这几条佚文中人物称呼混乱的问题。这几条佚文对历史人物的称呼似乎比较随意。比如对刘邦，有称"沛公"的，有称"高祖"的（第三条"高祖会项羽"）。对项羽的称呼尤其乱，有称"项羽"的，有称"项王"的，有称"大王"的，特别是第三条佚文，在一个段落中，开始称为"项王"，继而又称"项羽"，接着下一句又称"羽"（高祖会项羽。范增目羽，羽不应。樊哙仗盾撞入食豕，羽壮之。）梁玉绳《史记志疑》《项羽本纪》"足以当项王乎"句下云："羽时亦未王，故沛公称羽'将军'，此下项伯曰'项王'，范增、项庄曰'君王'，张良、樊哙曰'项王''大王'，沛公曰'项王'，凡书'王'者三十八，似失史体。"按，除"君王"外，其他几种称呼在《楚汉春秋》佚文中也是如此。称呼较乱，也是《史记》较普遍的现象，不少学者以为是司马迁对原素材删除未尽造成的。《史记》秦楚之际的称呼混乱情况，是否可视为司马迁采用《楚汉春秋》时，删除未尽的遗留？可以探讨。无论如何，这种不严谨，也应当是《楚汉春秋》的不足。

因为《楚汉春秋》已佚，《新语》的真伪历来有众说纷纭，《楚汉春秋》的佚文又很简短，于是陆贾作为汉初的重要作家，就被人们忽视。特别是《楚汉春秋》对《史记》的影响，就流于班固等人留下的几句话而不得其详。以上简单的分析，一方面可以看出，陆贾对鸿门宴的书写，也可以从一个角度印证班固以至于唐，学人对《史记》与《楚汉春秋》关系的论述。

宴会作为政治斗争的场所之一，在司马迁之前就有一些记载，如《左传》等。但是似乎没留下太大的影响。但自鸿门宴以后，饭局作为政治斗争的场所，进入文学表现的领域，成为中国经典文学中表现政治斗争、展现人物个性、情节起承转合的常用手段。鸿门宴成了一个符号，似乎也是一种民族记忆，至今一提到鸿门宴，人们立刻生出不祥之感。这固然和司马迁有关，但是也不应忘记陆贾的功劳。这个中国历史上写得最惊心动魄的饭局，其基本框架和基本人物是由陆贾奠定的。

西王母与早期丝绸之路开通

本文作者徐日辉。浙江工商大学教授。

丝绸之路是西方人对中国向外输出以丝绸为主要商品的贸易交通线的称谓。1877 年德国地理学家费迪南·冯·李希霍芬出版了《中国——亲身旅行和据此所作研究的成果》，简称为《丝路》，将汉武帝时期张骞开辟行走的这条东西大道誉为"丝绸之路"。也有人认为是德国人胡特森在多年研究的基础上，撰写成专著《丝路》。无论何种说法，丝绸之路这一称谓已经得到全世界的认同。

丝绸之路由陆路丝绸之路和海上丝绸之路构成，其中陆路丝绸之路又分为西北丝绸之路、西南丝绸之路和草原丝绸之路。习惯上特指陆路丝绸之路。

陆路丝绸之路：两汉时期东起洛阳、长安（西安），经河南、陕西、甘肃、宁夏、青海、新疆直抵中亚及东罗马帝国，全长大约 7000 多公里。

张骞通西域在中国可以说是家喻户晓妇孺皆知，作为官方正式行为，确实应首归功于张骞的"凿空"。但是，考察丝绸之路发展的历史，早在西汉之前就有一条古代从西域连接中原的贸易线，叫作玉石（宝石）之路，作为丝绸之路的早期雏形，其开拓性人物正是本文所要探讨西王母及其与中原地区的互动的出现。

一、西王母是中原探索西方的首次描述

西王母是我国历史上最为神秘的西域人物，早在五帝时期就与中原有过交流。其具体所在，司马迁在《史记·大宛列传》中记载：

> 条枝在安息西数千里，临西海。暑湿。耕田，田稻。有大鸟，

卵如瓮。人众甚多，往往有小君长，而安息役属之，以为外国。国善眩。安息长老传闻条枝有弱水、西王母，而未尝见。

司马迁对于西王母的认识来自于张骞的描述和《出关记》，而张骞所言有不少同样是道听途说。学习司马迁的《史记》，不难发现司马迁对当时中国境内各地区的认识，以长安为中心大体上可以分为四个层次。首先，对长安以东的地区了解最深刻，其次是以北地区，再次是以南地区，最后是甘肃以西地区。事实上从秦到西汉初年中原王朝对西方的影响有限，直到汉武帝开河西四郡之后，情况才有所改观，从客观上制约着司马迁的想象空间。不过，司马迁是一位努力向上的学者，其探索精神伴随着一生。对于西王母的认识同样如此。他在《史记·赵世家》中记载：

> 造父幸于周穆王。造父取骥之乘匹，与桃林盗骊、骅骝、绿耳，献之穆王。穆王使造父御，西巡狩，见西王母，乐之忘归。而徐偃王反，穆王日驰千里马，攻徐偃王，大破之。乃赐造父以赵城，由此为赵氏。

这段记载清清楚楚地证明司马迁认同周穆王到过西域并且与西王母有过一段极为融洽的交流，以至于达到"乐之忘归"的地步。然而，西王母究竟居于何处，司马迁并没有具体交代，只是承认西王母的存在。

考察中国最古老的典籍《山海经》，得知西王母居住在著名的昆仑山。昆仑山是中国的文化之山、神话之山。古人对昆仑山的崇拜，从文化上讲主要是因为此山有西王母的缘故。司马迁在《大宛列传赞》称：

> 太史公曰：《禹本纪》言"河出昆仑。昆仑其高二千五百余里，日月所相避隐为光明也。其上有醴泉、瑶池"。

作为司马迁的个人心得，他不知道昆仑山的具体位置，只能借助《禹本纪》来表明昆仑山是最接近西天的西极之地，遥不可及。所以历史上中原人论及西王母所居住之地，呈现出无法厘清的神秘故事。时至今日，人们对于西王母居住的昆仑山到底在哪里，依然没有统一的认识。在古代中原人记载西方的具体描述当中，西王母是对话中原的开创性人物。

关于西王母的记载，最早见于《山海经》，凡三见。其一，《西山经》载：

又西三百五十里，曰玉山，是西王母所居也。西王母其状如
人，豹尾虎齿而善啸，蓬发戴胜，是司天之厉及五残。

胜，王胜。玉山，产玉之山。其二，《海内北经》载：

西王母梯几而戴胜。其南有三青鸟，为西王母取食。在昆仑
虚北。

三青鸟：赤首黑目，分别叫作大鵹、少鵹和青鸟，袁珂先生认为：
三青鸟，当为猛禽之类①。其三，《大荒西经》载：

西海之南，流沙之滨，赤水之后，黑水之前，有大山，名曰昆
仑之丘。有神，人面虎身，有文有尾，皆白处之。有人，戴胜，虎
齿，有豹尾，穴处，名曰西王母，此山万物尽有。

戴胜，类似冠饰，这些记载便是西王母最早的原形。依据上述记载
分析，西王母作为西北高原地区的一个大部族的首领，其图腾可能是猫
科动物，否则不会有"豹尾、虎齿"的记载。对此，陆思贤先生认为：
西王母是人格化的虎神，而且又是死神，是产生于母权制时代的神话。
他同时认为西王母还是生育神。并列举甘肃马家窑彩陶的虎形图案及青
海乐都柳湾出土的人头彩陶像为证据②，来证明源于西部的西王母的神
性与人格化问题。毫无疑问，陆思贤先生用甘、青地区出土的彩陶来论
证西王母，极有启迪意义。更为重要的是，他证实了这一古老的传说并
非向壁虚构，而是古代西北民族在与天地抗争与人类自身抗争的发展过
程中产生出的代表性人物。另外，与中原不同的地方还在于其习俗是散
发披肩之"蓬发"，而不是束发。

西王母的神秘不仅仅只有文献记载阙如，还在于后世具体画像的展
示。如河南南阳出土的汉代画像砖石中就有西王母与东王公端坐在悬圃
之上，上有仙人骑鹿和为西王母取食的三青鸟，下部有玉兔捣药③。在
徐州出土的汉画像砖石中也有拜见西王母的形象。其造型是西王母头戴
胜饰（类似冠），端坐在楼上，楼下有青鸟衔食，傍边有人首蛇身站立，

①　袁珂：《山海经校注》，上海古籍出版社 1980 年版，第 306-307、246 页。
②　陆思贤：《神话考古》，文物出版社 1995 年版，第 109-119 页。
③　王儒林、李陈广：《南阳汉画像石》，河南美术出版社 1989 年版，第 13-154 页。

及诸神一行拜见西王母 ①。现藏四川省博物馆的一出土汉画像砖石中，其画面为：西王母坐在上方正中一圆形有盖之穴，左右为云气围绕的"石室"之中。西王母身着女装，头上有饰，道貌威严，坐在龙虎座上。在座下方有一只三足鸟，三足鸟下有一牛及求药者等②。三足鸟又作太阳鸟，这种图案在战国以来出土的器物上多有表现。西王母具有使人长生不老的功能，至少在两汉时期的人是深信不疑。从另外一个维度考察，同样是中原人以西王母为坐标努力探索西方世界的具体表现，如传言海外有长生不老药是同一个道理。

二、西王母与玉文化东传的通道

西王母与中原结缘，其重要媒介正是玉器，是中国人人见人爱的和田玉。西王母利用和田玉东传，不仅打开了与中原地区交流的大门，同时也极大地丰富了中国的传统文化。中国古代是一个充满着玉文化的时代，早在距今 8000 年前的红山文化时期，玉就已经成为一部分人的珍爱。所以中国历史上流传下来的玉器种类相当繁多，大体上有：玉圭、玉笏、镇圭、命圭、谷圭、圭璧、土圭、璧、瑗、玉琥、玉虎、珩、环、玉佩、环珙、玉带钩、玉钩、玉剑饰、玉珌、玉璋、玉衣、玉豚、含玉、玉蝉、玉塞、玉节、玉玺、玉盘、玉鱼、玉带、玉珠、玉藻等。它们不仅仅是一件件玉质的器物，而且是文化的载体，对中国人的政治生活、经济生活和文化等，都有着深刻的影响。

玉是世界各地都受到欢迎的一个宝石的分类。通常被称为玉的矿物主要为硬玉和软玉，因化学成分的不同而呈现各种颜色，种类较多。

广义上的玉不仅包括硬玉和软玉，也包括蛇纹石、青金石、玛瑙、珊瑚、大理石及其他意义上的宝石。软玉，是含水的钙镁硅酸盐，硬度一般在 6.5 以下，韧性极佳，半透明到不透明，纤维状晶体集合体，颜色以白色为佳。中国玉矿丰富，主要有内蒙古佘太翠、新疆和田玉、岫山玉、南阳玉、蓝田玉、密县玉、京白玉、绿松石、红山玉、紫玉髓、羊脂白玉。其中，新疆和田出产的羊脂玉为最贵重。从距今四千年前的

---

① 徐英毅主编：《徐州汉画像石》，中国世界语出版社 1995 年版，第 8 页。

② 刘志远、余德章、刘文杰：《四川汉代画像砖与汉代社会》，文物出版社 1983 年版，第 131-135 页。

西王母自西域以和田玉到中原王朝交易开始，直到今天人们对于和田玉的追捧丝毫没有减弱，反而达到了近乎疯狂的地步。

西王母以和田玉作为礼品（变相的交易品），千里迢迢与中原王朝结好，出于主观愿望之外，却开辟了一条以西域玉石为主要商品到中原进行贸易的通道，成为闻名于世的丝绸之路的前身。

西王母来中原是可信的史实，《竹书纪年》记载，虞舜九年"西王母之来朝，献白环、玉玦"。《大戴礼·少间篇》亦记载"西王母来朝"。还有其他典籍如《宋书·符瑞志》就有着同样记载。另外，在《山海经》《尚书》《吕氏春秋》《淮南子》等古代典籍中均有西王母来内地献玉，以及来自西域地区的昆山玉、即和田玉的记载，而考古发现远远早于文献的记载。在距今 4000 年前夏朝时期的二里头就出土了用和田玉制作的柄形器，可与《竹书纪年》的记载相对印。

玉石之路的出现，与丝绸之路一样，首先是来自于商人的贡献。他们当中有不少人为了谋生，到异国他乡进行交流，包括利润可观的玉石交易在内。商人的出现是社会的进步表现，是人类第三次大的社会分工。商业从农业和手工业中分离出来，适应了社会发展的需要，而他们行为的本身就开辟了商业贸易的通道，旅行的通道和文化交流的通道。

美国学者罗伯特·麦金托什与夏希肯特·格波特认为："东方早期的旅行家，尤其是中国和印度，主要也是起源于贸易交往"①，这一观点是正确的，在商王朝得到了实践。王室经商，是商王朝的传统。在殷墟（河南安阳）贸易交换的商品当中就有来自西域（新疆和田）的和田玉，并且成为王室的珍玩。商朝和田玉集中发现是在 1976 年河南安阳殷墟的"妇好"墓。妇好墓上建有母辛宗的享堂，墓深达 7.5 米，所以没有被盗掘，墓中出土了两千余件陪葬品，其中有 755 件玉器，包括新疆和田玉制作的跽坐人形玉佩等，真实地反映出商朝王室对和田玉的偏爱。

中国传统文化源远流长博大精深，其中玉文化堪称独树一帜。玉虽然是石头，但经过无数能工巧匠的精心雕琢，便成之为器，因此《说文解字》称"玉，石之美"。正因为美，玉在中国古代，是灵通的象征，不同形状的玉代表着不同的用途。人们通过玉与上苍沟通，在传递上苍

---

① ［美］罗伯特·麦金托什与夏希肯特·格波特著，蒲红等译：《旅游学——要素·实践·基本理论》，上海文化出版社 1985 年版，第 3 页。

意愿的同时，用以寄托自己的企盼。作为中国传统文化的一个重要组成部分，以玉为中心载体的玉文化。所谓"宁为玉碎"的爱国民族气节；"化为玉帛"的团结友爱风尚；"润泽以温"的无私奉献品德；"瑜不掩瑕"的清正廉洁气魄。还有什么以玉之润可消除浮躁之心，以玉之色可愉悦烦闷之心，以玉之纯可净化污浊之心等等，将结缘，物质、社会、精神三合一的独特玉意识是我们华夏民族的思想建树，成为中国玉文化的丰富思想和精神内涵。毫不夸张地说几乎每一件珍贵的玉器身上和背后或多或少都充满着一个个动人的故事。

长期以来，玉作为身份的象征，重在区别权力和等级，在帝王时代尤其突出。《周礼》严格规定："以玉作六器，以礼天地四方；以苍璧礼天；以黄琮礼地；以青圭礼东方；以赤璋礼南方；以白琥礼西方；以玄璜礼北方"。最突出的就是以玉器显示王权，周代以后，作为维护礼制的器具受到历朝贵族统治集团的重视。玉便拥有了超过其本身的功能，在政治、宗教、生活中起到了其他材质无可媲美的作用。如秦始皇得到和氏璧后，命玉工匠篆刻上宰相李斯书写的"受命于天，既寿永昌"八个大字，从此和氏璧成为传国玉玺和天命所归的证据。

玉石之路的产生，西王母玉文化的东传，对于后来丝绸之路的发展有着十分重要的意义。正是中国嗜玉如命的传统，所以玉石贸易还关乎着国家经济的命脉。《战国策·赵策》中有这样一段记载：

> 秦以三军强弩坐羊肠之上，即地去邯郸百二十里。且秦军以三军攻王之上党而危其北，则句注之西非王之有也。今逾句注、禁常山而守，三百里通于燕之唐、曲逆，此代马、胡驹不东，而昆山之玉不出也，此三宝者，又非王之有也。

这是战国时期著名的辩士苏秦对赵王的一段形势分析，意思是说秦军占领韩魏的上党（今山西子长县），并且据守险要，如此一来代、胡之地的良马和昆仑山的宝玉就不能运出，也就不归赵王所有，经济贸易就受到打击，国家的安全势必受到威胁。

昆山之玉，正是今天一部分人疯狂追逐的"和田玉"。从这段记载看，传统的玉石之路在战国时期已经成为赵国重要的经济命脉，否则不会成为赵之三宝。

西王母开辟的玉石之路，为后来丝绸之路的发展提供了成功的实践，玉石之路是成熟的国内贸易，而丝绸之路则是玉石之路的延伸发展后的国际贸易。

三、中原王朝与西王母的互动

中原王朝与西王母的互动，事实上是内地向西方探索的今天表现，是中国人对话西方融入世界大格局的创举。不过，最初则是对西方的回应。《竹书纪年》记载的虞舜九年西王母来中原，与五帝时期的虞舜进行了交流，并且带来了白环、玉玦等和田玉的制品。这是最早见于西王母来中原的记载，由于此事十分重要影响巨大，因此先秦典籍《世本》等亦记载"舜时西王母献白环及佩"。以及后来的《晋书·律历志》记载："至舜时，西王母献昭华之琯，以玉为之。及汉章帝时，零陵文学奚景于泠道舜祠下得白玉琯。"对此，《竹书统笺》卷二称："咸以为舜时西王母所献云，意是时王母以玉琯献舜，舜或赐象，鼻亭去泠道不远，故于舜祠下得之。"如果说《世本》是历史记录，而《晋书》的记载则是以考古发现印证历史记载的真实性。

西王母是真实的存在，关于其最初的年代，袁珂先生认为：西王母当后羿时代人，是女性化了的神，掌管着灾疫和刑罚。她在掌管灾疫的同时，又能医疗治病，因而西王母有长生不老之药，嫦娥奔月的故事盖源于此 ①。袁珂先生的观点来自于《淮南子》，其《览冥训》称："羿请不死之药于西王母。"与《竹书纪年》的记载虞舜时期略有不同。正因为西王母具有如此多的功能，所以史称："万民皆付西王母"（《博物志》卷九）者即是。

自虞舜之后西王母又来中原一次，不过这一次是在周穆王时期，时间相隔了一千多年，这期间究竟发生了什么，我们一无所知。从西王母不同年代在中原出现分析，不排除部族著名首领的多世的现象，如同华夏民族的人文始祖伏羲，从距今 10000 年到距今 7000 年都叫伏羲一样。但是，周穆王与西王母这次的交流对于早期丝绸之路的形成，有着极为重要的意义。

周穆王姬满，西周第五代国君。西周初年的武、成、康三代国力强盛。周穆王 50 岁即位，在位 55 年，即从公元前 976—前 922 年。2003

---

① 　袁珂：《中国古代神话》，中华书局 1960 年版，第 196-197 页。

年 1 月 19 日陕西省宝鸡市眉县杨家村的五位农民发现了一批极为珍贵的青铜器，一共 27 件，件件有铭文，震惊了海内外。其中有一件叫作逨盘的青铜器意义非常重大。逨盘高 20.5 厘米，口径 53.4 厘米，腹深 9.8 厘米，重 18.5 千克，圈足，饰窃曲纹，盘内底铸有铭文二十一行三百六十二字，是中华人民共和国成立以来所发现的西周时期青铜器中铭文最长的一件，现藏宝鸡青铜器博物馆。

逨盘铭文最珍贵之处就在于记录了从周文王开始，到武王、成王、康王、昭王、穆王、共王、懿王、孝王、夷王、厉王和宣王，凡十二位周王①，完整地记录了西周王室的世系，与司马迁《史记》记载完全相同，第一次印证了西周的历史，同时也验证了夏商周断代工程，堪称弥足珍贵。

周穆王一生充满着神奇敢于冒险，一生行程数十万里，尤其熟悉西北地区，《史记·周本纪》记载他曾经征伐犬戎"得四白狼四白鹿以归。自是荒服者不至"。《后汉书·西羌传》亦记载：

> 至穆王时，戎狄不贡，王乃西征犬戎，获其五王，又得四白鹿，四白狼，王遂迁戎于太原。

犬戎是历史上西北地区的势力颇大民族之一，经常威胁中原王朝的稳定。关于此次周穆王十三年西征的过程，朝廷大臣有不同意见，企图阻止周穆王出兵，结果确实是没有占到便宜。既然有多人反对，周穆王为什么还有一意孤行，其实，周穆王是想通过征伐西戎的战争手段，向西域拓展，寻求新的发展。直到四年后，才圆了周穆王的梦。

《古本竹书纪年》记载："十七年，西征昆仑丘，见西王母。"证明历史上中原官方第一次积极探索西方的人正是周穆王，他在今天的新疆阿尔泰山一带会见了西王母，并给西王母带去了白圭玄璧，一起在瑶池之上饮宴作乐。时间在公元前 965—前 961 年，距今已有两千九百多年。这段历史被"当时熟悉这段路程的旅行家或商人的报告写下这个故事"②。《穆天子传》称：

---

① 霍彦儒、辛怡华主编：《商周金文编——宝鸡出土青铜器铭文集成》，三秦出版社 2009 年版，第 505 页。

② 马雍、王炳华：《阿尔泰与欧亚丝绸之路·丝绸之路与中亚文明》，新疆美术摄影出版社 1994 年版，第 2-3 页。

丁巳，天子西南升口之所主居，爰有大木硕草，爰有野兽，可以畋猎。戊午，口之人居畴，献酒百口于天子。天子已饮而行，遂宿于昆仑之阿，赤水之阳。……吉日辛酉，天子升于昆仑之丘，以观黄帝之宫。……吉日甲子，天子宾于西王母。乃执白圭玄璧，以见西王母，好献锦组百纯，口组三百纯。西王母再拜受之口。乙丑，天子觞西王母于瑶池之上。西王母为天子谣，曰："白云在天，山陵自出。道甲悠远，山川间之。将子无死，尚能复来。"天子答曰："予归东土，和治诸夏。万民平均，吾顾见汝。比及三年，将复而野"。天子遂驱升于弇山，乃纪丌于弇山之石，而树之槐，眉曰西王母之山。

周穆王会见西王母的亮点颇多，其中在周穆王在带给西王母的礼品当中，就有"白圭玄璧"，在这历史性的时刻玉器再一次充当了友好的文化使者。

周穆王会见西王母只是西征的目标之一，周穆王原计划还有向西进军，被西王母劝住，她说西方有一种鸟很吓人，最好别招惹，以免得不偿失。周穆王竟然听从了西王母的建议止兵不前，遂与西王母享受欢乐的时光。后因徐国偃王造反，周穆王才匆匆结束了与西王母的交流。

作为回访，当年西王母又来到中原，与周穆王交流，《竹书纪年》记载：周穆王"十七年，……其年，西王母来朝，宾于昭宫"。西王母的回访，进一步密切了西域与中原的关系，打通了中西交通。为丝绸之路的发展做出了历史性的贡献。当然，我们更应该点赞周穆王不可磨灭的贡献，正是因为他独具慧眼的中西交流实践才使丝绸之路成为现实。

丝绸之路把世界上最古老的文明古国——中国、印度、埃及、巴比伦等联系在一起，通过商贸活动将中西文化有机地结合起来，成为一条真正横贯欧亚的贸易之路、文化之路和旅游之路①。

作为表率：周穆王是中国古代走向世界的第一人，他联手西王母积极地推动中西交通的发展，既是玉石之路的延续，又是丝绸之路的开拓，堪称前无古人后无来者。

作为定位："丝绸之路的开通，使沿线的国家和地区最先体验到文

---

① 徐日辉：《丝绸经济带：中华民族对接世界的悠远实践》，《江南论坛》2017 年 6 期。

化的魅力，最先接受到先进的社会生产力和最新的科学技术，最先享受到文明的气息和分享文明的成果。"① 至今仍然如此。

从古丝绸之路到今天"一带一路"倡议，延续千年的历史告诉我们，人类的文明和发展，需要开放和融合。今天的世界，更需要互惠共赢的方案。在这条山水阻隔，冰峰林立、流沙浩瀚、白骨引路、生死难卜的前行之路上，充满着艰险、充满着神秘、充满着商机、充满着文化、充满着未来和希望。在丝绸之路上，我们既不知道有多少人往来于东西之间进行文化交流与传播，更不知道有多少人为它付出了生命的代价。因此，当我们回首古老而又年轻的丝绸之路之际，在远去驼铃声中追忆历史，拜谒前贤，体悟人生，向往明天。

---

① 徐日辉：《丝绸之路——中华民族放眼世界的伟大创举》，《天津日报》2015 年 5 月 11 日。

从《史记·大宛列传》看早期中国的对外交流

本文作者胡钧凯、康清莲。胡钧凯,重庆工商大学中国古代文学专业硕士研究生;康清莲,四川外国语大学中文系教授。

《史记·大宛列传》介绍了西域地区二十多个国家,这是我国有史以来关于西域最早的文献资料,司马迁以其宏伟的气韵向世人展现出一幅壮丽的西域画卷,早期的中国就是在这幅画卷中一步步打开西北大门,继而打通了一条贯穿中亚联结欧洲的陆上"丝绸之路",中西方的经济文化交流至此开启了新的一页。当今中国大力推进"一带一路"建设,《史记·大宛列传》的历史意义和研究价值就变得更为珍贵。

一、张骞出使西域

1. 政治目的出访,开启凿空之旅

西汉初年,统治者采取"休养生息"的政策以安定社会民生与恢复经济生产。与此同时,北方的匈奴民族日益壮大,并不断地对汉朝边境进行掠夺滋扰,逐渐成为汉朝一时无力消除的心腹大患,致使在汉初数十年间,统治者不得不采取"和亲"政策以求得一时安宁。经过多年的恢复生产,时至武帝,经济繁荣,国力渐盛,中央集权得到了进一步的加强,汉朝拥有了与匈奴一较高下的基本条件。汉武帝决定凭借着强大的军事力量和经济实力展开对匈奴的反击,彻底解决汉朝的北境大患。在此背景下,联合盟友打击匈奴成了武帝军事行动的第一步。

公元前138年,汉武帝招募使者出使月氏,其目的是劝服大月氏与汉朝达成政治联盟,配合相应的军事行动夹击匈奴,以此打破匈奴长期控制河西的局面。张骞以郎官的身份应聘,跟堂邑县的一个匈奴族的名

叫甘父的奴隶一起，从甘肃的陇西出发。可惜，这次出使却出师未捷，反而被匈奴扣押了十多年的时间。十余年后，张骞方才得以逃脱，并在大宛王的帮助下，到达康居，继而抵达大月氏，然而大月氏"地肥饶，少寇，志安乐，又自以远汉，殊无报胡之心"，不仅不愿与汉朝达成政治联盟，也不愿对匈奴进行军事行动。

虽然，张骞一行出使的最初政治目的没有达到，但他们到了大宛（西域国名，其地在今新疆西部境外的哈萨克斯坦境内，首都贵山城，即今卡塞散）、大月氏（阿富汗北部的喷赤河流域）、大夏（阿富汗北）、康居（西域国名，其地在今哈萨克斯坦南部），并对周边的乌孙（在今吉尔吉斯斯坦境内的伊塞克湖的东南）、奄蔡（今俄罗斯境内的咸海、里海一带）、安息（西域国名，即世界史上所说的"帕提亚王朝"，在今伊朗境内）、条支（古西域国名，约在今伊拉克境内，也有说在叙利亚）、黎轩、身毒、楼兰、于阗等古国的地理位置、风土人情、物产风俗了解得清清楚楚，为汉朝政府提供了准确充分的外域信息，为汉朝制定今后对外政策提供了基础材料。与此同时，司马迁根据张骞在西域的见闻，否定了"河出昆仑"的传统观点。在他的笔下这次出访具有划时代的意义，为早期中国的对外交流提供了珍贵的材料。

据《大宛列传》记载，"大宛之迹，见自张骞"，经过张骞一行筚路蓝缕的工作，"西北国始通于汉矣。然张骞凿空，其后使往者皆称博望侯，以为质于外国，外国由此信之"。由此可见，张骞对西域诸国的出使打开了中西方交往的大门，也是早期中国与西域诸国第一次真正意义上的交流。因此而拓开的"丝绸之路"，使中西方经济文化有了第一次的碰撞，是人类发展史上最为重要的一笔。张骞也堪称是"一带一路"理念的最早践行者。

2. 对外沟通所需，打通西南联系

张骞第一次出使西域归来，向武帝禀告西域诸国的基本情况，并建议汉朝政府通过强大的经济力量吸引这些兵力薄弱、看重财物的国家前来朝拜，若能使他们归附，不仅可以扩大汉朝的行政版图，将武帝的威德远播异域，还能在今后配合汉朝对匈奴的军事行动。这为汉朝政府解决边境祸患，突破对外发展瓶颈提供了重要策略。武帝于是在公元前119年派遣张骞第二次出使西域，这次出使分四路同时出发，其中有一路是向南出发。

南方那一路被昆明人隔绝，他们常对汉使进行抢掠，所以，汉朝始终未能将此路打通。不过，昆明国西边有个骑象的滇国与汉朝蜀地有过简单的贸易往来，这就成为了汉朝政府打通南方出使要道的突破口。汉初由于国力不强，经济发展滞慢，汉朝政府没有足够的资本与精力与西南夷沟通，并且缺乏一定的积极意愿，打通西南通道显得无足轻重。而时至武帝朝，为加强对外联系，打开通往大夏的通道，继而与外域联盟抵御匈奴大患，重启西南夷就变得非常有必要且提到议事日程。

司马迁的《大宛列传》从宏观的视野出发，即从中外文化交往及西北与西南文化大融通的历史角度出发，系统完善地记录了汉朝政府在西南方向为打通对外通道方面做出的努力，这种叙述手法体现出的并不是孤立的、静止的、片面的、封闭的、狭隘的民族观，故而在《大宛列传》中不仅描绘西北，也兼及西南。重启西南夷事务虽然只是当局为出使大夏国而祭出的一个"无奈之举"，然而却在客观上加强了内地与西南方面的联系，向世人展示出"南丝绸之路"在中外文化交流中的历史位置，为大中华民族的大融合发展提供了必要条件。

3. 乌孙遣使来汉，诸国纷纷来朝

张骞第二次出使西域，抵达乌孙后，发现乌孙王昆莫不仅对汉朝缺乏敬意，而且仍旧对匈奴心存畏惧，故而对汉朝政府提出的乌孙国东迁至原浑邪王的土地建议百般推却。双方的交涉暂时搁浅，张骞只好又派副使分别出使康居、大宛、月氏、大夏等国寻求友好邦交。张骞回国之时，乌孙王先派出了向导和翻译全程护送，其目的也是为了解汉朝的基本情况以及其真实的国力。当乌孙使者将汉朝之地大物博、物富民足回禀给乌孙王后，眼见为实的西北诸国才开始重新审视与汉朝的关系，纷纷加强了与汉朝的交流。

在汉朝与西域诸国互派使者，并对双方情况做了相关了解后，交流才开始密切起来。互通有无，寻求相互的利益成了彼此发展的基础。显而易见，汉朝对西域诸国的交往目的是出于政治上的结盟，求得在对匈作战时的外在协助。而西域诸国对汉朝的重视源于经济利益方面的考量，西域诸国经济落后，农业与手工业的发展远远滞后于内地，谋求经济上的援助成为它们与汉朝交往的重要原因。

最初的交往虽是"星星之火",涉及的无非财物牲畜等方面的简单贸易,却为今后内地与西域地区,甚至内地与中亚欧洲等地区的交流开辟了交通线、商贸线,使得中西方经济的交流与文化的碰撞迸发出耀眼的火花,彼此的联系更加紧密。放眼世界,这无疑是人类发展史上最重要的一笔,加速了人类迈入文明世界的步伐,使得东西方人民共同受益。

二、与西域诸国互通有无,加强经济贸易往来

张骞两次出使西域,不仅促成了一些国家与汉朝达成了政治同盟,与此同时,经济的交往也密切开来,汉朝人对异域特色的饰物风情有了向往,而西域诸国对汉朝的瓷器漆器等充满了渴望。于是,汉朝与西域诸国开始有了互通有无的早期贸易往来。

1. 天子爱马,增派使者

在与西域诸国取得联系之前,武帝就从占卜中得出"神马当从西北来"的论断,那么,从西域获取良马在某种程度上就具备了"理论基础",促使着爱马的武帝进行积极的探索与追求。起初,汉朝得到乌孙之马,称其为"天马"。当获取了更健壮的大宛汗血马,乌孙马只有改名"西极",让"天马"之名让与更为优质的大宛马。武帝对大宛马极为喜爱,故而加派使者前往西域进行贸易交换,使者络绎不绝,小批的使者队伍也都有一百多人。

此时内地与西域的交往进入快速发展时期。汉朝向西域派遣使者的规模远超以往,这自然归功于张骞打通西域通道、修善与西域诸国的关系。更为重要的是,内地与西域诸国各有所需,在彼此的贸易交往中可以互通有无,自身利益的满足是双方达成友好交往的基础。汉朝天子之所以对西域良马有独特的喜好,这与其政治目的不无关系,匈奴时常骚扰边境成为时局大患,抵御匈奴这样的游牧民族,没有良马是不能与之相抗的。从《大宛列传》中关于"天子爱马"细节的注重可以看出司马迁在叙述一完整事件的严谨,于无声处听惊雷,在紧密的细节铺垫下,蕴藏着极大的震撼力量与宏伟气魄。

2. 使者不善，矛盾丛生

张骞自西域归来被武帝封予博望侯，这就激发了更多出身贫贱的官吏士兵出使建功的积极性。武帝也乐于为他们颁使节、配随行。一时之间，使者的人数陡增。汉朝政府一年中通常派出十多批使者，少则也有五六次，远的地方回来需八九年，近的地方也需两三年。

使者家贫不免见财起意，远离故土自然缺少约束，加之时间跨度久，不免在外愈加放肆。他们经常把汉朝赠予异国的礼物据为己有，而且在外低价收购货物以谋私利，更有甚者，处处信口开河，对汉朝风物大加吹嘘，令西域诸国对他们的行为非常厌恶。日积月累，西域诸国也不再顾及汉朝政府颜面，常常不给汉使供应食物以对他们小惩大诫。正因如此，这些使者对西域诸国也产生了怨恨。汉使与西域诸国子民相互斗殴的事也时有发生。特别是像楼兰、姑师这类小国也敢对汉使进行围攻劫杀。汉使归来后便对西域诸国大肆诋毁，并多次强调这些国家兵力薄弱，这就激起了武帝的报复，派兵出征攻陷姑师（吐鲁番古称姑师，汉代为车师前国），俘虏楼兰（西域古城，地处新疆巴音郭楞蒙古自治州若羌县北境，罗布泊的西北角、孔雀河道南岸的7公里里处）王。

在早期内地与西域诸国的交往中，不可能永远是一团和气，总会有相互不适的矛盾，甚至争斗。这不是改善使者质量就能彻底解决的，内地与西域诸国有着不同的文化理念与经济形式，彼此的适应需要时间，阵痛在所难免，每次平息这种阵痛后的恢复会进一步地加强彼此的了解与沟通。武帝出兵攻陷他国，不免有穷兵黩武的一面，但通过武装暴力的辅助，在对外交流的道路中便少了许多障碍，也会多了更多的主动权。

3. 善待来使，展示实力

随着西域与内地交流的深入，双方互派使者来访的频率与人数也与日俱增。西域诸国的使者来到汉朝时，天子即使到海边视察也会将这些外国使者带在身边，意图让他们看到汉朝的富庶与实力。沿途不仅向百姓散发财物布帛，还令人演出角抵戏。所到之处"行赏赐，酒池肉林"，也会让这些外国使者去查看汉朝的仓库府藏，让他们"倾骇之"。

汉朝政府对待外来使者展现出非常高的姿态，甚至有些做作。一方面是向西域诸国炫耀实力，"秀肌肉"以展示汉朝之国力，天子之威仪，将汉朝置于大国之位，而将西域诸国视为蛮夷之邦，以满足自身心理的优越感。另一方面，对匈作战是摆在汉朝政府面前急需解决的重要问题，在制定战略战策的过程中，不得不需要外力的支援共同抵御匈奴，至少是震慑西域小国不要受匈奴驱使。故而，这些看似浮夸的表演虽然手段略显拙劣，但起到了相当好的作用，天子威名传布西域自是汉朝所乐见的，更为重要的是促使了更多的西域小国对汉朝心存向往，希望通过交往获取利益。汉朝通过自身的经济力量形成强大的吸引力，无形中汉朝政府在对外交往上就逐渐占据了主动权。

4. 真实记录，大宛习俗

在《大宛列传》中，司马迁对大宛附近诸国的风俗也做了较为细致的描绘。那里的人民喜爱用葡萄酿酒，那里的马喜爱吃苜蓿。从大宛以西到安息，各国虽然语言不同，但长相也颇多相同特征，诸如深眼窝、多胡须等。风俗习惯也较多相似，比如善于买卖，尊重女性，不懂得铸钱和制器皿等。

汉使把那里特有的植物种子引进回汉朝，离宫别苑附近一时种满了葡萄和苜蓿。由此不仅可以看出内地与西域诸国的联系逐渐密切，同时也可以看到这些西域舶来品对于汉朝的一些影响，葡萄的种植为汉朝酿酒业的发展提供了多样性，而苜蓿的引进，对于武帝养马提供了高质量的饲料，为今后对匈作战打下了相应的基础。

从《大宛列传》关于大宛地区习俗特色的叙述，可以看出当地生活与汉朝有着非常明显的差异，也正是因为他们的生产力滞后与经济产品的匮乏，"中国制造"才具有了极大的吸引力与广阔的市场前景，丝绸、茶叶、瓷器、漆器、铁器等产品才能从内地源源不断由丝绸之路输往西方，进而也在改变着西方人的生活习惯。除了商贸，中西方文化、艺术、宗教等多方面的交流也借此展开。可以说，《大宛列传》为人类文明史提供了宝贵的文献资料，记录了早期中国先民对世界的贡献。

三、李广利兵伐大宛

内地与西域诸国的关系也并非平稳、高速、健康的发展，起初总会有些曲折。特别是作为强势一方的汉朝，在某种程度上，凭借着自身的实力，在双方交往过程中依旧能掌握着主动权与话语权。面对交往过程中的阻碍，武帝兵锋所至，虽然难逃穷兵黩武之话柄，但打破原有关系进行重塑，客观上为内地与西域诸国交往的畅通性与深入性提供了便利。

1. 汉军首次远征大宛兵败

越来越多的使者和商人频繁地往返于内地与西域诸国，汉朝的物品在外国人的眼中已不再稀奇。大宛国王眼见汉使前来不易，常因在途中环境恶劣和食物缺乏而丧命，认定汉朝政府不会派军队前来，对大宛国构不成威胁，就告诉汉使不再给汉朝提供品质优良的汗血马，并指使东边的郁成（位于今乌兹别斯坦境内，与中国交界）国拦杀汉朝使者，夺取了他们的财物。这就使得大宛国与汉朝的关系趋于剑拔弩张的紧张地步，必然激怒了自尊心极强的汉武帝，一场报复性的战争在所难免。

大宛国对自身所处地理环境的自信并非盲目的，据《汉书·西域传》记载，大宛国首都贵山城距离长安一万二千五百五十里，汉军兵锋确实难至。然而，直接回绝并劫杀汉使的行为就显得缺乏外交策略与手段，不仅是损害了武帝的颜面，更是破坏了两国的健康邦交。导致武帝的复仇之师迅速集结，以李广利为贰师将军，率领上万人远征大宛。从李广利的封号上也不难看出，武帝此番动武不仅是想以武力攻伐来报大宛等国蔑视天朝之仇，更能看出此役还有到贰师（在今吉尔吉斯坦共和国的奥什）城获取汗血宝马的目的。然而，劳师袭远，征伐艰难，一路上许多西域小国小城都对汉军采取了"坚壁清野"的政策，汉军的粮草补给不济，攻不下小的城池就没有粮草后继，饥饿疲惫的士兵变得毫无战斗力可言，在郁成国遭遇大败后，李广利便带着只剩十分之一的残兵往回退。复仇夺马的军事行动出现停滞。

2. 武帝增兵再征大宛

李广利军事上的失利令武帝勃然大怒，因为接连的败仗会使得西域诸国对汉朝更加轻视，夺取汗血宝马的计划自不必提，更为重要的是会导致汉朝在今后与西域各国的交往上丧失主动权与话语权，降低汉朝对外交往的形象与影响力。作为当时汉朝政府的最高统治者，武帝不仅下令李广利不得退回玉门关，并且为了确保兵源，武帝赦免囚徒和征发地方上的不良少年，在一年之内增兵六万运往李广利驻兵的敦煌，与此同时，汉朝调发大量民力，为贰师送给养。一时之间，贰师兵锋大盛，可谓"天下骚动，转相奉伐宛"（《汉书·李广利传》）。

这次增兵，武帝几乎动用了全国的力量，武帝还给李广利配备了两个擅长挑马、相马的技术人员，可见，在战争开始前，汉朝的最高统治者已志在必得。其"志"显然是在复仇与夺马，不仅用武力震慑西域，令其臣服，更是要夺取优质的汗血宝马，为汉朝的对匈作战提供战马储备。六万人到达大宛时仅剩下三万人，也可见得武帝的穷兵黩武，为达目的不惜牺牲无数人的性命。虽然仅剩三万人，但绝对数量上仍旧足以应付本次战争，大宛国很快就被汉军包围并断了水源，不多日大宛贵族就杀了国王，献出宝马。此次战争汉朝大获全胜。

虽然武帝增兵再次攻伐大宛成本较高，但至少达到了最初的目的，取走了大宛几十匹良马，三千多中等马。并且用强大的武装力量威慑了西域诸国，将汉朝与武帝的威名传于西域，使得它们不敢轻视汉朝，展示出对外的强硬姿态，重新拿回外交的主动权。

3. 汉朝威震西域诸国

李广利第二次攻伐大宛取的成功，不仅夺取了良马，而且将大宛贵人中对汉朝友好的昧蔡立为大宛王。待大宛时局平定后，李广利分军几路班师回朝。其中一支在郁成国遭到了三千人的攻打，主将也在此役中被害。李广利于是派兵去攻伐郁成，兵锋所至，郁成城破。郁成王逃至康居，康居王于此时已知汉军的威力，将郁成王献了出来。沿途小国也纷纷认识到时局变换，都派他们的子弟跟随汉军到汉朝进贡，拜见天子，顺便留在汉朝作人质。

汉军凭借着自身强大的军事力量将西域的几个较大的国家攻陷，其余小国迫于形势，只得不战而降。从前以刁难汉使取乐，自认为远离汉朝便高枕无忧，如今亲眼所见汉军神兵天降有攻城略地之能力，若是对汉朝表示轻视之意，随时有国破城亡的危险。汉朝在西域诸国间的威严在这次战争后正式确立，彻底拿回对外交往中的主动权与话语权。只是，通过《大宛列传》对本次战争的前后描述，可见发动此次战争过于劳民伤财。但仍旧是有其重要意义，夺取汗血宝马可以为汉朝改良马种，为今后的对匈作战提供战马，是汉朝消除边境祸患，确保国家长治久安的重要战略。客观上还是促进了内地与西域诸国间的交流，用武力扫除了一些障碍，加快了相互贸易和文化传播的进程，从宏观的视角上看，利大于弊。

司马迁的《大宛列传》对开拓西域，促进东西文化交流意义非凡。在《大宛列传》之前，存世的关于西域的资料微乎其微，内地人对于汉朝以外的世界几无可知。幸于张骞的出使西域与司马迁的秉笔直书，才使得西域的地理环境、自然气候、民俗风情、经济贸易等情况被内地人所知，早期中国的对外交流才有了系统完整的文献记载。在国家和民族的层面上，勇于向外探索，也是自强不息的表现。扩大对外的交往，也为人类发展史增添了一抹东方色彩。放眼当今世界，和平与发展成为时代的主题。在对外交往过程中，中华民族应更好地发扬悠久又厚重的自强不息精神，以博大的胸怀与世界各国和平相处、互利共赢，用"一带一路"新理念为人类的幸福和文明做出更大的贡献。

四象考

本文作者赵继宁。兰州财经大学教授、副院长。

"四象"是由四种动物组成的灵物:"苍(青)龙"为传说神物;"朱鸟"一作"朱雀",指赤色燕子或凤凰;"玄武"一说为乌龟,一说为蛇和乌龟的混合体;"白虎"指虎。古人认为,"四象"分别代表四种不同颜色、四个不同方位,并作为四个赤道宫的象征,形成了与二十八宿固定的搭配,这就是"东苍龙""南朱鸟""西白虎""北玄武"(见下图)。

汉　青龙纹瓦当　　　　　　汉　白虎纹瓦当

汉　朱雀纹瓦当　　　　　　汉　玄武纹瓦当①

① 基金项目:教育部人文社会科学研究规划基金项目:"《史记》易学思想研究"(17YJAZH129);兰州财经大学青年学术英才计划资助(QNYC201723)。
以上汉四象瓦当图,西安汉长安城遗址出土。图采自赵力光《中国古代瓦当图典》,文物出版社1998年版。

由于四象在《淮南子·天文》和《史记·天官书》等汉代典籍中才有具体记载,所以过去一般都认为四象是秦汉时期产生的,晚于形成于战国中期的二十八宿体系。1978 年湖北随县战国早期曾侯乙墓中发掘的"二十八宿衣箱",将四象和二十八宿的产生时代向前推进了一大步。此墓葬于公元前 433 年左右,青龙、白虎、二十八宿是作为装饰图案描绘在衣箱上的,说明四象、二十八宿在当时已经是十分普及的天文常识,它的形成无疑比这件当时的生活用具要早得多。由此证明,我国至少在公元前五世纪前即战国初期以前,已有了四象、二十八宿体系。

"二十八宿衣箱"所绘具有我国独具的文化特色,由此也证明四象、二十八宿起源于我国。但笔者认为,就四象的起源、发展、正式形成的历程而言,有更加久远的历史。关于这一问题,尚未见到全面系统的论述,故今尝试作一探讨。

一、四象起源和雏形

远古社会的图腾崇拜现象可能是解释四象起源的一把钥匙。图腾(totem)一词,起源于北美印第安人阿尔贡金语族之鄂吉布瓦人的土语,意为"亲族"①。图腾崇拜的主要表现是氏族以一种动植物或无生物作为其氏族祖先。在我国,图腾有生物也有无生物,而以动物为习见。《礼记·礼运》记载的"四灵",是我国远古社会最有名的四个图腾:

> 何谓四灵?麟、凤、龟、龙,谓之四灵。故龙以为畜,故鱼鲔不淰;凤以为畜,故鸟不獝;麟以为畜,故兽不狘;龟以为畜,故人情不失。②

《礼运》虽出自战国时代,但其记载的"四灵",是在原始"万物有灵"的基础上发展而来的。"四灵"所指的四种动物,远在原始社会

---

① 程德祺:《人类社会、宗教与科学的起源》,南京大学出版社 1993 年版,第 145 页。

② 《礼记正义》卷二十二《礼运》,《十三经注疏》本,中华书局 1980 年版,第 1425 页。

就如同其他动物一样受到先民的崇拜，只是后来人们加剧了这种崇拜，并赋予它们更高的灵性①，从而成为先民的图腾。那么，这四种作为灵物的图腾具体产生于什么时代呢？吕振羽先生认为，其出现大概在传说中的"燧人氏"时代的渔猎生活初期，而"燧人氏""伏羲氏"及"女娲氏"时期是汉族历史中图腾制的标本时代②。由《礼记》记载的"四灵"看，"四象"中的苍龙、朱鸟（即凤）、玄武（即龟）都属于"四灵"，应该是太古社会最主要的图腾。四象正是由太古社会的图腾发展而来。

四象中的"白虎"，虽然不属于"四灵"，但由于它是一种猛兽，太古时代的人们由怕虎而敬虎，把它作为图腾，靠崇拜它来降低其可能的伤害，同时增加控制自然的力量③，以求其保护。在太古时代，氏族或部落的名称常常采用虎及其他猛兽的名称。黄帝少典之族号有熊氏，黄帝部落号有罴氏、熊氏、虎氏、豹氏④；随武王伐纣的有虎贲氏。当氏族或部落兼并的时候，就会出现图腾的化合。以虎为图腾的氏族和部落，在和其他氏族部落的不断战争和融合中，逐渐成为一个较为强大的部落而胜出。在我国，以虎为图腾的少数民族是比较多的。例如，彝族认为自己的始祖是虎，后代是虎子虎孙。他们称虎为"罗罗"或"罗"，哀牢山上段的大部分彝族男人自称"罗罗颇"（"颇"义雄性）；女人自称"罗罗摩"（"摩"义雌性）⑤。另外，土家族、纳西族、白族、傈僳族、怒族等民族都崇拜虎。所以，虎图腾是四象"白虎"的起源。

《尚书·尧典》有我国古代典籍中最早而又较完整的观象授时记录："乃命羲、和，钦若昊天，历象日月星辰，敬授人时。"⑥ 其中已有"四象"的雏形，具体内容如下：

---

① 刘玉建：《中国古代龟卜文化》，广西师范大学出版社1992年版，第9页。
② 吕振羽：《简明中国通史》，人民出版社1955年版，第26页。
③ ［英］弗雷泽语，转引自程德祺：《人类社会、宗教与科学的起源》，第146页。
④ 据《史记》载，黄帝"教熊、罴、貔、貅、貙、虎，以与炎帝战于阪泉之野"。见《史记》卷一《五帝本纪》，中华书局1982年版，第一册第3页。
⑤ 吕大吉等：《中国各民族原始宗教资料集成·彝族卷》，中国社会科学出版社1996年版，第44-45页。
⑥ 《尚书正义》卷二《虞书·尧典》，《十三经注疏》本，中华书局1980年版，第119页。

分命羲仲，宅嵎夷，曰旸谷。寅宾出日，平秩东作。日中星鸟，以殷仲春。厥民析，鸟兽孳尾。

申命羲叔，宅南交，曰明都。平秩南讹，敬致。日永星火，以正仲夏。厥民因，鸟兽希革。

分命和仲，宅西，曰昧谷。寅饯纳日，平秩西成。宵中星虚，以殷仲秋。厥民夷，鸟兽毛毨。

申命和叔，宅朔方，曰幽都。平在朔易。日短星昴，以正仲冬。厥民隩，鸟兽氄毛。①

汉孔安国传：

鸟，南方朱鸟七宿。……春分之昏，鸟星毕见，以正仲春之气节。

火，苍龙之中星，举中则七星见，可知以正仲夏之气节。

虚，玄武之中星，亦言七星，皆以秋分日见，以正三秋。

昴，白虎之中星，亦以七星并见，以正冬之三节。②

《尧典》以黄昏时出现于正南方的四颗标志星——"鸟"（星宿）、"火"（心宿）、"虚"、"昴"来确定二分二至，让我们充分窥探到上古先民观测天象的智慧。更重要的是，这四颗星在二十八宿四方之七星中均为"中星"，已大致将整个周天星宿划分为东、西、南、北四个区域，已显现出"四象"之雏形——"星鸟"，即为南方"朱鸟"之"星"宿。

《尚书》一书，一般认为是周代史官编写并经春秋、战国时期有所增补，但其所记载的实际天象却不是春秋后的。以现代天文科学数据逆推，《尚书·尧典》记载的"四仲中星"是公元前2000年即夏代的天象。张闻玉先生认为："考虑到肉眼观测的粗疏，再参证出土的甲骨卜辞，可以断定，至迟到殷商时代古人已能用昏南中星测定二分二至。"③可证，"四象"在夏商时代已有雏形。

---

① 《尚书正义》卷二《尧典》，第119页。《尚书》此段记载，司马迁在《五帝本纪》中完整录入，只对个别古奥难解的字进行了改动，足见其史料价值。

② 《尚书正义》卷二《尧典》，第119页。

③ 张闻玉：《古代天文历法讲座》，广西师范大学出版社2008年版，第87页。

二、四象观念在西周基本形成

在形成于殷末周初的《易经》中①，经常出现"四象"中的四种动物：

龙　初九，潜龙勿用。

　　九二，见龙在田。

　　九五，飞龙在天。

　　上九，亢龙有悔。

　　用九，见群龙无首。②

　　　　上六，龙战于野，其血玄黄。③

龟　初九，舍尔灵龟，观我朵颐，凶。④

　　六五，或益之十朋之龟，弗克违，元吉。⑤

虎　履虎尾，不咥人，亨。⑥

　　六四，颠颐吉。虎视眈眈，其欲逐逐，无咎。⑦

鸟　上九，鸟焚其巢，旅人先笑后号咷。丧牛于易，凶。⑧

　　飞鸟遗之音，不宜上，宜下，大吉。⑨

在《诗经》中，"四象"已经普遍出现，试看《诗经·出车》：

我出我车，于彼郊矣。

设此旐矣，建彼旄矣。

彼旟旐斯，胡不旆旆？

---

① 有人认为《易经》产生于西周末，但从《易传·系辞下》两次提到《易经》兴起的时间来看，《易经》应产生于殷末周初："《易》之兴也，其于中古乎。作《易》者，其有忧患乎。""《易》之兴也，其当殷之末世，周之盛德邪，当文王与纣之事邪。"

② 《周易正义》卷一《乾》，《十三经注疏》本，中华书局 1980 年版，第 13-14 页。

③ 《周易正义》卷一《坤》，第 18 页。

④ 《周易正义》卷三《颐》，第 41 页。

⑤ 《周易正义》卷四《损》，第 53 页。

⑥ 《周易正义》卷二《履》，第 27 页。

⑦ 《周易正义》卷三《颐》，第 41 页。

⑧ 《周易正义》卷六《旅》，第 68 页。

⑨ 《周易正义》卷六《小过》，第 71 页。

忧心悄悄，仆夫况瘁。

王命南仲，往城于方。

出车彭彭，旟旐央央。

天子命我，城彼朔方。

赫赫南仲，玁狁于襄。①

此诗是记述周朝大将南仲北征凯旋之诗。"旐"，毛传："龟蛇曰旐。""旟"，毛传："鸟隼曰旟。""旐"，毛传："交龙为旐。"②《周礼·春官宗伯·司常》："司常，掌九旗之物名，各有属，以待国事。日月为常。交龙为旐。……熊虎为旗。鸟隼为旟。龟蛇为旐。"③ 又《周礼·冬官考工记·辀人》："龙旐九斿，以象大火也；鸟旟七斿，以象鹑火也；熊旗六斿，以象伐也；龟蛇四斿，以象营室也。"④ 上述典籍，均明确以"四象"及主要星座作为旗帜的标志。朱熹进一步解释说："鸟隼龟蛇，《曲礼》所谓'前朱雀而后玄武'也。杨氏曰，师行之法，四方之星各随其方以为左右前后，进退有度，各司其局，则士无失伍离次已。"⑤

关于《诗经·出车》的产生时间，程俊英先生认为"大约作于周宣王时，约当公元前 800 年左右"⑥。又据江苏镇江焦山寺内的传世周代无专鼎上赞南仲的铭文记载，南仲凯旋的时间为周宣王十六年，即公元前 812 年⑦。由此说明在西周末，代表星宿的"四象"已经被普遍运用到军事当中了，作为一种思想观念，其形成应更早。

三、《易传》提出四象之名并予以阐发

战国时代形成的《易传》正式提出"四象"之名，并对"四象"观念予以阐发。《易传·系辞上》说：

---

① 《毛诗正义》卷九《小雅》，《十三经注疏》本，中华书局 1980 年版，第 416 页。

② 同上。

③ 《周礼注疏》卷二十七《春官宗伯》，《十三经注疏》本，中华书局 1980 年版，第 826 页。

④ 《周礼注疏》卷四十《冬官考工记》，第 914 页。

⑤ 朱熹：《诗集传》卷九《出车》，上海古籍出版社 1980 年版，第 107 页。

⑥ 程俊英：《诗经译注》，上海古籍出版社 1985 年版，第 308 页。

⑦ 潘鼐：《中国恒星观测史》，学林出版社 1989 年版，第 40 页。

《易》有太极，是生两仪，两仪生四象，四象生八卦。八卦定吉凶，吉凶生大业。①

虞翻曰："四象，四时也。'两仪'谓乾坤也。《乾》二五之《坤》，成坎离震兑。震春兑秋，坎冬离夏，故'两仪生四象'。"李道平疏："''四象，四时也'者，谓日月之行，春甲乙，夏丙丁，秋庚辛，冬壬癸，四时之间戊己。甲丙戊庚壬，阳也，为天象。乙丁己辛癸，阴也，为地象。"② 按照虞翻和李道平之说，"四象"包含着"天象"和"地象"，指春、夏、秋、冬四时。

是故，天生神物，圣人则之。天地变化，圣人效之。天垂象，见吉凶，圣人象之。河出图，洛出书，圣人则之。《易》有四象，所以示也。系辞焉，所以告也。定之以吉凶，所以断也。③

李道平云："郑氏曰'布六于北方以象水，布八于东方以象木，布九于西方以象金，布七于南方以象火'。孔氏谓'诸儒有以四象为七八九六'者，此也。"④ 郑氏按照"河图"之数来解释"四象"，把"四象"和四方、五行联系起来。《易传·说卦》中，对"四象"有如下阐发：

乾为马，坤为牛，震为龙，巽为鸡，坎为豕，离为雉，艮为狗，兑为羊。⑤

帝出乎震，齐乎巽，相见乎离，致役乎坤，说言乎兑，战乎乾，劳乎坎，成言乎艮。万物出乎震，震，东方也。齐乎巽，巽东南也；齐也者，言万物之洁齐也。离也者，明也，万物皆相见，南方之卦也，圣人南面而听天下，向明而治，盖取诸此也。坤也者，地也，万物皆致养焉，故曰：致役乎坤。兑，正秋也，万物之所说也，故曰：说言乎兑。战乎乾，乾西北之卦也，言阴阳相薄也。坎者，水也，正北方之卦也，劳卦也，万物之所归也，故曰：劳乎坎。艮，东北之卦也。万物之所成终而成始也，故曰成言乎艮。⑥

---

① 《周易正义》卷七《系辞上》，第 82 页。
② 《周易集解纂疏》卷八《系辞上》，中华书局 1994 年版，第 601 页。
③ 《周易正义》卷七《系辞上》，第 82 页。
④ 《周易集解纂疏》卷八《系辞上》，第 607 页。
⑤ 《周易正义》卷九《说卦》，第 94 页。
⑥ 同上。

《易传》对"四象"的阐发可用表格说明如下：

八卦	震	离	兑	坎
卦象	雷	火	泽	水
方位	东	南	西	北
四时	春	夏	秋	冬
四象	龙	雉（鸟）		

　　虽然在《易传》中找不到和后世"西方白虎""北方玄武"的对应，但从《易经》卦象的角度，把"方位""四时"和"四象"联系起来，为"四象"学说在汉代的正式形成奠定了基础。

四、四象说在西汉正式形式

　　受《周易》"四象"观念和天人感应思想的影响，齐备的"四象"之说见于《淮南子·天文》：

> 何谓五星？
> 东方，木也，其帝太皞，其佐句芒，执规而治春。其神为岁星，其兽苍龙，其音角，其日甲乙。
> 南方，火也，其帝炎帝，其佐朱明，执衡而治夏。其神为荧惑，其兽朱鸟，其音徵，其日丙丁。
> 中央，土也，其帝黄帝，其佐后土，执绳而治四方。其神为镇星，其兽黄龙，其音宫，其日戊己。
> 西方，金也，其帝少暤，其佐蓐收，执矩而治秋。其神为太白，其兽白虎，其音商，其日庚辛。
> 北方，水也，其帝颛顼，其佐玄冥，执权而治冬。其神为辰星，其兽玄武，其音羽，其日壬癸。①

　　《淮南子》的上述记载，旨在说明"何为五星"之问题，在司马迁对五大行星的记述中基本得到继承。但《淮南子》所载"四象"和《史记·天官书》有很大不同：一是《淮南子》把"四象"和岁星、荧惑、

---

① 刘文典：《淮南鸿烈集解》卷三《天文》，中华书局 1989 年版，第 88-89 页。

太白、辰星四"行星"对应,而在《天官书》中,"四象"成了包括二十八宿在内的"恒星"星官之宫。二是在《淮南子》中,西方为"白虎";而在《天官书》中,西方为"咸池"

那么,为什么《天官书》以"咸池"而非"白虎"代表西宫呢?我们可以从《天官书》对星宿的描述中找到答案:

> 参为白虎。三星直者,是为衡石。下有三星,兑,曰罚,为斩艾事。其外四星,左右肩股也。小三星隅置,曰觜觿,为虎首,主葆旅事。①

"参为白虎","觜觿,为虎首"(见下图),这是极具想象力的描述,在司马迁看来,以"参"宿为主的西宫七宿成虎形,"觜"宿为虎头,如下图所示:

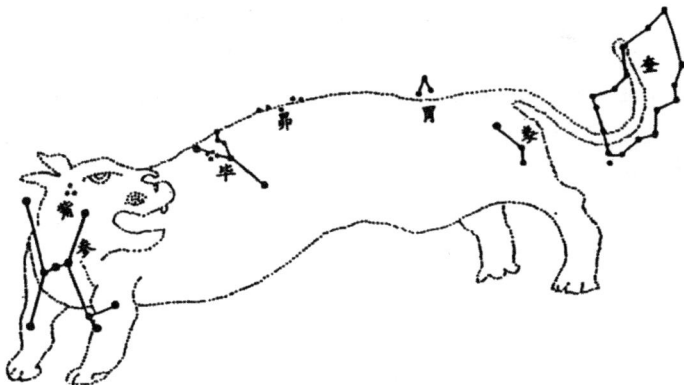

西宫白虎图②

对司马迁以"咸池"来代表西宫,陈遵妫先生认为其原因在于:"或以白虎像西官,这是对东方苍龙、南方朱鸟而言,白虎的主要部分为参,而觜相当于虎首,由于参、觜居西官边界,不在正位,《天官书》都以正位代表五官座位,所以西官用咸池而不用参、觜。咸池为天五潢,五潢为五帝车舍,即今的五车,咸池三小星,天潢五小星,均在五

---

① 《史记》卷二十七《天官书》,第 1306 页。
② 图采自高鲁《星象统笺》,《国立中央研究院天文研究所专刊》1933 年第 2 期。

车中，故以咸池为西方正位。"① 高平子先生则认为："参觜二宿相合取象于白虎，与五潢或五车（咸池）皆为西宫最灿烂辽阔之星座。故《史记》以咸池为西宫之代表，而淮南一派则以白虎为代表。但其他三宫皆取象于神物，故白虎之名通行而咸池之名少见。"② 陈久金先生则简单认为，《天官书》西宫后当缺漏"白虎"二字③。根据《天官书》上下文"东宫苍龙""南宫朱鸟""北宫玄武"的记载体例来看，缺漏"白虎"二字的可能性极小。以陈遵妫、高平子二先生之说为是。

可知，在司马迁的时代，人们已经观测到西宫七宿形似虎形，其中的觜宿被看作西宫七宿的虎头。同时也要注意到，所以用"白"色之虎来命名西宫，而没有用其他颜色，这应与古人的五行观念有关，在古人看来，西方，对应颜色为白色。

总之，《天官书》继承了《淮南子·天文》"四象"之名称，把全天的恒星星官划归到中宫、东宫、南宫、西宫、北宫五宫，其中，二十八宿被划归到东宫、南宫、西宫、北宫四宫，"四象"之说正式形成。"四象"用四种动物，形象鲜明地描述了二十八宿在茫茫星空的分布，由二十八宿再辐射到全天 550 多颗恒星，驭繁于简，由此星而彼星，触类而旁通，这是我国古人长期观测恒星的智慧结晶。

---

①　陈遵妫：《中国天文学史》，上海人民出版社 2006 年版，上册第 185 页。
②　高平子：《史记天官书今注》，中华丛书编审委员会 1965 年版，第 19 页。
③　转引自韩兆琦：《史记笺证》，江西人民出版社 2004 年版，第四册第 1871 页。

从《晋书》看《史记》在两晋时期的传播与接受①

本文作者师帅、马雅琴。师帅,渭南师范学院人文学院讲师;马雅琴,渭南师范学院人文学院教授。

《晋书》凡130卷,包括帝纪10卷,志20卷,列传70卷,载记30卷,记载上起三国时期司马懿早年,下讫东晋恭帝元熙二年(420)刘裕取代东晋的历史,并以"载记"形式,记述了十六国政权的兴衰。题名为唐房玄龄等撰。作为二十四史之一,《晋书》反映了两晋十六国历史的全貌,是记述这段历史最为完整的唯一一部史著。本文以《晋书》为切入点,以《晋书》所载历史史实为依据,分析研究两晋时期《史记》传播与接受的历程,解读其传播与接受的特点,概括其成就,为史记学的发展提供借鉴。

《史记》在东汉时期,其地位在《汉书》之下。到了两晋时期,《史记》的史学地位明显得以提高。通过梳理《晋书》有关历史记载,我们发现,和两汉相比,两晋时期随着史学脱离经学而逐渐走向独立,《史记》越来越受到当时人们的重视,学习评论司马迁与《史记》初步形成一种社会风尚。

一、对《史记》进行音义训诂,是两晋注家孜孜以求的事业

对史料进行考证与注释,这是《史记》文本研究最基本也是最传统

① 基金项目:2013年国家社科基金重大项目:《中外〈史记〉文学资料整理与研究》(13&ZD111)阶段性成果。2015年度渭南师范学院省级科研机构人文社科类重大科研项目:《〈百衲本晋书〉点校研究》(15SKSZ01)阶段性成果。

的方法，两晋时期也不例外。《史记索隐后序》记载，最早为《史记》做注的是东汉人延笃，著有《音义》一卷，但早亡佚。三国晋朝之际的儒学大师和史学家谯周，著有《古史考》25 篇，对《史记》进行考证、评述。对此，《晋书·司马彪列传》云："初，谯周以司马迁《史记》书周秦以上，或采俗语百家之言，不专据正经，周于是作《古史考》二十五篇，皆凭旧典，以纠迁之谬误。"① 谯周认为《史记》对周秦以上历史的记载，大多采用民间传说和百家之言，与经典文献的出入较大，所以他凭据旧典，著成《古史考》，专门考证《史记》记载之误。这是我国古代第一部专门的历史考证著作，可惜散佚了，但《古史考》的许多成果被后来的《史记》三家注所吸收利用。到了两晋时期，注释考证《史记》，依然是学界的主流。其中徐广《史记音义》和司马彪《古史考》两部著作最有名。关于徐广著《史记音义》一事，《晋书》虽未记载，但通过裴骃《史记集解序》可知一斑。《史记集解序》云："中散大夫东莞徐广研核众本，为作《音义》。具列异同，兼述训解，粗有所发明，而殊恨省略。聊以愚管，增演徐氏。采经传百家并先儒之说，豫是有益，悉皆抄内，删其游辞，取其要实。或义在可疑，则数家兼列……以徐为本，号曰《集解》。"裴骃《史记集解》以徐广《史记音义》为基础，兼采经、传、诸史及孔安国、郑玄等人之说，增益而成。《史记集解》所引徐广所存佚文，皆以"徐广曰"形式注出。考查《史记集解》所存徐广佚文，可以发现徐广《史记音义》是一部考证性质的书籍，涉及注音、释义、释地理、补史实等许多方面，有较高的学术价值，其中注音、释义较多。涉及注音、释义的，如《史记·五帝本纪》"披山通道"，【集解】徐广曰："披，他本亦作'陂'。字盖当音诐，陂者旁其边之谓也。披语诚合今世，然古今不必同也。"《史记·五帝本纪》"舜让于德不怿"，【集解】徐广曰："音亦。《今文尚书》作'不怡'。怡，怿也。"涉及释地理的，如《史记·项羽本纪》"关中阻山河四塞"，【集解】徐广曰："东函谷，南武关，西散关，北萧关。"对"四塞"的位置和名称做了解释。相比较而言，《史记音义》补史实较少，如《史记·吕不韦列传》"乃饮酖而死"，【集解】徐广曰："十二年。"对吕不韦"饮酖而死"的时间进行了补充说明。《史记·酷吏列传》"周阳侯始为

---

① 房玄龄：《晋书》，中华书局 1974 年版，第 2142 页。

诸卿时",【集解】徐广曰:"田胜也。武帝母王太后之同母弟也。武帝始立而封为周阳侯。"补充了周阳侯田胜的身世。通过《史记集解》,我们仍然可以感受到徐广对《史记》研读的深入和精细。

西晋史学家、文学家司马彪,"专精学习,故得博览群籍"①,他汇集整理群书,著成《续汉书》80卷。司马彪认为谯周所著《古史考》不够完善,摘出《古史考》中122件史事,认为不妥,依据《汲冢纪年》中的说法,写成《古史考》一书。对此《晋书》云:"彪复以周为未尽善也,条《古史考》中凡百二十二事为不当,多据《汲冢纪年》之义,亦行于世。"司马彪的《古史考》也是一部专门的历史考证著作,表明当时已经出现了学术辩论。司马彪《古史考》,大约在《隋书·经籍志》以前,便散佚不存,因为《隋书·经籍志》没有著录司马彪《古史考》,但多为《史记》三家注所征引。据《史记三家注》所存司马彪佚文可知,司马彪对《史记》多篇进行了注音、释义、释地理。如《史记·苏秦列传》"韩卒之剑戟皆出于冥山",【索隐】徐广曰:"庄子云南行至郢,北面而不见冥山。"骃案:司马彪曰"冥山在朔州北。"《史记·穰侯列传》"为华阳君",【正义】司马彪云:"华阳,亭名,在洛州密县。"都属于地理位置的阐释。《史记·滑稽列传》"汙邪满车",【集解】司马彪曰:"汙邪,下地田也。"《史记·高祖本纪》"日夜跂而望归",【正义】司马彪云:"跂,望也。"此两例属于释义。其中《史记·司马相如列传》三家注中所存司马彪佚文最多,据笔者粗略统计,约有20余处,大多是注音、释义、释地理。

西晋史学家、训诂学家郭璞,"好经术,博学有高才,而讷于言论,词赋为中兴之冠"。②他曾经"注释《尔雅》,别为《音义》图谱。又注《三苍》《方言》《穆天子传》《山海经》及《楚辞》《子虚》《上林赋》数十万言,皆传于世"。其对《史记》的传播与接受,主要是用《史记》中有关内容注解《方言》《尔雅》《山海经》等典籍。据统计,《山海经注》引用《史记》2次③。在《山海经叙》中云:"案《汲郡竹书》及《穆天子传》,穆王西征,见西王母,执璧帛之好,献锦组之属。穆王享

---

① 房玄龄:《晋书》,中华书局1974年版,第2142页。
② 房玄龄:《晋书》,中华书局1974年版,第1899页。
③ 衣淑艳:《郭璞〈山海经注〉研究》,东北师范大学博士学位论文,2013年第3期。

王母于瑶池之上，赋诗往来，辞义可观……穆王驾八骏之乘，右服盗骊，左骖騄耳。造父为御，奔戎为右，万里长骛，以周历四荒，名山大川，靡不登济。东升大人之堂，西燕王母之庐，南轹鼋鼍之梁，北蹑积羽之衢。穷欢极娱，然后旋归。案《史记》说穆王得盗骊騄耳骅骝之骥，使造父御之，以西巡狩，见西王母，乐而忘归，亦与《竹书》同。"郭璞将《竹书纪年》《穆天子传》与《左传》《史记》等历史著作进行内容比照，以此认证《山海经》所言的真实性。《山海经注》在注释《大荒北经》"蚩尤作兵伐黄帝，黄帝乃令应龙攻之冀州之野"时，其注语为"冀州，中土也；黄帝亦教虎、豹、熊、罴，以与炎帝战于阪泉之野而灭之"，这条注语虽未交代出处，但对照《史记·五帝本纪》"轩辕……教熊罴貔貅貙虎，以与炎帝战于阪泉之野"，可知这条注语源自于《史记·五帝本纪》。

纵观两晋时期《史记》音义训诂，虽然说仅仅局限在注音、释义等基础工作方面，但他们注释训解有见地，保存了丰富的音义训诂材料，多为后世注家所征引，在《史记》注释史上具有一定的意义价值。

二、对司马迁与《史记》有关问题的研究探讨，是两晋《史记》传播与接受的深入

两晋时期，出现了一些《史记》评论家，比较著名的有西晋张辅、东晋葛洪、袁宏、干宝等，他们从不同角度对司马迁与《史记》进行了精彩评论，这些评论，虽然比较零散、感性，没有形成系统的理论，但在一定程度上推动了《史记》的传播与研读。其中比较重要的贡献是对"班马异同"与"史公三失"等传统命题的探讨，提出了精彩评论，从而推动其向纵深发展。

对"班马异同"传统命题的研究。从史学角度看，率先论述"班马优劣"是东汉王充。王充《论衡·超奇篇》云："班叔皮续《太史公书》百篇以上，记事详悉，义浃理备，观读之者以为甲，而太史公乙。"认为从记事详略的角度分析，《汉书》优于《史记》。晋人张辅《班马优劣论》是较早论述"班马异同"的著作。"论班固、司马迁云：'迁之著述，辞约而事举，叙三千年事唯五十万言；班固叙二百年事乃八十万言，烦省不同，不如迁一也。良史述事，善足以奖劝，恶足以鉴诫，人

道之常。中流小事，亦无取焉，而班皆书之，不如二也。毁贬晁错，伤忠臣之道，不如三也。迁既造创，固又因循，难易益不同矣。又迁为苏秦、张仪、范雎、蔡泽作传，逞辞流离，亦足以明其大才。故述辩士则辞藻华靡，叙实录则隐核名检，此所以迁称良史也。"① 张辅以文字的多寡、叙事的详略来评价《史记》《汉书》的优劣。同时还从对事件的选择、对人物的褒贬以及体例的创新等方面，比较分析班马优劣，最后由衷地称赞司马迁为"良史"。见解独特，富有启发性。由于张辅的比较缺少具体分析，仅仅流于形式上的比较，难以让人信服。唐代史学家刘知几对张辅的观点就提出了质疑。"或问张辅著《班马优劣论》云：迁叙三千年事，五十万言；固叙二百年事，八十万言，是固不如迁也。斯言为是乎？答曰：不然也。按《太史公书》上起黄帝，下尽宗周，年代虽存，事迹殊略。至于战国已下，始有可观。然迁虽叙三千年事，其间详备者，惟汉兴七十余载而已。其省也则如彼，其烦也则如此，求诸折中，未见其宜。班氏《汉书》全取《史记》，仍去其《日者》《仓公》等传，以为其事烦芜，不足编次故也。若使马迁易地而处，撰成《汉书》，将恐多言费辞，有逾班氏，安得以此而定其优劣耶？"② 对张辅的观点提出了批评。

　　东晋文学家、史学家袁宏，对"班马优劣"也发表了自己的见解。在《后汉纪·序》中云："史迁剖判六家，建立十书，非徒记事而已，信足以扶明义教，网罗治体，然未尽之。班固源流周赡，近乎通人之作，然因借史迁，无所甄明。"袁宏认为司马迁《史记》不仅"非徒记事而已"，还有益于"扶明义教，网罗治体"。而班固的《汉书》却是"因借史迁，无所甄明"，这是从创新与否评价班马的优劣，与张辅"迁既造创，固又因循"观点相同。正是在张辅、袁宏等人的推动下，宋代出现了倪思《班马异同》著作，明代许相卿在《班马异同》基础上，撰著《史汉方驾》，对《史记》《汉书》进行文字比较研究。在张辅等人的推动下，"班马异同"逐渐成为《史记》研究的一个课题。

　　对"史公三失"传统命题的研究。班固《汉书·司马迁传》云：司马迁"是非颇谬于圣人，论大道则先黄老而后六经，序游侠则退处士而

　　① 房玄龄：《晋书》，中华书局 1974 年版，第 1640 页。
　　② 刘知几：《史通》，辽宁教育出版社 1997 年版，第 138 页。

进奸雄，述货殖则崇势利而羞贫贱”，即后人所说的“史公三失”。从此，“史公三失”成为贯穿《史记》研究史的一个命题。葛洪是魏晋时期较早研究司马迁学术思想的学者。《新唐书·艺文志》著录葛洪摘抄《史记》，有《史记钞》十四卷。葛洪对“史公三失”问题进行了深入研究。在《抱朴子·明本篇》云：“班固以史迁先黄老而后六经，谓迁为谬。夫迁之洽闻，旁综幽隐，沙汰事物之臧否，核实古人之邪正。其评论也，实原本于自然，其褒贬也，皆准的乎至理。不虚美，不隐恶，不雷同偶俗。刘向命世通人，谓之实录，而班固之所论，未可据也。”批评班固对司马迁学术思想的错误认识，高度评价司马迁及《史记》“实原本于自然”“皆准的乎至理”。在《西京杂记》中他热情赞扬司马迁“发愤作《史记》百三十篇，先达称为良史之才”。从此以后，“史公三失”问题引起众多研究者的关注和议论。宋元明清学者，在总结前人评价基础上，发表了许多富有见地的评论。所以说葛洪对“史公三失”问题的研究，具有上承两汉下启宋元明清研究的桥梁作用。

史学家干宝，则是从史书体裁上比较司马迁《史记》与左丘明《左传》的优劣。关于干宝对司马迁与《史记》的评论，刘知几《史通·二体》云：“考兹（纪传体和编年体）胜负，互有得失。而晋世干宝著书，乃盛誉丘明而深抑子长，其义云，能以三十卷之约，括囊二百四十年之事，靡有遗也。”干宝认为纪传体《史记》记事分散，不如编年体《左传》简约集中。虽然其观点有些偏颇，但可谓一家之言。干宝也是按照这样的观点来撰述史书的，他的史传著作《晋纪》，是一部记载晋代历史的编年史，“自宣帝迄于愍帝五十三年，凡二十卷”，《晋书》称赞说：“其书简略，直而能婉，咸称良史。”

三、学习研究《史记》人群的扩大，是两晋《史记》传播与接受的特色

和两汉相比，两晋时期传播与接受《史记》的人群明显增多，这些人主要有史学家，如干宝、司马彪、华峤、陆机、王隐、虞预、孙盛、陈寿等；知名人士，如徐广、葛洪、张辅、郭璞、张华、王戎、谢万、虞溥、曹毗等；帝王、大臣，如前赵开国皇帝刘元海、大臣戴邈、江逌、刘毅、王濬、刘隗、刘殷等，而普通老百姓则未涉猎。在这些人当

中，既有汉人，也有匈奴和鲜卑人，如匈奴人刘元海，鲜卑人慕容廆等。《晋书》或直接记载他们学习《史记》的情况，或在本传中载录他们的奏章、书信，在他们的奏章、书信中，所引用《史记》人物典故非常多。

《华阳国志·后贤志·陈寿传》记载了陈寿师从大学者谯周学习的情况：陈寿"少受学于散骑常侍谯周，治《尚书》、三传，锐精《史》《汉》，聪警敏识，属文富艳"。史官何嵩，"博观坟籍，尤善《史》《汉》"。① 东晋大臣戴邈，"少好学，尤精《史》《汉》"②。刘毅是东晋末年著名将领，在攻城略地之余，也是史书不离手。《晋书·刘毅传》云：刘毅"每览史籍，至蔺相如降屈于廉颇，辄绝叹以为不可能也。尝云：'恨不遇刘项，与之争中原。'"道出了刘毅的凌云壮志。西晋名将王濬，在晋灭吴的战斗中起了重大作用，为西晋统一大业立下了汗马功劳。《晋书·王濬传》记载道："濬博涉坟典，美姿貌，不修名行，不为乡曲所称。晚乃变节，疏通亮达，恢廓有大志。尝起宅，开门前路广数十步。人或谓之何太过，濬曰：'吾欲使容长戟幡旗'，众咸笑之，濬曰：'陈胜有言，燕雀安知鸿鹄之志！'"王濬修建宅第，在门前开数十步宽的路，目的是要使路上能容纳长戟幡旗的仪仗。这种做法与气魄，与《史记·淮阴侯列传》中韩信"其母死，贫无以葬，然乃行营高敞地，令其旁可置万家"的气魄何其相似！王濬"陈胜有言，燕雀安知鸿鹄之志"的感喟，既使我们看到了王濬的鸿鹄之志，又显示出王濬对《史记》人物典故的稔熟。王濬因灭吴功勋卓著，拜为辅国大将军，抚军大将军。后王濬遭人诬告，在向晋武帝上书自辩的奏章里，他多次引用《史记》人物或事件以自明。"虽燕主之信乐毅，汉祖之任萧何，无以加焉……昔乐毅伐齐，下城七十，而卒被谗间，脱身出奔。"

关于当时人们学习谈论《史记》的情景，《晋书》中也有记载。王戎，是竹林七贤之一，也是朝中重臣，长于清谈。《晋书·王戎传》云：王戎"为人短小，任率不修威仪，善发谈端，赏其要会。朝贤尝上巳禊洛，或问王济曰：'昨游有何言谈？'济曰：'张华善说《史》《汉》；裴頠论前言往行，衮衮可听；王戎谈子房、季札之间，超然玄著。'"在

① 房玄龄：《晋书》，中华书局 1974 年版，第 1000 页。
② 同上，第 1848 页。

这次洛水游乐中，当时的政坛显要和以学术、诗文著称的名人聚集在一起，他们谈吐风趣优雅，思维敏捷活跃。文学家张华，高论《史记》《汉书》的异同优劣，娓娓动听；哲学家裴頠，善谈名理之学，滔滔不绝；竹林七贤之一的王戎，评说张良、季札，高超而玄远。这段记载，既呈现出魏晋风度的魅力与光彩，也表明了当时社会名流对《史》《汉》的热衷，对《史记》人物典故的娴熟。关于张华，《晋书·张华传》云："学业优博，辞藻温丽，朗赡多通，图纬方伎之书莫不详览。"张华虽身为宰相，但他"雅爱书籍，身死之日，家无余财，惟有文史溢于机箧"。东晋文学家曹毗，"少好文籍，善属词赋"。他因做官名位不达，写成《对儒》一文。在文中多次引用《史记》人物典故，以抒发怀才不遇之情。"子不闻乎终军之颖，贾生之才，拔奇山东，玉映婆台，可谓响播六合，声骇婴孩，而见毁绛灌之口，身离狼狈之灾。"① 妙用周勃、灌婴谗嫉贾谊典故，暗含自己不被重用的原因。此外还有文学家伏滔、书法家应詹、大将甘卓、大臣熊远、陈H、蔡谟等也多次在诗文或奏章中引用《史记》人物典故。

在《晋书·志》总论中，有关于司马迁《史记》的评论。如《晋书·天文志》总论云："及汉景武之际，司马谈父子继为史官，著《天官书》，以明天人之道……及班固叙汉史，马续述《天文》，而蔡邕、谯周各有撰录，司马彪采之，以继前志。"道出了司马迁首创《天官书》的意义价值。《晋书·律历志》总论云："太史公《律书》云：'王者制事立物，法度轨则，一禀于六律。六律为万事之本，其于兵械尤所重焉。故云望敌知吉凶，闻声效胜负，百王不易之道也。'"引用司马迁的论断，说明乐律和历法的重要性。

通过《晋书》我们发现，对于司马迁的身世遭遇，当时文人士大夫不仅深深同情，而且还常常作为典故加以引用。东晋大臣刘隗，"雅习文史"，颇有文才，为官刚正，不畏权贵，先后上书弹劾王籍之、梁龛、宋挺等人，在奏章中多次引用司马迁故事及《史记》人物典故作为论据，增强说服力。《晋书·刘隗传》记载，丞相行参军宋挺本是扬州刺史刘陶的门生，在刘陶死后，他强娶其爱妾为小妻，又盗窃官布六百余匹，本应斩首弃市，因遇赦而免予追究。后来，奋武将军阮抗欲任命宋

---

① 房玄龄：《晋书》，中华书局 1974 年版，第 2387 页。

挺为长史，刘隗上书弹劾宋挺，其中有："昔郑人斲子家之棺，汉明追讨史迁，经传褒贬，皆追书先世数百年间，非徒区区欲厘当时，亦将作法垂于来世。"汉明帝曾以官方立场，批评司马迁"微文刺讥，贬损当世，非谊士也"。①刘隗引汉明帝诏书班固，批评司马迁的典故，虽然是作为反面教材告诫司马睿：宋挺虽遇赦免死，应予除名，禁锢终身。说明作为大臣的刘隗，是熟知司马迁的身世遭遇的。杜弢是西晋末年荆、湘地区巴蜀流民起义军首领，"初以才学著称，州举秀才"②，后来晋元帝派王敦、陶侃等讨伐杜弢，杜弢兵败欲投降朝廷，朝廷不许。杜弢写信给昔日器重自己的南平太守应詹，回忆昔日友谊，并陈述曰："昔虞卿不荣大国之相，与魏齐同其安危；司马迁明言于李陵，虽刑残而无慨。"引用司马迁故事，说明为朋友两肋插刀，所在不惜。于是应詹把杜弢的书信，转呈给司马睿，并为杜弢和流民请愿说情，请求安抚接纳他们，司马睿最终接受杜弢投降。这段记载说明司马迁的故事，不仅当时知识分子通晓，就连绿林好汉也知晓。

　　两晋时期文人学士在学习《史记》的过程中，还对《史记》人物进行评价。东晋将领、权臣桓玄曾作《四皓论》一文，与善于清谈的大臣殷仲堪品评商山四皓的功过。《晋书·殷仲堪传》云："桓玄在南郡，论四皓来仪汉庭，孝惠以立。而惠帝柔弱，吕后凶忌，此数公者，触彼埃尘，欲以救弊。二家之中，各有其党，夺彼与此，其衅必兴。不知匹夫之志，四公何以逃其患？素履终吉，隐以保生者，其若是乎！以其文赠仲堪。"桓玄认为商山四皓应该布衣素食，隐居山林以保养终生，不必参与到刘、吕二姓权力之争的斗争中。针对桓玄的观点，殷仲堪撰写了《答谢玄四皓论》一文予以批驳。"若夫四公者，养志岩阿，道高天下，秦网虽虐，游之而莫惧，汉祖虽雄，请之而弗顾，徒以一理有感，汎然而应，事同宾客之礼，言无是非之对，孝惠以之获安，莫由报其德，如意以之定籓，无所容其怨。且争夺滋生，主非一姓，则百姓生心，祚无常人，则人皆自贤。况夫汉以剑起，人未知义，式遏奸邪，特宜以正顺为宝。天下，大器也，苟乱亡见惧，则沧海横流。原夫若人之振策，岂为一人之废兴哉！苟可以畅其仁义，与夫伏节委质可荣可辱者，道迹悬

① 班固：《典引序》，见（梁）萧统编：《文选》卷四十八，中华书局1977年版，第682页。
② 房玄龄：《晋书》，中华书局1974年版，第2621页。

殊，理势不同，君何疑之哉！"殷仲堪认为商山四皓所以奋力救世，不是为一个人的兴废，是为了国家的安稳，使仁义畅行于世。可谓见识高远！在探讨与争鸣中，《史记》人物典故更加深入人心。

两晋时期，不仅汉族文人学士研读《史记》，匈奴和鲜卑的统治者也在研读。刘元海是匈奴首领冒顿单于之后，十六国时期前赵政权的开国皇帝。《晋书·刘元海载记》云：元海"幼好学，师事上党崔游，习《毛诗》《京氏易》《马氏尚书》，尤好《春秋左氏传》《孙吴兵法》，略皆诵之，《史》《汉》、诸子，无不综览"。不仅如此，他还常常品评《史记》人物，以抒发自己建功立业的雄心壮志。"尝谓同门生朱纪、范隆曰：'吾每观书传，常鄙随陆无武，绛灌无文。道由人弘，一物之不知者，固君子之所耻也。二生遇高皇而不能建封侯之业，两公属太宗而不能开庠序之美，惜哉！'"刘元海感叹随何、陆贾无武功，不能建功封侯；周勃、灌婴无文采，不能开创教化的大业，以抒发自己建功立业的理想。

慕容氏是古代鲜卑族的一支，在南北朝战乱年代，慕容家族骁勇善战，在中国北方建立了燕国，成为当时十六国中的佼佼者。《晋书·载记》记载了慕容家族在历史上的辉煌。这是一个雅好文籍的家族，从慕容廆到儿子慕容皝，再到孙子慕容儁，都是饱学之人。慕容廆是一位武功高强、富有智慧谋略的杰出人物，为部落生存发展做出了卓越贡献。《晋书·慕容廆载记》云："廆幼而魁岸，美姿貌，身长八尺，雄杰有大度。安北将军张华雅有知人之鉴，廆童冠时往谒之，华甚叹异，谓曰：'君至长必为命世之器，匡难济时者也。'"在晋成帝司马衍即位后，慕容廆为侍中，位特进。慕容廆与东晋太尉陶侃友善，曾写书信给陶侃，表示愿意为复兴东晋作自己的贡献。其在书信中云："君侯植根江阳，发曜荆衡，杖叶公之权，有包胥之志，而令白公、伍员殆得极其暴，窃为丘明耻之。区区楚国子重之徒，犹耻君弱、群臣不及先大夫，厉已戒众，以服陈郑；越之种蠡尚能弼佐句践，取威黄池；况今吴土英贤比肩，而不辅翼圣主，陵江北伐。"引包胥、伍员、文种、范蠡等典故，希望在北伐事业中建立功业。慕容皝是慕容廆第三子，十六国时期前燕的建立者，是雄才大略的政治家和能攻善战的军事家。《晋书·慕容皝载记》云："皝雅好文籍，勤于讲授，学徒甚盛，至千余人。"慕容儁是前燕景昭帝，"儁雅好文籍，自初即位至末年，讲论不倦"。慕容皝、慕容儁雅好文籍,《史记》《汉书》等成为他们必须阅读的史书。

四、《史记》鉴戒功用与史学地位的提高,是两晋《史记》获得重视的原因

两晋时期《史记》的传播与接受有了一定起色,取得了一定成绩,对于扩大《史记》的影响具有深远而积极的意义。究其得到较广泛传播与接受的原因,除了"乱世多史"的传统之外,还与《史记》本身的鉴戒功用、魏晋时期史学地位的提高等密切相关。

从史学自身的特点看,《史记》本身所具有的鉴戒功用直接刺激了人们对它的传播与接受。我国是一个重视史学的国度,注重史学鉴戒功用,强调"以史为鉴""以史资治"。魏晋时期,社会动荡不安,战争迭起,换代频繁。统治者和有志之士,迫切希望通过著史或前代史书总结经验教训,为当朝统治者提供治国安民的借鉴。"魏晋南北朝时期,尚有许多史家都是立足于史学的鉴戒功用而竞相编写史书。"① 史学家司马彪认为:"先王立史官以书时事,载善恶以为沮劝,撮教世之要也。"所以撰写《续汉书》。袁宏认为"夫史传之兴,所以通古今而笃名教也。"② 说明史学具有"通古今""笃名教"的作用,因此撰写《后汉纪》。《晋书·陈寿传》云:"陈寿作《三国志》,辞多劝诫,明乎得失,有益风化",道出了陈寿《三国志》的宗旨。本着史书的鉴戒功用,当时史学家纷纷著史,出现了干宝《晋纪》,华峤《汉后书》,陆机《晋纪》,王隐《晋书》,虞预《晋书》史书等。

在编写史书的同时,人们也注意从前代史书中借鉴历史的经验教训,探讨治国良策。《春秋》《左传》《史记》《汉书》等就成为人们必须阅读的史书。对于史书的鉴戒功用,司马迁有着深刻的认识,在《太史公自序》中,司马迁评价《春秋》"夫《春秋》,上明三王之道,下辨人事之纪,别嫌疑,明是非,定犹豫,善善恶恶,贤贤贱不肖,存亡国,继绝世,补敝起废,王道之大者也……《春秋》辩是非,故长于治人……《春秋》以道义。拨乱世反之正,莫近于《春秋》。"司马迁认

---

① 李颖科:《魏晋南北朝史学发达原因新探》,《人文杂志》1994 年第 4 期。
② 袁宏:《后汉纪》,中华书局 2002 年版,第 1 页。

为："故有国者不可以不知《春秋》，前有谗而弗见，后有贼而不知。为人臣者不可以不知《春秋》，守经事而不知其宜，遭变事而不知其权。为人君父而不通于《春秋》之义者，必蒙首恶之名，为人臣子而不通于《春秋》之义者，必陷篡弑之诛，死罪之名。"道出《春秋》的鉴戒功用。司马迁写作《史记》，"网罗天下放失旧闻，考之行事，稽其成败兴坏之理"。① 他洞察古今三千年人事的盛衰、存亡、成败、得失，以一个历史学家的眼光，政治家的卓识，在《史记》的写作中有意无意地为统治阶级提供一些治国的原则，希望对西汉王朝乃至以后的统治者有所帮助，有所借鉴，这是司马迁写作《史记》的终极目标。正因为《史记》本身所具有的鉴戒功用，直接刺激了人们对它的传播与研读。东晋大臣刘胤，"美姿容，善自任遇，交结时豪"在八王之乱中，刘胤依附冀州刺史邵续。邵续由于势力薄弱，打算投靠石勒。刘胤劝邵续说："夫田单、包胥，齐楚之小吏耳，犹能存已灭之邦，全丧败之国。今将军仗精锐之众，居全胜之城，如何坠将登之功于一篑，委忠信之人于豺狼乎！"② 用田单保存灭亡国家、申包胥保全丧败国家的典故，批评邵续投靠石勒的行为。

西晋大臣江逌，不仅学习《史记》，还常常用《史记》中的典故规劝皇帝。"哀帝以天文失度，欲依《尚书》洪祀之制，于太极前殿亲执虔肃，冀以免咎，使太常集博士草其制。逌上疏谏曰：'臣寻《史》《汉》旧事，《艺文志》刘向《五行传》，洪祀出于其中。'"在其奏章中，多次引用《史记》人物故事，规范人主。"穆帝将修后池，起阁道，逌上疏曰：'汉高祖当营建之始，怒宫库之壮；孝文处既富之世，爱十家之产，亦以播惠当时，著称来叶。'"③ 体现了《史记》的鉴戒作用。

魏晋时期史学地位的提高，是两晋《史记》传播与接受的学术背景。魏晋时期史学地位的提高，主要表现在两个方面，一是政府对史学的重视，二是史学脱离经学而逐渐走向独立。

政府对史学的重视，主要体现在对史官制度的完善和对史官选拔制度的制定上。在我国史学史上，设置专职史官，撰写史书，从曹魏开始。《晋书·职官志》云："著作郎，周左史之任也。汉东京图籍在东

---

①　班固：《汉书》，中华书局 1962 年版，第 2735 页。

②　房玄龄：《晋书》，中华书局 1974 年版，第 2113 页。

③　同上，第 2172-2173 页。

观，故使名儒著作东观，有其名，尚未有官。魏明帝太和中，诏置著作郎，于此始有其官，隶中书省。"至两晋时期，由于史学的快速发展，史官的编制、选任、品秩、行政隶属关系及职责分工等都有了明确的规定。西晋武帝时，开始设立专门的著作机构——著作局，隶属中书省。到晋惠帝时，著作局隶属秘书省。著作局最大的特点是官方设局，专修国史。著作局内设著作郎、佐著作郎、著作令史。他们的职责是"掌国史，集注起居"。撰修国史、集注起居是史官的主要职责。在选任史官上规定："著作郎始到职，必撰名臣传一人。"① 对此，《晋令》有明确记载："'国史之任，委之著作，每著作郎初至，必撰名臣传一人。'斯盖察其所由，苟非其才，则不可叨居史任。"可见作为著作郎必须有一定的史学功底，同时显示出当时统治者对修史的重视。两晋时期的史官制度，使一些德才兼备的士人脱颖而出。何嵩"博观坟籍……领著作郎"，干宝"少勤学……以才器召为著作郎"。据笔者初步统计，《晋书》记载的著作官，大约有 50 多位。诸如华峤、陈寿、司马彪、陆机、束皙、王隐、虞预、干宝、张载、孙楚、王涛、孙盛、孙绰、张亢、王沈、朱凤、谢沈、袁山松等，他们或少年出众，或精通经史子集，或孜孜不倦，均以才学任著作官。如孙盛"笃学不倦，自少至老，手不释卷"。徐广"性好读书，老犹不倦"。习凿齿"博学洽闻，以文笔著称"。袁宏"文章绝美"，束皙"博学多闻"，张载"博学有文章"，王隐"博学多闻"，谢沈"博学多识"。

　　动荡不安的魏晋时期，儒学失去了两汉时期独尊的地位，史学脱离经学而逐渐走向独立，在学术领域内形成一门独立的学科。对此《晋书》也作了记载。《晋书·石勒载记》记载，石勒于晋元帝大兴二年（319）自立为赵王后，即"署从事中郎裴宪、参军傅畅、杜嘏并领经学祭酒，参军续咸、庾景为律学祭酒，任播、崔濬为史学祭酒"。后赵石勒在建国初期，就设置了"史学祭酒"，这是史书最早关于"史学"一词的记载，其重要意义就在于史学从此成为一个专门的学科，在此背景下，整个社会的学术风气为之一变。西晋目录学家荀勖，"及得汲郡家中古文竹书，诏勖撰次之，以为《中经》，列在秘书"。② 荀勖以郑默

----

① 房玄龄：《晋书》，中华书局 1974 年版，第 735 页。
② 同上，第 1152-1154 页。

《中经》为底本，写成《中经新簿》，把史学从经学中划分出来列为丙部。这不仅显示了当时史学蓬勃发展的状况，又说明史籍推动了目录学的创新。东晋著作佐郎李充，受命以荀勖所撰《中经新簿》为蓝本，编成《晋元帝四部书目》。"充删除烦重，以类相从，分作四部，甚有条贯，秘阁以为永制。"① 李充以五经为甲部，史为乙部，诸子为丙部，诗赋为丁部，把史部提升到仅次于经学的地位，于是史学与经学同样成为教授与学习的对象。"经史""文史"并称成为当时的普遍现象。郑冲"耽玩经史"，冯统"少博涉经史"，虞预"雅好经史"，名士刘殷"博通经史"，张华身死之日，"惟有文史溢于机箧"，陈寿"锐精《史》《汉》"，大臣戴邈"尤精《史》《汉》"，张华"善说《史》《汉》"，大臣刘隗"雅习文史"，甚至少数民族统治者也是如此，如匈奴人刘元海"《史》《汉》、诸子，无不综览"，鲜卑人慕容皝"雅好文籍"，慕容儁"雅好文籍"。

　　在此学术背景下，史学获得蓬勃发展。梁启超先生云："两晋六朝，百学芜秽，而治史者独盛，在晋尤著。"② 史书数量多、史书种类多、私人修史多，是魏晋时期史学兴盛的标志。范文澜先生指出："东晋南朝士人在学术上所走的路不外儒、玄、文、史四学。史学既是士人事业的一种，私家得撰写史书，又还没有官修的限制，因之东晋南朝史学甚盛。"③ 据李颖科先生初步统计，魏晋南北朝时期，"就断代史来说，同一种史书每每多达二三十家。如这一时期编写的东汉历史有十二家，三国历史二十余家，晋史二十三家，十六国史三十家，南北朝史十九家"。④ 考查两晋时期的纪传体史书，据《隋书·经籍志》《旧唐书·经籍志》和《新唐书·艺文志》著录，主要有陈寿《三国志》、司马彪《续汉书》、华峤《后汉书》、王沈《魏书》、束皙《晋书》、王隐《晋书》、虞预《晋书》、朱凤《晋书》、谢沈《晋书》《后汉书》、袁山松《后汉书》、何法盛《晋中兴书》等。

　　随着史学脱离经学而逐渐走向独立，司马迁与《史记》的史学地位得以提高，越来越受到人们的重视，士大夫家多有其书，《史记》得以

①　房玄龄：《晋书》，中华书局 1974 年版，第 2391 页。
②　梁启超：《中国历史研究法》，华东师范大学出版社 1996 年版，第 21 页。
③　范文澜：《中国通史简编》（第二编），上海书店 1989 年版，第 196 页。
④　李颖科：《魏晋南北朝史学发达原因新探》，《人文杂志》1994 年第 4 期。

广泛流传。当时的文人学士乃至大臣、名将、绿林好汉，以及少数民族统治者，或对《史记》进行考证与注释，或学习研读《史记》，或从不同角度对司马迁与《史记》进行精彩评论，或讲授《史记》，共同为《史记》的传播做出了贡献。《晋书·孝友·刘殷传》云：刘殷"弱冠，博通经史，综核群言，文章诗赋靡不该览。性倜傥，有济世之志，俭而不陋，清而不介，望之颓然而不可侵也……有七子，五子各授一经，一子授《太史公》，一子授《汉书》，一门之内，七业俱兴，北州之学，殷门为盛"。刘殷七个儿子，个个贤能，其中有五个儿子分别学习《诗》《书》《礼》《易》《春秋》五经，另外两个儿子学习《史记》和《汉书》。所以《晋书》称"一门之内，七业俱兴"。当时学者还对《史记》中著名人物的优劣进行比较评价，其中张辅《名士优劣论》最有名。《名士优劣论》所论名士主要有管仲和鲍叔、曹操与刘备、乐毅和诸葛亮等。其论管仲和鲍叔曰："管仲不若鲍叔，鲍叔知所奉，知所投。管仲奉主而不能济，所奔又非济事之国，三归反坫，皆鲍不为。"① 高度赞扬鲍叔的忠贞与智慧。其评论乐毅和诸葛亮曰："乐毅诸葛孔明之优劣，或以毅相弱燕，合五国之兵，以破强齐，雪君王之耻，围城而不急攻，将令道穷而义服，此则仁者之师，莫不谓毅为优。余以为五国之兵，共伐一齐，不足为强，大战济西，伏尸流血，不足为仁……余以为睹孔明之忠，奸臣立节矣。殆将与伊吕争俦，岂徒乐毅为伍哉。"② 认为从仁义、忠贞、智谋、爱民等方面比较，乐毅不如诸葛亮。可谓见仁见智。

　　不仅如此，当时学术界考量史学家和史书常常把司马迁与《史记》作为标准。如《晋书》称赞葛洪"著述篇章富于班马"，华峤《汉后书》完成后，当时的中书监荀勖、太常张华、侍中王济，认为该书"文质事核，有迁固之规，实录之风"，并建议"藏之秘府"《文心雕龙·史传》评论陈寿《三国志》云："文质辨洽，荀、张比之迁、固，非妄誉也。"荀勖、张华认为《三国志》可以与司马迁《史记》、班固《汉书》相媲美，刘勰赞同此观点"非妄誉也"。《晋书·陈寿传》论赞云："丘明既没，班马迭兴，奋鸿笔于西京，骋直词于东观。自斯已降，分明竞爽，可以继明先典者，陈寿得之乎！"认为《三国志》是次于班马之后的著

---

①　房玄龄：《晋书》，中华书局1974年版，第1640页。

②　严可均辑：《全晋文》（中册），商务印书馆1999年版，第1114页。

名。这些都说明当时史学界对司马迁与《史记》的肯定与高度评价。

　　综上所述，相对于两汉来说，两晋时期传播与接受《史记》逐渐形成了一种社会风尚，取得了一定成绩。但从阅读阶层来说，还局限于上层社会，普通老百姓还没有成为阅读的主体；从研究层面来说，两晋时期的《史记》研究，还处于初期阶段。虽然如此，两晋时期的《史记》传播与接受，扩大了《史记》的影响，推动了史记学不断向前发展。

《史记·货殖列传》中的
"江湖"管窥

本文作者王瑞果。就读于陕西师范大学文学院。

在《史记·货殖列传》中，司马迁讲述范蠡的去向之时，说其"乃乘扁舟，浮于江湖，变名易姓，适齐为鸱夷子皮，之陶为朱公"。此句注云：《正义》引《国语》云："勾践灭吴，反至五湖，范蠡辞于王曰：君王勉之，臣不复入国矣。遂乘轻舟，以入于五湖，莫知其所终极。"此语在《国语》二十一卷《越语下》。两相对照，仅从字面意义上看，《国语》"遂乘轻舟，以入于五湖，莫知其所终极"与《史记》"乃乘扁舟，浮于江湖"似无不同。不过，司马迁用"江湖"代"五湖"，好像并不是简单的更换一二字句，似乎缘于《史记》的特殊注释体例，如《五帝本纪》中所引《尚书》为"钦若昊天"，司马迁作"敬顺昊天"；《尚书》为"克明俊德"，《史记》作"能明俊德"等等。《史记》的这种做法，通常是为了追求更加明晰的意义。

在 1986 年出版的《汉语大词典》中，"江湖"一词，释义之一为"江河湖海"，引用材料有《汉书·货殖传·范蠡》一条："（范蠡）乃乘扁舟，浮江湖，变姓名，适齐为鸱夷子皮，之陶为朱公。"[1] 此处之语句与《史记》相差无几。江河湖海，很明显是用广阔的水域来指代天下。在"五湖"一词之下，有释义作："春秋末越国大夫范蠡，辅佐越王勾践，灭亡吴国，功成身退，乘轻舟以隐于五湖。见《国语·越语下》。后因以'五湖'指隐遁之所。"按《汉语大词典》所说，江湖、五湖均具有非实指的含义，带有一种"隐逸"的意味。

那么，依照《汉语大词典》的解释，司马迁有可能是出于上述"江

---

[1] 《汉语大词典》，上海辞书出版社 1986 年版，第 923 页。

湖"所具有的隐性含义,而用它来指代范蠡的行迹。细读《史记》,发现"江湖"与"五湖"二词曾多次出现,其意义是否都具有"隐逸"之义呢? 本文试图探讨这一问题。

一、从范蠡的行迹看"江湖"之含义

《史记·货殖列传》中记述范蠡行迹如下:

范蠡既雪会稽之耻,乃喟然而叹曰:"计然之策七,越用其五而得意。既已施于国,吾欲用之家。"乃乘扁舟,浮于江湖,变名易姓,适齐为鸱夷子皮,之陶为朱公。朱公以为陶天下之中,诸侯四通,货物所交易也。乃治产积居。与时逐而不责于人。

《正义》引《国语》云:"勾践灭吴,反至五湖,范蠡辞于王曰:君王勉之,臣不复入国矣。遂乘轻舟,以入于五湖,莫知其所终极。"

范蠡的这段行迹,同样见于《史记·越王勾践世家》:"……(范蠡)乃装其轻宝珠玉,自与其私徒属乘舟浮海以行,终不反。……范蠡浮海出齐,变姓名,自谓鸱夷子皮,耕于海畔,苦身戮力,父子治产。居无几何,致产数十万。齐人闻其贤,以为相。……而怀其重宝,间行以去,止于陶。"这一表述与《货殖列传》没有大的出入,只是增加了一些细节性的描述。

按照《史记》及《国语》的记载,可以看到范蠡在辅佐越王勾践灭吴之后,意识到勾践"可与同患,难与处安"。于是,在"五湖"这个地方,他决心离开越国,使用计然的计策,来发展自己的事业。越王勾践自五湖南下,回到越国,而他则与勾践反向而行,乘轻舟,离开越国。他首先从越国到了齐国,化名为鸱夷子皮。"浮海出齐",即乘船漂海到达齐国。根据《史记》的记载,范蠡应该是从"五湖"离开,故他可能是先从五湖到达海边,然后乘船到达了齐国。至于"五湖",《货殖列传》有云:"(吴有)三江、五湖之利。"从地理角度上讲,这里的"五湖"就是吴国境内的"具区泽"。范蠡在齐国的海滨通过耕田获得了巨大的财富之后,他又从齐国来到"天下之中"陶,化名为陶朱公。

《货殖列传》可能是出于详略的考虑,将范蠡整个过程化为一句"乃乘扁舟,浮于江湖"。那么,这里的"江湖",既指他离开时必经的

"五湖"，也包含他乘扁舟所经过的水域。范蠡从五湖离开，由海路到达齐国，在齐国海滨耕田致富，后由齐至陶，其所经的水域确实包含江、河、湖、海。因此，"江湖"并非指他归隐至不知所踪之地，而是他所经过的江、河、湖、海。

此外，由于"江湖"于《庄子》多次出现，而在《庄子》中鱼、水、渔父在后世逐渐演变成为隐逸的符号。在阐释时，《庄子·逍遥游》中的"浮于江湖"在此处亦有可相观照的意义，如上文所引《汉语大词典》对"江湖""五湖"的阐释，显然带有一种"隐逸"的意味。不过，细读《庄子》之中的"江湖"，无论是《逍遥游》中的"有五石之瓠，何不虑以为大樽，而浮乎江湖，而忧其瓠落无所容"①，亦或是《大宗师》中的"泉涸鱼相与处于陆，相呴以湿，相濡以沫，不如相忘于江湖"②，似乎都和《史记》中叙述范蠡行迹的意义不相通。因为，在司马迁笔下，范蠡确实是乘舟到达各地。从这个意义上讲，《史记》中的"江湖"就并非虚设，而带有实指的意义。

因此，笔者认为，《史记·货殖列传》中的"江湖"，确为范蠡离开齐国所经之"五湖"及其他水域，为实指，并不包含"不知所踪"之义。

二、《史记》中的其他"江湖"含义

在《史记》中，司马迁使用"江湖"一词还有两处，分别在《天官书》及《屈原贾生列传》。在《天官书》中，江湖为斗宿之分野，即越国，与上述范蠡之事迹亦可互证。而在《屈原贾生列传》中，作为贾谊作品中的原句，他保留了其原有的意义，即广阔的水域。

1. "江湖"指春秋时期之越国

《天官书》：角、亢、氐，兖州。房、心，豫州。尾、箕，幽州。斗，江、湖。牵牛、婺女，扬州。虚、危，青州。营室至东壁，并州。奎、娄、胃，徐州。昴、毕，冀州。觜觿、参，益州。东井、舆鬼，雍

---

① 陈鼓应：《庄子今注今译》，中华书局1983年版，第32页。
② 同上，第195页。

州。柳、七星、张，三河。翼、轸，荆州。

此段记叙列宿分野，即记列宿与地上州郡的对应关系，如角、亢、氐三宿与兖州相对应。这里的江、湖，很明显是与"斗宿"相呼应。"斗宿"，二十八星宿之一，包含"斗宿""天鸡""天渊""建""天弁""天辨""天鳖""钥""狗国""狗""农丈人"等星座。按王力等人所言，斗宿所对应的区域是春秋战国时期的越国①。

据《史记·越世家》记载，越国为夏朝少康庶子于越的后裔，国君为姒姓。其主要的地理位置大约在今天的浙江省诸暨、东阳、义乌和绍兴周边地区。《史记·秦始皇本纪》有："始皇二十五年，降越君，置会稽郡。"故斗宿所对应的地区应该是今天的浙江省诸暨、东阳、义乌和绍兴周边地区。而王先谦《汉书补注》云：九江、庐江、豫章、丹阳、诸地，皆襟带江湖，故曰"江、湖"②。按照各宿所对应的地区均为州郡（三河为河内郡、河南郡、河东郡），江湖亦应该对应的是会稽郡一带，而非自九江至丹阳长江沿岸诸地，这不仅与星宿分野的意义相悖，在地理上也出现了重合，疑王先谦所注有误。

2."江湖"指自然水域

《屈原贾生列传》云：

> 贾生既辞往行，闻长沙卑湿，自以寿不得长，又以适去，意不自得。及渡湘水，为赋以吊屈原。其辞曰："……彼寻常之污渎兮，岂能容吞舟之鱼！横江湖之鱣鲟兮，固将制于蚁蝼。……"
>
> 《索隐》：《庄子》云：庚桑楚谓弟子曰"吞舟之鱼，荡而失水，则蝼蚁能制之"。《战国策》齐人说靖郭君亦同。案：以此喻小国暗主不容忠臣，而为谗贼小臣之所见害。

在此处，司马迁引用贾谊《吊屈原赋》以表现贾谊对屈原的同情，借以抒发自身的志向。贾谊《惜誓》有"黄鹄后时而寄处兮，鸱枭群而制之。神龙失水而陆居兮，为蝼蚁之所裁。夫黄鹄神龙犹如此兮，况贤

---

① 王力主编：《中国古代文化常识（插图修订第4版）》，世界图书出版公司2009年版，第19页。

② ［汉］班固撰；［清］王先谦补注：《汉书补注》，上海古籍出版社2012年版，第1834页。

者之逢乱世哉"句，与《索隐》解释相合。

"横江湖之鳣鳔兮"句，洪兴祖《楚辞补注》在《惜誓》篇题下引《吊屈原赋》时作"横江潭之鳣鲸兮"；朱熹《楚辞集注》作"横江湖之鳣鲸兮"。从其字句上看，有鳣鳔、鳣鲸之不同与江湖、江潭不同。鳣鲸，朱熹释为"鳣，大鱼，无鳞，口在腹下。鲸鱼，长者数里。"鳔，即鲟。三者皆为大鱼，照应上句之"吞舟之鱼"。潭，《广雅・释水》曰："潭，水深者。"《楚辞・九章・抽思》注："潭，渊也。楚人名渊曰潭。"湖，《说文・水部》曰："湖，大陂也。"江潭，即江水深处。江湖，写水之大。自《庄子》之"水"至贾谊之"江湖"，又至南宋洪兴祖引述作"江潭"，都是描述大鱼所生存的广阔的自然水域，与前文"污渎"相对。这里的"江湖"，引申来看，是贾谊想要一片更加广阔的天地，来施展自己的才华，实现自己的政治理想，与"隐逸、不知所踪之地"南辕北辙。

此外，在三家注中，与此处用法相类，"江湖"指向自然环境含义的有两处，第一处见《五帝本纪》：

> 劳勤心力耳目，节用水火材物。《正义》：节，时节也。水，陂障决泄也。火，山野禁放也。材，木也。物，事也。言黄帝教民，江湖陂泽山林原隰皆收采禁捕以时，用之有节，令得其利也。

案：此处江、湖与陂、泽、山、林、原、隰相对，为单音节词，指可以出产农产品的水域，不特指。

第二处见《秦始皇本纪》：

> 自咸阳属之。是岁，赐爵一级。治驰道。《集解》：……《汉书・贾山传》曰：秦为驰道于天下，东穷燕齐，南极吴楚。江湖之上，滨海之观毕至。道广五十步，三丈而树，厚筑其外，隐以金椎，树以青松。

此处的"江湖之上"与"滨海之观"相对，"江湖之上"指江湖中所产之物。由于秦国地处关中地区，南方江湖之间所产的特产是很难到达的，而修筑秦驰道，则天下之宝物就都能到达秦国。江湖，即指南方广阔的自然水域。

由上可知，在《史记》中，"江湖"既可指古越国，亦可指广阔的自然水域。即使由其引申意义来看，也并非指代隐逸的含义。

三、从褚先生所言及三家注看"江湖"与"五湖"

在《三王世家》中，武帝赐广陵王策云："古人有言曰：'大江之南，五湖之间，其人轻心。扬州保强，三代要服，不及以政。'"

褚先生曰："夫广陵在吴越之地，其民精而轻，故诫之曰：'江湖之间，其人轻心。迫要使从中国俗服，不大及以政教，以意御之而已。无侗好佚，无迩宵人，维法是则。无长好佚乐驰骋弋猎淫康，而近小人。常念法度，则无羞辱矣。'三江、五湖有鱼盐之利，铜山之富，天下所仰。"

按照褚先生所言，公元前117年，汉武帝将广陵郡分封给他的四子刘胥，制策如司马迁所引，其中引古人言以告诫刘胥不要纵情享乐、游猎无度，因为广陵郡所辖地区的人民常年在水上讨生活，江、湖水险，逐渐形成了容易脱离管制、不讲情义，所谓"轻心"的民风。

再如《项羽本纪》"项梁渡淮，黥布、蒲将军亦以兵属焉"，句下有《索隐》："按布姓英，咎繇之后，后以罪被黥，故改姓黥，以应相者之言。……按：黥布初起于江湖之间。"明言黥布早期为江湖之上的盗贼。据《黥布列传》，黥布因在秦末战乱中跟随楚霸王项羽打仗，因战功显赫而被封为九江王。列传之首即言："布已论输丽山，丽山之徒数十万人，布皆与其徒长豪杰交通，乃率其曹偶，亡之江中为群盗。"也就是说，黥布最早时通过在江中做盗贼而纠结了一帮人，之后才慢慢形成了规模，投靠了在会稽郡的项梁，随后屡创战功。而黥布的性格，亦与"轻心"相合。黥布最初跟随项羽，因战功显赫，封为九江王；后楚汉相争，又投靠了刘邦。汉朝建立，他又起兵叛乱，企图自立为帝。这种看风使舵的做派，可谓疯狂。《货殖列传》中谈到越、楚的风俗时亦毫不留情地指出："其俗剽轻，易发怒。"

又如《高祖本纪》"起为太上皇寿曰：'始大人常以臣无赖……'"《集解》：晋灼曰：许慎曰：赖，利也。无利入于家也。或曰：江湖之间谓小儿多诈狡猾为无赖。杨雄《方言》卷十亦言："央亡、哩屎，猾也。江湘之间或谓之无赖，或谓之猩。凡小儿多诈而猾谓之央亡，或谓之哩，或谓之姑。姑也。或谓之獝。皆通语也。"① 与《集解》所言大致相合，而江湘指长江和湘江流域，张湛注《列子·力命篇》引作江淮。因此，此处之江湖亦应指长江流域，河湖丛生之地。

司马迁笔下的"大江之南，五湖之间"，到了褚先生这里变成了"江湖之间"，应该是出于详略的考虑。综合上述三家注中的两处注释，这里的"江湖"泛指长江、淮河流域。

总之，通过对《史记》全篇使用"江湖"含义的分析，不难发现，"江湖"无论是《屈原贾生列传》《五帝本纪》和《秦始皇本纪》中广阔的自然水域，还是《项羽本纪》《高祖本纪》中的长江流域，抑或《天官书》中的越国行政区划，都不能说它带有"归隐"的含义。在《史记》中，司马迁即使不能明确指出"江湖"具体的位置，也是有较确实的范围存在。这与《史记》之实录精神相辅相成。范蠡助勾践复仇成功后，决心离开越国，变名易姓，发展自己的事业，取得了相当大的成就。这在《越王勾践世家》及《货殖列传》中均有提及。在学界一些研究隐士文化的学术论文中，范蠡辞官之事中被纳入"隐士"之范围，属于退让、避祸之隐。而从《史记》文字本身而言，"江湖"仅指范蠡最后离开越国后的前行路径，而不是后世所认为的"不知所踪、归隐之地"。因此，司马迁所以用"江湖"代"五湖"的原因并不在于意味的增加，而只为了语辞上的切当。

---

① ［清］钱绎撰集，李发舜、黄健中点校：《方言笺疏》，中华书局 1991 年版，第337 页。

从《史记·货殖列传》
看商人与地域风俗

本文作者孙杰。就读于陕西师范大学文学院。

《史记·货殖列传》作为司马迁经济思想的结晶，塑造了一大批商人形象，且对当时经济地区进行了较为合理的划分。司马迁在叙写这两部分内容时，对社会风俗也有阐述。而商人与地域风俗之关系问题，不但涉及社会风俗的政治教化功能，秦汉时期追富逐利的社会风尚，商人与地域风俗之间的互动关系，而且与司马迁本人的风俗观、经济思想密不可分。

目前，学界关于《货殖列传》中商人及地域风俗的研究，学者大多没有看到两者之间的联系分而论之。对于商人形象，主要是人物形象、写作手法、时代特征等文学层面上的解读；对于地域风俗，则从经济地域的划分、经济人物的描写、经济政策的制定等方面分析，这也是一般情况下考察人物形象与地域风俗的基本路径。值得注意的是，《货殖列传》作为司马迁经济思想的结晶，在精细描绘商人形象之时，用点睛之笔将商人与地域风俗相联系，并在划分经济地区之时，浓墨重彩地叙说各经济地区之风俗习惯。地域风俗与商人之间有怎样的联系？太史公何以在专门论述经济的文章中专门论述地域风俗？这样的结构安排是否有意为之？从中我们又能获得怎样新的启示？本文将针对以上问题作进一步解读。

一、商人与地域风俗之关系

对于风俗的理解，在中国传统文化语境中自成一套体系，而《汉书·地理志下》可作为这套体系的代表："凡民函五常之性，而其刚柔缓急，音声不同，系水土之风气，故谓之风；好恶取舍，动静亡常，随君尚之情欲，故谓之俗。"班固以为风俗是自然环境与人文环境共同作用下的产物，风乃自然形成，俗乃社会创就。此外，诸如桓谭《新论·风俗篇》、应劭《风俗通义序》和《康熙字典》等的解释，大都不一而足。现代学者昝风华更为细致地把风俗概括为物质风俗、社会风俗、精神风俗、语言风俗四个部分①。这些，均是对风俗所做的普遍性的概念阐释，而本文展开论述的对象是更为细致的地域风俗。

司马迁笔下的地域风俗从时间上看，和《史记》所载自黄帝至汉武帝的年限并不相一致。这应该与社会整体的风俗流变具有一定关联，正如《中国风俗通史·秦汉卷》所说："可以从中看到西汉前期区域风俗的地理格局与春秋战国时期诸国位置有着直接联系，其风俗在很大程度上同样也是春秋战国民风的延续。"②尽管司马迁时代已经完成了国家的统一，但是其时政治、经济、文化等各方面还处在大一统时代来临前的蓄力阶段，社会风俗自然也处于这一阶段。

细读《货殖列传》，发现司马迁所描述的风俗是以经济区域为主，进行分区介绍，这跟各大区域历史传统、经济基础、政治变迁、人口迁徙、地域关系、民族融合等诸多方面因素都有密切的关系③。司马迁关于各大经济区域的划分标准，学界已有详细的论述。在《货殖列传》中，商人形象也是司马迁描写的重点，而且各大经济区域的地域风俗与商人的形象也有关联性。下面，是笔者根据《货殖列传》，对文中所出现的商人形象及各大经济区域地域风俗情况所做的统计：

---

① 昝风华：《风俗文化视阈下的先秦两汉文学》，中国社会科学出版社 2015 年版，第 2 页。

② 彭卫、杨振红：《中国风俗通史·秦汉卷》，上海文艺出版社 2002 年版，第 14 页。

③ 关于各大经济区地域风俗的分析，林荣琴《试析〈史记·货殖列传〉与〈汉书·地理志〉中的风俗地理思想》，张文华《〈史记·货殖列传〉与风俗史》，肖振宇、郑秀真《〈史记〉俗习性的记写特点》，叶文举《〈史记·货殖列传〉与〈汉书·地理志〉地理风俗记载关系考论》都有详细分析。

表 1-1　《货殖列传》中的商人形象

序号	姓氏	祖先/其商之师	经商地	致富途径	家约	影响
1	范蠡	计然	齐、陶	在齐，耕于海畔，苦身戮力。在陶，治产积居，与时逐而不责于人。	复约要父子耕畜，废居，候时转物，逐什一之利。	言富者皆称陶朱公。
2	子贡	不明	曹鲁之间	废著鬻财。	无	所至，国君无不分庭与之抗礼。
3	白圭	周人	不明	开源，趋时逐利，人弃我取，人取我与。节流，薄饮食、衣服，与仆同乐。	无	天下言治生祖白圭。
4	猗顿	范蠡	蒲州	盐铁。	无	
5	郭纵	不明	邯郸	冶铁。	无	与王者列富。
6	乌氏倮	不明	乌氏（北地郡）	畜牧。	无	秦始皇帝令倮比封君，以时与列臣朝请。
7	巴寡妇清	巴人	涪陵	世代以丹穴为利。	无	秦皇帝以为贞妇而客之，为筑女怀清台
8	卓氏	赵人	临邛	习其先人铁冶之业。	无	倾滇蜀之民。
9	程郑	山东	临邛	冶铸，通贾南越。	无	富列卓氏。

续表

序号	姓氏	祖先/其商之师	经商地	致富途径	家约	影响
10	孔氏	梁人	南阳	大鼓铸，规陂池，连车骑，游诸侯，通商贾之利。	无	南阳行贾尽法孔氏之雍容。
11	曹邴氏	不明	鲁	铁冶。	俯有拾，仰有取，贳贷行贾遍郡国。	邹、鲁以其故多去文学而趋利者。
12	刀间	不明	齐	收奴虏使之逐渔盐商贾之利。	无	宁爵毋刀。
13	师史	不明	洛阳	转谷，贾郡国。	无	能致七千万。
14	任氏	督道仓史	宣曲	窖仓粟，力田畜，取贵善。	非田畜所出弗衣食，公事不毕则不得饮酒食肉。	为闾里率，故富而主上重之。
15	桥姚	不明	边塞	趁朝廷开拓边塞之便	无	粟马牛羊皆多有。
16	无盐氏	不明	关中	贳贷子钱	无	富列关中
17	雍、乐成	不明	不明	行贾	无	饶
18	雍伯	不明	不明	贩脂	无	千金
19	张氏	不明	不明	卖浆	无	千万
20	浊氏	不明	不明	胃脯	无	连骑

　　上表可见，《货殖列传》中的人物，大部分为商人形象，除商人外，还有通过商业活动之外的途径获得财富的人物，尽管都是通过不同类型"货殖"手段以富，但是与传统意义上的通过商业操作以致富的商人还是有区别。因此，笔者在商人形象确定上，将利一国之经济改革家，如管仲、计然；以非商业途径而富，如以本业富者秦、扬；以撅冢、博戏而富者田叔、桓发；以医方而富者张里；以洒削而富者郅氏等形象均排除在外，而仅取其中通过商业手段发家的传统意义上的商人。

表 1-2　《货殖列传》中各经济区地域风俗情况①

经济大区	经济小区	地域风俗	政治影响	地域条件	商人代表
山西经济区	关中（自汧、雍以东至河、华）	其民犹有先王之遗风，好稼穑，殖五谷，地重，重为邪。	公刘适邠，大王、王季在岐，文王作丰，武王治镐。	膏壤沃野千里，虞夏之贡以为上田。要天水、陇西、北地、上郡之道。	任氏、无盐氏
	雍	隙陇蜀之货物而多贾。	秦文、孝、穆居雍。		任氏、无盐氏
	栎邑	多大贾。	秦献公。	北却戎狄，东通三晋。	任氏、无盐氏
	咸阳、长安	民益玩巧而事末。	武、昭王都咸阳。汉都长安。	四方辐辏并至而会，地小人众	任氏、无盐氏
	巴蜀	通栈道，以所多易所鲜。		沃野，地产丰饶。	卓氏、程郑、巴寡妇清
	西北（天水、陇西、北地、上郡）	与关中同。		西有羌中之利，北有戎狄之畜，畜牧丰饶，地穷险。	乌氏倮

_____

　　① 关于《货殖列传》中经济分区的标准，本文采用史念海在《中国历史地理学区域经济地理的创始》一文中提出的观点，在四大经济区中，划分出18个经济小区，各经济小区地域归属亦以该文为标准。

经济大区	经济小区		地域风俗	政治影响	地域条件	商人代表
山东经济区	河南（洛阳）		纤俭习事。东贾齐、鲁，南贾梁、楚。	周人之都，王者更居，诸侯聚会。	土地小狭，民人众。	白圭、师史
	河东（杨、平阳）		纤俭习事。西贾秦、翟，北贾种、代。	唐人之都，王者更居，诸侯聚会。	土地小狭，民人众。	猗顿
	河内（温、轵）		纤俭习事。西贾上党，北贾赵、中山。	殷人之都，王者更居，诸侯聚会。	土地小狭，民人众。	
	赵、中山		民俗懁急，仰机利而食。丈夫相聚游戏，悲歌慷慨，起则相随椎剽，休则掘冢作巧奸冶，多美物，为倡优。女子则鼓鸣瑟，跕屣，游媚富贵，入后宫，遍诸侯。		地薄人众。沙丘纣地余民。	郭纵
	齐	初期		太公劝女功，极技巧，通渔盐。管仲设轻重九府。	地潟卤，人民寡。	范蠡、刀间
		后期	人民多文采布帛渔盐。		带山海，膏壤千里，宜桑麻。	
		临淄	宽缓阔达，足智，好议论，地重，难动摇，怯于众斗，勇于持刺，多劫人者。		具五民。	

续表

经济大区	经济小区		地域风俗	政治影响	地域条件	商人代表
山东经济区	邹、鲁	初期	好儒，备于礼，其民龊龊，俭啬，畏罪远邪。	周公遗风。	有桑麻之业。地小人众。	子贡、曹邴氏
		后期	好贾趋利。			
	梁、宋（陶、睢阳）		有先王遗风，重厚多君子，好稼穑，恶衣食，致其蓄藏。	尧作于成阳，舜渔于雷泽，汤止于亳。		范蠡、子贡
	郑、卫		微重而矜节。卫风好气任侠。	秦拔濮阳，徙其君于野王。		
	颍川、南阳		政尚忠朴，有先王遗风。		夏人之居。	孔氏
		颍川	敦愿。			
		南阳	俗杂好事，业多贾。任侠。	秦末，迁不轨之民于南阳。		
江南经济区	西楚		剽轻，易发怒。		地薄，寡于积聚。	
		江陵		故郢都。	西通巫、巴，东有云梦之饶。	
		陈	其民多贾。		通鱼盐之货。	
		徐、僮、取虑	清刻，矜己诺。			

经济大区	经济小区		地域风俗	政治影响	地域条件	商人代表
江南经济区	东楚		类徐、僮。			
		朐、缯以北	同齐。			
		浙江以南	同越。			
		吴		阖闾、春申、刘濞招致天下喜游子弟。	东有海盐，章山铜，三江五湖之利。	
	南楚		类西楚。			
		合肥、闽中、干越	与闽中、干越杂俗。好辞，巧说少信。	郢后徙都寿春。		
		干越				
		江南	丈夫早夭。		卑湿，多竹木。	
	岭南（九疑、苍梧以南至儋耳）		与江南大同俗，多杨越。			
龙门碣石经济区	种、代		人民矜懻忮，好气，任侠为奸，不事农商。	数被寇。师旅亟往。赵武灵王益之。	地边胡。其民羯羠不均。	
	燕、涿		民雕捍，少虑	数被寇	地踔远，人民希。有渔盐枣栗之饶。	

通过以上两表，不难看出商人与地域风俗之间的互动关系。

1. 商人对地域风俗的承继

就整体而言，在司马迁介绍所划分出的 18 个经济小区的地域风俗时，其中有 10 个就直接或间接提及当地有经商的传统，与《货殖列传》中所塑造的 20 位商人的经商地基本重合。对于当地经商传统的承继就是商人们对地域风俗承继关系的表现之一。

除了对经商传统的继承，这些商人还承继了当地普遍的社会风俗并发挥到极致，如洛阳地区的师史和鲁国的曹邴氏都是当地俭啬风俗的代表，"周人既纤，师史尤甚，转毂以百数，贾郡国，无所不至"。洛阳地区历来就有"纤俭习事"的传统，且当时的人们以久贾不归为荣，师史巧妙地利用这种心理，成功为自己赚取商业资本。"鲁人俗俭啬，而曹邴氏尤甚。"而鲁国同样也有俭啬的风俗，曹邴氏甚至定下家约，连低头抬头都要有所取。而长安地区历来就有"玩巧而事末"的风俗，无盐氏通过准确把握政治形势，利用赊贷子钱的方式，一跃而富。

这些商人受社会风俗的影响，在人物性格、治生途径等方面都带有明显的地域色彩，正如张亮采所说："人其风俗者，遂不免为所熏染，而难超出其限界之外。"① 社会风俗对于生活于其中的人都有影响，商人也难免。

2. 商人对地域风俗的逆迁

世有同俗者，亦有逆俗者，随着社会在政治、经济、文化等方面的进步，人们赖以生存的社会条件亦发生变化，原有的社会风俗可能就与之不匹配，"就会促使风俗出现变异，一些丧失了客观必然性的风俗便会走向消亡"。② 在这样的情况下，一些商人就会向固有的风俗发起挑战。

有与一时之风俗相逆者，如蜀卓氏。其为赵迁虏，其余诸人皆求近处，唯卓氏夫妇宁远迁以至汶山。这是在政治力量主导下的迁徙，但是其中因为蜀卓氏夫妇在当时求近处的风俗之中，求远迁，正是看到了临邛当地优厚的经济发展条件。有与一地之风俗相逆者，齐地贱奴虏，而刀间却独爱之。刀间对于风俗的逆迁，其实也是在创造财富过程中，看到奴虏市场隐藏着的巨大财富价值。蜀卓氏与刀间在政治、经济条件发生变化的情况下，为了财富的积累，不惜成为异俗之人，但最终获得成

---

① 张亮采：《中国风俗史》，中国人民大学出版社 2012 年版，第 1 页。
② 张国春：《风俗与道德》，山西教育出版社 1992 年版，第 129 页。

功，当然，这种逆迁与商人自身的卓识远见密不可分。

3. 商人对地域风俗的引领

不管商人对于地域风俗是潜移默化的接受，还是理直气壮的逆迁，他们都是在社会风俗的大环境下进行的个人活动，当他们的个人商业活动获得极大成功时，他们在积累财富过程中所表现出的行为习惯，就会被大众所接受从而成为大众的习惯，商人对于当地风俗所作出的改变也为大众接受。这时，商人自然而然地成为了地域风俗的引领者。

这种风俗的引领，不仅发生在商人群体内部，如孔氏。孔氏在南阳地区"大鼓铸，规陂池，连车骑，游诸侯，因通商贾之利"。行商得道，以至家数千金，更使得"南阳行贾尽法孔氏之雍容"。甚至还会因其特殊性而被官方认可并推广，如巴寡妇清。"在巴寡妇清身上聚集了当时社会环境中最高统治者所需要的独特经济、政治资源，如稀有的丹砂矿、少数民族区域有重要影响的世家大族、秦始皇'匡饬异俗'的典范等，这些是其他同时代商人所不具备的"。[①] 巴寡妇清身上贞的品质被放大之后，就会被统治阶级利用以作为风俗教化的手段。而曹邴氏、刀间这样的商人，更是助推了一地风俗的变化。曹邴氏家约"俯有拾，仰有取"，大富，以至"邹、鲁以其故多去文学而趋利者，以曹邴氏也"。刀间独爱贵奴虏，使得当地人相与言"宁爵毋刀"。

在众多商人中，范蠡、曹邴氏、任氏可作为商人对于社会风俗引领作用的典范。三者共同的特点是：立家约。范蠡于陶地经商，"复约要父子耕畜，废居，候时转物，逐什一之利"。他作为"商圣"，千百年来"言富者皆称陶朱公"。曹邴氏虽富至巨万，"然家自父兄子孙约，俯有拾，仰有取"。曹邴氏使得邹鲁好利之风盛行，是对一时一地风尚的影响。任氏不仅在争为奢侈的风气中"折节为俭"，而且"任公家约，非田畜所出弗衣食，公事不毕则不得饮酒食肉"。任氏的节俭之风与严责于己，使得"为闾里率，故富而主上重之"。不仅影响当地风俗，而且获得统治阶级的肯定。他们所奉行的家约由一家而兼一地，在一定方面确实发挥着积极的作用。

---

① 谭平、杨志玲：《论秦始皇之礼遇"巴寡妇清"》，《四川师范大学学报（社会科学版）》2014年第2期，第144页。

二、太史公写作意图

1. 太史公笔下的风俗

《史记》所囊括的历史自黄帝至西汉武帝，其中《货殖列传》所反映的主要是战国后期至西汉中期以前的风土人情。太史公除了在《货殖列传》中系统介绍各地风俗外，在其他部分也有提及。

如在《周本纪》中有记载周朝先王教化风俗的事例，"于是古公乃贬戎狄之俗，而营筑城郭室屋，而邑别居之"。西伯治理西土使得"耕者皆让畔，民俗皆让长。"《六国年表》中有记"今秦杂戎狄之俗，先暴戾，后仁义，位在藩臣而胪于郊祀。"《赵世家》中赵武灵王推行胡服骑射的改革时有言："故齐民与俗流，贤者与时变。"赵武灵王推行的风俗变革，使得赵国军队实力显著增强。司马迁在《孟尝君列传》中记叙："吾尝过薛，其俗闾里率多暴桀子弟，与邹、鲁殊。问其故，曰：'孟尝君招致天下任侠，奸人入薛中盖六万余家矣。'"可见统治阶级的一举一动对于一时一地风俗之影响之深远。此外，太史公在《匈奴列传》《南越列传》《大宛列传》等少数民族传记中，也有很多少数民族风俗描写。

司马迁对于教化风俗是十分重视的，在《礼书》中针对周朝衰落后礼崩乐坏所造成的影响，指出"而况中庸以下，渐渍于失教，被服于成俗乎？"在司马迁看来，礼是理性的，俗是感性的，统治阶级应该用礼来教化人民，从而进行化俗，失去礼的约束，人民就会放松要求，耽溺于耳目声色之乐。继之，司马迁在《乐书》中又从乐的角度进行阐释，"以为州异国殊，情习不同，故博采风俗，协比声律，以补短移化，助流政教"。司马迁已经注意到各地风俗不同，通过乐，不仅可以考察各地不同的风俗，而且正乐可以达到移风易俗的效果，"乐者，圣人之所乐也，而可以善民心。其感人深者，其风移俗易，故先王著其教焉"。

司马迁十岁即从伏生习《古文尚书》，接受儒家学说的熏陶，其著《史记》也以"天人之际，通古今之变，成一家之言"为己任。因此，有着教化作用的风俗也备受其重视。而且时值汉武帝罢黜百家，独尊儒术，打造大一统中央集权国家，司马迁将各地地域风俗熔铸一炉，这自然与司马迁自身的史学抱负及当时的社会学术风尚也有莫大关联。

2. 秦汉研究风俗之风气

秦汉学者有研究风俗的风气，风俗研究成为包括史官在内的众多学者研究的一大领域。西汉宣帝还专门设置"风俗使"，"循行天下，存问鳏寡，览观风俗，察吏治得失"。

史学著作中，以司马迁《史记·货殖列传》与班固《汉书·地理志下》最为系统。而后者是在司马迁《货殖列传》、刘向《域分》、朱赣《风俗》三者的基础上，融会贯通。其他诸如吕不韦《吕氏春秋》，贾谊《新书》，扬雄《方言》，刘安《淮南子》，桓宽《盐铁论》，应劭《风俗通义》，王符《潜夫论》等书，都对风俗有所论述。《中国风俗通史·秦汉卷》对秦汉学者关注风俗的现象有专门的论述，认为原因在于"在他们（秦汉学者）看来，风俗不仅是学术探讨的对象，更重要的是，它与国家兴衰息息相关。"[①] 司马迁写作《史记》必然对于《吕氏春秋》《新书》《淮南子》《方言》等书籍有所了解，并且他们的风俗思想也对司马迁产生了影响。

司马迁一生曾三次游学天下。二十岁时漫游南北，后"奉使西征巴、蜀以南"，而后侍从汉武帝巡狩封禅。其中第一次的漫游对他的影响很大，使他领略到了大汉王朝不同地域不同的风俗习惯。游学经历所得的直观体验，也就成为其描写各地风俗的第一手材料。

3. 经济篇章叙地域风俗

司马迁在《货殖列传》中专门记叙地域风俗。这与《史记》纪传体的体例、当时整个社会求富趋利的风气，司马迁本人的风俗观都有关系。

（1）《史记》体例

司马迁在《史记》中通过本纪、表、书、世家、列传这五种体例，创立纪传体通史，五种体例各有优长，共同组成了一个完整的系统。本纪叙帝王家族之事，世家叙功臣将相，两者的记叙都以一个人物、一类人物或者一个家族为主体，兼及相关人事，而作者的视野也就局限于此时、此地、此人，不可能对各地风俗展开描写。表虽然涉及多时、多地，但司马迁主要是将重要史实统一于一表，内容简洁明了，也不能插

---

① 《中国风俗通史·秦汉卷》，第3页。

入风俗描写。八书通过礼、乐、律历、军事、河渠、经济制度、封禅、天官这八个方面，"都是直接关系到国家上层建筑、国计民生的问题"，"从根本上说是关系中华民族生存和发展的问题"①，八书整体站在国家的高度，为后世借鉴。虽然其中《平准书》分析夏、商、周、秦、汉以来经济政策，间有提及社会风俗，但毕竟一时一地的社会风俗与整个国家的经济政策在结构上颇有出入，亦不宜出现在八书中。而列传"在一定意义上就是对本纪、表、书、世家的解释。"② 因此，虽然司马迁在其他篇章中都有涉及风俗描写，但是在系统的风俗描写无法安插入其他四种体例时，列传就成为补充叙写的最好选择。

（2）趋利的社会风气

秦汉时期，追逐财富成为社会的风尚。《中国风俗史》"惟西汉重势力，东汉多气节"，"汉人势利颇重，权侔交横，人轻犯法，仕途溷杂，行私罔上，诈伪相倾。"③《中国风俗通史》"与中国历史上其他时期相同，秦汉风俗具有强烈的世俗化色彩。求富趋利始终是这个时期人们的普遍心态。"④ 这种风气也突出表现在《史记》中，《平准书》"宗室有土公卿大夫以下，争于奢侈，室庐舆服僭于上，无限度。""然无益于俗，稍骛于功利矣。"《货殖列传》"故曰：'天下熙熙，皆为利来；天下攘攘，皆为利往。'夫千乘之王，万侯之家，百室之君，尚犹患贫，而况匹夫编户之民乎！"

在这种趋利的社会风气驱动下，富贵自然成为人们竞相追求的风尚，那些活跃在社会上的大商人自然也成为人们关注的焦点。武帝时代卜式以畜业起，东郭咸阳以盐业起，孔仅以冶业起，桑弘羊为富商之子而见用，这些兴利之臣从富一家，到富一地，再到被征召为官而富一国。尽管国家推行重农抑商政策，但商人已贵矣。当追逐经济成为时代的风尚，在经济篇章中论说地域风俗也就成为理所当然之事。

（3）司马迁的风俗观

尽管司马迁在《史记》中对当时追富逐利的社会风气表示鄙夷："古者尝竭天下之资财以奉其上，犹自以为不足也。无异故云，事势之

---

① 张新科：《史记导读》，高等教育出版社2015年版，第43页。

② 《史记导读》，第45页。

③ 《中国风俗史》，第46-48页。

④ 《中国风俗通史·秦汉卷》，第11页。

流，相激使然，曷足怪焉。"但对于商人，他还是站在较为客观的立场上，支持正常商业活动的开展，甚至为商人提出"素封"的称号。他并不以言利为耻，因为不仅商业是"民所衣食之原"，而且"'仓廪实而知礼节，衣食足而知荣辱。'礼生于有而废于无。故君子富，好行其德；小人富，以适其力"。发达的礼乐制度必然是建立在一定经济基础之上的，而且"先本绌末，以礼义防于利，事变多故而亦反是。是以物盛则衰，时极而转，一质一文，终始之变也。"本业与末业代相起势，是社会发展的必然趋势，不必刻意抑制末业。

在这样的经济思想下，针对当时的社会风气，司马迁提出"身安逸乐，而心夸矜执能之荣使，俗之渐民久矣，虽户说以眇论，终不能化。故善者因之，其次利道之，其次教诲之，其次整齐之，最下者与之争"。对于社会风俗所采取的态度也是因之利导。

司马迁把真实体现社会风貌的社会风俗编入《货殖列传》，不仅是出于全文结构安排，在《货殖列传》中各大经济区划区的同时插入风俗，就保证了空间上的完整性，使得主要地区的社会风俗都能兼容并包；在描绘商人形象时论及社会风俗，就保证了时间上的连续性，其笔下的商人形象，从春秋直到当世，司马迁自然地就可以将与商人相关的风俗融入其中。这样点面结合，从时间、空间上都确保了社会风俗内容的深度与广度。而且，在经济篇章中论述社会风俗，在求富趋利的时代更能引起统治阶级的关注，从而实现其利导人民，移风易俗，助流政教，风化天下的政治理想。

三、现代启示

历史总是螺旋上升的一种前进状态，回首历史，就会发现总是会有惊人的相似性。公元前 202 年刘邦建立汉朝，到刘彻承继帝位开拓边贸，前后历时亦七十余年。西汉在汉武帝时期达到顶峰，大一统国家在政治、经济、文化、外交等各方面都不禁令后世赞叹，而当时社会却在追逐富利。目前，我们国家亦处于大国复兴的阶段，而社会最广泛群体所追逐的风尚却也是追逐富利。"仓廪实而知礼节，衣食足而知荣辱"，是人们追求物质财富极大丰富之后的理想状态，而在现在的社会中，"饱暖思淫欲"却是一部分人真实的写照。不仅如此，当市场经济扎根中国发挥巨大作用的同时，一批又一批新时代商人形象活跃于社会的各个层面。与《史记》中靠盐业、铁冶、畜牧、矿业、囤积居奇等传统商业手段不同，新时代的商人更善于利用新时代的新技巧，互联网、金融、房地产、文化旅游，都成为其个人积累财富甚至政府拉动经济增长的法宝。我们不可否认马云、马化腾、李彦宏这类人物所发挥的积极作用，我们同时也应该看到市场经济背后隐藏的负面商业典型。《货殖列传》中说道："今治生不待危身取给，则贤人勉焉。是故本富为上，末富次之，奸富最下。"这样的总结到现在依然振聋发聩。

　　面对诸如此类的社会问题，从《史记》中，我们或许可以获得很好的解决途径。正如司马迁的风俗观所言，统治阶级要重视社会风俗，社会风俗的风化作用比纯粹政治手段的压制更有效。面对社会不良风俗，统治阶级也应有所作为而不能过度干预，通过适当的途径，因利导之才是上策。在崇尚金钱的社会风气中，大商人充当了十分重要的角色，他们所产生的作用更具有说服力。因此，正面典型的树立尤为重要。

近现代期刊《史记》研究
的阶段及特点

本文作者朱正平。渭南师范学院报刊社编审,教育部名栏"司马迁与《史记》研究"名栏编辑部主任。

古代的《史记》研究成果主要是通过书坊刊刻,以论著的形式出现。在近现代期刊中刊发史记研究的论文,是一种新的研究方式。与论著相比它的社会普及性要宽、创新性要强、时效性更快、社会影响力更大。纵观近现代期刊上发表的200多篇文章①,可以看出史记研究经历的阶段性和特点。

一、近现代期刊《史记》研究的阶段性

1. 介绍校勘期（1905—1924）

随着中文期刊在中国的出现,学术研究中的《史记》研究也开始成为期刊研究的一个重要方面,当时期刊发表了相当数量的史记研究论文,但早期的《史记》研究基本上还停留在介绍校勘阶段。这20年的时期内期刊刊发史记文章约16篇,集中在《国粹学报》《国学杂志》等11种期刊上。

1905年第10、11号《国粹学报》刊发了陆绍明的论文《史记通义》,阐发了他对《史记》的一些体会与认识,这是期刊上发表的第一篇《史记》论文。从1907年至1910年,刘师培在该刊也发表了3篇《史记》研究的文章,论述司马迁对《左传》《周易》《尚书·尧典》三

---

① 参见张大可、俞樟华、梁建邦:《史记论著提要与论文索引》,商务印书馆2015年版。

部经典叙义的不同与创新。傅以辉在上海昌明国学会主办的《国学杂志》期刊 1915 年第 1 期发表《史记先黄老后六经辨》，倪羲抱在该刊 1915 年第 4 期发表的《读史记》。孟真在北京大学新潮社编的《新潮》期刊 1919 年第 1 卷第 1 号 "故书新评" 栏目刊文《清梁玉绳之史记志疑》，介绍评析清代梁玉绳的《史记志疑》。郑鹤声在《史地学报》第 2 卷 5 期、6 期，第 3 卷发表 3 篇文章介绍司马迁与《史记》。齐树楷在《四存月刊》发表多篇提倡读《史记》的文章：《论史记之宜读》《史记读法》。《民彝杂志》第 1 卷刊发马其昶、张诚、吴兆璜等多篇读《史记》的文章。《清华学报》是我国最早的大学学报，该刊 1919 年第 4 卷第 1 期刊发了李奎耀的《史记抉疑》，开始把史记研究引向纵深。1924 年孙德谦在《东方杂志》第 21 卷 19 号发表《辨史记体例》，研究《史记》的结构体例，1922 年孔庆宗在《北大月刊》发表了《史记货殖列传在我国古代经济思想之价值》一文，最早研究《史记》的经济思想及《货殖列传》。

　　这一时期的期刊主要是一些综合性期刊和国学类期刊，期刊数量比较少，期刊类型比较窄，研究者也集中在当时的国学学者和史地学者。

2. 全面拓展期（1925—1934）

　　20 世纪 20 年代中后期期刊上的《史记》研究内容更多元化，期刊刊发论文约 57 篇，涉及期刊 40 余种。问题领域扩展，内容深入，研究者队伍壮大，刊物也进一步增多。

　　研究内容出现大量校勘注释方面，如李笠毕生致力于语言文字、校勘、训诂学的研究与教学，对《史记》之研究，更是毕其一生。1925 年，曾以木刻版出版《史记订补》八卷，受到当时学术界的重视。之后数十年，又广为研究考订，陆续发表《史记》研究专著多部，著《史记订补》《叙例》《订补二续》《订补之余》《史记札余》，后成《广史记订补》若干卷。在期刊上发表《史记订补叙例》《史记订补之余》《史记补订自序》多篇。还有其他一些篇章：王重民的《史记版本和参考书》，赵澄的《史记版本考》，伍俶的《史记集解自序》，郑鹤声的《补史记箕子世家》，卫聚贤的《史记残卷校》，朱师辙的《史记补注》，勒德峻的《史记斠读释例》都是校勘注释方面之研究，苗可秀的《史记屈原贾生列传疏证》，缪凤林的《读史微言》。《金陵学报》1931 年第 1 卷第 2 期刊发日本学者武内义雄的《六国表订误及其商榷》（王古鲁译）。

评介感想类的文章较多，有张寿林的《司马迁的史记》，徐啸天的《史记的研究》，高步瀛的《读史偶拾》，汪定的《司马迁传》，陈石孚的《中国史界太祖司马迁传略》，梁之盘的《诗人之告哀——司马迁论》，包谦六的《读司马迁年谱》等。

与《史记》进行比较研究的也有重要成果。黄子亭（黄云眉）的《史汉异同》，郑鹤声的《史汉研究绪言》，李光季的《三史考》，陈柱尊的《马班异同论》，傅振伦的《中国三大史家思想之异同》，孙媛贞的《禹贡职方史记货殖列传所记物产比较表》，罗根泽的《从史记本书考史记本源》。

史学地理方面也有一定研究。吴柳隅的《从史学上观察史记之特色》，施章的《司马迁史学的研究》，杨宗镇的《史记地名考》，孙媛贞的《禹贡职方史记货殖列传所记物产比较表》，

《史记》中的人物也是研究的热点与重点。唐兰的《史记里的老子传》，罗根泽的《史记老子传考证》，徐震的《史记老子列传辨证》，陈朝爵的《考正史记孔子世家》，孙次丹的《论史记老子传之妄证无稽》，容肇祖的《司马迁指为韩非所作而未可遽信者》。

《史记》文学研究有周乐山的《史记中之人物描写》，袁菖的《史记之文学研究》。

对《史记》文本进行研究的成果主要有：大任的《史记田敬仲世家中邹忌的三段话》，李镜池的《封禅书著作问题》，梁劲的《评史记五帝本纪》，张秀民的《读史记淮阴侯列传》，刘朝阳的《史记天官书之研究》《史记天官书大部分为司马迁原作之考证》

司马迁家世研究方面有新的成果，王国维的《太史公行年考》认定司马迁出生于汉景帝中元五年（前145），1933年萧鸣籁在《现代史学》第1卷第1期发表了《读史记对于王国维太史公行年考之异议》，提出了不同见解。徐震的《太史公历年考》，对司马迁的生平进行了一番考证。

对司马迁思想尤其是经济思想进行了一番研究：王肇鼎的《司马迁经济思想阐释》，徐慎修的《中国古代时代经济思想之一斑（史记货殖列传）》，胡适的《司马迁辩护资本主义》，程金造的《司马迁崇尚道家说》。

领域，但作者更多，风格更多样化，研究话题也更丰富，使大多数人在期刊中都能找到一些感兴趣的文章。期刊中的文章题材多样，有介绍感想、校正校勘、体例结构、文学修辞、历史地理、人物事件、哲学思想、文本细读、行年游历、家谱世系、版本注解、比较辨析等。

3. 深刻性

近现代期刊《史记》研究从一开始就有一定的深刻性。较早的刘师培就从《史记》等角度研究《左传》《周易》以及"尧典"，傅以辉认为《史记》之思想是先黄老后六经，朱希祖研究了《史记》为什么起于黄帝，孔庆宗、王肇鼎、胡适、徐慎修、马非百研究了《史记》的经济思想，胡朴安、孙德谦、靳德俊、程金造等研究了《史记》的体例，黄子亭、姚尹忠、赵惠人把《史记》与《汉书》进行了比较，刘朝阳研究了《天官书》，马其昶、李镜池研究了《封禅书》，李奎耀研究了司马迁的年表及世系表略，冒广生研究了《律书》，李长之、蒋元庆、闻惕、施蛰存等对司马迁的行年、名号等有所研究。

4. 创新性

近现代期刊早期的《史记》研究介绍性的文章较多，从研究论题看，《史记》研究的方方面面都有所论述，但也有大量创新。孔庆宗较早研究《史记》的经济思想，刘师培把《史记》与其他典籍作了比较，尤其是杜呈祥、贺次君、徐文珊、林秋、德俊、郑家霖等人对《史记》的谬误疏漏进行了研究。

5. 时效快

近现代期刊的《史记》研究是刊发在期刊上的成果，它按照期刊的周期出版，或是季刊、双月刊、月刊、半月刊等，但主要还是月刊样式，文章见刊的时效性大大加强。尤其是读者比较关注的系列文章，能在社会上产生较大的影响。比如刘朝阳在《国立中山大学语言历史研究所周刊》1929 年第 73—74 期发表了《史记天官书之研究》后，在同年第 94—96 期又发表了《史记天官书大部分为司马迁原作之考证》。陈柱在《学术世界》发表了系列的《史记》讲读文章，频率也非常紧密。卫聚贤在《说文月刊》也发表了系列的《史记》注释文章，对《史记》的普及做出了一些贡献。

6. 影响大

近现代期刊《史记》研究的有些成果直到现在也是被尊奉，影响深远。1917 年，王国维的《太史公系年考略》在《广仓学窘丛书》对司马迁的生卒年做了考证。1923 年，他又发表了《太史公行年考》，对司马迁的生卒年做了更严密的考证。王国维认定，司马迁的生年为汉景帝中元五年即公元前 145 年，梁启超、张鹏一、郑鹤声、程金造也持这一观点，几成定论。日本学者桑原骘藏于 1922 年发表《关于司马迁生年之一新说》，他以古时"四"作"三"为依据（笔者注：甲骨文、金文"三"作"四"），提出《索隐》《正义》两者讹误概率相等。并以前 145 说与《报任安书》（下作《报书》）"早失二亲"不吻合为据，首创前 135 说。

1933 年萧鸣籁在《现代史学》上发表文章《读史记时对王国维太史公行年考之异议》，提出了不同意见。同年，徐震在《国学商兑》撰文《太史公历年考》。1944 年 5 月，李长之在《中国文学》上撰文《司马迁生年为建元六年辨》，提出了司马迁生年为建元六年即公元前 135 年的说法。同年 8 月施之勉也在《东方杂志》第 16 期发文《太史公行年考辨疑》，支持李长之的观点。1953 年钱穆《司马迁生年考》支持前 145 年说。直到在 1955 年时任中国科学院院长的郭沫若在《历史研究》第 6 期发表《太史公行年考有问题》以后，再次引起了学术界的重视。

近现代期刊《史记》研究的阶段性与特点是由于期刊这一新的传播形式产生的，面对不同职业、不同年龄、不同地域、不同学术背景的读者，每本期刊都要给其提供丰富多样、篇幅适中、深浅结合的学术文章，每期有看点与热点，照顾到大多数读者的阅读兴趣与习惯，能给大多数读者提供不同的精神营养，获得读者的持续关注与厚爱。